Neu-
siedler
See
Győr
Sopron
Balaton
Kecskemét
Tisza
Duna
Szeged
Nagy-
kanizsa
Pécs

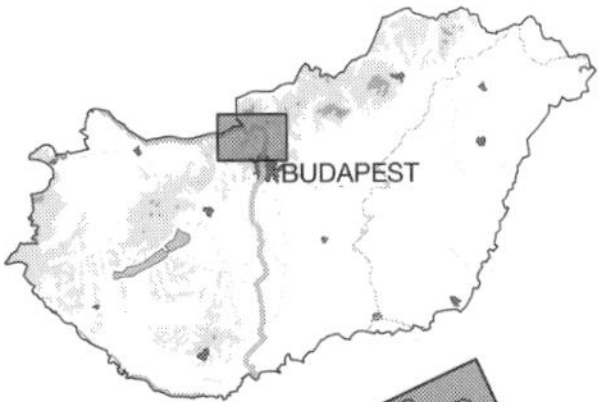
BUDAPEST

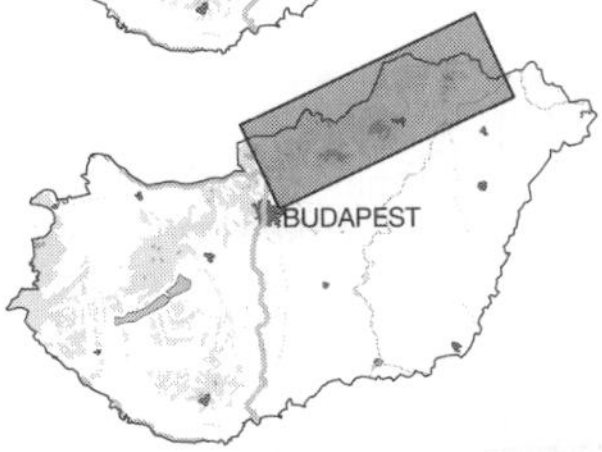
BUDAPEST

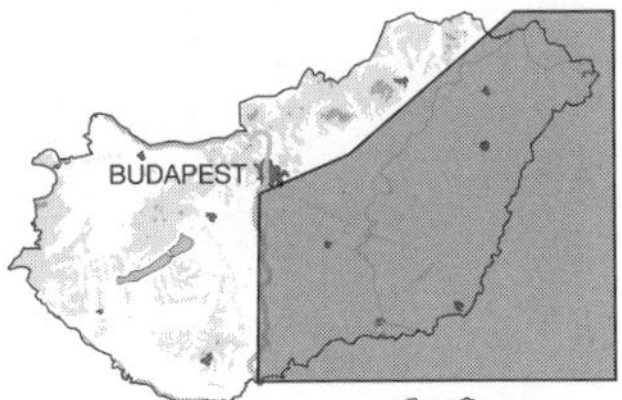
BUDAPEST

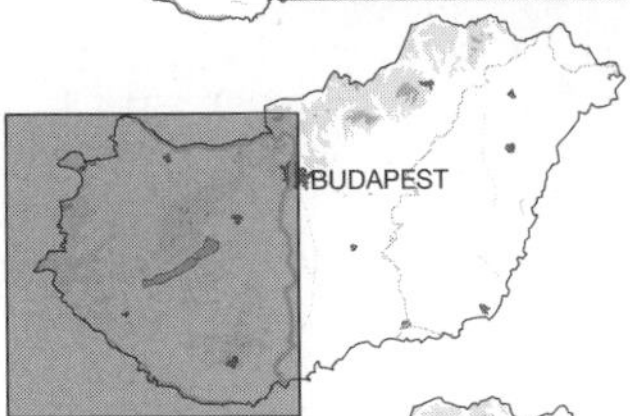
BUDAPEST

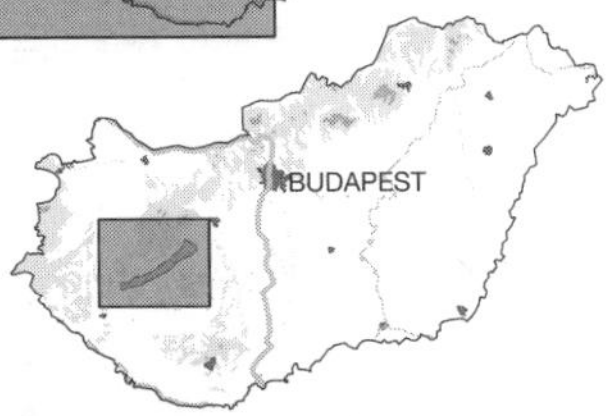
BUDAPEST

Text und Recherche: Sonja Igel, Heiko Zeutschner
Überarbeitung: Petra Sparrer
Lektorat: Brigitte Seitzer
Redaktion und Layout: Hana Budka, Dirk Thomsen
Fotos: siehe Fotonachweis S. 9
Titelfotos: Oben: Reiterkunststück in der Puszta (Petra Sparrer)
Unten: Budapest, Blick auf das Parlament (Tobias Büscher)
Umschlaggestaltung: Karl Serwotka
Karten: Judit Ladik, Gábor Sztrecska, Hana Budka

Für Alice und Walter Böhm

Die in diesem Reisebuch enthaltenen Informationen wurden vom Autor nach bestem Wissen erstellt und von ihm und dem Verlag mit größtmöglicher Sorgfalt überprüft. Dennoch sind, wie wir im Sinne des Produkthaftungsrechts betonen müssen, inhaltliche Fehler nicht mit letzter Gewissheit auszuschließen. Daher erfolgen die Angaben ohne jegliche Verpflichtung oder Garantie des Autors bzw. des Verlags. Beide übernehmen keinerlei Verantwortung bzw. Haftung für mögliche Unstimmigkeiten. Wir bitten um Verständnis und sind jederzeit für Anregungen und Verbesserungsvorschläge dankbar.

ISBN 3-89953-168-X

6. erweiterte und vollständig überarbeitete Auflage 2004

UNGARN

Heiko Zeutschner

INHALT

Kartenverzeichnis

Zeichenerklärung für die Karten und Pläne

Autobahn	Berggipfel	Information
Asphaltstraße	Kirche/Kapelle	Parkplatz
Piste	Kloster	Post
Bahnlinie	Schloss/Festung	Bushaltestelle
Strand	Flughafen/ -platz	Krankenhaus
Gewässer	Campingplatz	Museum
Grünanlage	Höhle	Sehenswürdigkeit

Alles im Kasten

Was haben Sie entdeckt?

Haben Sie ein nettes Restaurant gefunden, ein schönes Hotel, einen ausgefallenen Wanderweg?

Wenn Sie Ergänzungen, Verbesserungen oder neue Tipps zu unserem Ungarn-Buch haben, schreiben Sie an:

Heiko Zeutschner
Stichwort "Ungarn"
c/o Michael Müller Verlag
Gerberei 19
91054 Erlangen
E-Mail: heiko.zeutschner@michael-mueller-verlag.de

Fotoverzeichnis

Tobias Büscher: 3, 10, 12, 25, 47, 55, 56, 59, 67, 71, 96, 99, 103, 117, 125, 131, 132, 137, 142, 145, 164, 175, 181, 182, 193, 196, 198, 199, 205, 206, 207, 210, 213, 215, 234, 236, 237, 242, 246, 249, 253, 256, 259, 262, 264, 277, 279, 281, 285, 286, 292, 304, 308, 319, 322, 327, 328, 343, 346, 351, 352, 353, 354, 355, 356, 362, 363, 365, 369, 377, 379, 381, 385, 386, 391, 395, 397, 404, 408, 417, 422, 426, 427, 429, 435, 436, 441, 445, 449, 451, 456, 458, 463, 466, 467, 468, 477, 480, 486, 493, 502, 504, 508, 511, 512, 513, 515, 517, 519, 523, 525, 555, 556, 558

Sonja Igel: 11, 15, 21, 23, 29, 49, 53, 77, 94, 97, 105, 107, 115, 219, 232, 267, 331, 402, 439

Bernd Müller: 297

Petra Sparrer: 9, 16, 60, 63, 65, 72, 77, 83, 89, 90, 138, 147, 154, 159, 168, 176, 179, 184, 188, 191, 203, 204, 212, 218, 221, 229, 230, 238, 251, 270, 274, 276, 291, 317, 330, 341, 433, 472, 483, 488, 529

Dirk Thomsen: 32, 41, 43

Ungarisches Tourismusamt: 312, 469, 471, 499, 531, 549

Die Fotos der **Farbseiten** stammen von Tobias Büscher (TB), Petra Sparrer (PS) und dem Ungarischem Tourimusamt (UTA).

Nur die Graurinder gucken weg: Pferdeshow in der Puszta

Ungarn erleben

Das ganze Land zu bereisen, ist im Binnenland Ungarn ein vergleichsweise einfaches Unterfangen, denn Ungarn ist ein relativ kleines Land. Von der Hauptstadt Budapest ist keine Ortschaft des Landes viel mehr als 250 km entfernt. So kann man einen Besuch in der Donaumetropole leicht mit ein paar Erholungstagen am Plattensee, einem Ausflug in die Puszta oder einem Besuch im Donauknie verbinden. Und auch jenseits der touristischen Highlights gibt es für Leib und Seele jede Menge zu entdecken: zahlreiche Thermalbäder, geheimnisvolle Tropfsteinhöhlen, reiche Kirchenschätze, den ungarischen Jugendstil und die ungarische Küche, in der es nicht nur Deftiges, sondern auch leckeres Backwerk zu genießen gibt.

Nachdem die Donau – aus Österreich kommend – zunächst in West-Ost-Richtung die Grenze mit der Slowakei bildet, durchfließt sie das Staatsgebiet Ungarns nach dem scharfen Knick des Donauknies in Nord-Süd-Richtung, um so das Land in annähernd zwei gleich große Teile zu untergliedern. Die westliche Hälfte mit der großen Touristenattraktion Plattensee hört auf den schönen Namen *Transdanubien*, die östliche Hälfte wird zum größten Teil von der unendlichen Weite des *Alfölds* (Großes Ungarisches Tiefland) eingenommen. Egal in welcher Region man nun seine Entdeckungstouren unternimmt, jede Landschaft hat ihre eigenen Reize und Besonderheiten zu bieten.

Ungarn ist der größte Gänseleberexporteur der Welt

Transdanubien

Das Herz Transdanubiens ist sowohl in geographischer als auch in touristischer Hinsicht der *Balaton,* bei uns besser bekannt unter dem Namen *Plattensee.* Er erstreckt sich mit einer Gesamtlänge von rund 80 km und einer durchschnittlichen Breite von 10–15 km von Südwesten nach Nordosten in einer hügeligen Mittelgebirgslandschaft. Rund um seine Gestade reihen sich die Badeorte fast nahtlos aneinander, und in der Hochsaison im Juli und August geht es in den Zentren des Nord- und des Südufers, *Balatonfüred* und *Siófok,* turbulent und laut zu. Aber auch die anderen Ferienorte am größten Binnensee Mitteleuropas mit seinen seichten Ufern können sich über mangelnden Zuspruch nicht beklagen. Westlich des Balaton in unmittelbarer Nachbarschaft lockt Héviz mit seinem riesigen Thermalsee, in dem man zwischen Seerosen beim Baden wundervoll entspannen kann. Im Hinterland des Plattensees liegen sehenswerte Städte wie *Veszprém* und *Székesfehérvár,* wobei es von letzterer nur noch ein Katzensprung zum *Velence-See* ist – gewissermaßen einem Balaton im Miniaturformat, jedoch mit angenehmer Ruhe und einem Vogelschutzgebiet.

Doch Transdanubien hat noch mehr zu bieten als die "Badewanne Ungarns". Da wäre zum einem das *Kisalföld* (Kleines Ungarisches Tiefland) im Nordwesten des Landes mit seinem historischen Zentrum *Győr.* Diese Region ist die Fortsetzung des Steppengebiets rund um den österreichischen Neusiedler See auf ungarischer Seite. Südöstlich dieser Ebene schließt sich eine waldreiche Mittelgebirgslandschaft an, die für Wanderer einiges zu bie-

Budapester Széchenyi-Bad: Wellness auch im Winter open air

ten hat. Ganz im Westen Transdanubiens liegt das *Alpokalja* (Alpenvorland), wo die allerletzten Ausläufer der Ostalpen noch einige Hügel in die Landschaft setzen, mit sehenswerten Städten wie *Sopron*, *Kőszeg* und *Szombathely*. Südlich des Plattensees schließt sich wiederum eine sanft gewellte Landschaft mit dem Zentrum *Kaposvár* an, deren südliches Ende im Mecsekgebirge gipfelt. Der tiefe Süden Transdanubiens schließlich wird eindeutig von der Kultur- und Studentenmetropole *Pécs* beherrscht, einer sympathischen Großstadt mit mediterranem Flair.

Budapest und Umgebung

Eindeutiges Zentrum, Hauptstadt und die bei weitem größte Ansiedlung des Landes ist Budapest. Alle Ungarn identifizieren sich mit ihrer Hauptstadt, die eine Zentralität besitzt, wie es zum Beispiel auch bei Paris und London der Fall ist. Die beiden Stadtteile *Buda* (zu deutsch: Ofen) und *Pest* stehen in krassem Gegensatz zueinander. Buda mit der Burganlage liegt auf mehreren Hügeln und Bergen verteilt westlich der Donau, hat verwinkelte Gassen und wirkt insgesamt gemütlicher als das Gegenüber. Pest mit seinen breiten Boulevards, den feudalen Palästen und den quirligen Einkaufsstraßen liegt östlich der Donau auf einem breiten und flachen Schwemmlandufer und ist das geschäftige und administrative Zentrum des ganzen Landes. Beide Stadtteile sind durch mehrere Brücken miteinander verbunden, von denen zwei über die lang gestreckte Donauinsel *Margit-sziget* führen, welche eine angenehme Ruhezone inmitten der hektischen Großstadtatmosphäre bildet.

Aber auch in der näheren Umgebung von Budapest lässt sich so manches entdecken. Nur rund 20 km nördlich der Zwei-Millionen-Stadt liegt das *Donauknie*. Hier ändert der gemächlich dahinfließende Strom eingezwängt zwischen die bis ans Ufer heranreichenden Berge urplötzlich seine Richtung, um von nun an schnurstracks nach Süden zu fließen. Orte wie *Szentendre, Vác, Visegrád* und *Esztergom* sind sämtlich einen Ausflug wert. Naturliebhaber werden den Blick von der Visegráder Burg über die beschauliche Donaulandschaft schätzen. Szentendre lädt eher zum Bummeln und einkaufen ein, während die Städte Vác und Esztergom auch Kunstinteressierte anlocken. Wer sich nicht entscheiden kann, entdeckt mit dem Auto an einem oder zwei Tagen bequem alle vier Ausflugsziele. Oder man verbringt eben gleich einige Urlaubstage in der gemütlichen und erholsamen Atmosphäre des Donauknies und macht von dort aus eine Stippvisite ins hektische und turbulente Budapest.

Das Land der Heilquellen mausert sich zum Wellness-Paradies

von Petra Sparrer

Wer eintaucht in 38 Grad heißes Thermalwasser, ist im Winter von Dampf umhüllt und erlebt auch an heißen Sommertagen ein entspannendes Wohlgefühl. Saunen, entschlacken, relaxen, Dampfbaden und sich massieren lassen – ist man erst einmal in Ungarn, braucht man hierzu keine lange Reise mehr zu machen. Rund 1300 heiße Quellen und 300 Thermalbäder bereiten Entspannungsbedürftigen, Wellness-Pilgern und Kurgästen da schon eher die Qual der Wahl. Von keinem Ort in Ungarn ist die Strecke bis zum nächsten Thermalbad weiter als 50 km; im Gegenteil, das ist für hiesige Verhältnisse schon eine Weltreise.

Allein 120 Quellen wurden in Budapest gezählt, einer Bäderstadt mit wahrlich langer Tradition, von den Römern über die Ära der Türken bis zu den heutigen Wellness-Paradiesen in den modernen Hotels, zum Beispiel auf der Margareteninsel. Neben den klassischen Heilbädern und zahlreichen neuen Verwöhnbädern für Körper und Seele gibt es zum Beispiel in Mikolc-Tapolca, Abaliget und Jósvafö im Aggtelek-Nationalpark Höhlen mit heilwirkender Luft für Atemwegserkrankungen. Kapuvár und Mátraderecske sind besonders für $C0_2$-Therapien gegen Gefäßverengungen bekannt.

Erkrankungen des Bewegungsapparates, Rheuma oder gynäkologische Beschwerden kuriert zum Beispiel das Heilwasser in Gyula. Insgesamt 20 Innen- und Außenbecken sind im Schlosspark der einzigen in Ungarn noch erhaltenen Ziegelburg verteilt. Auch Hajdúszoboszló in der Nähe von Debrecen und der Hortobágy-Puszta gilt als Mekka für Rheumaerkrankte und besitzt inzwischen einen modernen Aquapark. Zum gesamten Areal gehören 6500 qm Wasserfläche. Die Ungarn lieben ihre Bäder und besuchen sie fast täglich, nicht zuletzt um durch Wassergymnastik fit zu bleiben oder ein gemütliches Schwätzchen im warmen Wasser zu halten.

Denn sich wohl und schön zu fühlen ist für sie mindestens ebenso wichtig wie die Gesundheit. Kneipp-Kur, Massage, Ayurveda, Aromatherapie, Akupunktur und was der Markt noch so zur körperlichen und seelischen Entspannung zu bieten hat, werden in der Regel in Heilbädern und Hotels mit Kurabteilung noch zu gästefreundlichen Preisen angeboten.

Subventionen und Staatsgelder in Höhe von insgesamt 370 Millionen Euro sind in den vergangenen Jahren in den Ausbau und die Renovierung der teilweise schon in die Jahre gekommenen ungarischen Kurbäder geflossen. In Sárvar an der österreichischen Grenze entstand der größte und modernste Badekomplex des Landes (www.badsarvar.hu): Hier entspringen sogar zwei Heilquellen, die eine 43 Grad, die andere 83 Grad heiß und sehr salzhaltig. In Bad Héviz gibt es einen 4,8 Hektar großen, natürlichen Heilsee, dessen schwefelhaltiges Wasser sich aus mehreren tausendjährigen Karstquellen ständig wieder erneuert. Den Grund des Sees bedeckt (in 38 m Tiefe) eine dicke Schicht torfigen Heilschlamms; an seiner Oberfläche blühen Seerosen. Die hölzernen Badehäuser wurden behutsam und auf Authentizität bedacht renoviert. Romantischer kann man sich ein Bad kaum wünschen. Sich einmal völlig treiben lassen? Dazu ist in diesem Gewässer auch geübten Schwimmern ein Schwimmreifen wärmstens zu empfehlen. Ohne sich zu bewegen, damit man an der Wasseroberfläche bleibt, braucht man dann keinerlei Anstrengung mehr zu unternehmen und kann total entspannen.

Information Héviz und westungarische Heilbäder wie Bad Bük und der vergleichsweise junge Kurort Zalakaros sind per Charterflug erreichbar. Schönheitswochen sowie Bade- und Heilkuren sind über zahlreiche Reiseveranstalter pauschal buchbar (z. B. im Internet unter www.kurdirekt.de oder www.wirreisen.com.

Große Tiefebene

Den größten Teil des Gebietes östlich der Donau nimmt das *Alföld* (Großes Ungarisches Tiefland) ein. Diese weite Ebene wird durch die Theiß in zwei Regionen unterteilt, wobei man das Gebiet zwischen den beiden Strömen als Donau-Theiß-Zwischenstromland bezeichnet. Hauptort dieses Landstrichs ist Kecskemét, eine lebendige Universitätsstadt inmitten eines riesigen Obst- und Weinanbaugebiets. Doch nicht nur Landwirtschaft ist das Markenzeichen dieser Region, man verbindet noch ein anderes Attribut mit dem östlichen Ungarn: die *Puszta*. Südwestlich von Kecskemét hat man einen kleinen Teil dieser ursprünglichen Landschaftsform mit dem Namen *Bugac-Puszta* unter Naturschutz gestellt, um wenigstens in diesen geschützten Arealen die einzigartige Flora und Fauna sowie den typischen Charakter dieser Landschaft zu bewahren.

Ein weiterer Höhepunkt der Großen Tiefebene ist die Stadt *Szeged* an der Theiß, die nicht nur wegen ihres berühmten Gulaschs einen Besuch wert

Folkloretraditionen werden in Ungarn liebevoll bewahrt

ist. Entlang der östlichen Landesgrenze gelangt man über Békéscsaba und Gyula nach *Debrecen*, der zweitgrößten Stadt des Landes, die gleichzeitig kulturelles und wirtschaftliches Zentrum des Gebiets östlich der Theiß ist. Zwischen Debrecen und dem Theißsee, einem Tipp für Camper, Angler und Naturliebhaber, liegt die berühmte Hortobágy-Puszta. Ein Ausflug mit Puszta-Programm oder geführter Wanderung zu den hier zahlreich lebenden Vögeln ist nicht nur Vogelkundigen wärmstens zu empfehlen.

Nordungarn

Östlich der Donau nimmt zwar das Alföld den weitaus größten Teil ein, dennoch darf man den gebirgigen Anteil dieser Region keineswegs außer acht lassen. Diese Gebirgszüge mit Namen *Cserhát-*, *Matra-*, *Bükk-* und *Zemplén-Gebirge* sind allesamt Ausläufer des Karpatenbogens. Im Matra-Gebirge befindet sich mit dem Kékes (1015 m ü. NN) auch der höchste Punkt des gesamten Landes. Bleibt zu erwähnen, dass diese wald- und felsenreiche Mittelgebirgslandschaft ein einziges Wanderparadies darstellt, wenngleich hier auch Eisenbahn-Freaks auf den entlegensten Strecken Ungarns, die z. T. noch Schmalspurbahnen sind, voll auf ihre Kosten kommen. Ein weiterer Anziehungspunkt gesellt sich zu der einzigartigen Landschaft: der Weinbau. Orte wie *Tokaj* oder *Eger* (zu Deutsch: Erlau) lassen jeden Weinliebhaber völlig zu Recht mit der Zunge schnalzen.

Westbahnhof Budapest: Die Konstruktion stammt von Gustave Eiffel

Anreise

Ungarn liegt nah. Von München nach Budapest ist es nicht viel weiter als nach Hamburg (rund 780 km), von Nürnberg ist es genauso weit wie nach Paris, und selbst von Hamburg aus fährt man nicht einmal 1.400 Straßenkilometer.

Ob mit dem Flugzeug in wenigen Stunden, mit dem Auto oder der Bahn in einem Tag oder mit dem Fahrrad oder Schiff in einigen Tagen – jede Anreisevariante hat ihre eigenen Reize, ihre Vor- und Nachteile und selbstverständlich auch ihren Preis.

Mit dem eigenen Fahrzeug

Falls sich mehrere Mitfahrer die Benzinkosten teilen, eine preiswerte, allerdings auch anstrengende Anreisemöglichkeit. Größter Vorteil: Auch vor Ort bleibt man beweglich.

Die Unabhängigkeit durch das eigene Auto oder Motorrad wird man bald zu schätzen wissen. Auch wenn das Netz der öffentlichen Verkehrsmittel in Ungarn recht gut ausgebaut ist, ermöglicht gerade das eigene Fahrzeug ein bequemes Abweichen von den Touristenpfaden.

Prüfen Sie vor der Abfahrt auf jeden Fall den Zustand Ihres Fahrzeugs. Einschließlich Hin- und Rückfahrt kommen schnell 3.000 km und mehr zusammen. Den Verschleiß, etwa bei Reifen, Auspuff und Kupplung, sollten Sie also von vornherein einkalkulieren. Die Autowerkstätten in Ungarn sind zwar recht günstig, können aber nicht unbedingt mit jedem Problem fertig werden, was besonders in abgelegenen Teilen der Provinz gilt. Auch sind passende Ersatzteile nicht immer vorrätig. Wir waren zum Beispiel froh, binnen drei Tagen (!) eine defekte Zylinderkopfdichtung ausgetauscht zu bekommen, die extra aus Budapest geholt werden musste.

Information Aktuelle Informationen zur Anreise mit dem eigenen Fahrzeug erhalten Sie in Ihrer nächsten **ADAC-Geschäftsstelle** oder unter www.adac.de; beim **Verkehrsclub Deutschland VCD e. V.**, Eiselstr. 2, 53027 Bonn, ✆ 0228/985850, 📠 9858510, mail@vcd.org, www.vcd.org.

Werkzeug

Wichtig erscheint uns die Mitnahme folgender Gegenstände: intaktes Reserverad, (gefüllter) Benzin- und Ölkanister, wichtiges Werkzeug, Abschleppseil, Warndreieck, Verbandskasten, Straßenkarten. Überprüfen Sie regelmäßig den Säurestand der Batterie, Ölstand und Kühlwasser und vor Fahrtbeginn die Bremsflüssigkeit.

Papiere

Neben dem gültigen Personalausweis oder Reisepass benötigen Sie Ihren nationalen Führerschein, den Fahrzeugschein und die internationale grüne Versicherungskarte. Ein *Nationalitätenkennzeichen* am Fahrzeug ist vorgeschrieben. Besonders empfehlen möchten wir außerdem den Erwerb eines *Auslandschutzbriefes*, zum Beispiel vom ADAC oder Ihrer Versicherung und eventuell einer *Reisegepäckversicherung.* Teilweise sind so genannte *Rundum-Sorglos-Pakete* inklusive Reiseunfall-, Kranken-, Haftpflicht- und Gepäckversicherung sogar preisgünstiger. In den meisten Reisebüros werden solche Arrangements der Firmen *Elvia* und *Europäische Reiseversicherung* angeboten (www.elvia.de, www.erv.de).
Bei neueren Fahrzeugen kann sich auch eine kurzfristige *Vollkaskoversicherung* lohnen. Vergleichen Sie die Tarife von ADAC und verschiedenen Versicherungen.

Anreisewege

Fast alle Wege führen über Wien. Für Urlauber aus dem norddeutschen Raum ist die Anfahrt über die A 3 (E 56), die Autobahn Nürnberg-Regensburg-Passau, und weiter über Linz nach Wien, die schnellste und bequemste. Für viele Bayern und Baden-Württemberger ist dagegen die Strecke A 8 (E 52), die Autobahn Stuttgart-München-Salzburg(-Linz-Wien), günstiger.
Von Wien aus hängt die weitere Anfahrt vom Reiseziel ab. Nach Budapest führt der direkte Weg über die A 4 und den Grenzübergang Nickelsdorf-Hegyeshalom, wo es im Sommer oft lange Wartezeiten gibt, und dann weiter über Győr und Tatabanya auf durchgehender Autobahnverbindung. Auch für Plattenseeurlauber ist diese Variante ideal; für sie geht es in Győr weiter auf der Straße Nr. 82 nach Veszprém. Eine Ausweichmöglichkeit ist der Grenzübergang Deutschkreutz-Kópháza südlich von Sopron. Die Grenze bei Klingenbach-Sopron ist dagegen häufig überlastet. Die ungarischen Grenzübergänge sind in der Regel täglich 24 Stunden geöffnet, also z. B. Pamhagen-Fertőd, Rattersdorf-Kőszeg, Schachendorf-Bucsu (bei Szombathely) und Heiligenkreuz-Rábafüzes (bei Szentgotthard).

Die Anreisevariante über Chemnitz/Dresden und dann Prag-Brno-Bratislava-Győr (E 59) ist zwar insbesondere für Urlauber aus den neuen Bundesländern die nach Kilometern günstigste, jedoch nicht unbedingt die schnellste Möglichkeit. Wer geringen Kraftstoffverbrauch (außerdem günstige Spritpreise in Tschechien und der Slowakei!) über Bequemlichkeit und Schnelligkeit stellt oder die Strecke von Hin- und Rückreise variieren möchte, kommt dabei indes auf seine Kosten.

Unterwegs in Österreich

- **Allgemeines**: Zur Einreise genügen ein gültiger Personalausweis oder Reisepass. Für Ihr Fahrzeug müssen Sie Führerschein und Fahrzeugschein mitführen. Zahlungsmittel ist seit März 2003 der Euro.
- **Abweichende Verkehrsbestimmungen**: Höchstgeschwindigkeit im Ortsgebiet 50 km/h, außerhalb geschlossener Ortschaften 100 km/h und auf Autobahnen 130 km/h. Im Bereich von 80 m vor und hinter Bahnübergängen darf nicht überholt werden. Vorfahrtberechtigte verlieren durch Anhalten die Vorfahrt. Das Parken auf Fahrbahnen mit Gegenverkehr ist untersagt, wenn nicht mindestens zwei Fahrstreifen für den fließenden Verkehr frei bleiben. Im eingeschränkten Halteverbot darf bis zu zehn Minuten gehalten werden. Kindern ist immer das Überqueren der Fahrbahn zu ermöglichen. Motorrad- und Mopedfahrer müssen stets einen Verbandskasten mitführen. Beim Abschleppen darf die Warnblinkanlage nicht eingeschaltet werden. Die Promillegrenze liegt bei 0,5 %. Verkehrsverstöße können an Ort und Stelle mit Ordnungsstrafen ("Organmandat") geahndet werden. Rechtskräftige Strafverfügungen können auch in Deutschland vollstreckt werden.
- **Autobahnmaut**: Für die österreichischen Autobahnen ist generell eine Gebühr in Form einer Vignette ("'Pickerl") zu entrichten. Für Urlauber empfehlenswert ist die Zehntagesvignette für 7,80 € oder die Zweimonatsvignette für 21,80 €. Eine Jahresvignette kostet 72,60 €. Man bekommt die Vignetten an der Grenze und an grenznahen Tankstellen, aber auch in in allen ADAC-Geschäftsstellen in Deutschland.
- **Pannenhilfe/Notrufe:** Die Straßenwachtfahrzeuge des ÖAMTC sind rund um die Uhr in Österreich unter ✆ 120 zu erreichen; **Feuerwehr** ✆ 122, **Polizeinotruf** ✆ 133 und **Rettungsdienst** ✆ 144. Rund um die Uhr erreichen Sie die ÖTAMC-Beratung in Wien unter ✆ 0810120120.
- **Feiertage**: 1. Januar, 6. Januar, Ostermontag, 1. Mai, Christi Himmelfahrt, Pfingstmontag, Fronleichnam, 15. August, 26. Oktober, 1. November, 8. Dezember, 24. und 25. Dezember.

• *Adressen* **Österreichische Botschaft**, Stauffenberger Str. 1, 10785 Berlin, ✆ 030/202870, 📠 030/2290569, austria.berlin@t-online.de, www.oesterreichische-botschaft.de.

Deutsche Botschaft, Metternichgasse 3, A-1030 Wien, ✆ 0043/1/71154-0, 📠 0043/1/718366, www.deubowien.at.

Österreich-Information, Postfach 701580, 81315 München, Mo–Fr 9–17 Uhr, ✆ 089/66670100, www.austria.info.de.

Österreichischer Automobil-, Motorrad- und Touringclub (ÖAMTC), Schubertring 1–3, A-1010 Wien, ✆ 0810/120120.

Unterwegs in der Tschechischen und der Slowakischen Republik

- **Allgemeines**: Zur Einreise genügen ein gültiger Personalausweis oder Reisepass. Für Ihr Fahrzeug müssen Sie Führerschein und Fahrzeugschein mitführen. Im Schadensfall benötigen Sie die grüne Versicherungskarte. Zahlungsmittel sind in der Tschechischen Republik die tschechische Krone (1 € = 31,94 czk) und in der Slowakischen Republik die Slowakische Krone (1 € = 41 skk) Die Ein- und Ausfuhr der Landeswährungen ist nur bis zu 100 Kronen erlaubt (Quittungen aufbewahren). Die meisten Banken sind von Mo–Fr 8–12 und 13–16.30 Uhr geöffnet.
  Alle Wertgegenstände sind bei der Einreise zu deklarieren. Erkundigen Sie sich schon bei der Einreise nach den Ausfuhrbestimmungen.
- **Abweichende Verkehrsbestimmungen**: Absolutes Alkoholverbot (0,0 Promille). Höchstgeschwindigkeit innerorts sowohl in der Tschechischen als auch in der Slowakischen Republik 50 km/h, außerhalb geschlossener Ortschaften 90 bzw. 70 km/h, auf Autobahnen 130 km/h. Achten Sie auf die Hinweisschilder. Tempolimit vor Bahnübergängen 30 km/h. Beim Parken muss ein mindestens 3 m breiter Fahrstreifen für jede Fahrtrichtung frei bleiben. Park- und Halteverbot auf Brücken und bis zu 15 m vor und nach Bahnübergängen, Tunnels und Unterführungen. Parkverbot bei gelben Linien am Fahrbahnrand. Abbiegende Straßenbahnen haben Vorfahrt. Unfälle müssen der Polizei gemeldet werden; am Unfallort darf nichts geändert werden. Während der Winterzeit (Ende Oktober bis Ende März) muss ganztägig mit Ablendlicht gefahren werden, Motorräder müssen grundsätzlich immer mit Abblendlicht fahren.

Besondere Verkehrs- und Hinweisschilder: PRUJEZD ZAKAZAB = gesperrt für Fahrzeuge aller Art, JEDNOMERNY PROVOZ = Einbahnstraße, OBJIZDKA = Umleitung, H NEMOCNICE = Krankenhaus.

- **Autobahnmaut**: Für die tschechischen Autobahnen ist eine Jahresvignette für 900 czk (ca. 30 €), eine Monatsvignette für 250 czk (ca. 8,50 €) oder eine 10-Tages-Vignette für 150 czk (ca. 5,10 €) erforderlich. Auf slowakischen Autobahnen wird ebenfalls eine Vignette benötigt, entweder eine 1 Jahr gültige für 750 skk (ca. 18 €) oder eine 15-tägige für 150 skk (ca. 3,60 €). Die Vignette ist gut sichtbar an der Windschutzscheibe anzubringen. Die jeweiligen Aufkleber besorgt man sich am besten an den Grenzübergängen. Sie sind aber auch bei Postämtern und Tankstellen entlang der mautpflichtigen Strecken erhältlich.
- **Pannenhilfe/Notrufe**: Kostenpflichtige Pannenhilfe leistet inTschechien der UAMK rund um die Uhr unter ✆ 1230, auf der Autobahn kann man die orangen Notrufsäulen verwenden, in der Slowakei die ASA unter ✆ 18124. Der ADAC hat gemeinsam mit dem tschechischen Automobilclub in Prag eine Notrufstation mit deutschsprachigen Mitarbeitern eingerichtet, die in

Tschechien unter (02)61104351, in der Slowakei unter 0042-02-61104351 zu erreichen ist. Außerhalb der Sprechheiten wird die Nummer der Münchner Notrufzentrale angesagt.
Sowohl in Tschechien als auch in der Slowakei erreicht man die **Polizei** unter ✆ 158, den **Rettungsdienst** unter ✆ 155.

- **Feiertage**: Tschechische Republik: 1. Januar, Ostermontag, 1. Mai, 8. Mai, 5. und 6. Juli, 28. Oktober, 24.–26. Dezember.
Slowakische Republik: 1. Januar, 6. Januar, Ostermontag, 1. Mai, 5. Juli, 29. August, 1. September, 15. September, 1. November, 24.–26. Dezember.

• *Adressen* **Botschaft der Tschechischen Republik**, Wilhelmstr. 44, 10117 Berlin, ✆ 030/226380, 📠 030/2294033, berlin@embassy.mzv.cz.
Deutsche Botschaft in der Tschechischen Republik, CZ-12560 Prag 1, Malá Strana, Vlasská 19, ✆ 00420/257113111.
Tschechische Zentrale für Tourismus, Friedrichstr. 206, 10969 Berlin, ✆ 030/2044770, tourinfo@czech-tourist.de , www.czech-tourist.de.
Botschaft der Slowakischen Republik, Pariser Str. 44, 10707 Berlin, ✆ 030/8892620, 📠 030/-88926222, berlin@botschaft-slowakei.de.
Deutsche Botschaft in der Slowakischen Republik, Hviezdoslavovo nám 10, SK-81303 Pressburg, ✆ 00421/2/59204400, 📠 00421/2/54419634, Bereitschaftsdienst für Notfälle: 0903/444633.
Slowakische Zentrale für Tourismus, Zimmerstr. 27, 10969 Berlin, ✆ 030/25899363, 📠 030/25899364, tourismus@botschaft-slowakei.de, www.slovakiatourism.sk.

Unterwegs in Ungarn

- **Allgemeines**: Zur Einreise genügen ein gültiger Personalausweis oder Reisepass. Für Ihr Fahrzeug müssen Sie Führerschein, Fahrzeugschein und internationale grüne Versicherungskarte mitführen. Zusatzbremsleuchten müssen abgedeckt oder abgeschaltet werden.

Achtung: Neben schlecht oder gar nicht beleuchteten Fahrrädern und ebensolchen Pferdefuhrwerken muss in Ungarn ständig mit Fußgängern gerechnet werden, die die Straße mitbenutzen. Vor allem bei schlechten Sichtverhältnissen, in Kurven und bei Dunkelheit ist deshalb unbedingt ein besonders vorsichtiger Fahrstil angebracht.

- **Abweichende Verkehrsbestimmungen**: Absolutes Alkoholverbot im Straßenverkehr (0,0 Promille). Höchstgeschwindigkeit außerhalb geschlossener Ortschaften für Pkw und Motorräder 90 km/h, auf allen Schnellstraßen 110 km/h und auf Autobahnen 130 km/h. Überholen in Kurven, auf Kreuzungen und Bahnübergängen ist verboten. Außerhalb geschlossener Ortschaften ist tagsüber Abblendlicht vorgeschrieben. Verstöße gegen Park- und Halteverbote werden streng geahndet; mit Abschleppen muss gerechnet werden.
- **Autobahnmaut**: Gebührenpflichtig sind in Ungarn die Strecken der M1 vom Grenzübergang Hegyeshalom bis nach Budapest, der M15 von Hegyeshalom bis Rajka, der M3 von Budapest bis Füzesabony. Für die M1 und M3 braucht man Vignetten, die man an Tankstellen kaufen kann (Preis: für 4 Tage ca. 7,50 €, für einen Monat ca. 12 €. Weiterhin gebührenpflichtig ist die Autobahn M5 von Budapest über Kecskemét bis nach Kiskunfélegyháza.

Pferdekutschen – in Ostungarn häufige Verkehrsteilnehmer

Die jeweiligen Gebühren sind direkt an der Autobahn an den jeweiligen Mautstellen zu entrichten.

- **Pannenhilfe**: vermittelt rund um die Uhr der ungarische Automobilclub MAK unter seiner Notrufnummer ✆ 188. Polizeinotruf in großen Städten ✆ 107 (sonst ✆ 007) und Unfallrettung in großen Städten ✆ 104. Die gemeinsame deutschsprachige Notrufstation von ADAC und MAK erreichen Sie unter ✆ 3451744.

Adressen **Magyar Autóclub (MAK)**, Rómer Flóris utca 4a, H-1024 Budapest II., ✆ 061/2122938, www.autoklub.hu.

Mit dem Fahrrad

Ein Erlebnis für Radler mit guter Kondition – schon mit der Anreise beginnt der Urlaub. Grundsätzlich ist alles möglich: die Anreise im eigenen Sattel oder der Transport des Drahtesels per Bahn, Schiff, Flugzeug oder eigenem Fahrzeug.

Die **direkte Anreise** führt meist über Österreich, aber auch die Tschechische und die Slowakische Republik bilden eine mögliche Variante. Der *Donauradweg* von Passau nach Wien ist besonders lohnenswert und radfahrerfreundlich.

Zu den schönsten Teilstücken zählt die rund 30 km lange Strecke durch die Wachau von Aggsbach-Markt bis Krems. In beiden Orten gibt es jeweils einen *Fahrradverleih* der Österreichischen Bundesbahn (Rückgabe an beiden Bahnhöfen möglich). In Ungarn finden Radfahrer die schönsten Strecken rund um Balaton, Velence-See und am Neusiedler See sowie die Tiefebene zwischen Bratislava und Györ. Im Internet finden Sie eine deutschsprachige Seite zum Thema Fahrradmitnahme in ungarischen Verkehrsmitteln unter www.elvira.hu.

Zum Schmökern und Vorbereiten

• *Karten* Ungarn, 1:800.000, Euro-Cart, RV-Verlag. Übersichtskarte mit Kilometrierung, Stadtplänen und Ortregister.

Magyarország, 1:500.000, Cartographia Verlag Budapest. erst in Ungarn erhältlich.

Radwanderkarte, Ungarisches Tourismusamt. Kostenlose Karte zu den wichtigsten Radfernwegen des Landes.

Donau-Radweg, Teil 3: Von Wien bis Budapest, 1:75.000, *bikeline*-Radtourenbuch, Verlag Esterbauer, Rodingersdorf.

• *Literatur* Radurlaub in Ungarn, Verlag Frigoria GMK Kiadóiroda, Budapest 1992. Deutschsprachiger Radwanderführer mit 32 Radtouren in ganz Ungarn, nur vor Ort erhältlich.

Am Strom entlang: Donau, Wien bis Budapest, Moby Dick Verlag 1996.

Radreisen 2003, Radreisekatalog mit 130 ausgewählten Radreisen in Deutschland, Europa und der weiten Welt, präsentiert von 84 Radreiseanbietern in Zusammenarbeit mit dem ADFC. Die Broschüre kann kostenlos bezogen werden über www.radreisen-online.de.

Bahn&Bike, Infobroschüre der DB AG. Kostenfrei erhältlich an den DB-Verkaufsstellen.

Europe by bike, ECF 2002. Englischsprachige Broschüre über verschiedene Radelregionen in Europa.

Mit der Bahn kann das Rad inzwischen nicht mehr vorausgeschickt werden. Das Umsteigen in Wien oder Prag ist unvermeidlich, seit es keine Direktzüge von Köln oder München mehr gibt. Eine weitere Möglichkeit ist, an der deutsch-tschechischen Grenze in Dezin in den Zug nach Bratislava umzusteigen. Auskünfte erteilt die Radfahrer-Hotline der Deutschen Bahn unter ✆ 01805/151415 (0,12 EUR/Min., Mo–Fr 8–20 Uhr, Sa/So 9–14 Uhr, www.bahn.de/bahnundbike).

Mit dem Schiff besteht eine Möglichkeit, das Fahrrad auf dem Tragflügelboot der Firma Mahart PassNave mitzunehmen. Es fährt auf der Donau in sechs Stunden von Wien über Bratislava nach Budapest. Es verkehrt zwischen Mitte April und Ende Oktober ein- bzw. zweimal am Tag in beide Richtungen und kostet pro Person 75 € (einfache Fahrt) und 18 € pro Fahrrad.

Mit dem Flugzeug ist die Mitnahme eines Fahrrads als Gepäckstück innerhalb der 20-kg-Freigepäckgrenze grundsätzlich gestattet. Einige Fluggesellschaften verlangen jedoch um die 30–45 € für den Hin- und Rücktransport eines Fahrrads. Am besten vor der Buchung erkundigen.

Fahrradpauschalreisen bieten zum Beispiel die ungarische Reisebüros Velo-Touring und Express an. Infos bekommt man auch vom Ungarischen Mountainbike Verband und vom Ungarischen Verband für Tourenradler.

• *Information* **Velo-Touring**, Előpatak u. 1., H-1118 Budapest, ✆ 1/319-0571, 📠 319-0576, velo-touring@matavnet.hu, www.velo-touring.hu.

Express, Semmelweis u. 4, H-1052 Budapest V, ✆ 1/317 86 00, 📠 317 68 23.

Mahart Passnave, H-1056 Budapest, Belgrád rakpart, ✆ 1/4844010, 📠 2666370, hydrofoil@mahartpassnave.hu, und A-1021 **Wien**, Handelskai 265, ✆ 1/72 92 161, 📠 7292163, mahartpass@aux.net, www.mahartpassnave.hu.

• *Weitere Auskünfte über die Anreise mit dem Fahrrad* **Allgemeiner Deutscher Fahrrad-Club (ADFC)**, Postfach 107747, 28077 Bremen, ✆ 0421/34639–0, ℻ 34639-60, kontakt@adfc.de, www.adfc.de. Buch- und Kartentipps, Tourenbeschreibungen, Ausrüstungstipps, Vermittlung von Adressen erfahrener (Ungarn-) Tourenradler, Auskünfte über Anbieter von Pauschal-Radwandertouren durch Ungarn, usw. **ARGUS**, Österreichischer Fahrrad-Club, Frankenberggasse 11, A-1040 Wien, ✆ 01/5050907, service@argus.or.at, www.argus.or.at.

Mit der Bahn

Der schnelle Schienenweg – von jungen Leuten bevorzugt. Der Bahnfahrt nach Ungarn geht meist eine Irrfahrt durch den Tarifdschungel voraus. Gute Beratung ist bares Geld wert.

Zur Orientierung: Eine einfache Fahrt von Köln nach Budapest bzw. Budapest nach Köln ohne Ermäßigungen kostet 136,40 € (2. Klasse) und dauert 12 Stunden und 40 Minuten. Generell ist die gleichzeitige Buchung von Hin- und Rückfahrt (Returnticket) erheblich billiger, als wenn man die Fahrkarten einzeln kauft. Platzkarten sind in jedem Fall zu empfehlen.

Welche Ermäßigungen kommen in Betracht? Wir empfehlen auf jeden Fall eine **ausführliche Beratung** im Bahnhof, Reisebüro oder einer anderen DB-Verkaufsstelle, weil es eine Vielzahl ständig wechselnder und sich gegenseitig z. T. ausschließender Sparmöglichkeiten für die Bahnfahrt nach Ungarn gibt. Auskünfte erhält man in Deutschland unter ✆ 01805/996633 oder -22 und unter www.bahn.de, in Österreich unter ✆ 0043/1/930007755 oder unter www.oebb.at und in der Schweiz unter ✆ 0041/(0) 512201111 oder unter www.sbb.ch. Auskünfte über die internationalen Bahnverbindungen der ungarischen Staatsbahn bekommt man unter ✆ 0036/1/4165500 rund um die Uhr auch in deutscher Sprache oder im Internet unter www.mav.hu.

Hier ein paar Überlebenstipps für den Tarifdschungel: Der Kauf eines **Inter-Rail-Tickets**, das auch in Ungarn gilt, lohnt sich eigentlich nur für den, der innerhalb der einmonatigen Gültigkeitsdauer auch noch andere europäische Länder besuchen möchte. Es gilt für unbegrenzte Fahrten mit den staatlichen Bahnlinien von 28 europäischen Ländern, wobei für alle Strecken im Heimatland die Hälfte des regulären Fahrpreises zu zahlen ist Günstiger wird es, wenn man schon im Voraus die entsprechenden Zielgebiete festlegt. Hier kann man dann die sog. **Zonenpässe** nutzen. So kostet zum Beispiel ein Ticket, das einen Monat lang für 3 Zonen gilt für Kinder (4–11 Jahre) 234 €, für Jugendliche von 12 bis 25 Jahren 329 € und für Erwachsene ab 26 Jahren 552 €. Entscheidet man sich für nur 1 Zone und eine Gültigkeitsdauer von nur 12 Tagen, so kostet ein Interrailticket entsprechend für Kinder 133 €, für Jugendliche 182 € und für Erwachsene 266 €.

Wenn man eine Bahncard besitzt, die ja bekanntlich nur innerhalb Deutschlands gilt, bekommt man für 15 € zusätzlich einen Railplus-Ausweis, mit dem man in 28 europäischen Ländern inklusive Österreich 25 % Ermäßigung auf den normalen Fahrpreis bekommt. Die Bahncard 50, die 50 % Rabatt auf normale Preise auf Inlandstrecken gewährt, kostet 200 €. Die Bahncard 25 kostet 50 € (2. Klasse) und gewährt 25 % Rabatt. Vorteilhaft sind die **Mitfahrer**-Ermäßigungen. Bis zu vier Mitfahrer erhalten jeweils 50 % Rabatt, wenn sie vorher auf das Ticket eingetragen wurden, Kinder bis 15 Jahre fahren kostenlos mit. Lassen Sie sich trotzdem ausführlich beraten, denn hinzu kommen eventuell Möglichkeiten, die Bahncard mit anderen Spartarifen zu koppeln. Erkundigen Sie sich auch nach den Preisen der verbleibenden Strecken durch Österreich und Ungarn.

Fragen Sie gezielt nach Sparpreisen, ICE-Sparpreis sowie ICE-Super-Sparpreis, Familientickets, Frühbucherrabatten und Gruppenermäßigungen.

Empfehlenswert für junge Leute, die noch nicht 26 Jahre alt sind, sind **Transalpino** und **Twen-Tours**. Diese und ähnliche Tickets bringen deutlich ermäßigte Fahrpreise im In- und Ausland. Prospekte sind in jedem Reisebüro erhältlich. Zuschläge gehen stets extra, weitere Ermäßigungen sind bei diesen Tickets nicht möglich.

Mit dem Flugzeug

Schnell und komfortabel – nicht nur fürs Einkaufswochenende in Budapest. Die einfachste, schnellste und bequemste Lösung, und manchmal auch die günstigste. Es gibt zahlreiche Billigflüge, vor allem für Frühbucher. Direktflüge nach Budapest starten von den meisten wichtigen Abflughäfen in der Bundesrepublik. Die Flugdauer beträgt zwischen anderthalb und dreieinhalb Stunden.

Zu den günstigsten Fluggesellschaften, die Budapest anfliegen, zählen zum Beispiel *German Wings, Air Berlin*, die ungarische Fluggesellschaft *Malév* und *Lufthansa*. Eine Alternative sind Direktflüge mit *Balaton Air* oder *Eurowings* zum Balaton-West-Airport in Sármellék am Plattensee, nur 11 km von Hévíz, 15 km vom Seeufer und Keszthely und 20 km von Zalakaros entfernt (siehe auch Einleitung Plattensee).

Sie können ihren Flug in einem Reisebüro, per Internet (www.expedia.de, www.weg24.de, www.aktuelle-urlaubsreisen.de, www.reisen.de, www.balatonair.de, www.germanwings.com, www.airberlin.com), direkt bei der Fluggesellschaft oder bei Discountern wie Travel Overland mit Sitz in München und Köln buchen. Grundsätzlich gilt dabei, je früher desto günstiger. Zu rechnen ist mit Preisen um die 150–190 €. Mit etwas Glück bekommt man sogar Schnäppchenpreise um die 45 € pro Flug. Frühbucher können bei Germanwings die seltenen Angebote ab 19,90 € ergattern (Callcenter: 01805/955855 (0,12 Cent/Minute, Infoschalter am Flughafen Stuttgart (0711/9483388).

Nach Budapest lohnt schon ein Ausflug zum Wochenend-Shopping

Ab Mai 2004 startet von Budapest aus mit *Wizz Air* eine weitere Billigfluglinie Die *Wizz Air Ltd.* wurde im September 2003 in London ins britische Firmenregister eingetragen, ist aber in ungarischer Hand. Einer ihrer Gesellschafter ist ein ehemaliger Malév-Generaldirektor. Die neue Airline verbindet zunächst Budapest mit London, weitere Flughäfen in Europa sollen folgen.

Airport-Hopping

Vor allem für Reisende aus grenznahen Regionen kann es sich unter Umständen lohnen, **aus dem Ausland nach Budapest** zu fliegen. Besonders in der Hochsaison, wenn die deutschen Maschinen bereits ausgebucht sind, kann sich das Nachfragen bei ausländischen Veranstaltern lohnen. So fliegt die **Sabena** von Brüssel nach Budapest; von Amsterdam fliegt man mit der *Malév* oder der *KLM* und von Luxemburg mit der Luxair (nähere Informationen in Ihrem Reisebüro).

Flugpauschalreisen

Für manchen wird es sich lohnen, gleich eine **Flugpauschalreise** zu buchen,. In der Bundesrepublik werden z. B. Arrangements von Neckermann

(Thomas Cook AG), vom ungarischen Reisebüro *IBUSZ* und einigen anderen Reiseveranstaltern angeboten. Zur Auswahl stehen vor allem Pauschalaufenthalte in Budapest, am Plattensee und in diversen Kur- und Heilbädern des Landes. Kataloge erhalten Sie in jedem Reisebüro oder bei den ungarischen Fremdenverkehrsämtern in Berlin, München oder Frankfurt (Adressen siehe S. 64)

• *Information* Auskunft, Buchung und Prospekt bei **IBUSZ**, Ungarisches Reisebüro (Generalvertretung bei ÖHV-Reisen), Köln, ✆ 0221/313013, 📠 313166. Außerdem in vielen Reisebüros.

Pannonia Ungarnreisen, Sonnenstr. 25, 80331 München, ✆ 089/553467, 📠 089/594307. info@panonia-ungarnreisen.de, www.pannonia-ungarnreisen.de

Rail & Fly

Mit einem **Rail & Fly-Ticket** der Deutschen Bahn, das man bei Vorlage des Flugscheins in allen Bahnhöfen kaufen kann, wird die Anreise zum Flughafen bequemer und preiswerter. Außerdem kann man damit günstige Flugsonderangebote in anderen Städten nutzen. Rail & Fly-Tickets gelten nur in Verbindung mit dem Flugticket, maximal einen Tag vor dem Abflug und einen Tag nach der Rückkehr, insgesamt aber nicht länger als zwei Monate.

Mit dem Bus

Die weniger bekannte Alternative zur Bahn. Deutlich preiswerter, aber auch anstrengender. Trotz moderner Reisebusse ist die lange Busreise nicht nur für großgewachsene Mitfahrer häufig eine Quälerei.

Deutsche Touring

Die Deutsche Touring GmbH unterhält vier Buslinien (Eurolines und Volanbusz), die für deutsche Ungarnurlauber interessant sind. Für alle gilt: Zwei Gepäckstücke und ein Handgepäck sind im Fahrpreis eingeschlossen; Kinder bis 4 Jahre bekommen 80 % Ermäßigung; 5- bis 12jährige zahlen die Hälfte; Schüler, Studenten und Senioren erhalten 10 % Ermäßigung. Der Saisonzuschlag (15.12.–15.1.) beträgt 5 €, für Hin- und Rückfahrt 8 €. Für Buchungen, die länger als 14 Tage im voraus erfolgen, gibt es 20 % Ermäßigung, wenn die Rückfahrt innerhalb von 4 Wochen erfolgt (begrenzte Plätze).

Information Auskunft, Prospekte und Anmeldung bei **Deutsche Touring GmbH** (✆ 069/7903–50, 📠 069/7903219, service@touring.com, www.deutsche-touring.com). Am Römerhof 17, 60486 Frankfurt/Main, sowie in vielen Reisebüros. Beratung, Service und Ticketverkauf in den insgesamt 14 Verkaufsstellen der Deutschen Touring in deutschen Großstädten, den DER-Reisebüros und den Reisezentren der Deutschen Bahn AG.

1. Linie T 299 von Dortmund bis Budapest

Je nach Saison drei- bis fünfmal wöchentlich fahren Busse in Dortmund ab (9.45 Uhr) über Essen, Düsseldorf, Köln, Frankfurt, Mannheim, Heidelberg, Stuttgart, Ulm, München und Győr (Ankunft jeweils um 6.05 Uhr nach Budapest (Busbahnhof Népliget, Ankunft um 7.45 Uhr. Fahrtdauer: Dortmund–Budapest rund 20 Stunden, Stuttgart–Budapest rund 14 Stunden.

Fahrpreise in Euro:

	nach Győr		nach Budapest	
von	einfach	hin/rück	einfach	hin/rück
München	66	104	68	110
Stuttgart, Heilbronn, Karlsruhe	80	126	82	133
Ulm	76	119	78	124
Frankfurt, Mannheim, Heidelberg	84	135	86	138
Dortmund, Essen, Düsseldorf, Köln	89	143	92	148

2. Linie T 292 von Düsseldorf bis Budapest

Abfahrt ab Düsseldorf, Köln, Frankfurt, Heilbronn, Nürnberg, Stuttgart, München, über Győr nach Budapest. Die Preise sind außer für Nürnberg und Regensburg identisch mit der Linie T 299.

Fahrpreise in Euro:

	nach Győr		nach Budapest	
Von	einfach	hin/rück	einfach	hin/rück
Nürnberg	76	119	78	124
Regensburg	66	104	68	110

3. Linie T 291 von Hamburg bis Budapest

Abfahrt ab Hamburg (10 und 12 Uhr), über Hannover, Braunschweig, Magdeburg, Berlin (16 Uhr), Dresden (19 Uhr) über Győr nach Budapest – je nach Saison zwei- bis viermal wöchentlich.

Fahrpreise in Euro:

	nach Győr		nach Budapest	
Von	einfach	hin/rück	einfach	hin/rück
Hamburg	83	138	86	143
Berlin	61	110	63	118
Dresden	50	90	52	93
Hannover, Braunschwg.	78	131	82	137
Magdeburg	73	121	75	128

4. Linie T 297 von München nach Keszthely

Die Busse fahren um 7 und 10.30 Uhr von München-Fröttmaning (P+R-Parkplatz) ab über Salzburg, Wels, Graz zum Plattensee nach Hévíz und Keszthely (Hotel Helikon, Ankunft 17.15 Uhr bzw. 21.15 Uhr).

Fahrpreise in Euro:

	nach Salzburg	nach Graz	nach Héviz, Keszthely
München einfach	18	40	56
hin/rück	30	66	94

Ab Wien

Ab **Wien** gibt es sogar mehrmals täglich Linienverbindungen mit Budapest, die ganzjährig vom ungarischen Busunternehmen Volánbusz in Zusammenarbeit mit der österreichischen Firma *Blaguss-Reisen* betrieben werden. Die Fahrt geht wahlweise vom Flughafen Wien (Abflughalle/Terminal 2), von der Grenze in Nickelsdorf oder von der Station der U 3 in Erdberg los. Die Busse kommen in Budapest am Busbahnhof Népliget an.

Preise: Budapest–Wien einfach 28 €, rund 26 € für unter 26-Jährige und 14 € für 4 bis 12-Jährige. Die Hin- und Rückreise kostet für Erwachsene 39 €, für unter 26-Jährige rund 36 € und für 4- bis 14-Jährige 20 €. Die Busse fahren um 7.30, 15.00, 17.15 und 19.15 Uhr ab. Die Fahrzeit beträgt 2 bis 3 Stunden.

• *Information* Auskunft, Prospekte und Anmeldung bei **Blaguss-Reisen**, Wiedner Hauptstr. 15, A-1040 Wien, ✆ 43/1/501800, ℻ 43/1/50180199, touristik@blaguss.at, www.blaguss.at oder **Volánbusz**, Erzsébet tér, H-1051 Budapest, ✆ und ℻ 3182122, www.volanbusz.hu.

Mit dem Schiff

Nach Ungarn mal ganz anders – mit dem Schiff von Straubing, Deggendorf oder Passau in Richtung Budapest mit Zwischenstopps in Linz, Krems und Wien. Die langsame Annäherung auf dem Wasserweg.

Zwischen Krems und Wien verkehren leider keine Linienschiffe mehr, sodass dieser Abschnitt wohl oder übel mit einem anderen Verkehrsmittel zurückgelegt werden muss.

1. Etappe: (Straubing –) Deggendorf – Passau – Linz – Wien

Von Ende April bis Ende Oktober verkehren Schiffe der Donauschifffahrt *Wurm & Köck* auf der Strecke Passau-Linz und zurück täglich (außer Montag). Abfahrt ist in Passau um 9 Uhr, Ankunft in Linz gegen 14 Uhr. Die Rückfahrt startet in Linz um 14.20 Uhr und erreicht Passau um 20.45 Uhr.

Die Weiterfahrt von Linz bis Wien bietet die Reederei Wurm & Köck jeden Samstag an (9 Uhr ab Linz, 20.30 Uhr an Wien). Zusätzlich steht jeden Mittwoch eine Fahrt, um 9 Uhr ab Linz, 16.20 Uhr an Krems, auf dem Programm.

Neu ab 2004 ist die Fahrt auf dem freifließenden Donauabschnitt zwischen Straubing und Vilshofen jeden Mittwoch im Juli und August (10 Uhr ab Straubing, 12 Uhr an/ab Deggendorf, 13.45 Uhr an Vilshofen). Insgesamt werden von der Reederei Wurm & Köck folgende Anlegestellen angefahren: Straubing, Deggendorf, Niederalteich, Vilshofen, Windorf, Passau, Obern-

zell, Engelhartszell, Niederranna, Wesenufer, Schlögen, Obermühl, Untermühl, Aschach, Brandstatt, Linz, Mauthausen, Grein, Melk, Spitz, Dürnstein, Krems, Tulln, Wien.

Der Fahrpreis von Passau nach Linz beträgt einfach 21 € (hin und zurück 24 €) bzw. 52 € von Linz nach Wien. Es sind auch Teilstrecken buchbar. Auf der Strecke Passau–Linz–Wien werden die Fahrräder kostenlos mitgenommen. Von Straubing über Deggendorf nach Passau kostet die Fahrradbeförderung 2 €.

2. Etappe: Von Linz bis Krems

Die Donauschifffahrtsgesellschaft *Ardagger* betreibt den Linienverkehr zwischen Linz und Krems. Anlegestellen auf dieser Strecke sind Linz, Mauthausen, Ardagger, Grein, Ybbs, Marbach, Pöchlarn, Melk, Spitz, Dürnstein und Krems.

Der Fahrpreis für die gesamte Strecke beträgt rund 35 €, es können aber auch nur Teilstrecken befahren werden. Landschaftlich am reizvollsten ist die Strecke durch die Wachau vom Kloster Melk nach Krems. Die Donau durchbricht hier auf rund 30 km steile Waldhänge und schlängelt sich an üppigen Weinbergen vorbei (z. B. den Spitzer Tausendeimerberg), auf denen viele alte Burgruinen stehen. Die kleinen malerischen Orte dieser Region sind seit langem ganz auf Tourismus eingestellt. Sowohl in Melk als auch in Krems gibt es einen Fahrradverleih. *Dürnstein,* ein mittelalterlich-barockes Städtchen wenige Kilometer westlich von Krems, lohnt einen Ausflug. In der berühmten Burgruine wurde Richard Löwenherz, König von England, nach der Rückkehr von einem Kreuzzug lange gefangen gehalten. Kloster *Melk* ist das berühmteste Barockkloster Österreichs. Auch diese Riesenanlage über dem Südufer der Donau lohnt einen Besuch.

3. Etappe: Wien – Budapest

Mit dem *MAHART-Schnellboot* gelangen Sie stau- und stressfrei von Wien nach Budapest. In der Hauptsaison (4. Juli – 7. September) geht es täglich hin und zurück: Abfahrt Wien 9 Uhr, Ankunft Budapest 15.20 Uhr und Abfahrt Budapest 9 und 14.30 Uhr. Die Fahrpläne ändern sich, manchmal werden auch zwei Fahrten täglich gemacht.
Die einfache Fahrt von Wien nach Budapest kostet 75 €; das Return-Ticket kommt auf rund 99 €. Kinder von 6–15 Jahren erhalten 50 % Ermäßigung. Studenten mit Ausweis bezahlen 59 € für die einfache Fahrt, 84 € für das Return-Ticket. Die Mitnahme von Fahrrädern ist nach vorheriger Anmeldung möglich und kostet 18 €. 20 kg Freigepäck pro Person (jedes weitere Kilo kostet rund 1, 50 €). Einschiffung jeweils eine Stunde vor Abfahrt. Des Weiteren gibt es Kombifahrscheine: Man fährt mit dem Tragflügelboot hin und mit dem Zug oder Bus zurück. Erwachsene bezahlen 106 €, Kinder zwischen 4 und 14 Jahren 50 %, ICE-Zuschlag inklusive. Die Tickets gelten 2 Monate ab dem Datum der Ausstellung. Es gibt auch ein Pauschalangebot für 179 € pro Person: Es umfasst die Fahrt mit dem Tragflügelboot von Wien nach Budapest, den Taxitranfer zu einem zentral gelegenen Drei- oder Viersternehotel in Budapest, eine Übernachtung und die Rückfahrt nach Wien, wahlweise mit Boot, Bus oder Bahn. Für 66 € pro Nacht kann man den Aufenthalt verlängern (Einzelzimmerzuschlag 36 €). Hunde und andere Haustiere werden nicht befördert. Platzreservierung ist unbedingt erforderlich. Am Kraftwerk Gabcikovo kann es gelegentlich zu Wartezeiten kommen.

Auskünfte und Fahrscheine

Auskünfte über den Linienverkehr zwischen Passau und Budapest, aber auch über Luxuskreuzfahrten und mehrtägige Pauschalreisen auf der Donau erhalten Sie ebenso wie die Fahrscheine in vielen Reisebüros und bei den folgenden Adressen.

Donauschifffahrt Wurm & Köck, Höllgasse 26, 94032 Passau, ✆ 0851/929292, 📠 0851/35518. wurm-koeck@online.de, www.donauschiffahrt.de

Donauschifffahrt Ardagger, A-3321 Ardagger 155, ✆ 0043/7479/6464; 📠 646410., das@pgv.at, www.oberoesterreich.at/donauschiffahrt.

MAHART Ungarische Schifffahrts-AG, Vertretung Regensburg; 93055 Regensburg, Wiener Str. 3a, ✆ 0941/793369, 📠 0941/795332, mahart@t-online.de, www.mahart.hu.

Mitfahrgelegenheiten

Preisgünstige Lösung für Fahrer und Mitfahrer – der eine spart Benzinkosten, und der andere kommt billiger nach Ungarn als mit Bus oder Bahn. Bei mehreren Mitfahrern wird es sogar noch günstiger. Aber eine Mitfahrgelegenheit ist nicht immer ganz einfach zu bekommen.

Wer die Ungewissheit und Gefahr bei der allerbilligsten Anreisevariante, beim Trampen, scheut, wird als Mitfahrer eine die Reisekasse nur wenig belastende Alternative kennen lernen. Mädchen und Frauen machen häufig davon Gebrauch, besonders seit einige Zentralen mit dem Motto *Frauen fahren mit Frauen* werben.

Der Fahrpreis errechnet sich aus Insassenversicherungssumme und Vermittlungsprovision, die vor Fahrtantritt an die MFZ zu zahlen sind, und dem Preis für die Kilometer, den der Fahrer bekommt. Dabei setzen die MFZ vom Fahrzeugtyp abhängige Höchstpreise fest, die der Fahrer nicht überschreiten darf.

Um spätere Schwierigkeiten bei der Bezahlung auszuschließen, sollte man sich unbedingt von der MFZ eine Quittung ausstellen lassen. Auf dieser Abrechnung sind der an den Fahrer zu zahlende Betrag, die schon gezahlte Provision/Versicherung sowie die Unterschriften der MFZ, des Fahrers und des Mitfahrers einzutragen.

Auch der Fahrer meldet sich einige Tage vor der geplanten Abfahrt in der MFZ. Dort gibt er unter anderem die Zahl der freien Plätze, das Fahrtziel und die Abfahrtszeit bekannt. Die Plätze werden dann einzeln vom Mitfahrbüro verkauft. Immer beliebter ist auch die Suche eines Fahrers oder Mitfahrers per Internet. Man schickt eine Mail an die Mitfahrzentrale oder schaut sich im Internet die bereits angebotenen Mitfahrgelegenheiten an.

Mitfahrgelegenheiten nach Ungarn sind vorwiegend im Sommerhalbjahr zu bekommen. Die von uns befragten MFZ gaben an, von Mai bis Oktober pro Woche im Durchschnitt mindestens eine Mitfahrgelegenheit nach Ungarn zu vermitteln – Tendenz steigend. Am weitaus häufigsten ist das Fahrtziel Budapest; auch der Plattensee wird manchmal angeboten. Andere Ziele in Ungarn kommen jedoch so gut wie nie vor. In vielen Fällen ist es möglich, dass von vornherein auch die Rückfahrt mit demselben Fahrer vereinbart wird.

Mitfahrgelegenheiten nach **Wien** sind übrigens ganzjährig ziemlich leicht zu bekommen. Von dort aus kommt man schnell und relativ preisgünstig per Bus, Bahn oder Schiff (s. o.) nach Budapest. Außerdem kann man sich an eine der beiden großen MFZ in Wien wenden, die sehr häufig Mitfahrgelegenheiten nach Budapest anbieten.

- *Österreich* **MFZ** Daungasse 1a, Wien, ✆ 43/1/4082210, 📠 43/1/430763. Auch sonntags 10–14 Uhr geöffnet (Mo–Fr 9–19 Uhr und Sa 9–14 Uhr).
- *Internet* www.drive2day.de

Einschließlich Vermittlung, Versicherung und Fahrtkostenbeteiligung kann man in etwa mit folgenden **Höchstpreisen für eine Fahrt nach Budapest** rechnen: ab Hamburg 65 €, ab Köln 54 €, ab Nürnberg 40 €, ab München 30 €. Alle Mitfahrzentralen die der Arbeitsgemeinschaft Allgemeine Deutsche Mitfahrzentralen (ADM, Dr. Friedrich-Wolf-Str. 2, 01097 Dresden, www.mitfahrzentralen.org) angeschlossen sind, erreicht man bundesweit unter der örtlichen Telefonvorwahl und der einheitlichen Nummer 19440.

Buchtipps für die Anreise

Preiswert durch Europa, Interrail, Eurobus und Mitfahrzentrale, Gesamtband, Wolfgang T. Klein, erschienen im Juli 2002 im Interconnections Verlag, 17,90 €.

Mitfahrzentralen in Europa, Claus Stefan Becker, erschienen 1993 im Interconnections Verlag Freiburg, 3 €.

Das Michaelertor: der Eingang zur Hofburg

Zwischenstopp Wien

Wien und Budapest – was wäre die eine Donaumetropole ohne die andere. Nur 272 km liegen sie voneinander entfernt, die beiden Pole der einstigen österreichisch-ungarischen Doppelmonarchie.

An Prunk und Flair haben sich die beiden stets gegenseitig übertreffen wollen – und sie wetteifern wohl noch heute. Wenn sie sich auch nicht direkt vergleichen lassen, so gilt doch: Wer die eine Stadt kennt, wird die andere besser verstehen.

Für die meisten Ungarnurlauber liegt Wien auf der Strecke, und viele legen hier eine erste Pause ein. Für alle, die sich also mit der Keimzelle der k.u.k.-Monarchie ein wenig vertrauter machen möchten, gelten die nachfolgenden Tipps.

Das liebevoll gehegte Straßenbahnnetz ist das größte der westlichen Welt, der Prater gilt als Vergnügungspark schlechthin. Abends wartet eine lebendige Szene mit urigen Kneipen und schicken Trendlokalen nicht nur auf junge Leute.

Die imposante Architektur, die prächtigen Parks und die ausgedehnte Fußgängerzone wirken für das heutige Österreich fast eine Nummer zu groß. Dennoch herrscht eine ungemein reizvolle Atmosphäre. Die k.u.k.-Nostalgie der Fiaker, Kaffeehäuser und Hofkonditoreien stehen ebenso für Wien wie die lebendigen Kneipen, die Jugend- und Künstlerszene. Hundertwasser-Haus und Hofburg, Falco und Haydn – nicht nur zeitlich liegen Welten dazwischen.

Ein Muss in Wien sind ein Altstadtbummel durch die vielen kleinen Gassen und die lebendige Fußgängerzone, ein Besuch des berühmten Schlosses Schönbrunn und der großen Hofburg, in der Kaiser Franz Joseph und seine Sisi residierten. Außerdem gibt es viele schöne Parkanlagen und den großen Vergnügungspark Prater mit dem berühmten Riesenrad. Als Aussichtspunkte empfehlen sich die umliegenden Berge des Wienerwalds, die von der Stadtmitte aus gar nicht so schwer zu erreichen sind. Es wird einiges geboten, z. B. ein umfangreiches Theaterprogramm, viele Cafés und Kneipen (sogenannte "'Beisln"), der älteste Zoo Europas und natürlich die berühmten Weinorte, in denen der Heurige serviert wird.

Hinter den Kulissen regierte lange die Unterwelt. Nicht die Mafia – ein ganzes Heer von Geheimdienstlern tummelte sich bis zur Wende hinter dem Eisernen Vorhang in der Walzerstadt. Solange Wien an der Nahtstelle von Ost und West lag, galt die Stadt als internationale Spionage-Drehscheibe ersten Ranges. Manche Länder hatten hier bis zu drei Vertretungen, China sogar seine größte Botschaft in der westlichen Welt. Diese Atmosphäre spiegelt auch der legendäre Thriller *Der Dritte Mann* mit Orson Welles wider, der im Nachkriegs-Wien spielt – schon die bekannte Zithermelodie von Anton Karas lässt sie wieder wach werden.

• *Information* Der **Wiener Tourismusverband** informiert vor der Reise und vor Ort, vermittelt Hotels, bucht Ausflüge und reserviert Eintrittskarten für Veranstaltungen: Wien-Tourismus, Albertinaplatz/Maysedergasse, A-1025 Wien, ✆ 0043/1/24555, 📠 0043/1/24555666, www.info.wien.at, täglich von 9–19 Uhr geöffnet.
Am Flughafen Schwechat gibt es ebenfalls eine **Informationsstelle**. Man kann hier zum Beispiel Unterkunftsverzeichnisse, kostenlose Stadtpläne und einen Netzplan mit den wichtigsten Strecken der öffentlichen Verkehrsmittel bestellen.
Monatlich erscheint ein **Kulturplan** (Theater, Konzerte, Klubs, Museen, Galerien usw.) sowie die Broschüre *Wien Live* mit vielen Kneipenadressen, Discos, Cafés, etc.
Weitere Informationsstellen: **Stadtinformation im Rathaus**, 1. Bezirk, Eingang Friedrich-Schmidt-Platz, ✆ 0043/1/52550, Mo–Fr 8–18 Uhr, Sa/So 8–16 Uhr. **Österreich-Information**, Postfach 701580, 81315 München, ✆ 089/6670100, www.austria.info.de; **Niederösterreich-Information**, Postfach 10000, 1010 Wien, ✆ 0043/1/536106200, www.niederoesterreich.at. **WienXtra-Jugendinfo**, Babenberger Str. 1, 0043/1/1799, www.jugendinfowien.at, Mo–Sa 12–19 Uhr.
Sehr hilfreich ist die **Stadtzeitung** *Falter* (erscheint jeden Mittwoch, rund 2 €) mit Veranstaltungskalender (jeweils von Freitag bis Donnerstag), Auflistung interessanter Lokale und vielem mehr; im Zeitschriftenverkauf erhältlich.

• *Vienna-Card* Für 16,90 € können Sie vier Tage alle öffentlichen Verkehrsmittel benutzen, erhalten Ermäßigungen für 180 Wiener Museen und weitere Vergünstigungen, die im der Vienna-Card beiliegenden Informationsheft ausführlich beschrieben sind.

• *Telefonvorwahl* für Wien: aus Österreich ✆ 0222, aus dem Ausland ✆ ..43/1.

• *Botschaft der Bundesrepublik Deutschland* A-1030 Wien, Metternichgasse 3, 3. Bezirk, ✆ 0043/1/71154-0, 📠 0043/1/7138366, www.deubowien.at.

• *Botschaft der Schweiz* A-1030 Wien, Prinz-Eugen-Straße 7, 3. Bezirk, ✆ 0043/1/79505, 📠 0043/1/7950521, www.eda.admin.ch/vienna_emb/g/home.html.

Verbindungen

Die beiden wichtigsten Bahnhöfe Wiens sind der West- und der Südbahnhof. Zum *Westbahnhof* fahren die Züge aus dem Norden und Westen Deutschlands, der Schweiz, Frankreich, Ungarn und Westösterreich, zum

Südbahnhof die Züge aus dem Raum Berlin, Dresden oder Leipzig, aus Italien, dem ehemaligen Jugoslawien, Griechenland, der Tschechischen bzw. Slowakischen Republik, aus Ungarn und Südösterreich.
Beide Bahnhöfe liegen am sogenannten *Gürtel*; die Innenstadt erreicht man problemlos – vom Westbahnhof mit U-Bahn 3, vom Südbahnhof mit U-Bahn 1 (die Station Südtiroler Platz liegt 500 m vom Bahnhof) oder Tram D bis Opernring.
Außerdem gibt es noch den *Franz-Josef-Bahnhof* nördlich vom Zentrum, an dem hauptsächlich regionale Züge halten.

Unterwegs in Wien

Wien besitzt ein ausgezeichnetes Verkehrssystem. Es gibt *S-Bahnen*, *U-Bahnen*, *Trams* und *Busse*. U-Bahnen fahren täglich von 5 Uhr bis 0.30 Uhr, Straßenbahnen und Busse von 5 Uhr morgens bis Mitternacht, allerdings gibt es Ausnahmen. Fahrpläne beachten! An Wochenenden verkehren zwischen 0.45 und 5 Uhr morgens *Nachtbusse*. Tramlinien, U- und S-Bahnstationen sind auf den Gratiskarten eingezeichnet, die man in den Touristeninformationsbüros erhält.
Tickets zum Einzelpreis von 2 € (an Automaten und Vorverkaufsstellen 1,50 €) gelten in allen öffentlichen Verkehrsmitteln. Es gibt 24- oder 72-Stunden-Tickets für 5 bzw. 12 €. Bei längerem Aufenthalt rechnet sich die übertragbare *Acht-Tages-Karte* zum Preis von rund 24 €. In den Tabaktrafiken und Vorverkaufsstellen erhält man Wochenkarten für 12,50 € und Monatskarten für 45 €. Mit der Vienna-Card des Tourismusverbandes für 16,90 € fährt man kostenlos mit den öffentlichen Verkehrsmitteln.

- *S-Bahnen* ausgedehntes Netz. Sie umrunden ab Gumpendorfer Straße (6. Bez.) auf der sogenannten "Gürtellinie" das Zentrum und fahren in den nördlichen Vorort Heiligenstadt (Linie G) bzw. zur Friedensbrücke am Donaukanal (GD).
- *U-Bahnen* In der Innenstadt sehr praktisch, in ein paar Minuten kommt man überall hin, z. B. mit der U 1 in den Prater. Es gibt bisher die Linien U 1, U 2, U 3, U 4 und U 6, Knotenpunkt ist der **Karlsplatz**, Nähe Opernring.
- *Straßenbahnen* Einmal mit der "Bim" zu fahren, ist ein Muss. Wien hat eines der größten Straßenbahnnetze der Welt. Die Linien fahren hauptsächlich in die äußeren Bezirke – zentraler Verkehrsknotenpunkt ist das Schottentor am nördlichen Ring. Besonders reizvoll sind die Vorortlinien 25 (linkes Donauufer, ab U-1-Endstation Kagran), 31, 32 (linkes Donauufer, Heurigenorte Strebersdorf und Stammersdorf) 37 (Heiligenstadt) 38 (Grinzing, weiter mit Bus 38 A auf den Kahlenberg – beliebtes Ausflugsziel der Wiener), 40, 41, 43 (westliche Vororte).
- *Fahrradverleih* Ein Drahtesel kostet pro Stunde etwa 3 €, für einen Tag 32 €, fünf Stunden 24 €. Verleihstellen sind z. B. auf der Donauinsel (U-Bahn Donauinsel) und im Prater (U-Bahn Praterstern) zu finden. Ermäßigung mit der Vienna-Card bekommt man bei **Pedal Power**, Ausstellungsstr. 3 (Prater), ✆ 7297234, www.pedalpower.at, April–Oktober von 8 Uhr bis Einbruch der Dunkelheit geöffnet, je nach Wetter auch im März.

Übernachten

Generell ist Wien nicht billig. Für ein Doppelzimmer in einfachen Hotels zahlt man mindestens 65 €, Pensionen sind kaum preiswerter. Wenn Sie eine komfortable Unterkunft suchen, ist der Vermittlungsservice der *Tourist-Information-Büros* (siehe oben) eine gute Sache. In den Hotels und Pensionen wird an Weihnachten und Silvester ein Preiszuschlag von bis zu 40 % erhoben. Die Reservierung eines Zimmers ist fast immer unumgänglich.

Erschwinglich für Budgetreisende sind außer den diversen *Jugendherbergen* noch *Studentenheime*, die in den Semesterferien als Saisonhotels genutzt werden (1. Juli – 30. September). Die Preise variieren dort zwischen 15 und 38 € pro Person, im Sommer sind sie oft hoffnungslos belegt.

In der Hotelliste, die in der Touristeninformation erhältlich ist, sind nur einige dieser Studentenhotels aufgeführt, außerdem meist die teuren. Am besten, Sie telefonieren bei der Suche nach einem preiswerten Quartier die unten aufgeführten Häuser durch.

Übernachten

• *Pensionen* **Pension Quisiana**, 6. Bezirk, Windmühlgasse 6, ✆ 5873341, ℻ 587715633. DZ 35–55 € mit Frühstück, www.quisiana-wien.co.at.

Pension Wild, 8. Bezirk, Lange Gasse 10, ✆ 5873341, ℻ 587715633. Etwa 41-58 € für das DZ mit Frühstück.

• *Privatzimmer und Wohnungen* **Mitwohnzentrale Odyssee**, Laudongasse 18, ✆ 4026061, ℻ 402606111, www.mwz.at, Mo–Fr 10–14 und 15–18 Uhr. Vermittlung von Zimmern und ganzen Wohnungen mit und ohne Familienanschluss für mindestens drei Nächte Aufenthaltsdauer.

• *Jugendherbergen* **Jugendgästehaus Wien-Brigittenau** (IYHF), 20. Bezirk, Friedrich-Engels-Platz 24, ✆ 3328294, ℻ 3308379. Nördlich vom Zentrum, nahe der Donau gelegen. Große Herberge mit über 300 Betten. Übernachtung nur mit Internationalem Jugendherbergsausweis in Zwei- bis Sechsbettzimmern 14–17 € pro Person. Anfahrt: ab dem Westbahnhof mit der U-Bahn bis Schwedenplatz, weiter mit Tram N; ab Südbahnhof mit Schnellbahn bis Traisengasse und weiter mit der Tramlinie N. Ganzjährig geöffnet.

Jugendherberge Wien Myrthengasse/ Neustiftgasse (IYHF), 7. Bezirk, Myrthengasse 7, ✆ 5236316, ℻ 5235849. Zentrumsnah und ausgesprochen komfortabel – leider deswegen oft belegt, trotz der insgesamt 243 Betten. Übernachtung mit JH-Ausweis rund 14–17 €. Nach Geschlechtern getrennte Mehrbettzimmer mit abschließbaren Schränken und modernen Duschen; Fernsehraum und Lift. Ganzjährig geöffnet.

Turmherberge Don Bosco, 3. Bezirk, Lechnerstr. 12, ✆ 7131494. Kleine Herberge mit 50 Betten und 8 Zimmern; mit 6 € ohne Frühstück pro Person ziemlich preiswert. Übernachtung nur mit Internationalem Jugendherbergsausweis. Von März bis November geöffnet.

Hostel Ruthensteiner, 15. Bezirk, Robert-Hamerling-Gasse 24, ✆ 8934202, ℻ 8932796. Zu Fuß nur fünf Minuten vom Westbahnhof entfernt, Tram 52 oder 58. Passables Haus mit 68 Betten, kontaktfreudiges Klima, man kann wählen zwischen 2-, 3- und Mehrbett-Zimmern, Küchenbenutzung, Garten: Preis je nach Belegung rund 12,50–20 € pro Person, Frühstück 3 €. Leider oft ausgebucht – am Abend vorher anrufen, um sich in die Warteliste eintragen zu lassen. Ganzjährig geöffnet.

Kolpingfamilie Wien-Meidling, 12. Bezirk, Bendlgasse 10–12, ✆ 8135487, ℻ 8122130, www.kolpinghaus-wien.at. 170-Betten-Haus, Zimmer mit 8, 6 und 4 Betten mit Dusche, manche mit WC und Balkon. Etwa 12–15 € pro Person inkl. Frühstück. Frauen und Männer dürfen die Zimmer teilen. Ganzjährig geöffnet.

Jugendgästehaus Wien – Hütteldorf-Hacking (IYHF), 13. Bezirk, Schlossberggasse 8, ✆ 8770263, ℻ 87702632, www.hostel.at. Liegt ziemlich weit außerhalb: mit U 4 bis Endstation Hütteldorf und noch ein Stück zu Fuß. Recht groß (270 Betten) und meist noch Platz, Preis ca. 12,20–17,70 € pro Person , nur mit Jugendherbergsausweis. Aufenthaltsraum, eigener Parkplatz, Garten, Satelliten-TV. Ganzjährig geöffnet.

Schlossherberge am Wilheminenberg, 16. Bezirk, Savoyengasse 2, ✆ 4858503/700, ℻ 4858503/702, www.hostel.at. Insgesamt 164 Betten in 4-Bett-Zimmern mit Dusche/ WC. Übernachtung mit Frühstück 18 € pro Person. Ausschließlich getrenntgeschlechtlich. Herrlich in einem Schlosspark gelegen mit wunderschöner Aussicht auf Wien. Anfahrt ab U 3-Endstation Ottakring mit Bus 46 B zur Herberge.

• *Camping* Auch nicht gerade spottbillig – auf den Campingplätzen Wiens zahlt jeder Gast etwa 5,50 € pro Nacht plus Stellplatzgebühren. Alle Plätze liegen ziemlich weit außerhalb.

Wien West, 14. Bezirk, Hüttelbergstr. 80, ✆ 9142314, 📠 9113594, www.wiencamping.at (ganzjährig geöffnet, außer Februar). Sauber, allerdings laut, auch ohne Zelt ist Übernachten möglich; 4-Bett-Bungalows für 25 € pro Person pro Nacht (außer Juli und August zahlen 2 Personen 35 €. Kochmöglichkeit, teurer Laden (besser in der Stadt einkaufen) und Restaurant vorhanden. Anfahrt: mit der U 4 bis Endstation Hütteldorf und weiter mit Bus 52 B und 152 (etwa 10 Minuten).

Außerdem gibt es noch das rund 8 km vom Zentrum entfernt gelegene Gelände **Wien Süd**, Breitenfurterstr. 269, ✆ 8659218 (Juli und August geöffnet). Anfahrt: ab Opernplatz mit Tram 62 bis Meidling, dann Bus 62 B.

Aktiv Camping Neue Donau, 22. Bezirk, Am Kaisermühlendamm 119, ✆ und 📠 2024010, www.wiencamping.at. Geöffnet von Mai bis Mitte September. 4 km vom Zentrum, neuer Platz in schöner Lage nahe Prater und Donaukanal.

Essen

In allen Preislagen und Nationalitäten, auch viel Balkanküche. Als Wiener Spezialität gelten Tafelspitz, Gulasch und natürlich das berühmte *Wiener Schnitzel* – nicht selten tellergroß. Preiswerte Hausmannskost gibt es in den sogenannten *Beisln*. Eine weitere Besonderheit sind die sogenannten *Schanigärten*, wo man meist nicht sonderlich bequem draußen vor der Tür (z. B. auf dem Gehsteig) sitzt. Ihren Namen haben sie vom "Schani", dem Unterkellner, der einst hier servieren musste. Im Juli und August sind in Wien viele Lokale wegen Urlaub geschlossen.

Gasthaus Reinthaler, 1. Bezirk, Gluckgasse 5. Einfaches Alt-Wiener Lokal nahe der Fußgängerzone in schöner, zentraler Lage. Sa. und So. geschlossen.

Gasthaus Smutny, 1. Bezirk, Elisabethstr. 8. Schönes altes Gasthaus mit dunkelgrünen Kachelwänden, böhmischer Küche und hervorragendem Budweiser Bier, geöffnet täglich von 10–24 Uhr.

Salzamt, 1. Bezirk, Ruprechtsplatz 1. Nicht weit vom Nachtleben im Bermudadreieck, viele junge Leute, hübscher Garten.

Silberwirt, 5. Bezirk, Schlossgasse 21. Beliebter Treff mit angenehmem Innenhof, wo viele junge Leute verkehren. Sa/So geschlossen.

Gasthaus Schmidt, 7. Bezirk, Neubaugasse 52. Geheimtipp in Sachen größte Wiener Schnitzel, wird auch "Schnitzelwirt" genannt. Meist sehr viel los. So Ruhetag, im August geschlossen.

Tunnel, 8. Bezirk, Florianigasse 39, www.tunnel-vienna-live.at. Beliebtes, preiswertes Studentenlokal auf mehreren Stockwerken: Pizza, Nudelgerichte, Schnitzel, Bier und Wein. Jeden Abend Live-Musik, oft Jazz. Geöffnet täglich von 9–2 Uhr, Frühstück von 9–11 Uhr.

Alte Taverne, 7. Bezirk, Lindengasse 3. Rund zehn Minuten vom Westbahnhof, am Weg zum Heldenplatz. **Stadtkeller**, Singergasse 6. Self-service-Restaurant mit preisgünstigem und reichhaltigen Essen, nahe dem Stephansdom.

Buffet Trzesniewski, 1. Bezirk, Dorotheergasse 1. Sehr leckere Sandwiches in originellen Zusammenstellungen – seit über 80 Jahren. So geschlossen, Sa nur bis 13 Uhr.

Kaffeehäuser

Sie gibt es in Wien wie Sand am Meer. Fast alle sind von 7–23 Uhr geöffnet. Nicht nur Kuchen, Gebäck und Kaffee, auch kleine Gerichte bis hin zu Gulasch und Schnitzel werden hier angeboten.

Café Landtmann, 1. Bezirk, Dr.-Karl-Lueger-Ring 4. Altes Kaffeehaus mit Tradition neben dem Burgtheater. Für die "besseren Leute" – mit Hilfe der Stadt Wien vor einigen Jahren renoviert. Geöffnet täglich von 7.30–24 Uhr.

Confiserie Demel, 1. Bezirk, Kohlmarkt 14, www.demel.at. Berühmteste Konditorei Österreichs, ehemaliger k.u.k.-Hoflieferant. Ein wahrer Tortentempel mit üppiger Spiegelpracht, in dem man phantastische (und teure) Leckereien bekommt.

Café Sacher, 1. Bezirk, Philharmonikerstr. 4, hinter der Oper. Das weltbekannte Hotel samt Café lädt zum Schlemmen ein – zu Preisen, die die Reisekasse belasten können. Im angeschlossenen Laden gibt es die echten Sachertorten als Souvenir zu kaufen. Geöffnet täglich von 8–23.30 Uhr.

Café Sperl, 6. Bezirk, Gumpendorfer Str. 11. Eins der schönsten Alt-Wiener Kaffeehäuser. Die Jugendstileinrichtung wurde 1983 umfassend restauriert. Hier trifft man sich zum Billard oder widmet sich der Zeitungslektüre; auch warme Küche. Geöffnet von Mo–Sa 7–23 Uhr, So von 15–23 Uhr (im Juli und August sonntags geschlossen).

Kaffee-Lexikon:

Brauner	schwarzer Kaffee mit einem Schuss Milch
Schwarzer	schwarzer Kaffee
Melange	Milchkaffee mit Milchschaum
Kaiser-Melange	Kaffee mit Eidotter und Alkohol
Mazagran	kalter Kaffee mit Rum und Eiswürfel
Kaffee verkehrt	mehr Milch als Kaffee
Verlängerter Schwarzer	verdünnter Kaffee
Einspänner	Schwarzer im Glas mit Obers (= Schlagsahne)

Treffpunkte

Bis Ende der siebziger Jahre genoss das Wiener Nachtleben einen mehr als traurigen Ruf. Doch schlagartig wuchs seither eine interessante und kreative Szene, deren Treffs inzwischen weit in die Hunderte gehen. Die zahlreichen, meist kleinen Lokale der Inneren Stadt sind fast immer überfüllt – das legendäre *Bermudadreieck* zwischen Stephansdom und Ruprechtskirche hat schon so manchen Unersättlichen verschlungen.

• *Cafés/Lokale* **Café Hawelka**, 1. Bezirk, Dorotheergasse 6. Früher ein Literaten- und Künstlertreff, heute verkehrt hier ein sehr gemischtes Publikum, Plakate an den Wänden, gammelig-gemütlich. Spezialität des Hauses sind die Buchteln mit Füllung. Geöffnet Mo–Sa 8–2 Uhr, So von 16–2 Uhr.

Krah-Krah, 1. Bezirk, Rabensteig 8. Bahnhofshallenatmosphäre mit riesiger Theke, aber einer der beliebtesten Treffs der Szene: 51 Biersorten, Schmalzbrote, Kartoffelsuppe. Auch zum draußen Sitzen.

Zwölf-Apostel-Keller, 1. Bezirk, Sonnenfelsgasse 3. Großer uralter Weinkeller auf zwei Stockwerken, touristisch, trotzdem viel Atmosphäre. Täglich ab 17 Uhr geöffnet, allerdings erst ab Mitternacht wirklich lohnenswert.

Wunder-Bar, 1. Bezirk, Schönlaterngasse 8. Szenetreff mit guter Musik, klein und gemütlich.

Museum, 1. Bezirk, Friedrichstr. 6. Angenehmes Café – Studenten, Künstler und solche, die es werden wollen. Schach, Lesen, Bier.

Alt-Wien, 1. Bezirk, Bäckerstr. 9. Verrauchter Künstler- und Intellektuellen-Treff mit urigem Publikum.

Stamperl, 1. Bezirk, Sterngasse 1, nahe der Synagoge in der Seitenstettengasse, bekannt für Speck- und Schmalzbrote.

Bretzlgwölb, 1. Bezirk, Ledererhof 9. Kellerartiges Lokal in ehemaliger Backstube, freundliche Bedienung, ruhige Atmosphäre.

Papa's Tapas, 4. Bezirk, Schwarzenbergplatz 10 (Durchgang zum Atrium, beim russischen Heldendenkmal). Originell eingerichtetes Kellerlokal, oft Live-Jazz, geringer Eintritt.

Savoy, 6. Bezirk, Linke Wienzeile 36. Altes Café mit riesigen Spiegeln und Atmosphäre, häufig Treffpunkt nach dem Flohmarkt.

Café Rincon Andino, 6. Bezirk, Münzwardeingasse 2, nicht weit von der U-Bahn-Station Pilgramgasse. Beliebtes Lokal mit südamerikanischen Speisen und ebensolcher Live-Musik, im Sommer sehr schöner Garten.
Europa, 7. Bezirk, Zollergasse 8. Der Treff spätnachts, geöffnet täglich von 9–4 Uhr; es geht hoch her, lange Theke, Küche bis 3 Uhr.
Tunnel, 8. Bezirk, Florianigasse 39. Beliebtes Studentenlokal, jeden Abend Livemusik, Eintritt ca. 4 €, montags frei. Geöffnet täglich von 9–2 Uhr.
Café Stein, 9. Bezirk, Währinger Str./ Kolingasse. Sehr beliebt, auf drei Ebenen gepflegte In-Atmosphäre. Geöffnet täglich von 7–24 Uhr, Ultra-Langschläfer-Frühstück von 7–20 Uhr.
Amerlingbeisl, 7. Bezirk, Stiftgasse 8. Gemütliches Beisl mit lauschigem Innenhof in einem ehemals besetzten Haus, Szenetreff. Geöffnet täglich von 9–2 Uhr.
• *Musik/Kabarett/Theater* **Kulisse**, 17. Bezirk, Rosensteingasse 39. Kleiner, aber beliebter Veranstaltungssaal mit Kabarett, Musik und Theater, angeschlossen ist ein Beisl.
Metropol, 17. Bezirk, Hernalser Hauptstr. 55. Gleich in der Nähe der Kulisse, reichhaltiges Kulturprogramm. Mehrmals wöchentlich Musikgruppen und Theater, im Sommer Gartenbetrieb.
Jazzspelunke, 6. Bezirk, Dürergasse 3, preiswert und gute Musik, manchmal live.
Jazzland, 1. Bezirk, Franz-Josefs-Kai 29. Oft bekannte Musiker, hoher Eintritt, Di–Sa geöffnet.
Opus One, 1. Bezirk, Mahlerstr. 111, großer Jazzclub, täglich bis 4 Uhr nachts geöffnet, Eintritt je nach Musikgruppe verschieden.
• *Diskotheken* **Volksgartendisko**, Volksgarten/Burgring. Im Sommer besonders zu empfehlen: Tanzfläche mit Cabriodach und Freiluftparkett mit Garten. Zahlreiche Partys und Veranstaltungen (siehe unter www.volksgarten.at oder in den Stadtmagazinen. Ab 22 Uhr.
Roxy, Operngasse 24/Faulmanngasse. Kleine Tanzfläche in rot-schwarz gehaltener Einrichtung. Abwechselnd Soul, Hip Hop, House und Groove. Di–Sa ab 22 Uhr.
U 4, 12. Bezirk, Schönbrunner Str. 222, mit U-4 bis Meidling. Die bekannteste Disco Wiens – sehr groß, flippig, Hip hop, Techno und Dance Floor. An manchen Tagen Live-Musik. Täglich 23–5 Uhr geöffnet.
P 1, 1. Bezirk, Rotgasse 9, ausgesprochen in, mit fetziger Dancefloor-Musik. Tägl. 21–4 Uhr, am Fr und Sa bis 6 Uhr.
Atrium, 4. Bezirk, Schwindgasse 4 (Mo–Mi geschlossen, Do und So 20.30–1.30 Uhr, Fr und Sa 20.30–3.30 Uhr).
• *Musicals* Heißer Tipp – will man kurzentschlossen in ein **Musical** gehen (Cats, Phantom der Oper, Freudiana etc.), so bietet sich beim **Theater an der Wien** (6. Bezirk, Linke Wienzeile 6), die Möglichkeit, günstige Stehplatzkarten zu erwerben. Vorstellungsbeginn ist täglich um 19.30 Uhr, man sollte allerdings schon mindestens eine Stunde vorher an der Abendkasse sein. Oft kann man sich dann in Absprache mit dem Platzanweiser sogar auf freie Sitzplätze setzen.

Sehenswertes

Wien ist in 23 Bezirke unterteilt. Die *Innere Stadt* (1. Bezirk) liegt am Donaukanal und wird vom *Ring*, Wiens Prachtstraße, umrundet. Die umgebenden Bezirke 3 bis 9 werden vom sogenannten *Gürtel* begrenzt, ebenfalls ein konzentrischer Straßenzug, an dem die zwei Bahnhöfe liegen. Außerhalb davon findet man die zweistelligen Bezirke, auf der anderen Seite vom Donaukanal die ausgedehnten Grünflächen des Praters einschließlich des Vergnügungsparks "Wurschtlprater".

Innere Stadt

Das Herz der Stadt. Mitten hinein führt vom Opernring die *Kärntner Straße*, die große Fußgängerzone mit Luxushotels, teuren Straßencafés, Straßenmusikern, Porträtmalern und viel Rummel. Auf dem Platz vor dem

Steffl, wie der Stephansdom auch liebevoll genannt wird, trifft sich alles. Auch Wiener Originale wie *Wa-Lu-Li-So* (Wasser, Luft, Licht, Sonne) laufen hier herum. Er ist nur mit einer Bettlaken-Toga und einem Lorbeerkranz bekleidet und redet den Umstehenden ins Gewissen.

Die Kärtnerstraße beginnt bei der großen *Staatsoper*, die im Juli und August von 11–15 Uhr bei stündlichen Führungen besichtigt werden kann (Aushang der Termine an der Oper unter den Arkaden, Kärntner Straße). Gleich dahinter das legendäre *Hotel Sacher*, das durch seine exzellente Torte weltberühmt geworden ist und sogar in einer TV-Serie verewigt wurde. Wegen des "Copyrights" der Torte kam es übrigens zu erheblichem Streit mit der Hofzuckerbäckerei Demel, der durch alle juristischen Instanzen ging. Ergebnis: die "Original Sachertorte" gibt es heute nur noch bei Sacher. Der *Stephansdom* ist das gotische Prunkstück der Stadt. In den letzen Kriegstagen des Zweiten Weltkriegs wurde vor allem das reichverzierte Dach bei alliierten Bombenangriffen beschädigt. Der zweite Turm, der genauso groß wie der erste werden sollte, ist nie vollendet worden. Das Innere wirkt düster und feierlich. Schön ist das Eingangsportal mit der Orgelempore. Außerdem beeindruckt die Kanzel mit einem Selbstbildnis des Künstlers. Interessant sind die Katakomben unter dem Dom.

Auch auf den Turm (137 m hoch) hinaufzusteigen lohnt sich – sehr enge Wendeltreppe mit über 300 Stufen, oben eröffnet sich ein faszinierender Ausblick. Der Platz vor dem "Steffl" ist Treffpunkt für Jung und Alt, Einheimische und Besucher.

• *Öffnungszeiten* **Dom**, Mo–Fr 6–22 Uhr, Sa, So 7–22 Uhr, Dom- und Diözesanmuseum Di–Sa 10–17 Uhr. Domführungen Mo–Fr 10.30 und 15 Uhr, Sa, So 15 Uhr.

Katakomben, geöffnet nur bei Führungen: Mo–Sa zwischen 10 und 11.30 Uhr und zwischen 13.30 und 16.30 Uhr alle 15 bis 30 Minuten; sonntags entfallen die drei Vormittagstermine. Eintritt 4 €.

Turm, Südturm täglich 9–17 Uhr (3 €), Lift zum Nordturm 9–17 Uhr, 4 €. Juli bis September samstags Abendführungen mit Dachrundgang, Treffpunkt am Südturm um 19 Uhr, 10 €.

In der *Kapuzinergruft* am Neuen Markt, parallel zur Kärntner Straße, liegen sämtliche österreichischen Herrscher in teilweise sehr prunkvollen Särgen. Besonders berühmt ist der Doppelsarkophag von Kaiserin Maria Theresia und ihrem Gemahl.

Öffnungszeiten täglich von 9.30–16 Uhr geöffnet, Eintritt 3,60 €.

Das *Dorotheum* in der Dorotheergasse 17 ist Österreichs größte Pfandleihanstalt und schon über 275 Jahre alt. Es gibt jährlich Tausende von Auktionen (in der Regel nachmittags), außerdem ist an Wochentagen "Freiverkauf" – dann kann man wie in einem Geschäft einkaufen. Hineinschauen lohnt sich.

Öffnungszeiten Mo–Fr 10–18 Uhr und Sa 8.30–12 Uhr, Infos: ✆ 51560356 oder -7, www.dorotheum.com

Ein imposantes Bauwerk neben dem anderen – Staatsoper, Hofburg, Parlament, Rathaus, Burgtheater, Universität ... Dazwischen liegen weitläufig-elegante Parkanlagen und der *Heldenplatz*, ursprünglich als Denkmal für die Völkerschlacht bei Leipzig konzipiert und heute auch Gedenkplatz für die Gefallenen des Ersten Weltkriegs und den Widerstand gegen den Hitler-

Faschismus. Die Ringstraße zeichnet in ihrem Verlauf die ehemalige *Stadtmauer* Wiens nach. Außerhalb davon lag ein breiter Streifen unbebautes Land, den wiederum bescheidene Arbeitersiedlungen umgaben. Diese Zweiteilung in Arbeitervorstädte und die Innere Stadt, in der Adel und gehobenes Bürgertum wohnten, hat politische Kultur und Leben der Stadt lange Zeit geprägt.

Die *Hofburg* ist der traditionelle Regierungssitz der k.u.k.-Monarchie. Wo früher die Habsburger die Doppelmonarchie Österreich-Ungarn regierten, residiert heute das österreichische Staatsoberhaupt. Der verschachtelte Riesenkomplex hat erst über die Jahrhunderte seine heutige Ausdehnung erreicht. Ursprünglich sollte er noch größer werden und mit den heutigen Museen auf der anderen Seite der Ringstraße verbunden werden.
Bekannteste Vertreter der Habsburgerdynastie waren Kaiser Franz Joseph I. und seine legendäre Gemahlin *Sisi* (eigentlich: Kaiserin Elisabeth). Seit den Filmen mit Romy Schneider ist sie die romantische Traumfigur deutscher Wohnzimmer. Ganz unromantisch wurde die Kaiserin allerdings von einem italienischen Anarchisten am Genfer See erstochen.

Von der Ringstraße kommt man durch das einem römischen Triumphbogen nachempfundene Burgtor auf den *Heldenplatz*. Rechter Hand in der Neuen Hofburg ist unter anderem die *Österreichische Nationalbibliothek* untergebracht, in der man prächtige alte Bände besichtigen kann.

Öffnungszeiten **Nationalbibliothek**, Prunksaal Mai–Oktober täglich 10–16 Uhr, Do bis 19 Uhr, November bis April 10–14 Uhr, Do bis 19 Uhr. Eintritt 5 €. Augustinerlesesaal: Mo, Mi, Fr 9–16 Uhr, Di, Do 9–19 Uhr, Juli/August 9–16 Uhr.

Geradeaus in der Alten Hofburg sind die *Regierungs- und Wohnräume* der österreichischen Kaiser zu besichtigen. Der Eingang befindet sich in dem hohen Kuppelraum, den auch die Fiaker durchfahren. Um den Mythos der Kaiserin Elisabeth gerecht zu werden, wurde das *Sisi Museum* eröffnet, das Teil des Rundgangs durch die Kaiserappartements ist. Auch ein Besuch der sehenswerten *Schatzkammer* lohnt sich, um die Kronjuwelen, die vielen prunkvollen Gewänder und Schmuckstücke, das wertvolle Geschirr zu bestaunen. Besonderes Prunkstück ist die alte deutsche Kaiserkrone Ottos II., die im 10. Jahrhundert angefertigt wurde.
Der österreichische Bundespräsident residiert übrigens in der sogenannten *Amalienburg*, einem Teil der Alten Hofburg am Ballhausplatz.

Öffnungszeiten **Regierungs- und Wohnräume der Alten Hofburg**, täglich 9–17 Uhr, im Juli und August bis 17.30 Uhr. Eintritt 7,50 €. Führungen (2,50 €) stündlich zwischen 10 und 16 Uhr.

Die berühmte *Spanische Hofreitschule* ist in einem separaten Trakt der Hofburg untergebracht. Hier wird schneeweißen Lipizzanerpferden das Walzertanzen beigebracht – die Vorführungen sind aber schnell ausgebucht, ohne vorherige schriftliche Anmeldung hat man keine Chance. Stattdessen können Sie aber beim Training zuschauen – allerdings ist auch hier der Andrang groß. Über den Michaeler- oder Josefsplatz geht es zurück in die Altstadt.

Vorführungen Spanische Hofreitschule, Michaelerplatz 1, A-1010 Wien, ✆ 5339031, 📠 533903240, www.srs.at. Vorführungen (zweimal monatlich): Sitzplatz 35–160 €, Stehplatz 24–30 €. Generalprobe: Stehplatz 20 €. Morgendliches Training: 11,50 €.

Schädel und Skelette: das Naturhistorische Museum

Burggarten und *Volksgarten* heißen die großen und gepflegten Parkanlagen zu beiden Seiten der Hofburg. Der Volksgarten ist für seine vielen Rosen bekannt. Seit der Aktion "Ganz Wien trägt Grün" ist das Betreten und Beliegen des Rasens wieder gestattet, was lange verboten war. Auch der Besuch des *Stadtparks* am Schubertring lohnt sich.

Sehr bedeutend und riesig sind das *Kunsthistorische Museum* und das *Naturhistorische Museum,* zwei monumentale Prachtbauten gegenüber der Hofburg. Ins Kunsthistorische Museum lockt eine der wichtigsten Gemäldesammlungen der Welt – Rembrandt, Dürer, Tizian und Rubens sind nur einige der Höhepunkte. Im Naturhistorischen Museum kann man Saurier und eine der größten Schädel- und Skelettsammlungen der Welt bestaunen.

• *Öffnungszeiten* **Kunsthistorisches Museum**, täglich außer Mo 10–18 Uhr, Gemäldegalerie und Sonderausstellungen Do 10–21 Uhr; Eintritt 7,50 € mit Audioguide. **Naturhistorisches Museum**, Di–So 9–18.30 Uhr, Mi bis 21 Uhr. Eintritt 6,50 € mit Audioguide.

Vom *Parlament* – pompöser Mischmasch aus Klassizismus und nachgemachter griechischer Antike – führt die Ringstraße in Richtung Norden zum mächtigen neugotischen *Rathaus.* Gegenüber liegt das architektonisch exzellente *Burgtheater,* eine der großen Bühnen der Welt. An der *Universität* vorbei, kommt man zum Schottenring mit der *Votivkirche,* dem zweiten bedeutenden Kirchenbau Wiens. Wie das Rathaus wurde sie erst im 19. Jahrhundert im neugotischem Stil erbaut.

Nicht weit von der Votivkirche ist im Wohnhaus und der Praxis des berühmten, 1939 im englischem Exil gestorbenen Begründers der Psychoanalyse das *Sigmund-Freud-Museum* untergebracht (9. Bezirk, Berggasse 19). Mit vielen Originalstücken hat man die Räume rekonstruiert.

Öffnungszeiten www.freud-museum.at, Juli–September täglich 9–18 Uhr, andere Monate nur bis 17 Uhr, Eintritt 5 €.

Außerhalb der Ringstraße

Die *Mariahilfer Straße* ist die größte Einkaufsstraße Wiens, von der Innenstadt schnell zu Fuß oder mit der U 2 zu erreichen. Es lockt ein riesiges Aufgebot an Läden, dazwischen Restaurants und Cafés. Jenseits vom Gürtel liegt das *Eisenbahnmuseum* (Mariahilfer Straße 212).

Der *Flohmarkt* ist zwar nicht allzu groß, aber immerhin der größte Österreichs und bietet zudem eine gute Atmosphäre. Am Naschmarkt zwischen Linker und Rechter Wienzeile findet er jeden Samstag in der Zeit von 6.30–18 Uhr statt; U-Bahn-Station Kettenbrückengasse. Danach geht's ins Café Savoy (vgl. Cafés). *Jugendstil* in Reinkultur bieten die Häuser Linke Wienzeile 38 und 40. Wochentags findet hier der Obst- und Gemüsemarkt statt.

Schloss Schönbrunn mit seinen ausgedehnten Parkanlagen erreicht man mit der U 4 schnell und unkompliziert. Kaiserin Maria Theresia (1717–1780) hat den größten Teil der prunkvollen Inneneinrichtung in Auftrag gegeben. Von den 1.400 Räumen sind heute nur etwa vierzig der schönsten, hauptsächlich Wohn- und Arbeitsräume des Kaisers Franz Joseph I. und seiner Gattin Sisi, zu besichtigen.

Das Schloss ist hauptsächlich in einem sehr verschwenderischen Rokokostil mit viel Gold, wertvollen Intarsienarbeiten und Riesenspiegeln ausgestattet worden. Mit am schönsten sind das *Chinesische Rundkabinett*, das *Millionenzimmer* und das sehr originelle *Porzellanzimmer*. Ansonsten werden das *Sterbezimmer* von Franz Joseph (er regierte 68 Jahre), das *Napoleonzimmer*, das der kleine Korse während der französischen Besetzung Wiens bewohnte, und die *Privatgemächer von Sisi* gezeigt. Außerdem erfährt man einiges über die Verhältnisse am Kaiserhof. Übrigens wurden die Innenaufnahmen der Sisi-Filme auch hier gemacht.

Öffnungszeiten Hofpavillon Di–So 13.30–16.30 Uhr, 1,80 €. Prunkräume: April–Juni 8.30–17 Uhr,Juli/August 8.30–19 Uhr, November–März 8.30–16.30 Uhr. Eintritt Grand Tour 9,80 €, nur die 22 Räume von Franz Joseph und Sisi (Imperial Tour) 7,50 €. Jeweils mit Audioguide.

Sehr einladend mit seinen langen Spazierwegen, viel Schatten und lauschigen Parkbänken ist der *Park Schönbrunn*. Rechts hinter dem Schloss, etwa 700 m entfernt, aber noch innerhalb des Parks, liegt der sehr gepflegte *Wiener Tiergarten*, der älteste Zoo der Welt, mit historischer Bausubstanz und vielen Tierarten.

Etwas entfernt thront auf einer Anhöhe die große Säulenhalle *Gloriette* – toller Blick von dort auf das Schloss, die Stadt und den Wienerwald.

Das *Schloss Belvedere* liegt nur ein Stück südlich vom Ring und ist mit Tram D oder zu Fuß zu erreichen. Die beiden Schlösser bilden mit dem geometrisch angelegten Park eine der großen Barockanlagen Europas. Der Türkenbezwinger Prinz Eugen ließ sie sich als Sommersitz errichten. Das nötige Kleingeld dafür verdiente er mit seinen Feldzügen.

Im Park von Schloss Schönbrunn

Besonders repräsentativ ist das *Obere Belvedere* mit seinen Türmen, Kuppeln und Skulpturensimsen, das als Lustschloss für Feiern des Prinzen und seine Freunde konzipiert war. Sowohl im Unteren wie im Oberen Belvedere sind Kunstmuseen untergebracht – besonders interessant ist die Galerie im Oberen Schloss, in der u. a. Werke von Gustav Klimt und Egon Schiele ausgestellt sind.

Eintritt **Oberes Belvedere**, Di–So 10–18 Uhr, Eintritt 10 €. Zugang von Norden durch den Schlossgarten oder von der Prinz-Eugen-Straße 27.

In Wiens 3. Bezirk, an der Ecke Kegel- und Löwengasse, ist eine der jüngsten Sehenswürdigkeiten der Stadt zu bestaunen: das *Hundertwasser-Haus*. Erst nach langen, zähen Verhandlungen gelang es dem bekannten Maler *Friedensreich Hundertwasser*, die Stadtväter von seinem Konzept zu überzeugen. Er bekam den Auftrag, ein Wohnhaus mit fünfzig Wohnungen zu entwerfen. Die Einigung hat sich gelohnt. Neben der farbenprächtigen Fassade fallen die prallen, runden Säulen und die beiden Zwiebeltürme auf – einer ist verkupfert, der andere vergoldet. Auf den abgestuften Dächern gedeihen kräftige Wiesen mit Bäumen, die hellen Treppenhäuser aus Holz haben kugelrunde Knäufe, keine Wohnung gleicht der anderen (eine Innenbesichtigung ist nicht möglich). Gegenüber entstand Anfang der neunziger Jahre ein zweites von Hundertwasser entworfenes Gebäude, das sogenannte *Kalke Village*. Die einstige Tankstelle beherbergt heute Geschäfte, Cafés und einen Hundertwasser-Shop mit Postern, Shirts und Postkarten des Meisters. Werke und einen Videofilm über das Leben des Künstlers sowie wechselnde Ausstellungen zeigt das Kunsthaus Wien in der Unteren Weißgerberstraße 13 (10–19 Uhr, www.kunsthauswien.at, Eintritt 8 €).

Es lebe der *Zentralfriedhof* mit allen seinen Toten – als da wären Ludwig van Beethoven, Johann Strauß, Franz Schubert, Robert Stolz, Christoph

Willibald Gluck, Franz Werfel, Hans Moser, Paul Hörbiger, Curd Jürgens, Helmut Qualtinger und Erich Fried. Schönster Teil des Friedhofs ist die stark verfallene Jüdische Abteilung in zugewucherter Wildnis. Der Gottesacker der österreichischen Prominenz liegt im Süden der Stadt an der Simmeringer Hauptstraße im 11. Bezirk (Tram 71).

Den *Prater* erreicht man am schnellsten mit der U 1 Richtung Kagran (Station Praterstern). Der *Wurschtlprater* gehört zu den schönsten Vergnügungsparks Europas. Teuer, wenn auch nicht so sehr wie das Münchner Oktoberfest. Das *Riesenrad* ist neben dem Stephansdom das Wahrzeichen der Stadt – 64 m hoch, kurz vor der Jahrhundertwende errichtet und eines der Überbleibsel des industriellen Gigantismus der Gründerzeit. Die Einzelteile für den Bau wurden damals noch mit Pferdefuhrwerken herbeigeschafft – schwerstes Stück war die 11 m lange Achse. 1945 brannte das ganze Rad vollkommen aus und wurde nach dem Krieg wieder neu errichtet. Mitzufahren lohnt sich.
Ansonsten gibt es viele Gokart-Bahnen, die *Grottenbahn*, ihres Zeichens ältestes elektrisch betriebenes Fahrgeschäft Europas, und einige altertümliche Geisterbahnen, in denen manchmal die Illusion noch nicht ganz auf den neuesten Stand gebracht worden ist. Ein Unikum ist das *Sexmuseum*, das eine bizarre Kuriositätensammlung über die ganze Spannweite des Themas enthält. Sind die wissenschaftlichen Texte wohl nur ein Vorwand, oder will das Museum als solches ernstgenommen werden? Wer es herausfinden möchte, zahlt rund 5 € Eintritt.

Den *Mexikoplatz* finden Sie nicht weit vom Prater entfernt an der Donau; mit der U 1 eine Station nach Praterstern. In zahllosen kleinen Lädchen verkaufen Händler aus allen Ländern zwischen Ural und Adria die billigsten Waren Wiens. Gehandelt wird mit allem und vor allem in Zloty, Rubel und Lei. Entstanden ist dieser ungewöhnliche, für das Wiener Völkergemisch aber typische Umschlagplatz, als im 19. Jahrhundert der Donaukanal gebaut wurde und damit die sumpfigen Uferauen trockengelegt werden konnten. Auf dem neuen Baugrund zwischen dem 1. Bezirk und Donaubett entstanden schnell billige Mietskasernen, die vor allem von den zahlreichen osteuropäischen Zuwanderern bewohnt wurden. Die in der Nähe anlegenden Donaudampfer sorgten zudem für Nachschub und Kundschaft.

Die *Donauinsel* ist ein beliebtes Freizeitparadies der Wiener. Sie liegt gleich hinter dem Mexikoplatz, U-Bahnstation Reichsbrücke. Die 21 km lange und nur wenige hundert Meter breite Insel entstand Anfang der 1980er Jahre, als man wegen der ständigen Überschwemmungsgefahr neben dem Donaubett einen breiten Entlastungskanal, die sogenannte *Neue Donau*, anlegte. Heute ist die Insel ein einziges großes Freizeitgelände, kaum bebaut, mit Fahrrad- und Wanderwegen sowie Bademöglichkeiten am Kanalufer (das Wasser wird angeblich gefiltert). Es gibt Beisln, Cafés, eine Wasserrutsche und FKK. Tipp – drüben ein Fahrrad oder Tretboot mieten und die Insel abfahren. Im Norden hat man einen schönen Blick auf die Weinhänge des Wienerwalds.

Zwischen *Neuer und Alter Donau* steht die monströse moderne UNO-City, ein Milliardenbauwerk der Vereinten Nationen. Vom nahegelegenen Turm im Donaupark hat man eine gute Aussicht – zwei sich langsam drehende Café-Restaurants liegen auf 160 und 170 m. Erreichbar mit U 1 bis Kaisermühlen, dann zehn Minuten zu Fuß.
An der Alten Donau, einem vom Donaulauf abgetrennten See, liegen auch die traditionellen Strandbäder Wiens, u. a. das überfüllte Gänsehäufel. Das fast stehende Wasser ist hier allerdings wenig erfrischend (mit der U 1 bis zur Station Alte Donau).

In den 1920er und 1930er Jahren ließ die damalige sozialistische Regierung Wiens zahlreiche Arbeiterwohnanlagen (sogenannte Gemeindehöfe) errichten, die noch heute in ganz Wien zu finden sind. Der größte von ihnen war und ist der *Karl-Marx-Hof* in Heiligenstadt, einem nördlichen Vorort Wiens, in dem 5.000 Menschen wohnen. Während der großen Arbeiterrebellion von 1934 verschanzten sich zahlreiche Aufständische im Karl-Marx-Hof – als die Regierungstruppen mit Kanonen anrückten, flüchteten sie durch die Kanalisation.

Weitere lohnenswerte Wiener Museen

Albertina, 1. Bezirk, Albertinaplatz 3, ✆ 53483, www.albertina.at. Eine der größten graphischen Sammlungen der Welt mit zahllosen Zeichnungen, darunter Dürer, Rembrandt und Rubens. Geöffnet: täglich 10–18 Uhr, Mi bis 21 Uhr. Eintritt 7,50 €.
Akademie der Bildenden Künste, 1. Bezirk, Schillerplatz 3, ✆ 58816225. Vor allem Gemälde der bekannten holländischen Meister. Geöffnet: Di–So 10–16 Uhr, Eintritt 5 €.
Uhrenmuseum der Stadt Wien, 1. Bezirk, Am Schulhof 2. Auf drei Stockwerken Riesensammlung von der kleinsten Taschenbis zur Kirchenuhr. Geöffnet: Di–So täglich 9–16.30 Uhr, Eintritt Schulhof 2, 3,60 €.
Bestattungsmuseum, 4. Bezirk, Goldeggasse 19. Originelles und interessantes Museum. In der lohnenswerten Führung erfährt man anhand vieler Exponate, wie die Menschen über die Jahrhunderte beerdigt wurden, welche Klassenunterschiede dabei gemacht wurden und vieles mehr. Geöffnet Mo–Fr 12–15 Uhr, aber nur nach telefonischer oder persönlicher Anmeldung unter ✆ 501954049.
Das **Eisenbahnmuseum Straßhof** ist im ehemaligen Betriebswerk Straßhof untergebracht – erreichbar mit der S 1 Richtung Gänserndorf, Haltestelle Silberwald aussteigen, von dort beschildert. Für Bahnfans unverzichtbar – Bahnatmosphäre wie zur Dampflokzeit. Geöffnet: April bis September an Sonn- und Feiertagen 10–16 Uhr; Eintritt: ca. 6 €.

Mehr Informationen zu Wien finden Sie in unserem Reiseführer *"Wien – MM-City"* von Annette Krus-Bonazza.

Die Umgebung von Wien

"Gemma z'm Heurigen": Pflichtübung für alle Wienreisenden. Aber auch die Einheimischen kosten gern diesen speziellen Weißwein, der an den Hängen um die Stadt wächst. Die meisten Heurigen-Vororte liegen im Norden Wiens, welcher der beste ist, darüber lässt sich streiten. *Grinzing* ist der weitaus bekannteste – in den zahlreichen Weinlokalen tanzen allabendlich japanische und amerikanische Reisegesellschaften auf den Tischen (zu erreichen mit Tram 38). *Neustift am Walde*, ein anderer typischer Heurigenort,

hat den Vorteil, dass ihn wesentlich weniger Touristen kennen. Der Wein schmeckt genauso gut, aber es ist viel gemütlicher. Nach Neustift fahren Sie ebenfalls mit der Tram 38 bis Gatterburggasse, dort umsteigen in den Bus 35 A bis Neustift am Walde.
Touristisch bisher unentdeckt, deshalb billiger und "echter" sind die Heurigenorte auf der anderen Donauseite – *Strebersdorf* mit der Rußbergstraße und *Stammersdorf* mit der Stammerdorfer Straße. Zu erreichen mit Tram 31 und 32 ab Schottenring.

Kahlenberg und Leopoldsberg sind die beliebtesten Ausflugsziele der Wiener. Anfahrt: mit Tram 38 vom Schottentor nach Grinzing und weiter mit Bus 38 A die kurvige Höhenstraße hinauf. Sehr schöner Blick und gute Wandermöglichkeiten auf markierten Wegen in den Wienerwald.

Neusiedler See

Der Neusiedler See liegt 45 km von Wien entfernt an der ungarischen Grenze und z. T. auf ungarischem Territorium. Ein Zwischenstopp lohnt sich vor allem für Naturliebhaber. Der Neusiedler See ist der einzige Steppensee Europas – leicht salzhaltig, 35 km lang, zwischen 7 und 15 km breit und mit einem dichten Schilfgürtel umgeben.
Das ganze Gewässer ist extrem flach, nicht mehr als 2 m tief und ein Vogelparadies ersten Ranges: Über 250 Arten leben hier, außerdem gibt es viele seltene Wasserpflanzen. Einige spezielle Vogelschutzgebiete wurden am Ostufer im sogenannten *Seewinkel* zwischen Illmitz, Apetlon und St. Andrä angelegt. Löffler, Silberreiher, Purpurreiher und andere vom Aussterben bedrohte Vögel nisten hier.

Neusiedel ist der größte Ort am See – im *Seemuseum* erhält man einen ersten Eindruck von der hiesigen Fauna und Flora. Ein Damm führt durch den breiten Schilfgürtel zu den Badeanlagen. In der Herbergsgasse 1 gibt es eine von März bis Oktober geöffnete Jugendherberge (✆ 02167/2252).
Podersdorf ist das touristische Zentrum des Sees an der Ostseite. Hier wurden mehrere Strandbäder angelegt, ansonsten ist das Ufer völlig verschilft. Zwei überfüllte Campingplätze beim Ort.
Rust, an der Westseite des Sees, wirkt dagegen wesentlich schöner. Bekannt ist der Ort für seine zahllosen Störche. Sie nisten auf fast jedem Hausdach, bevor sie im Herbst wieder nach Afrika fliegen. An den breiten Dorfstraßen stehen noch viele der typischen einstöckigen Häuser aus dem 17. bis19. Jahrhundert. Um den ganzen See findet man kleine Dörfer mit weiß gekalkten Häusern, ausgedehnte Weinberge und schon ein bisschen Pusztastimmung, die natürlich kräftig vermarktet wird – ungarischer Csárdas und Zigeunermusik sind dabei unvermeidlich. Vor allem bei Österreichern ist das sehr beliebt – in der Hochsaison sind die Campingplätze fast völlig von Dauercampern belegt. Leider fühlen sich auch die Stechmücken hier wohl (in Österreich heißen die Plagegeister "Gelsen" – sprich *Göesen*) – Mittel zum Einreiben nicht vergessen.

Verbindungen Ab dem Wiener Südbahnhof fahren im Stundentakt Züge nach *Neusiedl*; von hier aus kommt man mit dem Bus in alle Seeorte. Über Pamhagen kann man weiter nach Ungarn fahren.

Ungarn auf einen Blick

Gebiet: Ungarn, amtlich: **Magyar Köztársaság** (Ungarische Republik), ist ein Binnenstaat. Sein Gebiet erstreckt sich zwischen dem 45. und 48. Grad nördlicher Breite über 270 km und zwischen dem 16. und 23. Grad östlicher Länge über 530 km. Insgesamt umfasst Ungarn 93.030 qkm (Österreich: 83.854 qkm).

Bevölkerung: Ungarn hat etwa 10,2 Millionen Einwohner (Österreich: 7,6 Millionen). In der Hauptstadt Budapest leben rund 1,7 Millionen Menschen (Hamburg: 1,56 Millionen). Insgesamt gibt es in Ungarn neun Städte mit über 100.000 Einwohnern (Österreich: fünf).

Verwaltung: Ungarn ist in 19 Komitate (ungarisch: Megye) und fünf Stadtbezirke gegliedert, wobei die Hauptstadt Budapest eine administrative Sonderstellung einnimmt.

Landesnatur: Ungarn liegt in dem fast gänzlich von Gebirgszügen umschlossenen Pannonischen Becken. Insgesamt lassen sich vier landschaftliche Einheiten unterscheiden: die **Kleine Tiefebene** mit Győr als Zentrum im Nordwesten des Landes, das **Transdanubische Hügelland** im Südwesten, das **Nordungarische Mittelgebirge** im Nordosten und die **Große Tiefebene** im Südosten des Landes.
Ungarn besitzt ein weitverzweigtes Flussnetz. Die wichtigsten Ströme sind **Donau** und **Theiß**. Höchste Erhebung ist der 1014 m hohe **Kékes** im nordungarischen **Mátragebirge**.

Verkehr: Das ungarische Verkehrsnetz ist entsprechend der Wirtschafts- und Bevölkerungsstruktur stark auf die Hauptstadt Budapest ausgerichtet – insgesamt aber dicht erschlossen, was insbesondere für das Bahn- und Straßennetz gilt. Landeskennzeichen für Ungarn: H.

Klima: gemäßigt kontinental mit vielen Sonnenstunden im Jahr.

Wirtschaft: Die bedeutendsten Industriezweige sind unter anderem Maschinen- und Fahrzeugbau, Nahrungsmittel-, Chemie- und Textilindustrie. Der Anteil der Landwirtschaft am Bruttosozialprodukt liegt bei rund 15 % (Österreich: 3 %), der der Industrie beträgt etwa 40 % (Österreich: 38 %). Die Arbeitslosigkeit liegt bei über 10 %.

Tourismus: Insgesamt kommen jährlich über zehn Millionen Auslandsgäste nach Ungarn. Österreicher, Schweizer und Deutsche benötigen für die Einreise einen gültigen Personalausweis.

Wissenswertes von A bis Z

Andenken

Souvenirs, Souvenirs – was mit nach Hause gebracht wird, reicht von der Salami bis zum T-Shirt mit dem wenig originellen Aufdruck "I love Budapest". So manchen Kauf kann sich übrigens sparen, wer sich zuvor mit den strengen Ausfuhrbestimmungen vertraut gemacht hat. Will man seinen Lieben daheim (oder sich selbst) eine Freude machen, bleibt trotzdem noch die Qual der Wahl.

Zwei Liter *Wein* sind erlaubt – entscheiden Sie sich nun für Erlauer Stierblut, Spätburgunder aus der Plattenseeregion oder Tokajer Ausbruch? Etwas leichter ist die Wahl beim *Schnaps*: Ein Liter *Barack Pálinka* (der Aprikosenschnaps aus Kecskemét) ist ein ebenso typisches Mitbringsel wie der bekannte Magenbitter *Zwack Unicum*, den die Ungarn im Gegensatz zu den meisten Reisenden innig lieben. Bei den *Tabakwaren* kann jeder aus einem reichen Sortiment wählen – erlaubt sind z. B. 200 Billigzigaretten, 250 g Tabak oder auch 50 Edelzigarren.

Besonders beliebt ist alles aus dem Bereich *Volkskunst*. Da gibt es farbenprächtige Stickereien auf Blusen, Zierkissen und Deckchen, Trachtenpuppen, Keramikaschenbecher, Teller und Krüge von schwarz bis buntbemalt und kunstvoll geschnitzte Pfeifen, Buchstützen und vieles mehr. Nicht zu

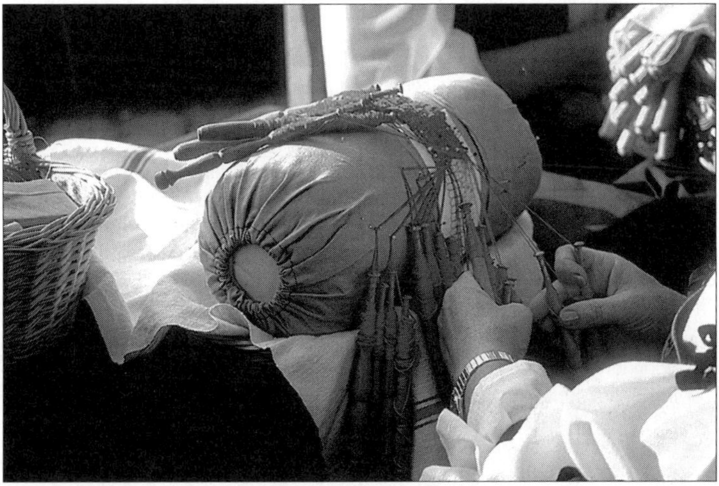

Volkskunst: flinke Finger und farbige Figuren

vergessen die Lederpeitschen der Csikos und die Sonntagstrachten der verschiedenen ethnischen Minderheiten.

Antiquitäten, *Bücher* und *Schallplatten* waren lange Zeit die Bestseller auf dem Andenkenmarkt – die zunehmende Angleichung der Preise hüben und drüben haben jedoch für nachlassendes Interesse gesorgt.

Wem das berühmte Herender *Porzellan* doch etwas zu teuer sein sollte, der kann auch mit den Produkten der Pécser Fabrik Zsolnay einigen Eindruck schinden. Ein preiswertes Mitbringsel sind dagegen *Knoblauch* und *Paprika* – frisch, gemahlen oder im Kranz getrocknet.
Immer größerer Beliebtheit erfreuen sich auch die *Textilien* aus den zahlreichen Boutiquen und Basarständen. Da gibt es T-Shirts, Lammfelljacken, Ledergürtel, Jeans und Pullover...
Die allerbeliebtesten Mitbringsel finden Sie schließlich auf der Liste der Artikel mit **Ausfuhrbeschränkung**: Gold-, Silber- und Platinschmuck, Briefmarken, Gänseleber, Salami, Kinder- und Babywäsche, Lego-Bausätze, Kinderschuhe und Essbesteck...
Doch hier müssen nicht nur die ungarischen Ausfuhr-, sondern auch die heimischen Einfuhrbeschränkungen beachtet werden. Strafzölle sind bekanntlich ziemlich hoch und meist mit Unannehmlichkeiten verbunden. (siehe auch das Kapitel Zoll auf Seite 93)

Angeln

Ob Balaton oder Velence-See, ob Donau oder Theiß mit ihren zahlreichen Nebenflüssen: Ungarns Gewässer sind bei einheimischen und ausländischen

Petri-Jüngern sehr beliebt. Besonders häufig zappelt der Karpfen an der Rute – 5 bis 10 kg schwere Exemplare sind keine Seltenheit. Auch schon 30 kg Brocken haben unfreiwillig die Seen verlassen. Zudem lassen Hechte, Hechtbarsche, Zander, Weißfische, Aale und Forellen des Anglers Herz höher schlagen. Nicht jeder hat dabei allerdings dasselbe Glück wie ein österreichischer Sportangler, der 1983 einen 67-kg Wels erbeutete.

Angelscheine bekommt man in Ungarn gegen Vorlage des Ausweises bei den örtlichen Reisebüros und Fischereibehörden. Monats- und Jahreslizenzen für ein bestimmtes Gebiet oder alle Gewässer stehen auch zum Verkauf. Auskünfte erteilen die örtlichen Tourinform Büros und der Landesverband der Angler, XII. Bezirk, 1124 Budapest, Korompai utca 17, ✆ 3199790, 📠 3199792, mohosz@matavnet.hu, www.mohosz.hu.

Folgende **Vorschriften** sind in jedem Fall zu beachten:

- In Ungarn dürfen höchstens zwei Angeln verwendet werden (in einigen Gewässern sogar nur eine).
- Beim Nachtangeln muss der Angelplatz beleuchtet sein.
- Schonzeiten, Mindestmaße und Höchststückzahlen sind einzuhalten.

Apotheken

Apotheken (*gyógyszertár*) finden Sie in fast jedem Ort, häufig in der Nähe von Krankenhäusern. Wer die hiesigen Preise für Arzneimittel kennt, wird über die niedrigen Kosten der ungarischen Präparate freudig überrascht sein. Beim Kauf von Medikamenten sollten Sie sich unbedingt die Anwendung erklären lassen, wenn Sie nicht fließend Ungarisch sprechen. In größeren Städten gibt es stets einen Apotheken-Notdienst. Chronisch Kranke sollten vor einem Urlaub mit ihrem Hausarzt sprechen und ausreichende Mengen eventuell benötigter Arznei mitführen.

Ärztliche Versorgung

Den **Rettungsdienst** erreicht man in größeren Städten und in der Provinz unter der Telefonnummer 104.

Das Ärztenetz ist selbst in der Provinz gut. Auch die Verständigung ist selten ein Problem, da viele Mediziner Deutsch oder Englisch sprechen. Erste Hilfe und der Transport ins Krankenhaus sind für Ausländer kostenlos. Fachärztliche Untersuchungen und Behandlungen müssen hingegen bar bezahlt werden. Erkundigen Sie sich bei Ihrer Krankenkasse, ob die Kosten erstattet werden. In jedem Fall empfehlen wir den Abschluss einer Reise-Krankenversicherung. Immerhin ist die ärztliche Versorgung in Ungarn weitaus kostengünstiger als hierzulande. So hat sich z. B. ein regelrechter *Zahnklempner-Tourismus* entwickelt, weil die Honorare der deutschen und alpenländischen Dentisten die ihrer ungarischen Kollegen um ein Vielfaches übersteigen. Das immer noch vergleichsweise kärgliche Gehalt der ungarischen Mediziner ist übrigens auch der Grund für die Sitte, diese mit üppig bemessenen Trinkgeldern bzw. Naturalien zu entschädigen, wie es früher auch bei uns üblich war.

Achtung: Es besteht ein landesweites Infektionsrisiko für **FSME** (Frühsommer-Meningoenzephalitis). Es ist besonders hoch im Norden an der Grenze zur Slowakei, um den Plattensee sowie westlich der Donau. Eine Zeckenschutzimpfung wird dringend empfohlen.

Ungarns Zahnärzte bohren günstig

Von Tobias Büscher

Deutschen Ärzten macht der Gesundheitstourismus ihrer Patienten zu schaffen. Kubanische Augenärzte etwa haben einen hervorragenden Ruf, und auch der preiswerte Zahnarztbesuch in Ungarn ist seit einigen Jahren in Mode. Mit gutem Grund, denn mancherorts kostet eine Wurzelfüllung dort nur knapp 60 Euro, eine Krone ab 180 Euro und eine ganze Kunststoffprothese ab 350 Euro. Das sind im Vergleich zu Preisen in Deutschland und Österreich Schnäppchen erster Güte.

Vor allem in Sopron und Städten nahe der österreichischen Grenze, aber auch in Thermalorten im Landesinneren sind die Zahnärzte ganz auf deutschsprachige Kunden eingestellt. So muss man das ungarische Wort für Zahnarzt gar nicht wissen. Allein in Sopron, einer Stadt kaum größer als das mittelhessische Gießen, haben sich nach Recherchen der Berliner taz 270 Zahnärzte niedergelassen und dies in deutscher Sprache deutlich an der Fassade kenntlich gemacht. Unter www.info-zahnarzt.de lässt sich auch im Internet nachlesen, was vom Materialzertifikat bis zur Vierjahresgarantie so alles im Preis inbegriffen ist, will man die Beißer günstig in Schuss bekommen.

Beliebt ist vor allem die Kombination von Urlaub und Behandlung. Kein Wunder also, dass große Hotels Gästezimmer inklusive Zahnbehandlung anbieten. So kann man im 37-Grad warmen Thermalwasser entspannen, bis die Prothese fertig ist.

Da Ungarn außerdem seit Mai 2004 EU-Mitglied ist, wird nach Rücksprache auch die Abrechnung über die gesetzlichen Kassen möglich sein.

Den deutschen und österreichischen Dentisten reisen bei solchen Dumpingpreisen die Patienten weg. Entsprechend zeigen hiesige Zahnärzte ihren ungarischen Kollegen wütend die Zähne: Oft seien Pfuscher am Werk, mit der Qualität von Kunststoff und Keramik sei es nicht weit her, auch müsse man bei Nachbehandlungen weite Wege zurücklegen. Doch nutzt die Schelte wenig: Pro Jahr besuchen inzwischen schon über 100 000 Deutsche Ungarns Zahnärzte und entgehen dadurch horrenden Eigenleistungen, die oft mehr weh tun als Zahnschmerzen.

Bevölkerung

Schätzungen zufolge leben in Ungarn etwa 10,2 Millionen Menschen (1980: 10,6 Millionen), was einer Bevölkerungsdichte von rund 109,6 Einwohnern je qkm (zum Vergleich: in Österreich etwa 90 Einwohner pro qkm) und einer Bevölkerungswachstum von –0,46 % entspricht. Der *Frauenanteil* an der Bevölkerung liegt bei 52 %.

In Ungarn gibt es derzeit neun Städte mit über 100.000 Einwohnern:

Stadt	Einwohner
Budapest	1.774 000
Debrecen	203.648
Miskolc	172.357
Szeged	185.158
Pécs	157332
Győr	127.119
Nyiregyháza	112.419
Székesfehérvár	105119
Kecskemét	105.119
Szombathely	87.000
Szolnok	81.000

Sehr unterschiedlich ist die *regionale Bevölkerungsdichte*. Im flächenmäßig kleinsten Komitat Budapest leben fast 3381 Menschen pro qkm, während im Komitat Somogy nur 56 Einwohner auf einen Quadratkilometer kommen. 2002 lebten rund 68 % der ungarischen Bevölkerung in Städten (1986: 58 %), wobei fast jeder fünfte Ungar in Budapest wohnte, was den besonderen Stellenwert der Hauptstadt verdeutlicht.

Den geburtenstarken Jahrgängen zu Beginn der fünfziger Jahre folgten in den Sechzigern niedrigere Geburtenzahlen, was z. T. mit dem nun möglichen freien Schwangerschaftsabbruch zusammenhing. Anfang der siebziger Jahre kam es wieder zu einem Aufwärtstrend, der jedoch nach 1975 stagnierte. Hauptgründe für die bis heute *relativ niedrige Geburtenrate* sind die vielen berufstätigen Frauen und das veränderte soziale Umfeld, das durch Wohnraummangel und einen niedrigen Lebensstandard kinderreicher Familien gekennzeichnet ist. Der *Trend zur Kleinfamilie* mit einem, höchstens zwei Kindern ist in Ungarn wie in vielen anderen Industrieländern feststellbar. Auch die Zahl der Eheschließungen ging in den letzten zwanzig Jahren drastisch zurück, während die Zahl der Scheidungen spürbar anstieg.

Religion: 6,3 Millionen Ungarn sind römisch-katholisch, rund 300.000 bekennen sich zur griechisch-katholischen Konfession. Unter den Protestanten überwiegen die 2 Millionen Kalvinisten die 433.000 Lutheraner um ein Vielfaches. Zu den religiösen Minderheiten zählen die 273.000 Orthodoxen und die etwa 80.000 Juden in Ungarn ebenso wie die rund 3.000 Moslems.

Während nach früheren offiziellen Angaben nur etwa 1,5 Millionen Ungarn kirchlich aktiv waren, bezeichnete sich nach anderen Angaben schon 1979 jeder zweite als religiös. Nach der Wende und dem Zusammenbruch des kommunistischen Regimes erlebte der Glaube eine spürbare Renaissance in Ungarn – insbesondere im Zusammenhang mit dem Papstbesuch vom August 1991.

Minderheiten: Den größten Anteil der nationalen Minderheiten in Ungarn stellen mit über 200.000 Menschen die Deutschen bei einer starken Konzentration im Raum Pécs (*Donauschwaben*). Nach dem Zweiten Weltkrieg mussten fast 300.000 Ungarndeutsche das Land verlassen. Heute gibt es in Ungarn zwar über 150 deutsche Trachtengruppen, aber keine einzige rein deutschsprachige Schule. Während bei den jungen Ungarn die deutsche Sprache nicht zuletzt aus wirtschaftlichen Gründen immer beliebter wird, hat sie sich bei der deutschen Volksgruppe längst zur *Großmuttersprache* zurückentwickelt.

Weitere starke nationale Minoritäten sind die über 100.000 Slowaken im Norden, die Serben und Kroaten im Süden (ca. 100.000) und die Rumänen im Osten des Landes. Die ungarische Nationalitätenpolitik gilt heute, nach krassen Fehlern in der Vergangenheit, als sehr liberal. Eine Ausnahme gilt dabei jedoch für die ethnische Minderheit der rund 500.000 bis 700.000 *Sinti und Roma,* die trotz ihrer ungarischen Muttersprache kaum akzeptiert werden. Auch der zuletzt in der Stalin-Ära hell aufgeflammte Antisemitismus ist nicht völlig überwunden, obwohl die ungarischen Juden großteils gesellschaftlich eingegliedert sind.

Insgesamt leben beinahe 3,5 Millionen Ungarn im Ausland. Bedeutende ungarische Volksgruppen leben in Rumänien (rund zwei Millionen) vor allem im einst ungarischen Siebenbürgen, der Slowakischen Republik (etwa 650.000), im ehemaligen Jugoslawien (ca. 500.000), der ehemaligen Sowjetunion (vor allem in der Ukraine: 200.000) und im österreichischen Burgenland. Insgesamt sprechen etwa 14 Millionen Menschen auf der Welt Ungarisch als Muttersprache.

Bildungswesen

Das ungarische Schulsystem ist in Grund- und Mittelschule unterteilt. Schulpflicht besteht bis zum 16. Lebensjahr. Das Schulwesen wird (von wenigen nach der Wende gegründeten privaten und kirchlichen Initiativen abgesehen) vom ungarischen Staat unterhalten, die Verwaltung liegt bei den lokalen Behörden. Der Schulbesuch ist kostenlos.

Grundschule: Die allgemeinbildende Grundschule dauert für jeden acht Jahre und zwar vom sechsten Lebensjahr an. Nach der Grundschule folgt normalerweise eine dreijährige Ausbildung an einer Facharbeiterschule oder der Besuch einer Mittelschule.

Mittelschule: Anders als in der Bundesrepublik versteht man in Ungarn unter Mittelschule eine nach vier Jahren zum Abitur führende, höhere Schule. Zu unterscheiden sind dabei die sogenannte *Fachmittelschule*, die auf bestimmte technische Berufe vorbereitet, und das *Gymnasium*. **Hochschulen**: An den ungarischen Hochschulen werden, abhängig vom Einkommen der Eltern und den Studienleistungen, von einem Teil der Studenten *Studiengebühren* verlangt. Andererseits werden nach Leistung und Bedürftigkeit *Stipendien* vergeben. Zu unterscheiden sind staatliche und betriebliche Stipendien, die mit einer Beschäftigung beim Spender nach Abschluss des Studiums verknüpft sind. Zahlreiche Studenten entscheiden sich für ein Abend- oder Fernstudium neben einer Erwerbstätigkeit. Zu den beliebtesten *Studienfächern* zählen Ingenieurwissenschaft, Lehramt für das höhere Schulwesen und Wirtschaftswissenschaften. Die ungarischen Studentinnen, immerhin stellen sie rund 52 % aller Hochschüler, bevorzugen die Fächer Vorschulpädagogik, Gesundheitswesen, Lehramt, Pharmazie und Philosophie.

Diplomatische Vertretungen in Ungarn

Sie sind oft der letzte Notanker, wenn Papiere und Geld abhanden kommen:

Deutsche Botschaft, Budapest, XIV. Bezirk, Úri utca 64–66, 1014 Budapest, , ✆ 4883500, ℻ 4883505, www.deutschebotschaft-budapest.hu.

Österreichische Botschaft, Budapest, VI. Bezirk, Benczúr utca 16, 1068 Budapest, ✆ 3529613, ℻ 3439492, www.austrian-embassy.hu.

Schweizerische Botschaft, Budapest, XIV. Bezirk, Stefánia út 107, 1143 Budapest, ✆ 4607040, ℻ 3439492, www.eda.admin.ch/budapest.

Einreiseformalitäten

Seit dem 1. Mai 1990 ist für Bundesbürger die Visumpflicht aufgehoben. Für eine Aufenthaltsdauer von bis zu dreißig Tagen genügen Reisepass oder Personalausweis, die mindestens bis zum Ende der Reise (besser: noch sechs Monate) gültig sein müssen. Bei einem längeren Aufenthalt ist eine polizeiliche Anmeldung nötig. Diese Regelungen gelten auch für Österreicher und Schweizer.

• *Botschaften der Republik Ungarn* **Bundesrepublik**, Unter den Linden 76, 10117 Berlin, ✆ 030/2031007, ℻ 030/2291314, www.ungarische-botschaft.de.

Österreich, Bankgasse 4–6, 1010 Wien, ✆ 01/5332631, ℻ 01/3512001, kom@huembrie.at.

Schweiz, Murnistraße 31, 3006 Bern, ✆ (031) 3528572, ℻ 3512001, www.hungemb.ch.

Ermäßigungen

25 bis 30 % Nachlass beim Kauf von Eisenbahnfahrkarten und bei der Übernachtung in Studentenwohnheimen, bis zu 50 % Rabatt auf Campingplätzen, kostenlose oder stark ermäßigte Museumsbesuche, verbilligte Theater- und Konzertkarten... – da lohnt es sich schon, den *Studentenausweis* nicht daheim zu vergessen.

Die Deutsche Botschaft in Budapest

Der deutsche computergedruckte Ausweis ohne Passbild hat jedoch oft zu wenig Überzeugungskraft. Die *International Student Identity Card* (ISIC) mit Passfoto erhält man gegen einen Unkostenbeitrag und die Vorlage einer Immatrikulationsbescheinigung (oder eines Schülerausweises) bei folgenden Adressen:

- Transalpino-Reisebüros,
- Studiosus-Reisen, München,
- den ASTAs der Universitäten,
- in Reisebüros, die sich auf Schüler- und Studentenfahrten spezialisiert haben.

Ermäßigungen, allerdings in geringerem Umfang, können auch Besitzer von Jugendherbergsausweisen in Anspruch nehmen.

Budapest-Besucher können von der freien Verkehrsmittelnutzung und den mit dem Erwerb der Budapest Card (siehe unter Budapest) verbundenen Rabatten profitieren. Wer durch ganz Ungarn reist, kann mit der Hungary Card Rabatte bekommen, z.B. beim Tanken, bei der Autobahnmaut etc. Sie kostet rund 25 € und ist in den örtlichen Tourinform-Büros erhältlich oder in Budapest bei der Hotelinfo Kft., Váci utca 78–80, ✆ 2663741, 📠 2670896. Detaillierte Infos finden Sie unter www.hungarycard.hu.

Essen und Trinken

Sowohl im Restaurant als auch als Selbstversorger kann man in Ungarn immer noch recht günstig leben. Eine umfangreiche Mahlzeit mit Getränken kostet in einer Gaststätte pro Person nur selten mehr als 10–12 €. Und wer einmal in Ungarn auf dem Markt oder in den Geschäften einkaufen war, freut sich über die große Auswahl und die gute Qualität der Lebensmittel.

Panierter Zander: der Fisch kommt frisch aus ungarischen Gewässern

Die luxuriösesten und teuersten *Restaurants* gibt es in Budapest. Aber auch am Plattensee und in anderen viel besuchten Orten haben die Preise in den vergangenen Jahren spürbar angezogen. Jedoch sind Restaurants, in denen man für etwa 5,50 € ein grundsolides Mittagessen erhält, zumindest in der Provinz noch keine Seltenheit.

Restaurants (*Étterem*) sind meist auch den größeren Hotels angeschlossen, Gasthäuser (*Vendéglő*) unterscheiden sich nur wenig von ihnen. Traditionell etwas preiswerter und rustikaler, decken sie heute dieselbe Qualitäts- und Preisspanne ab wie die Restaurants. *Csárdas*, die traditionellen Straßenschänken, sind fast immer im Folklorestil eingerichtet und werden vor allem von Touristen besucht. Was aber nicht heißt, dass es darunter nicht auch ein paar ganz hervorragende gibt. Ganz im Gegenteil pflegen einige sogar vorbildlich die regionale Spezialitätenküche und bieten dazu das entsprechende Ambiente. Insbesondere viele Fischercsárdas (*Halászcsárda*) an der Theiß und Hirtencsárdas (*Pasztorcsárda*) in der Puszta genießen zu recht einen ausgezeichneten Ruf. Daran können auch die wenigen schwarzen Schafe nichts ändern, die mit der Massenabfertigung von Touristenbussen den großen Reibach machen.

In den Kaffeehäusern (*Kávéház*), Kaffeestuben (*Espresszó*) und Bars herrscht vielfach immer noch eine Atmosphäre wie im Westeuropa der sechziger Jahre: altmodische Einrichtung, Schlagermusik und ein überkorrekter Kellner im Frack. Ähnliches gilt auch für die Konditoreien (*Cukrászda*) und viele Tanzlokale – gepflegte, für uns nostalgisch anmutende Stimmung ist angesagt.

Büfets und *Bisztros* sind in der Regel billige Schnellgaststätten oder einfache Wurststände mit Selbstbedienung. Vor allem Geflügel und die unglaublich fetten Wurstspezialitäten Ungarns werden hier angeboten – sofern sie noch nicht durch Hamburger ersetzt worden sind...

Eine ungarische Spezialität, ob im Feinschmeckerlokal oder in der Dorfkneipe, ist die *Tischmusik*. Ein Mal spielt ein Streichquartett klassische Musik, ein anderes Mal schrammelt die nicht immer ganz echte Zigeunerkapelle. Aber auch Jazz und Schlager, Barden und der Mann am Klavier haben zuweilen ihren Platz neben den Tischen.
Wenn dann der berüchtigte erste Geiger einer Kapelle sich langsam in Richtung Ihres Tisches bewegt, ist eigentlich schon alles zu spät. Im nächsten Augenblick wird er, den Bogen fast in Ihrer Suppe, mit wehmütigem Lächeln eine sentimentale Zigeunerweise zum besten geben. Das Trinkgeld, das Sie ihm schon bald zustecken, ist seltener der Dank dafür als vielmehr der dezente Hinweis, doch endlich zum nächsten Tisch weiterzuziehen...

Deutschsprachige Speisekarten gibt es in der überwiegenden Mehrzahl der ungarischen Lokale – auch viele Kellner sprechen Deutsch oder Englisch. In den seltenen Fällen, in denen beides nicht zutrifft und Ihnen auch kein freundlicher Tischnachbar zur Seite eilt, hilft Ihnen das kleine *Speiselexikon* am Ende dieses Buches weiter.

Die Chance, mit den Urlaubern das schnelle Geld zu machen, hat dazu geführt, dass sich in einigen ungarischen Lokalen nervige **Unsitten** breit gemacht haben. Während es immer noch üblich ist, dass nur ein Teil der auf der Speisekarte verzeichneten Speisen vorrätig ist, sollte Ihr Misstrauen geweckt sein, wenn Ihnen der Ober allzu engagiert eine nicht auf der Speisekarte verzeichnete "*Spezialität*" aufdrängen will. Denn diese stellt sich später häufig als ziemlich überteuert heraus. Auch das "*Verrechnen*" des Kellners zu seinen Gunsten bei der Rechnung und dem Wechselgeld hat leider spürbar zugenommen. Beliebt: Statt dem Gast die Rechnung zu bringen (was eigentlich selbst bei einem Kaffee üblich ist), wird einfach eine Summe genannt, die den tatsächlichen Rechnungsbetrag mehr oder weniger deutlich übersteigt – für den Kellner eine ziemlich risikolose Sache. Falls so etwas passiert, kann man eigentlich nur freundlich, aber bestimmt nach dem Geschäftsführer oder Direktor verlangen, um die Angelegenheit aufzuklären (bzw. der betrügerischen Bedienung eine Rüge zukommen zu lassen) – einer Wiederholung ist dann meist vorgebeugt. Schade, dass hier eine kleine Zahl von Betrügern dem Image der ungarischen Gastronomie einen großen Schaden zufügt.

Die ungarische Küche ist lecker, aber nicht gerade diätetisch. "*Borstenvieh und Schweinespeck*" sind immer noch wichtigster Bestandteil der meisten Speisekarten. Kaum ein Gericht wird ohne Schweineschmalz oder Gewürzpaprika zubereitet. Unter den Gemüsen dominieren Tomaten, Paprika und Zwiebeln.

Vorspeisen

Gulyásleves, die Fleischsuppe mit viel Paprika und Zwiebeln, steht in unzähligen Variationen fast auf jeder Speisekarte. Eine weitere Suppenspezialität ist *Halászlé*, eine scharfe Fischsuppe, die vor allem in der Umgebung der

Theiß und am Plattensee besonders geschätzt wird und in Szeged oder Baja angeblich am besten schmeckt.
Probieren Sie ruhig auch den *russischen Kaviar* und die *Gänseleberspezialitäten*, die häufig zu erschwinglichen Preisen als Vorspeisen angeboten werden. Unter einem *Tartarenbeefsteak* verstehen ungarische Küchenmeister frisches, mageres Rinderhackfleisch, das der Gast zumeist mit Zwiebeln, Knoblauch, Salz, Pfeffer, Paprika, Senf und Ketchup selbst anmachen kann – dazu wird frischer Toast gereicht. Beliebte warme Vorspeisen sind außerdem panierte *gebackene Pilzköpfe* (auch gefüllt) und der berühmte *Hortobágy palacsinta* – ein wirklich leckeres Crêpe mit Fleischfüllung, nach dem man eigentlich auf ein Hauptgericht verzichten kann.

Hauptgerichte

Pörkölt, das Geschmorte, wird auf unzählige Arten zubereitet, z. B. als Schweins- (*Sertés-*), Rinds- (*Marha-*) oder Wildschweinpörkölt (*Vaddisznó*). Es entspricht dem, was wir als ungarisches Gulasch kennen und gehört meist zu den preisgünstigsten Gerichten auf der Speisekarte.
Zu den Traditionsgerichten der ungarischen Küche zählen auch *Töltött káposzta* (hackfleischgefüllte Kohlrouladen) und *Töltött paprika* (gefüllte Paprikaschoten). Paprikahühnchen, *Paprikás csirke*, ist ebenfalls auf den meisten Speisekarten zu finden, aber auch häufig Wildgerichte oder mit Gänseleber garnierte oder gefüllte Fleischgerichte. Zu vielen Hauptgerichten wird *Lecsó* (Letscho) gereicht, geschmortes Gemüse aus Paprika, Zwiebeln, kleinen Gurken und Tomaten. Die traumhaften Saucen bestehen zum Großteil aus Schweineschmalz und saurer Sahne... Es gibt zahlreiche Varianten. Die Ungarn essen sie mit Reis, Eiergraupen oder Eierspeisen wie Omelettes. Auch in Scheiben geschnittene Frankfurter oder *Kolbász* (Lecsówurst) sind dazu beliebt.

Nachspeisen

Zum Nachtisch können Sie dann eine der ungarischen Strudelspezialitäten wie *Diós rétes* (Nussstrudel) oder *Túrós rétes* (Topfenstrudel) probieren. Eine Alternative dazu sind die *Palacsinta*, mit Sahne, Kakao, Marmelade, Eis und vielen anderen Leckereien gefüllte oder bestreute Köstlichkeiten (vgl. *Speiselexikon*). In den zahlreichen Konditoreien (*Cukrászda*) des Landes kann man übrigens zu jeder Tageszeit sehr günstig leckeren Kuchen oder Torte essen. Meist ist auch eine Eistheke integriert.

Getränke

Der ungarische *Kaffee* wird meist in kleinen Portionen und sehr stark getrunken – Filterkaffee ist noch immer selten. Außerdem hat man die Wahl zwischen den international bekannten *Erfrischungsgetränken*.
Hervorragend sind die ungarischen Weine (*Bor*), allen voran der Tokajer. Ungarisches Bier (*Sör*) ist preiswerter als Importbier und nicht schlechter. Importiert wird vor allem aus Österreich, Deutschland und der Tschechischen Republik, wobei das tschechische Bier das mit weitem Abstand beste

Unicum: So herb schmeckt Kräuterschnaps sonst selten

ist. Auch die bekannten holländischen und skandinavischen Großbrauereien haben inzwischen in Ungarn Fuß gefasst.

Genießer lassen sich gern einmal ein Fläschchen Krimsekt munden (wird seit der Wende weitaus seltener angeboten). Neben dem berühmt-berüchtigten Magenbitter *Zwack-Unicum* sollte man auch die regionalen Schnäpse einmal probieren, z. B. *Barack pálinka*, den Aprikosenschnaps aus Kecskemét. Die besten Plätze für feuchtfröhliche Abende heißen *Söröző* (Bierstube), *Borozó* (Weinstube) und *Pince* (Kellerlokal, oft Weinkeller).

Lebensmittel kauft man besonders preiswert und gut auf den ungarischen Wochenmärkten. Außerdem gibt es mittlerweile viele gutsortierte Supermärkte (*ABC*).

Fahrradfahren

Kerékpar, das Fahrrad, wird in Ungarn auch gern *Vasparipa* (eisernes Pferd) genannt – und eben dieses zu reiten ist außerordentlich beliebt. Auch hierzulande hat sich längst herumgesprochen, dass in Ungarn teilweise ideale Bedingungen für Radtouren herrschen, insbesondere durch das niederschlagsarme Sommerklima, das relativ niedrige Preisniveau und die radfahrerfreundliche Landschaft.

Diese bietet etwas für jeden Geschmack: die kreislaufanregenden sanften Steigungen Transdanubiens, die endlose Weite der Großen Tiefebene, wo der Drahtesel bei Rückenwind fast von alleine fährt, und das steigungsreiche nordungarische Bergland, das mitunter große Anforderungen an Kondition und sportliches Können stellt.

Weniger ideal dagegen ist die noch immer geringe Zahl an Fahrradwerkstätten. Auch die Beschaffung von Ersatzteilen ist häufig problematisch – stattdessen wird tüchtig improvisiert. Man sollte sich also sicherheitshalber wichtige Ersatzteile von daheim mitbringen.

Auf Straßen erster Ordnung (mit einziffriger Kennzahl) ist wegen des hohen Verkehrsaufkommens das Radfahren generell **verboten**. Auch die Straßen mit zweiziffriger Kennung sollten nach Möglichkeit gemieden werden, obgleich vor allem in den östlichen Landesteilen an Wochenenden der Verkehr dort stark zurückgeht. Wichtig ist daher eine detaillierte Streckenplanung, für die das von Tourinform verschickte, kostenlose *Kartenmaterial* oft nicht ausreicht (siehe Hinweise im Kapitel Anreise, Mit dem Fahrrad, S. 22). Innerhalb des Landes befördert die Ungarische Staatsbahn (MÁV) Fahrräder als Reisegepäck recht günstig.

Von Tourinform oder dem ungarischen Fremdenverkehrsamt (Adressen siehe *Information*) kann man zur Einstimmung den Prospekt *Mit dem Fahrrad durch Ungarn* anfordern, der neben allerlei praktischen Informationen auch Tourenvorschläge enthält.

Information **ADFC, Bundesverband**, Postfach 1077747, 28077 Bremen, ✆ 0421/346290, kontakt@adfc.de, www.adfc.de.

Fauna und Flora

Die natürliche Vegetation ist bis auf die Gebirgswälder und die Flussauen weitgehend verschwunden. Nur etwa 17 % der gesamten Fläche sind von Wald bedeckt – Ungarn zählt damit zu den waldärmsten Ländern Europas.

Die Vorfahren der ungarischen Wasserbüffel wanderten aus Asien ein

Vor allem Nadelbäume sind eine Seltenheit (15 % des Waldbestandes). Die häufigsten Baumarten sind Eichen, Akazien und Buchen. Im Transdanubischen Hügelland gedeihen Edelkastanien und Maulbeerbäume.

Die Große Tiefebene war ursprünglich eine Waldsteppe, die von zahlreichen Flüssen durchzogen war, an deren Ufern weite Auen- und Moorwäldern standen. Heute ist sie eine riesige landwirtschaftliche Nutzfläche, auf der vor allem im 18. Jahrhundert eingeführte Robinien gedeihen. Sie bilden z. T. kleine Wälder.

Viele seltene Pflanzenarten finden sich in den ungarischen Naturschutzgebieten. Das Land ist bekannt für seinen Wildreichtum. Auch in den Flüssen und Seen wimmelt es von Fischen. Besonders auffällig und schön sind die vielen Störche, die vor allem in den östlichen Landesteilen bevorzugt auf Strommasten und Schornsteinen nisten. Vogelschutzgebiete sind keine Seltenheit.

Feiertage

Fällt ein Feiertag auf einen Dienstag, dann dauert in der Regel das arbeitsfreie Wochenende von Sonntag bis Dienstag; fällt er auf einen Donnerstag, so sind außerdem Freitag und Samstag arbeitsfrei – der Sonntag allerdings ist dann wieder ganz normaler Arbeitstag. Die Banken sind wegen des Jahresabschlusses meistens am 31. Dezember oder am letzten Werktag vor dem Jahreswechsel geschlossen.

Gesetzliche Feiertage in Ungarn sind:

1. Januar:	Neujahr
15. März:	Nationalfeiertag
Ostermontag	
1. Mai:	Tag der Arbeit
Pfingstmontag	
20. August:	Tag der Verfassung, St. Stephanstag zum Gedenken an Ungarns ersten König
23. Oktober:	Ausrufung der Republik und zur Erinnerung an den Volksaufstand von 1956
25./26. Dezember:	Weihnachten

FKK

Erst seit wenigen Jahren ist Oben-ohne am Plattensee nicht nur geduldet, sondern auch offiziell erlaubt. Gänzlich hüllenlose Sonnenanbeter haben es hingegen schwer: Am Plattensee gibt es FKK-Strände bei Balatonbereny (siehe *Fonyód/Ausflüge*) und Balatonakarattya. Außerdem gibt es im Land verstreut noch ein paar versteckte Nudistenreservate, so am Baggersee von Delegyháza (ca. 30 km südlich von Budapest) und zwischen Debrecen und der Hortobágy.

Geld

Die ungarische Währungseinheit ist der Forint (HUF). Es gibt Banknoten im Wert von 200, 500, 1000, 5000 und 10.000 und 20.000 Forint sowie Münzen im Wert von 1, 2, 5, 10 und 20, 50 und 100 Forint. Der Wechselkurs wird täglich neu festgelegt und in allen Sparkassen, Banken und Wechselstuben ausgehängt. Ein genauer Vergleich lohnt sich, da man manchmal einen vermeintlich besonders günstigen Wechselkurs mit höheren Bankprovisionen bezahlt.

1 Euro = 250,73 ungarische Forint (HUF)
20 Euro = 5014,67 HUF
100 Euro = 25.073,4 HUF
100 HUF = 0,39 Euro

(Stand April 2004)

Auch die Geldinstitute in der Bundesrepublik tauschen Euro gegen Forint. Dabei ist jedoch zu beachten, dass nach Ungarn offiziell maximal 300.000 Forint eingeführt werden dürfen. Die Einfuhr von Fremdwährung (*Valuta*) ist hingegen nicht beschränkt – bei größeren Beträgen empfiehlt es sich allerdings, diese bei der Einfuhr zu deklarieren, um bei der Ausfuhr keine Probleme zu bekommen. Außerdem raten wir dazu, die Wechselquittungen bis zur Ausreise aufzubewahren, um einen eventuellen Rücktausch nicht unmöglich zu machen. Wegen des dabei zugrundegelegten schlechten Kurses ist es jedoch vorteilhaft, eingetauschte Forint im Land zu verbrauchen.

Von den ungarischen Behörden darf jederzeit überprüft werden, ob Ihre Finanzlage der geplanten Aufenthaltsdauer entspricht.
Der Umtausch von *Bargeld* ist generell, der von *Euro- und Reiseschecks* bis zu einer Höhe von 30.000 Forint unproblematisch – meist werden kleinere Beträge von der Summe als Bearbeitungsgebühr abgezogen. Zudem spricht die größere Diebstahlsicherheit für den Gebrauch von (Reise-)Schecks. Die ungarischen Banken sind in der Regel von Montag bis Freitag von 8.00 bis 16 Uhr geöffnet. Österreicher und Bundesdeutsche können bei über tausend größeren ungarischen Postämtern Forintauszahlungen zu Lasten ihrer *Postsparbücher* vornehmen lassen. Üblich ist mittlerweile auch der Gebrauch von *Kreditkarten* (wie Eurocard, Mastercard, Diners Club, American Express). Insbesondere bei Autovermietern erweist sich der Besitz einer Kreditkarte als nützlich – manchmal geht hier ohne sogar überhaupt nichts.

Auf jeden Fall ist es sehr zu empfehlen, das Geld in kleineren Beträgen (etwa einmal pro Woche) zu wechseln, anstatt das ganze Urlaubsbudget gleich am ersten Tag in Forint zu verwandeln. Erstens können Sie dann noch davon profitieren, wenn sich der Wechselkurs zu Ihren Gunsten verändert (was er bisher häufig tat), zweitens könnte es sonst passieren, dass Sie noch Forint übrigbehalten, was Sie zu einer lästigen und kostspieligen Rücktauschaktion zwingt, und drittens ist es auch sicherer, nicht die gesamte Reisekasse ständig in bar mitzuführen.

Obst und Gemüse bekommt man auf den Märkten direkt vom Erzeuger

Steht man einmal am Wochenende oder abends ohne Geld da, kann man (zu einem miesen Kurs) an der Rezeption eines größeren Hotels oft noch einen Scheck oder Geldschein in Forint tauschen.

Geschäftszeiten

In Budapest und den größeren Provinzstädten sind die meisten Geschäfte werktags durchgehend von 9–19 Uhr, einige sogar bis 20 Uhr geöffnet. Samstags kann man in der Regel von 9–13 Uhr einkaufen. In Budapest gibt es etliche Supermärkte, die samstags und/oder am Sonntagvormittag geöffnet sind. Größere Einkaufszentren sind sonntags sowie abends bis 22 Uhr geöffnet. In kleineren Provinzstädten sind die Geschäfte über Mittag in der Regel geschlossen. Die Zahl der kleinen Lebensmittelgeschäfte, die sieben Tage in der Woche rund um die Uhr geöffnet sind, nimmt – vor allem in Budapest – sprunghaft zu.

Information

Sie brauchen ein paar Detailauskünfte, wollen noch einige Prospekte durchblättern oder interessieren sich für eine Pauschalreise? Auf die meisten Fragen gibt es eine Antwort – hier das "Gewusst-wo".

Die erste Anlaufstelle für Fragen aller Art vor der Reise ist das ungarische Fremdenverkehrsamt. Hier erhalten Sie fachkundigen Rat, Prospekte, Karten und Hotelverzeichnisse:

In ganz Ungarn ist der Service von Tourinform zu empfehlen. Hier ist man täglich freundlich bemüht, selbst das schwierigste Problem zu lösen – kostenlos.

Die Adressen und Öffnungszeiten finden Sie im praktischen Teil dieses Buches unter der Rubrik *Information*. Zum Service der Fremdenverkehrsämter gehören: die Information zu Unterkünften (vom Privatzimmer übers Hotel bis zum Campingplatz, Buchung nur teilweise), der Verkauf und die Reservierung von Fahrkarten (für Bus, Bahn, Schiff und Flugzeug), die Buchung von Pauschalprogrammen (von Gulaschpartys bis Wasserwanderungen), der Verkauf von Eintrittskarten für Veranstaltungen aller Art und der Verkauf von Angelscheinen usw.

IBUSZ, das inzwischen teilprivatisierte, ehemals staatliche ungarische Reisebüro mit Hauptsitz in Budapest, ist der Spezialist für organisierte Ungarnreisen. Die Palette der Pauschalangebote reicht vom Ausflugswochenende in Budapest über das organisierte Zusammentreffen von Fußball- und anderen Sportmannschaften bis hin zur Veranstaltung von Kongressen. Besondere Angebote gibt es z. B. auch für Reiter-, Jagd-, Wander- und Fahrradferien. Sowohl über Reiseveranstalter als auch über das touristische Angebot an Ihrem Wunschziel können Sie sich vor dem Urlaub beim Ungarischen Fremdenverkehrsamt in Deutschland informieren (Versand von Informationsmaterial).

• *Adressen* **Ungarisches Fremdenverkehrsamt**, 60313 Frankfurt, An der Hauptwache 11, ✆ 069/928846–0, 📠 069/929119–18, htfrankfurt@hungarytourism.hu, www.ungarn-tourismus.de.

Regionalbüros: Neue Bundesländer: Karl-Liebknecht-Str. 34, D-10178 Berlin, ✆ 030/2431460, 📠 030/24314613, htberlin@hungarytourism.hu.

Baden-Württemberg und Bayern: Dom-Pedro-Str. 17, D-80637 München, ✆ 089/12115230, 📠 089/12115251, htmunich@hungarytourism.hu.

Ungarisches Fremdenverkehrsamt, Hauptbüro, A-1010 Wien, Opernring 5, 2. Stock, ✆ (43)1/585201213, 📠 (43)1/5852012165, htvienna@hungarytourism.hu.

Informationsbüro: Opernring 3–5, ✆ (43)1/585201210, 📠 (43)1/585201221, **Tourinform**, H-1052 Budapest, V. Bezirk, Sütő utca 2 (Déak tér), ✆ 3179800, 📠 3179656, hungary@tourinform.hu.

Tourinform-Hotline aus dem Ausland: ✆ 0036/60550044. Hotline aus Ungarn: ✆ 0680660044.

IBUSZ, Generalvertretung bei ÖHV-Reisen, D-50676 Köln, ✆ 0221/313013, 📠 0221/313166.

Klima

Durch die Binnen- und Beckenlage bedingt, ist das ungarische Klima überwiegend kontinental, also gekennzeichnet durch relativ heiße Sommer, kalte Winter und geringe Niederschlagsmengen. Darüber hinaus machen das atlantische Klima Westeuropas und das mediterrane Südeuropas ihren Einfluss in den einzelnen Landesteilen unterschiedlich stark geltend.

So werden im Südwesten Ungarns mit bis zu 1000 mm pro Jahr die größten Niederschlagsmengen gemessen, wohingegen die Große Tiefebene, besonders im Gebiet der Theiß, als ausgesprochen niederschlagsarm gilt. Die Temperaturen schwanken im Monatsdurchschnitt zwischen -2 Grad (Januar) und +22 Grad Celsius (Juli). Die stärksten Temperaturschwankungen, sowohl zwischen Tag und Nacht als auch zwischen Sommer und Winter, herrschen vor allem in den östlichen Landesteilen.

Mit knapp 2000 Sonnenstunden im Jahr übertrifft Ungarn bei weitem den mitteleuropäischen Durchschnitt. Die wärmsten und sonnenreichsten Mo-

Ungarns Thermalbäder bieten auch Wassergymnastik

nate sind Juli und August – allerdings ist dies auch die touristische Hochsaison. Ein Trost für alle, die nicht zur Hauptreisezeit unterwegs sind: In Ungarn ist es meist schon ab Anfang Mai bis weit in den Oktober ausgesprochen mild. Insider haben längst den ungarischen Frühling als eindrucksvolle Reisezeit entdeckt. Trotz Sonnenschein und Regenarmut sollte jedoch selbst im Hochsommer für einen warmen Pullover oder eine Regenjacke Platz im Reisegepäck sein.

Kuren

Ob Hexenschuss, ob Zipperlein – Tausende erhoffen sich Heilung oder zumindest Linderung ihrer Beschwerden in den ungarischen Heilbädern, und das nicht erst seit gestern. Schon die Römer nutzten mit Begeisterung die Heilquellen in ihrer damaligen Provinz Pannonien. Ein weiterer Entwicklungsschub fand zur Zeit der Türkenherrschaft statt. Heute sprudeln aus den ungarischen Quellen und Brunnen über fünf Millionen Hektoliter Thermalwasser täglich, wovon mehrere hundert Bäder profitieren. Der Grund für diesen Reichtum: Die Erdrinde ist in Ungarn etwa 8–10 km dünner als in Europa üblich.
Zu den bekanntesten Kurorten zählen Hévíz, Budapest, Balatonfüred, Balf, Bükfürdő, Zalakaros, Harkány, Parád und Gyula. Dabei sind Zusammensetzung und Wirkungsweise des Heilwassers höchst unterschiedlich, so auch die Therapien – zwischen Bade- und Trinkkur ist fast alles möglich. Allgemein gilt: Wer an Erkrankungen des Bewegungsapparates, an Magen-Darm- oder Hauterkrankungen leidet, ist im Heilbad gut aufgehoben – Bluthochdruckpatienten und Schwangere sollten es in aller Regel meiden.

Wer nicht nur en passant ein paar Schwimmzüge machen oder sich eine Massage gönnen möchte, der sollte sich vor einer Kur auf jeden Fall gründlich untersuchen lassen. Denn was dem einen nützt, das kann den anderen erst recht aufs Krankenbett werfen. Erkundigen Sie sich auch bei Ihrem Arzt und Ihrer Krankenkasse. Weitere Informationen im Ungarischen Fremdenverkehrsamt, bei Tourinform und den Kurdirektionen der einzelnen Bäder bzw. den jeweiligen Fremdenverkehrsämtern.

Kunst

Zeugnisse der frühen ungarischen Baukunst sind selten. Der Mongolensturm von 1241 zerstörte weitgehend die romanische Architektur. Gotik und Renaissance litten unter der Türkenherrschaft, und was in der Habsburgerzeit nicht barock umgebaut wurde, fiel den Kriegen des 18., 19. und 20. Jahrhunderts zum Opfer.
Die ehemalige *Benediktinerabtei von Ják*, einige Ruinen in Esztergom und die nahezu vollständig umgebauten Kathedralen von Pécs und Veszprem sind die einzigen Zeugnisse *romanischer Architektur*. In Pécs kann man einige frühzeitliche Gräber besichtigen (siehe S. 395). Die bedeutendsten *gotischen* Denkmäler wurden erst in den siebziger Jahren des 20. Jahrhunderts auf dem Budaer Burgberg freigelegt. Goldschmiedearbeiten aus dieser Epoche gehören zu den wertvollsten Exponaten der ungarischen Museen.
Das frühe Aufblühen der *Renaissance* in Ungarn ist vor allem dem glanzvollen Monarchen *Matthias I.* zu verdanken. Ab der zweiten Hälfte des 15. Jahrhunderts entstanden so prachtvolle Gebäude wie der *Königspalast von Visegrád* und die *Budaer Burg*. Die *Bakócz-Kapelle* mit ihrem wertvollen Marmoraltar in der Kathedrale von Esztergom gilt als wichtigste Renaissanceschöpfung italienischer Prägung in Ungarn.

In den 173 Jahren der Türkenherrschaft wurden Kirchen in Moscheen umgewandelt, türkische Bäder, Schulen und Wohnhäuser entstanden. Vor allem die Minarette von Eger und Pécs sowie die Moschee in der Burg von Szigetvár illustrieren noch heute eindrucksvoll die *osmanische Architektur* dieses Zeitalters.

Unter den Habsburgern blühte der *Barock* in Ungarn auf, der im 18. Jahrhundert seinen Höhepunkt erreichte. Noch heute beherrscht er die Architektur der ungarischen Städte. Es waren vor allem österreichische, deutsche und italienische Baumeister, Bildhauer und Maler, die der von der Habsburger Gegenreformation entscheidend gestärkten katholischen Kirche dazu verhalfen, ihre Macht in z. T. bedeutenden Kunstwerken zu demonstrieren. Überall im Lande entstanden gewaltige Kirchen mit farbenprächtigen Fresken, reichverzierten Schnitzereien, golden prunkenden Altären und verspielten Skulpturen. Doch auch weltliche Herrscher hielten es zunehmend für angebracht, ihre gefestigte Stellung und ihren rasch wachsenden Reichtum in bombastischen Lustschlössern à la Wien und Paris zu dokumentieren. So gilt das *Schloss der Familie Eszterházy* in Fertőd als bedeutendstes Bauwerk dieser Epoche. Unter den Baumeistern sind vor allem

Symbole des Gulaschkommunismus im Budapester Skulpturenpark

J. L. von Hildebrandt, A. Mayerhoffer und J. Fellner erwähnenswert – der überragende Barockmaler war F. A. Maulpertsch, der unter anderem die Pfarrkirche von Sümeg gestaltete. Und unter den Bildhauern kam in erster Linie G. R. Donner zu einiger Berühmtheit.

In der Spätphase des Barock fanden auch in Ungarn die verspielten Formen des *Rokoko* einigen Anklang – bei weltlichen Gebäuden vor allem im typisch ungarischen sogenannten "Zopfstil".

Weit stärker als anderswo im Habsburgerreich entfaltete sich zu Beginn des letzten Jahrhunderts der *Klassizismus* in Ungarn. Architekten wie M. Pollack und J. Hild bauten strenge Paläste und Kirchen mit dominierenden Säulenportalen. Hauptvertreter der Bildhauerei in dieser Kunstepoche war I. Ferenczy. Nach 1849 schließlich beherrschten Historismus, Eklektizismus und Folklorebaukunst die Architektur, nach 1890 entstanden einige Bauten im *Jugendstil*.

Unter den Malern ist vor allem *M. Munkácsy* zu erwähnen, der in der zweiten Hälfte des 19. Jahrhunderts mit seinen realistischen Gemälden zu Weltruhm gelangte. Seit dem Ende des Ersten Weltkriegs bildete sich eine Avantgarde der geometrischen Abstraktion, deren Vertreter sich ins Ausland absetzten, als sich das politische Klima unter Horthy verschlechterte. Die Architekten L. Kassák und S. Bortnyik kehrten zurück, während andere wie L. Moholy-Nagy oder M. L. Breuer ans Bauhaus und schließlich in die USA gingen. Der international berühmt gewordene Op-Art Gründer V. Vasarely ließ sich in Frankreich nieder.

Neben Kunstmuseen finden Sie in diesem Buch auch einige Werkstätten, Ausstellungsräume und Treffpunkte der ungarischen Kunstszene beschrieben.

Landesnatur

Das ungarische Staatsgebiet umfasst große Teile des Pannonischen Beckens. Dieses ist fast gänzlich von Gebirgszügen (Alpen, Karpaten und Dinariden) umschlossen und bildet so eine natürliche Einheit. Zwei Drittel des Landes nimmt eine unterhalb von 200 m gelegene Tiefebene ein, die durch Absenkung entstanden ist.

Folgende landschaftliche Einheiten lassen sich unterscheiden: Die **Kleine Tiefebene** im Norden des Landes, die durch das Transdanubische Mittelgebirge (Bakony, Vértesgebirge, Budaer Berge, Gercse-, Pilis- und Visegráder Gebirge) von der Großen Tiefebene getrennt wird. Die **Große Tiefebene** (Alföld) umfasst den gesamten Südosten des Landes. Sie wird von ausgedehnten, ebenen Platten in Höhenlagen zwischen 100 und 120 m beherrscht.
Das Ungarische Mittelgebirge wird seinerseits durch die Donau in das Transdanubische (im Westen des Landes) und das **Nordungarische Mittelgebirge** geteilt. Hier werden im Börzöny-, Cserhát-, Mátra-, Bükk- und Zemplener Gebirge Höhen von über 1.000 m erreicht. Das **Transdanubische Hügelland** im Südwesten des Landes ist die vierte charakteristische Landschaft. Im Norden bildet der Plattensee die Grenze zum Transdanubischen Mittelgebirge, und im Süden findet man im Villanyer- und Mecsekgebirge bei Pécs die höchsten Erhebungen der ganzen Region.

Der höchste **Berg**, der 1.014 m hohe *Kékes*, steht im nordungarischen Mátragebirge. Die wichtigsten **Flüsse** Ungarns sind *Donau* und *Theiß*, die auf einer Länge von 417 bzw. 585 km das Land durchfließen. Während die Donau das Land in einen westlichen und einen östlichen Teil gliedert, teilt die Theiß das östliche Ungarn noch einmal in das Donau-Theiß-Zwischenstromland (Duna-Tisza-Köze) und das Tiszántúl im äußersten Osten.
Mit einer Fläche von 592 qkm ist der *Plattensee* der größte **See** Mitteleuropas. Der *Velence-See* mit einer Wasserfläche von rund 25 qkm ist dagegen ein ausgesprochener Winzling.

Insgesamt ist Ungarn heute etwa so groß wie Bayern und Hessen zusammengenommen. Es grenzt im Norden an die Slowakische Republik, im Nordosten an die Ukraine, im Osten an Rumänien, im Süden an Kroatien und Serbien und im Westen an Österreich.

Literatur

Der älteste erhaltene literarische Text in ungarischer Sprache ist eine um das Jahr 1300 entstandene Marienklage. Bis zum Ende der Renaissance bedienten sich jedoch die ungarischen Literaten vorwiegend der lateinischen Sprache, so auch der herausragende Dichter des 15. Jahrhunderts, *Janus Pannonius* (1434–72). Seine Lyrik zählt zu den bedeutendsten Werken der nationalen Literatur.

Erst die Reformation verhalf der ungarischen Sprache zum endgültigen Durchbruch. Die Poesie von *Bálint Balassi* (1554–94), seine religiöse Dichtung und Liebespoesie, seine Beschreibung des Soldatenlebens in einer Epoche der Türkenkriege und Religionskämpfe gelten als erster Höhepunkt der ungarischsprachigen Literatur.

Auch der Barock war von ähnlichen Problemen überschattet. *Miklós Zrínyi* (1620–64) forderte in seinen Schriften zum Widerstand gegen die Türken auf, während sich der Jesuitenkardinal *Péter Pázmany* (1570–1637) und seine protestantischen Gegenspieler in stilistisch eindrucksvollen Prosatexten um den rechten Glauben stritten.

Weite Teile des 18. Jahrhunderts standen unter dem lähmenden Eindruck des Scheiterns des Freiheitskampfs gegen die Habsburger – und auch dies spiegelt sich in der Literaturentwicklung wider. Waren zunächst die Gefühle der Aufständischen in aufmunternden und melancholisch-romantischen Versen geäußert worden, so wurde nun in Biographien und Memoiren des Lebens der Großen dieser Zeit gedacht. Die Ideen der Französischen Revolution gaben der ungarischen Literatur neue Impulse. *György Bessenyei* (1747–1811) verlieh dem ungarischen Drängen auf nationale Selbständigkeit am eindrucksvollsten Ausdruck. Gleichzeitig erhob der Wiener Hof unter der Kaiserin Maria Theresia provozierend die deutsche Sprache zur Amtssprache in Ungarn. Von der nun einsetzenden Radikalisierung wurde auch eine Dichtergruppe unter der Führung von *Ferenc Kazinczy* (1759–1831) erfasst, die sich der letztlich erfolglosen ungarischen Jakobinerbewegung anschloss. Gleichzeitig war die erste Hälfte des 19. Jahrhunderts gekennzeichnet von einem Aufblühen der ungarischen Theaterkunst. Ortsfeste Theater entstanden z. B. in Miskolc (1823), in Balatonfüred (1831) und Pest (1837). *József Katona* (1791–1830), der Lyriker *Mihály Vörösmarty* (1800–1855) und *Károly Kisfaludy* (1788–1830) waren damals die bedeutendsten Bühnenautoren.

Die ungarische Romantik fiel mit der Reformzeit zusammen, die ihrerseits von den Literaten stark beeinflusst war (vgl. Geschichte). Als Höhepunkte der ungarischen Literatur des 19. Jahrhunderts gelten die Werke des Nationalpoeten *Sándor Petőfi* (1823–49) und seines Freundes *János Arany* (1817–82). Bedeutende Vertreter des historischen Romans waren *József Eötvös* (1813–71) und *Mór Jókai* (1825–1904). Als Begründer der modernen ungarischen Publizistik gilt der Führer der Revolution von 1848/49, *Lajos Kossuth* (1802–1894).

Das letzte Drittel des 19. Jahrhundert stand schließlich ganz im Zeichen des Realismus. Unter den Romanciers konnten sich vor allem *Kálmán Mikszáth* (1847–1910) und *Géza Gárdonyi* (1863–1922) profilieren, bei den Lyrikern *János Vajda* (1827–97).

Am Anfang dieses Jahrhunderts begann mit *Endre Ady* (1877–1919) ein neues literarisches Zeitalter. In der Tradition Petőfis und Baudelaires wurde Ady schnell zum führenden Vertreter der ungarischen Moderne. Zusammen mit den wohl bedeutendsten Dichterkollegen seiner Zeit, darunter *Mihály Babits* (1883–1941), *Zsigmond Móricz* (1879–1942) und *Dezső Kosztolányi* (1885–1936), schrieb er für die avantgardistische Zeitschrift *Nyugat* (zu deutsch: Westen, Abendland).

Attila József (1905–37) gilt heute trotz seiner Vereinnahmung zum Pionier der sozialistischen Literatur als wichtigster ungarischer Dichter neben Petőfi und Ady. Der in den fünfziger Jahren verfemte Romancier *Tibor Déry* (1894–1977) wird oft mit ihm in einem Atemzug genannt.

Nach dem Ersten Weltkrieg lassen sich drei Hauptströmungen der ungarischen Literatur unterscheiden: die urbane, humanistisch-intellektuelle Lyrik in der Tradition der Zeitschrift *Nyugat*, z. B. *Sándor Weöres* (geb. 1913), *L. Szabó* (1900–1957), *Z. Jékely* (geb. 1913) und *G. Rónay* (geb. 1913), eine bürgerliche Strömung mit den Prosaisten *F. Herczeg*, *L. Zilahy* und *Sándor Márai* sowie den Dramatikern *Ferenc Mólnár* (1878–1952) und *E. Illés* (geb. 1902). Und schließlich die sogenannten "Populisten", eine Gruppierung von Schriftstellern und Politikern, die im Bauerntum den Garanten des nationalen Fortschritts sah. Deren wichtigste Vertreter waren *P. Veres*, *P. Szabó* (1893–1957), *J. Kodolányi* (1899–1968) und *Á. Tamási*.

Nach den stalinistischen Beschränkungen des Kulturbetriebs in der Rákosi-Ära führte die nach 1956 einsetzende Liberalisierung unter Kádár zu einer Wiederbelebung der ungarischen Literatur, die sich nun vom starren Korsett des obligatorischen *sozialistischen Realismus* weitgehend befreien konnte.

Zu den wichtigsten ungarischen Autoren der vergangenen Jahrzehnte zählen u.a. *Magda Szabó* (geb. 1917), *E. Fejes* (geb. 1923), *Gyula Illyés* (1902–1980), *G. Hernádi* (geb. 1926), *Ferenc Sárta* (geb. 1927), *György Lukács* (1885–1971), *László Németh* (1901–1975), *G. Moldova* (geb. 1934), *A. Tabák* (geb. 1938), *Géza Ottlik*, *József Lengyel* (1896–1975), *István Örkény* (1912–1979), *Iván Mándy* (1918–1983), *Miklós Mészöly* (geb. 1921), *György Konrád* (geb. 1933) und *Imre Kertész* (geb. 1929). *György Konrád* erhielt 1991 den Friedenspreis des Deutschen Buchhandels. Sein erster Roman "Der Besucher" wurde bereits 1973 ins Deutsche übersetzt. Auf sein soziales Engagement im Ungarn vor der Wende folgten Publikationsverbote und politische Angriffe. Er hielt sich längere Zeit im Ausland auf und war von 1990–1993 Präsident des Internationalen PEN. 2002 bekam der Budapester Schriftsteller Imre Kertész den Literaturnobelpreis. Seine Werke "Roman eines Schicksallosen", "Kaddisch für ein nicht geborenes Kind", und "Galeerentagebuch" dokumentieren in unvergleichlicher Weise ein Jahrhundert der Lager und totalitären Systeme.

Museen

Die Museumsdichte ist in Ungarn außerordentlich hoch. Da gibt es die großen Museen der Hauptstadt, die keinen internationalen Vergleich zu scheuen brauchen, wie das Museum der Bildenden Künste oder die Nationalgalerie, aber auch die vielfältigen Provinzmuseen vom Postmuseum in Balatonszemes über die Bergbaumuseen von Pécs bis hin zum Weinmuseum in Eger.

Die originellen Bildungstempel, wie Paprika-, Pferdegeschirr- oder Wasserwirtschaftsmuseum, helfen auf unterhaltsame Weise, eine fremde Kultur besser zu verstehen. Besonders für einen Besuch mit Kindern empfehlens-

Maurisches Interieur: das Kunstgewerbemuseum in Budapest

wert sind übrigens die sogenannten *Skansen*, volkskundliche Freilichtmuseen mit reizenden Folklorebauten, z. B. in Ópusztaszer, Szombathely und Zalaegerszeg.

Selten beträgt der Eintrittspreis mehr als 5 €; Schüler und Studenten mit (internationalem) Ausweis kommen zudem in den Genuss starker Ermäßigungen oder brauchen gar nichts zu zahlen.
In der Regel (die durch genügend Ausnahmen bestätigt wird) sind die ungarischen Museen täglich, außer montags, von 10–18 Uhr geöffnet.

Musik

Charakteristisch für die ungarische Musik ist die Mischung verschiedenster musikalischer Einflüsse – ein Resultat der bewegten Geschichte des Landes. Sogar asiatische Elemente aus der Nomadenzeit haben bis heute in der Volksmusik überlebt.

Seit der Jahrtausendwende gab es am ungarischen Königshof ausländische Musiker, die zusammen mit den Einwanderern aus Mittel- und Osteuropa die ungarische Musik stark beeinflussten.
Ungaresca, ungarische Tänze, die vom fahrenden Volk verbreitet wurden, gingen seit dem Ende des 15. Jahrhundert ins gesamteuropäische Musikrepertoire ein. Während der Türkenzeit waren die sogenannten *Historiengesänge*, gereimte Chroniken von bedeutenden Ereignissen, oft mit einer politischen Aussage, recht beliebt. An diese Tradition knüpften in der Zeit der Rákóczi-Freiheitskämpfe die *Kurutzenlieder* an.

Ab etwa 1750 erschien der *Verbunkos*, ein meist von Zigeunergeigern gespieltes Tanzstück, das ursprünglich beim Anwerben von Soldaten verwendet

Jamsession in den Straßen von Budapest

wurde. Er bildete die Grundlage des "neuen Stils", der bis ins 20. Jahrhundert als typisch ungarisch galt. Aus ihm entwickelten sich z. B. der *Csárdás,* der *Palotás,* die Freiheits- und Studentenlieder und auch die *klassische* ungarische Musik im 19. Jahrhundert.

Vor allem *Ferenc Erkel* (1810–93), der Opernkomponist, von dem auch die Melodie der Nationalhymne stammt, und der Klaviervirtuose und weltberühmte Komponist *Franz Liszt* (1811–86) sind die bedeutendsten Vertreter der romantischen E-Musik in Ungarn.

In unserem Jahrhundert wurde die ungarische Musik ebenfalls von zwei Namen geprägt: *Béla Bartók* (1881–1945) und *Zoltán Kodály* (1882–1967). Beide bedienten sich, bei einer hochentwickelten Kompositionstechnik, der Traditionen der ungarischen Volksmusik. Während Kodály weltweit vor allem als Pionier der Musikpädagogik bewundert wird, ging Bartók in erster Linie als Konzert-, Orchester- und Opernkomponist in die Musikgeschichte ein.

Zu großer Bekanntheit brachten es auch die beiden Operettenkomponisten *Franz Lehár* (1870–1948) und *Imre Kálmán* (1882–1953).

Von der angloamerikanischen Entwicklung beeinflusst, bildeten sich auch in Ungarn gegen Anfang der 1960er Jahre zahlreiche Pop-Gruppen. Anfangs als "westlich dekadent" geschmäht, eroberten sie sich noch in der sozialistischen Zeit einen festen Platz im ungarischen Musikleben. Die Spannbreite reicht mittlerweile vom Folk, Rock und Beat über Heavy-Metal und Punk bis zu Rap und Techno. Zu den international bekanntesten Bands der vergangenen Jahrzehnte gehören *Locomotiv GT, Omega* und *Illés.* Den internationalen Durchbruch schaffte bislang jedoch keine ungarische Band.

Auch Jazz- und Countrymusik lassen sich heute aus den ungarischen Veranstaltungskalendern nicht mehr wegdenken. Die wichtigsten Musikereignisse finden Sie in diesem Buch bei der jeweiligen Ortschaft unter der Rubrik *Veranstaltungen* verzeichnet.

Notruf

Hilfe rund um die Uhr erreichen Sie unter folgenden Rufnummern:

Rettungsdienst	✆ 104
Feuerwehr	✆ 105
Polizei	✆ 107

Öffentliche Verkehrsmittel

Sie sind in Ungarn für unsere Verhältnisse ziemlich preisgünstig und relativ gut ausgebaut. Jede größere Stadt verfügt über einen Eisenbahn- und Fernbusbahnhof. Jedes Dorf mit mehr als 200 Einwohnern ist außerdem per Bus mit der nächstgrößeren Stadt verbunden.

Wie die wichtigsten Straßen, so gehen auch die Schienenwege strahlenförmig von Budapest aus. *Gyorsvonal* heißen die Schnellzüge, *személyvonal* die Bummelzüge. Plätze in Expresszügen können und sollten (ab sechzig Tage) vor Reisebeginn reserviert werden. Wer häufiger mit der **Bahn** fährt, kann sich das Kursbuch der ungarischen Staatsbahnen (*Hivatalos Menetrend*) zulegen, das in vielen größeren Bahnhöfen erhältlich ist. Außerdem lohnt es sich, am Fahrkartenschalter nach aktuellen Vergünstigungen zu fragen (z. B. Studentenermäßigung oder Touristen-Zeitkarte).

Information Weitere Informationen über die rund 8.000 ungarischen Schienenkilometer erhalten Sie direkt bei der **Ungarischen Staatseisenbahn (MÁV)**, Andrássy út 35, 1062 Budapest (VI. Bezirk), ✆ 3229035, www.mav.hu.

Auch die meisten **Fernbuslinien** treffen sich in Budapest und zwar am Pester Erzsébet tér nahe der Metrostation Deák tér.

Die **Schifffahrt** auf Donau und Plattensee spielt für den Inlandsverkehr nur eine geringe Rolle, wobei die Ausflugsschiffe in der Hochsaison (auch auf den Flüssen Theiß und Körös) das größte Passagieraufkommen haben.

Pannenhilfe

Die *Gelben Engel* des Ungarischen Autoclubs MAK sind das ungarische Gegenstück der Pannenhelfer des ADAC (vgl. *Anreise/Mit dem eigenen Fahrzeug*). Ihre Pannenhilfsfahrzeuge sind meist in der Nähe wichtiger Verkehrsknotenpunkte stationiert. Wenn das defekte Fahrzeug an Ort und Stelle nicht zu reparieren ist, sorgen die Helfer für den Abtransport zu einer geeigneten Werkstatt.

Die Reparatur- und Transportkosten können Besitzer von Schutzbriefen (ADAC Euro- bzw. Auslandschutzbrief) kostenlos in Anspruch nehmen. Kfz-Reparaturen sind in Ungarn übrigens immer noch recht preisgünstig. Die landesweite Rufnummer des technischen Service des MAK ist 088. Für

ADAC- und ÖAMTC-Mitglieder lautet die Rufnummer der gemeinsamen Notrufstation von ADAC und MAK (06)1/2125167.

Tipp: Wenden Sie sich bei Problemen mit Ihrem Fahrzeug nach Möglichkeit immer erst an den MAK unter der Nummer 088. Dort wird zumindest mit einem guten Rat geholfen (z. B. welche Werkstatt das benötigte Ersatzteil hat oder besorgen könnte) und das nach unseren Erfahrungen immer sehr freundlich.

Politisches System

Ungarn, amtlich: *Magyar Köztársaság,* ist seit 1989 eine **Republik auf parlamentarischer Grundlage**. Das ungarische "Grundgesetz" ist die *Verfassung* vom 20. August 1949, die 1972 in einigen Punkten und 1989 grundlegend geändert wurde.
Höchste gesetzgebende Instanz ist die *Nationalversammlung* (Országgyülés), das ungarische Parlament. Deren 386 Mitglieder werden alle vier Jahre neu gewählt. Im Mai 2002 wurde die Nationalversammlung zum vierten Mal seit der Wende frei gewählt. Dieses Parlament wiederum wählt alle 5 Jahre das Staatsoberhaupt, den ungarischen Präsidenten. Seit Mai 2002 regiert eine Koalition aus der Ungarischen Sozialistischen Partei (MSZP) und dem Bund freier Demokraten (SZDSZ). Ungarns Parteiensystem ist lange Zeit durch zahlreiche Umbenennungen und schnelle Veränderungen geprägt gewesen. Inzwischen kristallisiert sich die Parteienlandschaft heraus:

Magyar Szocialista Párt (Ungarische Sozialistische Partei): sozialdemokratisch
Fiatal Demokratik Szövegseg - **Magyar Polgári Párt** (Junge Demokratische Vereinigung - Ungarische Volkspartei): bürgerlich-liberal
Szabad Demokratak Szövetsege (Freie-Demokratische-Vereinigung): sozialliberal
Magyar Demokrata Fórum (Ungarisches Demokratisches Forum): konservativ
Független Kisgazda (Földmunkás) **Párt** (Unabhängige Kleinlandwirtepartei): national-konservativ
Magyar Igazság és Élet Part (Ungarische Gerechtigkeits- und Lebenspartei): rechtsextrem
Munkáspárt (Arbeiterpartei): sozialistisch

Die ungarischen Komitate

Ungarn ist verwaltungstechnisch in 19 Komitate und fünf Stadtbezirke unterteilt. Als Stadtbezirke gelten die größten Städte des Landes: Budapest, Debrecen, Miskolc, Pécs, Szeged und Győr, wobei Budapest eine administrative Sonderstellung einnimmt.
Bis 1989 war Ungarn eine sozialistische Volksrepublik; in der Verfassung wurde es als "Staat der Arbeiter und werktätigen Bauern" bezeichnet. Die umfassenden politischen und sonstigen Veränderungen seither sind im Geschichtsteil dieses Buches ausführlich dokumentiert. Damit Ungarn heute nach dem Muster einer "westlichen Demokratie" funktioniert, waren umfangreiche Reformen nötig. Wie einschneidend diese waren, lässt sich ermessen, wenn man sich vergegenwärtigt, wie das sozialistische Ungarn aufgebaut war:

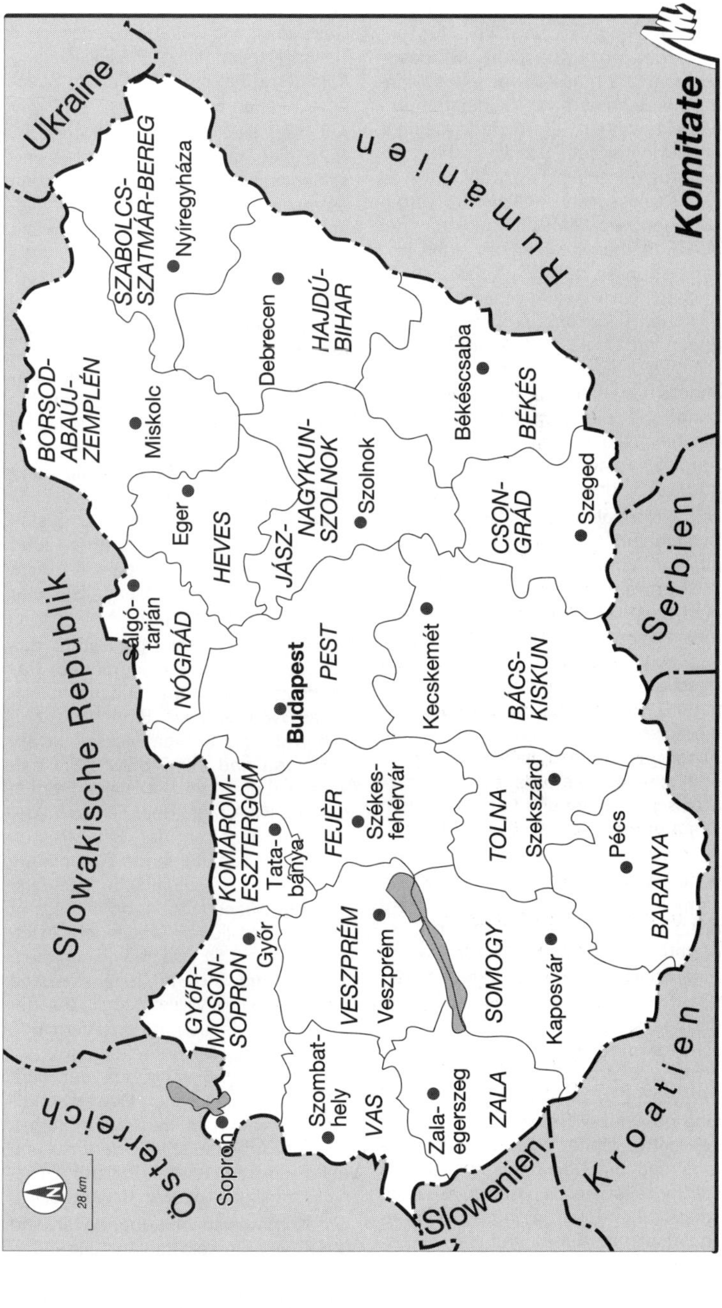
Komitate
Ukraine
Rumänien
Serbien
Kroatien
Slowenien
Österreich
Slowakische Republik
28 km
N
SZABOLCS-SZATMÁR-BEREG
Nyíregyháza
BORSOD-ABAÚJ-ZEMPLÉN
Miskolc
HAJDÚ-BIHAR
Debrecen
BÉKÉS
Békéscsaba
HEVES
Eger
JÁSZ-NAGYKUN-SZOLNOK
Szolnok
CSONGRÁD
Szeged
NÓGRÁD
Salgótarján
PEST
Budapest
BÁCS-KISKUN
Kecskemét
KOMÁROM-ESZTERGOM
Tatabánya
FEJÉR
Székesfehérvár
TOLNA
Szekszárd
BARANYA
Pécs
GYŐR-MOSON-SOPRON
Győr
Sopron
VESZPRÉM
Veszprém
SOMOGY
Kaposvár
VAS
Szombathely
ZALA
Zalaegerszeg

Die 352 Abgeordneten der **Nationalversammlung** wurden jeweils für fünf Jahre gewählt. Aufgrund des Wahlgesetzes von 1983 mussten für jedes Mandat mindestens zwei Kandidaten aufgestellt werden, die nicht unbedingt der Ungarischen Sozialistischen Arbeiterpartei angehören, wohl aber von der Patriotischen Volksfront vorgeschlagen worden sein mussten. Bei den Parlamentswahlen im Juni 1985 kam es in 45 der 352 Wahlkreise zu Stichwahlen – von insgesamt 71 unabhängigen Kandidaten konnten sich 43 gegen ihre Konkurrenten durchsetzen. Die Nationalversammlung war unter anderem zuständig für die Gesetzgebung und die Verabschiedung des Staatshaushaltes, sie wirkte an der Aufstellung der Wirtschaftspläne mit und wählte den Präsidialrat.

Der **Präsidialrat** war das kollektive Staatsoberhaupt Ungarns. Er bestand aus dem Vorsitzenden, dessen beiden Stellvertretern, 17 Mitgliedern und einem Sekretär. Zwischen den mindestens zweimal im Jahr stattfindenden Tagungen der Nationalversammlung übernahm der Präsidialrat deren Aufgaben. So war er u. a. zuständig für die Ausschreibung von Wahlen, den Abschluss internationaler Abkommen und Verträge, die Ernennung höherer Staatsfunktionäre und übte außerdem das Amnestierecht aus.

Die Exekutive nahm der **Ministerrat** wahr. Er wurde von der Nationalversammlung auf Vorschlag des Präsidialrates gewählt. Zum Ministerrat gehörten der Ministerpräsident, seine fünf Stellvertreter, die Minister, der Vorsitzende des Planungsamts und die Vorsitzenden verschiedener staatlicher Kommissionen und zentraler Ämter. Zu den Aufgaben des Ministerrates, der der Nationalversammlung gegenüber Rechenschaft abzulegen hatte, zählten u. a. die Durchführung und die Überwachung der Einhaltung aller beschlossenen Gesetze sowie die Realisierung der Wirtschaftspläne. Außerdem war er befugt, im Rahmen der bestehenden Gesetze eigene Gesetze zu erlassen.

Nationalversammlung, Präsidialrat und Ministerrat hatten ihren Sitz im Budapester Parlamentsgebäude.

Auf regionaler Ebene vertraten die **Räte** die Staatsmacht. Auf den verschiedenen Verwaltungsebenen gab es insgesamt fast 70.000 Ratsmitglieder, die jeweils für vier Jahre gewählt wurden. Sowohl die 19 ungarischen Komitate als auch die fünf Stadtbezirke wurden von Räten verwaltet.

Die **Ungarische Sozialistische Arbeiterpartei** (Magyar Szocialista Munkáspárt, kurz: MSZMP) war nach der Verfassung die führende gesellschaftliche Kraft im Lande und einzige legale Partei.

Am 1. Januar 1985 hatte sie rund 871.000 Mitglieder, wovon etwa 71 % Arbeiter und Bauern waren. Oberstes Leitungsgremium der Partei (und auch des Staates) war das 15köpfige Politbüro mit dem Generalsekretär (Parteichef) an der Spitze.

Die größte Massenorganisation des Landes war die 1954 gegründete **Patriotische Volksfront** (ungarisch: Hazafias Népfront) als Bindeglied zwischen der parteilosen Masse der Bevölkerung und der MSZMP. Sie entsprach in etwa der Nationalen Front in der DDR. Unter der Führung der MSZMP gehörten der Patriotischen Volksfront u. a. folgende Gruppierungen an: der ungarische Gewerkschaftsverband (SZOT) mit insgesamt rund vier Millionen Mitgliedern in etwa zwanzig Einzelgewerkschaften, der kommunistische Jugendverband mit rund einer Million Mitglieder, der ungarische Frauenrat, die Verbände der nationalen Minderheiten usw.

Die wichtigsten Aufgaben der dem SZOT angeschlossenen **Gewerkschaften** bestanden in der Aufrechterhaltung der Arbeitsdisziplin, der Erfüllung der Produktionspläne und der "Erziehung zum sozialistischen Bewusstsein".

Der **Kommunistische Jugendverband** (KISZ) war die selbständige Jugendorganisation der MSZMP. Bereits mit der Einschulung wurden die Kinder "Kleine Trommler" (Kisdobos) und ab der fünften Klasse dann "Pioniere" (úttörő), bis sie mit 14 Jahren "vollwertige" KISZ-Mitglieder wurden.

Beim **Gerichtswesen** ließen sich drei Ebenen unterscheiden: Die unterste Stufe bildeten die Amtsgerichte, die mittlere die Bezirksgerichte und das Hauptstadtgericht. Höchste Instanz, auch für die Militär- und Arbeitsgerichtsbarkeit, war das Oberste Gericht. Eine Verfassungsgerichtsbarkeit gab es nicht. In staatlichen Betrieben und Produktionsgenossenschaften waren gewählte Gesellschaftsgerichte hauptsächlich für die Ahndung leichter Verletzungen "der Regeln des sozialistischen Zusammenlebens" zuständig.

Post

Allgemein sind die ungarischen Postämter wochentags von 8–18 Uhr und samstags von 9–13 Uhr geöffnet.
Die Briefkästen in Ungarn sind rot. Ansichtskarten und Briefmarken sind auch in Tabakläden erhältlich. Man kann in Ungarn postlagernd Briefe empfangen. Der Absender sollte solche Briefe mit dem Vermerk *poste restante* versehen und immer an das Hauptpostamt (*főposta*) adressieren. In der Regel werden sie dort bis zu zwei Monate aufgehoben, bis sie wieder zurückgeschickt werden.

So schick waren einst die ungarischen Postboten: Postmuseum Budapest

Preise

Noch immer ist Ungarn ein relativ preisgünstiges Urlaubsland. Dennoch – ob beim Essen, beim Einkaufen oder Übernachten die Preise haben im Vergleich zu früher angezogen und sind inzwischen mit denen vieler anderer europäischer Urlaubsländer vergleichbar. Feilschen ist in Ungarn übrigens völlig unüblich und wird im besten Fall Unverständnis auslösen. Einzige Ausnahmen davon sind die Floh- oder Schwarzmärkte.

Reiten

Ein großer Teil der über 100.000 ungarischen Rösser stehen im Sold der Reiseveranstalter, denn Reiterferien haben in Ungarn Hochkonjunktur. Über hundert Reitschulen und -ställe sind ganz auf die Bedürfnisse von Reitern und Pferdefreunden eingestellt – vom Anfänger bis zum erfahrenen Geländereiter. Auch wer am Fahrsport interessiert ist, kann in Ungarn Unterricht im Lenken eines Zwei- bis Sechsspänners nehmen. Die örtlichen Fremdenverkehrsbüros nennen Ihnen gerne die nächstgelegene Reitmöglichkeit, soweit diese nicht im praktischen Teil dieses Buches jeweils unter der Rubrik *Sport* angegeben ist. Zur Orientierung: Eine Stunde Reiten kostet etwa 12 €. Wer mehr als nur ein Stündchen, womöglich gar seinen ganzen Urlaub auf einem Pferderücken verbringen möchte, kann sich von den Vertretungen der Ungarischen Fremdenverkehrsämter in Deutschland (siehe unter Information) eine Broschüre, mit den Adressen der Reitschulen und Reiterhöfe in Ungarn zuschicken lassen. Erfahrenen Reitern und Reitgruppen bietet das Gestüt in Hortobagy (siehe dort) attraktive mehrtägige Wanderreisen durch die Puszta an. Reiterurlauber sollten nach Möglichkeit Reitkleidung mitbringen, weil diese in der Regel nicht verliehen wird. Außerdem besteht häufig kein Versicherungsschutz für selbstverschuldete Unfälle. Detaillierte Informationen bekommen Interessierte beim Ungarischen Verband für Reittouristik (MLTKSZ), H-1092 Budapest, Ráday utca 8 I./4., ✆ (36)1/4560444, 📠 4560445, mltsz@axelero.hu, www.equi.hu.

Strom

In ganz Ungarn gibt es 220 Volt Wechselstrom. Die Steckdosen sind ohne Zusatzstecker zu benutzen.

Tanken

Das ungarische *Normalbenzin* hat nur 91 Oktan und sollte deshalb genauso wie die Zapfsäulen mit Benzin-Öl-Gemisch gemieden werden. Unserem früheren verbleiten *Normalbenzin* entspricht das ungarische *Super* mit 95 Oktan. *Extra-Super* mit 98 Oktan müssen alle diejenigen tanken, deren Fahrzeuge in der Heimat nur verbleites *Superbenzin* schlucken. Das Tankstellennetz in Ungarn ist ausreichend ausgebaut; auch *Beifrei*-Tanker dürften mittlerweile keine Schwierigkeiten mehr haben (vgl. auch *Anreise/Mit dem eigenen Fahrzeug*).

Shell-, Agip- und BP-Tankstellen sind in der Regel rund um die Uhr geöffnet. Das gilt auch für einige Áfor-Tankstellen an wichtigen Verkehrsknotenpunkten, an Grenzübergängen und in Großstädten. Beinahe überall gibt es Benzin nur gegen Forint in bar. Die ungarischen Shell-Tankstellen akzeptieren jedoch auch einige Kreditkarten (American Express, Diners, Eurocard, Visa usw.).

Telefon

Vor allem in Budapest, aber auch in der Provinz wurden in letzter Zeit zunehmend Kartentelefone aufgestellt.

Ortsgespräche kann man von gelben und blauen Apparaten aus führen. Nach Ertönen des Freizeichens eine 5-Forint-Münze einwerfen und wählen. Wer nicht rechtzeitig nachwirft, wird ohne Vorwarnung unterbrochen. Mittlerweile gibt es aber die Möglichkeit, Telefonkarten zu benutzen.

Ein Team mit großer Vergangenheit: der Ungar und sein Pferd

Ferngespräche kommen nur von den roten Automaten aus zustande, die man mit 10- und 20-Forint-Münzen füttert (oder mit Telefonkarte, s. u.). Nach dem Wählen der Nummer 06 ertönt das Freizeichen für ein Ferngespräch – dann die Vorwahlnummer (z. B. 1 für Budapest) und die des gewünschten Anschlusses wählen. Für **Auslandsgespräche** benötigt man ebenfalls ein rotes Telefon, und dann geht's los: abheben, Freizeichen abwarten, Geld einwerfen, 00 wählen, Landesvorwahl (z. B. 49 für die BRD), Ortsvorwahl ohne 0 (z. B. 89 für München) und Nummer des gewünschten Anschlusses. Wenn eine Verbindung zustande kommt, nicht vergessen, rechtzeitig Münzen nachzuwerfen. Noch bequemer ist mittlerweile die ganze Angelegenheit mit den inzwischen weit verbreiteten *Kartentelefonen* (Karten mit 50 Einheiten für 750 Forint oder die größeren Exemplare mit 120 Einheiten für 1800 Forint sind in allen Postämtern und in vielen Kiosken oder Zeitschriftengeschäften bzw. an den Rezeptionen erhältlich).

Telefonauskünfte in deutscher Sprache über in- und ausländische Rufnummern erhält man unter der Budapester Nummer 117 22 00 (bzw. 118 69 77 für den internationalen Auskunftsdienst).

Vorwahlnummern von Ungarn aus:

Bundesrepublik:	0049
Österreich:	0043
Schweiz:	0041
Die Vorwahlnummer für Ungarn:	0036, innerhalb Ungarns: 06 plus Ortsvorwahl

Toiletten

Die sanitären Anlagen auf Campingplätzen, in Bahnhöfen oder Bierstuben lassen häufig in punkto Sauberkeit einiges zu wünschen übrig. In internationalen Hotels und guten Restaurants gibt es tendenziell noch die besten "Restrooms". Wir empfehlen dringend, stets eigenes Klopapier oder einen Vorrat an Papiertaschentüchern mitzuführen. Viele Toiletten – selbst in Restaurants – sind verpachtet. Allgemein (bis auf wenige Ausnahmen) ist ihre Benutzung kostenpflichtig (etwa 30 Forint) – deshalb stets etwas Kleingeld mitnehmen. In diesem Zusammenhang zwei wichtige Vokabeln: *Női* steht an der Damentoilette, und *Férfi* heißt es bei den Herren.

Tourismus

Neben Budapest ist der Plattensee Hauptanziehungspunkt aller Ungarnreisenden. Zu den traditionellen Reisezielen gehören auch die Pusztagebiete wie die Hortobágy- und Bugac-Puszta. Bei kaum einer Ungarnrundfahrt werden das Donauknie und das nordungarische Mátra- und Bükkgebirge ausgelassen. Schließlich liegen auch der Velence-See und das Mecsekgebirge bei Pécs im Reisetrend.

Insgesamt kommen jährlich über 15 Millionen Auslandsgäste nach Ungarn – und das bei einer Einwohnerzahl von nur rund 10,2 Millionen. Ein großer

Teil der Ausländer lernt Ungarn jedoch nur auf der Durchreise kennen, während andere sich hier geschäftlich aufhalten. Gut 10 Millionen Einreisende können immerhin als Ungarntouristen bezeichnet werden.

Wer vor der Wende in Ungarn Urlaub machte: Ein Großteil aller Auslandsgäste stammte aus dem Ostblock. Besonders beliebt war Ungarn bei den Tschechen, die 36 % aller Ungarnbesucher stellten. Ihnen folgten Österreicher (13 %), Polen (12 %), Ostdeutsche (9 %), Jugoslawen (8 %) und Bundesdeutsche (6 %). Von den außereuropäischen Ungarnurlaubern waren einzig die Gäste aus den USA erwähnenswert (knapp 1 %).

2002 sahen die Zahlen schon etwas anders aus: Deutschland, Österreich und Holland stellten ein Viertel der Einreisenden, 51% der von Ausländern gebuchten Übernachtungen und 60 Prozent der touristischen Einnahmen. Die Zahl der Einreisenden stieg jeweils pro Land um 5 bis 6,5 % an, wobei immer mehr – insbesondere am Plattensee – in eigenen Immobilien übernachten und nicht ausschließlich Gästebetten in Anspruch nehmen.

Trampen

Trampen ist in Ungarn erlaubt. In den Sommermonaten strecken viele Rucksacktouristen aus Ungarn, Polen, der Tschechischen und der Slowakischen Republik den Daumen in den Wind. Wir nahmen bei unseren Recherchen u. a. einen Prager mit Hund und einen ungarischen Volkstanzlehrer mit. Fast immer entwickelte sich ein interessantes Gespräch oder ein gemeinsamer Ausflug aus der Zufallsbekanntschaft. Einige Male wurde verabredet, sich wiederzutreffen.
Die Mitnahmebereitschaft ist allgemein gut – jedoch gibt es Nebenstrecken mit extrem wenig Verkehr. An den Autobahnen ist es verboten anzuhalten.

Trinkgelder

Sie werden im Allgemeinen in Ungarn häufiger gegeben als hierzulande, aber niemals "eingetrieben" wie in einigen arabischen Ländern. Fast alle Dienstleistungen werden mit Trinkgeld honoriert (ca. 10 %), und manchmal hilft es auch, das Tempo zu beschleunigen. Vor allem bei bestimmten einkommensschwachen Berufsgruppen, wie Ärzten oder Friseuren, wird reichlich gegeben. Auch Zimmermädchen, Kellner, Tankwarte und Taxifahrer rechnen mit einem Aufgeld.

Übernachten

Schwierig wird es nur in der Hochsaison, einen Schlafplatz zu ergattern. Besonders am Plattensee im Hochsommer oder in Budapest zur Messe-, Formel-1- und Festivalzeit, zu Ostern oder an Silvester empfiehlt sich dringend eine *möglichst frühzeitige Reservierung* der begehrten Unterkunft.

Einer weiteren Schwierigkeit sehen sich alle diejenigen gegenüber, die allzu weit von den üblichen Reisewegen abweichen: Im "Hinterland" werden Unterkünfte rar. Auch hier hilft nur eine rechtzeitige Reservierung oder – für diejenigen, die auf "Entdeckungsreise" sind und nicht wissen, wohin es sie in der nächsten Woche verschlägt – die telefonische Anfrage. Wem es hingegen nichts ausmacht, auch einmal einen halben Tag auf Quartiersuche zu sein, der wird nach unseren Erfahrungen zuletzt immer ein Bett finden – wenn auch manchmal um einiges teurer als eigentlich geplant.

Allgemein gilt: Das Spektrum von Qualität und Preis ist sehr breit. Es gibt Luxushotels, in denen das Doppelzimmer pro Nacht auf über 400 € kommt, aber auch Studentenheime oder Campingmotels, in denen ein Bett für 12 € zu haben ist.

Privatzimmer – preiswert wohnen mit Familienanschluss

Privatzimmer vermitteln die Fremdenverkehrsbüros (die Adressen finden Sie im praktischen Teil dieses Buches jeweils unter den Rubriken Information bzw. Übernachten), aber auch fast alle anderen Reisebüros. Das Vermieten von Privatzimmern bedeutet für den Vermieter ein bescheidenes Zubrot. Offiziell registriert und auf Eignung geprüft, werden die Zimmer in die Liste eines Reisebüros aufgenommen. Man findet Privatzimmer im Stadtzentrum oder in entlegenen Vororten, in Altbauten oder nagelneuen Einfamilienhäusern. Manchmal stehen vor dem einzigen Bad morgens die Mitbewohner Schlange, ein anderes Mal hat man ein abgeschlossenes Appartement mit Küche und Bad zur Verfügung. Wichtig ist es, dem Vermittler im Reisebüro seine Wünsche klarzumachen, auch wenn diese sicher nicht immer berücksichtigt werden. Und so ist es oft ein Glücksspiel, ob der Vermieter freundlich oder abweisend, ob das Zimmer klein und laut oder ruhig und gemütlich ist. Vorteile bietet nicht zuletzt der Kontakt zum Vermieter, durch den man viel schneller als im anonymen Hotel vieles über Kultur und Mentalität der Gastgeber erfährt.

Preise für Privatzimmer: Ein einfaches Doppelzimmer kostet in der Regel um die 30 € (Budapest und Plattensee eher 35 €). Einzelzimmer sowie 3- oder 4-Bett-Zimmer sind relativ selten.

Abgeschlossene Wohnungen oder Wohnungsteile für zwei bis vier (seltener sechs) Personen sind meist nicht viel teurer – aber schwer zu bekommen. Außerdem werden sie selten für weniger als eine Woche vermietet. In Budapest und am Plattensee sind Privatunterkünfte durchschnittlich um etwa 50 bis 100 % teurer als anderswo im Lande. Allgemein wird bei einem Aufenthalt von weniger als vier Nächten ein Zuschlag von bis zu 30 % erhoben. Privatunterkünfte werden immer *ohne Frühstück* vermietet. Davon abweichende Regelungen mit dem Vermieter sind jedoch manchmal möglich.

Camping – Luftmatratzengeflüster auf ungarisch

Wo sonst bekommt man schneller Kontakt zu Urlaubern aus aller Herren Länder als auf den über hundert ungarischen Campingplätzen. Auch wenn die deutschen Stimmen von sächselnd bis bajuwarisch oft in der Mehrheit

Camper und Angler zieht es zunehmend an den Theiß-Stausee

sind, so hört man doch auch viel Tschechisch und Polnisch, Italienisch und Englisch und sogar Russisch, Rumänisch, ja, selbst Ungarisch. Wer Leben um sich mag und Reisebekanntschaften gegenüber aufgeschlossen ist, der wird sich auf den Campingplätzen wohlfühlen.

Campingplätze von unterschiedlichster Qualität und Größe findet man im ganzen Land. Die wichtigsten sind i diesem Buch unter der Überschrift *Übernachten* beim jeweiligen Ort aufgeführt. Einige Plätze (z. B. am Plattensee) sind im Hochsommer hoffnungslos überfüllt – damit Sie auch hier reservieren können, ist (soweit vorhanden) immer eine Telefonnummer angegeben. **Wildcampen ist** in ganz Ungarn **verboten**!

Einen Prospekt mit den Adressen vieler ungarischer Campingplätze erhalten Sie beim Ungarischen Fremdenverkehrsamt, bei Tourinform und bei Zalatours (Adressen siehe *Information*).

Auf vielen Campingplätzen gibt es auch **Ferienhäuser**, **Motelzimmer**, **Bungalows** und **Holzhütten** von höchst unterschiedlichem Zuschnitt und Preis. Wo sie aber nicht nur preiswert, sondern auch schön und komfortabel sind, da werden sie meist von Stammkunden genutzt und sind Jahre im voraus ausgebucht.

Hotels – Betonbauten und Barockbetten

In aller Regel entsprechen die ungarischen Hotels dem internationalen Standard. Das beginnt mit den Kategorien (1 bis 5 Sterne) und gilt meist auch für den Preis. Da gibt es die Luxushotels mit 4 Sternen, in denen man kein Zimmer unter 130 € bekommt. Es sei denn, Sie haben pauschal gebucht – dann wird's ein ganzes Stückchen billiger. Die überwältigende

Mehrheit der ungarischen Hotels bilden jene mit 1 bis 3 Sternen, vom komfortablen Mittelklassehotel bis zur renovierungsbedürftigen Absteige mit Etagenbad. Qualität und Preis differieren in diesem Bereich gewaltig. Ein tolles Flair haben einige ältere Hotels in Ungarn, die oft dann ziemlich preisgünstig sind, wenn sie von außen alt, grau und heruntergekommen wirken. Die Fassade kann täuschen, innen beherbergen sie nicht selten herrschaftliche Speisesäle, beeindruckende Kronleuchter, fabelhafte Stuckdecken und den nostalgischen Charme seliger k.u.k.-Zeiten. Für dieses Wohngefühl waren wir jedenfalls gern einmal bereit, für kurze Zeit auf Waschgelegenheiten nach dem neuesten Stand der Technik zu verzichten.

Preise für ein Hotel-Doppelzimmer pro Nacht:

Kategorie	einschließlich	Preis
1 Stern	Frühstück	28–35 €
2 Sterne	Frühstück	um 40 €
3 Sterne	Bad/Dusche/Frühstück	um 60 €
4 und 5 Sterne	Bad/Dusche/Frühstück	ab 85 €, meist aber deutlich darüber

In Budapest und am Plattensee sind die Hotels aller Kategorien durchschnittlich um etwa 50 % teurer als oben angegeben. Einzelzimmer sind nur wenig günstiger als Doppelzimmer und allgemein schwieriger zu bekommen.

Einen Prospekt der ungarischen Hotels erhalten Sie beim Ungarischen Fremdenverkehrsamt und bei Tourinform. (siehe *Information*).

Pensionen und Gasthöfe – gutbürgerlich und familiär

Panzió (Pension) und *Vendéglő* (Gasthof) heißen die kleinen Beherbergungsbetriebe, von denen die meisten seit einiger Zeit unter privater Regie wachsen und gedeihen. Etwa 35–50 € zahlt man hier für ein Doppelzimmer – Frühstück inklusive. Wer im Vierbettzimmer nächtigt, kommt häufig sogar mit 15 € aus. Wie der Preis, so ist auch die Unterbringung in vielen Fällen familiengerecht. Dass die Betriebe privat geführt sind, macht sich zumeist sehr positiv beim Service bemerkbar – schließlich möchte man zufriedene Stammkunden haben.

Für junge Leute

Für Schüler, Studenten und Rucksackreisende gibt es in vielen größeren Städten des Landes Übernachtungsmöglichkeiten in Internaten – allerdings nur während der ungarischen Semesterferien im Juli/August. Die sich ständig ändernden Adressen erhält man bei den örtlichen Büros von Tourinform. In Mehrbettzimmern liegt der Übernachtungspreis pro Person dann um 8 €. Aber es gibt auch hierbei noblere Unterkünfte, wo das Doppelzimmer auf 15–30 € kommt. Mit Studenten- oder Jugendherbergsausweis erhält man oft höhere Ermäßigungen.

Veranstaltungen

Beethoven, Beat, Ballett und Bälle – das ungarische Kulturleben ist vielfältig und attraktiv. Ob Karneval oder Reiterspiele – die Zahl der bekannten Veranstaltungen geht in die Hunderte. Viele von ihnen finden Sie im prakti-

schen Teil dieses Buches unter der Rubrik *Veranstaltungen*; darunter auch die folgenden, die zu den bekanntesten zählen:
Der monatlich erscheinende zweisprachige (deutsch/englisch) Veranstaltungskalender *Programme* informiert auf etwa dreißig Seiten detailliert über alle wichtigen Termine von Sport bis Kultur in Budapest. Er ist gratis bei Tourinform erhältlich.

Karnevalssonntag **Mohács:** "Busójarás" und Kroatenball

Mitte März **Budapest:** Frühlingsfestival. Renommiertes Kunstfestival mit zahlreichen Konzerten und rund 200 Veranstaltungen. Infos: Budapesti Fesztiválközpont Kht., 1053 Budapest, Egyetem tér 5, ✆ 4863300, ℻ 4863310, info@festivalcity.hu, www.festivalcity.hu Auch in Sopron (prokultura@axelero.hu, www.prokultura@sopron.hu) und Szombathely gibt es ähnliche Veranstaltungen zu dieser Zeit.

Pfingsten **Pécs:** Pfingstfestival. Hortobágy**:** Reitertage. Spektakuläre tradtionelle Vorführungen der Kuh- und Pferdehirten, Infos unter apuszta@axelero.hu.

Juli **Győr:** Musiksommer. Infos unter info@festivalirodagyor.hu. **Baltonfüred:** Anna-Ball. Highlight ist die Wahl der Ballkönigin und ihrer Hofdamen, die am Tag darauf in Kutschen durch die Stadt fahren. Infos: muvelodes@balatonfured.com, www.balatonfured.com.

Juli/August **Eger:** Agria-Spiele. **Szeged:** Freilichtspiele. Theater- und Opernaufführungen auf der Freilichtbühne vor dem Dom. Infos: Szegedi Nemzeti Színház és Szabadtéri Játékok, 6720 Szeged, Déak Ferenc utca 12, ✆ 479279, ℻ 475562, marketing@szinház.szeged.hu. **Martonvásár:** Beethoven-Konzerte. Musikstücke und Oratorien, präsentiert im Park von Schloss Brunszvik, wo der Musiker oft zu Gast war. Infos unter Nemzeti Filharmonikusok, 1051 Budapest, Vörösmarty tér 1, ✆ 4116600, ℻ 4291099, www.filharmonikusok.hu.

August **Hortobágy:** Brückenjahrmarkt. Volkskunst, Jahrmarkt und Folklore. **Budapest:** Formel-1-Rennen "Der Große Preis von Ungarn". Infos unter Hungaroring Sport Rt., 2146 Mogyoród, PF 10, ✆ 444444, ℻ 441860, office@hungaroring.hu, www.hungaroring.hu. **Debrecen:** Blumenkarneval. (20. Aug.) Straßenball und Prozessionen mit Blumenwagen, kostenlose Konzerte, Infos unter fesztival@debrecen.com. **Hollókö:** Folklorefestival (20. Aug.)

September **Pécs:** Fünfkirchener Tage. Theater, Konzerte, Folklore und Weinproben, Infos unter pkk@mail.pserve.hu.

Volkshelden

Keine Stadt ohne Széchenyi-Straße, kein Dorf ohne Kossuth-Platz – die Ungarn sind stolz auf die führenden Persönlichkeiten ihrer Geschichte und lieben es, das auch zu zeigen. Sollten viele dieser Namen jetzt noch wie unaussprechliche Zungenbrecher wirken – schon nach einigen Tagen in Ungarn werden Sie sich an sie gewöhnen, bis sie zu lieben Begleitern des ganzen Urlaubs geworden sind. Nicht schlecht, wenn man dann weiß, wer sich dahinter verbirgt.
Seit der Wende sind die Herren Lenin und Marx etwas aus der Mode gekommen, nach denen bis dahin in jeder ungarischen Stadt eine Straße oder ein Platz benannt war. Das gleiche Schicksal ereilte Szabadság, Vörös

Hadsereg & Co., denn auch "Freiheit" und "Rote Armee" sind keine beliebten Straßennamen mehr. Die folgenden Herrschaften blieben von solch ungnädigem Schicksal bisher verschont.

Ady, Endre (1877–1919): Publizist und Mitbegründer der modernen ungarischen Lyrik (viel Liebesdichtung).

Arany, János (1817–1882): berühmter ungarischer Epiker und Balladendichter des "klassischen" ungarischen Realismus.

Árpád (gest. um 907): vereinigte die ungarischen Stämme und führte sie in die Pannonische Ebene. Erster Großfürst und Begründer der Árpádendynastie.

Bajcsy-Zsilinszky, Endre (1888–1944): einer der Führer des antifaschistischen Widerstandes im Zweiten Weltkrieg; wurde von der Gestapo verhaftet und hingerichtet.

Bartók, Béla (1881–1945): weltberühmter ungarischer Komponist und Pianist.

Batthyány, Lajos (1806–1849): Ministerpräsident der ungarischen Revolutionsregierung; 1849 wegen Hochverrats hingerichtet.

Deák, Ferenc (1803–1876): Führer der gemäßigten Reformer; 1848 Justizminister. Die von ihm gegründete Partei trug entscheidend zum Ausgleich von 1867 bei.

Dózsa, György (1474–1514): Führer des Bauernaufstandes von 1514. Nach der Niederlage des Bauernheeres zu Tode gefoltert.

Erkel, Ferenc (1810–1893): Komponist und Pianist, Schöpfer der ungarischen Nationaloper. Komponierte 1844 die ungarische Nationalhymne.

Hunyadi, János (um 1408–1456): ungarischer Reichsverweser und siegreicher Feldherr über die Türken.

Jókai, Mór (1825–1904): neben Petőfi einer der Führer der revolutionären Pester Jugend von 1848/49. Bedeutendster und populärster Romancier der ungarischen Literatur.

József, Attila (1905–1937): sozialrevolutionärer Arbeiterdichter. Bitterkeit und Liebe, Resignation und Rebellion prägen seine Gedichte.

Kodály, Zoltán (1882–1967): Berühmter Komponist und Musikwissenschaftler, Volksmusikforscher und Musikpädagoge, z. T. gemeinsam mit Bartók tätig.

Kossuth, Lajos (1802–1884): Reichsverweser der ungarischen Revolutionsregierung von 1848 und Symbolfigur des nationalen Freiheitskampfes.

Liszt, Ferenc (1811–1886): weltberühmter ungarisch-deutscher Pianist.

Matthias I., "Corvinius" (Mátyás király, 1440–1490): Sohn des János Hunyadi, ab 1458 König eines zentralistischen Ungarn; Förderer von Kunst und Wissenschaften.

Petőfi, Sándor (1823–1849): bedeutendster ungarischer Lyriker und überragender Nationalheld; führte 1848 die revolutionäre Pester Jugend an.

Rákóczi, Ferenc (1676–1735): Führer des Freiheitskampfes gegen die Habsburger von 1703–11.

Semmelweis, Ignác (1818–1865): Budapester Gynäkologe; entdeckte mangelnde Hygiene der Ärzte als Ursache des Kindbettfiebers und erhielt den Beinamen "Retter der Mütter".

Stephan I., "der Heilige" (*Szt. István*, 975–1038): ab 1001 erster König Ungarns, das er z. T. gewaltsam christianisierte; 1087 heiliggesprochen.

Széchenyi, István (1791–1860): Graf, liberaler Politiker und Förderer der kulturellen und wirtschaftlichen Entwicklung Ungarns.

Vörösmarty, Mihály (1800–1855): zählt zu den größten Lyrikern des ungarischen Reformzeitalters.

Wirtschaft

Trotz staatlicher Lenkung im sozialistischen Ungarn war das damalige Wirtschaftssystem relativ liberal. Während in anderen sozialistischen Ländern der Staat auch in die kleinsten ökonomische Prozesse eingriff, hatten die ungarischen Betriebe eine verhältnismäßig große Entscheidungsfreiheit. Die zentrale Wirtschaftsplanung beschränkte sich auf den Versuch der Vorausbestimmung der gesamtwirtschaftlichen Entwicklung des Landes für einen bestimmten Zeitraum (*Drei- und Fünfjahrespläne*), auf die Bestimmung der vorrangigen wirtschaftspolitischen Ziele und auf die Koordinierung von gesamt- und partikularwirtschaftlichen Interessen.

Etwas Statistik

1985 betrug das Bruttosozialprodukt (Gesamtwertschöpfung der Volkswirtschaft – wichtiger Indikator für die wirtschaftliche Leistungsfähigkeit eines Landes) Ungarns rund 21 Milliarden Dollar, was pro Kopf der Bevölkerung knapp 2.000 Dollar entsprach (Österreich ca. 12.000 Dollar). Ungarn lag damit in der Welt an 58. Stelle (Österreich: 16. Platz). 1996 war das Bruttosozialprodukt auf rund 33 Milliarden Dollar gestiegen, was Ungarn dennoch auf den 59. Platz der Weltrangliste abrutschen ließ. 2003 betrug es 48,9 Milliarden Dollar.

Das Bruttoinlandsprodukt (Maßzahl für die Leistungsfähigkeit einer Volkswirtschaft), das zwischen 1980 und 1991 real im jährlichen Durchschnitt um 0,6 % gestiegen war, sank allein im Jahre 1992 um ganze 5 %, 2001 lag es bei rund 52 Milliarden Dollar, der Zuwachs seit 1990 beträgt 1,9 %. Die Auslandsverschuldung betrug 1996 rund 30 Milliarden US-Dollar – das entspricht etwa 90 % des Bruttosozialprodukts; 2003 lag sie noch immer bei etwa 30 Milliarden US-Dollar, was den Anteil am BSP jedoch sinken ließ (etwa 62 %).

Die Inflation, die zwischen 1980 und 1991 im Jahresdurchschnitt bei 10,3 % gelegen hatte, kletterte 1992 auf satte 23 %, um dann wieder kontinuierlich zu sinken (1996: ca. 15 %, 2003: 9,1 %).

1996 war die ungarische Arbeitslosenquote auf 13 % der Erwerbstätigen geklettert, 2002 lag sie nur noch bei 5,8 %.

Im Jahr 2000 betrug der Anteil der Landwirtschaft am Bruttoinlandsprodukt 5,8 % (1996 waren es noch 16 % gewesen), der der Industrie 32,9 % und der des Dienstleistungssektors 61,3 %. Im Jahr 1996 arbeiteten noch 16 % der Erwerbstätigen in der Landwirtschaft, im Jahr 2000 waren es nur noch 6,5 %, während 33,7 % der Erwerbstätigen in der Industrie und 59,7 % im Dienstleistungssektor tätig waren.

Einschneidende Veränderungen im ungarischen Wirtschaftsleben sind seit 1968 zu verzeichnen. Die damals begonnenen Reformen ermöglichten im Endeffekt den späteren *Dualismus von Plan und Markt,* von staatlich gelenkter Wirtschaft und Privatunternehmertum, der in Ungarn bis zur Wende bestand. Weiterhin ist bemerkenswert, dass seit 1972 grundsätzlich die Gründung von Unternehmen mit ausländischer (Minderheits-)Beteiligung, sogenannten *Joint-ventures,* erlaubt war. Davon machten z.B. recht früh die westdeutschen Unternehmen Bayer, Hoechst, Siemens und AEG Gebrauch. Von überragender Bedeutung war jedoch die Mitgliedschaft Ungarns im RGW, dem Rat für gegenseitige Wirtschaftshilfe, in dem die nationale Wirtschaftsplanung der einzelnen Ostblockstaaten abgestimmt wurde, was eine starke wirtschaftliche Spezialisierung der beteiligten Länder bedingte.

Die in Ungarn seit 1982 legalen privaten Kleinunternehmen mit bis zu dreißig Beschäftigten lösten vor allem im Dienstleistungsbereich die vorherige *Schattenwirtschaft* ab. Eine Förderung dieser Unternehmen bei gleichzeitiger

Auflösung unrentabler Staatsbetriebe bewirkte zwar eine größere gesamtwirtschaftliche Leistungsfähigkeit, aber auch die Entstehung neuer gesellschaftlicher Probleme.

So geriet die damals verfassungsmäßig garantierte Vollbeschäftigung zunehmend ins Wanken. Immer offener äußerten sich führende Politiker über die Notwendigkeit, als Folge der unvermeidlichen Wirtschaftsreformen eine drastisch anwachsende Arbeitslosigkeit in Kauf zu nehmen, um das Land vor dem Bankrott zu bewahren. Vor allem das Problem der immens gewachsenen Auslandsverschuldung zwang die Regierung, Maßnahmen zur *Regulierung und Flexibilisierung* des ungarischen Wirtschaftsgefüges zu ergreifen. Die Folgen wurden bereits Ende der 1980er Jahre offenbar: ein für Ostblockverhältnisse gigantisches Warenangebot – für "Normalverdiener" aber unerschwinglich; eine wachsende Zahl von Menschen, vor allem Rentner, kinderreiche Familien und Arbeitslose, die weit unterhalb der Armutsgrenze lebten, andererseits aber auch ein geringer Prozentsatz von "neureichen2 Privatunternehmern, vor deren Villen teure Westautos standen.

Das *ungarische Modell*, seit dem Besuch des sowjetischen *Staatspräsidenten Gromyko* am 23.–27. Februar 1988 in Budapest auch von den Sowjets offiziell als vorbildlich bezeichnet, fand in der Bevölkerung längst nicht den erwünschten Beifall. Vor allem der wachsende Konkurrenzkampf und die schier aussichtslose Situation vieler privater Haushalte wurde und wird auch heute noch oft kritisiert. So reichte der durchschnittliche Monatsverdienst von 12.000 bis 13.000 Forint, damals also 270 bis 290 DM (Stand: Anfang 92) häufig nicht einmal aus, um eine kleine Mietwohnung zu bezahlen. Rentner verfügten zu diesem Zeitpunkt sogar nur über durchschnittlich 6.000 bis 8.000 Forint (135 bis 180 DM). Im Jahr 2001 betrug das monatliche Bruttoeinkommen pro Kopf 510 €.
Die starke Abhängigkeit von Zweit- und Dritt-Jobs hat schließlich dazu geführt, dass Ungarn zu den Ländern mit der höchsten Pro-Kopf-Arbeitszeit in der ganzen Welt gehörte.

Landwirtschaft

1996 trug die Landwirtschaft rund 16 % zum Bruttoinlandsprodukt bei (Österreich: 3 %), im Jahr 2000 waren es nur noch 6 %, heute besitzt sie zwar mit rund 4 % Anteil noch einen beachtlichen Stellenwert, jedoch wandelt sich Ungarn mittlerweile deutlich vom Agrarstaat zum exportorientierten Industriestaat. Die ungarische Landwirtschaft, über Jahrhunderte vom Großgrundbesitz geprägt, wurde nach dem Zweiten Weltkrieg *sozialisiert*, d.h. Land und Maschinen wurden überwiegend vergesellschaftet. Zwischen 1953 und 1955 kam es zu einer ersten großen Reprivatisierungswelle. Zwischen 1958 und 1959 wurde wieder kollektiviert. Dabei fasste man nicht nur wie früher einzelne Betriebe, sondern ganze Dörfer zu Produktionsgenossenschaften zusammen. Im Frühjahr 1960 waren etwa 70 % aller Gemeinden so strukturiert.

1961 ging man zur Methode der *anteiligen Bestellung der Felder* über. Dabei überließ die Produktionsgenossenschaft ihren Mitgliedern Felder zur Be-

Mangalicas – die weitgehend fettfreien ungarischen Wollschweine

stellung, wofür sie zwischen einem Drittel und der Hälfte der Ernte als Bearbeitungslohn erhielten. Eine Methode, die fatal an die Landwirtschaft unter den Großgrundbesitzern erinnerte.

Bis zur Wende war die überwiegende Zahl der landwirtschaftlichen Betriebe in Ungarn nach dem Vorbild der sowjetischen Kolchosen als *LPG* (Landwirtschaftliche Produktionsgenossenschaft) organisiert. Die einzelnen LPG-Mitglieder erhielten vom Kollektiv eine Fläche von bis zu 0,6 Hektar zur privaten Nutzung, wenn sie neben ihrer Tätigkeit in der Genossenschaft auch eine individuelle Hofwirtschaft betreiben wollten. 1980 waren etwa 1,8 Millionen Familien an dieser landwirtschaftlichen Kleinproduktion beteiligt. Von größerer Bedeutung waren außerdem die rund 120 ungarischen Staatsgüter – hier arbeiteten 1985 immerhin über 17 % aller in der Landwirtschaft Beschäftigten.
Die durchschnittlichen Monatsverdienste in der Landwirtschaft standen übrigens ziemlich am Ende der Lohnskala, wobei die Bezahlung auf den Staatsgütern diejenige in den LPGs geringfügig überstieg.

Nach der Wende setzte ein zäher *(Re-)Privatisierungsprozess* der landwirtschaftlichen Flächen ein, der in Umfang und Geschwindigkeit auch heute noch politisch umstritten ist.
Die anteilmäßig größten Ackerflächen findet man in den Komitaten Békés, Szolnok und Csongrád, die alle im Süden der Großen Tiefebene liegen. Angebaut wird vor allem Getreide (60 %): Weizen, Roggen, Reis (Ungarn ist das nördlichste Reisanbaugebiet der Welt!), Mais und Gerste. Während Industrie- und Futterpflanzen (u. a. Zuckerrüben, Hanf und Sonnenblumen) etwa 30 % des ungarischen Ackerlandes bedecken, liegt der Anteil des

In der Puszta werden Gänseherden wie Schafe gehütet

Gemüses bei nur 5 %, darunter in erster Linie Paprika, Tomaten und Erbsen. Der in Ungarn traditionelle Obst- und Weinbau ist von jeher ganz eindeutig eine Domäne der Privatbetriebe, deren Anteil an der Gesamtproduktion selbst in sozialistischer Zeit zwischen 55 und 65 % schwankte. Zu den bekanntesten und bedeutendsten Weinanbaugebieten in Ungarn zählen die Gegend um Tokaj (Tokaj-Hegyalya), Eger, das Nordufer des Plattensees (Badacsony), Sopron und Südtransdanubien mit den Schwerpunkten Pécs, Szekszárd und Villány-Hegyalya.

Die Viehhaltung wurde in den vergangenen Jahren mehr qualitativ als quantitativ gesteigert. Von besonderer Bedeutung sind Schweine-, Geflügel- und Schafzucht. Truthähne, Enten und Gänse werden vor allem für den Export gemästet. So ist Ungarn der mit Abstand größte Gänseleberexporteur der Erde.

In der Binnenfischerei belegt Ungarn einen der vordersten Plätze im europäischen Bereich. Von den insgesamt knapp 40.000 Tonnen Fisch, die hier jährlich an Land gezogen werden, stammt ein Großteil (65 %) aus Fischzuchtanstalten; die Flussfischerei (30 %) und der Plattensee (5 %) spielen nur eine untergeordnete Rolle.

Industrie

Ungarn verfügt über relativ wenige eigene Rohstoffvorkommen. In nennenswertem Umfang werden Braunkohle, Erdöl und Erdgas sowie Bauxit, Eisen- und Uranerz gefördert. In der Bauxitförderung liegt Ungarn an achter Stelle der Weltrangliste. Die größten Vorkommen liegen im Transdanubischen Mittelgebirge, wo das Bauxit direkt zu Aluminium verhüttet wird.

Die Förderung an fossilen Brennstoffen reicht bei weitem nicht aus, um den einheimischen Energiebedarf zu decken – deshalb muss vor allem Strom

importiert werden, auch wenn seit 1983 in Ungarn Atomkraftwerke in Betrieb sind.
Seit den 1960er Jahren richtete sich einige Hoffnung auf die in Nordungarn entdeckten Kupfererzlager, die zu den größten der Welt zählen. Nach der vollständigen Erschließung wird mit einer Fördermenge von jährlich bis zu 5 Millionen Tonnen Erz gerechnet.
Der Rohstoffarmut des Landes entsprechend ist die Industrie hauptsächlich auf arbeitsintensive Zweige ausgerichtet. So ist fast ein Drittel aller Industriebeschäftigten im Bereich Maschinenbau tätig. Viele Arbeitsplätze gibt es außerdem in der Nahrungsmittel-, der Chemie- und Textilindustrie sowie im Bergbau.
In den letzten 20 Jahren verzeichneten folgende Branchen die höchsten Wachstumsraten: Druckereien, Elektrizitätserzeuger, chemische und papierverarbeitende Industrie. Bei den seit 1982 legalisierten privaten Kleinunternehmen waren die sog. "*wirtschaftlichen Arbeitsgemeinschaften*", Zusammenschlüsse von Erwerbstätigen, die außerhalb der normalen Arbeitszeit zusätzliches Geld verdienen, am weitesten verbreitet. Insgesamt gab es 1996 über 70.000 private Betriebe, denen nur knapp 1.000 staatliche und ebenso viele genossenschaftliche Großunternehmen gegenüberstanden. Trotzdem waren in den beiden letzten zusammen mehr als 75 % aller in der Industrie Beschäftigten tätig.
Insgesamt trug die Industrie im Jahr 2003 34 % zum Bruttoinlandsprodukt bei (Österreich: 33 %). Eine ungarische Besonderheit ist der hohe Konzentrationsgrad der Industrie, sowohl in regionaler Hinsicht (allein im Großraum Budapest sind fast die Hälfte aller in der Industrie Beschäftigten tätig), als auch auf Betriebsebene (Großunternehmen). Die vergleichsweise höchsten Löhne werden übrigens im Bergbau und in der Chemieindustrie gezahlt – relativ schlecht schneiden dagegen die Beschäftigten in der Leicht-, Baustoff- und Nahrungsmittelindustrie ab.

Außenhandel

Der ungarische Außenhandel konnte in den Jahren 1983–1985 nach längerer Zeit wieder positive Bilanzen verzeichnen. Damals gab es Exportüberschüsse zwischen 190 und 470 Millionen US-Dollar. Aber schon 1986 wurde wieder ein Minus von 430 Millionen Dollar eingefahren. Vor allem der Preisverfall für landwirtschaftliche Produkte, die Stahlkrise und die zusätzlich notwendig gewordenen Energieimporte waren für die neuerliche Verschlechterung der Außenhandelsbilanz ausschlaggebend.
1996 war die Handelsbilanz eindeutig negativ: Importen im Wert von rund 13,2 Milliarden US-Dollar standen Exporte im Wert von 12,8 Milliarden US-Dollar gegenüber. Dieser Trend hat sich fortgesetzt, wenn auch auf höherem Niveau: 2003 mussten für importierte Waren rund 36,9 Milliarden US-Dollar ausgegeben werden, während im gleichen Zeitraum Waren im Wert von 34,8 Milliarden US-Dollar exportiert wurden.

Die wichtigsten Außenhandelspartner des Landes waren in den 1980er Jahren stets die UdSSR, mit der Ungarn rund ein Drittel seiner gesamten Ein-

und Ausfuhren abwickelte, die Bundesrepublik (10 %), die DDR (8 %) und die Tschechoslowakei (6 %). Während über 50 % des ungarischen Außenhandels im Rahmen des RGW abgewickelt wurden, kamen die EU-Länder immerhin auf einen Anteil von knapp 30 %. Beachtlich war übrigens auch der Handel mit einigen OPEC-Ländern, vor allem dem Iran und dem Irak. Heute ist Deutschland mit Abstand der wichtigste Handelspartner Ungarns, gefolgt von den USA, Österreich, Russland und Italien. Im Jahr 2003 importierte Ungarn 25,6 % seiner Güter aus Deutschland (Export: 37,2 %), Russland 8,1 %, Österreich 7,4 % (8,7 %).

Insgesamt sind für den ungarischen *Import* folgende Warengruppen von Bedeutung: Rohstoffe, Halbwaren und Einzelteile (37 %), industrielle Konsumgüter (22 %), Maschinen, Transportmittel und Investitionsgüter (21 %), Energieträger und Elektroenergie (15 %). Exportieren konnte Ungarn vor allem: Rohstoffe, Halbwaren und Einzelteile (37 %), Rohstoffe für die Nahrungsmittelindustrie (25 %), Maschinen, Transportmittel und Investitionsgüter (12 %), Energieträger und Elektroenergie (3 %).
Eine nicht zu unterschätzende Rolle für den Handelsverkehr mit Devisen spielt übrigens der Tourismus in Ungarn, durch den ein nicht geringer Teil der dringend benötigten Devisen ins Land kommt: 2003 brachten 15,34 Millionen Besucher 3,9 Milliarden US-Dollar Einnahmen.

Zusammenfassend ist festzuhalten, dass die hohe Auslandsverschuldung zu den Hauptproblemen der ungarischen Wirtschaft zählt. Ob Ungarn sich aus seiner Schuldnerrolle wird befreien können und welche Opfer der Bevölkerung dazu nötig sind, bleibt abzuwarten.

Yuppies

Das gab es sogar schon im sozialistischen Ungarn: Hoch in den Hügeln über Budapest bauten sich Ungarns *neue Reiche* eines der exklusivsten Wohnviertel Osteuropas. Während andernorts die Wohnungsnot grassierte und Tausende von Landsleuten über zehn Jahre auf eine eigene Wohnung warteten, entstanden hier überall moderne Villen.
Gepflegter Rasen erstreckte sich hinter handgeschmiedeten Eisentoren – die anspruchsvollen Herrenhäuser hätten auch in den Nobelvierteln westlicher Großstädte stehen können. Anders als sonst in Osteuropa gehörten sie aber nicht hochgestellten Parteifunktionären, sondern bienenfleißigen Privatunternehmern, die aus ihrer Autowerkstatt oder ihrem Restaurant eine Goldgrube gemacht hatten. Das war durch die Wirtschaftsreformen seit Ende der 1960er Jahre ermöglicht worden, als bestimmte Wirtschaftsbereiche in engen Grenzen auch für Privatunternehmer zugänglich gemacht wurden. Viele Ungarn eröffneten damals Geschäfte, boten gefragte Dienstleistungen an und schufteten in Zweit- und Drittjobs. Für einige zahlte sich das aus. Sie genossen vor der Wende den wohl höchsten Lebensstandard im ganzen Ostblock.
Und heute? – Wenig hat sich geändert, außer dass die Kluft zwischen schwerreich und bettelarm immer weiter auseinander klafft. Daran hat auch

die drastische Anhebung des Spitzensteuersatzes und die veränderte Sozialgesetzgebung wenig geändert. Sie wollten den Kapitalismus, jetzt haben sie ihn – Budapests neue/alte Yuppies.

Zeit

Die Landeszeit entspricht der Mitteleuropäischen Zeit (MEZ = GMT plus 1). So gibt es keine Zeitverschiebung für Ungarnreisende. Auch Beginn und Ende der Sommerzeit decken sich mit unserer Regelung.

Zoll

Der Reisebedarf für den persönlichen Gebrauch ist zollfrei, muss aber wieder ausgeführt werden. Gegenstände von größerem Wert sollten bei der Einreise deklariert werden, um eine reibungslose Ausfuhr zu sichern. Geschenke und Waren bis zu einem Gesamtwert von 29.500 Forint (ungarischer Marktwert) können bei der ersten Einreise im Kalenderjahr zollfrei eingeführt werden. Videogeräte müssen bei der Einreise angemeldet werden. Mobiltelefone müssen an der Grenze angemeldet und außer Betrieb gesetzt werden. Die Einfuhr von Waffen (auch Gaspistolen oder Tränengas) ist verboten. **Zollfrei** zum eigenen Verbrauch sind pro Person ab 16 Jahren 1 Liter Wein, 1 Liter Sekt und 1 Liter Spirituosen, 1 l leicht alkoholisches Getränk (z.B. Wermut), 5 Liter Bier, 200 Zigaretten oder 50 Zigarren oder 250 g Tabak. Traditionell gelten in Ungarn sehr *strenge Ausfuhrbeschränkungen* für Edelmetalle, Kunstgegenstände, Fleisch, Briefmarken, antiquarische Bücher, Kinder- und Babywäsche sowie Lego-Baukästen und eine ganze Reihe anderer Waren. Für die Ausfuhr von *Antiquitäten und Kunstwerken* ist eine Bescheinigung des Museums oder Verkäufers erforderlich. Tipp: Auch beim Kauf von Trödel ist es ratsam die Rechnung aufzubewahren, um sie an der Grenze vorlegen zu können. Ansonsten könnte ein Billigrahmen für 20 € plötzlich als Antiquität gelten und Schwierigkeiten bereiten.

Mehrwertsteuer-Rückerstattung: Sie benötigen hierzu eine vollständig ausgefüllte Quittung über mindestens 50.000 HUF (incl. MwSt.), ein Mehrwertsteuer-Erstattungs-Formular und einen Briefumschlag "Tax free". Fügen Sie Ihren Kassenbeleg vom offiziellen Geldwechsel oder die Kreditkarten-Bestätigung bei. Alle Dokumente und Formulare müssen vom ungarischen Zollamt abgestempelt sein. Sie erhalten die Rückerstattung an der Grenze im Reisebüro IBUSZ als Bargeld, als Überweisung auf Ihr Bank- oder Kreditkartenkonto oder als Barscheck. Zwischen dem Kaufdatum und dem Datum des Zollstempels dürfen nicht mehr als 90 Tage liegen. Zwischen dem Datum des Zollstempels und dem Datum der MwSt.-Anforderung dürfen maximal 183 Tage liegen.

Auskunft in Zollfragen aller Art erteilt neben den ungarischen Fremdenverkehrsämtern und Botschaften der Informationsdienst des ungarischen Zoll- und Finanzamtes (Vám- és Pénzügyőrség Információs Szolgálat) am Budapester Szent István tér 11 b (neben der Basilika), ✆ (36)-1-470-4121 oder (36)-470-4122. Detaillierte Infos auch im Internet unter www.vam.hu.

Der Sagenvogel Turul führte die ungarischen Stämme in die Pannonische Tiefebene

Geschichte

Vom Urmenschen bis zur Römerzeit

Bereits in urgeschichtlicher Zeit war das Pannonische Becken von Menschen bewohnt. Das beweisen z. B. die archäologischen Funde von Vértesszőlős bei Tata. An den dortigen Thermalquellen siedelten vor ungefähr 500.000 Jahren *Urmenschen*, deren Spuren im Kalkschlamm bis auf den heutigen Tag erhalten geblieben sind – sie zählen damit zu den ältesten Zeugnissen der frühen Menschheit in Europa. Erst rund 400.000 Jahre später jagte der *Neandertaler* in der Nachbarschaft nach Höhlenbären und Mammuts.

Frühe Siedlungsplätze sind außerdem für Stein- (ab etwa 50.000 v. Chr.), Kupfer- und Bronzezeit (ab etwa 2000 v. Chr.) nachweisbar. In vielen ungarischen Museen, auch in der Provinz, sind Ausgrabungsfunde aus diesen Zeitaltern, wie Waffen, Schmuck und Werkzeuge, ausgestellt. Um 1000 v. Chr. drangen illyrische, thrakische und skythische Stämme in das Pannonische Becken ein. Obwohl sie die Herstellung von Eisen beherrschten, konnten sie nicht die eingesessene Bronzekultur verdrängen. Das gelang erst rund 600 Jahre später den *Kelten*, die nun das Gebiet westlich der Donau eroberten. Doch kaum hatten sich diese niedergelassen, da standen auch schon die Römer vor der Tür...

Ab der Zeitenwende beherrschte das antike *Rom* die Provinzen Pannonien und Dakien (Transdanubien und Siebenbürgen). Straßen und Städte, Wasserleitungen und Tempel wurden erbaut, und als Teil des Römischen

Reiches erlebte das Pannonische Becken eine erste Blütezeit. Die wichtigsten Zeugnisse der Römerzeit, Ruinen und Friedhöfe, Straßen und Bäder, findet man in ihren Städten Aquincum (im Norden von Budapest), Gorsium (bei Székesfehérvár), Scarbantia (Sopron), Sopianae (Pécs) und Savaria (Szombathely).

Von der Völkerwanderung bis zur Staatsgründung

Vom 4. Jahrhundert an, die Zerfallserscheinungen des Römischen Reiches waren nicht mehr zu übersehen, fegten die nach Westen ausgerichteten Wogen der *Völkerwanderung* über das Karpatenbecken. Die ersten, die sich für kurze Zeit behaupten konnten, waren die Hunnen, ein asiatisches Reitervolk wie auch die Ungarn. Der Hunnenkönig Attila verlegte im fünften Jahrhundert seine Residenz an die Theiß, von wo aus er halb Europa mit Krieg überzog. Nach seinem Tod im Jahre 453 lehnten sich einige unterworfene Völker auf, und die Hunnen mussten sich hinter die Wolga zurückziehen. In das entstandene Machtvakuum stießen nun die Ostgoten, die Langobarden und die Awaren vor. Reiche wurden gegründet und zerfielen. Doch niemand konnte sich so recht etablieren, bis eine neue Kraft sich ihren Weg ins Pannonische Becken bahnte: *die Ungarn.*

Niemand weiß genau, woher sie kamen, doch wird vermutet, dass sie einst am Ural beheimatet waren. Im 9. Jahrhundert siedelten sie jedenfalls im Etelköz, dem Land zwischen Dnjepr und dem Unterlauf der Donau. Doch im Jahre 895 wurden sie dort von den nachdrängenden Petschenegen überfallen und das ausgerechnet zu einem Zeitpunkt, an dem ein Großteil des ungarischen Heeres unter Árpád gerade damit beschäftigt war, die Bulgaren zu bekriegen. Das ungarische Volk flüchtete also in die Berge Siebenbürgens und kam erst ganz zögernd wieder hervor, als seine Streitmacht in den folgenden Jahren den Bulgaren Siebenbürgen und die große Tiefebene sowie den Franken Transdanubien abgetrotzt hatte.)

> Der Sage nach spielte sich die *Landnahme* natürlich ein wenig pathetischer ab: Da ritten die sieben Fürsten der sieben ungarischen Stämme majestätisch dem mächtigen Vogel Turul hinterher, der sie ins Land ihrer Hoffnungen führen sollte.

Archäologische Funde aus dieser sogenannten "Landnahmezeit" bilden übrigens häufig das Kernstück der historischen Abteilung in ungarischen Provinzmuseen.

Jedenfalls waren die Ungarn mit der Größe ihres Landes zunächst noch nicht ganz zufrieden. Etwa vom Jahre 900 an überfielen sie wiederholt ihre westlichen Nachbarn, die gegen die fixen ungarischen Reiter kein Mittel kannten; und in Deutschland, Italien und Frankreich zitterte man vor diesen unerschrockenen Heiden, bis König Heinrich I. 933 bei Merseburg demonstrierte, dass auch die Ungarn zu schlagen sind. 22 Jahre später fügte ihnen König Otto I. bei Augsburg eine weitere empfindliche *Niederlage* zu.

Budaer Fischerbastei: Statue des heiligen Stephan, Ungarns erstem König

Den Ungarn waren darauf die Ausflüge nach Westen vergrault, und auch der Süden lockte nicht mehr. Dort warteten nämlich byzantinische Truppen auf die Magyaren, nachdem sie um 970 gemeinsam mit dem Großfürsten von Kiew versucht hatten, Byzanz zu erobern.

Jetzt saßen sie also in der Klemme: auf der einen Seite das Heilige Römische Reich Deutscher Nation und auf der anderen Seite das Kaiserreich Byzanz. Beide waren sehr mächtig – und beide waren von den Ungarn einst herausgefordert worden. Und nun taten die Ungarn erstmals, was ihnen noch so oft das Leben retten sollte: Sie passten sich an. Großfürst Géza stärkte die ungarische Stellung im letzten Drittel des 10. Jahrhunderts durch kluge Diplomatie nach außen und eine harte Hand nach innen. Vom deutschen Kaiser erbat er Missionare und ließ sich selbst taufen, während er gleichzeitig darum bemüht war, die Macht über die ungarischen Stämme zu zentralisieren. Ab 997 setzte sein Sohn Stephan, später als "der Heilige" bekannt (ungarisch: Szent István király), das Werk fort und bekehrte seine Landsleute zum Christentum, wobei er in seinem Eifer nicht zimperlich war. Im Jahre 1000 ließ er sich mit päpstlicher Zustimmung zum ersten ungarischen König krönen.

Ungarn unter den Árpáden (1000–1301)

Für 300 Jahre standen nun Angehörige der *Árpádendynastie* als Könige an der Spitze des jungen ungarischen Staates. Gegen übermächtige Nachbarn mussten sie Unabhängigkeit und Überleben sichern, worin sie letztlich auch erfolgreich waren. Dass sie nebenbei noch die Zeit fanden, sich untereinan-

Szécheny-Bad: Taktiker in der Therme (TB) ▲▲
Fußgängerzone von Győr: Statue als Spielgerät (TB) ▲

▲▲ Kunsthandwerkerin im Budapester Burgviertel (TB)
▲ Laute Kracher für den Sylvesterabend (TB)

Kutschpferde bei internationalen Sportereignissen: Ungarns Stolz auf vier Beinen (PS) ▲▲

Üben für den großen Folkloreauftritt (PS) ▲▲

Pferdehirten pflegen bis heute die Tradition: Nationalpark Hortobágy-Puszta (PS) ▲

▲▲ Markenzeichen Paprika (TB)
▲ Graurinder zählen zu den alten Haustierrassen der Puszta (PS)

der zu streiten und sich zu bekriegen, spricht für ihre außerordentliche Willenskraft und Energie. Nachfolger König Stephans wurde nach dessen Tod 1038 der Sohn seiner Schwester, Peter Orsedo. Ihm folgten Andreas I., Bela I., Salomon und Géza.

Ladislaus I., der Heilige, konnte gegen Ende des 11. Jahrhunderts Kroatien und Dalmatien erobern und mit strengen Gesetzen die innere Ordnung festigen. Ungarn entwickelte sich nun schnell zu einem blühenden Staatswesen. Die mächtigen Nachbarn wurden durch Heiratsdiplomatie friedlich gestimmt. Kaufleute aus aller Herren Länder kamen in die Städte Esztergom und Székesfehérvár, die wichtigsten Stützpunkte der Könige. Aus dem Westen siedelten französische und deutsche Bauern nach Ungarn über und brachten ihr Know-how in Sachen Wein- und Ackerbau mit. Fast mühelos schaffte so in kurzer Zeit das nomadische Reitervolk aus den Steppen Asiens den Aufstieg in die europäische Völkerfamilie.

István und Gizella – das erste ungarische Königspaar

Doch schon konnte man erneut düstere Wolken am Horizont aufziehen sehen – der *Mongolensturm* drohte. Als König Béla IV., mit seinem aufständischen, mehr Privilegien fordernden Adel beschäftigt, dies bemerkte, war es schon zu spät. 1241 schlug der mongolische Khan Batu das königliche Heer, besetzte das ganze Land, plünderte und brandschatzte nach Belieben. Nach einem Jahr war der Spuk vorbei – Ungarn aber hatte praktisch aufgehört zu existieren.

Béla musste nun seinen Feudalherren die entvölkerten Ländereien schenken, auf dass sie dort die Bauern ansiedelten, die, durch Vergünstigungen angelockt, vor allem aus Deutschland herbeiströmten. Zugleich musste er seinen Vasallen erlauben, Burgen zu bauen, da er einen weiteren Einfall der Mongolen fürchtete. Die erstarkte Aristokratie führte denn auch nach dem Tode König Bélas (1270) erbitterte *Machtkämpfe* und zerriss das Land in autonome Provinzen, während die letzten Árpádenkönige ein machtloses Schattendasein führten. Mit Andreas III. starb 1301 der letzte Spross der Árpádendynastie, die für 300 Jahre das Schicksal des jungen Staates bestimmt hatte.

Von Visegrád über Wien nach Mohács (1308–1526)

Karl Robert von Anjou wurde 1308 zum ungarischen König gekrönt. Seine militärischen und wirtschaftlichen Reformen führten zu einem Erstarken des Königtums – 1323 verlegte er seine Residenz nach Visegrád ans Donauknie. Sein Sohn Ludwig I. regierte vierzig Jahre (1342–82) über Ungarn und bemühte sich vor allem, seine Macht auf den Balkan auszudehnen. Doch die eroberten Gebiete verlor er schnell an die *Türken*, die jetzt bedrohlich zu expandieren begannen. 1418/19 fielen sie erstmals in Kroatien und Siebenbürgen ein, während gleichzeitig die ungarischen Bauern den Aufstand probten. Die Situation schien erst wieder hoffnungsvoller, als der Feldherr János Hunyadi die Verteidigung der Südgrenze übernahm. Doch nach anfänglichen Erfolgen erlitt er eine katastrophale Niederlage in der Schlacht bei Warna. Da der König bei diesem Feldzug getötet worden war, wurde Hunyadi auf sechs Jahre zum Reichsverweser (Inhaber der Zentralgewalt bis zur Wahl des neuen Königs) gewählt – eine Machtstellung, die er vor allem gebrauchte, um seinem Hauptziel, der Vertreibung der Türken aus Europa, näher zu kommen. Sein Sieg bei Belgrad 1456 verhinderte schließlich die türkische Invasion in Ungarn für Jahrzehnte.

Zwei Jahre später wurde sein Sohn *Matthias* zum letzten König gekrönt, der noch aus der ungarischen Aristokratie stammte. Als strahlender und mächtiger Renaissancekönig ging er in die Geschichte ein. Es glückte ihm nicht nur, sich gegen die Türken zu behaupten, sondern er gewann auch Mähren und Schlesien. 1485 gelang es ihm sogar, Wien einzunehmen, wohin er sofort seine Residenz verlegte. Fünf Jahre später starb Matthias, und die von ihm organisierte *Zentralmacht* zerfiel.

Ein Kreuzzug gegen die Türken sollte 1514 die innenpolitischen Spannungen beseitigen – er entwickelte sich jedoch zum größten *Bauernkrieg* der ungarischen Geschichte. Unter György Dósza versuchten die Bauern, ihr Joch abzuschütteln und sich gegen die Großgrundbesitzer zu wenden. Nach der Zerschlagung des Bauernheeres wurde Dósza auf einem glühenden Thron verbrannt.

Das durch innenpolitische Querelen weiter geschwächte Ungarn unter einem ebenso schwachen König Ludwig II. sah sich 1526 plötzlich einem 100.000 Mann starken türkischen Heer gegenüber. Mit 25.000 Mann stellte sich Ludwig am 29. August 1526 dem Sultan Suleiman II. bei *Mohács*. Bei der Schlacht kam die Hälfte der ungarischen Soldaten ums Leben – der König ertrank auf der Flucht.

Minarette auf gotischen Kirchtürmen (1526–1699)

Mit dem Sieg von Mohács war für die Türken keineswegs alles entschieden. Tatsächlich gelang es ihnen in den folgenden 173 Jahren ihrer Herrschaft über Ungarn niemals, das ganze Land unter ihre Kontrolle zu bringen.

Die Ungarn sannen unterdessen auf Rettung: Der Adel wählte Johann Szapolyai zum König, in der Hoffnung, dieser würde seinen Schwager, den

Pécs – ehemalige Moschee aus der Türkenzeit

mächtigen König von Polen, gegen die Türken mobilisieren können. Ähnliches dachten einige Barone, die über ihren Kandidaten Erzherzog Ferdinand von Habsburg den Beistand von dessen Bruder Kaiser Karl V. erhofften. Beistand bekam er tatsächlich – aber nur gegen seinen Rivalen Johann, und dieser, ebenfalls nicht faul, wandte sich an die Türken, die ihn tatsächlich dabei unterstützten, 1529 seine Ansprüche geltend zu machen. Der siegreiche Sultan unternahm indessen zweimal den Versuch, Wien zu erobern, was ihm nur deshalb nicht gelang, weil die standfesten Besatzungen der ungarischen *Grenzburgen* gar nicht daran dachten, vor dem riesigen türkischen Heer zu kapitulieren, und sei es ihnen zahlenmäßig noch so sehr überlegen.

Ungarn war aber zu diesem Zeitpunkt bereits dauerhaft in drei Teile gespalten: Den Westen beherrschten die Habsburger, in der Mitte wehte der türkische Halbmond über den Dächern, und im Osten machte sich im relativ unabhängigen Siebenbürgen abwechselnd der Einfluss der Türken und der Habsburger bemerkbar. 1568 schlossen Habsburger und Türken gar einen Friedensvertrag, in dem sie den innerungarischen Grenzverlauf zementierten. Nach einer längeren Friedensperiode flackerten schließlich die Kämpfe 1591 wieder auf. Der Krieg zog sich in die Länge, während das Land verwüstet und entvölkert wurde und auch die Kräfte der beiden Gegner nachließen. Die Habsburger führten unterdessen in ihrem Einflussbereich eine rigorose *Gegenreformation* durch, mit der sie einen großen Teil der ungarischen Bevölkerung gegen sich aufbrachten.

1605 wählte der Landtag Stephan Bocskai zum Fürsten von Ungarn und Siebenbürgen. Nach militärischen Niederlagen sahen sich die Habsburger zum *Wiener Frieden* gezwungen, in dem sie den Aufständischen Religionsfreiheit und Siebenbürgen seine Unabhängigkeit einräumen mussten. Doch durch den frühen Tod Bocskais geriet alles wieder ins Wanken. *Gabriel Báthori* nahm mit Unterstützung der aufständischen Heiducken 1608 dessen Platz ein. Doch erst sein Amtsnachfolger *Gábor Bethlen* vermochte der Frage der geteilten Nation eine neue Wendung zu geben. 1613 wurde er Fürst Siebenbürgens, und sechs Jahre später griff er in den Dreißigjährigen Krieg ein. Die katholischen Habsburger waren seine Hauptfeinde. 1620 zum ungarischen König gewählt, gelang es ihm wie keinem anderen Monarchen seit Matthias, in Ungarn eine effiziente Zentralgewalt zu errichten, obgleich Teile des Landes immer von Fremden besetzt blieben. Handel, Kunst und Wissenschaft blühten unter seiner Regentschaft, während er einen politisch-militärischen Erfolg nach dem anderen verbuchen konnte.

Sein Erbe als Siebenbürger Fürst trat nach heftigen Machtkämpfen der reiche *György Rákóczi I.* im Jahre 1630 an. Obwohl er das Format seines Vorgängers nie erreichte, folgte Rákóczi beharrlich dessen Plänen und konnte dabei auch einige Erfolge gegen die Habsburger verbuchen. Sein Sohn *György Rákóczi II.* war dagegen eine tragische Figur. Gegen die Habsburger erfolglos, verdarb er es sich schließlich auch noch mit den Türken. 1660 erlitt er in der Schlacht bei Klausenburg eine vernichtende Niederlage gegen die Osmanen und wurde selbst tödlich verwundet. Siebenbürgen als Bewahrer der ungarischen Selbständigkeit wurde nun doch noch eine türkische Provinz. Von Debrecen bis Szeged, von Pécs bis Esztergom erstreckte sich damals das Osmanenreich, und in Ungarn herrschte Hoffnungslosigkeit, die nur noch verschlimmert wurde, als die Habsburger im Frieden von Vasvár (1664) den Türken ihre eroberten Gebiete als rechtmäßig bestätigten.

Erst 1683 bahnte sich eine Wende an. In diesem Jahr nämlich zog der *Großwesir Kara Mustafa* mit einem gewaltigen Heer gegen Wien und erlitt eine vernichtende Niederlage. Solchermaßen aufgerüttelt, beschloss der Habsburgerkaiser *Leopold I.*, die Osmanen aus dem benachbarten Ungarn zu vertreiben. Gemeinsam mit Polen und Venedig begannen im folgenden Jahr die Feldzüge gegen die Türken. Doch es sollte noch bis 1699 dauern, bis diese endgültig aus Ungarn vertrieben waren. Zurück blieb ein ausgeblutetes, verwüstetes und entvölkertes Land.

Das Entstehen der Donaumonarchie (1699–1790)

Nun waren zwar die Ungarn vom Türkenjoch durch einen immens teuren Krieg befreit, dessen Kosten hauptsächlich die ungarische Landbevölkerung tragen musste, aber an dessen Stelle trat sofort die Willkürherrschaft der Habsburger. Der Wiener Hof behandelte Ungarn wie eine Kriegsbeute; seine anmaßende Verwaltung des Landes und Übergriffe des kaiserlichen Militärs waren keineswegs dazu geeignet, die Loyalität der ungarischen Bevölkerung zu stärken.

Doch erst mit dem Erscheinen des jungen Fürsten Ferenc II. Rákóczi, eines Nachkommen des Siebenbürger Fürsten, erschien wieder ein Hoffnungsschimmer am Horizont der geknechteten Nation. Als Jesuitenzögling und

Kaisertreuer brachte er anfangs wenig Verständnis für die ungarische Lage auf, floh gar vor aufständischen Bauern 1697 nach Wien. Aber es dauerte nicht lange, bis er sich auf die Seite der Unterdrückten stellte und mit seinen Adelskollegen gemäß der Tradition seiner Ahnen Verschwörungspläne gegen die Habsburger schmiedete. Prompt entdeckt, wurde er 1701 gefangen genommen und nach Wien verschleppt, von wo aus es ihm aber gelang zu entkommen. Von Adel und Bürgertum unterstützt, konnte er 1703 schließlich an der Spitze eines Bauernheeres aufbrechen, um sein Land zu befreien. Die Habsburger allerdings waren zu dieser Zeit in den Spanischen Erbfolgekrieg verwickelt.

So ließ sich die Sache zunächst gut an: Aus dem Westen marschierten die Franzosen gen Wien, während Rákóczi mit seinen *Kurutzen* (ungar. *kuruczok*; Bezeichnung für die Aufständischen) bereits Anfang 1704 an der österreichischen Grenze stand. Doch im letzten Moment kamen holländische und englische Truppen zu Hilfe, und Wien war ein weiteres Mal gerettet.

Rákóczi, nun völlig auf sich allein gestellt und mittlerweile zum Fürsten von Siebenbürgen und regierenden Fürsten von Ungarn avanciert, sah sich ab dem Ende des Jahres 1704 einem wiedererstarkten Habsburgerreich gegenüber, das das militärische Glück auf seiner Seite hatte. Dennoch wagte er alles: 1707 verkündete er die Entthronung Habsburgs und kämpfte erbittert weiter. Doch die ungarischen Bauern hatten die Lust am Krieg verloren, die Versorgungslage war schlecht, und die Aufständischen wurden nach erfolglosen Schlachten in den Nordosten des Landes abgedrängt – zudem wütete die Pest. Als sich in dieser verfahrenen Situation Rákóczi Ende 1710 auf den Weg nach Russland machte, um Zar Peter dem Großen militärische Hilfe abzutrotzen, konnte er nicht wissen, dass sein Stellvertreter seine Abwesenheit dazu nutzen würde, um mit den Habsburgern Verhandlungen aufzunehmen.

Den *Frieden von Sathmar* (1711), in dem der Kaiser den Aufständischen Amnestie und Religionsfreiheit versprach, konnte er nicht akzeptieren. Deshalb blieb ihm nur der Weg ins türkische Exil, wo er die letzten Jahre bis zu seinem Tod (1735) als verbitterter, heimatloser Flüchtling verbrachte.

Die Habsburger konnten unterdessen ihre Stellung festigen. 1722 ließ der Kaiser im ungarischen Landtag ein Gesetz verabschieden, das als *Pragmatische Sanktion* in die Geschichte einging. Darin wurde die Unteilbarkeit des Habsburgerreiches gesetzlich abgesichert. Die nun einsetzende Besiedlungspolitik des Wiener Hofes, bei der vor allem katholische Bauern aus Deutschland ins entvölkerte Ungarn gebracht wurden, veränderte die ethnographische Struktur des Landes schwerwiegend, da in vielen Gegenden die Ungarn zur Minderheit im eigenen Land wurden. Es kamen allein im 18. Jahrhundert eine runde Million Schwaben ins Banat (heute Rumänien), die häufig geschlossene Siedlungsgebiete bildeten, wo sie jeglichem Assimilierungsdruck zum Trotz ihre Kultur lange bewahren konnten. Gegen Ende des Jahrhunderts betrug der Anteil der ungarischen Bevölkerung in Ungarn selbst nur noch rund 40 %.

Nun setzte der Wiederaufbau ein. Dabei wusste Wien den ungarischen Adel, der noch kurz zuvor unter dem Fürsten Rákóczi begeistert gekämpft

hatte, fest auf seiner Seite. Denn seine Steuerfreiheit und das Leibeigenensystem sicherten ihm Privilegien, die ein "standesgemäßes" Leben erst möglich machten.
Aus diesem Grunde wohl unterstützte die ungarische Aristokratie auch *Königin Maria Theresia* im Kampf gegen Preußen, Spanien und Venedig. Die Monarchin hingegen war bestrebt, ihre Länder zu einer homogenen Donaumonarchie zu verschweißen – einer katholischen versteht sich. In diesem kulturellen und politischen Klima entstanden die noch heute vorherrschenden barocken Stadtbilder Ungarns.

Joseph II., der nächste Habsburger Monarch, wollte die Ansätze eines aufgeklärten Absolutismus weiter ausbauen. 1781 gewährte er sogar im sogenannten *Toleranzpatent* seinen protestantischen Untertanen das Recht auf freie Religionsausübung.
1794 machte er Deutsch zur Amtssprache in Ungarn (womit er einen Sturm der Entrüstung entfachte), sicherte andererseits aber den Leibeigenen Freizügigkeit zu (1785). Angesichts einer immer offeneren Adelsopposition musste er aber 1790 auf dem Totenbett die meisten seiner Reformen widerrufen.

Polizeiregime und Reformzeit (1790–1848)

Als *Franz II.* 1792 den Thron bestieg, war es vorbei mit den zaghaften Reformen der Habsburger Monarchen. Aus Furcht vor republikanischen Bestrebungen – schließlich standen die Zeichen der Zeit seit der Französischen Revolution auf Sturm – errichtete er einen rigorosen Polizeistaat, in dem es überall von Spitzeln wimmelte. Um von den inneren Problemen abzulenken, brach er sogar einen Krieg gegen die Republik Frankreich vom Zaun.

Doch Frankreichs Beispiel machte auch in Ungarn Schule. Es kam zur Gründung jakobinischer Geheimgesellschaften, die jedoch schnell entdeckt wurden. Um ein Exempel zu statuieren, ließ Franz II. 1795 wegen Majestätsbeleidigung und Hochverrat sieben Verschwörer auf einem Platz in Buda hinrichten, der seither *Blutwiese* genannt wird.
Im Zeitalter der *Napoleonischen Kriege* (1796–1815) war Ungarn selbst nur selten Kriegsschauplatz, während es in dieser Zeit allgemein, und nicht nur der ungarische Adel, das Habsburgerregime willfährig unterstützte. Anfänglich fast ohne militärische Erfolge, konnte der Wiener Hof schließlich doch auf dem *Wiener Kongress* (1814/15) seine Stellung wieder festigen – allerdings erst nach dem Scheitern des bedeutenden Franzosenkaisers.

Als Franz II. 1825 nach 13 Jahren Pause den ungarischen Landtag wieder zusammentreten ließ, mehrten sich erneut die Zeichen der Unzufriedenheit. Träger dieses Reformgeistes war, in Ermangelung eines starken Bürgertums, einmal mehr der ungarische Adel. Graf *István Széchenyi,* ein reicher Grundbesitzer, sah in radikalen Reformen den einzigen Weg, das Feudalsystem zu retten. So forderte er in seinen ab 1830 erscheinenden theoretischen Schriften unter anderem die Abschaffung des Frondienstes, die Auflösung der Zünfte und die Einführung des Freihandels. Zensur und Beschlagnahmung seiner Werke verhinderten nicht, dass seine Forderungen

Schon früher trat die Donau über die Ufer: Szentendre

zum Leitgedanken der folgenden Dekade wurden. Neben all seinen politischen Aktivitäten ging er übrigens auch als Initiator der Budapester Kettenbrücke und als leidenschaftlicher Förderer der Wissenschaften in die ungarische Geschichte ein. Kossuth nannte ihn gar den *größten Ungarn*, obwohl er ihn oft genug zum politischen Gegner hatte.

Als sich die ungarische Reformbewegung am Anfang der vierziger Jahre zunehmend radikalisierte, entwickelte sich der begabte Publizist und Redner *Lajos Kossuth* rasch zu einer führenden Gestalt. Während Széchenyi die anstehenden Reformen unter Duldung, ja Mitwirkung des Wiener Hofes durchführen wollte, war Kossuth davon überzeugt, dass wirkliche Reformen nur gegen den Willen der Habsburger zustande kommen konnten.

Habsburg wird entthront (1848/49)

Unter dem Eindruck der Revolutionen in Paris und Wien brach am 15. März 1848 im geistigen Zentrum des Landes, in Pest, die ungarische Revolution aus. Unter *Sándor Petőfi* , dem jungen Dichter und heutigen Nationalhelden, begann die sogenannte *Märzjugend* an diesem Tag mit revolutionären Aktionen, um Druck auf den ungarischen Landtag auszuüben. Ein Gedicht Petőfis mit dem Titel *Nemzeti Dal* (Nationallied) wurde ungeachtet der strengen Zensurbestimmungen verteilt und hatte zündende Wirkung:

Der Refrain: "Auf den Gott der Ungarn schwören wir, schwören wir. Gefangene werden wir nicht länger sein ..."

Kossuth und seine liberalen Anhänger im Landtag nutzten die Gunst der Stunde und die verworrene Lage in Wien blitzschnell aus, um den Habsburgern

Zugeständnisse abzupressen: Graf *Lajos Batthyány* wurde als ungarischer Regierungschef bestätigt, und alle demnächst vom Landtag beschlossenen Gesetze sollten gebilligt werden.

Immer lauter wurden unterdessen die Rufe der radikalen ungarischen Jugend nach Pressefreiheit, der Bauernbefreiung, nach nationaler Unabhängigkeit und der Mitwirkung Nichtadeliger an der Legislative.

Eine der ersten und wichtigsten Entscheidungen der Revolutionsregierung war dann auch die Verkündung der *Bauernbefreiung* am 18. März. Weitere Reformen folgten. Doch die Reaktion Wiens ließ, nachdem die eigenen Probleme weitgehend bewältigt waren, nicht lange auf sich warten: Am 11. September begann der Einmarsch kaiserlicher Truppen in Ungarn. Die Regierung Batthyány trat zurück und übertrug die Macht dem Landesverteidigungsausschuss unter Kossuth, der zuvor das ebenso wichtige Finanzressort betreut hatte.

Was niemand für möglich gehalten hatte, passierte nun: Die hastig von Kossuth aufgestellte Armee errang eine Reihe von Siegen, obgleich sich die inneren Auseinandersetzungen häuften. Während die gemäßigten Kräfte an die Möglichkeit eines Ausgleichs mit den Habsburgern glaubten, wussten Liberale und Radikale, dass ihre Reformen mit der nationalen Unabhängigkeit stehen und fallen würden. Am 14. April 1849 verkündete schließlich Kossuth in der Großen Kirche von Debrecen die Entthronung des Hauses Habsburg und die Unabhängigkeit Ungarns, nachdem der junge *Kaiser Franz Joseph*, der erst ein knappes halbes Jahr zuvor auf dem Herrschersessel Platz genommen hatte, Ungarn zur österreichischen Kronprovinz erklärt hatte. Jetzt vertieften sich die innerpolitischen Gräben und Kossuth verlor an Macht.

Trinksitte

Noch heute weigern sich viele Ungarn, mit Biergläsern anzustoßen. Mit Wein ja, aber mit Bier auf keinen Fall. Kaum jemand aber weiß noch, warum das als so unschicklich gilt. Auch hier liegen die Wurzeln in der Geschichte. Denn es ist überliefert, dass die Habsburger mit Bier auf den Tod der ungarischen Soldatenführer im Freiheitskampf 1848/49 anstießen.

Die eigentliche Entscheidung fiel im Juli des Jahres 1849, als gewaltige *zaristische Hilfstruppen* in Ungarn einmarschierten. Es sollte nicht das letzte Mal sein, dass sich die Russen in Ungarn unliebsam bemerkbar machten... Knapp zwei Monate später war die Revolutionsregierung gestürzt und der Freiheitskampf erstickt.

Willkürherrschaft und Ausgleich (1849–1867)

Das um Siebenbürgen, Kroatien, Slowenien und das Banat geschrumpfte Ungarn verlor jetzt augenblicklich seine Selbständigkeit und wurde nach dem Muster der übrigen österreichischen Kronländer verwaltet. Kossuth war ins Exil geflüchtet, Petőfi auf dem Schlachtfeld gefallen – wer jetzt noch

Universitätsstadt Debrecen: Hier tagte einst die ungarische Revolutionsregierung

greifbar war, musste mit harten Strafen rechnen. Als am 6. Oktober 1849 der Ministerpräsident der ersten ungarischen Revolutionsregierung, Batthyány, hingerichtet wurde, begleiteten ihn 13 Generäle in den Tod.

Die Fäden der Macht liefen in diesen Tagen im Wiener Innenministerium bei *Alexander Bach* zusammen, der das Land mit kaisertreuen Beamten überschwemmte und sein möglichstes tat, die Ungarn ihre Niederlage spüren zu lassen. Ende 1851 wurde erneut der uneingeschränkte kaiserliche Absolutismus verkündet. Geheimverbindungen konspirierten zwar weiter mit Kossuth, der im Exil für den Aufstand warb, doch sie wurden bald entdeckt und ihre Mitglieder hingerichtet.

Aller Verbitterung zum Trotz setzte seit der *Zollunion* mit Österreich (1850) ein wirtschaftlicher Aufschwung, eine behutsame Industrialisierung ein. Und langsam besserte sich die Lage aus ungarischer Sicht wieder: Durch die Niederlage gegen Italien 1859 war Franz Joseph I. so geschwächt, dass er nicht umhin konnte, Ungarn Zugeständnisse zu machen. 1860 fiel Banat an Ungarn zurück, und der verhasste Innenminister Bach wurde entlassen.

Nach der Niederlage von Königgrätz im preußisch-österreichischen Krieg war endlich der Weg für einen Ausgleich frei. Vorbereitet von Ferenc Deák, einem namhaften Juristen, sah er einen dualistischen Staat, die österreichisch-ungarische Monarchie mit zwei Regierungen, aber einem Herrscher und gemeinsamen Ministerien für Krieg, Finanzen und Außenpolitik vor. Am 29. Mai 1867 wurde das Gesetz über den Ausgleich mit großer Mehrheit vom ungarischen Landtag gebilligt; wenige Tage später ließ sich Franz Joseph in der Budaer Matthiaskirche zum ungarischen König krönen. Die Kassandrarufe Kossuths aus dem Ausland verhallten ungehört...

Kakanien oder die letzten Tage Habsburgs (1867–1918)

Kakanien – zu diesem Wortspiel lud die allgegenwärtige Abkürzung k.u.k. geradezu ein. Den inneren Gegensätzen, dem überlebten Absolutismus und der Dominanz Österreichs in dem *Bündnis zweier souveräner Staaten* zum Trotz begann unter Ministerpräsident Kálmán Tisza 1875 ein beachtlicher wirtschaftlicher Aufschwung.
Gab es um 1867 nur rund 100.000 Industriearbeiter und wenige hundert Betriebe in Ungarn, so waren am Ende des Jahrhunderts bereits über 300.000 Arbeiter in 2.700 Betrieben beschäftigt; beeindruckende Zahlen, die sich bis 1914 noch einmal verdoppelten.

Doch auch die sozialen und nationalen Gegensätze des Vielvölkerstaates Ungarn verschärften sich. Immer noch waren nur rund 40 % der über 15 Millionen Einwohner Ungarns Ungarn – ihnen standen u. a. 10 % Deutsche, 14 % Rumänen, 14 % Südslawen und 9 % Slowaken gegenüber. Während die Nationalitäten immer lauter nach Autonomie riefen, setzte die ungarische Regierung auf eine höchst repressive Magyarisierung: Nationale Kulturvereine wurden verboten, und selbst an den Nationalitätenschulen musste in ungarischer Sprache unterrichtet werden. In diesem Klima des *ungarischen Nationalismus* assimilierten sich die in Ungarn lebenden Juden und Deutschen vor allem der höheren Bildungs- und Einkommensschichten besonders schnell. Die größten Widerstände gab es aus den Reihen der in Siebenbürgen lebenden Rumänen, die ihre Gleichstellung mit den hier lebenden Ungarn und Deutschen verlangten.

1896, im Jubiläumsjahr der "Landnahme" (896), feierte das ganze Land den *tausendsten Geburtstag Ungarns* – Pomp, Pracht, Größenwahn und die ganze neobarocke Bigotterie des k.u.k.-Staates triumphierten ein letztes Mal mit Glanz und Gloria in einer Zeit, in der das ganze Habsburgerreich einem nationalen und sozialen Pulverfass glich.
Gemeinsam mit den Österreichern machte sich Ungarn damals als gewaltsamer Unterdrücker nationaler Minderheiten unbeliebt, ohne jedoch selbst aufzuhören, gegenüber Österreich die eigene nationale Unabhängigkeit immer nachdrücklicher zu betonen, was schließlich zur Krise von 1905 führte. Streiks und Demonstrationen zwangen die ungarische Regierung dazu, eine Liberalisierung des Wahlrechts und Reformen zu versprechen – Kaiser und König Franz Joseph plante derweil die militärische Besetzung des Landes. Im Februar 1906 ließ er schließlich das ungarische Parlament mit Waffengewalt auflösen und zwang ein neugebildetes Kabinett, unter Verzicht auf die geforderten Reformen auf der Basis des Ausgleichs von 1867 weiterzuarbeiten. Das Klima war nachhaltig vergiftet, aber auch in der Weltpolitik verschlechterte sich die Großwetterlage beträchtlich...

Am 28. Juli 1914 erklärte die Donaumonarchie Serbien den Krieg und unterschrieb damit ihr eigenes Todesurteil. Es dauerte nur wenige Tage, bis auch Russland, Deutschland, Frankreich und England eingriffen. Das Schlachten des Ersten Weltkriegs hatte begonnen. Rund 380.000 ungarische

Soldaten fielen an der italienischen und russischen Front – das Land richtete sich wirtschaftlich zugrunde. Schon bald begann sich die Niederlage der Zentralmächte (Österreich-Ungarn, Deutschland, Bulgarien und die Türkei) abzuzeichnen. Doch es sollte noch bis zum 3. November des Jahres 1918 dauern, bis der Erste Weltkrieg für die Donaumonarchie endete. Diese aber hatte praktisch aufgehört zu existieren. Die großen Fehler dieser bald verklärten Epoche sollten die Geschichte Ungarns noch lange schmerzlich beeinflussen.

Zwischen den Weltkriegen – Károlyi, Kun und Horthy (1918–1939)

Die Niederlage im Ersten Weltkrieg führte zur Ausrufung der **Republik** am 16. November 1918. Erster Ministerpräsident wurde der bürgerliche Demokrat *Mihály Károlyi*, dem man wegen seiner guten Beziehungen zu den Siegermächten noch am ehesten zutraute, den größten Schaden vom Stephansreich abzuwenden. Doch schon annektierten rumänische Truppen Siebenbürgen, marschierten die Tschechen in der Slowakei, dem bisherigen *Oberungarn*, ein. Angesichts der bestehenden Machtverhältnisse blieb der ungarischen Regierung nichts übrig, als (letztlich erfolglos) zu versuchen, die Rumänen, Slowaken und Serben dazu zu bewegen, ihre Autonomiepläne im Rahmen des historischen Ungarn zu verwirklichen.

Die Großmächte behandelten Ungarn als Verlierer – unnachgiebig forderten sie am 23. Dezember die Räumung der Slowakei und billigten den weiteren Vormarsch der rumänischen Truppen auf ungarisches Gebiet. Als Mihály Károlyi am 11. Januar 1919 zum Präsidenten der Republik gewählt wurde, war die innenpolitische Lage schon zutiefst dramatisch. Schnell wurden Gesetze über das demokratische Wahlrecht, die Presse- und Versammlungsfreiheit verabschiedet, doch die zunehmende Radikalisierung der ungarischen Bevölkerung in einer Zeit der

Budapest – die Fischerbastei

nationalen Demütigungen und akuter Versorgungsengpässe war nicht mehr aufzuhalten. Rechte wie linke Gruppierungen planten den Umsturz...

Der Budapester Arbeiterrat, eine Allianz verschiedener sozialdemokratischer und kommunistischer Gruppen, proklamierte am 21. März 1919 die *Räterepublik.* Zur Schlüsselfigur sollte sich der "Volkskommissar für Auswärtige Angelegenheiten", *Béla Kun,* entwickeln. Private Betriebe wurden nun verstaatlicht, die *Großgrundbesitzer* enteignet und die ungarische Rote Armee gegründet.

Streiks und Aufstände im ganzen Land waren die Reaktion darauf, während außenpolitisch die Bemühungen Béla Kuns um die Anerkennung seines Regimes erfolglos blieben. In einer aussichtslosen militärischen Lage, unter hohem innen- und außenpolitischem Druck, dankte der Regierende Rat am 1. August 1919 ab. Die erste *Diktatur des Proletariats* auf ungarischem Boden hatte nur 133 Tage gedauert. Am 4. August besetzte die königliche rumänische Armee Budapest.

Nach einem kurzen Interregnum gänzlich erfolgloser sozialdemokratischer und bürgerlicher Regierungen zog *Miklós Horthy* am 16. November 1919 an der Spitze seiner Nationalarmee in Budapest ein. Schon im Mai hatte sich eine gegenrevolutionäre Regierung gebildet, deren Kriegsminister Horthy war. Die im Januar 1920 gewählte Nationalversammlung berief am 1. März Horthy zum *Reichsverweser,* wobei die Staatsform der Monarchie beibehalten, dem letzten Habsburgerkönig *Karl IV.* jedoch der Zutritt zum Land verwehrt blieb.

Am 4. Juni 1920 wurde im Schloss Trianon in Versailles der *Friedensvertrag* unterzeichnet. Ungarn verlor 67,8 % seines Staatsgebiets und 59 % der Bevölkerung (von ehemals 21 Millionen Einwohnern waren rund 7,5 Millionen geblieben). Mehr als drei Millionen Ungarn mussten künftig unter fremder Herrschaft leben – noch heute schwelende Konflikte waren jetzt angelegt. Der Widerstand gegen den Friedensvertrag ging durch alle politischen Lager, doch eine umfassende Revision oder einen offenen Vertragsbruch ließen die internationalen Kräfteverhältnisse nicht zu. Die Folgen waren aber noch weitreichender: Da die Erdöl- und Bauxitvorkommen des Landes noch nicht erschlossen waren, war *Rumpf-Ungarn* zunächst zur krisengeschüttelten Existenz als halbindustrialisiertes Agrarland verdammt – die zur Zeit der Räterepublik aufgeworfenen sozialen Probleme verschärften sich weiter. Einzig die Nationalitätenfrage hatte durch den Friedensvertrag eine erzwungene Entschärfung erfahren: In Rest-Ungarn sprachen nur noch 10 % eine andere Muttersprache als Ungarisch.

Am 6. November 1921 proklamierte die ungarische Nationalversammlung schließlich die Thronenthebung der Habsburger und setzte damit einen endgültigen Schlussstrich unter ein längst beendetes Kapitel der Geschichte.

Graf István Bethlen, der von 1921 bis 1931 unter Horthy Ministerpräsident gewesen war, gelang zwar die innenpolitische Konsolidierung im Rahmen einer konservativen Reformpolitik, die sozialen Spannungen blieben jedoch bestehen. Es war die territoriale Revision der Vereinbarungen von Trianon, die Bethlen 1927 im Auge hatte, als er sich zu einem Freundschaftsvertrag mit dem faschistischen Italien entschloss. Damit war die internationale Isolierung Ungarns beendet, und Bethlen fasste ein Bündnis mit Deutschland ins Auge.

Doch der Börsenkrach am *Schwarzen Freitag* im Oktober 1929 und die nachfolgende Weltwirtschaftskrise setzten der politischen Karriere Bethlens ein vorzeitiges Ende. Gleichzeitig fanden im Land gewaltige Demonstrationen, sogenannte *Hungeraufmärsche* statt, und der Einfluss der nationalsozialistischen Gruppierungen begann zu wachsen. Am 29. September 1932 wurde der rechtsradikale Antisemit *Gyula Gömbös* Ministerpräsident...

Gömbös, der anfangs Erfolge auf wirtschaftlichem Gebiet erzielte, konnte den Einfluss der Rechten auf die Regierung enorm steigern. Das lag auch an der weltpolitischen Konstellation, denn am 30. Januar 1933 hatte *Hitler* in Deutschland die Macht an sich gerissen. Von einem starken Deutschland erhofften sich weite Kreise in Ungarn Hilfe bei der Rückgewinnung der im Ersten Weltkrieg verlorenen Gebiete.

Nach den Wahlen vom 11. April 1935, die Gömbös eine satte Mehrheit von 43 % brachten und abermals mit einem spürbaren Rechtsruck verbunden waren, zogen erstmals auch zwei Vertreter nationalsozialistischer Gruppierungen ins Parlament ein. Im September schon versprach Gömbös bei einem Berlinbesuch dem "Führer", innerhalb von zwei Jahren die politische Ordnung in Ungarn nach deutschem Vorbild umzugestalten. Sein plötzlicher Tod ein Jahr später konnte das nicht mehr verhindern – nur verzögern.

Ungarn im Schlepptau des Deutschen Reiches (1939–1945)

Am 1. September 1939 begann mit dem Überfall Hitler-Deutschlands auf Polen der Zweite Weltkrieg. *Graf Pál Teleki,* seit dem 16. Februar 1939 zum zweiten Mal ungarischer Ministerpräsident, bemühte sich fieberhaft, Ungarn aus dem Krieg herauszuhalten und die militärische Neutralität zu wahren – die Folgen des letzten Weltkrieges waren noch nicht vergessen. Doch trat er im November 1940 – ermutigt von den *Wiener Schiedssprüchen* (1939/40), die Ungarn einen Teil der im Ersten Weltkrieg verlorenen Gebiete wieder zurückbrachten – dem Dreimächtepakt von Deutschland, Italien und Japan bei – noch vor Rumänien und der Slowakei. Im Bemühen, seinen jetzt immer kleiner werdenden politischen Spielraum auszunutzen, unterzeichnete Teleki am 12. Dezember 1940 mit Jugoslawien einen Vertrag über "*ewige Freundschaft*".

Keine vier Monate später rückten ungarische Truppen im Gefolge der deutschen Wehrmacht in Jugoslawien ein und besetzten ein etwa 11.000 qkm großes Gebiet. Teleki aber, der sich nicht "*an die Seite der Schufte*" hatte stellen wollen, beging in der Nacht vom 2. auf den 3. April 1941 Selbstmord. Die ungarische Regierung, die offensichtlich aus der Zeit vor dem Ersten Weltkrieg nichts gelernt hatte, begann indessen in den zurückgewonnenen Gebieten sofort wieder mit ihrer repressiven Magyarisierungspolitik.

Ministerpräsident Bárdossy, ein vom ungarischen Führungsanspruch im Donaubecken überzeugter Machtpolitiker, trat jetzt unter Horthy die Nachfolge Telekis an.

Am 27. Juni des Jahres 1941 erklärte er der Sowjetunion den Krieg, womit Ungarn letztlich doch an der Seite des nationalsozialistischen Deutschlands am Zweiten Weltkrieg teilnahm. Die "Schaukelpolitik" Telekis fortzusetzen, d. h. einen günstigen Zeitpunkt für einen Frontwechsel Ungarns zu den westlichen Alliierten abzuwarten und Hitler währenddessen nicht zu verärgern, war das Hauptziel des nächsten Ministerpräsidenten *Miklós Kállay* ab März 1942, nachdem Bárdossy seine unrühmliche Rolle schnell ausgespielt hatte.
Einen wichtigen Wendepunkt markierte dabei die fast vollständige Vernichtung der 2. ungarischen Armee am 12. Januar 1943, wobei 40.000 Ungarn den Tod fanden. Unter dem Eindruck, die ungarischen Soldaten wären von den Deutschen sinnlos geopfert worden, wurde jetzt unter der Leitung von Miklós Horthy Junior, der mittlerweile zum Stellvertreter seines Vaters avanciert war, in Budapest das sogenannte *Absprungbüro* gegründet. Die geheimen Kontakte vor allem zu England wurden intensiviert, wobei die Hoffnung aufkam, Ungarn könnte, wenn es sich zum rechten Zeitpunkt von Deutschland trennen würde, auch die nach 1938 zurückgewonnenen Gebiete behalten.

Doch Hitler erfuhr durch seinen Geheimdienst rasch von diesen Spekulationen und begann den *Plan Margarete*, die Besetzung Ungarns durch die Wehrmacht, vorzubereiten. Zunächst forderte er immer schärfer die Entlassung Kállays als Ministerpräsident und die Deportation der ungarischen Juden, währenddessen die ungarischen Faschisten, die *Pfeilkreuzler*, schon in den Startlöchern zur Machtübernahme saßen.
Am 19. März 1944 war es dann soweit: Der von Hitler nach Kleißheim zitierte Horthy bewies ein völliges Fehlen von Rückgrat, als er dem Einzug deutscher Truppen in Ungarn zustimmte. Tags darauf überschritten "*auf die Bitte der ungarischen Regierung*" acht deutsche Divisionen die ungarische Grenze.

Als Horthy in einem letzten, wenig überzeugenden Akt des Aufbäumens am 15. Oktober 1944 über Rundfunk den ungarischen Truppen befahl, die Kampfhandlungen einzustellen, ohne gleichzeitig zum Widerstand gegen die deutschen Besatzer aufzufordern, war dies die letzte seiner tragischen Fehlentscheidungen als Reichsverweser. Unter Arrest wurde er ins Deutsche Reich verschleppt.

Die Regierung Kállay wurde gestürzt. Der neue "Führer der Nation", *Ferenc Szálasi*, errichtete mit seinen Pfeilkreuzlern in den wenigen noch verbleibenden Monaten ein Terrorregime, dem noch Hunderttausende zum Opfer fallen sollten. Unter der Oberaufsicht von Adolf Eichmann traten über 450.000 Menschen (Juden, Kommunisten, Sozialdemokraten, aufrechte Konservative, Journalisten, Wissenschaftler, ja selbst enge Mitarbeiter Horthys) den Weg in die Konzentrationslager der Deutschen an.

Zwar war bereits am 22. Dezember 1944 im sowjetisch besetzten Debrecen eine *provisorische ungarische Regierung* gebildet worden, die Deutschland den Krieg erklärte, doch sollte es noch bis zum 4. April 1945 dauern, bis die letzten Wehrmachtseinheiten aus Ungarn vertrieben waren. Beim Rückzug konnten die Nazi-Truppen noch sämtliche Donaubrücken und die Bahngleise nach Westen sprengen. Nun aber hatte die Rote Armee das Land vollständig besetzt.

Der russische Bär sitzt bald fest im Sattel... (1945–1956)

Rund 400.000 Ungarn hatten im Zweiten Weltkrieg ihr Leben verloren, etwa 40 % des Nationalvermögens war vernichtet – Ungarn lag in Trümmern. Die Russen, anfangs noch als Befreier gefeiert, wurden allerdings schnell von der Zivilbevölkerung in einem anderen Licht gesehen – nachdem über 250.000 Menschen zur Zwangsarbeit in die Sowjetunion verschleppt worden waren. Die ungarische kommunistische Partei (*MKP*) begann sich, von den Befreiern/Besatzern protegiert, zu formieren. Vorsitzender war *Ernő Gerő*, sein Stellvertreter *Imre Nagy*. Im Februar 1945 schloss sich der Altkommunist *Mátyás Rákosi* an, der die MKP auf Stalins Kurs brachte und mit dessen Rückendeckung bald die Führungsrolle übernahm.

Den Erlass einer Bodenreform hatte noch die provisorische Regierung verabschiedet. Fast die Hälfte der neun Millionen Familien kontrollierten rund die Hälfte des ungarischen Ackerlandes, die tausend reichsten brachten es gar auf ein Viertel. Nun wurde außerdem unter Federführung der Kommunisten – durch die Unterstützung der Sowjets die treibende politische Kraft im Lande – die Verstaatlichung der Banken und Betriebe in Angriff genommen.

Bei den Wahlen im November 1945 erreichte jedoch zunächst die "Unabhängige Partei der kleinen Landwirte, Landarbeiter und Bürger" (*FKGP*) mit 57 % der Stimmen die absolute Mehrheit – Kommunisten und Sozialdemokraten kamen jeweils nur auf magere 17 %. Der Parteiführer der FKGP, der calvinistische Pfarrer *Zoltán Tildy*, wurde erster Ministerpräsident und am 1. 2. 1946 Staatspräsident.

Jetzt ging die MKP dazu über, mit der später sprichwörtlich gewordenen *Salamitaktik* die politischen Gegner zu zermürben und zu entmachten. Kirchlichen Würdenträgern und gemäßigten nationalkommunistischen MKP-Mitgliedern wurde in Schauprozessen der Garaus gemacht. Alle unabhängigen Parteien wurden bis zum Sommer 1948 verboten – die Sozialdemokraten am 12. Juni 1948 dazu gezwungen, sich mit der MKP zur Partei der Ungarischen Werktätigen (MDP) zu vereinigen. Die über 50.000 Mann starke politische Polizei hatte an diesem stalinistischen Terror großen Anteil.

József Révai, der Kulturpapst der Rákosi-Ära, postulierte im September 1951: "Das Endziel unserer Volkserziehung ist, die Menschen ganz mit der Wahrheit der Doktrin von Marx, Engels, Lenin und Stalin zu erfüllen". In den Monaten vorher waren schon rund 70.000 Menschen, darunter hauptsächlich Intellektuelle und Besitzende, nach der Konfiszierung ihrer Habe

deportiert worden, um dieses "Endziel" nicht zu gefährden. Insgesamt verloren bis zum August 1954 über 350.000 Genossen ihre Parteimitgliedschaft – vor allem ehemalige Sozialdemokraten und Gewerkschafter, aber auch linientreue Funktionäre wurden wegen "Spionageverdacht" oder wegen ähnlich konstruierter Verfehlungen angeklagt und verurteilt. Selbst den damaligen Innenminister János Kádár erwischte die von ihm mitinitiierte Säuberungswelle – im April 1951 wurde er zu vier Jahren Kerker verurteilt. Rákosi indessen eiferte Stalin nicht nur in Sachen Terror nach, sondern errichtete auch einen Personenkult um seine eigene Person.
Der plötzliche Tod Stalins am 5. März 1953 führte dann auch zu einer innenpolitischen Zerreißprobe. Imre Nagy, Sprecher einer kleinen liberalen Minderheit in der MDP, konnte sich schließlich gegen Rákosi durchsetzen – am 3. Juli trat er dessen Nachfolge als ungarischer Ministerpräsident an. Er war angetreten, den bürokratischen Wasserkopf abzubauen, das Misstrauen zwischen Partei und Bevölkerung zu überbrücken und die wirtschaftlichen Probleme des Landes zu mildern. Doch die Stalinisten unter Rákosi konnten (immer noch nicht entmachtet) alle Bemühungen Nagys erfolgreich unterlaufen und sogar ihre Position im ZK festigen. Zwar ließ der Terror unter Nagy spürbar nach, doch seine politischen und wirtschaftlichen Reformen standen auf tönernen Füßen. Die Entmachtung Malenkovs in der Sowjetunion, der bisher Nagy gestützt hatte, hatte auch in Ungarn Folgen: Am 18. April 1955 wurde Nagy abgelöst. Im November aus der MDP ausgeschlossen, galt er bald als Unperson. Rákosi konnte sich seines Triumphes jedoch nicht lange freuen – schon im Februar 1956 verlor er sein Amt als Parteichef, das er Ernő Gerő überlassen musste.

Panzer in Budapest – der Aufstand von 1956

Gerő, der dogmatische Altstalinist, setzte die harte Linie Rákosis unbeirrt fort, während sich die innenpolitische Lage zusehends zuspitzte. In der Tradition der Forderungen von 1848 standen die Budapester Studenten, die ab dem 20. Oktober 1956 offen für bürgerliche Freiheiten eintraten. So verlangten sie unter anderem den Rückzug der sowjetischen Truppen, die Einführung eines Mehrparteiensystems und der Pressefreiheit sowie die Bestrafung der Schuldigen am stalinistischen Terror der letzten Jahre.

Als am 23. Oktober in Budapest eine Sympathiekundgebung für das aufständische Polen mit Zehntausenden von Teilnehmern begann, hatte diese noch keineswegs den Charakter eines Aufstandes. Erst als die ungarische Geheimpolizei ÁVH mit Waffengewalt gegen die Demonstranten vorging, war dies der Auftakt für einen spontanen Volksaufstand, dem sich bald auch uniformierte Kräfte anschlossen. Aus Moskau holte sich die hilflose Parteiführung die Erlaubnis, den allseits beliebten Imre Nagy erneut zum Regierungschef machen zu dürfen, während Kádár Parteichef wurde.

In enger Absprache mit sowjetischen Unterhändlern, deren Panzer nun durch die Budapester Straßen rollten und ein Blutbad anrichteten, bemühte sich das neue Führungsduo Nagy-Kádár, die Aufständischen zu be-

Den Weltfrieden sichern...

Wie noch in den achtziger Jahren im gesamten Ostblock offiziell die Ereignisse von 1956 bewertet wurden, demonstriert dieser Abschnitt aus einem DDR-Reiseführer:

"Unter Ausnutzung von Fehlern der Parteiführung (Mátyás Rákosi) versuchte die internationale und ungarische Reaktion im Herbst 1956, die volksdemokratische Ordnung mit Waffengewalt zu stürzen, kapitalistische Machtverhältnisse wiederherzustellen und das Land aus dem sozialistischen Lager herauszulösen (Konterrevolution 23.10.–4.11.1956). Zur Verteidigung der Volksmacht organisierten die bewusstesten Kräfte der ungarischen Arbeiterklasse die Partei als Marxistisch-leninistische Ungarische Sozialistische Arbeiterpartei (USAP) neu und bildeten unter Leitung ihres Ersten Sekretärs János Kádár die Revolutionäre Arbeiter- und Bauern-Regierung. Auf ihr Ersuchen gewährte die UdSSR bei der Niederschlagung des konterrevolutionären Putsches Unterstützung, bewahrte Ungarn vor der Restauration des Kapitalismus und sicherte den Weltfrieden."

aus: Wolfgang Polte, Reiseratgeber Ungarn, VEB TOURIST Verlag Berlin-Leipzig, 1981.

schwichtigen. Die Vorstellung einer neuen Regierungsmannschaft mit prominenten Nichtkommunisten am 27. Oktober und der Rückzug der sowjetischen Panzer am nächsten Tag beruhigten die Gemüter. Die Nachricht schließlich, die Nagy am 30. und 31. Oktober über Rundfunk verkündete, Ungarn werde zwar sozialistisch bleiben, jedoch neutral werden und ein Mehrparteiensystem bekommen, ließ das Land aufatmen – der Freiheitskampf schien gewonnen.

Doch gerade mit der Forderung nach Neutralität hatte Nagy den Bogen überspannt. Als nun auch noch sichtbar wurde, dass die MDP, ihrer bedeutendsten stalinistischen Führer beraubt, zu zerfallen begann, obgleich Kádár sofort mit der Reorganisation der in *MSZMP* umbenannten Partei begann, sah sich die Kreml-Führung zum Eingreifen gezwungen, zumal einschneidende geopolitische Folgen in der Art der *Domino-Theorie* befürchtet wurden, nach der einem abgefallenen Vasallen bald der nächste folgen würde.

Am 1. November marschierten also erneut russische Einheiten auf Budapest zu. Tags darauf begann dann auch die sowjetische Presse mit ihrer Kampagne gegen Nagy und seine "*konterrevolutionäre Clique*". Nagys Antwort darauf war der Austritt aus dem Warschauer Pakt und die Proklamation der ungarischen Neutralität.

In der Folge entschloss sich der eigentlich noch dem Kabinett Nagy angehörende Parteichef Kádár auf Drängen der Sowjets am 4. November dazu, eine Gegenregierung aufzustellen und die Russen, die längst den Kampf um die Hauptstadt mit über 2.000 Panzern aufgenommen hatten, um Hilfe gegen die *"finsteren Kräfte der Reaktion"* zu bitten. Sie wurde ihm gewährt: Über 3.000 Tote und 13.000 Verletzte waren die offizielle Bilanz der nun folgenden verbissenen Straßenkämpfe ungarischer Demonstranten und Soldaten gegen die überlegenen Sowjettruppen in Budapest – die tatsächlichen Zahlen werden weit höher liegen.

Über 200.000 Ungarn flüchteten über die österreichische Grenze, als die Niederlage absehbar wurde und wiederholte Appelle an den Beistand des Westens bzw. an die UNO erfolglos blieben. Die Folgen ließen nicht lange auf sich warten: Als am 10./11. November der Aufstand als niedergeschlagen galt, begann unter Kádár die Verfolgung der Teilnehmer. Über 2.000 Todesurteile wurden in den nächsten Jahren vollstreckt, darunter auch gegen Imre Nagy, viel mehr aber noch gefällt. Der ungarische Wunsch nach Freiheit, der sich durch die ganze, über tausendjährige Geschichte des Landes zieht, wurde einmal mehr in Blut erstickt.

"Wer nicht gegen uns ist, ist mit uns" – Ungarn unter Kádár (1956–1988)

Prozesse, Massenentlassungen und Todesurteile. Kurz: Die Verfolgung der 56er prägten entscheidend die nächsten beiden Jahre. Allerdings setzte mit dem Rückzug der sowjetischen Truppen, der gegen Ende des Jahres 1957 begann, ein innenpolitisches Tauwetter ein. Die Altstalinisten erkannten, dass unter der Führung Kádárs das alte Terrorregime keine Chance zur Wiederauferstehung hatte. Auch diejenigen, die in Kádár nur den Verräter an Nagy und den Idealen von 1956 sahen, mussten ihre Sicht korrigieren.

Für 32 Jahre sollte der pragmatische und sehr behutsame Reformer János Kádár nun als Parteichef die politische Richtlinienkompetenz in Ungarn behalten, zeitweise auch als Ministerpräsident (1956–58 und 1961–68). Die Tatsache, dass Kádár während der ganzen Zeit um eine letztendlich erhebliche Liberalisierung sowohl in der Politik als auch in der Wirtschaft bemüht war, schien jenen Stimmen zuzustimmen, die den Verrat Kádárs als notwendige Einsicht eines Realpolitikers in die tatsächlichen Sachzwänge und Kräfteverhältnisse interpretierten.

Zwischen 1959 und 1963 wurden in drei Amnestien die "Konterrevolutionäre" von 1956 freigelassen – Kádár konnte es sich leisten, sich plötzlich liberal zu zeigen. Im Januar 1962 verkündete er bereits: "Während das Rákosi-Regime zu sagen pflegte: *Wer nicht für uns ist, ist gegen uns,* so sagen wir: *Wer nicht gegen uns ist, ist mit uns und uns willkommen*".

Die nächsten Jahre standen im Zeichen eines relativ starken Wirtschaftswachstums. Gleichzeitig stieg die Zahl der Ausreisegenehmigungen für Urlaubsreisen ins westliche Ausland von 35.000 im Jahr 1960 auf 143.000 im Jahr 1967; 1980 waren es 3,8 Millionen. Die Pressezensur wurde großzügig gehandhabt, das Verhältnis zur katholischen Kirche normalisierte sich, und eine 1972 durchgeführte Justizreform erhöhte die Rechtssicherheit der Bür-

János Kádár ruht auf dem Kerepeser Friedhof im VIII. Bezirk von Budapest

ger. Der *Kádárnismus* erfüllte damit weitgehend die Hoffnungen auf einen (im Vergleich mit anderen Ostblockstaaten) freiheitlicheren, menschlicheren Kommunismus.

Es war ein schwieriger Pfad, auf dem Kádár wandelte: Stets eindeutig seinen entschieden pro-sowjetischen Kurs beteuernd, setzte er auf die Öffnung zum Westen vor allem in wirtschaftlicher Hinsicht, was die Kremlführung häufig dazu veranlasste, drohend auf die Abhängigkeit Ungarns von russischen Rohstofflieferungen aufmerksam zu machen. Kádár betonte dann mit viel Fingerspitzengefühl entweder die Freundschaft zum "großen Bruder" oder das Recht des souveränen Ungarn, innerhalb bestimmter Grenzen eigene Wege zu gehen.

Im Inneren vermochte er insgesamt erfolgreich sowohl die dogmatische Fraktion der MSZMP (*Magyar Szocialista Munkáspárt* = Ungarische Sozialistische Arbeiterpartei) zu blockieren als auch zu stürmische Reformer, die ein weiteres Eingreifen der Russen heraufbeschworen hätten, in Schranken zu halten. 1974 deutete sich zunächst durch personelle Umbesetzungen an der ungarischen Führungsspitze das Ende des liberalen Kulturklimas an, jedoch zeigte sich, dass der Reformkurs auf kleiner Flamme weiterbetrieben würde. Dem wirtschaftlichen Aufschwung wurde zwar durch die Preisreform von 1980 der Wind aus den Segeln genommen, aber mit dem Effekt einer wirtschaftlichen Stabilisierung. Schon 1977 war vom ZK auf Betreiben Kádárs beschlossen worden, auf kulturellem Gebiet einen gewissen Pluralismus zu gestatten.

Teurer, lieber Genosse János Kádár...

Nachdem in Deutschland die Unterstützung der RAF-Terroristen durch den DDR-Staatssicherheitsdienst bekannt geworden war, mochte auch Ungarn nicht zurückstehen. Ende Juni 1990, rund drei Monate nach der ersten freien Wahl, hatte sich die neue Regierung mit den Altlasten aus der kommunistischen Ära vertraut gemacht. Damals offenbarte der neue ungarische Innenminister Balasz Horvath Erstaunliches: Der seit Jahrzehnten international gesuchte und mittlerweile verurteilte Topterrorist "Carlos" hat sich 1979/80 in Ungarn nicht nur mit Wissen der Parteiführung aufgehalten, sondern sogar noch große Mengen von Sprengstoff und anderen Waffen hinterlassen.

So wurde ein Dokument vom 30. August 1979 gefunden, in dem der damalige Innenminister Benkei das ZK-Sekretariat über das Auftauchen von Carlos und Mitgliedern seiner Terrorgruppe informierte. Ferner wurde ein Brief vom 2. April 1980 veröffentlicht, in dem Carlos an "den teuren, lieben Genossen János Kádár" schrieb: "Im Gefühl der Vorteile an Sicherheit, die uns vom sozialistischen Ungarn gewährt werden, kämpfen wir nun seit einem Jahr um das Erreichen unserer revolutionären Ziele. Von unserer Basis in Ungarn aus haben wir unsere internationalen Verbindungen in Kontakten mit den Revolutionsbewegungen jeglichen Staates ohne Behinderung entwickeln können."

Schließlich wurde noch eine Liste von Waffen aufgefunden, die Carlos dem Budapester Innenministerium hinterlassen hatte. Aufgeführt waren unter anderem Raketen und Raketenwerfer, 50 kg Sprengstoff und 5.000 Schuss Munition.

Die Einführung der Fünftagewoche bei 42 Stunden Arbeitszeit war 1982 ein weiterer Schritt zur Besserung des innenpolitischen Klimas. Andere wichtige Reformen der vergangenen Jahre waren die unter dem Stichwort *Betriebsdemokratie* in begrenztem Umfang gestattete Mitbestimmung der Arbeiter in Großbetrieben (seit 1978) und die Förderung der wirtschaftlichen Privatinitiative (*Unternehmer-Sozialismus*): Allein 1982 wurden etwa 11.000 private Kleinbetriebe zugelassen, die bald einen beachtlichen volkswirtschaftlichen Stellenwert erlangten.

Schließlich ist festzuhalten, dass Ungarn derjenige Ostblockstaat war, der die Vereinbarungen der KSZE-Schlussakte bezüglich menschlicher Kontakte am weitesten erfüllt hat. Ungarn unter Kádár – ein letztlich doch milde zu beurteilender *Sonderweg* hinter dem Eisernen Vorhang.

Die Wende (1988–1990)

Die jetzt folgenden *stürmischen Entwicklungen* in Osteuropa haben die politische Landschaft grundlegend verändert – man denke nur an die deutsche Wiedervereinigung. Welchen Anteil gerade Ungarn daran hatte, haben deutsche Politiker gelobt, nie zu vergessen. Aber auch in Ungarn selbst hat

Trauer um den Trabant?

sich vieles geändert: Das kommunistische Regime brach zusammen, und das einstige Ostblockland ist auf dem besten Weg in die Europäische Union, wenn nicht sogar in die NATO.

Große Ereignisse werfen ihre Schatten voraus – das konnte man 1988 in Ungarn bereits spüren.

1988: Als erster im sozialistischen Lager führte Ungarn am 1.1.1988 eine Mehrwert- und Einkommenssteuer ein, um den Staatshaushalt zu konsolidieren und die dramatische Auslandsverschuldung in Höhe von rund 11 Milliarden US-Dollar abzubauen. Folge waren allgemeine *Preiserhöhungen* um durchschnittlich 15 %. Die Bevölkerung stöhnte unter dem unpopulären, aber notwendig gewordenen Sparkurs von Ministerpräsident *Károly Grósz,* der sein Amt am 25. Juni 1987 angetreten hatte.

Gleichfalls am 1.1.1988 wurden offiziell alle Beschränkungen für Westreisen ungarischer Staatsbürger aufgehoben. Lediglich bestimmte Devisenbeträge mussten vorgewiesen werden, denn die Ungarn sollten nicht als "Bettler Europas" gelten. Das aber war schwierig, wenn man offiziell jährlich nur etwa den Gegenwert von damals rund 200 DM in Devisen umtauschen durfte, was für gesetzestreue Bürger im Gegensatz zu den "Schwarztauschern" im Endeffekt doch als Reisebeschränkung gewertet werden musste. Auf jeden Fall war diese Reform aber eine starke Liberalisierung im Vergleich zu der vorher geltenden Regelung. Auch die Abfertigung an den österreichischen Grenzstellen ging nun schneller voran, denn seit der Visumszwang abgeschafft war, galten die Ungarn als nicht mehr fluchtverdächtig.

Den Grenzübergang Hegyeshalom-Nickelsdorf überquerten jetzt im Tagesdurchschnitt 5.000 Ungarn in Richtung Österreich – meist auf dem Weg zum Großeinkauf in Wien. Österreich hatte sich auf diese Flut von Konsumtouristen schon eingestellt: Die Verkäufer lernten fleißig Ungarisch. Mit einem Jahresumsatz von rund 400 Millionen wurden die Magyaren für den Wiener Einzelhandel zum bedeutenden Wirtschaftsfaktor. Besonders begehrt waren Südfrüchte (vor allem Bananen) und Unterhaltungselektronik. Dabei profitierten die Ungarn davon, dass sie die hohe österreichische Mehrwertsteuer (20 %) zurückerstattet bekamen. Beliebtes Tauschobjekt, wenn die Devisen nicht reichten, waren Stangensalamis...

Allerorten mehrten sich die Zeichen für einen tiefgreifenden Wandel des Ost-West-Verhältnisses. So besuchte der frisch gebackene sowjetische *Staatspräsident Gromyko* vom 23. bis 27. Februar bei seiner ersten offiziellen Auslandsreise Ungarn und bezeichnete es als liberales, marktorientiertes Bruderland, dessen Wirtschaftspolitik für die Sowjetunion vorbildlich sei. *Bundesaußenminister Genscher* eröffnete bei seiner Stippvisite in Ungarn am 9./10. März in Budapest das erste Goethe-Institut hinter dem eisernen Vorhang. Der sowjetische *Ministerpräsident Ryschkow* sprach am 18.–20. April in Budapest ungewöhnlich offen über die Schwächen der Ostblockwirtschaft und lobte die ungarischen Reformen der vorangegangenen Zeit.

Aber im Lande selbst gärte es: Am 15. Mai forderten führende Vertreter des *Ungarischen Demokratischen Forums* im Budapester Jurta-Theater ungestraft die Rehabilitierung der jahrzehntelangen Unperson Imre Nagy, dessen 1956er Reformpläne viele Parallelen zu der zu diesem Zeitpunkt aktuellen Vorstellungen im Kreml, aber auch in der Budapester KP-Führung aufwiesen. Eine offizielle Rehabilitierung des hingerichteten Reformpolitikers schien zu diesem Zeitpunkt jedoch noch weit außerhalb des Denkbaren.

Nun begann sich also auch in der Volksrepublik Ungarn ein Hauch von *Glasnost und Perestroika* zu regen. Sichtbarstes Zeichen davon war der Machtwechsel an der Spitze von Politbüro und ZK der Partei. Auf dem ersten Sonderparteitag der MSZMP seit 1957, am 21./22. Mai 1988, trat János Kádár nach 32 Jahren als Parteichef zurück. Zwei Tage vor seinem 76. Geburtstag wurde der seit Gorbatschows Politik der Öffnung als überholt geltende Kádár abgelöst, nachdem ihn die Bevölkerung in den vorangegangenen Jahren zunehmend für die sich drastisch verschlechternde Wirtschaftslage des Landes verantwortlich gemacht hatte. Sein Nachfolger wurde Ministerpräsident *Károly Grósz*, der bereits als engagierter Reformer von sich reden gemacht hatte.

Grósz, der einen noch rigoroseren Sparkurs ankündigte, gelang es außerdem auch, die Hälfte der Politbüromitglieder auszutauschen und ihre Sessel mit Freunden seines Reformkurses zu besetzen – damit fand der längst überfällige Generationswechsel an der Spitze von Staat und Partei statt.

Am 23./24. November 1988 übergab Grósz angesichts eines massiven Mitgliederschwunds und deutlichen Auflösungserscheinungen innerhalb der MSZMP sein Premiersamt an den vierzigjährigen Ökonomen *Miklós Németh*, der gleichfalls als Reformer galt, um sich ganz dem Amt des Parteichefs zu widmen und zu versuchen, die Partei zu reorganisieren. Doch bald verlor Grósz die Nerven und sprach von der Gefahr eines "weißen Terrors" in Ungarn. Aus Furcht vor einem möglichen linkskonservativen Staatsstreich scharten sich zu diesem Zeitpunkt die Reformkräfte der Partei um Imre Pozsgay und die kleine Gruppe seiner Gefolgsleute im ZK der MSZMP.

Am 15. März nahmen rund 10.000 Menschen an der größten inoffiziellen Demonstration seit 1956 teil, um an die Revolte von 1848 und ihre Reformen zu erinnern.

Sie wurde in ihrer Größe jedoch bei weitem übertroffen von einer (vom oppositionellen Ungarischen Demokratischen Forum organisierten) Kundgebung am 27. Juni auf dem Budapester Heldenplatz, auf der 50.000 Menschen gegen die Unterdrückung der ungarischen Minderheit in Rumänien protestierten.

Auch die offiziellen Beziehungen zwischen Ungarn und dem erzstalinistischen Rumänien kühlten damals merklich ab. Schuld daran waren die angeblichen Pläne der rumänischen Regierung (die von dieser im übrigen heftig bestritten wurden), über 8.000 Dörfer, vor allem in Gebieten, in denen deutsche und ungarische Minderheiten stark vertreten waren, dem Erdboden gleichzumachen, um *städtische agrarindustrielle Komplexe* zu errichten.

Der Diktator Ceausescu bezeichnete die Demonstrationen in Budapest als Auswuchs ungarischen Nationalismus und Chauvinismus und verkündete die Schließung des ungarischen Generalkonsulats in Transsylvanien sowie des ungarischen Kulturinstituts in Bukarest. Außerdem wurden die rumänischen Grenzen im Sommer für ungarische Reisende geschlossen. Ein vorläufiger Tiefpunkt der ungarisch-rumänischen Beziehungen war erreicht, als Ende November die ungarische Regierung den politischen Attaché der rumänischen Botschaft in Budapest, *Pavel Platona*, zur unerwünschten Person erklärte und ihn aufforderte, binnen 72 Stunden das Land zu verlassen. Als Rumänien im Dezember von heftigen Unruhen geschüttelt wurde, befürchteten viele Ungarn das Schlimmste für ihre Landsleute.

Auch mit der Hinrichtung Ceausescus am 25. Dezember und trotz Ungarns folgendem humanitärem Engagement für das wirtschaftlich ausgeblutete Nachbarland fanden die Streitigkeiten um die ungarische Minderheit kein Ende.

Ab Oktober 1988 gab es in Ungarn drei vom offiziellen Gewerkschaftsbund (*SZOT*) unabhängige Gewerkschaften. Nach einer Wissenschaftlergewerkschaft und einer ebensolchen für Filmschaffende schlossen sich nun Lehrer und Angestellte im höheren Bildungswesen zusammen, um als "unabhängige und demokratische" Gruppe ihre Interessen besser vertreten zu können.

Und auch dies wurde Teil der sozialistischen Wirklichkeit: Der erste seit 1956 offiziell gemeldete Streik fand am 23. September 1988 in der Pécser Zeche *Mecseki* statt. Die 150 streikenden Bergleute nahmen tags darauf die Arbeit wieder auf, als ihnen die Erfüllung ihrer materiellen Forderungen zugesagt wurde.

Im November billigte das ungarische Kabinett ein neues Vereinigungsgesetz, das allen Bürgern und Organisationen die Gründung "*politischer Parteien, Gewerkschaften und Interessenvertretungen*" erlaubte. Außerdem wurde ein Versammlungsgesetz vorbereitet, das Demonstrationen grundsätzlich zuließ. Diese durften danach nur noch verboten werden, wenn "*ein Verbrechen beabsichtigt ist oder Rechte und Freiheiten anderer verletzt werden sollen*". Gegen ein Verbot wurde die Möglichkeit eines Widerspruchs eingeräumt. Ziviler Ersatzdienst wurde ebenfalls ermöglicht; mit 36 Monaten dauerte er zunächst doppelt so lange wie der Militärdienst. Zuvor waren nur Zeugen Jehovas und Mitglieder der Nazarenerkirche vom Wehrdienst befreit gewesen.

1989: Das Jahr, in dem sich die politische Weltkarte radikal ändern sollte, begann in Ungarn wie in dieser Zeit üblich: Ende Januar traten starke *Preiserhöhungen* für Lebensmittel in Kraft. Subventionierte Nahrungsmittel wie Milch, Butter, Käse, Fleisch, Mehl, Fette und Zucker waren bereits zum Jahresbeginn um durchschnittlich rund 15 % teurer geworden. Nun wurden auch die nicht preisgebundenen Lebensmittel in ähnlichem Umfang teurer. Zum 1. Februar wurden außerdem die Tarife der Verkehrsbetriebe deutlich erhöht, bei städtischen Bussen und Straßenbahnen auf mehr als das Doppelte. Die Eisenbahn war schon zum Jahresbeginn um 30 % teurer geworden. Die staatlichen Zeitungen rieten den Ungarn in diesem Zusammenhang, ab sofort ihre "Konsumgewohnheiten zu ändern".

Die Rolle des verfemten Ministerpräsidenten Imre Nagy war immer noch umstritten. Der Reformpolitiker Imre Pozsgay, Leiter einer Parteikommission, der die Ereignisse der letzten vierzig Jahre neu bewerten sollte, erklärte am 29. Januar 1989 öffentlich, dass die Partei die Ereignisse von 1956 nicht mehr als "Konterrevolution", sondern als "Volksaufstand" bewerte und die Rolle des damaligen Ministerpräsidenten Imre Nagy nun als "äußerst positiv" einstufe. Damit löste er in der Führungsspitze der Partei einen heftigen Streit aus. Parteichef Károly Grósz griff seinen Vertrauten überraschend scharf an: Die Bewertung geschichtlicher Ereignisse sei nicht die Aufgabe eines einzelnen, sondern müsse vom Zentralkomitee entschieden werden. Ministerpräsident Miklós Németh warnte vor einem Bruderzwist und erklärte, es sei gegen das Interesse der Nation, wenn "sich jemand nicht an die Regeln des Fairplay hält und dem Gegenspieler einen Dolchstoß versetzt".

Im Mai begannen ungarische Soldaten mit dem *Abbau der Sperranlagen* an der österreichischen Grenze – deutliches Signal für Öffnung und Liberalisierung.

Anfang Juli starb der langjährige Parteichef János Kádár im Alter von 77 Jahren an den Folgen einer Lungenentzündung. Ausgerechnet an seinem Todestag erklärte der oberste ungarische Gerichtshof das Todesurteil gegen Imre Nagy "wegen Fehlens einer Straftat" für gesetzeswidrig und hob es posthum auf. Bereits am 9. Mai hatte man Kádár den Posten als Ehrenvorsitzender der Partei aberkannt.

Dann nahmen dramatische Ereignisse ihren Lauf. Ab Mitte Juli häuften sich Presseberichte über DDR-Bürger, die den Abbau der ungarisch-österreichischen Grenzanlagen als Sprungbrett in den Westen nutzten. Am 9. August waren insgesamt schon über tausend Menschen über die grüne Grenze geflüchtet. Gleichzeitig wurde die bundesdeutsche Botschaft in Budapest zum

Fluchtpunkt für ausreisewillige DDR-Bürger; Ende August lagerten hier bereits über 1.500 Menschen – mit größten Hoffnungen unter dürftigsten Bedingungen. Am 11. September setzte die ungarische Regierung aus humanitären Erwägungen in einem überraschenden Schritt das Reiseabkommen mit Ost-Berlin außer Kraft – die Folge war eine spektakuläre *Massenausreise* von über 20.000 Ostdeutschen allein in den ersten beiden Wochen nach Öffnung der ungarischen Grenze.
Am 26. September trat das ungarische Parlament nach seiner Sommerpause wieder zusammen; es wurde die entscheidendste Sitzungsperiode seit Ende des Zweiten Weltkriegs. Gleich am ersten Tag wurde ein Gesetz verabschiedet, das den Ungarn praktisch vollständige *Reisefreiheit* und das Recht auf Emigration zubilligte. Wenig später wurde die Einführung eines Mehrparteiensystems beschlossen.

Anfang Oktober löste sich die ungarische KP während eines Parteitags (6.–9. Oktober) selbst auf. Die überwältigende Mehrheit der Delegierten gründete daraufhin die *Ungarische Sozialistische Partei* (MSZP), die sich entschieden "gegen die Fehler der Vergangenheit und die Überreste des Stalinismus" stellte. Außerdem verpflichtete sie sich zu Privateigentum und sozialer Marktwirtschaft.

Offenbarung in Woodstock

Es war im September 1990, als Miklós Nemeth (mittlerweile ungarischer Ex-Premier) in der britischen Stadt Woodstock aus dem Nähkästchen plauderte. "Ich werde nie Herrn Kohls Reaktion vergessen", erinnerte sich Nemeth an ein Treffen unter absoluter Geheimhaltung im vorangegangenen Sommer. In Schloss Gymnich bei Bonn hatte er Kohl und Genscher über die bevorstehende ungarische Grenzöffnung informiert. Ungarns Regierung hatte die folgenschwere Entscheidung zur Grenzöffnung auf einer halbstündigen Kabinettssitzung getroffen, an der sechs Minister teilnahmen – nur Innenminister István Horvath sei dagegen gewesen. "Wir waren uns darüber im klaren, dass wir scharfen Angriffen aus Ost-Berlin, Prag und Bukarest ausgesetzt sein würden. Aber wir wussten auch, dass keine große Fluchtbewegung unserer Bürger einsetzen würde", erläuterte Nemeth die damalige Situation. Auf seine Mitteilung hin habe Kohl sichtlich bewegt gesagt: "Das deutsche Volk wird Ihnen diese Entscheidung nie vergessen."

Der Höhepunkt der gewaltlosen Revolution in Ungarn war am 23. Oktober des Jahres 1989 erreicht: Am Jahrestag des Volksaufstandes von 1956 sagten sich die Ungarn endgültig vom Kommunismus los. Aus der "Volksrepublik Ungarn" (Magyar Népköztársaság) wurde wieder die "Republik Ungarn" (Magyar Köztársaság), als unter Kirchenglockengeläut die neue demokratische Verfassung in Kraft trat. Im November erschien erstmals eine ungarische Ausgabe des Magazins "Playboy".

Am 3. November proklamierte das ungarische Parlament seinen Beschluss, aus ökologischen Gründen auf den Bau des umstrittenen Donaukraftwerkes Nagymaros zu verzichten. Prag und Wien reagierten mit harscher Kritik.

Am 8. November wurde bekannt, dass Ungarn erstmals zwei Menschen aus anderen Warschauer-Pakt-Staaten politisches Asyl gewährt hatte. Es handelte sich dabei um einen Bürger der Sowjetunion, der sich in der Ukraine an Demonstrationen beteiligt hatte, und einen Bulgaren, der für die türkische Minderheit in seinem Land Partei ergriffen hatte.

1989: Ungarn ohne Paprika

Im Januar 1990 schlägt der amtliche ungarische Nachrichtendienst MTI Alarm: In Ungarn gibt es zu wenig Paprika. Schuld daran war eine schlechte Ernte. Waren 1988 noch 77.045 Tonnen roter Paprika produziert worden, so wurden 1989 nur noch etwa die Hälfte eingefahren. Und selbst deftige Preiserhöhungen hatten die Ungarn nicht von ihrem Lieblingsgewürz abbringen können. Deshalb musste die Paprikahochburg an der Donau von Spanien 3.000 Tonnen Paprika für 7,5 Millionen US-Dollar kaufen. Das erschien MTI genauso absurd "als müsste Italien Pasta importieren".

Insgesamt, so verlautete gegen Ende des Jahres, hatte sich 1989 die Zahl der Joint-Ventures mit westlichen Partnern auf rund tausend erhöht und damit mehr als verdreifacht. Dies hing vor allem damit zusammen, dass der vorherige Genehmigungszwang durch das Budapester Finanzministerium für ausländische Mehrheitsgesellschaften aufgehoben worden war. Bundesdeutsche Firmen stellten etwa ein Viertel der westlichen Partner dieser Gemeinschaftsunternehmen, österreichische Unternehmen kamen auf einen Anteil von rund 22 %. Das Gesamtkapital der Joint-Ventures belief sich zu diesem Zeitpunkt auf rund 700 Millionen Dollar – viel zu wenig, um der ungarischen Wirtschaft entscheidende positive Impulse geben zu können.

1990: Auch dieses Jahr begann wieder mit drastischen Preiserhöhungen: Für Grundnahrungsmittel (z. B. Fleisch um 32 %, Brot 26 % und Milchprodukte 42 %), Mieten und die Nutzung der Verkehrsbetriebe mussten die Magyaren bis zu 50 % mehr zahlen als im Vorjahr. Das Land ächzte unter dieser ungeheuren Last, eine unausweichliche Folge der jahrzehntelangen Misswirtschaft. Der Stundenlohn eines Arbeiters reichte gerade noch für 110 Gramm Schinken oder 200 Gramm Käse. Eine halbe Million Rentner lebte von weniger als 60 € im Monat.

Als in den ersten Januartagen bekannt wurde, dass die sogenannte "Innere Sicherheit" Oppositionsparteien abhört und sich auf einen Regierungswechsel mit Aktenverbrennungen vorbereitet, hob die Regierung alle 83 geheimen Anweisungen des Innenministeriums auf, nahm alle Akten unter Verschluss und löste die Innere Sicherheit auf. Außerdem mussten der zuständige Geheimdienstgeneral, sein Chef, der Leiter der Staatssicherheit im Vizeministerrang und der Innenminister ihren Hut nehmen.

Bei einem zweitägigen Staatsbesuch in Budapest legte Frankreichs Präsident Mitterrand Mitte Januar als erster ausländischer Staatschef am Grab von Imre Nagy einen Kranz nieder. Höhepunkt des Besuchs war die Gewährung eines Kredits in Höhe von zwei Milliarden Franc (rund 300 Millionen Euro) als Beitrag zur Gesundung der ungarischen Wirtschaft.

Ende Januar stimmte die Sowjetunion dem völligen Abzug ihrer in Ungarn stationierten Soldaten, immerhin noch über 50.000 Mann, bis Mitte 1991 zu. Ministerpräsident Nemeth betonte, die ungarischen Streitkräfte seien jederzeit vo "voll in der Lage, die territoriale Integrität und Souveränität Ungarns selbst zu verteidigen".

Bei der Unterzeichnung des Abkommens über die wechselseitige *Aufhebung der Visumpflicht* im März 1990 verlieh Außenminister Genscher seinem damaligen ungarischen Amtskollegen Gyula Horn das Großkreuz des Verdienstordens der Bundesrepublik mit den Worten, die Bundesrepublik werde "nie vergessen, dass Ungarn das erste Land gewesen ist, das den Eisernen Vorhang durchschnitten hat." Daran knüpfen sich in Budapest nicht nur konkrete Erwartungen an materielle Unterstützung, sondern auch an Deutschlands Hilfe in Sachen Westintegration.

Sorry...

Einen bisher in der Geschichte der Diplomatie einmaligen Schritt unternahm die ungarische Regierung Anfang Februar 1990. Sie lud den Bonner Botschafter in Budapest ins Außenministerium ein. Dort wurde ihm eröffnet, dass es Ungarn leid tue, dass sich die frühere Führung auf eine Spionagetätigkeit gegenüber Deutschland eingelassen habe.

Damit war der Fall des Amerikaners Clyde Lee Conrad gemeint, der als in der Bundesrepublik stationierter US-Soldat ab 1974 NATO-Dokumente verschwinden ließ, die Aufmarsch- und Einsatzpläne für Panzer und Jagdflugzeuge, Verteidigungspläne u.a. für Ölleitungen enthielten, wofür er eine Million Dollar kassierte. Diese Geheimdokumente gelangten dann über Budapest nach Moskau, woher auch das Geld für diese Transaktion kam.

Jetzt jedenfalls sah die ungarische Führung den Zeitpunkt für gekommen, die trübe Angelegenheit aus dem Weg zu schaffen. Ein Vorbild für CIA, MAD, BND und Kollegen?

Am 1. März beschloss das ungarische Parlament mit überwältigender Mehrheit eine Verfassungsänderung. Danach sollte künftig der Staatspräsident direkt vom Volk gewählt werden. Zudem wurde die Vertretung von Minderheiten in der Nationalversammlung neu geregelt. Danach können Deutsche, Rumänen, Juden, Sinti und Roma, Kroaten, Slowenen, Serben und Slowaken in Zukunft je einen Vertreter ins Parlament delegieren, ohne die notwendigen Stimmen aufbringen zu müssen. Zudem wurde beschlossen, die Gründung privater und kirchlicher Schulen und Universitäten zu gestatten.

Im März brach der alte Hass wieder auf: Mindestens sechs Tote waren die Bilanz der blutigen Straßenschlachten im rumänischen Siebenbürgen, wo zwischen nationalistischen Rumänen und Angehörigen der ungarischen Minderheit heftige Straßenschlachten tobten. Ungarns Außenminister Gyula Horn zitierte den rumänischen Botschafter zu sich und warf ihm vor, rumänische Soldaten hätten in Tirgu Mures tatenlos zugesehen, wie Bauern mit Knüppeln und Äxten in die Stadt einfielen und in das Büro der Ungarischen Demokratischen Union eindrangen, wo sie mehrere Ungarn verletzten und töteten. Die Regierung in Bukarest warnte Horn vor "nationalistischen Exzessen".

Der 25. März des Jahres 1990 eröffnet dann das Schlusskapitel der Wende, praktisch mit der Bestätigung des erfolgreichen demokratischen Umbaus der ungarischen Gesellschaft. Es ist der Tag der *ersten freien Wahl* seit 1947. Mit fiebernder Spannung wurde der Ausgang des Rennens um die 386 Sitze in der Nationalversammlung (Országgyülés) erwartet, das von zahlreichen technischen Pannen überschattet war. Stärkste Partei wurde mit rund 25 % (165 Sitze) das konservative *Ungarische Demokratische Forum* (MDF), gefolgt von dem sozialliberalen *Bund Freier Demokraten* (SZDSZ; 21 %, 92 Sitze) und der christsozialen *Partei der Kleinlandwirte* (FKGP; 12 %, 43 Sitze). Die bisher regierenden *Sozialisten* (MSZP) erreichten nur knapp 11 % (33 Sitze). Neben vielen anderen Gruppierungen scheiterten auch die Kommunisten und die Sozialdemokraten an der Vier-Prozent-Klausel. Bei den Stichwahlen am 8. April konnte das Demokratische Forum unter *Jozsef Antall* seinen Vorsprung weiter vergrößern, indem es letztlich mehr als 42 % der Parlamentssitze ergatterte. Antall bildete seine Regierung, die für die nächsten vier Jahre die Geschicke des Landes leiten sollte, unter Beteiligung der Christlich-Demokratischen Volkspartei (KDNP; 21 Sitze).
Zum *Staatsoberhaupt* wählte die Nationalversammlung am 2. Mai Árpád Göncz von der SZDSZ. Am 3. August wurde er in Direktwahlen in seinem Amt bestätigt.
Die Qual der Wahl: Bei den Kommunalwahlen im Oktober zeigten sich die Ungarn bereits wahlmüde; die Wahlbeteiligung sank beim zweiten Urnengang unter 30 %. Dabei erlitt Antall eine schwere Wahlschlappe, seine MDF kam auf nur rund 27 % der Stimmen. Kräftige Zugewinne gab es hingegen beim Bund Freier Demokraten. Im ländlichen Bereich siegten viele unabhängige Kandidaten.

Brüssel im Juli 1990: Nato-Generalsekretär Manfred Wörner gab bekannt, dass nach der Sowjetunion jetzt auch Ungarn diplomatische Beziehungen zur NATO aufgenommen habe. Nach einem Treffen mit Jozsef Antall sagte Wörner: "Wir haben das Tor zu einer neuen Ära geöffnet." Antall antwortete auf die Frage, ob Ungarn der NATO beitreten wolle: "So weit sind wir noch nicht."

Ende Oktober beschloss das ungarische Parlament nahezu einstimmig, den Wehrdienst von bisher 18 auf 12 Monate zu verkürzen.

Pferdestärken spielen in der ostungarischen Landwirtschaft noch immer eine Rolle

Ebenfalls im Oktober erklärte Außenminister Geszenszky bei einem Besuch in Bonn, dass Ungarn bis 1995 Vollmitglied der EU werden wolle, was ab Mai 2004 Wirklichkeit werden wird. Am 6. November wurde Ungarn als vierundzwanzigstes Mitglied und erstes ehemaliges Ostblockland in den Europarat aufgenommen. Am 6. November verließ der renommierte Radikalreformer Imre Pozsgay die MSZP.

Das neue Ungarn (seit 1991)

Das Jahr 1991 begann, wie konnte dies anders sein, mit kräftigen Preissteigerungen bei gleichzeitiger Abwertung des Forints um 15 %. Trotz der prekären Finanzlage schlug Ungarn der Bundesregierung Anfang Januar vor, ihr einen Großteil des alten DDR-Waffenarsenals abzukaufen, um so die eigenen Streitkräfte auf preisgünstige Art zu modernisieren. Auf der Wunschliste der Ungarn standen 360 modernste sowjetische Panzer, 350 Schützenpanzer, über 1.000 Lastwagen, 72 Haubitzen, 50.000 Schnellfeuergewehre, 50 Millionen Schuss Infanteriemunition, 100.000 Panzerabwehr-Lenkraketen und 200.000 Granaten. Verteidigungsminister Lajos Für erklärte den dringenden Kaufwunsch mit "Leidenschaften" in bestimmten Nachbarländern (gemeint waren Rumänien und die Slowakei, wo es zu Auseinandersetzungen mit der ungarischen Minderheit gekommen war), die "unsere Sicherheit gefährden könnten".
Am 10. Februar bestätigte Ministerpräsident Antall Berichte über ungarische Waffenlieferungen an Kroatien.

Am 20. März unterzeichneten Ungarn und Polen ein Abkommen über militärische Zusammenarbeit in den Bereichen Waffenproduktion und -käufe sowie in der Offiziersausbildung. In der Nacht zum 17. Juni zogen die letzten russischen Soldaten aus Ungarn ab.

Am 16. Dezember unterzeichneten Ungarn, Polen und die CSFR in Brüssel einen Assoziierungsvertrag mit der EG. Darin wurde eine umfassende Zusammenarbeit auf wirtschaftlichem, politischem und kulturellem Gebiet vereinbart. Damit ging die EG viel weiter als in früheren, ähnlichen Abkommen etwa mit der Türkei oder Malta. Kern der Vereinbarung war die Schaffung einer gemeinsamen Freihandelszone von Waren, Dienstleistungen, Kapital und Personen – allerdings mit zahlreichen Ausnahmen. So wurden z. B. für Stahl, Kohle, Textilien und landwirtschaftliche Erzeugnisse Übergangsregelungen von bis zu zehn Jahren Dauer festgeschrieben. Industriegüter sollten erst ab 1997 völlig freien Zugang erhalten. Aufenthaltsrechte für Arbeitnehmer und deren Familien wurden zunächst von den Mitgliedsstaaten separat geregelt. Der EG-Ratsvorsitzende Hans van den Broek sagte, mit diesem Vertrag sei "eine neue Dimension erreicht". Ungarns Ministerpräsident József Antall antwortete: "Sie können auf uns zählen. Das Abkommen gibt uns Sicherheit und Stabilität und ist ein positives Signal für ganz Mitteleuropa und das Volk Ungarns."

1992: Die Bilanz, die József Antall zur Halbzeit seiner Regierungsdauer am 16. September zog, war ambivalent. Zum einen konnte er auf erste Erfolge seines Wirtschaftskurses verweisen, zum anderen musste er z. T. harte soziale Folgen für die Bevölkerung eingestehen. Aufgrund der Einführung der Marktwirtschaft war das Heer der Arbeitslosen auf rund 640.000 angewachsen; etwa zwei Millionen Ungarn (20 % der Gesamtbevölkerung) lebten unterhalb der Armutsgrenze.

Am 6. November ratifizierte das ungarische Parlament die Europäische Menschenrechtskonvention; am 17. November setzte es den im Vorjahr unterzeichneten Assoziierungsvertrag mit der EG in Kraft.

Am 11. November besuchte der russische Präsident Boris Jelzin Ungarn. Dabei verurteilte er die Intervention der sowjetischen Truppen während des ungarischen Volksaufstandes von 1956. Budapest und Moskau einigten sich auf den gegenseitigen Verzicht auf Regressforderungen in Zusammenhang mit dem Aufenthalt der Sowjetarmee auf ungarischem Gebiet. Zudem wurde neben einigen anderen Abkommen die Rückführung von rund 4.000 ungarischen Kunstwerken vereinbart, die nach dem Zweiten Weltkrieg in die Sowjetunion verschleppt worden waren.

1993: Auf dem Parteitag seiner MDF vom 22. bis 24. Januar 1993 wurde Ministerpräsident Antall einstimmig als Parteivorsitzender bestätigt. Trotz eines deutlichen Rechtsrucks konnte die Parteispaltung gerade noch einmal verhindert werden.

Am 12. Mai setzte die Nationalversammlung mitsamt den Stimmen aller (!) Abgeordneten der Oppositionsparteien den *Grundlagenvertrag mit der Ukraine* in Kraft. 56 Parlamentarier der Regierungskoalition indes verweigerten ihre Zustimmung, weitere 55 MDF-Abgeordnete waren nicht erschienen. Die dem rechten Lager zugerechneten Gegner des Vertrages störten sich an dem Passus "Verzicht auf gegenseitige territoriale Ansprüche sowohl jetzt als auch in Zukunft". Damit wurde die Möglichkeit zur "Wiedereingliederung" der 200.000 Ungarn, die in der Karpato-Ukraine leben, endgültig aufgegeben.

Die Abspaltung der Rechtsausleger folgte prompt am 22. Juni. Der populistisch-reaktionäre Abgeordnete und frühere Vizepräsident der MDF, István Csurka, gründete an diesem Tag gemeinsam mit zehn weiteren Parlamentsabgeordneten die Partei *Ungarische Wahrheit*. Csurka war wegen antisemitischer Entgleisungen bereits im Mai aus der Fraktion ausgeschlossen worden.

Am 2. August wurde der Kurs des ungarischen Forint zu 50 % an den US-Dollar und zu 50 % an die Deutsche Mark gekoppelt; bis dahin war auch der ECU berücksichtigt worden.

Mitte Dezember 1993: Im Alter von 61 Jahren starb Ungarns erster frei gewählter Ministerpräsident seit Ende des Zweiten Weltkrieges, Jozsef Antall, in Budapest an einem langen Krebsleiden. Der promovierte Historiker und Vorsitzende der rechtskonservativen MDF war noch am Vortag seines Todes von Staatsoberhaupt Árpád Göncz am Krankenbett besucht und mit dem Verdienstorden "Großkreuz der Republik" ausgezeichnet worden.

1994: Aus den Parlamentswahlen Ende Mai gingen die Sozialisten unter Gyula Horn (siehe Kasten, S. 128) unerwartet als stärkste Kraft hervor. Der einstige Reformkommunist Horn, in Deutschland bekannt und geschätzt wegen seiner positiven Rolle als Außenminister in der Zeit vor dem Zusammenbruch der DDR, wurde in Ungarn vielfach weit kritischer gesehen, nicht zuletzt wegen seines Einsatzes als bewaffneter Parteimilizionär während des Volksaufstandes von 1956. Obwohl Horn sich dazu bekannte und sicherlich als geläutert gelten kann, gab es doch noch viel Misstrauen auf Seiten der einstigen Freiheitskämpfer und deren Anhänger gegen "einen von denen".

Als stabilisierendes Moment der jungen Demokratie kann das Faktum gewertet werden, dass nach der zweiten freien Wahl dieselben sechs politischen Parteien in der Nationalversammlung vertreten sind wie nach der ersten – wenngleich auch mit z. T. drastisch veränderten Sitzanteilen. Im einzelnen waren die Mandate folgendermaßen verteilt: Das konservative Ungarische Demokratische Forum MDF erhielt 37 Sitze (1990: 165 Sitze), der sozialliberale Bund Freier Demokraten SZDSZ erhielt 70 Sitze (1990: 92 Sitze), die christsoziale Partei der Kleinlandwirte FKGP kam auf 26 Sitze (1990: 43 Sitze); zu den Gewinnern gehörten die Christlich-Demokratische Volkspartei KDNP mit 22 Sitzen (1990: 21 Sitze) und vor allem die Sozialisten MSZP mit 209 Sitzen (1990: 33 Sitze). Der Bund der Jungdemokraten Fidesz kam auf 20 Mandate (1990: 21 Sitze).

Immerhin besteht über eines Einigkeit: Der Demokratisierungsprozess in Ungarn ist unumkehrbar.

Gyula Horn – Sozialist mit Vergangenheit

Am 5. Juli 1932 wird Gyula Horn im Budapester Arbeiterviertel Angyalföld (XIII. Bezirk) geboren. Sein Vater, aktiver Kommunist, wird 1944 von der Gestapo ermordet.

Horn nimmt den Stallgeruch der Partei von Jugend an in sich auf. Nach einer Mechanikerlehre und dem Abitur studiert er in der Sowjetunion Politik und promoviert. Beim Volksaufstand von 1956 wird einer seiner sieben Brüder (ebenfalls Kommunist) hingerichtet. Horn selbst kämpft in Reihen der Parteimiliz, der sogenannten "Steppdeckenbrigade", gegen die Aufständischen – seine bis heute schwerste politische Hypothek.

1959 tritt er in den diplomatischen Dienst seines Landes ein und wird in Sofia und Belgrad eingesetzt. Danach wird er Mitarbeiter der Internationalen Abteilung im Zentralkomitee der MSZMP. Der Wandel des aufgeschlossenen Kommunisten zum überzeugten Sozialdemokraten vollzieht sich in den 1970er Jahren in der Folge zahlreicher Westkontakte, insbesondere auch zu führenden deutschen SPDlern. 1989, gerade frisch zum Außenminister ernannt, wird er zum Totengräber der reformunwilligen DDR-Führung. Indem er den Eisernen Vorhang zwischen Österreich und Ungarn zerreißt, avanciert er zum europäischen Helden, erhält den Karlspreis und andere internationale Auszeichnungen, muss dennoch bei den ersten freien Wahlen im Lande mit seiner MSZP eine verheerende Niederlage einstecken.

Als sein größter Erfolg gilt denn auch, dass er die bereits totgesagten ungarischen Sozialisten bei der Parlamentswahl von 1994 souverän zur absoluten Mehrheit führt. Zwei Tage vor diesem überwältigenden Erfolg prallt der Saab von Gyula Horn hinter einer Kurve mit 70 km/h gegen einen stehenden, unbeleuchteten Lkw. Horn klettert noch aus dem Wrack und verliert dann das Bewusstsein. Im Krankenhaus stellen die Ärzte neben anderen Verletzungen den Bruch eines Halswirbels fest. Jede kleinste Bewegung kann dazu führen, dass sich Bruchstücke des Wirbels verschieben und das Rückenmark beschädigen. Mit einem Spezialgestell werden Kopf und Hals fixiert, bis die Fraktur verheilt ist.

Gyula Horn gilt als sehr ehrgeizig: Um das Abitur nachzuholen, absolvierte er in einem Jahr den Stoff von vier Klassen. Er sieht in Hans-Dietrich Genscher ein Vorbild und ist für seine Direktheit und Offenheit bekannt – und von manchen auch gefürchtet.

Obgleich bei der Wahl der Nationalversammlung im Mai 1994 rund 54 % der Wähler den Sozialisten ihre Stimme geben, sucht Horn den nationalen Konsens und bietet der sozialliberalen SZDSZ eine Koalition an. Unterstützung kann Horn bei der Lösung der auf ihn wartenden, gravierenden Probleme auch gut brauchen: Die bisher nur mühsam vorankommende europäische Integration Ungarns, die Versöhnung mit den Nachbarstaaten (vor allem mit Rumänien und der Slowakei) sowie vor allem die chronisch verschärfte Wirtschaftskrise und die verheerenden sozialen Folgen der längst noch nicht funktionierenden Marktwirtschaft.

1997–1999: Der Demokratisierungsprozess und das Vorantreiben der Marktwirtschaft haben seit 1994 auch unter den regierenden Sozialisten weitere Fortschritte gemacht. Als Lohn für die unermüdliche Arbeit der Regierenden wurde den Anträgen Ungarns auf Aufnahme in die EU und die NATO entsprochen. So ist die Ungarische Republik sowohl bei den ersten Staaten der NATO-Osterweiterung als auch bei den neuen Mitgliedern aus Mittel- und Osteuropa innerhalb der EU mit von der Partie. Bleibt abzuwarten, inwieweit die politische Marschrichtung der Regierung in der Bevölkerung auch angenommen wird. Beim Volksreferendum 1997 bekannte sich eine überwältigende Mehrheit der Ungarn sowohl zu Europa als auch zum Atlantischen Militärbündnis. 1998 wurden die EU-Beitrittsverhandlungen aufgenommen. Nach dem Wahlsieg des Bunds Junger Demokraten im selben Jahr wurde *Viktór Orbán* Ministerpräsident. 1999 wurde Ungarn ebenso wie Polen und Tschechien kurz vor dem Kosovo-Krieg Mitglied der NATO. Das ungarische Parlament stimmte mit 330 Stimmen dafür, nur 13 waren dagegen. Auch dieses Ergebnis zeigt den Willen zum Anschluss an den Westen.

Ungarns Ministerpräsidenten zwischen Nationalstolz und Integrationszwängen

Von Petra Sparrer

Viktór Orbán war Ungarns jüngster Regierungschef im 20. Jahrhundert. 1998 wurde er mit knapp 35 Jahren Ministerpräsident. Zehn Jahre zuvor hatte er nach dem Jurastudium mit gleichgesinnten Studenten den Bund der Jungdemokraten (Fiatal Demokraták Szövetsége) gegründet. Mit dem Beschluss, kein Mitglied dürfe älter als 35 sein, wollte man sich vom Establishment absetzen. Nach dem relativ bescheidenen Wahlergebnis 1994 formte Orbán, inzwischen als Parteichef, seinen einstigen Studentenbund zur national-konservativen Partei. Als Ministerpräsident (1998–2002) holte er die Stephanskrone ins Parlament und gab sich mit dieser Geste betont national. Zwar gelang es ihm, die rechtsradikalen Parteien ins Abseits zu drängen, doch zur Wiederwahl reichte es auch bei ihm nicht, wie bei keinem der ungarischen Ministerpräsidenten seit 1990. Die Sozialisten bekamen eine neue Chance in Gestalt des parteilosen Finanzbeamten und Bankiers *Peter Medgyessy*, der seit Mai 2002 mit einer sozialliberalen Koalition regiert. Dessen Wahl war dennoch überraschend, zumal die regierungsnahe Presse Kampagnen gegen ihn führte, die es in sich hatten. Die Zeitung "Magyar Nemzet" streute Gerüchte von einem fingierten Verkehrsunfall à la Gyula Horn, der angeblich das Wahlergebnis positiv beeinflussen sollte, während das Staatsfernsehen versuchte, Medgyessy wegen seiner kommunistischen Vergangenheit in Misskredit zu bringen. Zwei Monate nach der Wahl konnte dann die "Magyar Nemzet" nachweisen, dass Medgyessy für den kommunistischen Geheimdienst gearbeitet hatte. Der Ministerpräsident konnte dies nicht leugnen. Er war jedoch nicht als Spitzel, sondern zwischen 1977 und 1982 als Beamter des

Finanzministeriums mit der Spionageabwehr beschäftigt gewesen. Letztendlich legten ihm deshalb weder die Koalitionspartner aus der SZDSZ noch die Bevölkerung Stolpersteine in den Weg.
Medgyessys gelang es, an vielen Fronten Kompromisse zu erreichen, zum Beispiel als er im Jahr 2003 die Einigung mit Rumänien über das so genannte Statusgesetz erwirkte. Nicht zuletzt auf Druck der EU milderte er das bereits von seinem Vorgänger Orbán 2001 initiierte Gesetz mehrfach ab. In seiner Ursprungsfassung sollte es den rund drei Millionen Auslandsungarn – etwa die Hälfte davon leben in Rumänien – zahlreiche Rechte gewähren, was von den Nachbarländern jedoch als diskriminierend aufgefasst wurde. So wurde der leichtere Zugang zum ungarischen Arbeitsmarkt inzwischen auf Nicht-Ungarn ausgeweitet. Die Vergünstigungen durch das Statusgesetz beschränken sich nunmehr auf einen Pass, mit dem Auslandsungarn verbilligt Verkehrsmittel und kulturelle Einrichtungen in Ungarn nutzen können. Rumänien störte sich zudem an der auf diesem Pass abgebildeten Stephanskrone, die ein Königreich symbolisiere, welches große Teile des heutigen Rumäniens umfasste. Medgyessy machte hier Zugeständnisse wie auch in Finanzfragen: Fortan sollen auch rumänische Muttersprachler eine Finanzhilfe erhalten, wenn sie ungarisch lehren oder lernen. Das Geld dafür wird über eine Stiftung in Rumänien ausgezahlt. Die Slowakei wiederum wies das Statusgesetz kompromisslos und komplett zurück, mit der Begründung ein ungarisches Gesetz habe mit ihren Interessen nichts zu tun. Eines jedenfalls wird deutlich: Einfach ist der Anschluss an den Westen weder für die Wähler noch für die Gewählten.

2000 bis heute: Bei den *Neuwahlen 2002* erhielt das Bündnis der Sozialistischen Partei (MSZP) und dem Bund Freier Demokraten (SZDSZ) die meisten Stimmen. Ministerpräsident ist seither der Ökonom und frühere Finanzminister *Peter Medgyessy*. Die Ungarn verdienen im Durchschnitt noch immer im Vergleich zu den Menschen in westlichen EU-Staaten etwa die Hälfte. Zwar fiel 2003 beim *Referendum für den EU-Beitritt* das Votum mit 84 % Ja-Stimmen ziemlich eindeutig aus, jedoch hatten sich nur 45 % der Wahlberechtigten daran beteiligt. Viele Bürger sind skeptisch oder der Meinung, die Regierung habe den Beitritt faktisch ohnehin schon vollzogen. Nicht nur in Sachen EU fühlt sich die Bevölkerung von der Regierung häufig zu sehr überrannt: So unterzeichnete Ungarns Ministerpräsident Medgyessy 2003 den "Brief der Acht", und die Gemüter erhitzten sich über der Frage des Irakkriegs. Zwar mussten ungarische Soldaten daraufhin nicht im Irak kämpfen, doch nahmen viele Bürger Anstoß daran, dass der Präsident eine Erklärung zur Unterstützung des Irakkriegs unterzeichnet hatte, ohne Regierung und Parlament zu Rate zu ziehen. Während die Mehrheit der Ungarn laut Umfragen eine Intervention ablehnte, stellte sich beispielsweise der Friedenspreisträger des Deutschen Buchhandels György Konrad auf die Seite der USA. Der inzwischen für Mai 2004 geplante Beitritt zur EU ist seit dem Systemwechsel von 1989/1990 eine der wichtigsten Prioritäten ungarischer Außenpolitik. Die Politiker sehen darin insbesondere angesichts der

Modeboutique in Szombathely

Globalisierung und internationaler Krisen eine historische und wirtschaftliche Möglichkeit, als vereintes Europa stärker aufzutreten und langfristig eine größere wirtschaftliche Stabilität zu erreichen. Einzelne Wirtschaftsbereiche werden erheblich von Förderungen durch regionale Entwicklungsprogramme oder zum Beispiel den Strukturfonds profitieren. Von dem EU-Beitritt erhofft man sich wirtschaftlichen Wohlstand und eine schnellere Modernisierung vergleichsweise rückständiger Strukturen. 2001 wurde im Zuge der Vorbereitungsphase der Industrie-Markt geöffnet, zahlreiche Investitionen wurden durch Steuerbegünstigungen gefördert und bereits seit 1999 fließen Finanzierungshilfen aus den EU-Mitgliedstaaten, für die Ungarn nicht zuletzt ein wichtiger Absatzmarkt und eine Brücke zum Osten darstellt. Aber nicht nur die Wirtschaftsbosse, sondern auch die Bevölkerung soll als künftige EU-Bürger Vorteile haben, darunter die Freizügigkeit der Arbeitnehmer, strengere Verbraucherschutzvorschriften und niedrigere Arbeitslosigkeit. Ob und wann jedoch der Euro in Ungarn eingeführt wird, ist noch nicht abzusehen. Voraussetzung wären, die für 2006 geplante Erfüllung der Maastricht-Kriterien sowie die Zustimmung der Bevölkerung. Für den Euro visiert die sozialliberale Regierung das Jahr 2008 an, auch wenn zunächst erst 2012 zur Debatte stand. Bis dahin müsste die Inflation auf drei Prozent heruntergeschraubt werden, die Staatsverschuldung wird auf 60 %, das Haushaltsdefizit auf 3 % des Bruttoinlandsprodukts (BIP) gesenkt werden müssen. Darüber hinaus gilt es, den ungarischen Forint mindestens zwei Jahre mit einem festen Wechselkurs an den Euro zu koppeln. Andererseits sieht sich die Regierung zu Abwertungen gezwungen, um Exporte zu verbilligen.

Blick von der Zitadelle über Budapest

Budapest

Alle Straßen führen nach Budapest. Das ist in Ungarn wörtlich zu nehmen. Noch im entlegensten Provinzdorf steht man oft vor einem Schild, das unverhofft die Entfernung zur Hauptstadt mitteilt. Und tatsächlich werden alle Distanzen im Land vom Kilometerstein 0 auf der Budaer Seite der Kettenbrücke aus berechnet. Von hier führen sternförmig alle wichtigen Straßen bis in die entferntesten Winkel. So sind die Ungarn mit ihrer Hauptstadt stets eng verbunden – wenn sie nicht ohnedies hier wohnen. Und das gilt immerhin für jeden fünften Ungarn.

Das Stadtbild lebt von seinen Gegensätzen. Auf der hügeligen Budaer Seite schlummert das stimmungsvolle Altstadtviertel mit schmalen, gepflasterten Gassen und prachtvollen Barockhäusern. Auf der anderen Seite der Donau pulsiert das geschäftige Pest, ein quirliges Handelszentrum mit buntem Straßenleben, Prachtboulevards und stolzen Jugendstilfassaden.

Jahrhundertealte Sehenswürdigkeiten, vergessene romantische Winkel, gemütliche Cafés und traditionsreiche Restaurants, zwischen denen sich auch mal die gläserne Silhouette eines Nobelhotels erhebt: das ist *Buda*. Wo einst die ungarischen Könige residierten, schlägt auch heute noch das Herz des Magyarenreichs.

Pest dagegen, auf der östlichen Donauseite gelegen, erscheint eher wie der Kopf Ungarns. Schließlich ist es Sitz der Verwaltung und der politischen Führung des Landes sowie der traditionell wichtigste Geschäftsplatz. Und natürlich

Budapest – Inhaltsverzeichnis

gibt es da die Váci utca, die Fußgängerzone mit einem Warenangebot, wie man es in Osteuropa allenfalls in Prag ein zweites Mal findet: im Sommer voller Touristen, die den Charme der einstigen k.u.k.-Metropole immer mehr ankratzen und das von der Werbung gepriesene Einkaufsparadies auskosten.

Apropos Donau: Ihr verdankt Budapest so blumige Beinamen wie "Königin der Donau" und "'Perle der Donau" oder auch schlicht "'Donaumetropole". Und natürlich die Brücken. Die bekanntesten sind *Árpádbrücke* (Árpád híd), *Margaretenbrücke* (Margit híd), *Kettenbrücke* (Lánc híd), *Elisabethbrücke*

(Erzsébet híd), *Freiheitsbrücke* (Szabadság híd) und *Petőfibrücke* (Petőfi híd). Durch sie sind die noch im Jahre 1872 unabhängigen Städte Buda, Alt-Buda und Pest zu einer untrennbaren Einheit verschmolzen.

So ist Budapest, das zu den fünf schönsten Städten der Welt gezählt wird, vor allem als das Werk ehrgeiziger Stadtplaner anzusehen. Gerade in der Habsburgerzeit war die blühende Donaumetropole Wien den patriotischen Kräften Ungarns ein Dorn im Auge, zumal sie ihr nichts auch nur annähernd Ebenbürtiges entgegenzusetzen hatten. Diesem Konkurrenzdenken entsprang der Plan zur Vereinigung der drei "'Ur-Städte", der 1872 als Gesetz verabschiedet und ein Jahr später dann verwirklicht wurde. Die Rechnung ging auf. Innerhalb kürzester Zeit vervielfachte sich die Bevölkerungszahl, die vor 1848 nur knapp 100.000 betragen hatte, auf mehr als eine halbe Million im Jahre 1890. Mit den Menschen kamen auch Industrie und Kapital.

Die großen öffentlichen Gebäude und die sie umgebenden Mietshäuser entstanden. Und so wurde Budapest weit schneller als erwartet etwas, für das es noch heute am meisten gerühmt wird: eine Weltstadt.

Fast zwei Jahrhunderte hat man hier versucht, Wien an Schönheit, Bedeutung und Monumentalität zu übertreffen. Das Ergebnis: Pracht, Prunk, Flair und Atmosphäre mit einem guten Schuss Gigantomanie und Liebe zum Detail. Um ihren Wohlstand werden die Budapester auch nach der Wende noch von ihren tschechischen und polnischen Nachbarn beneidet: große, belebte Geschäftsstraßen, hektischer Autoverkehr und ein ausgeprägtes Nachtleben.

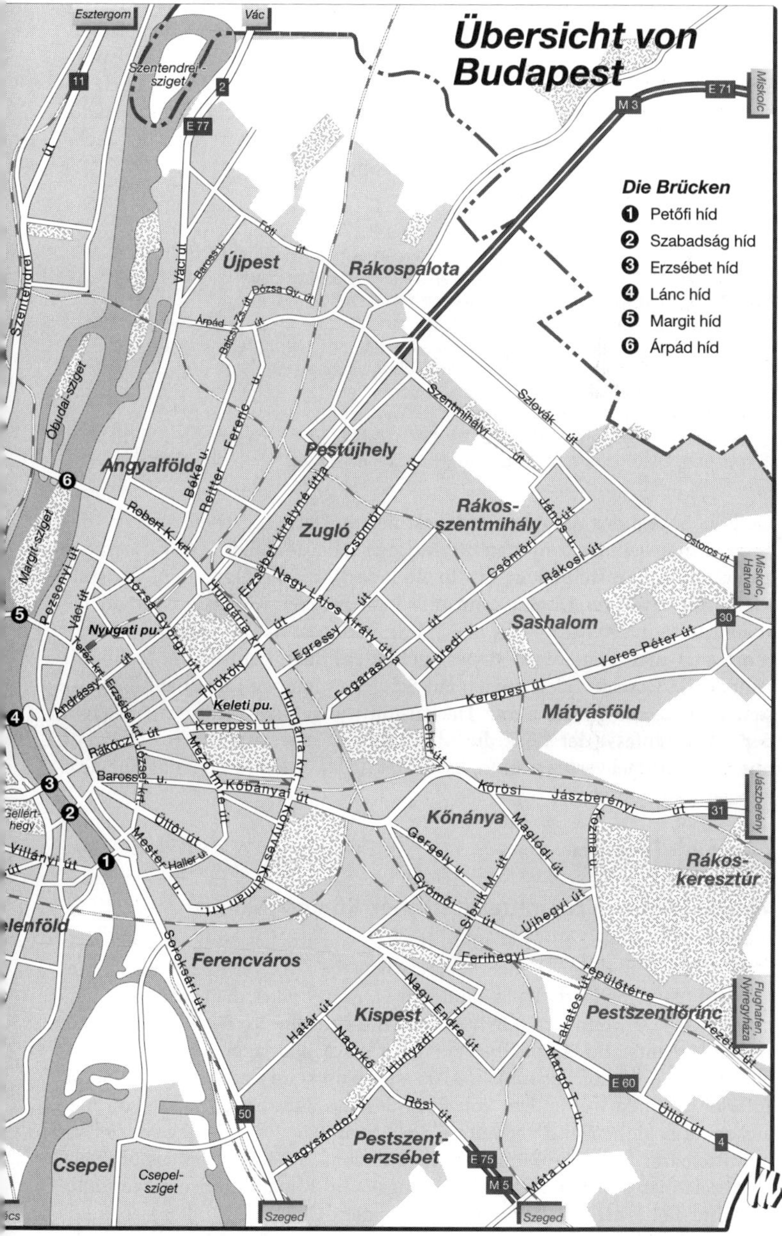
Übersicht von Budapest
Die Brücken
1 Petőfi híd
2 Szabadság híd
3 Erzsébet híd
4 Lánc híd
5 Margit híd
6 Árpád híd
Esztergom
Vác
Miskolc
Szentendrei-sziget
Újpest
Rákospalota
Óbudai-sziget
Angyalföld
Pestújhely
Zugló
Rákos-szentmihály
Margit-sziget
Nyugati pu.
Keleti pu.
Sashalom
Mátyásföld
Miskolc, Hatvan
Jászberény
Kőbánya
Rákos-keresztúr
Gellért-hegy
Ferencváros
Kispest
Pestszentlőrinc
Flughafen, Nyíregyháza
Pestszent-erzsébet
Csepel
Csepel-sziget
Szeged

Budapest – das bedeutet aber auch Industrie. Nach dem Zweiten Weltkrieg haben sich die größten Fabriken des Landes am Stadtrand niedergelassen. Heute lebt ein Viertel aller Arbeiter und Angestellten Ungarns in Budapest. Ebenfalls ein Viertel der gesamten Industrie des Landes befindet sich im Stadtgebiet. Das Ergebnis: Qualmende Schlote und riesige Trabantenstädte mit ihren tristen Wohnsiedlungen erstrecken sich kilometerweit ins flache Hinterland von Pest. Von Romantik keine Spur.

Budapest in Zahlen:
1.815.000 Menschen leben auf einer Fläche von über 525 qkm (davon 173 in Buda und 352 in Pest). Es gibt 23 Verwaltungsbezirke, davon die Bezirke I bis III, XI, XII und XXII in Buda, der Rest in Pest. Das Klima ist mit einer mittleren Jahrestemperatur von 11 Grad Celsius gemäßigt. Der kälteste Monat ist mit durchschnittlich -1 Grad Celsius der Januar, am wärmsten wird es mit 22 Grad Celsius im Juli. Im Jahresdurchschnitt scheint die Sonne in Budapest fast 2.000 Stunden. Auf 28 km Länge durchfließt die Donau das Stadtgebiet (96 m über dem Meer). Sie ist 300 bis 600 m breit und durchschnittlich 3 bis 6 m tief. Die größte Tiefe wird an der Szabadság híd (Freiheitsbrücke) mit 10 m gemessen. Die höchste Erhebung im Stadtgebiet ist mit 529 m der János-hegy.

Und doch wird der Besucher Budapest lieben. Denn für jeden ist etwas dabei. Ob man sein Herz nun an die Museen (von den über 800 Museen des Landes befinden sich allein 117 in Budapest), die Prachtbauten, die stille Margareteninsel im Donaustrom, die kulinarischen Genüsse oder an die gelbe Metrolinie verliert – die alte Dame Budapest hat noch fast jeden verführt. Hat man erst *sein* Budapest gefunden, dann geht es mit Zahnradbahn, Bus, Sessellift oder einfach auf Schusters Rappen hinauf auf die Aussichtspunkte der Budaer Berge. Die Ausdünstungen der Riesenstadt noch in der Nase, umfasst der Blick die Metropole, deren Ausläufer am Horizont mit dem Himmel verschmelzen. Es sei denn, der Smog verengt das Blickfeld auf wenige Kilometer.

Geschichte

Von den Römern zur mittelalterlichen Königsresidenz

Bereits in der Stein-, Bronze- und Eisenzeit war das geschützte Gebiet zwischen Donau und den Budaer Bergen bewohnt. *Ak Ink* (zu deutsch: viel Wasser) hieß eine keltische Siedlung im Norden Budas, die im ersten nachchristlichen Jahrhundert von römischen Legionen in Besitz genommen wurde. Es entstand *Aquincum*, zunächst als Militärlager im heutigen III. Stadtbezirk (Óbuda), das im Jahre 106 zur Hauptstadt der Provinz Pannonia Inferior erhoben wurde. Der von Rom bestallte Statthalter lenkte von hier aus seine Legionen und verwaltete die Provinz. Später entwickelte sich in unmittelbarer Nähe die Bürgerstadt Aquincum, die schon damals über ein ausgezeichnetes Straßen-, Wasserleitungs- und Kanalisationsnetz verfügte. Im Jahre 194 erhielt die Stadt den Rang einer "Colonia". Zu dieser Zeit betrug die Einwohnerzahl Aquincums schon über 10.000 Menschen. Mehr

Amphitheater der Römerkolonie Aquincum

Budapest
Karten S. 134/135, 208/209; 224/225 u. 239

und mehr vermischten sich nun auch Militärlager und Bürgerstadt. Aquincum erlebte eine Zeit der Blüte mit florierendem Handel, hochentwickeltem Handwerk und großem politischen Gewicht.

Im 3. n. Chr. erstreckte sich das bebaute Gebiet bis zum Gellértberg. Einschließlich der auf dem Verwaltungsgebiet der Stadt befindlichen Dörfer betrug die Einwohnerzahl Aquincums nun über 40.000. Am Ende des 4. Jahrhunderts. aber, als das Römische Reich zerfiel, verließ ein Großteil der Bevölkerung die Stadt. Die römischen Befestigungen aus dem 4. Jahrhundert (neben der heutigen Árpád- und der Elisabethbrücke) waren später für die Siedlungskerne der sich hier niederlassenden '"neuen Völker" von großer Bedeutung.

In der ersten Hälfte des 5. Jahrhunderts gehörte das Gebiet um Budapest zum Hunnenreich. Bald darauf kamen die Ostgoten, dann die Langobarden, die ihrerseits durch die Awaren abgelöst wurden. Festzuhalten bleibt für die Zeit der Völkerwanderung, dass sich schon damals feste Siedlungen auf beiden Seiten der Donau entwickelten. Noch vor 800 dehnte sich der Herrschaftsbereich Karls des Großen bis zur Donau aus, während aus dem Osten bulgarisch-slawische Volksgruppen vordrängten. Es ist anzunehmen, dass der Name der Stadt (*Buda,* zu deutsch: Häuschen, Bau; und *Pest*: Höhle) aus ihrer Sprache stammt.

Die '"landnehmenden" Ungarn eroberten das bevölkerungsarme Gebiet an der Donau um das Jahr 900. Die Übergänge über den Fluss gewannen auch damals wieder rasch an Bedeutung. Buda (das heutige Óbuda, zu deutsch: Alt-Buda) war in der Zeit ein Fürstenquartier mit dem ersten königlichen

Árpad und die Stammesfürsten: das Milleniumsdenkmal am Heldenplatz

Hofstaat und einem wichtigen Kirchenzentrum (Domkapitel St. Peter). Pest hingegen entwickelte sich im 10. und 11. Jahrhundert zum Zentrum von Handwerk und Handel. Im heutigen Tabán entstand eine dörfliche Siedlung, bewohnt von Fährleuten, Fischern, Acker- und Weinbauern. Auch die Ursiedlung der Stadt Pest wuchs an der Stelle einer früheren Römerfestung. Zunächst Eigentum moslemischer Händler wurde sie bald Wohnstätte deutscher Siedler (ab 1220). Wenig später wurde sie zur Stadt erhoben und von einer Mauer umgeben. Aus dieser Zeit stammt auch der deutsche Name "'Ofen" für Buda.

Der Mongolensturm von 1241 vernichtete eine blühende Stadt. Meister Rogerius, Augenzeuge und Chronist, beschreibt Pest als "große und reiche Stadt der Deutschen". Die Mongolen zerstörten Pest und überquerten dann die vereiste Donau, um Óbuda einzunehmen. Schließlich zogen sie weiter, nicht jedoch ohne noch eine Vielzahl von Dörfern auf beiden Seiten der Donau niederzubrennen. Bald danach gründete König Béla IV. auf dem Burgberg die Stadt Buda. Der neue Standort hatte mehrere strategische Vorteile gegenüber Óbuda. Zum einen bot die Anhöhe des Burgberges Schutz, zum anderen erlaubte sie die Kontrolle über den Donauübergang und die vorbeiführende Straße, die noch aus der Römerzeit stammte.
Die Besiedlung Budas ging rasch voran. Neben dem Urkern aus königlichem Palast und städtischen Wohnhäusern entstanden damals die prächtige Marienkirche (heute: Matthiaskirche) als Pfarrkirche der deutschen Bürger und die bescheidene Maria-Magdalena-Pfarrkirche der Ungarn. Auch die Juden spielten im aufblühenden Wirtschaftsleben der Stadt eine wichtige Rolle.

Unter König Sigismund von Luxemburg (1387–1437), dem späteren deutschen Kaiser, wurde Buda zur ständigen *Königsresidenz* erhoben. Steinmauern und Basteien ersetzten die Erdschanzen, und die Burg wurde um einen gotischen Palast erweitert. Dem hauptstädtischen Rang entsprechend, konzentrierte sich in der Stadt das politische, wirtschaftliche und kulturelle Leben des Landes. Noch immer war die Vorherrschaft der deutschen Patrizier ungebrochen. So gab es im 15. Jahrhundert in Buda nur deutsche Richter, und unter den zwölf Geschworenen durften nur zwei ungarische Bürger sein. Pest fristete unterdessen im Schatten des prosperierenden Buda ein bescheidenes Dasein als Markt- und Handelsstadt. Nur die Landtage auf der Rákoswiese (1286–1541) verliehen auch ihm ein wenig Glanz.

Matthias Corvinus, der letzte nationale König (1458–1490), stärkte die administrative Zentralgewalt in Buda und verlieh seinem Herrschaftssitz durch den Ausbau des königlichen Palastes einen würdigen Rahmen. An die Budaer Hausbesitzer erging 1478 das von hohen Strafandrohungen begleitete Ultimatum, innerhalb eines Jahres ihre Häuser zu renovieren. In einer zeitgenössischen Urkunde heißt es dazu: *"Unsere Stadt Buda (...) wollen wir von ihrem verwahrlosten Zustand hochbringen, was auch für das ganze Land von Nutzen sein wird."* Nach König Matthias' Tod verlor Buda seine politische, nicht aber seine wirtschaftliche Bedeutung.

Von der Osmanenstadt zum Bauerndorf

Durch die Armeen des Osmanenreiches ballte sich an den südlichen Grenzen des Landes Unheil zusammen. Der durch innere Auseinandersetzungen geschwächte König Ludwig II. erlitt 1526 bei Mohács eine entscheidende Niederlage. Die siegreichen Türken zogen nach Buda, plünderten die reichen Schatzkammern, steckten die Stadt in Brand und verließen sie dann wieder. Erst am 29. August 1541 wurde sie endgültig von den Türken besetzt, in deren Hand sie nun 145 Jahre bleiben sollte.

Das Leben in Buda trug nun orientalische Züge. Aus den gotischen Kirchtürmen wurden Minarette, und über den Basarstraßen flatterte der türkische Halbmond. Es entstanden türkische Bäder und die berühmte '"Medresse" (türkische Hochschule) neben der Büjük Dschami. Auch die Befestigungen von Stadt und Palast wurden ausgebaut. Während Buda jetzt Verwaltungssitz der neu gegründeten osmanisch-türkischen Provinz wurde, konnte Pest seinen Charakter als Handelsstadt bewahren. Türkische Gewohnheiten wie das Kaffeetrinken und Rauchen wurden allmählich auch von den wenigen noch hier lebenden Ungarn angenommen. Im Jahre 1633 bestand die ungarische Bevölkerung Budas aus nur 14 Familien.

Nach dem erfolglosen türkischen Angriff auf Wien im Jahre 1683 versuchten die kaiserlichen Truppen im darauf folgenden Jahr, zunächst ebenfalls erfolglos, Buda zurückzuerobern. Erst der mehrere Wochen dauernde, verbissen geführte Kampf im Jahre 1686 führte zur Eroberung des verwüsteten Buda am 2. September durch das von Karl von Lothringen angeführte Heer der Christlichen Liga. Der Wiederaufbau ging schleppend voran. Das um seine Privilegien als königliche Freistadt gebrachte Buda wurde zur unbedeutenden Weinbauernstadt, während sich in Pest alles um Viehzucht drehte.

Von der Habsburgerresidenz zur Millionenmetropole

Ungarn war im 17. Jahrhundert als Teil der Habsburgermonarchie zur Kolonie degradiert worden. Gegen Ende des Säkulums hatte die Einwohnerzahl nicht einmal den Stand aus der Blütezeit in Römertagen erreicht.
Doch dann erfolgte im 18. Jahrhundert ein rasanter Zuwachs: Innerhalb von nur fünfzig Jahren verfünffachte sich die Einwohnerzahl, wobei Pest den weitaus größeren Zulauf verzeichnen konnte. 1784 wurde Buda schließlich wieder Hauptstadt des Landes. Die höchsten Verwaltungs- und Finanzbehörden, der Statthalterrat sowie die Königliche Kammer siedelten von Pressburg (heute: Bratislava) nach Buda über.
Zehn Jahre zuvor war bereits die Universität von Nagyszombat nach Buda und dann nach Pest verlegt worden, von wo sie einen großen Einfluss auf das Geistesleben des Landes ausübte. Pest entwickelte sich erneut zu einem bedeutenden Handelszentrum, in dem viermal jährlich große Jahrmärkte stattfanden. Nun standen die alten Stadtmauern der Ausdehnung der Stadt im Wege. Während die Vorstädte wucherten, dokumentierte das Großbürgertum seine wachsende Macht durch repräsentative Säkularbauten, die noch heute den Stadtkern von Pest prägen.

Schon bald formierte sich auch in Ungarn, von der Französischen Revolution beeinflusst, eine nationale Bewegung, die gegen die Machtansprüche der Habsburger gerichtet war. Im April 1848 wurde Pest, das geistige Zentrum des Landes, Sitz der unabhängigen ungarischen Regierung. Sie ließ 1849 die Kettenbrücke errichten, eine für die geplante Vereinigung von Buda und Pest notwendige Voraussetzung. Keine drei Wochen nach der von der Revolutionsregierung verkündeten *Vereinigung* von Buda, Pest und Óbuda zur Hauptstadt, wurde diese von kaiserlich-zaristischen Truppen zurückerobert.
Die Folge war eine Verschärfung der Unterdrückung im ganzen Land durch die Habsburger. Erst der Ausgleich von 1867 entspannte die Lage etwas: Der österreichische Kaiser Franz Joseph I. ließ sich damals in der Matthiaskirche zum ungarischen König krönen. Erst 23 Jahre nach dem gleichlautenden Beschluss der ungarischen Revolutionsregierung wurde dann im Jahre 1872 die Vereinigung der Hauptstadt unter dem Namen Buda-Pest beschlossen und ein Jahr später (ohne Bindestrich!) durchgeführt.

Seit den 1860er Jahren spielte die *Großindustrie* eine immer wichtigere Rolle im Wirtschaftsleben der Stadt. Waren es zunächst Nahrungsmittel, die in immer größerem Maßstab produziert wurden, so kamen ab etwa 1870 die Eisen- und Maschinenindustrie und am Ende des Jahrhunderts die Elektroindustrie hinzu. Noch vor dem Ersten Weltkrieg überschritt die Bevölkerungszahl der Stadt die Millionengrenze. Während sich in der Zeit von 1870 bis 1910 die Anzahl der Häuser verdoppelte, vervierfachte sich im gleichen Zeitraum die durchschnittliche Anzahl ihrer Stockwerke.

Jugendstil auf Ungarisch

Von Petra Sparrer

Gegen Ende des 19. Jahrhunderts entstand in der Kunst eine Bewegung des Protests. Überall in Europa wollten sich Architekten und Kunstschaffende von den Zwängen bisheriger ästhetischer Ideale befreien. Sie legten die antiken und historischen Baustile als streng zu kopierende Vorbilder ad acta, um nun endlich Fantasie, Gefühl, Farbe und Kreativität freier walten zu lassen. Wie Brüssel oder Wien gilt Budapest bis heute als eine Metropole des Jugendstils, und dies dank dem Architekten Ödon Lechner (1845-1914), dem Avantgardisten des ungarischen Sezessionsstils. Nicht nur die Ablehnung alles bisher Salonfähigen ließ diesen stilistischen Vorreiter eigene Wege gehen, vielmehr fand er auch eigene Vorbilder. So schöpfte er einen großen Teil seiner Inspiration aus der ungarischen Volkskunst, womit er die nationale Identität betonte, was seine Werke so unverkennbar ungarisch machte. Das hatte allerdings auch seinen Hintergrund: Lechner atmete die frische Luft eines seit 1867 als eigenständiges Königreich anerkannten Ungarns mit einer Hauptstadt, die seit 1873 endlich nicht mehr von Wien aus regiert wurde. Und die Auftragslage sah für ihn glänzend aus, da zur Feier des 1000jährigen Bestehens von Ungarn 1896 in Budapest reichlich und repräsentativ gebaut wurde. So verwirklichte Lechner gemeinsam mit Gyula Pártos am Budapester Kunstmuseum erstmals in großen Dimensionen seine Vorstellungen eines neuen Nationalstils. Prächtige Volkstrachten schwebten ihm vor, als er Dachgiebel und Fassaden gestaltete und dazu zinnglasierte Kacheln, die berühmten Majolika, aus der Keramikfabrik Zsolnay in Pécs verwendete. Da er jedoch keineswegs schöpferisch von seiner Nationalität abhängig sein wollte, brachte er darüber hinaus Gestaltungsmuster von Bildteppichen sowie indische und orientalische Einflüsse ein, die ihn auf Reisen selbst beeindruckt hatten. Es entstand ein leicht wirkender, verspielter Bau mit lichtdurchlässiger Buntglaskuppel und maurischen Bögen, der Lechner weithin berühmt machte. In allen eigenen und von ihm beeinflussten Werken verbanden sich fortan Motive aus der ungarischen Folklore und aus der Pflanzenwelt, ganz dem neuen Ideal einer Harmonie des Menschen mit der Natur verpflichtet. Zu Lechners unbedingt sehenswerten Werken zählen u.a. die Budapester Postsparkasse mit ihrer meisterhaften Majolika-Fassade, die Kobanya-Kirche und das Geologische Institut. Außerhalb von Budapest ist von Lechner vor allem das Rathaus in Kecskemét bekannt. Unter seinem Einfluss schufen seine Nachfolger in nur wenigen Jahren Meisterwerke wie das Rathaus in Kiskunfélegyháza und den Cifra-Palast in Kecskemét, in Budapest u.a. den Gresham-Palast, das Hotel Gellért und den Zoo. Béla Lajta, Károly Kós und Sándor Baumgartner sind nur einige bis heute noch klingende Namen, die für einen eigenwilligen und aufwändigen Stil stehen, der leider nach kurzer Zeit wieder aus der Mode kam.

Karten S. 134/135, 208/209; 224/225 u. 239

Das Pester Ufer mit dem Parlament

Der holprige Weg zur Hauptstadt der Nation

Der Erste Weltkrieg beendete abrupt den wirtschaftlichen Aufschwung und verschärfte zugleich die sozialen Gegensätze. 1918 wurde die Habsburgermonarchie gestürzt. Die *Asternrevolution* im Herbst 1918 führte zur Gründung der Republik. Nur ein halbes Jahr später wurde die Räterepublik ausgerufen. Die "Diktatur des Proletariats" dauerte nur 133 Tage. Miklós Horthy wurde Reichsverweser. Im *Frieden von Trianon* (4. Juni 1920) verlor Ungarn über zwei Drittel seines Staatsgebietes an Rumänien, Jugoslawien und die Tschechoslowakei.

1941 trat Ungarn als Verbündeter Deutschlands in den Zweiten Weltkrieg ein. Am 26. Dezember 1944 war die Stadt, in der sich noch 180.000 Soldaten unter Befehl von General Pfeffer-Wildenbruck aufhielten, von der Roten Armee eingekesselt. Erst am 13. Februar 1945 waren die Kämpfe zu Ende, die sich zuletzt auf Buda konzentriert hatten. Dieser letzte Kampf fügte der Stadt schwere Schäden zu. Von den rund 40.000 Gebäuden der Hauptstadt mussten 20.000 komplett renoviert werden, für 10.500 kam jeder Rettungsversuch zu spät. Die Folge: rund 300.000 Budapester waren im Frühjahr 1945 obdachlos. Und das, obwohl sich die Bevölkerungszahl von über 1,2 Millionen im Juni 1944 auf 830.000 im März 1945 verringert hatte.

Der Wiederaufbau der Hauptstadt ging im Sozialismus recht zügig voran. Neben der Restaurierung der Innenstadt legte man dabei besonderen Wert auf die Errichtung großer Plattenbauviertel an der städtischen Peripherie, freilich ohne dadurch das Wohnungsproblem auch nur annähernd in den Griff zu bekommen. Nichtsdestoweniger ist Budapest heute die modernste der osteuropäischen Hauptstädte und deutlich sichtbar an westlichen Werten orientiert. Es entstehen kontinuierlich neue Mega-Einkaufszentren nach dem Vorbild der amerikanischen Shopping-Malls und im Sommer wird die Donau mit aufgeschüttetem Sand, Gastronomie und Animation ebenso zum Strand wie die Seine in Paris oder die Elbe in Hamburg.

Budapest von A bis Z

Information

- **Tourinform**, V. Bezirk, Déak tér/Sütő utca 2, ✆ 4388080, 📠 3561964, hungary@tourinform.hu. Auskunft über telefonische Hotline 0–24 Uhr ✆ (3660)550044 (aus dem Ausland), 0680660044 aus Ungarn. Zentrale fremdsprachige Informationsstelle für Budapest und den Rest des Landes, rund zwei Fußminuten von der Metrostation Deák tér entfernt. Keine Buchung, kein Verkauf – nur Beratung. Auskünfte über ganz Ungarn. Kostenlose Prospekte und Veranstaltungskalender für Ungarn und Budapest.
  <u>Öffnungszeiten</u> täglich 8–20 Uhr, die Postadresse lautet: tourinform, POB 1585, H-1364 Budapest.
- **Tourinform Hauptbüro**, V. Bezirk, Vörösmarty tér/Vigadó utca 6. Geöffnet Non-Stop.
- Schriftliche Informationen kann man anfordern beim **Budapester Tourismusamt**, POB 215, H-1364 Budapest, 📠 2660479, info@budapestinfo.hu.

Weitere **Informationsbüros des Budapester Tourismusamts:**

Im Budaer Burgviertel, 1016 Budapest, Szentháromság tér, ✆ (00361) 4880475, 📠 (00361)4880474. Oktober-Mai 9–19 Uhr, Juni–September 9–21 Uhr. Hier kann man auch Ausflüge, geführte Touren und Stadtrundfahrten buchen sowie Autos mieten.

Am Westbahnhof, im linken Flughafen des Hallengebäudes, ✆ und 📠 (00361)3028580. März–Oktober 9–19 Uhr, November–Februar 9–18 Uhr.

In Budaörs, im Agip-Komplex an der Autobahn M1/7, ✆ und 📠 (003623) 417518, November–März 9–17 Uhr, April–Oktober 9–18 Uhr.

Am Liszt Ferenc tér 11, 1061 Budapest, ✆ (00361)3224098, 📠 (00361) 3429390, April–Oktober 9–19 Uhr, November–März 10–18 Uhr. Neben allgemeinen Auskünften auch geführte Touren, Ausflüge, Stadtrundfahrten, Autovermietung Kartenverkauf für Kultur- und Sportveranstaltungen.

Adressen/Verschiedenes von A bis Z

- *<u>Ärztlicher Notdienst</u>* Den Budapester **Rettungsdienst (Mentők)** erreichen Sie unter Telefon-Notruf 104. Ferner können Sie sich an folgende Adresse wenden (rund um die Uhr): **Falck SOS Hungary**, II. Bezirk, Kapy utca 49/B, ✆ 2000100.
  Bei Problemen mit den Zähnen stehen Ihnen zwei Möglichkeiten rund um die Uhr zur Verfügung: **Profident**, VII. Bezirk, Károly körút 1, ✆ 3426972, und **SOS Dental Service**, VI. Bezirk, Király utca 14, ✆ 2679602.
  Wenn Sie dringend Medikamente benötigen, haben folgende Apotheken Non-Stop für Sie geöffnet: Teréz Patika VI., Teréz körut 41, ✆ 3114439 und Déli Gyógyszertár, XII., Alkotás utca 1 b, ✆ 3554691.
- *<u>Autovermietungen</u>* arbeiten auch in Budapest nach dem international bekannten

Schema: Ohne Kreditkarte ist eine hohe Kaution fällig. Je nach Mietdauer und Fahrzeugtyp variieren die Preise stark. Auf unbegrenzte Kilometerzahl und Vollkaskoversicherung achten. Mindestalter 21 Jahre.

Fox Autorent, 1116 Budapest, Vegyész utca 17–25, ✆ 3829000, 📠 3829003, fox@autorent.com, www.fox-autorent.com. Dieses Mietwagenunternehmen wurde bereits fünf Mal mit dem begehrten Preis «Best of Budapest» als bester Autovermieter der Donaumetropole ausgezeichnet. Es bietet einen guten Service, ist flexibel und günstig (Mietwagen schon ab 30 € pro Tag inkl. aller Kilometer und Vollkaskoversicherung). Man kann das gewünschte Auto auf Deutsch telefonisch oder per Mail vorbestellen und es sich zum Flughafen oder zu jedem anderen Ort in Budapest und Umgebung bringen lassen.

Europcar, IX. Bezirk, Üllői út 60/62, ✆ 4471080 und 📠 4771099. Weitere Büros in den beiden Terminals am Flughafen.

Hertz, X. Bezirk, Gitár utca 34, ✆ 4310997, hertz@hertz.hu, www.hertz.hu. Weitere Büros am Flughafen (in beiden Terminals) und in der Pester Innenstadt (V. Bezirk, Aranykéz utca 4–8). Hertz/Fötaxi, VII. Kertész utca 24–28, ✆ 3510362.

Avis, V. Bezirk, Szervita tér 8, ✆ 3184240, 📠 3184859, www.avis.hu. Weitere Büros am Flughafen in beiden Terminals.

Budget, Hauptbüro im Hotel Mercure Buda, I. Bezirk, Krisztina körút 41–43, ✆ 2140420, 📠 2140421, www.budget.hu. Weitere Büros in beiden Terminals am Flughafen.

Regina, Szállas utca 20–22, ✆ 3188888, 📠 4341111, regina.rent.a.car@axelero.hu, www.regina-rentacar.hu.

• *Auto abgeschleppt?* Auskunft über den Verbleib abgeschleppter Autos gibt es leider nur auf Ungarisch unter ✆ 3130700 und 3830770.

• *Fahrradvermietungen* In Budapest kann man Fahrräder für Tagestouren ausleihen. Die Firma Yellow Zebra bietet sogar geführte Radtouren (mit Studentenausweis ab 12 €) und Nachtradtouren. Wer ein Rad für 2 Tage ausleiht, bezahlt 20 €, sechs Stunden kosten rund 8 €. V. Bezirk, Sütö utca 2, (in der Nähe von Tourinform), ✆ 2668777, info@yellowzebrabikes.com, www.yellowzebrabikes.com. Täglich von 9–20 Uhr geöffnet.

• *Budapest-Karte* Mit dieser Karte können Sie drei Tage lang die öffentlichen Verkehrsmittel nutzen, haben freien Eintritt in zahlreiche Museen und erhalten weitere Vergünstigungen an über 100 Stellen (Infos im beiliegenden 107-seitigen Begleitheft). Sie können auch zum halben Preis an Stadtrundfahrten teilnehmen und ermäßigt an Ballonfahrten. Die Karte kostet 4950 Forint (rund 20 €) und ist an Hotelrezeptionen, in den Tourinform-Büros, an den größeren BKV-Fahrkartenschaltern und weiteren Stellen erhältlich. Es gibt auch Zweitageskarten und ermäßigte Karten für Erwachsene mit Kindern bis 14 Jahre.

• *Diplomatische Vertretungen*
Deutsche Botschaft, Úri utca 64–66, 1014 Budapest, ✆ 4883500, 📠 4883505. Österreichische Botschaft, Benczúr utca 16, ✆ 3529613, 📠 3528795.

Schweizer Botschaft, Stefánia utca 107, ✆ 4607040, 📠 3439492.

• *Faxen* kann man in großen Hotels, aus Internet-Cafés und beim Fernkopier- und Telexdienst der ungarischen Telekom **MATÁV**, V. Bezirk, Petőfi Sándor utca 17–19. Geöffnet: Mo–Fr 8–20 Uhr sowie Sa 8–15 Uhr.

• *Fremdsprachige Nachrichten* **Radio Bridge** sendet auf UKW 102.1 MHz jeden Tag englische Nachrichten stündlich zwischen 5 und 22 Uhr. Im Sommer ist der deutschsprachige Sender **Radio Danubius** auf UKW 103.3 MHz auch in Budapest zu empfangen.

• *Fundbüro* Das städtische Fundbüro liegt im V. Bezirk, Erzsébet tér 5, ✆ 1174961. Wenn Sie in Bus, Straßenbahn oder Metro etwas liegengelassen haben, ist das Fundbüro der Budapester Verkehrsbetriebe BKV die erste Anlaufstelle: VII. Bezirk, Akácfa utca 18, ✆ 2675299.

• *Gottesdienste*: **Katholisch**: in der St.-Stephans-Basilika, V. Bezirk, Szent István tér; Mo–Sa 7, 8 und 18 Uhr sowie sonntags 7.30, 9, 10, 12, 18 und 19.30 Uhr. Außerdem in der Matthiaskirche, I. Bezirk, Szentháromság tér; Mo–Fr 7, 8.30, und 18 Uhr sowie So 7, 8.30, 12 und 18 Uhr.

Evangelisch: Evangelische Großkirche am Deák tér (V. Bezirk); jeden Sonntag 9, 11 und 18 Uhr. Evangelische Kirche am Wiener Tor, I. Bezirk, Bécsikapu tér; jeden So 9, 11 und 18 Uhr (zusätzlich jeden So um 10 Uhr Gottesdienst in deutscher Sprache).

Jüdisch: Große Synagoge, VIII. Bezirk, Dohány utca 4–8; Fr 18 Uhr und Sa 9 Uhr.

Telefonzelle in Buda

• *Jüdisches Budapest* Die Stadt und das Tourismusamt bieten Führungen in die reiche jüdische Vergangenheit und Gegenwart der ungarischen Hauptstadt an. Mo–Do 10.30 und 13.30 Uhr, Fr 10.30 Uhr und So 11.30 Uhr. Es gibt 1,5-stündige Führungen, 2,5-stündige Touren mit Transfer zum jüdischen Friedhof und eine Halbtagestour mit anschließendem Besuch eines jüdischen Restaurants. Die Tickets bekommt man in jedem Reisebüro, an den Rezeptionen der Hotels, bei Hungaria Concert Schalter gegenüber der Synagoge in der Dohány utca 2 und im Büro der Duna Palota in der Zrínyi utca 5. Reservierungen unter ✆ 3172754 und 3171377. Führungen und Reservierungen auch bei Kulttourist, Angyal utca 31, ✆ 4560429 oder 4760419, 📠 2186560.

• *Polizei-Notruf* ✆ 107.

• *Post* Die Postämter sind werktags von 8–18 Uhr geöffnet. Bis 21 Uhr geöffnet sind die Postämter am Ostbahnhof (Keleti pu., VIII. Bezirk, Baross tér 11c) und am Westbahnhof (Nyugati pu., VI. Bezirk, Teréz kötút 51).

• *Postbank* Abhebungen vom Postsparbuch sind z. B. möglich in der Postbank-Zentrale (V. Bezirk, Bécsi utca 5, ✆ 2672558). Eine Zweigstelle gibt es z. B. am József Nádor tér 10 im V. Bezirk (✆ 2660763). Beide sind geöffnet: Mo u. Do 8–18 Uhr, Di u. Mi 8–15 Uhr sowie Fr 8–14 Uhr. Bargeld auf Kreditkarten und Euroscheckkarten bekommt man in allen Postämtern.

• *Stadtpläne* In vielen Hotels und bei den Tourinform-Büros bekommt man kostenlose Stadtpläne. Wenn Sie einen ausführlichen und aktuellen Stadtplan kaufen, sollten Sie darauf achten, dass er relativ neu ist: Geben Sie lieber etwas mehr Geld aus für einen Plan, der auch die Stadtbezirke farblich unterscheidet (das erleichtert die Orientierung) und die Strecken der öffentlichen Verkehrsmittel enthält. Nur auf aktuellen Plänen stimmen wirklich alle Straßennamen.

• *Stadtrundfahrt* Für den Preis einer organisierten zweistündigen Stadtrundfahrt mit dem Touristenbus bekommen Sie zwei Wochentickets der Budapester Verkehrsbetriebe. Wenn Sie die Budapest Card haben, bekommen sie ermäßigte Stadtrundfahrten, wenn gewünscht auch mit Parlamentsbesichtigung. Am besten Sie erkundigen sich in den Tourinform-Büros in Buda oder am Liszt Ferenc tér.

Telefonvorwahl von Budapest: 1

• *Toiletten* kosten immer Geld (meist 50 Ft.), deshalb nie ohne wenigstens ein paar

Münzen unterwegs sein. Öffentliche WCs sind in Budapest rar und in der Regel ziemlich verdreckt. Wenn es mal drängt, am besten die Gemächer eines besseren Hotels, Restaurants oder Kaffeehauses aufsuchen.

- *Waschsalon* **The Home Laundry** hat zahlreiche Filialen, z.B. in der Törökvészi utca 76, der Pasaréti utca 104, der Galamb utca 9 sowie einen Abhol- und Bringdienst. Am nächsten Tag bekommt man die Wäsche gereinigt und gebügelt zurück: ✆ 2005305 oder 0620/4466104.
- *Zahnklinik* So lange die Lohnschere zwischen Ungarn und den westlichen Nachbarländern noch so drastisch auseinander klafft, wird wohl auch der Zahnklempner-Tourismus weitergehen. Davon profitieren zum Beispiel die **private Zahnklinik** in der Lukács utca 3, ✆ 003630/2215369, 📠 4361313, www.jildent.hu und die Praxis von **Dr. István Hegedüs** am Városligeti fasor 32, VI. Bezirk, ✆ 3424257; geöffnet: Mo–Fr 8–20 Uhr.

Verbindungen

Anreise

▸ **Auto**: Budapests Straßen verlaufen in alle Himmelsrichtungen und Landesteile. Es ist sehr zu empfehlen, im innerstädtischen Bereich öffentliche Verkehrsmittel zu benutzen.

- *ÚTINFORM* Straßenverkehrs-Informationszentrum, ✆ 3222238 und 3227643. Rund um die Uhr Auskünfte über Straßenverhältnisse und Verkehrsaufkommen, Wartezeiten an Grenzübergängen, Öffnungszeiten von Tankstellen usw.
- *FŐVINFORM* Auskunft über den Verkehr in Budapest, ✆ 3171173.
- *Informationsdienst* des Ungarischen Autoclubs (nur Mo–Fr tagsüber): Auskunft über Werkstätten usw. unter ✆ 2120300. Adresse: **Magyar Autoklub**, XIV. Bezirk, Francia út 4/a.
- *Bei Unfällen* mit Personenschäden den Rettungsdienst anrufen (✆ 104), bei Unfällen ohne Personenschäden die Polizei verständigen (✆ 107), Autoclub-Pannendienst 188.
- *Pannendienst* Die ""gelben Engel" des Ungarischen Autoclubs (www.autoklub.hu) helfen ADAC- und ÖAMTC-Mitgliedern rund um die Uhr kostenlos (✆ 3451755), alle anderen müssen für die Pannenhilfe zahlen.
- *Abschleppdienst* über die Polizei (✆ 107) benachrichtigen.
- *Vertragswerkstätten* **Mercedes**, XIII. Bezirk, Kárpát utca 21, ✆ 4512200, 📠 4512270, www.mercedes-benz.hu.

VW Porsche, Fay utca 27, ✆ 4515430, www.porschepest.hu.

BMW, Notruf ✆ 06-80200945.

Opel, Bécsi utca 254, ✆ 2507373.

Peugeot, XIV. Bezirk, Fogarasi út 195, ✆ 2228000, www.peugeotfabian.hu .

Renault, XI. Bezirk, Budaörsi út 121, ✆ 2463900, www.baumgartner.hu.

Toyota, **Daihatsu** und **Suzuki**, XVI. Bezirk, Szállás utca 20–22, ✆ 2601811.

Volvo Duna Interservive, Zay utca 24, ✆ 3686586.

Volvo Ivanics, Kártya utca 1–3, ✆ 2262232, www.ivanics.hu.

Weitere Infos unter www.auto.lap.hu (Markenvertretungen).

- *Tankstellen mit bleifreiem Benzin* sind mittlerweile auch in Ungarn zum Standard geworden. Schauen Sie beim Tanken auf die Zapfhähne mit der Aufschrift "ólom mentes" (bleifrei).
- *Parken* Ein Horrortrip in der Pester Innenstadt und Umgebung. Einen Versuch wert und auch am sichersten sind die folgenden Parkhäuser: V. Bezirk, Szervita tér 8; V. Bezirk, Aranykéz utca 4–6; VII. Bezirk, Nyár utca 20; VIII. Bezirk, Üllői út / Ecke Baross utca; VIII. Bezirk, Futó utca 52. Auch einige größere Hotels verfügen über Parkhäuser.

▸ **Bahn**: Die Anreise mit der Bahn über Wien dauert zum Beispiel über Frankfurt/M. zehn Stunden, davon drei Stunden von Wien nach Budapest. Die Deutsche Bahn informiert über Sparangebote. Rund um die Uhr bekommt man auch bei der ungarischen Staatsbahn MATAV Auskünfte über internationale Bahnverbindungen (✆ 4615500, www.mav.hu und www.elvira.hu) – auch in Deutsch.

Vom Westbahnhof aus fahren Züge in den Süden und Osten Ungarns

In den letzten Jahren haben sich die Budapester Bahnhöfe zunehmend zu Kristallisationspunkten des organisierten Verbrechens entwickelt. Lassen Sie Ihr Gepäck niemals unbeaufsichtigt, verzichten Sie in jedem Fall auf Schwarzumtausch von Devisen, und verweilen Sie nicht länger als notwendig. In direkter Nachbarschaft aller drei Budapester Bahnhöfe gibt es Metrostationen und damit die direkte Anbindung ans hauptstädtische Verkehrsnetz.

• *Bahnzentrale* Fahrkartenverkauf und Auskunft in der Andrássy út 35, ✆ 3429150 und 3228405. Geöffnet: Mo–Fr 9–17 Uhr, aber auch an den Fahrkartenschaltern der Bahnhöfe.

• *Bahnhöfe* **Keleti pályaudvar**, (Ostbahnhof, VIII. Bezirk, ✆ 3136835), eine mächtige Stahlkonstruktion aus dem 19. Jh. in Pest südlich vom Stadtwäldchen. Züge in alle Richtungen (national und international). Metrostation Keleti pu.

Nyugati pályaudvar (Westbahnhof, VI. Bezirk, ✆ 3490115), am Nyugati tér im nördlichen Teil von Pest gelegen. Züge in den Osten und Süden Ungarns, auch in die Tschechoslowakei. Metrostation Nyugati pu.

Déli pályaudvar, (Südbahnhof, I. Bezirk, ✆ 3490115), moderner Betonklotz im Westen Budas. Züge in den Westen und Süden des Landes, vor allem zum Plattensee und nach Österreich. Metrostation Déli pu.

Es gibt auch **Railbusse**. Diese Minibusse der MÁV fahren zwischen den verschiedenen Bahnhöfen und dem Flughafen und kosten ca. 3 € je nach Ziel. Reservierung am Intercity-Schalter oder unter ✆ 3532722, ✆ 3532187.

▸ **Bus**: Vom Zentralen Busbahnhof am Erzsébet tér (V. Bezirk, nahe der Metrostation Deák tér, alle drei Metrolinien) fahren internationale Fernbusse in westliche Richtung z.B. nach München, Wien, Prag und Venedig (vgl. Anreise/Bus). Außerdem gibt es relativ preiswerte, z.T. mehrmals tägliche Verbindungen zu allen größeren Städten in Westungarn.

Ein weiteres Busterminal gibt es am Népstadion (gleichnamige Metrostation der Linie M2, XIV. Bezirk, Hungária körút 48–52). Hier fahren die internationalen Fernbusse in östliche Richtung und die Inlandsbusse nach Ostungarn.

Zu guter Letzt gibt es noch das Busterminal Árpád-Brücke (Metrostation der M3, XIII. Bezirk, Árboc utca). Von hier aus gibt es Inlandsverbindungen ans Donauknie sowie einmal täglich nach Györ und zweimal täglich nach Komárom.

- *Auslandsreisen-Informationsschalter* **Erzsébet tér**: ✆ 3172562, 3172966, geöffnet Mo–Fr 6–19 Uhr (vom 16.–31.5. nur bis 18 Uhr) und Sa/So 6.30–16 Uhr.
Népstadion: ✆ 2521896, geöffnet Mo–Fr 6–18 Uhr und Sa/So 6–16 Uhr.
- *Inlandsverkehr* **Erzsébet tér**: Auskunft ✆ 3172966, geöffnet täglich von 6–18 Uhr.
Népstadion: Auskunft ✆ 2524496, Kartenverkauf ✆ 2522995, geöffnet täglich von 6–18 Uhr.
- *Inlandsverkehr* **Árpád-Brücke**: ✆ 3291450, geöffnet täglich von 6–18 Uhr.

Die Firma **Volánbusz** unterhält Buslinien zu allen Städten und Urlaubsgebieten in Ungarn: Informationen und Fahrpläne unter www.volanbusz.hu.

▶ **Flugzeug**: Fensterplätze auf der rechten Seite bieten den einschwebenden Flugreisenden das schönste Stadtpanorama. Der internationale Flughafen *Ferihegy* liegt in den östlichen Außenbezirken Budapests und verfügt über drei Terminals (I, IIA und IIB): In Ferihegy IIB 24 km vom Zentrum starten und landen alle Fluglinien bis auf die Maschinen der ungarischen Fluglinie Malév. Sie nutzen den Terminal IIA. Es gibt eine überdachte Verbindung zwischen beiden Terminals. Ferihegy I (16 km vom Zentrum) ist seit der Eröffnung des Terminals IIB grundsätzlich dem Luftfracht- und Sportflugverkehr vorbehalten. Hier startet und landet German Wings. Die Auskunftsschalter der Fluggesellschaften und Mietwagenunternehmen befinden sich in den Terminals IIa und IIB. Zwischen den Terminals verkehren Shuttlebusse. Wenn man frühzeitig buchen kann, erwischt man vielleicht einen der günstigen Flüge ab 19,90 €, insbesondere bei German Wings vom Flughafen Köln/Bonn aus. Aber auch weitere Fluggesellschaften wie Lufthansa und Air Berlin sind in den Preiskampf eingestiegen.

- *Buchungen* unter ✆ 2969696 (Telefonzentrale des Flughafens), ℻ 2966000, ravaszpalma@lri.hu, www.budapest-airport.hu.
- *Aktuelle Fluginformationen* ✆ 29679696 (**Terminal IIA**, Abflug und Ankunft), ✆ 2968000 und ✆ 2967000.
(**Terminal IIB**, Ankunft und Abflug), ✆ 2965882 und ✆ 2965052.
- *Airport-Shuttle* verkehrt alle 30 Minuten von 5.30–21 Uhr zwischen **Innenstadt** (V. Bezirk, Erzsébet tér) und dem **Flughafen**. Fahrpreis rund 4,50 €, die Tickets können im Bus gekauft werden. Fahrtdauer bis Terminal 1 rund 30 Minuten, bis Terminal 2 rund 40 Minuten. Aktuelle Auskünfte unter ✆ 2969696.
Ein weiteres *Shuttle* (Airport-Minibus) fährt für rund 7 € pro Person alle Budapester **Hotels** an (ca. alle 30 Minuten ab Flughafen) – das kann natürlich etwas länger dauern. Bestellung unter ✆ 2968555.
- *Expressbus* Der städtische Expressbus **Nummer 93** (rote Nummer) fährt alle 10 bis 20 Minuten zur Metroendstation Kőbánya-Kispest. Die Tickets kosten ca. 2 €.
- *Taxi* Eine Art Mafia hat die begehrten Flughafenstellplätze unter sich aufgeteilt und die seriösen Fahrer durch handfeste Drohungen verdrängt. Für Innenstadt-Fuhren werden seither für ungarische Verhältnisse skandalöse Preise zwischen 20 und 40 € verlangt. Ein korrekter Preis darf derzeit nicht über 12 € liegen. Insider fahren mit dem Expressbus und steigen erst an der Metrostation Kőbánya-Kispest in eines der "normalen" Taxis.
- *Fluggesellschaften* **Malév**, V. Bezirk, Dorottya utca 2, ✆ 2353565.
Lufthansa, V. Bezirk, Váci utca 19–21, ✆ 2664511, ℻ 2668669.
Austrian Airlines, V. Bezirk, Régiposta utca 5, ✆ 3279080.
Swissair, V. Bezirk, Kristóf tér 7/8, ✆ 3285000.

Innerstädtischer Verkehr

Das Netz der öffentlichen Verkehrsmittel in Budapest ist gut ausgebaut, der Transport relativ schnell und trotz der enormen Preiserhöhungen der letzten Jahre für Urlauber aus Westeuropa noch immer sehr günstig. Nachteil: Zwischen Mitternacht und 4 Uhr früh ist der Fahrbetrieb eingestellt.

Über anderthalb Milliarden Fahrgäste werden alljährlich durch den Budapester Verkehrsbetrieb (BKV) befördert. Es kommen etliche Straßenbahnen, Buslinien, Trolleybusse, drei Metrolinien, die HÉV-Vorortbahn, eine Zahnradbahn und Kleinschiffe zum Einsatz. Kein Punkt in der Stadt ist mehr als 500 m von der nächsten Haltestelle entfernt. In der Innenstadt und auf den Hauptstrecken verkehren alle Verkehrsmittel im Takt von nur wenigen Minuten.

Fahrkarten bekommt man an den BKV-Fahrkartenschaltern (an allen größeren Haltestellen, z.B. in der Unterführung am Ferenciek tere und in der Metrostation Deák tér), in Tabak- und Souvenirläden sowie bei Straßenhändlern. Mit der Budapest Card ist die Nutzung der Metro frei.

Einzelfahrscheine gelten für Straßenbahnen, Trolleybusse, die Metro und für Busse. Eine entwertete Fahrkarte ist für die Gesamtlänge einer Strecke (ohne Umsteigen!) gültig und kostet rund 120 Ft. Bei jedem Umsteigen muss ein neuer Einzelfahrschein gelöst werden und es wird häufig kontrolliert.

Und so funktionieren die nostalgisch anmutenden Fahrscheinentwerter: Karte von oben einführen und dann den ganzen Schacht zu sich hinziehen. Bei diesem Vorgang werden Löcher in den Schein gestanzt, die den Kontrolleuren Auskunft über Datum, Linie, Fahrtrichtung usw. geben. Manchmal klappt das aber überhaupt nicht – dann muss man sich durch den ganzen Bus wühlen und einen heilen Apparat suchen.

Die **Tageskarte** für alle Budapester Verkehrsmittel kostet rund 3,80 € und braucht nicht gestanzt zu werden. Es gibt auch Touristenkarten für 3 Tage, Wochenkarten, Familienwochenendkarten. Fragen Sie, wenn Sie etwas länger bleiben, an einem BKV-Fahrkartenschalter (www.bkv.hu) nach einem "Hetijegy" ausgesprochen: hä-ti-jädj), zu deutsch: Wochenticket. Alle Tarife sind deutlich ausgewiesen.

▸ **Metro**: das schnellste Verkehrsmittel mit insgesamt rund 30 km Strecke. Zur Rush-hour herrscht immer eine ziemliche Drängelei. Die drei Metrolinien treffen sich am Pester Deák tér, wo sie durch ein Tunnelsystem miteinander verbunden sind.

M 1: Vörösmarty tér (Innenstadt/Pest) bis Mexikói út (Nordwestrand des Stadtwäldchens). Die gelbe Metrolinie ist die älteste des europäischen Kontinents – nur die in London ist älter. Bei der Einweihung der Milleniumsbahn 1896 waren fast alle Monarchen und bedeutenden Politiker Europas hier versammelt. Die Technik stammte von Siemens & Halske. Sehenswert sind noch heute die schönen Stationen mit gekachelten Wänden und Fahrkartenschaltern aus Holz. Eine dieser Uralt-Haltestellen aus k.u.k.- Zeiten ist beispielsweise die am Heldenplatz (Hősök tere). Betriebszeit: 4.30–23.30 Uhr.

M 2: Die rote Metrolinie verbindet Buda mit Pest und verkehrt dabei unter der Donau: Déli pu. (Südbahnhof) – Moszkva tér – Deák tér – Keleti pu. (Ostbahnhof) – Őrs vezér tere. Betriebszeit: 4.30–23.30 Uhr.

M 3: Die blaue Metrolinie durchquert Pest in Nord-Süd-Richtung: Újpest – Árpád-Brücke – Deák tér – Kálvin tér – Kőbánya/Kispest. Betriebszeit: 4.30–23.30 Uhr.

▸ **Busse**: mit über zweihundert Linien das dichteste Verkehrsnetz. Busse verkehren in der Regel von 4.30–23.00 Uhr (Nachtbusse s. u.). An den Haltestellen sind die Abfahrtszeiten des ersten und letzten Busses angegeben. Busse mit schwarzer Liniennummer halten an jeder Haltestelle. *Schnellbusse*

Budapest Karten S. 134/135, 208/209, 224/225 u. 239

(rote Nummern) halten nur an größeren Verkehrsknotenpunkten. *Expressbusse* (rotes "E") halten nur an den Endstationen. Linienbusse mit alphanumerischer Bezeichnung (z. B. 7/A oder 87/B) sind Nebenlinien, die geringfügig von derHauptlinie abweichen.

Folgende Buslinien verkehren auch nachts ("É-Linien"): 1, 3, 6, 28, 31, 42, 45, 49, 50, 61, 78, 144, 153, 173, 175, 179, 182

- **O-Busse**: Vierzehn Trolleybuslinien verkehren hauptsächlich zwischen Hauptverkehrsknotenpunkten. So verbindet die Linie 73 den Ostbahnhof (Keleti pu.) mit dem Westbahnhof (Nyugati pu.).
- **Straßenbahnen**: 29 Linien, die in der Regel zwischen 4.30 und 23.30 Uhr fahren. Die Straßenbahnlinie 14 verkehrt auch nachts ("É-Linie").
- **Vorortbahn (HÉV)**: Sie verbindet das Zentrum mit den Außenbezirken und Ausflugsorten:).

Boráros tér – Csepel 4.30–23.30 Uhr; **Vágóhíd – Ráckeve** 4.00–23.50 Uhr; **Őrs vezér tere – Gödöllő** 4.20–23.35 Uhr; **Batthyány tér – Aquincum – Szentendre** 3.50–23.40 Uhr

- **Taxi**: Zuweilen hat es den Anschein, als würde ein Großteil der Budapester Taxifahrer ihr Geld lieber als Rennfahrer verdienen. Für empfindliche Gemüter kann deshalb eine Taxifahrt zur Hauptverkehrszeit (und nicht nur dann) leicht zur Tortur werden.

Rufnummern **Főtaxi**, ✆ 2222222; **Tele 5**, ✆ 3555555; **Budataxi**, ✆ 2333333; **City Taxi**, ✆ 2111111; **Rádió-Taxi**, ✆ 3777777.

- **Donauschifffahrt**: **Wasserbusse** verbinden in der Zeit vom 1. Mai bis zum 31. August von Do–So Buda und Pest (auch Margareteninsel). Fahrkarten sind an den Kassen am Ufer erhältlich.

Von der Panoramafahrt bis zum Operettenschiff gibt es zahlreiche Varianten, sich über die Donau schippern zu

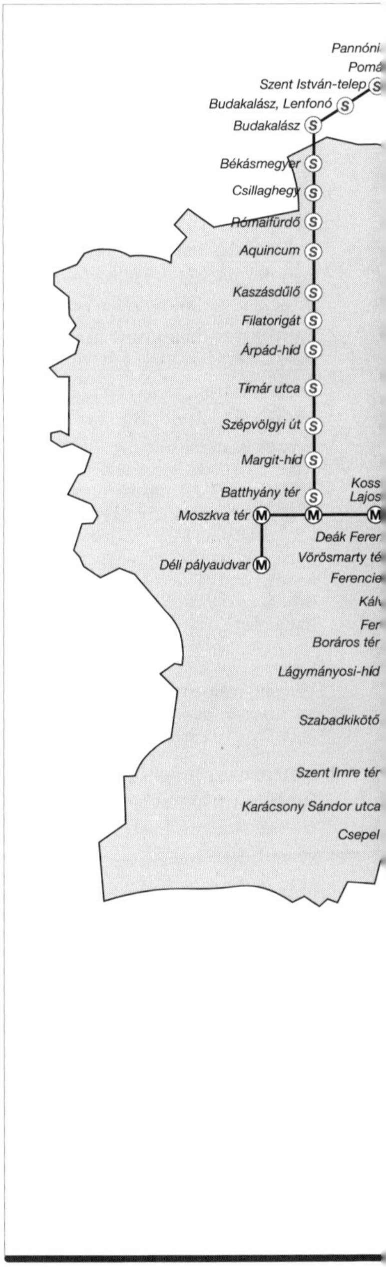

Budapest
Karten S. 134/135, 208/209; 224/225 u. 239

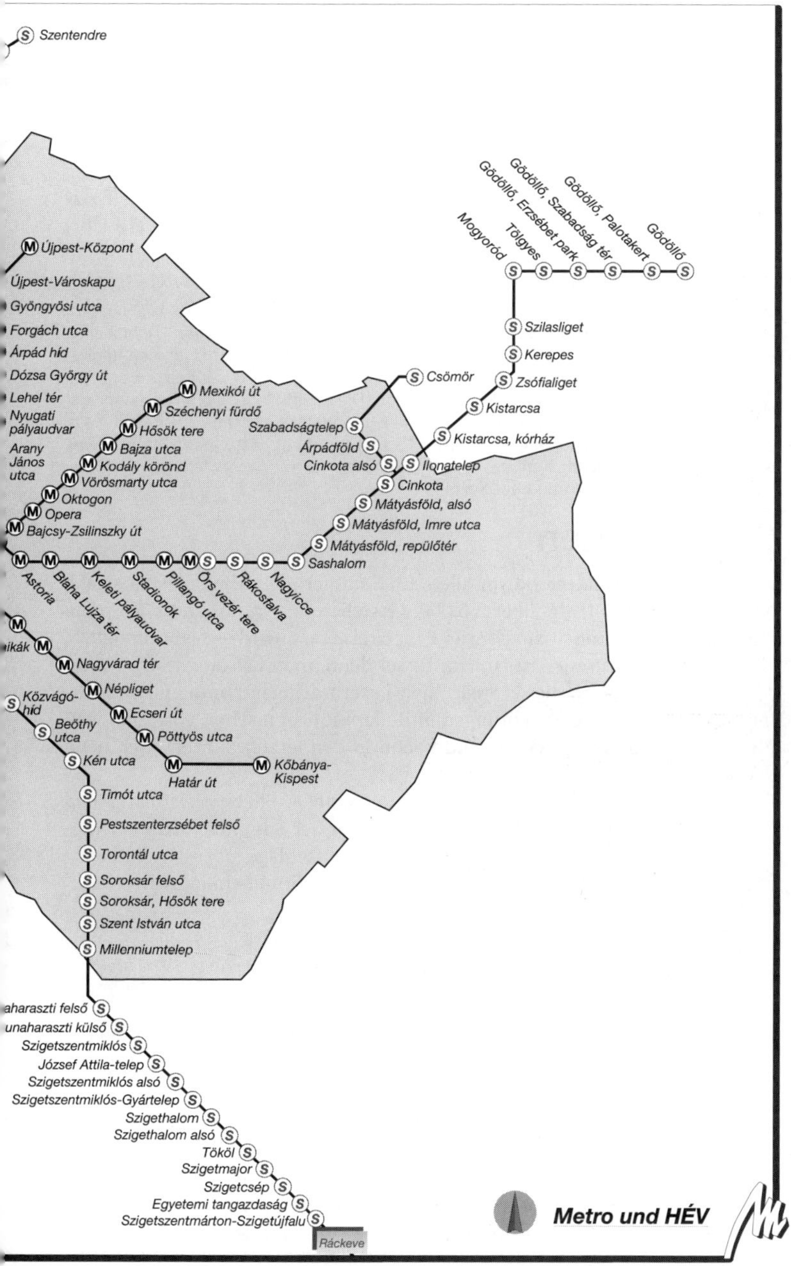

lassen. Auch wenn man spontan zu den Ablegestellen kommt, sind in der Regel noch Karten zu haben. Die Fahrpläne der Anbieter variieren sehr. Von April bis Anfang November fahren Schiffe.
Ausflugsschiffe nach Visegrád und Esztergom gehen am Pester Vigadó tér mehrmals täglich ab (am Budaer Batthyány tér jeweils 5 Minuten später, Auskunft s. u.). Auch alle übrigen Ausflugsschiffe legen u. a. am Vigadó tér ab: das Tragflügelboot nach Esztergom (vom 17.5.–7.9. jeden Sonn- und Feiertag um 8 Uhr), die vorwiegend von jungen Leuten genutzten Disco- und Tanzschiffe (Fr und Sa um 21 Uhr), das "Spaziergang-am-Mittag-Schiff" (12 Uhr) und das "Vergnügungsschiff mit Musik und Tanz" von Juni bis September ab 20.15 Uhr. Über Tourinform und die Rezeptionen größerer Hotels sind ab 25 € pro Person Karten für das Operettenschiff erhältlich (20–22 Uhr).

• *Information/Buchung/Fahrpläne* Über Bratislava verkehren zwischen Budapest und Wien (Hin- und Rückfahrt 89 €) Tragflügelboote. Auskunft und Tickets für alle Ausflugsschiffe direkt vor Ort oder bei **MAHART Passnave Budapest**, ✆ 4844010 und 3187740, hydrofoil@mahartpassnave.hu, www.mahart.hu. Während der Saison kann man an einstündigen Sightseeing-Touren auf der Donau teilnehmen, täglich zwischen 11 und 22 Uhr für ca. 7 € pro Person. Die Schiffe legen vom Brückenpfeiler der Elisabethbrücke auf der Pester Seite ab: Dunayacht Kft., ✆ 2689020, www.dunayacht.com.

Übernachten

Zu Ostern, an Silvester und vor allem im Sommer platzt Budapest aus allen Nähten, und das trotz über 50.000 Gästebetten. Wenn dann auf dem Hungaroring auch noch die Formel 1 im Kreise rast, wird es fast unmöglich, ein zumutbares Zimmer zu finden. Es sei denn, man hat langfristig vorher reserviert, was wir an dieser Stelle allen Lesern dringend empfehlen möchten. Die Preise für Übernachtungen in Budapest liegen schon von jeher weit über dem Landesdurchschnitt und haben in den letzten Jahren auch noch deutlich angezogen.
Gravierend sind auch die saisonalen Unterschiede: Eher preisgünstig sind die Monate November bis April, deutlich teurer der Sommer (Mai bis Oktober). Kurzfristige und zugleich deutliche Preisaufschläge gibt es in Budapest zudem noch an bestimmten Feiertagen wie Ostern und zum Jahreswechsel.

Tipp: Auf der Pester Seite gibt es spürbar weniger Parkplätze und deutlich mehr Probleme mit Fahrzeugdiebstahl als auf der Budaer Seite. Außerdem steigt die Sicherheit und mehren sich die verfügbaren Parkmöglichkeiten mit der Entfernung vom Stadtzentrum. Wir können heutzutage überhaupt nicht mehr empfehlen, ein neueres Fahrzeug im Großraum Budapest unbewacht zu parken.

Nach den vielfältigen und unterschiedlichen Erfahrungen mit Übernachtungen in Budapest bleibt uns eine Erkenntnis: Es gibt kaum etwas, was es nicht gibt. Wichtige Kriterien für die Quartierwahl sind neben Preis und Komfort auch die Lage (Entfernung vom Zentrum, Lärmpegel usw.), die Anbindung an öffentliche Verkehrsmittel und – nicht zu unterschätzen – die Verfügbarkeit von bewachten Parkplätzen bzw. Garagenstellplätzen.

Sprechen Sie die für Sie wichtigen Punkte unbedingt schon bei der Reservierung per Telefon, Fax oder Mail an, um vor unliebsamen Überraschungen sicher zu sein. Lassen Sie sich von den großen Hotels der teureren Kategorien Kataloge zu Pauschalangeboten zuschicken. Mit einer Dreitages- oder Wochenpauschale fahren Sie preislich in der Regel viel besser, als wenn sie Einzelübernachtungen buchen. Um das riesige hauptstädtische Angebot an Quartieren etwas übersichtlicher zu machen, haben wir im folgenden, soweit dies ermittelbar war, die jeweilige Kategorie (1 bis 5 Sterne) einer Unterkunft angegeben. Diese Sterne stellen keinerlei Qualitätswertung unsererseits dar, sondern bezeichnen einfach nur bestimmte Ausstattungsvarianten. Und dies sind die zugrundeliegenden Mindestbedingungen, die der ungarische Staat für die einzelnen Kategorien vorschreibt:

* Das Hotel besitzt mindestens zehn Zimmer mit Waschbecken. Es gibt eine Frühstücksmöglichkeit im Haus oder in der Nähe. Die Rezeption ist ständig besetzt.

** Mindestens ein Drittel der Zimmer verfügt über Bad oder Duschkabine. Jedes Zimmer hat Telefon. Es gibt einen Zimmerservice.

*** Zwei Drittel der Zimmer besitzen ein Bad. Das Hotel hat mindestens zwei gastronomische Einrichtungen, in einer werden auch warme Speisen serviert. Es gibt Apartments mit TV und Kühlschrank.

**** Alle Zimmer haben ein Bad. Jedes Zimmer hat Telefon und Radio. Ein eigenes Restaurant und zwei zusätzliche gastronomische Einrichtungen sind angeschlossen. Tagungsräume und Friseur im Haus.

***** Alle Zimmer haben ein Bad, und es werden verschiedene Apartments angeboten. Alle Zimmer mit Telefon, Radio, TV und Kühlschrank. Lift, klimatisierte gastronomische Einrichtungen und Tagungsräume. Fast alle Dienstleistungen können rund um die Uhr in Anspruch genommen werden.

Hotels der Luxusklasse

Jeglichen Komfort, geräuschlos umherhuschendes Personal, das auf den leisesten Wink reagiert, ein riesiges Dienstleistungsangebot und fast schon feudales Wohlleben – das bieten die Budapester Luxushotels. Als Ableger international renommierter Unternehmen gewähren sie First-class-Reisenden den üblichen Standard – zum gewohnten Preis. Etliche schicke Luxusabsteigen gibt es schon, und doch entstehen immer noch neue, in einigen Fällen sogar in wunderbaren historischen Bauwerken. Bei Redaktionsschluss waren die interessantesten der großen Hotelprojekte noch nicht komplett fertiggestellt: das Luxushotel *The Four Seasons* der Boscolo-Gruppe im Gebäude des ehemaligen Cafés *New York* und das *Hotel Royal* (Corinth-Kette) im *Gresham Palace* auf der Pester Seite der Kettenbrücke. Nachfolgend wird nur eine kleine Auswahl präsentiert:

*******Budapest Hilton (15, s. Karte S. 208/09)**, I. Bezirk, Hess András tér 1–3, ✆ 8896922, ℻ 8896925, hiltonhu@hungary.net, www.danubiusgroup.com/hilton. Monumentaler Glas- und Betonbau mit dem markanten Turm und der klassizistischen Westfassade direkt neben der Matthiaskirche im Burgviertel. Er wird nur noch von dieser überragt – eine elegante Verbeugung vor der Geschichte. Gleichwohl ist die Luxusherberge ihrerseits bereits fester Bestandteil der Stadtsilhouette. Vor allem wegen der auffälligen Lage und des legendären Rufs kann das Hilton sicher sein, stets zu den ersten drei Häusern der Donaumetropole zu zählen. Die 322 klimatisierten Zimmer verfügen alle über Bad, Minibar, Telefon und TV. Es gibt zwei Restaurants im Haus, einen Coffee-shop mit gutem Salatbuffet, einen Weinkeller, zwei Bars, ein Café und nicht zuletzt das bekannte Spielkasino. Eine Besonderheit des Hiltons sind die Kulturprogramme im Dominikanus-Hof, einem mittelalterlichen Klosterhof. Je nach Blickrichtung (Donaublick ist deutlich teurer) und Saison kosten

Budapest Karten S. 134/135, 208/209; 224/225 u. 239

die Zimmer im Hilton inkl. Frühstück: EZ 180–220 €, DZ 210–270 €, Suite 300 € pro Nacht. Der Várbusz, der alle fünf Minuten Touristenladungen vom Moszkva tér ins Burgviertel karrt, hält direkt vor der Haustür.

*******Thermal Hotel Aquincum (5, s. Karte S. 208/09)**, III. Bezirk, Árpád fejedelem útja 94, ✆ 4364100, 📠 4364156, cor.resv@aqu.hu, www.corinthia.com. Vierstöckiges Nobelhotel mit moderner, spiegelverglaster Fassade unweit der Árpádbrücke. Man könnte sich eine schönere und zentralere Lage vorstellen, aber wenn man das Hotel erst einmal betreten hat, findet man hier alles, was man braucht: Feinschmeckerrestaurant, Café, Bar, Schwimmhalle, Whirlpool, Sauna, eigene Kurabteilung, Antiquitätenladen usw. Night Club IRIS von 22–3 Uhr mit Show um Mitternacht. Übernachtungspreise inkl. Frühstücksbuffet: 89–250 €; Nichtraucherzimmer. Viele Spezial- und Kurangebote. Medizinische Anwendungen mit Thermalwasser von der Margareteninsel.

Das Chelsea – Luxusrestaurant im Art´otel

(5 km vom Stadtzentrum, fünf Fußminuten bis zur Haltestelle Árpád Híd der Vorortbahn von und nach Szentendre.

*******Kempinski Corvinus (85, s. Karte S. 224/25)**, V. Bezirk, Erzébét tér 7–8, ✆ 4293777, 📠 4294777, hotel@kempinski.hu, www.kempinski-budapest.com. Das Budapester Nobelhotel der Extraklasse liegt in der Pester Innenstadt in absolut zentraler Lage unweit dem Vörösmarty tér. Angeschlossen sind ein internationales Restaurant der Spitzenklasse, eine Bar mit Klaviermusik, ein Bistro, eine Bierstube und ein Fitnesscenter. Die 367 vollklimatisierten Zimmer mit Telefon, Radio, Satelliten-TV und Minibar kosten je nach Saison: EZ 120–145 €, DZ 120–185 €, Suite 375–420 €. Durch die zentrale Lage optimale Verkehrsanbindungen.

******* Hyatt Regency (83, s. Karte S. 224/25)**, V. Bezirk, Roosevelt tér 2, ✆ 2661234, 📠 2669101, reservation@budapest.hyatt.hu, www.budapest.hyatt.com. Moderner, spiegelverglaster Bau mit 355 Zimmern, rund 100 m vom Donauufer entfernt mit unverbautem Blick auf die Budaer Burg. In der Regency Club Lounge ist täglich von 17–19 Uhr "Happy hour": Wein, Champagner, Sandwiches und Süßigkeiten werden dann für Clubmitglieder gratis serviert. Außerdem gibt es zwei Restaurants und ebenso viele Bars. Übernachtungspreise inkl. Frühstücksbuffet je nach Saison und Komfort: EZ 110–150 €, DZ ab 150 €, Junior Suite 200 €, Ein Extrabett wird mit 30–40 € berechnet. Die Haltestelle Kossuth tér der roten Metrolinie M2 liegt vor der Haustür.

*******Budapest Mariott Hotel (84, s. Karte S. 224/25)**, V. Bezirk, Apáczai Csere János utca 4, ✆ 2667000, 📠 2665000, mariott.budapest@pronet.hu, www.mariott.com. Der auffällige Riesenbau (einst Hotel Duna Inter-Continental) direkt an der Donau in der Pester Innenstadt beherbergt 362 vollklimatisierte Zimmer sowie 20 Suites mit Bad, Balkon, Minibar und Satelliten-TV. Drei Restaurants, ein Café und zwei Bars gehören dazu. Übernachtungspreise: EZ 165–230 €, DZ 165–265 €, Ecksuite ca. 300 €, Suite 350 €. Die Straßenbahnlinien 2 und 2A fahren entlang dem Pester Donauufer von der Margaretenbrücke bis zur Petőfi híd.

*******Thermal Hotel Margitsziget (41, s. Karte S. 224/25)**, XIII. Bezirk, Margitsziget, ✆ 8894752, 📠 8894988, margotel@

hungary.net, www.danubiusgroup.com/grandhotel. Das moderne, siebenstöckige Luxus-Kurhotel mit 164 Zimmern liegt am nördlichen Zipfel der Margareteninsel inmitten ausgedehnter Parkanlagen. Die Insellage im Herzen der Millionenstadt ist optimal zur Erkundung beider Stadtteile und zudem äußerst ruhig, da das Eiland für den Privatverkehr gesperrt ist (Hotelgäste ausgenommen). Alle Zimmer mit regelbarer Klimaanlage. Behindertenzimmer und medizinische Abteilung. Die hauseigenen Heilbäder werden von drei Thermalquellen gespeist. Angeschlossen sind ein Restaurant, ein Café, zwei Bars und ein Nachtclub. Zimmerpreise inkl. Frühstücksbuffet, Thermalbad, Schwimmbad, Sauna, Trinkkur und zahnärztlicher Untersuchung je nach Saison: EZ ab 144 €, DZ 75–360 € und Apartment ab 194 €. Das Hotel ist mit dem benachbarten, älteren und hübscheren Komplex durch einen unterirdischen Gang verbunden, Gäste können die Einrichtungen jeweils beider Hotels nutzen (siehe S. 160) Außerdem gibt es zahlreiche, z. T. ziemlich preisreduzierte Kur- und Sonderangebote (Prospekt anfordern). Der Bus Nummer 26 (Haltestelle Halasztó) fährt längs über die gesamte Insel von der Metrostation Árpád híd zur Metrostation Nyugati pu. und umgekehrt.

******Art'otel**, Bem rakpart 16–19, ✆ 4879487, 📠 4879488, budapest@artotel.hu Das zentral am Donauufer gelegene Komfort- und Konferenzhotel (164 Zimmer, davon 9 Suiten) bietet Touristen und Geschäftsleuten ein luxuriöses Ambiente fernab des Pauschaltourismus: freundliches Personal, ein Büro mit Internetzugang und Kopierer, eine Sauna und ein nobles Restaurant (Chelsea). Das gesamte Hotelinterieur ist mit Designs, Bildern und Skulpturen des amerikanischen Künstlers Donald Sultan ausgestattet. Sie schaffen eine kreative Verbindung zwischen dem modernen und dem barocken Flügel des Gebäudes. Die Zimmer nach vorne zur Donau bieten einen schönen Blick zum Parlament, nach hinten heraus kann man die Fischerbastei sehen und auch gut zu Fuß erreichen Im Sommer wird das opulente Frühstück mit Produkten aus biologischem Anbau auch auf einer Terrasse im Innenhof serviert. Sowohl die Fischerbastei als auch die Kettenbrücke sind in wenigen Minuten zu Fuß zu erreichen. Die Zimmerpreise variieren zwischen 198 und 218 €, eine Suite kostet 298 € (plus 20 € pro zusätzliche Person).

Komforthotels

Die Auswahl an Hotels mit gehobenem Komfort ist für ungarische Verhältnisse einzigartig groß. Die Dienstleistungen, die Hotelbauten und auch die Preise entsprechen weitgehend dem internationalen Standard. Das gilt auch für die Gäste, denn der Zimmerpreis pro Nacht kommt dem durchschnittlichen Monatsverdienst in Ungarn recht nahe. Auch für Zimmer in Komforthotels gilt: frühzeitig reservieren.

In Buda (siehe Karte S. 208/209)

*****Hotel Dunapart (13)**, I. Bezirk, Királyokb útja 261, ✆ 3879361, 📠 3879361, uszimekuf@meh.hu, www.hotels.hu/mekuf2. Das kleine Hotel mit 30 Zimmern liegt am Ufer der Donau in einem Grüngürtel, etwa 25 Minuten vom Stadtzentrum entfernt. Alle Zimmer haben Bad, TV und Balkon. Im Sommer steht den Gästen ein Pool im Garten zur Verfügung. Es gibt auch einen Kinderspielplatz sowie Sauna und Solarium. DZ mit Frühstück 45–120 €.

******Hotel Victoria (18)**, I. Bezirk, Bem rakpart 11, ✆ 2018644, 📠 2015816, victoria@mail.datanet.hu. Schmales, neunstöckiges Komforthotel am Donauufer. Moderner Bau direkt an der vielbefahrenen Uferpromenade. Gemütliche, modern eingerichtete Zimmer (insgesamt gibt es nur 27 und ein Apartment), in denen hauptsächlich Geschäftsleute wohnen. Alle Zimmer mit Blick auf den Fluss. DZ mit Frühstück, Bad/Dusche, Klimaanlage und Satelliten-TV je nach Saison 74–102 €, Apartments ca. 165 €. Sauna, Zimmerservice, Reinigung. Straßenbahnhaltestelle vor der Haustür (Nummer 19); nur wenige hundert Meter bis zur Metrostation Batthyány tér.

******Alba Hotel Budapest (22)**, I. Bezirk, Apor Péter utca 3, ✆ 8894235, 📠 8894203. Das moderne Komforthotel eines Wiener

Unternehmers liegt etwas versteckt, aber ziemlich ruhig zu Füßen der Fischerbastei. Insgesamt 95 hell und modern eingerichtete Zimmer mit Bad/Dusche/WC und Kabel-TV. DZ inkl. Frühstücksbuffet je nach Saison ab 80 €, EZ ab 70 €, Zusatzbett ab 30 €. Kinder bis 12 Jahre wohnen im Zimmer ihrer Eltern gratis. Eigene Tiefgarage. 100 m bis zur Straßenbahn (Nummer 19), ca. 700 m bis zur Metrostation Batthyány tér.

*****Hotel Orion (29)**, I. Bezirk, Döbrentei utca 13, ✆ 3568583 und 3568933, ℻ 3755418. Kleines, fünfstöckiges Haus in einer relativ ruhigen Parallelstraße zur Uferpromenade, zwischen Erzsébet- (Elisabethbrücke) und Lánchíd (Kettenbrücke) gelegen. 30 Zimmer, Lift und Restaurant (geöffnet von 12–21 Uhr). Die kleinen, sauberen DZ kosten je nach Saison 85–165 €, ein Zusatzbett wird mit 25 € berechnet; alle mit Bad, Klimaanlage und Satelliten-TV. Guter Bus- und Straßenbahnanschluss.

******Hotel Gellért (33)**, I. Bezirk, Szent Gellért tér 1, ✆ 3852200, ℻ 4666631, resoff@gellert.hu, www.danubiusgroup.com/gellert. Das 70-jährige, altehrwürdige und nostalgische Hotel an der Szabadság híd (Freiheitsbrücke) besticht besonders von innen durch den Spiegel-, Marmor- und Plüschcharme eines Traditionshotels ersten Ranges. Insgesamt gibt es 230 Zimmer und 13 Apartments, wobei jedes ein wenig anders geschnitten und eingerichtet ist. Alle verfügen über Telefon, Klimaanlage, TV und Minibar, einige haben einen Balkon. Das EZ mit Bad kostet ab 120 und 160 €, die DZ mit Bad kosten ab 130, 150 und 170 €, je nach Blick, am teuersten ist der Blick zur Donauseite. Apartments ab 270 €, Zusatzbetten ab 40 €; alles inkl. reichhaltigem Frühstücksbuffet. Es gibt günstigere Paket- und Wochenendangebote (Katalog anfordern lohnt, darin stehen alle Hotels der Danubius-Gruppe) An Feiertagen wird ein Zuschlag von 20 % auf den Zimmerpreis erhoben. Café, Konditorei, Bierbar und Nachtclub im Haus. Auf der Terrasse können auch Nicht-Hausgäste an lauen Sommerabenden mit herrlichem Donaublick ein Bier schlürfen. Dem Hotel angeschlossen ist das berühmte, gleichnamige Heilbad (vgl. Sport) mit Wellenbad, Thermal- und Schwimmbecken, Massagen und medizinischen Anwendungen. Hausgäste können die Becken kostenlos benutzen. Guter Bus- und Straßenbahnanschluss.

******Hotel Mercure Buda (23)**, I. Bezirk, Krisztina körút 41–43, ✆ 4888100, ℻ 4888178, h1688@accor-hotels.com, www.mercure-buda.hu. Weithin sichtbares Hotel mit rund 400 Zimmern direkt am Déli pu. (Südbahnhof). Von außen ein strenger, riesenhafter Betonklotz, ist das Innere überraschend hell, modern und einladend. Alle Zimmer mit Bad, Klimaanlage, Satelliten-TV und Telefon. Für Nichtraucher und Allergiker werden extra Zimmer bereitgehalten. Mehrere Restaurants und Bars sowie Nachtclub mit Showprogramm im Haus. Das weitere Angebot: Zimmerservice, Wäscherei, Reinigung, Garage, Vinotheque usw. DZ mit Frühstücksbuffet kosten je nach Saison 85–230 €, (inkl. Schwimmbad- und Saunabenutzung). Optimale Verkehrsanbindung, alle Verkehrsmittel.

*****Hotel Rege (11)**, II. Bezirk, Pálos utca 2, ✆ 3915100, ℻ 2008824, rege@hotel.datanet.hu. Schäbiger, waschbetonverkleideter Bau in relativ ruhiger Lage, etwas unterhalb der Budakeszi út. Alle Zimmer mit Bad/WC, TV, Telefon und Frühstück: DZ 75–175 €, Dreibettzimmer 112–210 €. Restaurant, Bierstube, Disco, Bar, Schwimmbad, Sauna und Solarium. 100 m bis zur Haltestelle des Busses Nummer 22, der zur Metrostation Moszkva tér fährt.

******Hotel Budapest (10)**, II. Bezirk, Szilágyi Erzsébet fasor 47, ✆ 4889800, ℻ 4889808, budapesthotel@mail.matav.hu, www.danubiusgroup.com/budapest. Der markante Rundbau am Fuße der Budaer Berge wirkt wie eine riesige Litfasssäule und beherbergt über 500 Betten. Restaurant, Bar, Sauna und Solarium im Haus. Alle Zimmer mit Bad/WC und Frühstück: EZ ab 70 €, DZ ab 70–90 € und Apartments ab 90 €. Mit dem Bus Nummer 22 keine fünf Minuten bis zur Metrostation Moszkva tér.

*****Hotel Panda (8)**, II. Bezirk, Pasaréti út 133 (am Pasaréti tér), ✆ 3941932, ℻ 3941935, panda@magnet.hu. Vierstöckiger, moderner, ganz passabler Neubau mit insgesamt 28 Zimmern, Sauna, Bierbar und Restaurant. Zimmerpreise mit Bad und Frühstück: EZ ca. 60 €, DZ ca. 85 € und App. ca. 120 €. Die Buslinie 5 vom Március 15. tér braucht rund 20 Minuten und hält in unmittelbarer Nähe des Hotels (Pasaréti tér).

*****Hotel Hunor (6)**, III. Bezirk, Pünkösdfürdő utca 40, ✆ 2430949, ℻ 2440821, hunor@wla.hu www.hotels.hu/hunor. Vorbildlicher, phantasievoller Umbau nach dem Motto: ""Was man aus einem abgrundtief hässlichen sozialistischen Hochhaus mit etwas Kleingeld alles machen kann." Verkehrsgünstig in einer tristen Trabantenstadt im Budaer Norden gelegen, unweit der Straße nach Szentendre. Geschmackvoll eingerichtetes Foyer in einem kleinen, vorgelagerten Rundbau. Das 150-Zimmer-Hotel mit der pink leuchtenden Fassade gibt es seit 1991. Dazu gehören ein Restaurant, Bierstube, Nachtbar, vier Fahrstühle und ein Tennisplatz. Alle Zimmer mit Satelliten-TV, Dusche/WC und Frühstück: DZ 85–160 € und Apartment ca. 200 € je nach Saison. 10 Fußminuten bis zur Haltestelle Békásmegyer der Szentendre-Vorortbahn.

******Hotel Flamenco (37)**, XI. Bezirk, Tas vezér utca 7, ✆ 8895650, 📠 8895651, budfla@hungary.net, www.danubiusgroup.com/flamenco. Riesiger, verkleideter Betonquader auf der rückwärtigen Seite des Gellértberges an einem kleinem Park. Gediegener Komfort, ruhig, aber etwas abgelegen. Das zur ungarischen Hotelkette HungarHotels gehörende Haus bietet seinen Gästen Schwimmbad, Sauna, Solarium, Tennishalle und Tiefgarage. Die über 300 Zimmer verfügen alle über Minibar, Satelliten-TV und Klimaanlage. DZ mit Frühstücksbuffet kosten je nach Saison 95–115 €, EZ 75–105 €und Apartments 220 €. Die Straßenbahnlinie 61 hält in der Nähe und fährt zur Metrostation Moszkva tér.

*****Hotel Wien (38)**, XI. Bezirk, Budaörsi út 88–90, ✆ 3102999, 📠 3103005, hotelwien@axelero.hu, www.hotels.hu/wienhotel. Das kaum zu empfehlende Transithotel liegt nur rund 50 m abseits der extrem vielbefahrenen Ausfallstraße Wien/Plattensee (ca. 10 km von der Innenstadt entfernt). Mäßiger Komfort, ziemlich laut. Restaurant und Nachtclub. Die Zimmer mit TV, Dusche und WC kosten mit Frühstück ab 85 €. Der Bus Nummer 139 fährt von hier aus zum Déli pu. (Südbahnhof, dort auch Metrostation).

******Rubin Apartman-Hotel (39)**, XI. Bezirk, Dayka Gábor utca 3, ✆ 3193231, 📠 3192656, roomsales@hotelrubin.com, www.hotelrubin.com. Ansprechendes Apartmenthotel in einem modernen Hochhaus verkehrsgünstig unweit der Ausfallstraße Wien/Plattensee. Verschachtelte Wohneinheiten mit großem Dienstleistungsangebot: Friseur, Shop, Restaurant, Bierstube, Kegelbahn, Hallenbad, Sauna, Tennisplatz, Wäscherei, Hausbäckerei usw. In allen Zimmern Telefon und TV (CNN). Preise: DZ 85–190 €, Dreibettzimmer 100–220 € pro Nacht; Apartment ca. 1500 € pro Monat. Der Bus Nummer 139 fährt von hier aus zum Déli pu. (Südbahnhof, dort auch Metrostation).

*****Sas Club Hotel (34)**, XII. Bezirk, Törökbálinti út 51–53, ✆ und 📠 2464643, schhotel@axelero.hu. Nettes, unaufdringliches Clubhotel in den südlichen Ausläufern der Budaer Berge mit über 100 Zimmern, die auf sechs Gebäude verteilt sind. Außerdem gibt es ein Restaurant mit Zigeunermusik, zwei Tennisplätze, Bierstube mit Bowlingbahn, Fitnessraum, Schwimmbecken, Sauna und Solarium. Preise für die Übernachtung mit Frühstück je nach Saison: EZ ca. 60 €, DZ 60–120 €, ein Zusatzbett kostet 30 €. Der Bus Nummer 8, der direkt vor dem Haus hält, fährt durch bis zum Anfang der Váci utca (Zentrum). Rund 20 Autominuten bis zur Innenstadt.

******Hotel Olympia (26)**, XII. Bezirk, Eötvös út 40, ✆ 3956451 und 3956447, 📠 3956452, olympia@mail.datanet.hu, www.olimpiahotel.com. Großer verschachtelter, holzverkleideter Bau in angenehmer Höhenlage auf dem Széchenyi hegy. An der Pforte hängen hunderte von Aufklebern aus aller Herren Länder. Alle Zimmer mit Bad/Dusche und Frühstück. Preis je nach Saison: EZ 65–120 €, DZ 65–150 € und Apartment ca. 180–200 €; Zusatzbett 25 €. Restaurant, Schwimmbad, Sauna, Fitnessraum, Tennisplätze. Der Bus Nummer 21 fährt bis zur Metrostation Moszkva tér.

*****Hotel Normafa (25)**, XII. Bezirk, Eötvös út 52–54, ✆ 3956505, 📠 3956504, info@normafahotel.com www.normafahotel.com. Gutshofartige Anlage in herrlicher landschaftlicher Umgebung, inmitten ausgedehnter Eichenwälder (an Sommerwochenenden viel Ausflugsverkehr). Sehr angenehm und modern eingerichtet. Alle 71 Zimmer haben Telefon und Satelliten-TV. Preise je nach Saison, inkl. Frühstück: EZ 65–85 €, DZ 75–95 € und Apartment 95–115 €, Zusatzbett plus 10 €. Hervorragendes Restaurant, Wäscherei, Fitnessraum, Sauna, Solarium, Schwimmbecken und Tennisplatz. Rund 20 Autominuten vom Zentrum. Der Bus Nummer 21 fährt bis zur Metrostation Moszkva tér.

*****Hotel Agro Panorama (24)**, XII. Bezirk, Normafa út 54, ✆ 4583900, 📠 4583901, hagrobp@wla.hu, www.hotelagropanorama.

Budapest Karten S. 134/135, 208/209; 224/225 u. 239

hu. Zu groß geratene Betonburg am Hang des Széchenyi hegy – das Tagungshotel bietet jedoch einen herrlichen Stadtblick. Restaurant, Bierstube und Bar im Haus. Alle Zimmer mit Bad. Preise je nach Saison (Hallenbad, Sauna und Frühstück inkl.): DZ 55–120 €, es gibt auch Dreibettzimmer und Suiten. Bis zur nächsten Bushaltestelle (Bus Nummer 21 zum Moszkva tér) geht es 300 m steil bergauf.

******Novotel Budapest Centrum (31)**, II. Bezirk, Rákóczi út 43–45, ✆ 4775300, ✆ 4775353, H3560@accor-hotels.com, www.novotel-bud-centrum.hu. Renovierter Altbau mit 227 Zimmern im Zentrum mit allem Komfort vom Parkhaus bis zum Konferenz- und Wellnesszentrum. Vegetarisches Essen, Babysitter und Computerverbindung vorhanden. Der große, authentisch restaurierte Speisesaal verströmt den Charme des ausgehenden 19. Jahrhunderts. Die Zimmerpreise inkl. Frühstücksbuffet variieren je nach Saison zwischen 120–240 €. Die Hotelkette besitzt noch das weiter außerhalb zwischen Burg- und Gellertberg gelegene Novotel Budapest Congress (siehe auch unter www.novotel-bud-congress.hu.

In Pest

******Hotel Inter-Continental (89, s. Karte S. 224/25)**, V. Bezirk, Apáczai Csere János utca 12–14, ✆ 3276333, ✆ 3276357, budapest@interconti.com, www.budapest.intenconti nental.com. Der Betonbau beherbergt eines der besten Hotels in der Pester Innenstadt und ist direkt an der Donaupromenade zu finden. Toller Ausblick auf den gegenüberliegenden Burgberg und nur wenige Schritte bis in die Fußgängerzone. Alle 400 Zimmer sind mit Klimaanlage und Satelliten-TV ausgestattet. Zimmerservice rund um die Uhr, Tiefgarage, Nichtraucherzimmer, Reinigung, Schwimmbad, Sauna und Solarium. Übernachtungspreise je nach Saison: EZ 130–180 €, DZ 150–200 €, Familienzimmer 180–200 €, Suite 170–300 €. Durch die zentrale Lage optimale Verkehrsanbindung.

******Hotel Korona (106, s. Karte S. 224/25)**, V. Bezirk, Kecskeméti utca 14, ✆ 4868800, ✆ 3183867, h1765@accor-hotels.com, www.mercure-korona.hu. Das elegante Hotel liegt an einem Verkehrsknotenpunkt der Pester Innenstadt, gegenüber dem Nationalmuseum. Alle Zimmer sind voll klimatisiert und mit schallisolierten Fenstern ausgestattet. Restaurant, Bar und Creperie. Eigenes Parkhaus, Schwimmbad, Sauna, Solarium, Reinigung usw. Die Zimmer mit Satelliten-TV und Frühstücksbuffet kosten je nach Saison: DZ 80–185 €. Das Hotel liegt direkt am Kálvin tér (Metrostation).

*****Hotel Erzsébet (102, s. Karte S. 224/25)**, V. Bezirk, Károlyi Mihály utca 11–15, ✆ 8893746, ✆ 8893763, buderz@mail.tvnet.hu. Der in der Pester Innenstadt gelegene Neubau, rund 200 m von der Metrostation Kálvin tér entfernt, stammt aus dem Jahr 1985. Geboten werden Schallschutzfenster, Restaurant, Bar und Bierstube. Zimmerpreise: EZ ab 90 € und DZ ab 100 €, Zusatzbett ab 32 €. DZ für drei Übernachtungen mit Halbpension und einem Eintritt in eine kulturelle Veranstaltung je nach Saison 148–178 €.

*****Hotel Astoria (97, s. Karte S. 224/25)**, V. Bezirk, Kossuth Lajos utca 19–21, ✆ 8896060, ✆ 8896091, astoria@hungary.net, www.danubiusgroup.com/Astoria. Das Traditionshotel liegt ideal in der Pester Innenstadt direkt an der gleichnamigen Metrostation. Das Haus mit Charakter ist von außen etwas in die Jahre gekommen, versprüht aber den bezaubernd nostalgischen Charme der Jahrhundertwende. Angeschlossen sind ein Restaurant, eine Bierstube, ein Kaffeehaus und ein renommierter Nachtclub. Zimmerpreise: EZ ab 80 € und DZ ab 90 €, Apartment ab 150 €; Zusatzbett ab 30 €. Es gibt auch Sonderangebote.

*****Hotel Taverna (93, s. Karte S. 224/25)**, V. Bezirk, Váci utca 20, ✆ 4853100, ✆ 4853111, hotel@hoteltaverna.hu, www.hoteltaverna.com Modernes, zwölfstöckiges Gebäude mit insgesamt 230 Zimmern direkt an der Pester Fußgängerzone – zentraler geht's nicht. Angebot: Restaurant, Bierstube, Eisdiele, Bar, Sauna, Tiefgarage und Bowlingbahn. Zimmerpreise inkl. Frühstück: EZ mit Bad 88–98 €, DZ mit Bad oder Dusche108–128 €, Apartment 288 €.

******Hotel Béke Radisson (57, s. Karte S. 224/25)**, VI. Bezirk, Teréz körút 43, ✆ 8893939, ✆ 8893915, salesbudapest@radissonas.com, www.danubiusgroup.com/beke. Sehr ansprechendes, von Grund auf renoviertes, vierstöckiges Traditions-Nobelhotel mit goldgelber Fassade rund 100 m vom Budapester Westbahnhof (Nyugati pu.; gleichnamige Metrostation) entfernt. Die rund 250 Zimmer sind alle voll klimatisiert und sehr komfortabel ausgestattet. Im Haus gibt es außerdem das Zsolnay-Café (vgl. Treffpunkte/Kaffeehäuser), das Casino Orfeum und zwei Restaurants sowie ein Schwimmbad mit Sauna und Solarium. Zimmerpreise: EZ und DZ ab 150 €, Zusatzbett ab 30 €.

*****Hotel Liget (125, s. Karte S. 239)**, VI. Bezirk, Dózsa György út 106, ✆ 2695300, ✆ 2695329, hotel@liget.hu, www.liget.hu. Rotbrauner, innen moderner Bau an der vielbefahrenen Dózsa György út, rund 100 m vom Budapester Heldenplatz (Metrostation Hösök tere) entfernt. Die 139 Doppelzimmer verfügen alle über Bad und TV. Etwa ein Drittel von ihnen ist darüber hinaus mit Klimaanlage ausgestattet (15 % Preiszuschlag). Zum Haus gehören eine Kaffeebar, eine Cocktailbar und eine Gartenterrasse. Zimmerpreise inkl. Frühstücksbuffet je nach Saison: DZ 70–180 €.

*****Hotel Benczúr (128, s. Karte S. 239)**, VI. Bezirk, Benczúr utca 35, ✆ 4795650, ✆ 3421558, hotel@hotelbenczur.hu, www.hotelbenczur.hu. Wer sich von dem wenig einladenden Betonbau nicht abschrecken lässt, findet sich in einer modernen, weiten Empfangshalle wieder. Das Haus bietet ein Restaurant, eine Bar und ein Eszpresszó mit angeschlossenem Gartenlokal. Zimmerpreise: DZ 55–175 € pro Person. Dem Hotel angeschlossen ist das Hotel Pedagósus (gemeinsame Rezeption, ca. 15–20 % billiger als Benczúr). Das Hotel liegt rund 5 Fußminuten von der Metrostation Hősök tere entfernt.

******Grand Hotel Hungária (130, s. Karte S. 239)**, VII. Bezirk, Rákóczi út 90, ✆ 8894455, ✆ 8894437, grandhungaria.reservation@danubiusgroup.com. Das moderne achtstöckige Hotel mit insgesamt über 500 Zimmern liegt direkt am Keleti pu., dem Budapester Ostbahnhof mit der gleichnamigen Metrostation. Angebot: Tiefgarage, Restaurant, Bierstube, Weinkeller, Konditorei und Nachtclub im Haus. Preise pro Nacht und Zimmer inkl. Bad und Frühstück: EZ 90 €, DZ 110 €, Juniorsuite 130 €, zusätzliches Bett jeweils 30 €.

*****Hotel Emke (138, s. Karte S. 239)**, VII. Bezirk, Akácfa utca 1–3, ✆ 4783050, ✆ 4783055, h1681@accor-hotels.com Neubau zwischen lauter Altbauten direkt an der Metrostation Blaha Lujza tér. Im gleichen Haus befindet sich auch das bekannte Nachtlokal "Maxim Varieté". Es gibt insgesamt 84 Zimmer mit Bad und TV, ein Restaurant, eine Bierstube und eine Snackbar. Preise inkl. Frühstücksbuffet: DZ 55–144 €.

Das Traditionshotel Astoria

******Hotel Nemzeti (141, s. Karte S. 239)**, VIII. Bezirk, József körút 4, ✆ 4772000, ✆ 4772001, H1686@accor-hotels.com, www.mercure-nemzeti.hu. Sehr schönes, in Blautönen gehaltenes, älteres Gebäude mit Stuck über den Fenstern direkt an der Metrostation Blaha Lujza tér, am verkehrsreichen József körút. Zimmerpreise inkl. Bad und Frühstück: DZ 70–180 €.

*****Hotel Aero (118, s. Karte S. 224/25)**, IX. Bezirk, Ferde utca 1–2, ✆ 3479700, ✆ 280603, h1682@accor-hotels.com, www.ibis-aero.hu. Langgestrecktes, vierstöckiges Betongebäude mit 140 Zimmern direkt bei der Metrostation Határ utca, an der zum Flughafen führenden Schnellstraße. Eigener Parkplatz, Restaurant und Bar. Preise einschließlich Bad und Frühstück je nach Saison um 65 € fürs EZ, um 75–80 € fürs DZ und 120 € fürs Familienzimmer.

*****Ibis Budapest Centrum (110, s. Karte S. 224/25)**, Ráday utca 6, ✆ 4564100, 📠 4564116, h2078@accor-hotels.com, www.ibis-centrum.hu. Renoviertes Haus mit 126 Zimmern direkt am Kálvin tér. Geeignete Unterkunft für taxilose abendliche Streifzüge durch das Budapester Nachtleben. Mit Garten im Innenhof. DZ ca. 65–145 €.

*****Hotel Expo (129, s. Karte S. 239)**, X. Bezirk, Expo tér 2 (Albertirsai út 10), ✆ 2637600, 📠 2637611, hotelexpo@axelero.hu. Elfstöckiges Glashochhaus am Messegelände. Insgesamt gibt es 170 Zimmer. Das Dienstleistungsangebot ist ganz auf Messebesucher zugeschnitten. Die Zimmer mit Bad und Frühstück kosten: EZ ca. 80 € und DZ 85–200 €. Der Bus Nummer 100, der zur Metrostation Örs vezér tere fährt, hält direkt vor der Haustür.

******Grand Hotel Margitsziget (42, s. Karte S. 224/25)**, XIII. Bezirk, Margitsziget, ✆ 8894752, 📠 8894988. Das ältere, 1873 gebaute und 2000 renovierte Hotel neben dem Thermal Hotel (s. o.) auf der Margareteninsel besitzt ungleich mehr Charme. Die Kur- und Sporteinrichtungen des größeren Nachbarn können mitgenutzt werden, da die beiden Häuser durch einen unterirdischen Korridor miteinander verbunden sind. Zum Hotel gehören ein Restaurant, eine Bierstube, eine Konditorei, eine Bar und ein Nachtclub. Zimmerpreise inkl. Frühstücksbuffet, Thermalbad, Schwimmbad, Sauna, Trinkkur und zahnärztlicher Untersuchung je nach Saison: EZ (Standard bzw. Deluxe) ab 131–144 €, DZ ab 150 bzw. 164 € und Apartment ab 174 €. Außerdem gibt es zahlreiche, z. T. ziemlich preisreduzierte Kur- und Sonderangebote (Prospekt anfordern). Der Bus Nummer 26 (Haltestelle Halastó) fährt längs über die gesamte Insel von der Metrostation Árpád híd zur Metrostation Nyugati pu. und umgekehrt. Gebührenfreie Reservierung von Deutschland aus unter ✆ 0130/812340.

*****Hotel Volga (48, s. Karte S. 224/25)**, XIII. Bezirk, Dózsa György út 65, ✆ 3290200, 📠 3408316, h1685@accor-hotels.com, www.ibis-volga.hu. Zehnstöckiges, rotbraunes Hochhaus mit insgesamt 314 Zimmern im Pester Norden auf Höhe der Margareteninsel direkt an der Metrostation Dózsa György út. Außerdem im Haus: Restaurant, Sektbar, Cocktailbar und Nachtclub mit täglicher Live-Show. Preise pro Zimmer mit Bad und Frühstück: EZ ab 65 €, DZ ab 65 € und Apartment ab 120 €.

******Thermalhotel Helia (44, s. Karte S. 224/25)**, XIII. Bezirk, Kárpát utca 62–64, ✆ 8895822, 📠 8895801, helia@danubiusgroup.com, www.danubiusgroup.com/helia. Blau-weißes, modernes Hochhaus am Donauufer auf der Höhe der Margareteninsel. Ebenfalls im Haus: zwei Restaurants, ein Café mit Sommerterrasse, eine Kurmittelabteilung und ein Schönheitssalon. Zimmerpreise pro Nacht einschließlich Frühstücksbuffet und Benutzung von Schwimm- und Thermalbad, Sauna, Dampfbad und Jacuzzi je nach Saison: EZ ab 131–141 €, DZ ab 150–160 €, Apartment mit einem Schlafzimmer ab 258 € und Apartment mit zwei Schlafzimmern ab 367 €. Außerdem gibt es zahlreiche, z. T. ziemlich preisreduzierte Kur- und Beauty- Sonderangebote (Prospekt anfordern). Von der Metrostation Dózsa György út fünf Minuten laufen oder eine Station mit der Buslinie 79 fahren und dann noch zwei Minuten laufen.

*****Hotel Family (45, s. Karte S. 224/25)**, XIII. Bezirk, Ipoly utca 8b, ✆ 3201284, 📠 3291620, family.hotel@axelero.hu. Das kleine, neuere und voll klimatisierte Familienhotel liegt rund 200 m vom Donauufer entfernt im Pester Norden gegenüber der Margareteninsel. Nicht nur im Inneren ist es sehr ansprechend – sogar von außen mal ein annehmbarer Neubau. Geboten werden sehr geräumige, hübsch möblierte Zimmer, z. T. mit Schlafgalerie, sichere Parkplätze, ein Restaurant, zwei Bars und eine Sauna. Zimmerpreise einschließlich Frühstücksbuffet: DZ 70–140 € und Familiensuite 150 €. Kinder unter 12 Jahren wohnen im Zimmer der Eltern kostenlos. Von der Metrostation Dózsa György út drei Stationen mit der Buslinie 79.

*****Hotel Stadion (132, s. Karte S. 239)**, XIV. Bezirk, Ifjúság útja 1–3, ✆ 8895251, 📠 8895252, hstadion@matavnet.hu, www.danubiusgroup.stadion. Im Jahr 1982 errichtetes Riesenhotel mit über 380 Zimmern am Volksstadion (Népstadion) in der üblichen Bauweise: grau, eckig, hoch und breit. Service: zwei Restaurants, Bierkeller mit sechs Kegelbahnen, Schwimmbad, Sauna und Solarium. Zimmerpreise inkl. Bad und Frühstück je nach Saison: EZ und DZ ab 80 € Ein Extrabett kostet ab 30 €. Das Hotel liegt direkt an der Metrostation Népstadion.

Blick vom Géllertberg auf das Zentrum von Budapest (TB) ▲▲
Budapester Heldenplatz bei Nacht (TB) ▲

▲▲ Im Burgviertel (TB)
▲ Martialische Statue in Budapests Burgschloss (TB)

Fit for Fun auf der Kettenbrücke (TB) ▲▲

Standseilbahn zum Burgberg (TB) ▲▲

Géllertbad: Die Säulenhalle des Sprudelbads (TB) ▲

▲▲ Café Gerbeaud: Klassiker unter Budapests Caféhäusern (TB)
▲ Discobar auf dem Géllertberg: Abtanzen mit Aussicht an Sommerabenden (TB)

Einfache Hotels

Die einfacheren Hotels haben meist zwei Dinge gemeinsam: Sie sind wenig schön, aber teuer. Allgemein sollte man Privatzimmer vorziehen. Wer aber gern im Hotel wohnen möchte, kann die zeitraubende Suche abkürzen, indem er sich von einem Reisebüro oder über Tourinform das Zimmer vermitteln lässt.

In Buda (siehe Karte S. 208/209)

***Citadella Touristenhotel (35)**, I. Bezirk, Citadella sétány, ✆ 4665794, 📠 3860505, www.hotels.hu/hotelcitadella. Die Unterkunft im Herzen der Zitadelle auf dem Gellértberg ist kaum zu verfehlen. Vor allem Jugendgruppen finden hier in meist langfristig ausgebuchten Schlafsälen Unterkunft. Individualreisende zahlen für ein DZ mit Dusche (WC auf dem Gang, kein Frühstück) ab 46 € und für ein DZ mit Waschbecken ab 65 €. Mit dem Auto kommt man am besten vom Westen hier herauf (Szirtes út). Außerdem kann man mit dem Bus Nummer 27 ab Móricz Zsigmond körtér fahren.

*****Vénusz Motel**, III. Bezirk, Dósa utca 2–4, ✆ und 📠 3687252, romai@axelero.hu, www.hotels.hu/venus. Wenig ansehnlicher Bungalowbau im Budaer Norden. Viele Schulklassen und Jugendgruppen wohnen hier. Restaurant und Café im Haus, Disco in der Nähe. DZ mit Bad und Frühstück ab 45 € und Dreibettzimmer ab 60 €. Die Buslinien 34, 134 und 106 fahren vom Hotel bis zur Vorortbahnhaltestelle.

****Hotel Minol**, III. Bezirk, Batthyány utca 45, ✆ 2430777, 📠 4379390, minol@axelero.hu. Enttäuschendes Gebäude weit außerhalb, nahe der viel befahrenen Straße nach Szentendre (vom Zentrum kommend bei einer großen Shell-Tankstelle auf der rechten Seite). DZ mit Bad und Frühstück ab 45 €. Die Buslinie 42 fährt bis zum Szentlélek tér (Vorortbahnhaltestelle).

***Hotel Touring**, III. Bezirk, Pünkösdfürdő utca 38 (Ecke Himzö utca), ✆ 2503184, 📠 2431595, hoteltouring@gerandhotels.hu, www.gerandhotels.hu. Hotel mit eigenem Restaurant, Parkplatz und Garten. TV in den Zimmern. DZ ca. 45–50 €. Anfahrt: 20 Minuten von der Metrostation Batthyány tér mit der Vorortbahn bis zur Haltestelle Békasmegyer út, dann gut fünf Minuten laufen oder Bus Nummer 145 bis Boglár utca.

*****Hotel Griff (32)**, XI. Bezirk, Bartók Béla út 152, ✆ 2040044, 📠 2040062, reserve@hotelgriff.hunguesthotels.com. 108-Zimmer-Hotel in einem zehnstöckigen Betonklotz im Süden Budas, knapp 15 Autominuten vom Zentrum. Restaurant, Bar, Fitnessraum, Sauna, Solarium und Sqashcourt. Preise für ein Zimmer mit Frühstück je nach Saison: EZ mit Dusche 53–64 €, DZ mit Dusche 70–86 €, Zusatzbett 18–22 €. Mit Vorreservierung: Zwei Übernachtungen im DZ mit Halbpension und Budapest Card 107–120 €. Die Straßenbahnlinien 49 (Metrostation Kálvin tér) und 19 (Metrostation Batthyány tér) halten praktisch vor dem Haus.

*****Hotel Ventura (30)**, XI. Bezirk, Fehérvári út 179 (Ecke Csurgói út), ✆ 2081232, 📠 2081234, hotelventura@gerandhotels.hu, www.gerandhotels.hu. Vierstöckiges, graugrünes Gebäude mit buntem Eingang und ebensolcher Empfangshalle, das sowohl von außen als auch von innen recht nett wirkt, an einer vielbefahrenen Ausfallstraße in Richtung Süden. Insgesamt gibt es im Haus 143 Doppelzimmer mit Dusche, sechs Apartments, eine Bar und ein Restaurant. Zimmerpreise inkl. Frühstück je nach Saison: DZ 55–120 €, Dreibettzimmer ab 75 € und Apartments ab 200 €. Verbindungen: Die Straßenbahnlinie 47 braucht ab Metrostation Deák tér rund 23 Minuten bis hierher, und die Straßenbahnlinie 18 benötigt erstaunlicherweise etwa ebenso lang bis zu den Metrostationen Moszkva tér oder Déli pu.; die Haltestelle heißt in beiden Fällen Albertfalva kitérő.

Pension Korona (40), XI. Bezirk, Sasadi út 127, ✆ 3191255, 📠 3195734, korona.pension@axelero.hu, www.hotels.hu/koronapension. Kleine, aber feine Privatpension mit Restaurant. Die DZ mit Dusche/WC, Satelliten-TV und Frühstück kosten ab 55 €. Sehr freundlicher deutschsprachiger Service. 20 m bis zur Haltestelle der Buslinie 53 (fährt zum Móricz Zsigmond körtér, dort Anschluss an weitere Bus– und Straßenbahnlinien).

***Sunlight–Hotel**, XII. Bezirk, Eötvös utca 41, ✆ 3956583, 📠 3956584, reservation@sunlight.hu, www.hotels.hu/sunlight. Betonbau in angenehmer Lage in den Budaer Bergen, direkt an einem schönen alten Wasserturm gelegen. Restaurant, Nachtclub, Sauna, Fitnessraum, Billard. Zimmerpreise mit Frühstück je nach Saison: EZ ab 45 €, DZ 45–95 € und Apartment ca. 120 €. Ein Extrabett kostet ca. 12 €. Der Bus Nummer 21 fährt bis zur Metrostation Moszkva tér.

Ábel Panzio (116, s. Karte S. 224/25), XI. Bezirk, Ábel Jenö utca 9, ✆ und 📠 3810553, www.hotels.hu/abelpanzio. Diese freundlich geführte Villa mit zehn DZ in den Budaer Bergen hat eine Terrasse und einen Garten. Je nach Saison DZ mit Bad ab 45 €. Erholsame Atmosphäre garantiert.

In Pest

*****City Panzió Mátyás (103, s. Karte S. 224/25)**, V. Bezirk, Március 15. tér 8, ✆ 3384711, 📠 3179086, matyas@taverna.hu, www.taverna.hu/matyas. Zentral gelegene Pension (Taverna Hotelkette) am Pester Brückenkopf der Elisabethbrücke. Alle Zimmer verfügen über Bad oder Dusche, Farb-TV, Telefon und Minibar. Zimmerpreise (inkl. Frühstück) je nach Saison: EZ 45–120 €, DZ 55–145 €, Apartment (2 Zimmer) 95–145 € und Apartment (3 Zimmer) 105–200 €. Ein Extrabett kostet 25–35 €. Durch die Innenstadtlage optimale Verkehrsanbindungen. Unten im Haus ist das bekannte Restaurant Mátyás Pince (siehe unter Restaurants).

*****City Panzió Pilvaz (96, s. Karte S. 224/25)**, V. Bezirk, Pilvaz köz 1–3, ✆ 2667660, 📠 3176396, www.taverna.hu. Zur Taverna-Hotelkette gehörende Pension in unmittelbarer Nähe zum Ferenciek tere (dort auch Metrostation). Die Pension liegt über dem gleichnamigen Restaurant, das in vergangenen Jahrhunderten ein beliebter Treffpunkt für Literaten war. Preise und Ausstattung analog zur City Panzió Mátyás.

*****City Panzió Ring (53, s. Karte S. 224/25)**, V. Bezirk, Szent István krt. 22, ✆ 3405450, 📠 3404884, ring@taverna.hu, www.taverna.hu. Ebenfalls zur Taverna-Hotelkette gehörende Innenstadt-Pension zwischen Nyugati pu. (dort auch Metroanschluss) und Margaretenbrücke am Großen Ring (s. Sehenswertes/Pest) gelegen. Preise und Ausstattung mit den beiden vorhergehenden Pensionen vergleichbar.

****Hotel Délibáb (127, s. Karte S. 239)**, VI. Bezirk, Délibáb utca 35, ✆ 4798600, 📠 3429301. Beeindruckend hübsches Hotelchen mit 34 Zimmern in der Nähe des Heldenplatzes am Budapester Stadtwäldchen. Der ehemalige Eszterhazy-Palast bietet ein großartiges Ambiente, eine gute Lage, einen für diesen Preisbereich passablen Komfort, ein Restaurant und zwei Bars. Zimmerpreise mit Dusche und Frühstück je nach Saison 55–145 €. Rund 50 m geht man bis zur Metrostation Hősök tere.

Hotel Medosz (62, s. Karte S. 224/25), VI. Bezirk, Jókai tér 9, ✆ 3743000, 📠 3324316. Großer, grauer Betonklotz, ziemlich zentral und doch etwas zurückversetzt am Pester Prachtboulevard, der Andrássy út, gelegen. Das Hotel hat 53 DZ, 10 EZ und 7 Apartments. Zimmerpreise mit Bad und Frühstück: EZ 45 € und DZ 35–45 € Die Zimmer mit Gemeinschaftsbad sind etwas günstiger. Bis zur Metrostation Oktogon sind es nur wenige Schritte.

****Hotel Metropol (135, s. Karte S. 239)**, VII. Bezirk, Rákóczi út 58, ✆ 3421175, 📠 3426940. Einfaches, älteres, schmutziggraues Gebäude mit zwei Restaurants und einer Bierstube rund 50 m von der Metrostation Blaha Lujza tér entfernt. Die Zimmer kosten mit Frühstück und Etagenbad: ab 45 €. Mit Dusche und Bad sind die Zimmer 15 € teurer.

****Baross Panzio (133, s. Karte S. 239)**, VIII. Bezirk, Baross tér 15, ✆ 4613010, 📠 3432770, info@budapestpensions.hu, www.budapestpensions.hu. Direkt am Budapester Ostbahnhof gelegen und relativ günstig (Keleti pu.; gleichnamige Metrostation). Preise: ab 45 €.

****Hotel Platánus (119, s. Karte S. 224/25)**, VIII. Bezirk, Könyves Kálmán körút 44, ✆ 3336505, 📠 2104386, reserve@hotelplatanus.hunguesthotels.hu, www.hunguest.hu. Dreistöckiges, von innen ansprechend modernes Hotel an einer viel befahrenen Straße am Rande des Volksparks; etwas außerhalb, aber mit relativ guter Verkehrsanbindung. Es gibt insgesamt 128 Zimmer, auch Dreibettzimmer, 3 Apartments, ein Restaurant, eine Bar und eine Bierstube. Zum Hotel gehören auch Sauna, Solarium, ein Fitnessraum und eine Zahnarztpraxis. Preise pro Zimmer mit Dusche und Frühstück je nach Saison: EZ 60–85 €, DZ 80–100 €, Dreibettzimmer 99–110 €. Bei Vorreservierung Spezialangebote. Von der Metrostation Népliget fährt man eine Station mit der Straßenbahnlinie 23 in Richtung Keleti pu. oder geht zehn Minuten zu Fuß.

Diáksport Hostel (47, s. Karte S. 224/25), XIII. Bezirk, Dózsa György út 152 (Ecke Angyalföldi út; hier ist auch der Eingang), ✆ 3408585, 📠 4132062, www.hostels.hu. Das Studenten- und Jugendgasthaus hinter dem Dreisternehotel Volga bietet preisgünstige Unterkunft ohne Komfort in verkehrsgünstiger Lage. Da es 131 Betten hat, ist hier immer viel los und man kommt nicht unbedingt zum schlafen Preise pro Nacht: EZ 20 €, Mehrbettzimmer mit Gemeinschaftsbad ab 12 €. Metrostation: Dózsa György út.

Hotel Flandria (49, s. Karte S. 224/25), XIII. Bezirk, Szegedi út 27, ✆ 35032181, 📠 3208853. Graues, fünfstöckiges Gebäude in relativ ruhiger Lage. Es gibt im Haus insgesamt 39 Zimmer mit Waschbecken oder Dusche, ein Restaurant und eine Bar. Preise ohne Frühstück und mit Etagendusche/WC: EZ 45 € und DZ 55 €. Der Bus Nummer 32 fährt von der Metrostation Árpád híd in rund fünf Minuten bis direkt vor den Eingang.

Sirály Youth Hostel (43, s. Karte S. 224/25), XIII. Bezirk, Margitsziget, ✆ 3293952, 📠 3222801. Kleine Jugendherberge in schöner Lage am Südostufer der Margareteninsel beim Casino, die vom 1.5. bis 30.10. geöffnet ist. Insgesamt drei Schlafräume mit je zwölf Betten (zwei Räume für Jungs, ein Raum für Mädchen). Gemeinsame Duschen und WCs. Übernachtungspreis: mit Studentenausweis 18 €, ohne Ausweis. 20 € Der Bus Nummer 26 durchquert die Margareteninsel von Süd nach Nord.

Terminus Hotel (46, s. Karte S. 224/25), XIII. Bezirk, Csavargyár utca 1–3, ✆ 3501728, 📠 2668879. Vierstöckiges Haus mit rund 100 Zimmern in einer Seitenstraße der Váci út (ganz im Norden von Pest, nicht zu verwechseln mit der Váci utca in der Innenstadt). DZ mit Bad nur 28 €. Trotzdem nicht unbedingt zu empfehlen. Fünf Fußminuten von der Metrostation Gyöngyösi út (blaue Linie) enfernt.

*****Hotel Ében (134, s. Karte S. 239)**, XIV. Bezirk, Nagy Lajos király útja 15–17, ✆ 2523333, 📠 2523273. Vierstöckiger, grauer Bau an einer Hauptverkehrsstraße. Im Haus gibt es eine Snackbar und ein Restaurant. Preise mit Bad und Frühstück: EZ und DZ ab 65 €. Zusatzbett 25 €, Halbpension 8 €. Vom Örs vezér tere, der Endstation der roten Metrolinie, eine Station mit der Straßenbahnlinie 62 oder dem Bus Nummer 32.

****Hotel Zugló (121, s. Karte S. 239)**, XIV. Bezirk, Nagy Lajos király útja 202–204, ✆ 2512455, 📠 2511549, zoya@axelero.hu, www.hotels.hu/hotelzuglo. Der zwölfstöckige Kasten direkt an einer vielbefahrenen Straße liegt ein Stück außerhalb, hinter dem Stadtwäldchen. Es gibt 100 Doppel- und Dreibettzimmer im Haus. Preise inkl. Bad und Frühstück: DZ ab 45 €, Dreibett ab 60 €. Anfahrt: vom Örs vezér tere (Endstation rote Metrolinie) acht Stationen mit der Straßenbahnlinie 62 beziehungsweise sieben mit dem Bus Nummer 32. Oder mit der Straßenbahnlinie 67 vom Keleti pu. (Ostbahnhof).

Marco Polo (86, s. Karte S. 224/25), VII. Bezirk, Nyár utca 6, ✆ und 📠 4132555, www.marcopolohostel.com. Diese Jugendherberge liegt in der Nähe der Metrostation am Blaha Lujza tér und ist fast wie ein kleines Hotel mit 47 Zimmern vom DZ bis zum Vierbettzimmer, alle mit Telefon. Die Preise variieren je nach Saison sehr stark zwischen 19 und 34 € pro Person.

Jugendherbergen

Über Budapests Jugendherbergen informiert die Jugendherbergsvereinigung Mellow Mood, ✆ 4132062 oder im Keleti Bahnhof unter ✆ 3430748, www.hostels.hu und www.backpackers.hu. Sie betreibt zwei Jugendherbergen (Diaksport und Marco Polo, siehe Übernachtungen) das ganze Jahr über und sechs weitere nur im Sommer.

Privatzimmer

Sie stellen auch in Budapest die günstigste Übernachtungsmöglichkeit dar, auch wenn hier das Preisniveau im Landesvergleich einsam an der Spitze liegt. Am üblichsten sind Doppelzimmer, die in einer Privatwohnung liegen. Das Bad/WC wird dabei gemeinsam mit dem Vermieter genutzt, der auch in der Wohnung lebt. Solche Doppelzimmer kosten um die 25 € pro Person. Apartments, d. h. selbständige Wohnungen oder Wohnungsteile mit separatem Eingang und/oder Bad/WC, sind ab etwa 35 € zu haben. Privatzimmer vermitteln fast alle Reisebüros der Stadt. In den Reisebüros (z.B. bei Toma Tours, www.tomatours.hu, ✆ 3530819) kann man außerdem in aller Regel Geld wechseln, Auskünfte bekommen, Hotelzimmer und Pauschalprogramme (z. B. Stadtbesichtigungen oder Pusztatouren) buchen.

▸ **Privatzimmerpreise**: Die meisten Zimmer verfügen über Doppelbetten. Wer getrennte Betten haben möchte, sollte eigens darauf hinweisen. Manchmal bietet die Hausfrau in Privatzimmern auch Frühstück an (ab 4,50 € pro Person): Wer darauf Wert legt, sollte schon bei der Buchung nachfragen. Bei Aufenthalten von bis zu drei Nächten sind zu den folgenden Preisen noch einmal rund 30 % hinzuzurechnen. Gruppen von mindestens 15 Personen erhalten bei Unterkünften eine Ermäßigung von bis zu 20 %. Die normalen Preise pro Wohneinheit und Nacht:

Aufwändig restauriert: Budapests Operette

Privatzimmer der 1. Kategorie: EZ ab 15 €, DZ 35 €, Dreibettzimmer ab 45 €, Vierbettzimmer ab 55 €, zwei Zimmer mit je zwei Betten ab 35 €.

Privatzimmer der 2. Kategorie haben im Gegensatz zur vorherigen kleine Mängel, liegen z. B. im vierten Stock ohne Lift, haben ein mieses Mobiliar oder sind weit außerhalb. Sie werden in aller Regel etwa 10 % billiger angeboten.

Privatzimmer der Luxuskategorie: Sie entsprechen dem Standard der 1. Kategorie, verfügen jedoch darüber hinaus über ein ausschließlich vom Mieter zu nutzendes Bad/WC und sind deshalb auch mindestens um 10 % teurer als erstere.

Komplette **Wohnungen** mit Schlafzimmer(n), Bad/WC und Küche (aber ohne Telefon): ein Schlafzimmer für maximal zwei Personen ab 45 €, zwei Schlafzimmer für maximal vier Personen ab 50 € und drei Schlafzimmer für maximal sechs Personen ab 75 €. Die Mindestmietdauer beträgt in dieser Kategorie normalerweise sechs Nächte.

Budapest-Tourist ist schon seit jeher der größte Privatzimmer-Vermittler in der ungarischen Hauptstadt. Mit derzeit rund 6.000 Vertragsbetten in Privatunterkünften bietet die Firma eine breite Auswahl für beinahe alle Preis- und Komfortvorstellungen. Außerdem vermittelt Budapest-Tourist auf Wunsch auch Privatunterkünfte am Donauknie und am Plattensee sowie im gesamten übrigen Land. 1053 Király Pál utca 8, ✆ 3173555, 📠 3186663.

▸ **IBUSZ** ist mit insgesamt rund 4.000 Privatzimmerbetten der zweitgrößte Anbieter von Unterkünften in der Stadt. Das riesige Fremdenverkehrsunternehmen IBUSZ bietet mittlerweile ein breites Spektrum an Dienstleistungen, darunter Geldwechsel, Stadtrundfahrten, Autovermietung, Hotelservice

Privatzimmer: Preise im Privatzimmer pro Nacht: eine Person 20 €, , zwei Personen 25–35 € und drei Personen 40–45 €. Wohnungen mit separatem Eingang bzw. Apartments mit Küche und Bad/WC kosten pro Nacht: ein Zimmer für zwei bis vier Personen 45–65 €, zwei oder drei Zimmer für bis zu fünf Personen ab 65 €.

Pensionen: Außerdem hat IBUSZ zur Zeit im Großraum Budapest rund zwanzig *Vertragspensionen* (alle Zimmer mit Frühstück) im Angebot. Je nach Lage, Komfort und Saison zahlt man dort für ein EZ und für ein DZ ca. 50 €. Da IBUSZ meist größere Kontingente abnimmt, kommt man somit manchmal sogar billiger an ein Pensionszimmer als direkt (vergleichen lohnt sich!).

IBUSZ-Hotelservice, V. Bezirk, Vörösmarty tér 6, ✆ 3170532, 📠 3171474, www.ibusz.com. Geöffnet: Mo–Fr 9–18 Uhr, Sa 9–13 Uhr. **IBUSZ**, V. Bezirk, Ferenciek tere 10, ✆ 4852723, 📠 4852767. Zweigstelle in der Pester Innenstadt, unweit der Metrostation Ferenciek tere. Geöffnet: Mo–Fr 8.15–18 und Sa 9–13 Uhr.

▸ **Reisebüro Express**: Das einstige Jugend- und Studentenreisebüro Express wurde 1990 in ein normales Touristikunternehmen umgewandelt, nachdem die staatlichen Subventionen und die Zuwendungen durch den kommunistischen Jugendverband gestrichen worden waren. Immerhin fühlt man sich hier noch der langen Tradition verbunden, speziell jungen Leuten einen preiswerten Service anzubieten.

In den Express-Büros werden in der Zeit vom 1. Juli bis zum 30. August an junge Leute Zimmer "'in Internaten und Studentenwohnheimen vermittelt. Die Übernachtung im Zwei- bis Vierbettzimmer (Dusche und WC auf dem Gang) kostet pro Nacht und Person ca. 8,50–20 €.

Außerdem vermittelt Express Zimmer in *Hotels und Pensionen* jeder Kategorie. Dabei kann es vorkommen, dass auch hier wegen Einkaufs größerer Kontingente die Unterkunft etwas günstiger ist als für direktbuchende Individualreisende. Preisbewusste Urlauber sollten mehrere Angebote vergleichen. In der Regel erhalten Gruppen von mindestens 15 Personen einen Preisrabatt bei Express, der jedoch 15 % nur selten übersteigt.

Express-Hauptbüro, V. Bezirk, Semmelweis utca 4, ✆ 3178600 oder 2663277, incoming@express-travel.hu, www.express-travel.hu. Das Hauptbüro liegt in der Pester Innenstadt, nahe der Metrostation Astoria (Ausgang Kossuth utca). Service: Zimmervermittlung, Zimmer für junge Leute, Gratis-Stadtpläne, Prospekte. Geöffnet: März–September Mo–Fr 8.30–17.30 Uhr, Oktober–Februar nur bis 16.30 Uhr.

Budapest
Karten S. 134/135, 208/209; 224/225 u. 239

Camping

Camping am Rande der Metropole – in der Regel keine bequeme Alternative, aber vergleichsweise preiswert und manchmal sogar die letzte Chance, ein bezahlbares (Zelt-)Dach über dem Kopf zu haben.

Római Fürdő Kemping, III. Bezirk, Szentendrei út 189, ✆ 3887167 , ℻ 2500426. Es gibt hier rund 260 Stellplätze mit Strom und Abfluss an der verkehrsreichen Straße Nummer 11 vor. Ziemlich schattiger Zeltplatz. Frühstück, Mittag- und Abendessen auf dem Platz möglich; warme Duschen, Spielplatz, Minimarkt und eigenes Schwimmbad. Preise: Zwei Personen mit Auto und Zelt zahlen pro Nacht ab 12 €. Bungalows für zwei Personen ab 30 €. Direkt gegenüber dem Campingplatz gibt es eine große Freibadanlage mit Riesenwasserrutsche. Anfahrt: Vorortbahn (HÉV) ab Batthyány tér acht Stationen in Richtung Szentendre oder Bus Nummer 134 ab Flórián tér. Ganzjährig geöffnet.

Tündérhegy-Feeberg Kemping, XII. Bezirk, Szilassy út 8. Exklusiver Privatplatz mit rund 100 Stellplätzen in den Budaer Bergen. Ruhige, waldreiche Umgebung und saubere sanitäre Anlagen. Mini-Schwimmbad und kleines Restaurant auf dem Gelände. Zwei Personen mit Auto und Zelt zahlen ab 10 € pro Nacht (in der Hauptsaison teurer). Auch Bungalows und Apartments ab ca. 30 € mietbar. Der Platz ist häufig völlig belegt. Anfahrt: Bus Nummer 28 ab Moszkva tér bis Endstation, dann noch etwa 500 m zu Fuß (steil bergauf!). Ganzjährig geöffnet.

Zugligeti Niche Kemping, XII. Bezirk, Zugligeti út 101, ✆ und ℻ 2008346. Kleinerer Privatcampingplatz mit rund 250 Stellplätzen am Waldrand in den Budaer Bergen. Schattig und mäßig sauber. Stellplätze beiderseits einer asphaltierten Straße. Rezeption und Imbiss sind in ausrangierten Straßenbahnwaggons untergebracht. Freundlicher Service. Restaurant. Zwei Personen mit Auto und Zelt zahlen ab 10 €. Anfahrt: Bus Nummer 158 ab Moszkva tér bis Endstation (Zugligeti út). Außerdem befindet sich direkt am Campingplatz die Talstation des Sessellifts. Geöffnet: 1. März–15. November.

Wildcampen: Wir wollen es ausdrücklich nicht empfehlen, aber auch nicht unerwähnt lassen. Vor allem im Sommer kann man immer wieder beobachten, dass Rucksacktouristen trotz des offiziellen Verbots in den Parks von Budapest schlafen. Weniger wegen der Gefahr, die durch die Polizei droht, als vielmehr wegen der Bedrohung durch immer rücksichtslosere kriminelle Banden sollte man diese Form des Campen lieber nicht in Betracht ziehen, es sei denn, man ist auf Abenteuer aus.

Essen

Wenigstens einmal gepflegt essen gehen ist ein unbedingtes Muss in Budapest. Viele der hiesigen Nobelrestaurants sind noch immer erschwinglich, auch wenn in den vergangenen Jahren das Preisniveau deutlich angezogen hat. Ein weiterer erfreulicher Trend: Die über fünftausend Restaurants der ungarischen Hauptstadt bieten alles von internationaler Küche bis zu Zigeunerschnitzel, Paprikahuhn, Gulaschsuppe und Strudel in jeder Preislage. Probieren Sie auch Lángos und gekochte Maiskolben am Straßenstand.

Weniger schön: Besonders bei den "besseren" Restaurants hat sich in jüngster Zeit die unschöne Sitte eingebürgert, auf den Rechnungsbetrag pauschal noch einmal 10 % für Service aufzuschlagen (Trinkgeld wird natürlich trotzdem kassiert!). Ist auf der Speisekarte und auch sonst kein entsprechender deutlicher Hinweis angebracht, sollte man sich direkt beim Geschäftsführer beschweren.

Noch eine Warnung: In vielen Restaurants sind die Urlauber unter sich, und der "Nepp" hat spürbar zugenommen. Einige Kellner bedauern verdächtig oft, dass das einzige noch vorrätige Gericht der umfangreichen Speisekarte ausgerechnet das teuerste ist. Außerdem empfiehlt es sich, routinemäßig die Rechnung und das Wechselgeld genau zu prüfen. Bei Problemen gleich den Geschäftsführer verlangen und nachdrücklich protestieren.

Exklusiv

Im Bereich der Spitzengastronomie hat sich seit der Wende am meisten getan. Und noch immer wächst hier das Angebot stetig. Lassen Sie sich zu vergleichsweise günstigen Preisen auf qualitativ hohem Niveau verwöhnen – doch seien Sie versichert, dass die Zeiten, in denen man als Urlauber aus Westeuropa Luxusmahlzeiten fast geschenkt bekam, schon seit einigen Jahren vorbei sind.

Unerwähnt bleiben in der folgenden Aufzählung die Restaurants der Nobelhotels. Einen besonders guten Ruf unter ihnen genießen das Hilton, Gellért und Budapest Mariott (die Adressen finden Sie in der Rubrik Übernachten).

Vadrózsa (1, s. Karte S. 208/09), II. Bezirk, Pentelei Molnár utca 15, ✆ 3265817, 📠 3265809, vadozsa@hungary.net. Das in Diplomatenkreisen renommierte, ansonsten aber kaum bekannte Privatrestaurant in einer schmucken, kleinen Barock-Villa am Rózsadomb erreicht man am besten mit der Buslinie 11 vom Batthyány tér aus. Die kulinarischen Köstlichkeiten werden auf bestem Porzellan serviert. Ziemlich teuer. Geöffnet: täglich, 12–15 Uhr und 19–24 Uhr.

Szindbád (56, s. Karte S. 224/25), V. Bezirk, Marko utca 33, (Ecke Bajcsy Zsilinszky út), ✆ 3322966, 📠 3123836. Stammrestaurant der oberen Zehntausend, die im angeschlossenen Club auch unter sich bleiben. Falls für Normalsterbliche wie unsereinen mal ein Plätzchen frei ist, sollte man mit mindestens 40 € pro Person rechnen. Die Auswahl an Hauptgerichten ist klein, aber erlesen: Wildgerichte (ab 15 €), Spezialitäten des Hauses (vom Knochenmark mit Toast bis zum Chateaubriand) und internationale Gerichte stehen mindestens auf der Karte. Nur wenige Schritte von der Metrostation Nyugati pu. (Westbahnhof) entfernt. Geöffnet: Mo–So 11–1 Uhr.

Légradi Antique Restaurant, V. Bezirk, Magyar utca 23, ✆ 3186804. Das mit antiken Möbeln geschmackvoll eingerichtete Privatrestaurant der Gebrüder Légradi ist der gastronomische Shooting-Star der letzten Jahre und liegt in einer kleinen Seitenstraße des Deák tér. Geboten wird erstklassige und international konkurrenzfähige Nouvelle Cuisine zu ebensolchen Preisen und Chipendale-Möbel, Herender Porzellan sowie Herndorfer Silberbesteck. Um die 50 € pro Person sollte man schon einplanen – wenn man überhaupt einen Platz bekommt, steht doch die Prominenz geschlossen auf kulinarische Kunstwerke von Légradis Gnaden. Geöffnet: täglich 12–15 Uhr und 17–24 Uhr.

Cosmo/Cyrano (90, s. Karte S. 224/25), Kristóf tér 7, ✆ 2664747. Dieser kleine Gourmettempel in einer Nebenstraße der Váci utca liegt in der elegant designten oberen Etage des Cafés **Cyrano** und erhielt den "Best of Budapest"-Preis für die beste internationale Küche. Hauptgerichte wie Lachssteak, Gourmetgänseleber oder Jakobsmuscheln kosten um die 15 €. Zum Dessert empfiehlt der Chef de cuisine "the black train", ein köstliches Schokoladensoufflé.

Chez Daniel (55, s. Karte S. 224/25), Szív utca 32, ✆ 3024039, 📠 3116670. Das kleine französische Restaurant ist ein Toptipp. Es bietet hervorragende kreative Küche. Entsprechend häufig ändert sich die Speisekarte. Das Essen ist gut, die Atmosphäre dennoch leger und kinderfreundlich. Hauptgerichte ab 14,50 €. Im Sommer sitzt man angenehm im Innenhof. Geöffnet 12–15 und 19–24 Uhr.

Robinson: Restaurant am kleinen See im Stadtwäldchen

Biedermeier (63, s. Karte S. 224/25), VI. Bezirk, Mozsár utca 12 (Ecke Jókai tér), ✆ 3318942. Das gediegene Kellerrestaurant mit gehobenem (Preis-)Niveau hat sich der Kochkunst des Biedermeier verschrieben. Die Gerichte – darunter auch Täubchen in Dilldressing, Hummer oder Froschschenkel – werden nach Originalrezepten aus dem 19. Jahrhundert zubereitet. Das Interieur ist entsprechend stilecht. Geöffnet: täglich 12–15 und 18–24 Uhr. Keine zwei Minuten von der Metrostation Oktogon entfernt.

Restaurant Gundel (122, s. Karte S. 239), XIV. Bezirk, Állatkerti körút 2, ✆ 4684040, 📠 3631917, www.gundel.hu. Das immer noch berühmteste Luxusrestaurant des ganzen Landes liegt im Stadtwäldchen zwischen Heldenplatz und Zoo.

Die Einrichtung ist gediegen, und die Preise sind auch für ungarische Verhältnisse Spitzenklasse. Besonders hübsch ist es an einem Sommertag im Restaurantgarten. Öffnungszeiten: täglich 12–16 und 19–24 Uhr. Die Terrasse (Bar) ist von 10–24 Uhr geöffnet.

Robinson (123, s. Karte S. 239), XIV. Bezirk, Városligeti tó, ✆ 4220224, 📠 4220072, www.restaurantguide.hu/robinson. Eine lukullische Insel der Ruhe im hektischen Budapest. Im kleinen See des Stadtwäldchens direkt gegenüber dem Traditionslokal Gundel wartet der Schlemmertempel mit Terrasse auf seine Gäste. Das Restaurant und Café bietet eine bezaubernde Aussicht aus Panoramafenstern, ein äußerst bequemes Mobiliar, eine edle Holzeinrichtung, blitzsaubere Tischdecken, dezente klassische Musik und ein gepflegtes Ambiente. Überraschend sind die für hiesige Verhältnisse exorbitanten Gemüsebeilagen. Erwähnenswert auch die insgesamt guten Portionen und die delikaten Saucen. Eine komplette Mahlzeit kostet hier pro Person um die 25 €. Eher geringe Auswahl an Fisch- (ca. 14 €), Geflügel- (ca. 14 €), Wild- (ca. 17 € und Fleischgerichten (ca. 13,50 €). Aber man kann sich hier auch einfach nach dem Museums- oder Badbesuch bei Café und Kuchen erholen. Im Sommer auf der Terrasse. Geöffnet: täglich 12–16 und 18–24 Uhr.

Karl der Große – in Ungarn ein Koch

Seit über zwei Jahrhunderten ist die Familie Gundel für die Kochkunst in ihren Budapester Gaststätten berühmt: **Károly Gundel** (1883–1956) erhielt sogar den Beinamen "der Große". Selbst in entlegenen Provinzgaststätten findet man die von ihm kreierten "Palatschinken nach Gundel-Art". Auch der Budapester Buchhandel profitiert von ihm: Gundel-Kochbücher sind Bestseller. Das Restaurant im Stadtwäldchen übernahm Károly Gundel im Jahre 1910. Später, vor allem in der sozialistischen Zeit, war das noble Etablissement einem auffälligen Alterungsprozess unterworfen. Doch mittlerweile ist auch das äußere Erscheinungsbild wieder dem glanzvollen Namen angepasst worden: Im Sommer 1992 wurde das Gebäude nach einer umfassenden Komplettrenovierung, die damals 16 Millionen Euro gekostet haben soll, wiedereröffnet. Sogar der Stuck wurde nachgearbeitet und der Marmor der Säulen und Treppen aufpoliert. Zusätzlich zu den 165 Plätzen im Hauptrestaurant wurden mehrere weitere Räumlichkeiten in Bankettsäle umgewandelt, so die ehemaligen Wohnräume der Familie Gundel und selbst die Kellergewölbe, in denen nunmehr ein Weinkeller untergebracht ist, womit jetzt insgesamt Platz für 1.700 Gäste ist. Hinter der Modernisierung des Gourmetpalasts stecken George Lang, ein 1947 nach New York ausgewanderter Ungar, der dort mit dem "Café de Artists" reich wurde, und ein Erbe der Parfümdynastie Esteé Lauder.

Touristenlokale

Touristenlokale sind in erster Linie im Budaer Burgviertel und in der Pester Innenstadt zu finden, eben dort, wo sich viele Budapest-Besucher aufhalten. Das Speisenangebot orientiert sich bei den Restaurants dieser Kategorie in erster Linie an den Wünschen und Klischees der Urlauber. Dazu gehören natürlich feurige Zigeunermusik, auch trachtentragende Kellner und ein eher folkloristisches Ambiente. Der gehobenen Preise wegen verkehren nur sehr selten Einheimische in diesen Lokalen. Trotzdem kann man sehr wohl etwas Leckeres für sein Geld bekommen. Unserer langjährigen Erfahrung nach stehen Flinkheit und Freundlichkeit des Personals ebenso wie die Qualität der Speisen in einem direkt umgekehrten Verhältnis zur Anzahl der Gäste.

Fortuna (16, s. Karte S. 208/09), I. Bezirk, Hess András tér 4, ✆ 3756857, 📠 3557177. Das mittelalterlich eingerichtete Restaurant im Budaer Burgviertel schräg gegenüber dem Hilton platzt oft aus allen Nähten. Bau und Einrichtung, darunter besonders die mittelalterlichen Sitznischen, sind recht einladend. Im Hof gibt es eine Terrasse. Gute Auswahl an ungarischen und internationalen Spezialitäten zu hohen Preisen. Große Auswahl an ungarischen Weinen. Geöffnet: 12–16 Uhr und 19–24 Uhr.

Fekete Holló (17, s. Karte S. 208/09), I. Bezirk, Országház utca 10, ✆ 1562367. Spezialitäten des "Schwarzen Raben" im Burgviertel sind Zander, Lenden- und Kalbsbraten bei dezenter Zigeunermusik. Fast alle Hauptgerichte kosten über 8 €, z. T. deutlich mehr. Im Sommer kann man auch draußen auf der hübschen, kleinen Straßenterrasse sitzen. Geöffnet: 12–24 Uhr.

Alabárdos (19, s. Karte S. 208/09), I. Bezirk, Országház utca 2, ✆ 3560851, 📠 2143814. Das bekannte Restaurant findet man auf dem Burgberg ganz in der Nähe der Matthiaskirche. Am Eingang begrüßt den Gast gleich eine Ritterrüstung. In dem Palais aus dem 16. Jh. wird in entsprechend mittelalterlichem Ambiente flambierter Spieß- und Rostbraten bei Gitarrenmusik serviert. Hauptgericht ab 20 €, meist deutlich darüber. Geöffnet: täglich außer sonntags, 12–16 Uhr und 19–23 Uhr.

Fehér Galamb (20, s. Karte S. 208/09), I. Bezirk, Szentháromság utca 9–11, ✆ 2125604. In der "Weißen Taube", 150 m von der Matthiaskirche entfernt, gibt es eine gute Auswahl an Fisch-, Fleisch-, Geflügel- und Wildspezialitäten zu gehobenen Preisen (ab 15 €) und Zigeunermusik. Ein paar Tische stehen auf der Straße. Geöffnet: 12–23 Uhr. Die angeschlossene Weinstube öffnet 16–24 Uhr.

Rondella Borozó (95, s. Karte S. 224/25), V. Bezirk, Régiposta utca 4, ✆ 2670287. Gemütliches, rustikal eingerichtetes und oft (von deutschen Urlaubern) überfülltes Kellergewölbe, nur 30 m von der Váci utca entfernt, in der Pester Innenstadt. Selbst wenn das Restaurant leer ist, wird am Eingang aussortiert, wer nichts essen, sondern nur etwas trinken möchte. Geringe Auswahl an Fleisch- und Geflügelgerichten ab 9,50 €. Die guten bis sehr guten Portionen werden auf riesigen, grünen Tontellern serviert – selbst Bier und Cola kommen in Tonkrügen auf den Tisch. Empfehlenswert ist die gute Auswahl an Flaschenweinen. Der Villányi Burgunder ist sehr süffig; wer es lieber trocken mag, kann den Balatonfüredi Rizling probieren. Flinker Service, die Schrammelmusik ist oft zu laut. Geöffnet: täglich außer So, 12–24 Uhr.

Kárpátia (100, s. Karte S. 224/25), V. Bezirk, Ferenciek tere 7–8, ✆ 3173596, 📠 3180591, www.karpatia.hu. Das Traditionsrestaurant mit dem Interieur aus der Zeit der Wende vom 19. zum 20. Jh. findet man bei der Metrostation Ferenciek tere. Im Sommer gibt es zwei überdachte Straßenterrassen. Gute Auswahl an Gerichten ab 8,50 €. Wenige teuere Spezialitäten, wie z. B. die gebackenen Gänseleberfilets mit Zwiebeln und Obst für 14,40 €. Abends manchmal Musik. Geöffnet: 11–23 Uhr.

Százéves Étterem (98, s. Karte S. 224/25), V. Bezirk, Pesti Barnabás utca 2 (Ecke Galamb utca), ✆ und 📠 2665240. Das Restaurant "Hundertjahre" gilt als älteste Gaststätte in Pest. Rund 100 m von der Metrostation Ferenciek tere entfernt liegt das schöne alte, ockerfarbene Gebäude in der Pester Innenstadt. Auf der Speisekarte stehen viele Gerichte zwischen 8,80 € (Paprikahuhn mit Nockerln) und 15 € (Lendenschnitte Budapester Art). Geöffnet: 12–24 Uhr.

Mátyás Pince (104, s. Karte S. 224/25), V. Bezirk, Március 15. tér 7–8 (Ecke Kéménysepró utca), ✆ 3384711, www.taverna.hu/matyas. Der "Matthiaskeller" ist ein Traditionslokal nahe der Metrostation Ferenciek tere. Die Wände des Restaurants sind mit Szenen aus dem Leben von König Matthias verziert. Bekannt für gute Fisch- und Fleischgerichte auf gehobenem Preisniveau. Geöffnet: 11–1 Uhr.

Apostolok (99, s. Karte S. 224/25), V. Bezirk, Kígyó utca 4–6, ✆ 2670290, 📠 3183559. Mittelmäßiges Restaurant in bester Lage, unweit der Metrostation Ferenciek tere. Über jeder Sitznische ist das Mosaikbild eines Apostels angebracht. Mittlere Auswahl an Gerichten um 8–10 €. Geöffnet: 12–24 Uhr.

Wenige Meter vom Gundel-Hauptrestaurant entfernt (vgl. die Rubrik Essen/Exklusiv), im Stadtwäldchen zwischen Heldenplatz und Zoo, findet man die Gaststätte **Bagolyvár (124, s. Karte S. 239)**, zu deutsch: Eulenburg; XIV. Bezirk, Állartkerti út 2, ✆ 4683110, die auch weniger betuchten Gästen "echte Gundel-Atmosphäre" bieten will. Vom Heldenplatz kommend vor dem "echten" Gundel links in die Querstraße einbiegen, nach 50 m auf der rechten Seite. Die mit Holzbänken und -tischen nach dem Nischenprinzip angenehm eingerichtete Gaststätte ist ein Tochterunternehmen des Restaurants Gundel und für gute Küche und freundlichen, korrekten (aber nicht unbedingt schnellen) Service bekannt. Die Preise für ein Hauptgericht liegen im erschwinglichen Bereich. Auf der Karte stehen zum Beispiel gefüllte Paprikaschoten mit Salzkartoffeln und Rindspörkölt mit hausgemachten Eiergersteln, beides wirklich lecker. Der Garten ist im Sommer von 12–23 Uhr geöffnet. Oft ziemlich voll.

Typisch ungarisch

Nicht nur von Touristen oder ausschließlich von Einheimischen besucht, keine "Geheimtipps", nicht unbedingt folkloristisch oder gar postmodern, nicht einmal besonders preiswert oder originell. Kurz – unsere ganz persönlichen Budapester Lieblingslokale.

Márványmenyasszony (27, s. Karte S. 208/09), I. Bezirk, Márvány utca 6 (Ecke Kosciuszkó Táde utca), ✆ 1753165. Die "Marmorbraut" ist ein kleines, weißes Haus mit schönem, geräumigem Innenhof westlich des Burgbergs. Mittags treffen sich vor allem die Nachbarn zu Truthahn, Gulasch oder Zander. Abends kommen auch ausländische Gäste, wenn es auf der Bühne Livemusik gibt. Die Gerichte kosten um die 10 €. Geöffnet: täglich 12–24 Uhr. Rund fünf Fußminuten von der Metrostation Déli pu. (Südbahnhof) entfernt.

Szép Ilona Kisvendéglő (9, s. Karte S. 208/09), II. Bezirk, Budakeszi út 1/3 (Ecke Szilágyi Erzsébet fasor), ✆ 2751392. Uriges und relativ preiswertes Lokal mit weißgedeckten Tischen und hellen Holzstühlen. Bekannt gute Wiener Schnitzel und viele andere leckere Fleischgerichte werden in der "Schönen Ilona" für um die 10 € serviert. Geöffnet: täglich 12–22 Uhr. Die Buslinien 22 und 158 fahren vom Moszkva tér bis hier in die Budaer Berge heraus .

Kisbuda Gyöngye Étterem (4, s. Karte S. 208/09), III. Bezirk, Kenyeres utca 34, ✆ 3686402. Elegante Traditionsgaststätte in Óbuda mit hübschem Hinterhofgarten. Gute Speisenauswahl ab 10 € mit empfehlenswerten Gänselebergerichten. Auch das Paprikahuhn ist einen Versuch wert. Geöffnet: täglich außer So von 12–24 Uhr. Mit der Straßenbahnlinie 17 oder der Buslinie 60 ab Batthány tér.

Rosenstein (131, s. Karte S. 239), Mosonyi utca 3, ✆ 3134196. In diesem Familienrestaurant in der Nähe des Westbahnhofs kocht Tibor Rosenstein, bekannt und legendär geworden durch das frühere Kispipa. Große Auswahl ab 10 €. Das große Restaurant besteht aus mehreren Räumen. Geöffnet 12–23 Uhr.

Kéhli Vendéglő (3, s. Karte S. 208/09), III. Bezirk, Mókus utca 22 (Ecke Dugovits Titusz tér), ✆ 2504241, ✆ 3876049. Kleines, weißes Ziegeldach-Haus mit braunem Tor und ebensolchen Fensterläden in Óbuda. Davor steht eine offene Kutsche. Es gibt eine recht gute Auswahl an Gerichten zwischen 8,50 und 14 € und auch ein paar teurere. Sehr nett, jeden Abend Live-Musik oder Zigeunermusik, abends ab 20.30 Uhr im Keller des Hauses. Geöffnet: täglich 12–24 Uhr; der Keller ist sogar bis 3 Uhr früh geöffnet. Vom Florián tér (Bus- und Straßenbahnhaltestelle) geht man rund fünf Minuten zu Fuß.

Claudia Vendéglő (108, s. Karte S. 224/25), V. Bezirk, Bástya utca 27/29, ✆ 2670329. Rund 100 m von der Metrostation Kálvin tér (Ausgang Kecskeméti utca) unweit dem Hotel Korona gelegen. Der urige Backsteinkeller mit Holznischen ist bekannt für hervorragendes Essen in besten Portionen. Zu loben ist auch der flinke Service und das maßvolle Preisniveau. Die Bilder an den Wänden kann man nach dem Essen erwerben und gleich mitnehmen. Gute Auswahl an Fleischgerichten ab 6,50 €. Deutsche Speisekarte. Geöffnet: Mo–Fr 12–23 Uhr, Sa/So 12–1 Uhr.

Lila Akác Étterem (67, s. Karte S. 224/25), VI. Bezirk, Nagymező utca 30 (Ecke Mozsár utca), ✆ 3321387. Der äußere Eindruck deutet eher auf ein Friseurgeschäft als auf ein Restaurant hin. Kaum anzunehmen, dass ein Passant auf die Idee kommen könnte, sogar vor einem der besten Lokale dieser Preisklasse zu stehen. Im Inneren der "Lila Akazie" schräg gegenüber der Operette ist es dann aber sehr gemütlich, so hängen an den Wänden hübsche alte Plakate und Fotos. Große Auswahl an Fisch-, Wild-, Geflügel- und Fleischgerichten um 7,50 €. Auf der bisher nur ungarischen Tageskarte stehen eine Reihe weiterer Speisen – der freundliche Ober übersetzt auf Wunsch gern. Alles, was wir hier je gegessen haben, war heiß, lecker und angemessen portioniert. Das Rindspörkölt mit Eiergersteln (6,50 €) zählt mit Sicherheit zu den besten in ganz Ungarn. Empfehlenswert sind auch das Tartarenbeefsteak als Vorspeise, das gefüllte Kraut und die "Häusliche Fleischsuppe". Dazu gibt es sogar Pilsner Urquell vom Fass – was kann man mehr verlangen. Geöffnet: täglich 12–1 Uhr.

Jeweils nur etwa fünf Fußminuten von den Metrostationen Opera und Oktogon.

Sirály Étterem (78, s. Karte S. 224/25), VI. Bezirk, Bajcsy Zsilinszky út 9, ✆ 2681439. Charakteristisch sind die Sitznischen in schwarzem Holz mit roten Polstern in der "Möwe". Gute ungarische Küche zu maßvollen Preisen: Fleisch-, Geflügel- und Fischspezialitäten zwischen 6 und 10 €. Positiv anzumerken sind der aufmerksame Service und die zentrale Lage (praktisch am Deák tér). Geöffnet: täglich 12–24 Uhr.

Kis Pipa (77, s. Karte S. 224/25), VII. Bezirk, Akácfa utca 38, ✆ 3423969. Kleines, helles Restaurant im jüdischen Viertel, das seit einiger Zeit zu einer Art offiziellem Geheimtipp geworden ist. Auf der umfangreichen Speisekarte stehen viele (mindestens über 100) ungarische Spezialitäten zu mittleren Preisen. Dazu gibt es Klaviermusik. Abends unbedingt reservieren. Keine fünf Fußminuten von der Metrostation Blaha Lujza tér. Geöffnet: täglich außer So, 12–1 Uhr.

Das Lied vom traurigen Sonntag

Die Melodie, die eine Welle von Selbstmorden auslöste, entstand im Kulacs. Heute robbt sich hier eine "Zigeunerband" an die Gäste heran.

Von Tobias Büscher

Die meisten stürzten sich in die Donau. Andere schnitten sich die Pulsadern auf oder schluckten Gift. In den 1930ern erhöhte sich in Budapest schlagartig die Zahl der Selbstmörder, nachdem sie "Szomorú Vasárnap" gehört hatten: das Lied vom "Traurigen Sonntag". Der Komponist Rezső Seress hatte die zutiefst melancholische Melodie im Restaurant Kulacs komponiert. Der Mann, der kaum Noten lesen konnte, sah schon bald verwundert mit an, wie sich sein Stück als Schallplatte immer besser verkaufte. Einen Welthit hatte er da gelandet, einen mit fataler Wirkung. Sigmund Freud sprach von einer ausgewachsenen "Sonntagsneurose" und Louis Armstrong reiste persönlich nach Budapest, um den Komponisten kennen zu lernen. In Amerika wurde das Lied "Gloomy Sunday" so populär, dass führende Politiker darüber nachdachten, alle Platten einzustampfen. Zu oft animierte die Melodie die Zuhörer zum finalen Schritt.

Seress verzweifelte schließlich selbst, wohl nicht zuletzt an dem ungewollten Erfolg seines Stückes. Er nahm sich 1968 das Leben.

30 Jahre später: Ein deutsches Filmteam dreht die Geschichte bravourös nach, ohne sich dabei allzu streng an die Vorlagen zu halten. Joachim Król als jüdischer Restaurantbesitzer und Ben Becker als Nazigröße mit Lust auf "Rollfleisch" geben in dem Film "Ein Lied von Liebe und Tod" (1999) ihr Bestes. Das Filmrestaurant ist geräumig und besitzt eine Empore, am Klavier sitzt der verträumte Pianist, der von derselben Frau schwärmt wie der Restaurantbesitzer und der Nazi. Davor die romantischen, von Laternen goldgelb beleuchteten Gassen und nicht weit die zauberhafte Kettenbrücke.

Wer bekommt da nicht Lust, selbst einmal das Restaurant Kulacs zu besuchen, den Ort, an dem die ergreifende Melodie komponiert wurde?

Gelegen ist es in der Osvát utca 11 im Zentrum Budapests: an einer toten Straßenecke mit viel Autoverkehr, breitem Asphalt und bröckelnden Fassaden. Weit und breit scheint es die einzige Möglichkeit der Einkehr zu sein Der Innenraum ist viel zu schmal für ein Klavier, dafür üppig geschmückt mit Bildern rustikaler Jagdszenen. Statt "Rollfleisch" stehen typischerweise Gänseleber, Truthahn und Zander auf der Karte. Und im Hintergrund spielt nicht dezent ein melancholischer Pianist, sondern eine waschechte "Zigeunerband" lauert auf die Gäste. Was die – zugegeben gekonnt – spielen, treibt einen keineswegs in den Selbstmord, wohl aber zur Tür hinaus. Woher wir stammten und was wir zu hören wünschten, raunte uns der fleischige, feurig guckende Geiger ins Ohr, wohlbemerkt kurz nachdem wir die Rechnung verlangt hatten. Um der Peinlichkeit deutscher Volksweisen zu entgehen, gaben wir uns als Spanier aus. Ein fataler Fehler: Zur Gaudi der vorwiegend betagten Gäste aus Amerika spielten die Herren ein donnerndes "Qué viva España". Machte fünf Wodka, und erhöhte die Rechung drastisch. Um einer weiteren musikalischen Kostprobe aus dem spanischen Repertoire zu entgehen, machten wir uns schnell in Richtung Donau davon – nicht um in den Tod zu springen, sondern um (nach) Luft zu schnappen!

Preiswert

Die Unterschiede zur vorangegangenen Kategorie sind nicht immer besonders deutlich. Viele der folgenden Restaurants sind auch "typisch ungarisch", einige der zuvor erwähnten auch ziemlich preiswert.

Á la Carte (12, s. Karte S. 208/09), I. Bezirk, Iskola utca 29, ✆ 2020580. Sehr einfach eingerichtetes Restaurant mit angegliederter Weinstube am Fuße des Burgbergs, gut 100 m von der Metrostation Batthyány tér entfernt. Im Sommer kann man auch draußen sitzen. Gute Auswahl an Fisch-, Fleisch- und Geflügelgerichten zwischen 4,50 und 12 €. Empfehlenswert sind die Truthahnbrust oder die Schweinemedaillons. Beilagen müssen extra bestellt (und bezahlt) werden. Die Portionen sind insgesamt eher klein (aber lecker!); wer großen Hunger hat, sollte sich Vorsuppe und Nachspeise gönnen. Deutsche Speisekarte und freundliche, deutschsprachige Bedienung. Geöffnet: täglich 11–23 Uhr.

Fatâl (105, s. Karte S. 224/25), Váci utca 67, ✆ 2662607. Von der Metro Ferenciek tér ist dieses beliebte Kellerrestaurant gut zu Fuß in wenigen Minuten zu erreichen. Der Name bedeutet "Holzteller". Deftige, aber leckere ungarische Küche ab 5,50 €. Von hier aus bietet sich nach dem Essen ein Kneipenbummel rund um den Kalvin tér an.

Tabáni Kakas Vendéglő (28, s. Karte S. 208/09), I. Bezirk, Attila út 27 (Ecke Dózsa tér), ✆ 1757165. Einfaches, aber auch bekannt gutes Restaurant am Fuße des Burgberges, westlich des Burgpalastes. Auf der Karte stehen viele Fleischgerichte ab 6,50 €. Es gibt aber auch ein paar teurere Gerichte wie beispielsweise Châteaubriand. Geöffnet: 11–24 Uhr. Vom Burgviertel aus Bus Nummer 16 ab Dísz tér; mit der Buslinie 5 aus Richtung Moszkva tér oder aus Richtung Március 15. tér, wahlweise auch Straßenbahnlinie 18.

Stop Bisztró (111, s. Karte S. 224/25), V. Bezirk, Váci utca 86, ✆ 2670273. Das einstige "Non Stop Bisztró" am südlichen Ende der Váci utca auf Höhe der Szabadság híd (Freiheitsbrücke) hat auch heute noch äußerst großzügige Öffnungszeiten: täglich von 7 Uhr morgens bis 5 Uhr morgens. Hier treffen sich Nachtschwärmer und Frühaufsteher. Modern eingerichtet, erinnert es an eine Mischung aus Selbstbedienungsrestaurant und Pizzeria. Der Fernseher über der Tür ist zu laut. Für Budapester Verhältnisse ziemlich preiswert; über 100 Gerichte, darunter viele Spezialitäten (Fisch, Geflügel, Wild, Kalb-, Rind- und Schweinefleisch sowie Innereien) und natürlich Frühstück. Rechnung und Wechselgeld sollten Sie immer nachprüfen.

Bécsi Söröző (107, s. Karte S. 224/25), V. Bezirk, Papnövelde utca 8 (Ecke Egyetem

Budapest
Karten S. 134/135, 208/209; 224/225 u. 239

tér), ✆ 2670225. Uriges und preiswertes Innenstadt-Restaurant mit Wiener und ungarischen Gerichten, in dem viele Budapester essen. Man sitzt zu zweit nebeneinander in winzigen Holznischen. An der Wand fällt ein Foto des Papstes ins Auge. Mittlere Auswahl an Gerichten ab 4,50 €. Spezialität der "Wiener Bierstube" ist das tellergroße Wiener Schnitzel (kleiner Teller, dünnes Schnitzel, aber gut) für 5,50 €. Das Restaurant liegt keine fünf Fußminuten vom Ferenciek tere entfernt, ist aber nicht ganz leicht zu finden. Geöffnet: Mo–Fr 11–23 Uhr sowie Sa/So 11–16 Uhr.

Vörös Postakocsi (113, s. Karte S. 224/25), IX. Bezirk, Ráday utca 15, ✆ 2176756, 📠 2150044. Die "Rote Postkutsche" wurde nach einem Roman des bekannten Schriftstellers Gyula Krúdy (1870–1933) benannt, der hier Stammgast gewesen sein soll. Das im Dezember 2000 renovierte Lokal in einem beliebten Kneipenviertel verströmt immer noch das Flair der vorletzten Jahrhundertwende. Bodenständige ungarische Küche mit eher geringer Auswahl an Hauptgerichten um 10 €. Im Haus gibt es auch eine Bierstube. Zur "Roten Postkutsche" läuft man etwa 150 m von der Metrostation Kálvin tér. Geöffnet: täglich 11–23 Uhr.

Kis Vigadó Falatozó (36, s. Karte S. 208/09), XI. Bezirk, Villányi út 34 (Ecke Dávid Ferenc utca), ✆ 2091660. Preiswertes Restaurant am südwestlichen Fuß des Gellértberges. Mittlere Auswahl an Fleischgerichten, die meisten unter 6 €. Dazu schmeckt ein Gösser-Bier vom Fass. Geöffnet: täglich 11–23 Uhr. Hierher kommt man am besten mit der Straßenbahnlinie 61 ab Metrostation Moszkva tér oder Metrostation Déli pu. (Südbahnhof).

Vegetarisch

Auf "Borstenvieh und Schweinespeck" kann die ungarische Küche nicht verzichten – oder doch? Zumindest gibt es seit einiger Zeit Versuche in dieser Richtung, die bislang auch gerne angenommen wurden. Jedenfalls scheint die letzte Fleisch-Bastion Europas vorerst in die Hände des Erzfeindes gefallen zu sein.

Vegetárium (101, s. Karte S. 224/25), V. Bezirk, Cukor utca 3 (Ecke Szivárvany utca), ✆ 2670322. Das Kellerrestaurant liegt etwa zwei Fußminuten von der Metrostation Ferenciek tere entfernt in der Pester Innenstadt. Auf der Speisekarte stehen einige Hauptgerichte ab 4,50 €. Geöffnet: täglich 12–24 Uhr.

Vegetárius Étterem (50, s. Karte S. 224/25), XIII. Bezirk, Visegrádi utca 50a (Ecke Victor Hugo utca), ✆ 1403316. Vegetarisches Restaurant in einem Hochhaus-Nebengebäude mit grünen (!) Fenstern und Türrahmen. Rund 50 m von der Metrostation Lehel tér entfernt. Geöffnet: täglich 12–1 Uhr.

Wabisabi (52, s. Karte S. 224/25), XIII. Bezirk, Visegrádi utca 2, ✆ 4120427. In diesem modernen, vegetarische Restaurant mit einer großen Auswahl an Fruchtsäften und Tees sowie an asiatisch inspirierten vegetarisch-biologischen Gerichten dauert es manchmal etwas länger, bis das Essen kommt. Salat ab 3,50 €, ansonsten Preise um 8 €. Der Name geht auf eine philosophische Strömung innerhalb des Zen-Buddhismus zurück.

Falafel (66, s. Karte S. 224/25), VI. Bezirk, Paulay Ede utca. Der kleine Imbiss in der Nähe des Liszt tér ist beliebt für seine Salate. Die Pita-Füllung kann man hier aus einer frischen Riesenauswahl selbst zusammenstellen. Nachteil: am Wochenende geschlossen. Mo–Fr 11–20 Uhr.

Internationale Küche

Wer sich schon länger in Ungarn aufhält, wird sich über das abwechslungsreiche Speisenangebot der Hauptstadt besonders freuen. Seit der Wende haben gerade die exotischen und ethnischen Restaurants deutlichen Zuwachs bekommen – auch in dieser Hinsicht ist Budapest auf dem Weg zu einer multikulturellen Weltstadt. Seit langem für hervorragende Küche in Buda-

Beste Lage auf dem Burgberg: das Articsóka II

pest bekannt sind die französischen Restaurants, wo man man zwar ganz wie Gott in Frankreich speist, dies jedoch deutlich günstiger als in Frankreich selbst.

Articsóka I (64, s. Karte S. 224/25), VII. Bezirk, Zichy Jenő utca 17, ✆ 3027757, Metro Opera. Das von mediterraner Küche inspirierte Restaurant liegt in einem interessanten, alten, teilweise bereits renovierten Viertel hinter der Oper. In einem gläsern überdachten Innenhof sitzt man auf gepolsterten Eisenstühlen. Im Sommer ist auch die kleine Dachterrasse geöffnet. In einem Veranstaltungsraum wird zeitweise Theater oder Musik geboten. Ob vegetarisch, ungarisch oder italienisch, alle Hauptgerichte kosten um die 10 bis 15 €. Man legt Wert auf einen gediegenen Rahmen, und so sind wohl gelagerte Zigarren und erlesene Weine (aber auch Billigzigaretten) im Programm.

Articsóka II (14, s. Karte S. 208/09), I. Bezirk, Szentháromság tér 6, ✆ 4487416. Direkt gegenüber dem Hilton an der Budaer Fischerbastei gelegen, ist dieses erst 2003 eröffnete Restaurant mit Bar eine wohltuende Alternative zu den eher rustikalen Restaurants der Umgebung. Leichte mediterrane Küche wird in einem geschmackvoll modernen Interieur serviert. Die Hauptgerichte mit überwiegend mediterranem Einschlag übersteigen preislich kaum die 15 €. Es gibt eine großartige Auswahl an Cocktails für 4–6 € und auch an nichtalkoholischen Shakes. Geöffnet 10–22 Uhr.

Le Jardin de Paris (21, s. Karte S. 208/09), I. Bezirk, Fő utca 20 (Ecke Pala utca), ✆ 2010047. Einladendes und bekannt gutes französisches Restaurant direkt am Institut Français. Der größere Speiseraum mit fein gedeckten Tischen liegt etwas unterhalb des Straßenniveaus. Im Sommer wird im Innenhof gespeist. Es gibt jeden Abend Live-Musik (Jazz) und es ist meist recht viel los, da die Gäste aus dem gegenüberliegenden Artotel auch gerne hier essen. Geöffnet: täglich 12–24 Uhr, bei viel Betrieb auch länger.

Lou-Lou (75, s. Karte S. 224/25), Vigyázó Ferenc utca 4, ✆ 3124505. Hervorragendes aber nicht ganz billiges Restaurant auf der Pester Seite in der Nähe der Kettenbrücke. Auf der Speisekarte stehen Seefische, provenzalischer Lammbraten und allerlei italienische und vor allem französische Gerichte ab 12 €. Mo–Fr 12–15 und 19–23 Uhr, Sa 19–23 Uhr.

Les Amis (2, s. Karte S. 208/09), II. Bezirk, Rómer Floris utca 12, ✆ 3151643. Lassen Sie sich von dem schlichten, holzgetäfelten Interieur dieses gar nicht touristischen, französisch-ungarischen Kellerrestaurants nicht abschrecken. Es ist berühmt für seine köstlichen Steaks, und das können wir nur bestätigen. Zählt mit Gerichten für durchschnittlich 6 € zu den günstigen Restaurants, besonders im Hinblick auf das Preis-Leistungsverhältnis. Täglich 12–24 Uhr.

Luau (68, s. Karte S. 224/25), V. Bezirk, Zoltán utca 16 (Ecke Nádor utca), ✆ 3324763. Rund 150 m von der Metrostation Kossuth tér. Sehr gemütliches polynesisches Spezialitätenrestaurant in der Pester Innenstadt mit schwarzlackierten Wänden und riesigen, farbenprächtigen Südseegemälden. Man sitzt auf Bambusmöbeln unter Netzen und kleinen Glühbirnchen, die den Südsee-Sternenhimmel nachbilden. Große Auswahl an Fleisch-, Geflügel-, Meeresfrucht- und Fischgerichten ab 5,50 €. Deutsche Speisekarte und aufmerksamer, freundlicher Service. Geöffnet: täglich 12–15 und 18–24 Uhr.

Tipp für Genießer: Budapests französische Restaurants

Arany Kaviár (7, s. Karte S. 208/09), I. Buda, Ostrom utca 19, ✆ 2016737. Russische Küche, Kaviar und eiskalter Wodka – hier kann man essen wie zur Zarenzeit, vorausgesetzt man bringt einen leeren Magen und genug Geld mit. Hauptgerichte im Schnitt für 12–14 €. Täglich 12–24 Uhr.

Nobu (58, s. Karte S. 224/25), Teréz krt. 46, ✆ 3010360. Thailändisches Restaurant mit freundlichem Interieur und Service. Hier gibt es auch Spiegelei mit Möhren und Gurken und Baguettes. Sa 11–2 Uhr, Mo–Fr 10–2 Uhr, So 11–23 Uhr.

Párizsá Argentina (76, s. Karte S. 224/25), V. Bezirk, Vigyázó Ferenc utca 4 (kleine Querstraße am nordöstlichen Ende des Roosevelt tér), ✆ 3124505. Unscheinbares argentinisches Restaurant unweit der Donau in der Pester Innenstadt. Geöffnet: täglich 12–15 und 18–24 Uhr.

Szerb (54, s. Karte S. 224/25), V. Bezirk, Nagy Ignác utca 16 (Ecke Balaton utca), ✆ 2693139. Von außen nicht sehr einladendes, im Inneren aber ganz nettes, serbisches Restaurant in der Pester Innenstadt mit holzgetäfelten Wänden. Großes Angebot an Speisen zwischen 6 und 14,50 € u. A. Zanderfilet (ungarisch: Fogas) für 6,50 €. Nur wenige Schritte von der Metrostation Nyugati pu. (Westbahnhof) entfernt. Geöffnet: täglich von 12–23 Uhr.

Trojka Söröző, VI. Bezirk, Andrássy út 28 (Höhe Nagymező utca), ✆ 2694910. Relativ preisgünstiges, alteingesessenes russisches Restaurant mit winziger Sitzterrasse auf dem Prachtboulevard. Ansonsten wenig einladend, der Fernseher läuft permanent. Erwähnenswert sind jedenfalls die äußerst liberalen Öffnungszeiten bis zum frühen Morgen. Geöffnet: täglich 12–6 Uhr.

Carmel (82, s. Karte S. 224/25), VII. Bezirk, Kazinczy utca 31 (Ecke Dob utca), ✆ 3221834, ☏ 3424585. Exklusive jüdische, ungarische und internationale Spezialitäten in reicher Auswahl. Wirklich Hungrigen empfehlen wir die Riesenplatte für zwei Personen (25 €). Das vornehme, klimatisierte Kellerlokal mit der bekannt guten Küche liegt mitten im VII. Bezirk, der zwar sehr zentral, aber durch den öffentlichen Nahverkehr eher schlecht erschlossen ist. Deshalb muss man von einer der fünf etwa gleich weit entfernten Metrostationen (zum Beispiel Astoria oder Deák tér) rund zehn Minuten laufen. Freitags spielt hier häufig eine Band. Geöffnet: täglich 12–23 Uhr.

Shalom (80, s. Karte S. 224/25), VII. Bezirk, Klauzál tér 2, ✆ 3221464. Gutes jüdisches Restaurant mit ungarischem Einschlag an der westlichen Ecke des Platzes, der auch heute noch den siedlungsgeographischen Schwerpunkt der jüdischen Bevölkerung Budapests darstellt. Geöffnet: täglich 12–23 Uhr.

Hanna (79, s. Karte S. 224/25), VII. Bezirk, Dob utca 35 (Ecke Kazinczy utca), ✆ 3421072. Einfaches und preiswertes koscheres Restaurant, etwas versteckt in einem Hinterhof. Hier treffen sich die Bewohner des Judenviertels zum Mittagessen, und zwar täglich, außer Sa, zwischen 8 und 15.30 Uhr.

Jorgosz Taverna (71, s. Karte S. 224/25), VII. Bezirk, Csengery utca 24 (Höhe Jósika utca), ✆ 3517725. Gemütliches Kellerlokal mit auffälligem, blau-weißem Eingang. Große Auswahl an griechischen Spezialitäten bis 15 €, fast alle Hauptgerichte unter 7 €. Geöffnet: täglich 12–24 Uhr.

Svejk Étterem (74, s. Karte S. 224/25), VII. Bezirk, Király utca 59/b, ✆ 3223278. Rund 300 m von der Metrostation Oktogon (gelbe Linie) entfernt. Das frühere Prager Spezialitätenrestaurant in nüchternen Räumlichkeiten zieht immer noch viele ungarische Gäste an. Für 20 € pro Person kann man sich vom Buffet bedienen und bekommt so viel zu essen und zu trinken, wie man möchte. Eine gute Gelegenheit für Neuankömmlinge, verschiedene Gerichte mit Fleisch und Fisch aus der ungarischen und tschechischen Küche zu probieren. Spitzenqualität darf man hier allerdings nicht erwarten. Geöffnet: täglich 19–23 Uhr.

Hua-Li-Du (87, s. Karte S. 224/25), VII. Bezirk, Wesselényi utca 18 (Ecke Sip utca), ✆ 3521341. Rund 300 m von der Metrostation Astoria entfernt gelegen. Einfaches Chinarestaurant mit guter Speisenauswahl. Fast alle Hauptgerichte unter 7 €, englische Speisekarte. Geöffnet: täglich 12–24 Uhr.

Vadnyugat Steakhaus (81, s. Karte S. 224/25), VII. Bezirk, Wesselényi utca 35 (Ecke Akácfa utca); rund 300 m von der Metrostation Blaha Lujza tér. Das Etablissement nennt sich nicht umsonst "Wildwest Steakhaus": Man betritt den Saloon durch die Schwingtür und nimmt nach einem langen Blick auf die dunkle Holzeinrichtung und die kurze Theke Platz an einem der nur sieben Tische. Country- und Rockmusik aus den letzten drei Jahrzehnten stimmen auf das Speisenangebot ein: Steakspezialitäten ab 7 €. Wer es gern üppig mag, sollte unbedingt das überaus lecker gewürzte 700-g-T-Bone-Steak probieren. Dazu wird z. B. Gemüse oder eine Folienkartoffel serviert. Öffnungszeiten: täglich von 12–24 Uhr.

Senara (92, s. Karte S. 224/25), VII. Bezirk, Dohány utca 5, ✆ 2696549. Von der Metrostation Astoria (Ausgang Rákoczi út) nach rund 200 m zweimal links. Vornehmes koreanisches Restaurant mit Air-Condition, das vor allem von Geschäftsleuten besucht wird. Die Spezialitäten werden am Tischgrill zubereitet. Die Preise für ein Hauptgericht beginnen bei 7 €. Geöffnet: täglich 11.30–14.30 und 18–22.30 Uhr.

Prágai Vencel Sörház (139, s. Karte S. 239), VIII. Bezirk, Rákóczi út 57 a (Ecke Kiss József utca), ✆ 3331342. Unweit der Metrostation Blaha Lujza tér gelegene moderne Prager Bierstube mit langer Bar und guter Auswahl an Hauptgerichten, meist unter 6,50 €. Das süffige tschechische Bier gibt es hier vom Fass. Geöffnet: täglich 11–24 Uhr.

Japan (136, s. Karte S. 239), VIII. Bezirk, Luther utca 4/6 (auf der Rückseite des Gebäudes an der Ecke Rákóczi út), ✆ 3143427. Das exklusive japanische Spezialitätenrestaurant liegt genau zwischen den beiden Metrostationen Blaha Lujza tér und Keleti pu. Hier essen viele Touristen aus dem Land der aufgehenden Sonne. Teure Sushis und mehrgängige Menüs; kaum unter 12 € pro Person. Bis die Rechnung kam, waren wir begeistert. Geöffnet: täglich 12–15 und 18–23 Uhr.

Königlich Bayerische Bierstube und Brauerei Kaltenberg (115, s. Karte S. 224/25), (Kaltenberg Bajor Királyi Söröző és Sörfőzde) IX. Bezirk, Kinizsi utca 30–36 (Ecke Üllői út), ✆ und 📠 2159792. Bayerisches Spezialitätenrestaurant mit eigener Brauerei in einem großen, neu renovierten, ockerfarbenen Haus ca. 150 m von der Metrostation Ferenc körút. Wen es nach einer Haxe gelüstet, der ist hier richtig. Geöffnet: täglich 12–24 Uhr.

Budapest Karten S. 134/135, 208/209; 224/225 u. 239

La Pampa (51, s. Karte S. 224/25), XIII. Bezirk, Pannónia utca 5–7 (Ecke Katona J. utca), ✆ 1311599. Man sitzt hier in Backsteinnischen, trinkt Pils vom Fass und lässt sich Tacos de Pollo schmecken. Die meisten Hauptgerichte kosten ab 6 €. Von der Metrostation Nyugati pu. (Westbahnhof) eine Haltestelle mit der Straßenbahnlinie 4 oder 6 fahren, dann noch etwa 100 m laufen. Geöffnet: 12–24 Uhr.

Art Café Alhambra (72, s. Karte S. 224/25), VI. Bezirk, Jókai tér 3, ✆ 3541068. Maurisch gestyltes spanisch-arabisches Restaurant in Pest. Große Auswahl an Tapas, Tee und selbst gebackenem Kuchen. Die Preise liegen im mittleren Bereich. Hauptgerichte ab 6,50 €. Mittwochs oft marokkanische Musik.

Abszint (65, s. Karte S. 224/25), Andrássy utca 34, ✆ 3324993. In diesem legeren Gourmettempel kann man im Sommer an Budapests Prachtstraße zwischen Opera und Oktogon sogar draußen speisen. Die Küche ist südfranzösisch geprägt und nicht ganz billig. Hauptgerichte ab 12,50 €. Und wer scharf darauf ist: Neben exzellenten französischen und ungarischen Weinen gibt es hier tatsächlich Absinth. Geöffnet täglich 10–24 Uhr.

Karma (69, s. Karte S. 224/25), Liszt Ferenc tér, ✆ 4136764. Das Karma und seine Küche stehen unübersehbar unter asiatisch-mediterranem Einfluss. Auf zwei Etagen verströmt das Interieur aus leichten Holz und Ratanmöbeln ein warmes und jugendliches Feeling. Es gibt große Salate und mit 6,50 € im Schnitt sind die Preise nicht überzogen. Im Sommer sitzt man draußen und das mitten in einer verkehrsberuhigten Kneipenstraße in der Nähe des Oktogon. Guter Startpunkt für einen nächtlichen Streifzug durch die Bars in direkter Umgebung. Geöffnet: 10–1 Uhr.

Treffpunkte und Nachtleben

Von Jahr zu Jahr kann man das Angebot an Treffpunkten und Nachtlokalen wachsen sehen. Besonders erfreulich finden wir, dass die in sozialistischer Zeit noch empfindlich gähnende Lücke zwischen Teenies (Petőfi-Halle) und "gesetztem Mittelalter" (Moulin Rouge, Spielcasinos & Co.) geschlossen wurde: Die Generation der Mittzwanziger bis Fünfziger muss sich nicht länger des Nachts in irgendwelchen schrägen Schuppen quälen, sondern hat heute die Qual der Wahl.

Tipps zu aktuellen Konzerten und Veranstaltungen findet man in der englischsprachigen Zeitung *Budapest Sun*, im *Neuen Pester Lloyd*, in der *Budapester Zeitung* und in Programmzeitschriften wie *PM* (Pesti Müsor, www.pestimusor.hu) und *Pesti Est* (www.est.hu), die in den meisten Kaffeehäusern kostenlos ausliegen. Die Musik- und Nachtclubs, Pubs, Bars und Diskos sind weiträumig in der Stadt verteilt und besonders nach 23 Uhr gilt es zu wissen, wohin. Wer einfach durch die Straßen schlendern und sich spontan für eine Kneipe entscheiden möchte, hat am am Liszt Ferenc tér (Metro Oktogon) oder in der Ráday utca (Metro Kálvin tér) die freie Auswahl. In der verkehrsberuhigten Straße am Liszt Ferenc tér – im Sommer mit großen Terrassen im Freien – liegen zahlreiche Cafés, Kneipen und Restaurants wie u. a. das **Birdland, das Incognito**, das **Karma** und das **Buena Vista.** Zu den hiesigen Szenetreffs zählt das **Pesti Est Café** (mit Musikclub, geöffnet 21–3 Uhr), das den Herausgebern des gleichnamigen Veranstaltungskalenders gehört. Ab 23 Uhr schwärmt ein jüngeres Publikum ein, denn im Keller des **Mediterrán** kann man Di–Sa in der Disko **Undergrass** abtanzen. Auch zu den Diskos in Richtung und um den Westbahnhof oder zu den Kneipen in der Nähe der Oper und Operette ist es vom Liszt Ferenc tér nicht weit.

Ähnlich lebendig geht es in der Ráday utca zu, z.B. im Café **Intenzo**, im Café **Paris Texas**, in dem wegen der abwechslungsreichen Musikauswahl beliebten **Castro Bistro** oder im **Soul** Café und Restaurant mit seiner großen Auswahl an Cocktails. Zentral und mit Angeboten für alle Altersgruppen ist die Gegend zwischen Vörösmarty tér und Váci utca. Die Restaurants und Kneipen am Donaukorso zwischen dem Hotel Intercontinental an der Kettenbrücke bis zur Elisabethbrücke sind vor allem im Sommer wegen des bezaubernden Blicks auf den beleuchteten Burgberg und die Donau zu empfehlen. Eine wunderbare Aussicht genießt man natürlich auch von der Fischerbastei im Burgviertel, das allerdings nach 23 Uhr kein aufregendes Nachtleben mehr bietet. Im Sommer der Hit mit nicht zu übertreffender Aussicht ist bei schönem Wetter die Freiluftdisko **Garden** auf der Zitadelle (Fr, Sa 23 bis 5 Uhr, Infotelefon 5312849). Hier bekommt man nicht nur Drinks, sondern auch Grillgerichte. Das Gelände der Burgruine ist vollständig begehbar und wird überwacht, Kasse unten am Burgtor, Eintritt ca. 5 €, vorwiegend junges Publikum.

Tschechische Küche und all you can eat and drink

Budapest
Karten S. 134/135, 208/209; 224/225 u. 239

Kaffeehäuser und Cafés

Gepflegte Nostalgie aus k.u.k.-Zeiten, liebevoll bewahrt – diese Stimmung vermitteln viele Konditoreien und Kaffeehäuser der Stadt. Die bekanntesten von ihnen sind teure Touristentreffs und nicht wenige davon sogar als Baudenkmäler sehenswert. Wer aber noch nie einen halben Tag oder eine halbe Nacht in einem der ruhigeren, unbekannteren Kaffeehäuser der ungarischen Hauptstadt mit Zeitung lesen, Schauen und Nachdenken verbummelt hat, der hat auch einen der größten Vorzüge des Lebensgefühls, das Budapest zu bieten hat, noch nicht genossen. Alle bedeutenden ungarischen Künstler und Denker der Vergangenheit und Gegenwart jedenfalls, so ist glaubhaft verbürgt, haben diesem Vergnügen ausgiebig gefrönt.

Im Budaer Burgviertel

Korona, I. Bezirk, Dísz tér 16, geöffnet von 9–19 Uhr. Das meist gut gefüllte Konditorei-Café mit schöner Terrasse an der Südseite des Burgviertels bietet Super-Gebäck und freundlichen Service. Der Cappuccino wird mit einer "Punschkugel" serviert – probieren lohnt sich. Durch Panoramafenster kann man das muntere Straßenleben beobachten. Beeindruckend sind der Marmorboden und die Gemälde zeitgenössischer ungarischer Maler an den Wänden.

Ruszwurm, I. Bezirk, Szentháromság tér 7, ✆ 3755284, geöffnet von 10–19 Uhr. Das winzige, relativ teure, sehr bekannte und eigentlich immer rappelvolle Traditionscafé nahe der Matthiaskirche könnte genauso gut unter der Rubrik "Sehenswertes" stehen, denn die original Biedermeiereinrichtung ist über 150 Jahre alt und steht unter Denkmalschutz.

Pierrot, I. Bezirk, Fortuna utca 14, ✆ 3756971. Nettes, kleines Café mit Bambusmobiliar. Leckere Kaffeespezialitäten: Cappuccino, Kapuziner und Melange um 2 € – Schwerpunkt sind aber eher alkoholische Getränke. Es gibt auch einige Kleinigkeiten zum Essen, wie gefüllte Palatschinken für rund 4 €. Abends ab 20 Uhr ist dann manchmal Live-Musik am Piano angesagt. Geöffnet: täglich 11–1 Uhr.

In der Pester Innenstadt

Gerbeaud, V. Bezirk, Vörösmarty tér 7-8, ✆ 3181311, www.gerbeaud.hu. Das Traditionshaus direkt am Ausgang der Metrostation Vörösmarty tér ist die wohl bekannteste Konditorei der ungarischen Hauptstadt. Die nostalgische Einrichtung des Mitte des 19. Jahrhunderts gegründeten und dreißig Jahre später von der Schweizer Süßspeisendynastie Gerbeaud aufgekauften Kaffeehauses wird auch heute noch liebevoll gepflegt. Längst haben die Kuchen, Torten und süßen Leckereien internationales Niveau erreicht – auch vom Preis her. Das an sich stimmungsvolle Kaffeehaus und die angeschlossene Terrasse sind (fast) zu jeder Jahres- und Tageszeit hoffungslos überfüllt. Dann lässt manchmal auch der Service deutlich zu wünschen übrig. Wie schrieb die FAZ in diesem Zusammenhang sehr treffend: "Das Gerbeaud ist die Konditorei mit der schönsten Jugendstil-Einrichtung, den extravagantesten Zuckerbäckereien und den langsamsten Kellnerinnen." Geöffnet: täglich 9–21 Uhr. Danach kann man um die Ecke in das Gerbeaud Bierhaus weiterziehen.

Anna, V. Bezirk, Váci utca 7 (Ecke Türr István utca), ✆ 2669080. Das große, moderne Straßencafé mit dem unterkühlten Charme und seiner überdachten Terrasse ist das beliebteste in der Fußgängerzone und tagsüber wie nachts voll. Man sitzt auf bequemen Sesseln an kleinen, runden Marmortischchen und kann durch die großen Panoramafenster das bunte Treiben auf der Váci utca beobachten. Die Auswahl am Torten- und Kuchenbuffet variiert ständig. Geöffnet: täglich von 8.30–2 Uhr.

Muskatli, V. Bezirk, Váci utca 11, ✆ 2670306. Nettes kleines Café mit ausgedehnten Öffnungszeiten, modern eingerichtet und mit kleiner Terrasse inmitten der Fußgängerzone. Geöffnet: täglich 8–5 Uhr früh!

Bécsi Kávézó, V. Bezirk, Váci utca 50 (Ecke Nyáry Pál utca). Das "Wiener Kaffeehaus" ist ein sauberes, freundliches und eher kleines Café. Trotz der zentralen Lage, rund 100 m vom Ferenciek tere entfernt, ist es hier angenehm ruhig. Man sitzt entweder auf Sesseln oder auf mit rosa Stoff bezogenen Stühlen. Es gibt nur wenige, täglich wechselnde Kuchensorten, einen sehr guten Cappuccino (1,50 €) und eine leckere Melange sowie Kaffeespezialitäten "mit Schuss". Geöffnet: 10–22 Uhr.

Gourmand Eszpresszó, V. Bezirk, Semmelweis utca 2 (Ecke Kossuth L. utca), ✆ 2670240. Das kleine "Vielfraß-Café": Frühstück im ersten Stock; im Sommer kann man auch draußen unter Markisen sitzen. Das Ambiente: drei Fernseher, rotbraune Polsterhocker und Zweisitzerbänke. Die Öffnungszeiten: täglich 8–23 Uhr. Metrostation Astoria, von da rund 100 m.

Central, V. Bezirk, Károly Mihály utca 9, ✆ 2664572. Das berühmte literarische Café aus dem Ursprungsjahr 1887 wurde renoviert und im Jahr 2000 wiedereröffnet. Hier lässt sich angenehm frühstücken oder jederzeit einkehren. Die Galerie dient als gehobenes Restaurant. Einst trafen sich hier Budapester Literaten, literarische Gesellschaften hielten ihre Treffen im Central ab. Drei der bedeutendsten Literaturzeitschriften entstanden im 19. Jahrhundert im Central: "Die Wache", "Der Westen" und "Neumond".

Verkaufsstände und Straßencafés säumen den Donaukorso

Im Burgviertel lässt es sich mittags besonders nett in historischem Ambiente Rast einlegen

Anderswo

Angelika, I. Bezirk, Batthyány tér 7, ✆ 2123784. In einem ehemaligen Pfarrhaus links von der Kirche am Budaer Batthyány tér, nur wenige Schritte von der gleichnamigen Metrostation enfernt, findet man das große, nostalgisch eingerichtete und sehr gemütliche Kaffeehaus. Bei entsprechendem Wetter stehen auch draußen Tische und man hat einen schönen Blick zum Parlament. Es gibt viele Kaffeespezialitäten, leckeren Kuchen und eine umfassende Frühstückskarte. Geöffnet: täglich 10–22 Uhr.

Művész, VI. Bezirk, Andrássy út 29 (Ecke Hajós utca), ✆ 3521337. Hübsches kleines Café mit hohen Räumen in einem alten Haus am Pester Prachtboulevard, nur rund 50 m von der Metrostation Opera entfernt. Eis, Frappé, Yoghurt und eine große Auswahl an Torten lädt zum Verweilen ein. Geöffnet: täglich 8–24 Uhr.

Café Eckermann, Andrássy utca 24, ✆ 3744076. Das Literaturcafé im Gebäude des Goethe-Instituts liegt schräg gegenüber des **Művész.** Es hat kein historisches Ambiente, dafür liegt hier eine große Auswahl deutschsprachiger Zeitschriften und Zeitungen aus und Besucher können auch den Internetanschluss nutzen. Manchmal deutsches Kulturprogramm (Ausstellungen, Lesungen etc.)

Zsolnay, VI. Bezirk, Teréz körút 97 (Ecke Szondi utca), ✆ 3011600. Das große Café im ersten Stock des Hotels Béke-Radisson liegt nur wenige Schritte von der Metrostation Nyugati pu. (Westbahnhof) entfernt. Verspielt und selbstbewusst zugleich kommt es mit riesigen Messingspiegeln, Marmorkamin, Kristalleuchtern sowie rosafarbenen Teppichen und Vorhängen daher. Kaffee und Kuchen werden in (bzw. auf) Zsolnay-Porzellan serviert. Von den vielen Kaffeespezialitäten (es gibt sogar koffeinfreien) können wir den Kapuziner empfehlen. Die leckeren, nostalgischen Torten und Kuchen, wie Dobos-Torte, Mohnzopf und Nusskipferl, erleichtern den Zeitsprung zurück zur Jahrhundertwende und kosten unter 2 € pro Stück. Geöffnet: täglich 10–22 Uhr.

Lukács, VI. Bezirk, Andrássy út 70 (Ecke Izabella utca), ✆ 3028747. Das nostalgische, aber doch nicht süßlich herausgeputzte Kaffeehaus an der Pester Prachtpromenade nahe der Metrostation Vörösmarty utca zählt zu unseren Favoriten –

vielleicht, weil hier trotz der zentralen Lage die Budapester noch in der Mehrheit sind. In den superhohen Räumen sitzt man sehr angenehm auf grünen Polsterstühlen an kleinen Marmortischchen. Das Lokal ist zudem bei weitem nicht so teuer und überlaufen wie gewisse Innenstadtcafés. Am schönsten ist es im reichverzierten hinteren Raum auf halber Höhe. Gute Auswahl an Torten, Kuchen und Gebäck. Geöffnet: Mo–Fr 9–20 Uhr.

Múzeum, VIII. Bezirk, Múzeum körút 12, ✆ 3384221. Rund zwei Fußminuten von der Metrostation Kálvin tér entfernt. Kaffeehaus, Bierbar und Restaurant in einem, direkt neben dem Ungarischen Nationalmuseum. Geradezu antiquiert wirken die hohen Räume mit dem ornamentalen Wandschmuck. Genau der richtige Ort für einen Kaffee nach einem ausgedehnten Museumsbesuch. Wer Hunger hat, kann sich eines der kleinen Gerichte bestellen, zum Beispiel Spaghetti Carbonara oder Paprikahuhn um 5 €. Geöffnet: Restaurant 18–1 Uhr, Bierbar/Kaffeehaus 10–23 Uhr.

Budapest
Karten S. 134/135, 208/209; 224/225 u. 239

Wein- und Bierstuben

Einfach auf die Schilder *Söröző* (Bierstube) und *Borozó* (Weinstube) achten – ihre Zahl ist Legion. Ungarische Weinstuben sind traditionell Stehkneipen. Zum Schoppen, der von den Ungarn gerne mit Mineralwasser verdünnt getrunken wird, schmecken die häufig angebotenen Schmalzbrote sehr gut, die man nach Belieben mit Paprika und Salz bestreuen kann. Viele Weinstuben sind auch tagsüber geöffnet und schließen früh (21/22 Uhr). In den Bierstuben (bis ca. 23 Uhr) wird noch immer vor allem *Kőbányai Világos* (helles Bier aus der Kőbánya-Brauerei im X. Bezirk) getrunken. Gerstensaft vom tschechischen Nachbarn, aus Österreich und aus Deutschland sowie von den bekannten holländischen und skandinavischen Großbrauereien wird auch ausgeschenkt, allerdings zu wesentlich höheren Preisen.

Wer, wie wir, ganz versessen auf den "König der Weine" ist, sollte auf keinen Fall versäumen, der einfachen **Tokaji Borbar** in der Andrássy út 20 (VI. Bezirk, Metrostation Opera) einen Besuch abzustatten. In der mit dunklem Holz eingerichteten Stehkneipe, in der immer der Fernseher läuft, werden ausschließlich Tokajerweine vom Fass ausgeschenkt. Ein 3- bis 6-Puttony-Aszú kostet pro 0,1-Liter-Glas ca. 3–4 €. Die Auswahl an Flaschenweinen, auch zum Mitnehmen, ist noch größer. Geöffnet: täglich 9–21 Uhr. Darunter ist ein gemütlicher kleiner Weinkeller untergebracht, wo man ebenfalls Tokajerweine trinken und ein paar leckere Kleinigkeiten zu mittleren Preisen essen kann.

Eine weitere **Tokajerweinstube** gibt es in der Falk Miksa utca 32 (V. Bezirk; ehemals Néphadsereg út), geöffnet: Mo–Fr 8.30–21 Uhr. Lohnenswert ist auch ein Abstecher zur **Tokaji Borozó** in der Vigyázó Ferenc utca 4 (V. Bezirk, ✆ 2694944).

Aranyászok Söröző, V. Bezirk, József nádor tér 12. Zentral gelegene, oft gut gefüllte Bierbar unweit der Metrostation Vörösmarty tér. Es gibt helles und dunkles Fassbier aus der Budapester Kőbánya-Brauerei. Gerne wird hier auch ein "rigó" (zu deutsch: Drossel) gestemmt, eine Mischung aus hellem und dunklem Bier. Geöffnet täglich von 11–23 Uhr.

Live-Musik

(siehe Karten S. 224/225 und S. 239)

Wo die Bands der Budapester Szene auftreten? Wo man in angenehmer, wenn auch lauter Umgebung sein Bier schlürfen kann? Wo man zu vorgerückter Stunde Blues, Soul, Rock oder Jazz hören und auch mal zu abgedrehter Musik abtanzen kann? Zum Beispiel hier:

Old Man's Music Club (140), VII. Bezirk, Akácfa utca 13, ✆ 3227645. Metro 2, Blaha Lujza tér. Der Keller lohnt auf jeden Fall einen Besuch. Er ist ab 15 Uhr geöffnet und kostet keinen Eintritt. Ab 21 Uhr diverse Konzerte von Rock bis zu Jazz. Anschließend Disko.

Bank Music Club am Westbahnhof: Samstags auch schon nachmittags geöffnet

A 38 Schiff (120), an der Budaer Seite in Höhe der Petöfi-Brücke, www.A38.hu. Konzerte hören, Parties feiern, Cocktails trinken oder auf einem Donauschiff essen. Das sollte man sich nicht entgehen lassen, zumal nur einige Konzerte (meist ab 19 Uhr) Eintritt kosten. Anschließend häufig Disko. Das Schiff ist täglich von 9 bis 4 Uhr geöffnet.

Fat Mo´s Music Club, V. Nyári Pál utca 11, ✆ 2673199, Metro 3, Ferenciek tére. Tipp für das Wochenende. Junges Publikum. Konzerte (Jazz-Funk) freitags und samstags ab 24 Uhr. Zu finden in einer Seitenstraße der Váci utca.

Bamboo Music Club, VI. Bezirk, Dessewfy utca 44, ✆ 3123619, www.extra.hu/bamboo. Funk und Latin Music, Live und DJ´s. Geöffnet 21–5 Uhr.

New Orleans Music Club, VI. Bezirk, Lovag utca 5, ✆ 3541130. In diesem gehobenen Restaurant spielen dienstags bis samstags ab 21 Uhr ungarische und ausländische Jazzbands.

Desperados Music Pub, V. Bezirk, Kossuth Lajos utca 20, ✆ 3175180. Tipp für alle Fans der 80er und 90er Jahre-Musik. Blues und Rock 'n' Roll, garantiert kein Techno. Geöffnet 16–2 Uhr, am Wochenende bis 5 Uhr.

Raday Club (117), IX. Bezirk, Ráday utca 43–45, ✆ 2174766. Diverse Rockkonzerte zu kleinen Eintrittspreisen. Samtags Party bis 4.30 Uhr.

End Station, VII. Bezirk, Kertész utca 33. Rock 'n' Roll und ab 22 Uhr Disko bis 5 Uhr, besonders am Wochenende gut besucht.

Music Corner Mediterrán Club, V. Bezirk, Arany J. utca, ✆ 2693759, www.musiccorner.hu. Funk, Soul, Rock und Techno, Konzerte und Dj´s. Auch Karaoke-Shows.

Crazy Café Dzsungel Bar, VI. Bezirk, Jókai utca 30, ✆ 3024003. Schrilles Café in wildem Dschungeldesign in einem Kellergewölbe. Blues, Funk, Afro und Karaoke Abende. Täglich 12–1 Uhr.

Cotton Club, VI. Bezirk, Jókai utca 26, ✆ 3540886. So gut wie täglich Konzerte von ungarischer Gitarre bis Latin und Funk. Ab 20 Uhr.

Café Miro Var, I. Bezirk, Úri utca 30, ✆ 3755458. Täglich 10–24 Uhr. Ab 20 Uhr spielen Bands. Am Wochenende auch Disko. Man erreicht es mit dem Várbusz, Haltestelle Szentháromság tér.

TRAFÓ (114), IX. Bezirk, Liliom utca 41, ✆ 4562055. Französische Hausbesetzer riefen einst auf einem alten Fabrikgelände dieses progressive Kultur- und Kunstzentrum ins Leben, das inzwischen seit einigen Jahren spannende Konzerte, Performances und Veranstaltungen bietet, darunter Jazz und regelmäßige, gemeinsam mit dem Institut Français veranstaltete Konzertreihen.

Millenáris Park, II. Buda, Kisrókus utca 16–20, ✆ 4385353. Fast täglich ab 20 Uhr Jazzkonzerte zu moderaten Eintrittspreisen.

Fonó, XI. Bezirk, Sztregova utca 3, ✆ 2065300. Jeden Monat mindestens einmal ein Jazzkonzert, meist treten hier Quartette auf. Die Konzerte beginnen um 20 Uhr. Ansonsten viel authentische ungarische Gitarren- und Volksmusik im Programm.

Hades Jazztaurant, VI. Bezirk, Vörösmarty utca 31, ✆ 3521503. Angenehme Atmosphäre, wechselnde Bands und ungarische Küche. Sa und So geschlossen. In der Woche 12–24 Uhr.

Hemingway Club, XI. Kosztolányi D. tér 2, ✆ 3810522. Konzerte meist von Quintetten oder Duos, Nachtcafé, geöffnet 12–2 Uhr.

Jazz Garden Club, V. Bezirk, Veres Pálné utca 44a, ✆ 2667364, www.jazzgarden.hu. Abendlich Jazzkonzerte ab 20.30 Uhr. Gehobenes Restaurant. Sa, So bis 2 Uhr geöffnet, sonst bis 1 Uhr.

Fregátt Pub, V. Bezirk, Molnár utca 26 (Ecke Pintér utca), ✆ 3189997. Sehr einladende Musikkneipe nahe dem Március 15 tér: lange Bar und nur wenige, fast immer besetzte oder reservierte Tische. Es sieht ein wenig aus wie auf einem Schiff. Außer Getränken (preiswertes Fassbier!) gibt es auch noch ein paar kleine Gerichte. An jedem zweiten Tag Live-Jazz. Geöffnet: Mo–Fr 12–1 Uhr sowie Sa/So 17–1 Uhr.

Budapest
Karten S. 134/135, 208/209, 224/225 u. 239

Underground

Ein Loch in der Zeit, ein Loch in der Wirklichkeit. Sicher nicht jedermanns Sache, aber von allen Jugend- und Kulturzentren der Stadt das mit der bewegtesten Underground-Tradition:

Vörösmarty Művelődési Ház ("Fekete Lyuk"), VIII. Bezirk, Golgota út 3, ✆ 3138430. Die Straßenbahnlinie 23 vom Baross tér am Ostbahnhof bis zur Haltestelle Delej utca fahren, von dort rund zwei Minuten zu Fuß. Das "Schwarze Loch" liegt in der Golgota-Straße – nichts könnte passender sein. Wer den linken Seiteneingang des Arbeiterviertel-Kulturhauses entdeckt hat, findet sich in einer knüppelharten Umgebung wieder. Auf den ersten Blick wirkt der Laden wie ein katholisches Jugendzentrum, das schon seit mehreren Jahren von Autonomen besetzt ist: großzügige Kellerräume, zahllose Graffiti an den Wänden, abgewetzte Kinostühle, klebriges sperrmüllreifes Mobiliar, vollgedröhnte Kids, Schmutz und Mief. Das Publikum ist hauptsächlich unter 20, es laufen aber auch etliche Subkultur-Veteranen herum. Wer sich hier zu akklimatisieren vermag, findet sich am innovativsten Veranstaltungsort der Metropole wieder. Fast jeden Abend finden Konzerte statt (gelegentlich auch Rock, Blues und Punk), wobei es vor allem die Trendsetter und abgedrehtesten Performer hierher verschlägt. Der Eintritt beträgt rund 1 €. Geöffnet: Fr, Sa und So 20.30–4 Uhr.

Dancing

(siehe Karten S. 224/225 und S. 239)

Nach einem Tag voller beeindruckender Sehenswürdigkeiten und viel Latscherei mal so richtig abhotten, in die kunstnebelumwaberten Untiefen des Budapester Nachtlebens abtauchen:

Petőfi-Halle (126), XIV. Bezirk, Zichy Mihály utca 14, ✆ 3633730. Nach wie vor besonders beliebt ist die "Starlight-Disco" des hauptstädtischen Jugend- und Freizeitzentrums am Samstagabend. Vor der Kasse bildet die Budapester Jugend lange Schlangen. Teens und auch ein paar Twens erscheinen hier, von solide gewandet bis aufgetakelt. Wohlerzogen vergnügt man sich bei Live- und Disco-Musik, einer Cola und beim amüsanten Spielchen "Sehen und Gesehenwerden". Wer nicht mit dem Auto kommt, fährt mit der O-Buslinie 70 vom Keleti pu. bis zur Haltestelle Hermina. Der letzte Bus zurück in die Stadt geht allerdings schon um 23.30 Uhr.

E-Klub, X. Bezirk, Népliget, ✆ 2631614, www.e-klub.hu. Metro 3 Népliget. Freitags und samstags hottet hier die Budapester Jugend in drei Sälen. Im Sommer ist diese Disko besonders wegen ihrer Terrasse zu empfehlen. 20–5 Uhr.

Bank Music Club (59), VI. Bezirk, Teréz körút 55, ✆ 4145025. Bei Youngstern beliebte Disko

im südlichen Flügel des Westbahnhofs neben dem Mac Donald´s. Im ersten Stock manchmal Life-Musik (Funk, Latin, Hiphop etc.) im zweiten Disko. Do–Sa 21–5 Uhr.
Underground (61), VI. Bezirk, Teréz körút 30, ✆ 2695566. Metro 1, Oktogon. Ab 20 Uhr treten hier manchmal Bands auf. Die Disko startet täglich um 22 Uhr. Mi–Sa 20–5 Uhr, So–Di 20–1 Uhr.
Rocktogon (60), VI. Mozsár utca 9, ✆ 3530443. Metro 1, Oktogon. Tägl. Rock´n´Roll und Disko ab 23–4 Uhr. Hier kontrollieren Türsteher ziemlich scharf, wer herein darf.
Studentendiscos erfreuen sich an Samstagabenden ebenfalls großer Beliebtheit. Dazu zählen insbesondere die Disco im "**Sote-Club**" der medizinischen Fakultät (IX. Bezirk, Nagyvárad tér 4) und die Disco der Wirtschaftsuni ("**Közgác Pince Klub**", IX. Bezirk, Fővám tér 8, geöffnet Mo–Sa 18–5 Uhr).
M4 Music Club (88), VII. Bezirk, Dohány utca 22, ✆ 3220006. Metro 2 Astoria. Donnerstags Uni-Parties und samstags Disko, in der Woche spielen manchmal Bands. 18–2 Uhr.

Nachtclubs, Shows und Entertainment

Bars, Nachtclubs und Tanzlokale gibt es in, neben und nahe den großen internationalen Hotels. Viele Nachtlokale bieten auch Shows, wobei der Schwerpunkt mal auf Revue, mal auf Varieté und mal auf Striptease liegt. Diese Form der "seriösen" Abendunterhaltung setzt in aller Regel eine gepflegte Garderobe voraus, in einigen Fällen ist sogar das Tragen von Krawatte und Sakko beziehungsweise Abendkleid zwingend vorgeschrieben. Neben dem üppigen Eintrittsgeld ist nicht selten (zusätzlich!) ein Mindestverzehr in nicht unbeträchtlicher Höhe vorgeschrieben.

Moulin Rouge, VI. Bezirk, Nagymező utca 17, ✆ 4721011. Rund 100 m von der Metrostation Opera entfernt. Geöffnet täglich 9–4 Uhr. Bis zu drei Vorstellungen an einem Abend.
Maxim Variété, VII. Bezirk, Akácfa utca 1–3, ✆ 3420145. Direkt an der Metrostation Blaha Lujza tér. Das bekannte Nachtlokal mit dem voll klimatisierten Zuschauerraum ist von 20–3 Uhr geöffnet. Showbeginn ist jeweils um 21.30 und 24 Uhr. Auf der Bühne geben sich Zauberer, Folkloretänzer und leicht bekleidete Mädels ein Stelldichein. Eintritt ab 25 €, außerdem 20 € Mindestverzehr pro Person.
Phönix-Bar im Grand Hotel Hungária, VII. Bezirk, Rákóczi út 90. Tischreservierung unter ✆ 3229050. Der Nachtclub mit Revueprogramm (täglich außer Di, 22–4 Uhr geöffnet) liegt direkt am Keleti pu., dem Budapester Ostbahnhof mit der gleichnamigen Metrostation.

Spielkasinos

Wenn bei vielen das Geld so richtig knapp wird, sitzt es bei einigen umso lockerer. Das kann man auch in den überwiegend vornehmen Budapester Spielkasinos beobachten, wo die Ausländer schon lange nicht mehr nur unter sich sind. Auch für psychologisch interessierte Leser ein interessantes Beobachtungsfeld – harte Szenen, in gepflegt-vornehmem Ambiente, versteht sich.

Orfeum Casino, VI. Bezirk, Teréz körút 43, ✆ 2691794. Der einst so glanzvolle Belle-Époque-Nachtclub im Hotel Béke Radisson am Westbahnhof (Nyugati pu.) gehörte bis vor einigen Jahren noch mit Revue, Musik und Tanz zu den Höhepunkten des Nachtlebens. Jetzt heißt es auch hier "Rien ne va plus", täglich von 17–4 Uhr.
Casino Lido, V. Bezirk, Szabadsajtó út 5, ✆ 1182404. Das Spielkasino unweit der Metrostation Ferenciek tere ist täglich von 12 bis 3 Uhr geöffnet.
Casino Vigadó, V. Bezirk, Vigadó utca 2, ✆ 2665579. Das Spielkasino am Vörösmarty tér in der Pester Innenstadt bietet Roulette, Black Jack, Poker und Automaten in gehobenem Ambiente, nämlich dem Marmorkuppelsaal der Pester Redoute. Geöffnet 14–5 Uhr.
Grand Casino, V. Bezirk, Deák Ferenc utca 13. ✆ 4830170, Grandcasino@axelero.hu, Geöffnet 0–24 Uhr.

Sport

Baden

Heilbäder: An die 170 Heil- und Thermalquellen sprudeln auf dem Gebiet der Hauptstadt, die sich auch *Bad Budapest* nennen dürfte. Täglich kommen auf diese Weise 50.000 Kubikmeter Wasser an die Oberfläche und speisen die weltberühmten Bäder. Schon die Römer wussten die Quellen sehr zu schätzen (vgl. Sehenswertes, Aquincum). Viele Heilbäder (ungarisch: *Gyógyfürdő*) wurden auch von den türkischen Eroberern gegründet. Deren wichtigste Tat aber war die Verankerung ihrer traditionellen Badehauskultur in der ungarischen Lebensart. Und so werden die hiesigen Heilbäder heute nicht nur zur Linderung vieler Beschwerden, sondern auch als Orte der Entspannung und Kommunikation besucht. Beliebt und abends bis mindestens 21 Uhr geöffnet sind auch die Thermalbäder der großen Hotels Aquincum Corinthia, Danubius Thermal Hotel, Grand Hotel Margitsziget und Hotel Helia (Adressen siehe Übernachtungen).

Nachtbaden: Achten Sie in den Veranstaltungsmagazinen auf die Ankündigung Cinetrip Vízi-Mozi, (www.cinetrip.net). Das sind Events mit Kinofilmen, Musik und Tanz und Nachtbaden, die etwas alle zwei Monate samstags von 21–3.30 Uhr im Rudas-Bad stattfinden. Tipp: Im Gellért häufig freitags und samstags von 20–24 Uhr Nachtbaden mit Musik.

Budapest
Karten S. 134/135, 208/209; 224/225 u. 239

Die folgenden Vokabeln werden Ihnen bei einem Besuch ungarischer Heilbäder gewiss von Nutzen sein: *Kádfürdő* (Wannenbad), *Gőzfürdő* (Dampfbad), *Iszapfürdő* (Schlammbad), *Törülköző* (Handtuch), *Szauna* (Sauna) und *Masszázs* (Massage).

Rác, I. Bezirk, Hadnagy utca 8–10. Das stimmungsvolle, alte Bad mit schwefelhaltigem Heilwasser liegt nicht weit vom Budaer Brückenkopf der Elisabethbrücke, rund 200 m vom Rudas-Bad entfernt und wird aus denselben Quellen gespeist. Wird renoviert und voraussichtlich im Verlauf des Jahres 2004 wiedereröffnet.

Rudas, I. Bezirk, Döbrentei tér 9, ✆ 3561322. Das große türkische Rudas-Bad, von Pascha Mustafa 1566 gegründet, am Nordende des Gellértberges nahe der Elisabethbrücke gelegen, bietet mehrere Wasserbecken von warm bis heiß – allerdings nur für Männer. Imposant ist die von acht Säulen getragene Gewölbekuppel des Bades. Geöffnet: Thermalbad Mo–Fr 6–20 Uhr, Sa/So 6–12 Uhr; Schwimmbad Mo–Fr 6–18 Uhr, Sa/So 6–13 Uhr.

Lukács, II. Bezirk, Frankel Leó út 25–29, ✆ 3261695. Das Lukács-Thermalbad, nahe dem Budaer Brückenkopf der Margaretenbrücke gelegen, mit seinem leicht radioaktiven Heilwasser und dem angeschlossenen, ganzjährig geöffneten Schwimmbad wurde gegen Ende des 19. Jahrhunderts erbaut. Öffnungszeiten von Thermalbad und Schwimmbad: Mo–Fr 6–19 Uhr, Sa/So 6–17 Uhr.

Király, II. Bezirk, Fő utca 82–84, ✆ 2014392. Das Király wurde bereits in der zweiten Hälfte des 16. Jh. von den Türken gegründet. Schon von weitem erkennt man es noch heute an seiner grünspanigen Kuppel mit dem osmanischen Halbmond. Das schwülwarme, schummerige und dampfschwadenverhangene Bad bietet ein Erlebnis der besonderen Art. Zu erreichen am besten von der Metrostation am Batthyány tér. Öffnungszeiten: Frauen: Di und Do 6–18 Uhr, Sa, 6.30–12 Uhr. Männer: Mo, Mi, Fr 9–20 Uhr.

Gellért Bad: die berühmteste Therme Budapests

Gellért, XI. Bezirk, Kelenhegyi út 4, ✆ 4666166. Zu den schönsten Heilbädern Europas zählt das Gellért dank seines 1934 anstelle des Wintergartens erbauten Sprudelbads mit Säulenhalle und Jugendstil-Dekoration sowie den blau gehaltenen Mosaiken in den türkischen Dampfbädern. Das große Thermalheilbad mit nostalgischem Charme und schönem Garten kann auch von Nicht-Hotelgästen benutzt werden. Angeschlossen sind ein Wellenbad, Thermal- und Schwimmbecken, außerdem Massagen und medizinische Anwendungen. Wer ein Ticket löst, kann auch Handtücher und Badezeug ausleihen. Es gewährt Zutritt zu den Schwimmbädern innen und außen sowie zu den für Männer und Frauen getrennten Thermalbereichen mit Dampfbad. Im Freien gibt es noch ein Thermalbecken. Öffnungszeiten: Thermalbad Mo–So 6–18 Uhr.

Thermál, XIII. Bezirk, Margitsziget, ✆ 8894752. Das bekannte moderne Heilbad auf der Margareteninsel ist dem gleichnamigen Hotel angeschlossen. Es hat vier Heilbecken und ein Schwimmbecken. Thermal- und Schwimmbad sind täglich 7–20 Uhr geöffnet.

Széchenyi, XIV. Bezirk, Állatkerti körút 11, ✆ 3633210. Das bekannte Heilbad liegt im nördlichen Teil des Stadtwäldchens (vgl. auch Sehenswertes/Stadtwäldchen). Der Westeingang befindet sich gegenüber dem hauptstädtischen Großzirkus. Das Széchenyi-Bad gliedert sich in fünf Abteilungen: 1. Thermal- und Wannenbad, 2. Thermalbad mit Sauna, 3. Freibad mit Sauna, 4. Spitalabteilung und 5. Trinkhalle und Heilpflanzen. Mittlerweile wird im Hause auch Akupunktur angeboten. 76 Grad warmes Wasser speist die Becken des ganzjährig geöffneten Bades. Beeindruckend ist das herrliche Foyer am Osteingang. Außer baden und im Wasser Schach spielen kann man hier gegen Aufpreis saunen, Heilwasser trinken und medizinische Anwendungen erhalten. Geöffnet: Mo–Sa 6–19 Uhr. Schwimmbad auch So 6–17 Uhr.

Weitere Budapester Heilbäder:

Dagály, XIII. Bezirk, Népfürdő utca 36, ✆ 4524500. Öffnungszeiten des Heil-, Schwimm- und Freibads, das früher Szabadság (zu deutsch: Freiheit) hieß: Mai–September Mo–So 6–19 Uhr, Oktober–April Mo–Fr 6–19, Sa/So 6–17 Uhr.

Ujpest Heil- und Schwimmbad, IV. Bezirk, Árpád út, 114–120, ✆ 3693194. Geöffnet Mo–Fr 6–19 Uhr, Sa–So 6–13 Uhr.

▸ **Freibäder**: Die ungarischen Freibäder (*Strandfürdő*) öffnen Anfang Mai ihre Pforten. Gegen Ende September geht die Saison zu Ende. Am bekanntesten, beliebtesten und größten sind:

Pünkösdfürdői, III. Bezirk, Királyok útja 272 (Ecke Pünkösdfürdő utca), ✆ 3886665. Geöffnet 15.5.–31.8. Mo–So 8–19 Uhr, 1.–15.9. eine Stunde kürzer. Die Buslinie 34, die vom Római-Bad abfährt (siehe unten), hält vor dem Bad.

Római, III. Bezirk, Rozgonyi Piroska utca 2, ✆ 3889740. Geöffnet: Mai–August Mo–Sa 8–19 Uhr, So 9–18 Uhr, 1.–15.9., 10–18 Uhr. Neben dem Római-Fürdő-Campingplatz in Óbuda. Anfahrt mit der Vorortbahn acht Stationen ab Batthyány tér in Richtung Szentendre oder mit dem Bus Nummer 134 ab Flórián tér.

Palatinus, XIII. Bezirk, Margitsziget, ✆ 3404505. Geöffnet 15.5.–31.8. Mo–So 9–19 Uhr. Der Bus Nummer 26 fährt längs über die gesamte Margareteninsel von der Metrostation Árpád híd zur Metrostation Nyugati pu. (und umgekehrt) und hält am Freibad.

Dagály, XIII. Bezirk, Népfürdő utca 36, ✆ 4524500, Mai–September 6–19 Uhr, Oktober–April Mo–Fr 6–19 Uhr, Sa–So 6–17 Uhr. Neben dem o.g. Heilbadbereich gibt es auch ein Schwimmbad. Liegt am Pester Brückenkopf der Árpád-híd, nicht weit von der gleichnamigen Station der blauen Metrolinie.

Budapest Karten S. 134/135, 208/209; 224/225 u. 239

Reiten

Detaillierte und aktuelle Auskünfte über Reitmöglichkeiten rund um Budapest erteilt Tourinform (siehe Informationen).

Reitschule, VIII. Bezirk, Kerepesi út 7, ✆ 3135210. Mo–Fr 8–10 und 14–17.15 Uhr, Sa 9–11.45 Uhr.

Reitschule Petneházy, II. Bezirk, Feketefej utca 2–4 (Adyliget), ✆ 3975048. Di–Sa 9–16 Uhr, So 9–18 Uhr, Mo geschlossen.

Western Reitschule, XVIII. Torockó utca 16a, ✆ 9669992. Di–Sa 9–16 Uhr, So 9–17 Uhr, Mo geschlossen.

Tennis

Mit Ausnahme einiger hoteleigener Hallenplätze ist das Tennisspielen fast nur im Sommer möglich. Bei der Reservierung eines Platzes hilft Tourinform.

Római Tennisakadémia, III. Bezirk, Királyok útja 105, ✆ 2403692.
Fongráf Tenisz Club, XII. Költö utca 30, ✆ 3955390.

Wandern

Das schönste Wandergebiet in unmittelbarer Stadtnähe sind die Budaer Berge (siehe *Sehenswertes*). Auch das schnell erreichbare Donauknie (siehe dort) ist ein beliebter Ausgangspunkt für Wanderungen.

Zum Zuschauen

Karten für Sportveranstaltungen bekoammt man per Internet unter www.tex.hu, am Veranstaltungsort oder bei folgenden Verkaufsstellen:

VI. Bezirk, Andrassy út 18, Mo–Fr 9.30–18.30 Uhr, Mammut-Einkaufszentrum (siehe Shopping) Mo–Fr 10–18 Uhr und Sa 10–13 Uhr, in der Jókai utca 40 (MDC Zeneáruház) Mo–Sa 10–19 Uhr und bei Ibusz, Ferenciek tere 10, 9–17 Uhr.

Eine aktuelle Zusammenstellung der wichtigsten Sportereignisse des Monats enthält das mehrsprachige Heft *Programme*, das überall in Budapest (z. B. bei Tourinform und in den meisten Reisebüros) kostenlos erhältlich ist.

Zu den attraktivsten Sportveranstaltungen zählt der alljährlich meist Anfang August ausgetragene *Große Preis von Ungarn* der Formel 1 auf dem Hungaroring. Karten für das Hauptrennen bekommt man bei fast allen

Reisebüros – unbedingt so früh wie möglich reservieren. Den Hungaroring erreicht man mit der Vorortbahn (HÉV) auf der Strecke Őrs vezér tere (Endstation der roten Metrolinie) in Richtung Gödöllő oder mit Sonderzügen vom Keleti- und Nyugati-Bahnhof.

In der Nachbarschaft des Keleti-Bahnhofs liegt eine große *Sportanlage* mit dem Volksstadion, der Nationalen Sporthalle, dem Kleinen Stadion und der Budapester Sporthalle, wo fast täglich Sportveranstaltungen stattfinden (Anfahrt mit der roten Metrolinie). Die meisten *Schwimmwettkämpfe* werden im Hajós-Alfréd-Sportschwimmbad auf der Margareteninsel ausgetragen.

Ein Vergnügen ganz eigener Art ist ein Besuch auf der Budapester *Trabrennbahn* (ungarisch: Ügetőpálya; Kerepesi út 9–11). Wenn in der Saison am Mittwoch um 15.45 Uhr und am Samstag um 14 Uhr die Sulkys starten, sind die Dutzenden von Schaltern, an denen man Sieg- und Einlaufwetten platzieren kann, von einem bunten Menschengewimmel umlagert. Wer sich bereits am Haupteingang eine Rennzeitung besorgt hat, kann jetzt versuchen, aus den Statistiken schlau zu werden, was gar nicht so schwierig ist, wie es zunächst aussieht, auch wenn man des Ungarischen gar nicht mächtig ist. Und dann heißt es: entscheiden, wetten, zittern – und verlieren. Big fun!

Anfahrt mit der Metro bis Keleti pu., dann eine Station mit der Trolleybuslinie 80 oder dem Bus Nummer 95.

Ähnlich unterhaltsam geht es auch auf der *Galopprennbahn* zu (ungarisch: Lóversenytér; X. Bezirk Albertirsai út 2). Dort beginnen die Rennen in der Saison ab Mitte März donnerstags gegen 16 Uhr und sonntags gegen 14 Uhr.

Anfahrt rote Metro bis Pillangó utca.

Einkaufen

Shopping in Budapest – das hieß früher: tütenschleppende Westtouristen im Kaufrausch, völlig verzückt darüber, wie billig doch alles wäre, und Ungarn zusammen mit Besuchern aus anderen damaligen Warschauer-Pakt-Staaten, die sich staunend die Nasen an den Schaufenstern plattdrückten, völlig überrascht davon, was es alles gab und wie viele eigene Monatsgehälter die betreffenden Waren kosteten. Fragt man heutzutage jeweils einen Budapester und einen Westtouristen, was sich denn seither geändert hat, werden beide wohl übereinstimmend antworten: "Alles ist teurer geworden."

Die meisten Geschäfte, vom Massengeschmacks-Kaufhaus bis zur eleganten Vorzeige-Boutique, findet man auf der Pester Váci utca und in ihrer Umgebung. Überdurchschnittlich viele Schaufenster gibt es außerdem auf der Kossuth Lajos utca und ihrer westlichen Verlängerung, der Rákóczi út.

Antiquitäten

Um allen Illusionen gleich vorzubeugen: "Echte" Antiquitäten sind in der Regel mindestens ebenso teuer wie daheim. Dennoch machen die einschlägigen Budapester Geschäfte Umsätze wie nie zuvor. Dabei fing vor ein paar

Budapest ist eine Fundgrube für Antiquitätenliebhaber

Budapest
Karten S. 134/135, 208/209; 224/225 u. 239

Jahren noch alles ganz harmlos an: Da sorgten die rege Kauflust der zumeist westdeutschen Touristen und die leise Tendenz des damals noch sozialistischen Staates, privatwirtschaftlichen Bestrebungen gegenüber toleranter zu werden, dafür, dass sich gestandene Flohmarkthändler, die zuvor in Hinterhöfen und Schuppen ihre Fundsachen praktisch unter der Hand angeboten hatten, plötzlich zu fachkundigen Ladenbesitzern mauserten. Unter allerlei Tand und Trödel konnte man plötzlich in diesen ersten privaten Geschäften hin und wieder (jedenfalls eher als in den staatlichen) auch einen guten Fund machen, was sich natürlich schnell herumsprach. Einige von diesen Pionieren haben übrigens bis heute überlebt, z. B. in der berühmten Falk Miksa utca, die früher Néphadsereg út (zu deutsch: Straße der Volksarmee) hieß.

Doch die Goldgräberzeiten sind mittlerweile definitiv vorbei. Falls Sie etwas kaufen wollen, sollten Sie sich auf jeden Fall genau erkundigen, ob der begehrte Gegenstand überhaupt ausgeführt werden darf. Bei Gemälden ist beispielsweise eine Expertise notwendig, die von der Nationalgalerie erstellt wird. Auskunft in Zollfragen erteilt der Informationsdienst des Zoll- und Finanzamtes (siehe unter Zoll, Wissenswertes von A bis Z)

Wer ohne offizielle Genehmigung bei der unerlaubten Ausfuhr erwischt wird, ist nicht nur seine Errungenschaft los, er riskiert zudem auch eine empfindliche Strafe.

Relikvia Galéria Antikvitás, I. Bezirk, Fortuna utca 14, ✆ 1756971. Antiquitätenladen im Budaer Burgviertel im Keller des Cafés Pierrot mit Gemälden und Porzellan. Geöffnet: täglich 10–18 Uhr.

Regi Posta Antikvitás, V. Bezirk, Régiposta utca 7–9; in einer Seitenstraße der Váci utca zwischen den Metrostationen Ferenciek tere und Vörösmarty tér. Kleiner Hinterhofladen, der vor allem Gläser,

Bilder und Porzellan anbietet. Geöffnet: Mo–Fr 10–18 Uhr (Mittagspause von 12–13 Uhr) und Sa 10–13 Uhr.

Antikvitás, V. Bezirk, Deak Ferenc utca 17, direkt an der Metrostation Deak tér. Porzellan, Uhren, Vasen und allerlei Kleinkram. Geöffnet: 9–17 Uhr.

Stilbútor (BÁV), V. Bezirk, Szent István körút 3, ✆ 3111092. Hauptsächlich Möbel, Gemälde und Lampen. Von der Metrostation Nyugati pu. (Westbahnhof) eine Station mit der Straßenbahnlinie 4 oder 6 in Richtung Moszkva tér. Geöffnet: Mo–Fr 10–18 Uhr, Sa 9–13 Uhr.

Qualitas Antiquitas, V. Bezirk, Falk Miksa utca 32. Vor allem Zsolnay- und Herender Porzellan, aber auch Gemälde, Leuchter, Kleinmöbel und Folkloreartikel. Geöffnet: Mo–Fr 10–18 Uhr und Sa 10–13 Uhr. Jeweils rund fünf Fußminuten von den Metrostationen Nyugati pu. und Kossuth tér.

Kieselbach, V. Bezirk, Szent István körút 5, ✆ 2693148. Antike Möbel und Gemälde. Alteingesessenes und bekanntes Auktionshaus. Täglich 10–18 Uhr.

Pintér, Falk Miksa utca 10. Auf drei Etagen inklusive Keller und Erdgeschoss kann man hier zwischen antiken Möbeln und Nippes aus zweiter Hand stöbern und danach in dem kleinen Café eine Pause einlegen.

Régimódi, V. Bezirk, Falk Miksa utca 30. Fast ausschließlich Zsolnay- und Herender Porzellan. Geöffnet: Mo–Fr 10–18 Uhr. Jeweils rund fünf Fußminuten von den Metrostationen Nyugati pu. und Kossuth tér.

Antikladen Kruj Andor, V. Bezirk, Falk Miksa utca 28, ✆ 1128911. Hauptsächlich Möbel und Gemälde. Geöffnet: Mo–Fr 10–18 Uhr und Sa 10–13 Uhr. Jeweils rund fünf Fußminuten von den Metrostationen Nyugati pu. und Kossuth tér.

Antik Óra, V. Bezirk, Falk Miksa utca 13, ✆ 3127877. Geöffnet: Mo–Fr 10–18 Uhr, Sa 10–13 Uhr. Jeweils rund fünf Fußminuten von den Metrostationen Nyugati pu. und Kossuth tér.

Briefmarken

Wer die bunten Bildchen mit den vielen Zacken sammelt, wird nicht nur die ungarischen Postämter aufsuchen, sondern auch den entsprechenden Spezialgeschäften einen Besuch abstatten wollen. Dabei ist jedoch zu beachten, dass die Ausfuhr von Briefmarken noch immer ziemlich strengen Zollbestimmungen unterliegt. Ihr Händler kennt gewiss den aktuellsten Stand der diesbezüglichen Vorschriften.

Briefmarkengeschäft in der Szabad Sajtó út 6, V. Bezirk, Metrostation Ferenciek tere, geöffnet: Mo–Fr 9–17 und Sa 9–13 Uhr. Das **Briefmarkengeschäft** in der Fußgängerzone (Váci utca 63, V. Bezirk) ist geöffnet: Mo–Fr 9–17 Uhr und Sa 9–12 Uhr.

Eine gute Auswahl an in- und ausländischen Briefmarken, alten Postkarten und Kuverts führen auch die beiden **Profila-Geschäfte** in der Kazinczy utca 3/a (VII. Bezirk; nur wenige Schritte von der Rákóczi út entfernt, rund fünf Fußminuten von der Metrostation Astoria) sowie in der Dob utca 46/b (VII. Bezirk, in der Nähe des Klauzál tér).

Bücher

Die Auswahl an deutschsprachigen Büchern ist in den vergangenen Jahren drastisch zurückgegangen. Heute stammen fast alle Titel aus ungarischer Produktion und sind auf den Bedarf des interessierten Urlaubers zugeschnitten. Da gibt es zumeist großformatige Ungarn-Bildbände, Prosa von nationalen Prestigeliteraten der letzten Jahrhunderte, Kinder- und Märchenbücher, Kochbücher, Reiseführer und Karten sowie einige Sachbücher, zumeist mit landeskundlichem Einschlag.

Druckfrisch

Die beste Auswahl an druckfrischen, deutschsprachigen Büchern hat man in der **Buchhandlung** Váci utca 19 (V. Bezirk). Dort gibt es auch ein erfreuliches Sortiment an Stadtplänen, Reisebüchern und Bildbänden. Das Angebot wurde mittlerweile um etliche Bücher aus deutscher Produktion ergänzt. Hier ist immer viel Be-

Spitzenkleidchen und -deckchen sind begehrte Mitbringsel

trieb. Geöffnet: Mo–Fr 10–18 Uhr und Sa 9–13 Uhr. Rund 200 m von der Metrostation Ferenciek tere.

Stúdium Akadémia Könyvesbolt, V. Bezirk, Váci utca 22,; zwischen den Metrostationen Ferenciek tere und Vörösmarty tér gelegen. Universitätsbuchhandlung, die immer auch ein paar deutschsprachige Reiseführer und Bildbände vorrätig hat. Geöffnet: Mo–Fr 10–18.30 Uhr, Sa/So 10–15 Uhr.

A világsajtó háza, Városház utca 3–5. Metro Ferencik tere oder Kálvin tér (Filiale). Der Name heißt übersetzt "Haus der Weltpresse". Hier gibt es über 1200 ausländische Zeitungen und Zeitschriften, darunter zahlreiche deutschsprachige.

Antiquarisch

Központi Antikvárium, V. Bezirk, Múzeum körút 13–15, ✆ 3173514, ℻ 2661970, rarebooks@bookline.hu, www.bookline.hu. Knapp fünf Fußminuten von der Metrostation Kálvin tér entfernt. Das Budapester Zentralantiquariat und Auktionshaus ist die erste Adresse für gebrauchte deutschsprachige Bücher. Sehr gute Auswahl in vielen Wissensgebieten und Literaturgattungen, auch viele Taschenbücher. Geöffnet: Mo–Fr 10–18.30 und Sa 10–14 Uhr.

Eine gute Auswahl an deutschsprachigen Büchern führt auch das **Antiquariat** in der Andrássy út 2 (VI. Bezirk, ✆ 32315132, Metrostation Bajcsy Zsilinszky út). Unbedingt auch im ersten Stock nachsehen! Geöffnet: Mo–Fr 10–18 Uhr und Sa 9–13 Uhr.

Flohmarkt

Ein alteingesessener Flohmarkt findet immer samstags und sonntags von 7–14 Uhr in der Petöfi Halle (Adresse siehe unter Live-Musik) im Stadtwäldchen statt. Viclleicht die beste Möglichkeit, etwas zu stöbern und zu bummeln, ohne die weite Fahrt zu den anderen Flohmärkten an den Stadtrand zu unternehmen.

Der *Használtcikk Piac*, der Budapester Gebrauchtwarenmarkt, liegt ziemlich weit außerhalb auf dem Grundstück der Nagykörösi út 156. Nach seinem alten Standort ist er auch heute noch als Ecseri-Markt bekannt. Allerlei

Stände und Buden der festen Händler haben sich beiderseits der drei überdachten Gänge breit gemacht. Aber auch Gelegenheitsverkäufer trifft man auf dem geschlossenen Gelände an, besonders in den Morgenstunden. Verkauft werden neue und gebrauchte Kleidung, Lederartikel, (Mode-)Schmuck, Porzellan, Möbel, Autoersatzteile, Münzen, Stoffe, Fernseher, Glas, Musikinstrumente, Gemälde, Nähmaschinen, Fahrräder, Motorradhelme... Feilschen ist erlaubt. Der Flohmarkt ist bei jedem Wetter geöffnet. Samstags ist es am vollsten, aber auch am interessantesten.

Anfahrt Metro 3 bis zur Station Határ utca, dann mit dem Bus Nummer 54 bis direkt zum Flohmarktgelände (Haltestelle Fiume utca, zum Flohmarkt geht es über eine Fußgängerbrücke auf die linke Straßenseite).

Der Chinesenmarkt *Józsefvárosi Piac* in der Köbányai út 18 ist fest in chinesischer Hand. So begrüßen chinesische Schriftzeichen und vier Tiger den Besucher des riesigen Geländes mit mehreren Busparkplätzen schon am Eingang. Hierher kommen auch zahlreiche Händler aus Rumänien, Bulgarien und Kroatien. Man bekommt einfach alles, aber die Anreise ist weit. Geöffnet täglich 6–18 Uhr, im Winter nur bis 14 Uhr.

Anfahrt Mit der Straßenbahn 28 oder mit dem Bus 9.

Glas und Porzellan

Ungarische Nobelmarken wie Zsolnay, Hollóháza und Herender Porzellan sind längst international bekannt und haben auch hierzulande ihren Preis. Vergleichsweise günstig fährt immerhin noch derjenige, der ohne auf bestimmte Marken versessen zu sein, einfach nur seinen Geschirr- oder Glasschrank ein wenig komplettieren möchte. Natürlich ist ein Döschen aus Zsolnay-Porzellan trotzdem noch ein nettes Mitbringsel für die Oma oder Tante.

Herend-Porzellan, I. Bezirk, Szentháromság tér 5, direkt am Dreifaltigkeitsplatz auf der Budaer Burg; edles Herend-Porzellan in reichhaltiger Auswahl. Geöffnet: Mo–Fr 10–18.30 und Sa 10–14 Uhr. Ein weiteres Geschäft gibt es im V. Bezirk in der Kígyo utca 5 (Metro Ferenciek tere).

Vasedény, II. Bezirk, Margit körút 24, zwischen dem Moskva tér und der Margit híd. Glas, Porzellan aus Kalocsa und Bleikristall. Geöffnet: Mo–Fr 10–18 Uhr und Sa 9–13 Uhr.

Zsolnay-Geschäft, V. Bezirk, Váci utca 19–21. Ausschließlich Porzellan der südungarischen Nobelmarke. Geöffnet: Mo–So 10–19 Uhr. Metro Ferenciek tere.

Ajka Kristály, XIII. Bezirk, Szent István körút 18. Große Auswahl an Glas- und Bleikristallwaren. Nicht alles ist nur zur Zierde. Wer ein Geschenk sucht, findet hier auch kleine Dinge. Mo–Fr 10–18 Uhr, Sa 10–13 Uhr.

Marriott Márkabolt, V. Bezirk, Apáczai Csere János utca 4. Das Geschäft gegenüber beim Hotel Marriott bietet eine gute Auswahl an Porzellan aus Zsolnay und Hollóháza sowie Bleikristall. Geöffnet: Mo–Fr 10–18 Uhr und Sa 10–14 Uhr.

Haas & Czjzek, V. Bezirk, Bajcsy Zsilinszky út 23 (Ecke Zichy Jenő utca). Das große Geschäft unweit der Metrostation Arany János utca hat die wohl beste Auswahl Budapests an feinstem Porzellan (Herender, Hollóháza, Zsolnay, Kalocsa usw.), Gläsern aus Böhmen und Bleikristall. Geöffnet: Mo–Fr 10–18 Uhr und Sa 9–13 Uhr.

Amfora Kisáruház, VII. Bezirk, Károly körút 22. Lohnenswert ist die Porzellanabteilung im Erdgeschoss: Zsolnay, Hollóháza, Kalocsa und Rosenthal. Außerdem Bleikristall. Geöffnet: Mo–Fr 10–18 Uhr (Do bis 19 Uhr) und Sa 10–14 Uhr. 100 m von der Metrostation Astoria.

Csillag Üzletház, VII. Bezirk, Rákóczi út 20–22, ✆ 3510463; rund zehn Fußminuten von der Metrostation Blaha Lujza tér entfernt. Porzellan aus Hollóháza und anderes Edles. Geöffnet: Mo 9–18 Uhr, Di–Fr 10–18 Uhr und Sa 9–13 Uhr.

Weitere Adressen für Interessenten an Porzellan und Glas unter den Rubriken "Antiquitäten" und "Volkskunst".

Kaufhäuser

Alles unter einem Dach. Das Angebot ist mittlerweile reichlich. Manchmal gibt es sogar noch Schnäppchen. Die üblichen Öffnungszeiten der ungarischen Kaufhäuser sind: Montag bis Freitag 10–18 Uhr sowie samstags am Vormittag. Meistens ist eine Lebensmittelabteilung angeschlossen. Eine Alternative zum Kaufhaus und bei den Budapestern hoch beliebt sind die in den vergangenen Jahren wie überall in Ungarn zahlreich entstandenen Shopping Center.

Luxus, V. Bezirk, Vörösmarty tér 3. Direkt an der gleichnamigen Metrostation. Geöffnet: Mo–Fr 10–18 Uhr (Do bis 19 Uhr) sowie Sa 9–13 Uhr.

Skála-Metro, V. Bezirk, Nyugati tér ½. Direkt an der Metrostation Nyugati pu. (Westbahnhof). Geöffnet: Mo–Fr 9–19 Uhr und Sa 8–15 Uhr.

Corvin, VII. Bezirk, Blaha Lujza tér 1–2. Direkt an der gleichnamigen Metrostation. Geöffnet: Mo–Fr 10–19 Uhr sowie Sa 10–15 Uhr.

Duna Plaza, III. Bezirk, Váci út 178, ✆ 4651666. Futuristisch anmutender Komplex an der Ausfallstraße in Richtung Vác (Metrostation Gyöngyösi utca). Läden, Boutiquen, Dienstleistungen und gastronomische Betriebe unter einem Dach; und als Krönung eine Eislauffläche im Basement – Amerika lässt grüßen, und dies laut! Mo–Fr 10–21 Uhr, Sa, So 10–19 Uhr.

Westend City Center, VI. Berzirk, Váci utca 1-3, ✆ 2387777. Mo-Sa 10–21 Uhr, So 10–18 Uhr. Mit Wasserfall und Mulitplex-Kino. Heißluftballonfahrten von der Dachterrasse. (siehe S. 232).

Árkad, X. Bezirk, Örs vezér tér 25, 4331414. Mo–Sa 10–21 Uhr, So 10–19 Uhr.

Campona, XII. Bezirk, Nagytétényi út 37–45, ✆ 4243000. Mo–Sa 10–22 Uhr, So 10–18 Uhr. Dieses riesige Einkaufszentrum liegt recht weit außerhalb, aber die Anfahrt lohnt vielleicht, wenn man nicht nur einkaufen, sondern auch das **Tropicarium** (✆ 4243053) besuchen möchte, ein großes Aquarium mit spektakulären Fischen und Meerestieren. Mit Multiplex-Kino.

Mom Park, XII. Bezirk, Alkotás utca 53, ✆ 3458353. Metro Moskva ter. Mo–Fr 10–21 Uhr, Sa/So 10–20 Uhr.

Eurocenter Óbuda, III. Bezirk, Bécsi út 154, ✆ 4374600. Mo–Fr 10–20 Uhr, Sa/So 10–18 Uhr. Go-Cart-Bahn: Täglich 14–23 Uhr.

Lurdy Ház, IX. Bezirk, Könyves Kálman körút 12–14, ✆ 4561100. Mo–Fr 10–20 Uhr, Sa/So 10–18 Uhr.

Mode und Kuriositäten

Es gibt nichts, was es in einer Millionenstadt wie Budapest nicht gibt. Aber wie etwas finden, von dem man gar nicht weiß, dass es vorhanden ist? Ganz einfach: hier nachschauen.

Adidas-Laden, V. Bezirk, Váci utca 24, ✆ 2663671; zwischen den Metrostationen Ferenciek tere und Vörösmarty tér. Als dieses Sportgeschäft eines mittelfränkischen Unternehmens kurz nach der Öffnung des Eisernen Vorhangs an dieser Stelle aufmachte, konnte man die längste Schlange des Ostblocks bestaunen – da war selbst der benachbarte McDonald's neidisch. Auch heute ist hier noch häufig absurd viel los. Und zwar: Mo–Fr 10–19 Uhr und Sa 9–15 Uhr.

Levi's Shop, VI. Terész körút 36, ✆ 2695049. Jeans in großer Auswahl. Mo–Fr 10–19 Uhr, Sa 10–13 Uhr.

Reebok, V. Bezirk, Váci utca 28, ✆ 3185761. Markenschuhe und Sportkleidung zu Markenpreisen, aber ab und zu sind Marken-Schnäppchen dabei. Mo–Fr 10–18 Uhr, Sa 10–15 Uhr.

Ohkult General Store, VII. Bezirk, Mádach Imre utca 5. Wer auf der Suche nach einem kultigen Mitbringsel ist, findet hier DVD´s, CD´s, PopArt, Kultkleidung und Geschenkartikel. Mo–Fr 10–18 Uhr, Sa 10–14 Uhr.

Marcipán, V. Bezirk, Párizsi utca 3. Zwischen den Metrostationen Ferenciek tere und Vörösmarty tér in einer Seitenstraße der Váci utca gelegen. Hier gibt es sehr leckeres Eis im Straßenverkauf und höchst delikate Marzipanpralinen. Geöffnet: täglich 10–19 Uhr.

Auch Kindermode gibt es in Budapest

Devotionalienhandlung, V. Bezirk, Ferenciek tere 7–8 (direkt am Ausgang der Metrostation Ferenciek tere). In der sozialistischen Ära war dies das einzige Geschäft für religiöse Gegenstände in ganz Ungarn. Schon damals fand der Gläubige hier alles, was er brauchte: Kruzifixe in allen Größen, Formen und Gewichtsklassen, erbauliche Schriften, Heiligenbildchen, Medaillen, Madonnen, Ikonen und viele andere fromme Artikel (z. T. auch Second hand) sowie seelsorgerliche Berufsbekleidung. Ein Besuch dieses Geschäfts wird schnell zu einer Begegnung der übersinnlichen Art. Geöffnet: Mo–Fr 10–18.30 Uhr und Sa 10–14 Uhr.

Zenei Antikvárium Nautilus, V. Bezirk, Múzeum körút 17. Ca. 100 m von der Metrostation Kálvin tér. Das Musikantiquariat bietet eine riesige Auswahl an (zu Hause teuren) Noten zu günstigen Preisen. Geöffnet: Mo–Fr 9.30–18.30 Uhr, Sa 9–14 Uhr.

Designermode

V50, V. Bezirk, Váci utca 50 und Belgrád rkp. 16. Die ungarische Designerin Valeria Fazekas verkauft hier selbst entworfene und realisierte Hüte und Frauenkleidung. Alles Einzelstücke.

Feyér Zsuzsa, V. Bezirk, Bárczy utca 1–3, Semmelweis utca 4 II/8 und Váci utca 71. In diesen Läden bekommt man die bunten, fantasievoll aus Textilien kreierten dekorativen Handtaschen der Designerin Feyér Zsuzsa.

Rubin Shop, VII. Bezirk, Dob utca 1, ✆ 2667362. Große Auswahl an echten und imitierten Lederwaren für Frauen und Männer. Mo–Fr 10–18 Uhr, Sa 10–14 Uhr.

Lebensmittel

Lebensmittelgeschäfte sind im Allgemeinen von Montag bis Freitag zwischen 8 und 18 Uhr (und sehr häufig auch samstags am Vormittag) durchgehend geöffnet. Und an gutsortierten Läden herrscht in der ungarischen Hauptstadt wahrlich kein Mangel. Halten Sie Ausschau nach Schildern wie: *ABC-Áruhaz* (Supermarkt), *Csemege* (Delikatessen) und *Élelmiszer* (Lebensmittel). Weitere Adressen für Lebensmitteleinkäufe finden Sie unter den

Rubriken "Märkte" und "Kaufhäuser" sowie für leckere Souvenirs unter "Tokajer, Gänseleber & Co.".

Auch an Sonntagen geöffnet

Einfach angenehm, auch am Sonntag einkaufen zu können. Wer vor lauter Sehenswürdigkeiten das Füllen das Appartement-Kühlschranks vergessen hat oder sich kurzfristig überlegt, am Sonntagabend noch ein Fläschchen Wein zu köpfen, der wird bei den folgenden Adressen gewiss fündig.

ABC Áruház, I. Bezirk, Batthyány tér. Der sehr große Supermarkt gegenüber der Budaer Metrostation Batthyány tér sieht aus wie eine Markthalle. Im ersten Stock bekommt man alles, was das Herz begehrt: Lebensmittel, Drogerie- und Haushaltsartikel usw. Unten links ist ein Gemüsegeschäft, rechts ein Metzger untergebracht. Geöffnet: Mo, Di, Do und Fr 6–20 Uhr, Mi 7–16 Uhr, Sa 7–17 Uhr und So 7–13 Uhr.

Étel-Italéjjel-Nappal, VII. Bezirk, Király utca 80. Rund 300 m von der Metrostation Oktogon entfernt. Lebensmittelgeschäft mit preiswertem Tokajer Aszú. Geöffnet: Mo–Do 6–22 Uhr, Fr 6–24 Uhr, Sa 8–24 Uhr und So 8–22 Uhr.

Csemege, VI. Bezirk, Izabella utca 96 (Ecke Podmaniczky utca). Kleiner Laden mit Wurst, Käse und guter Schinkenauswahl. Geöffnet: Di–Sa 6–21 Uhr und So 8–20 Uhr.

Rund um die Uhr geöffnet

Im sozialistischen Ungarn noch undenkbar und auch in heimischen Gefilden vielleicht bald möglich: Immer mehr (zumeist ganz kleine) Geschäfte haben täglich und zwar rund um die Uhr geöffnet. Wer das kennt (z. B. aus den USA), weiß es gewiss zu schätzen. Aber wir müssen auch warnen: Wer sich daran erst einmal gewöhnt hat, wird mit dem deutschen Ladenschlussgesetz nicht mehr froh. Wir haben einige 24-Stunden-ABCs für Sie ausfindig gemacht:

Budai Éjjel-Nappal, II. Bezirk, Mártírok útja 62 (Ecke Jurányi utca). Ganz kleines Lebensmittelgeschäft. Ab Metrostation Moszkva tér zwei Stationen mit der Straßenbahn Nummer 4 oder 6.

Mozaik, V. Bezirk, Múzeum körut 23. Rund 100 m von der Metrostation Kálvin tér entfernt. Vor allem Kaffee, Brot, Getränke und Süßigkeiten. Geöffnet: durchgehend von Dienstag morgen um 6 Uhr bis Sonntagmorgen um 6 Uhr.

Nonstop ABC, XIII. Bezirk, Hegedűs Gyula utca 20/a; durchgehend geöffnetes Lebensmittelgeschäft in der Nähe der Metrostation Lehel tér.

Budai Nonstop, II. Bezirk, Margit körút 62; Lebensmittelladen zwischen Moskva tér und Margit híd.

Märkte

Die Budapester Märkte sind eine Orgie für alle Sinne. Paprika, Knoblauch, Tomaten, Nüsse und Früchte werden an überquellenden Ständen angepriesen, dazwischen sind heftig umlagerte Brot-, Wurst-, Fleisch-, Fisch- und Milchtheken aufgebaut. Am meisten ist natürlich immer frühmorgens los.

Zentrale Markthalle, V. Bezirk: Die langjährige Renovierung der schönsten Markthalle Budapests am Vámház körút 1–3, direkt am Pester Brückenkopf der Freiheitsbrücke (Szabadság híd) hat sich gelohnt. Die beeindruckende monumentale Stahlkonstruktion – sie entstand kurz vor der Wende vom 19. zum 20. Jahrhundert – erinnert eher an eine Bahnhofs- oder Fabrikhalle als an einen Wochenmarkt. Touristen sind unter diesem Dach keine exotischen Fremdkörper mehr: Inzwischen tragen deutschsprachige Schilder, auf denen Edelsalami, Paprika oder Gänseleber angepriesen werden, dieser Klientel Rechnung. An vielen Ständen werden die gebratenen Wurstspezialitäten verkauft, die zwar unglaublich fettig, aber genauso

Paprika, Gänseleberpastete und landestypische Spirituosen in der Zentralen Markthalle

unglaublich beliebt sind. Öffnungszeiten: Mo–Fr 6–18 Uhr und Sa 7–13 Uhr. Anfahrt: Am bequemsten geht es mit der Straßenbahnlinie 49 (ab Metrostation Deák tér) in Fahrtrichtung Móricz Zsigmond körtér. Man kann aber auch in rund zehn Minuten von der Metrostation Kálvin tér herlaufen.

Klauzal tér, VII. Bezirk (✆ 3212456). Den Markt in der sehr schönen "Kaiser Csarnok" betritt man entweder vom Klauzal tér 11 her oder von der Akacfa utca 48. In der Halle gibt es ein paar Obst- und Gemüsestände und einen Supermarkt. Geöfnet: Mo–Fr 7–20 Uhr und Sa 7–15 Uhr.

Garay tér, VII. Bezirk (✆ 3221869): kleiner Markt mit Obst, Gemüse, Fleisch, Wurst und einem Lebensmittelgeschäft. Geöffnet: Mo 6–18 Uhr, Di–Fr 6–17 Uhr und Sa 6–13 Uhr. Anfahrt: ab Baross tér (Ostbahnhof) mit dem Bus Nummer 7 eine Station bis Dozsa György út fahren und dann fünf Minuten laufen oder gleich vom Ostbahnhof aus zehn Minuten laufen.

Rákóczi tér 7, VIII. Bezirk (✆ 3138442): großes Backsteingebäude in sehr übler Umgebung. Wer sich daran nicht stört, findet in der Markthalle einfach alles: Obst, Gemüse, Fleisch, Wurst, Brot, Käse usw. Geöffnet: Mo 6–16 Uhr, Di–Do 6–17 Uhr, Fr 6–18 Uhr und Sa 6–13 Uhr. Hin kommt man am besten mit den Straßenbahnlinien 4 und 6 von der Metrostation Blaha Lujza tér.

Fehérvári út 14 (Ecke Schönherz Zoltán utca), XI. Bezirk: schmutziggraue, terrassenartig angelegte Betonmarkthalle, nur ein paar Schritte vom Móricz Zsigmond körtér entfernt im Budaer Süden. Nicht so schön wie etwa der Markt auf dem Lehel tér, aber man bekommt auch hier an Nahrungsmitteln alles, was man sich vorstellen kann, selbst Sauerkraut aus riesigen Fässern. Geöffnet: Mo–Fr 6–18 Uhr, Sa 6.30–13 Uhr. Hierher kommt man z. B. mit den Straßenbahnlinien 18 (ab Moszkva tér bzw. Déli pu.), 47 oder 49 (ab Deák tér bzw. Kálvin tér).

Lehel tér, XIII. Bezirk: Der große Markt an der gleichnamigen Metrostation findet täglich unter freiem Himmel statt. Es gibt eine Unmenge Stände und Buden, wo man Obst, Gemüse, Fleisch, Fisch, Korbwaren, Haushaltsartikel, Kleidung und sogar lebende Hasen kaufen kann. Geöffnet: Mo–Fr 6–18 Uhr, Sa 6–14 Uhr und So 7–11 Uhr.

Bosnyák tér, XIV. Bezirk (✆ 2525905): Der Markt findet in einem braunen Flachdach-Ziegelgebäude (Ecke Löcsei út 33) statt. Es gibt Obst, Gemüse, Fleisch und Wurst, jedoch ist er nicht so schön und groß wie etwa der Lehel-Markt. Geöffnet: Mo 6–17 Uhr, Di–Do 6–18 Uhr, Fr 6–19 Uhr und Sa 6–14 Uhr. Anfahrt: ab Baross tér (Ostbahnhof) mit dem Bus Nummer 7 bis Endstation (Bosnyák tér).

Budapest
Karten S. 134/135, 208/209; 224/225 u. 239

Tokajer, Gänseleber & Co.

Als Souvenirs und Mitbringsel eignen sich ess- und trinkbare Köstlichkeiten aus Ungarn unserer Erfahrung nach gleichermaßen gut. "Normale" Gänseleberpastete, Salami und vieles mehr bekommen Sie mittlerweile in den meisten Supermärkten und in der Zentralen Markthalle. Wenn Sie aber das ganz Besondere suchen und dafür auch einen ganz besonderen Preis zu zahlen bereit sind, dann dürften die folgenden Adressen für Sie interessant sein.

Ein spezieller Tipp noch für alle Freunde des "Königs der Weine": Selbst in Tokaj werden Sie sie kaum aufstöbern können, die kleinen Flaschen mit dem Jahrzehnte alten Inhalt und der hohen Putton-Zahl. Doch entlang der Váci utca lassen sich noch flüssige Schätze heben – ausreichende Liquidität vorausgesetzt. Auf den Geschmack kommt man in der Weinstube Andrássy út 18 (siehe: Treffpunkte, Wein- und Bierstuben).

Dóczy Delicatessen, I. Bezirk, Országház utca 16, ✆ 2123761. Spezialitätenladen direkt im Burgviertel. Hier gibt viel Leckeres von der Gänseleberpastete bis zum Hochprozentigen. Geöffnet: Di–Fr 9–18 Uhr, Sa/So 10–18 Uhr.

Andenken-Delikatessengeschäft, V. Bezirk, Váci utca 11b (Ecke Régiposta utca); zwischen den Metrostationen Ferenciek tere und Vörösmarty tér. Hier stehen sie im Schaufenster: eine unerschwingliche Essenz aus den vierziger Jahren und der noch zehn Jahre ältere Aszú, aber natürlich auch noch einige andere Tokajerspezialitäten in dem von Normalsterblichen finanzierbaren Rahmen. Außerdem: Fresskörbe, Gänseleberpastete, Salamis in reichster Auswahl. Man beachte auch die Öffnungszeiten: Mo–So 8–1 Uhr.

Haus der Ungarischen Weine, I. Bezirk, Szentháromság tér 6. In diesem großen Kellergewölbe werden Weinproben angeboten, bei denen man für einen Unkostenbeitrag, wenn man genügend Zeit und

Kunsthandwerk: Stickereien aus Kalocsa und bemalte Porzellanwaren

Interesse mitbringt, alle 22 Weinregionen des Landes mit weit über 450 Weinsorten kennen lernen und natürlich auch kaufen kann. Täglich 11–19 Uhr.

Wine City, V. Bezirk, Páriszsi utca 1–3. Dem großen Weingeschäft in der Nähe des Ferenciek tere ist ein Weinmuseum und ein Weinkeller angeschlossen. Neben einem breiten Sortiment werden Führungen mit Weinprobe angeboten.

Bortasaság, Batthyány utca 59, ✆ 2122569. Viele gute ungarische Weine und hervorragende Beratung. Samstagnachmittags sind die Weinproben gratis. Mo–Fr 10–20 Uhr, Sa 10–18 Uhr.

Tonträger

Schallplatten, CDs und Musikkassetten sind in Ungarn in vielen Fällen noch immer ein wenig preiswerter als in den westlichen Nachbarländern. Grund genug, mal ein wenig in den Regalen der einschlägigen Geschäfte herumzustöbern. Dass es generell, wie häufig behauptet wird, bei Tonträgern aus ungarischer Produktion ein spürbares Qualitätsgefälle gegenüber dem westeuropäischen Standard gibt, konnten wir nicht feststellen.

In dem großen **Musikgeschäft** auf dem Vörösmarty tér 1 namens MCD Zeneszalon (V. Bezirk, gleichnamige Metrostation der gelben Linie) werden vor allem CDs in reicher Auswahl, aber auch Platten und Kassetten angeboten. Geöffnet: Mo–Fr 10–20 Uhr sowie Sa/So 10–14 Uhr.

Hanglemezbolt és Lemezantikvárium, V. Bezirk, Múzeum körút 21. Rund 100 m von der Metrostation Kálvin tér. CDs und Schallplatten von Pop bis Klassik sowie Second-hand-Tonträger. Geöffnet: Mo–Fr 10–18 Uhr und Sa 9–13 Uhr.

Ferenc Liszt Musikladen, VI. Bezirk, Andrássy út 45; rund zehn Fußminuten von der Metrostation Opera. Geöffnet: Mo–Fr 10–18 Uhr und Sa 10–13 Uhr.

In der Dob utca 35 (VII. Bezirk, ✆ 3324933) gibt es ein kleines, aber wohlsortiertes **Spezialgeschäft** für CDs und Schallplatten mit **klassischer Musik**. Geöffnet: Mo–Fr 10–19 Uhr sowie So 12–16 Uhr; Sa geschlossen.

Volkskunst

Das am meisten typische Ungarn-Souvenir ist ohne Zweifel "Volkskunst". Trachten, Stickereien, Hirtenkunst, Keramik und Schnitzwerk finden sich im Gepäck fast jedes heimreisenden Urlaubers. Entsprechend groß ist das Angebot, von den fliegenden Händlern auf der Fischerbastei und in den Fußgängerunterführungen und Metrotunnels bis hin zu den exklusiven Geschäften für Folklore-Antiquitäten in den feinsten Geschäftsstraßen.

Folkart Centrum, V. Bezirk, Váci utca 58, ✆ 3185840. Ungarisches Kunsthandwerk von der Stickerei über die Keramik bis zur Schnitzerei. Waren verschiedenster Qualität; wer ein typisches Souvenir sucht, wird hier wahrscheinlich fündig. Täglich 10–19 Uhr.

Volkskunstgeschäft (Népmuvészeti Bolt), V. Bezirk, Régiposta utca 12. In einer Seitenstraße der Váci utca zwischen den Metrostationen Ferenciek tere und Vörösmarty tér gelegen. Großes Geschäft mit gewebten Stoffen, Teppichen, Blusen, Keramik, Zierdecken, etwas Kalocsaer Porzellan, Tischdecken usw. Geöffnet: Mo–Fr 10–18 Uhr, Sa 10–13 Uhr.

Volkskunstladen, V. Bezirk, Váci utca 23. Rund 200 m von der Metrostation Ferenciek tere entfernt. Gute Auswahl an Tischdecken, Trachtenpuppen, Zierdeckchen, vor allem aus Kalocsa. Geöffnet: Mo–Fr 10–18 Uhr, Sa 10–14 Uhr.

Folkloreläden, V. Bezirk, Párizsi utca 1, ✆ 2675100; in einer Seitenstraße der Váci utca zwischen den Metrostationen Ferenciek tere und Vörösmarty tér. Im Hof des Hauses befinden sich gleich zwei Geschäfte: Das eine verkauft Zierdeckchen, Trachten, Blusen und Tischdecken, das andere Trachten und Herender Porzellan. Beide sind geöffnet: Mo–Fr 10–18 Uhr und Sa 10–13 Uhr.

Folklor Zentrum, V. Bezirk, Váci utca 14; nahe den Metrostationen Ferenciek tere und Vörösmarty tér. Großes Geschäft mit guter Auswahl an buntem Porzellan aus Kalocsa und Schwarzkeramik aus Nádudvár, Trachten, Puppen und ähnliches. Geöffnet: Mo–So 10–19 Uhr.

Népmüvészek Levis und Volkskunst, V. Bezirk, Kossuth Lajos utca 2b. Ganz nahe der Metrostation Ferenciek tere. Die Kombination ist merkwürdig, aber durchaus erfolgversprechend: Levis-Jeans und Folklore, zum Beispiel Handarbeiten aus Kalocsa, Keramik und Stickereien. Geöffnet: Mo–Fr 10–18 Uhr und Sa 10–13 Uhr.

Volkart Népmüvészeti Háziipar, V. Bezirk, Szent István körút 26, ✆ 3310211; bei der Metrostation Nyugati pu. (Westbahnhof). Decken, Blusen, Stickereien und Porzellan aus Kalocsa, Schwarzkeramik, Zierdeckchen und Porzellan aus Herend und Hollóháza. Geöffnet: Mo–Fr 10–18 Uhr (Do bis 19 Uhr) und Sa 9–13 Uhr.

Volkart Népmüvészeti Háziipar, VI. Bezirk, Teréz körút 26, ✆ 3323082; rund zehn Fußminuten von der Metrostation Nyugati pu. (Westbahnhof) entfernt. Hauptsächlich Handarbeiten (Zierdeckchen, Stickereien, Blusen und Tischdecken) sowie etwas Zsolnay- und Kalocsaer Porzellan und Schwarzkeramik. Geöffnet: Mo–Fr 10–18 Uhr und Sa 9–13 Uhr.

Népmüvészet Souvenir, VII. Bezirk, Rákóczi út 32, ✆ und ☏ 3420753; unweit der Metrostation Blaha Lujza tér. Stickereien, Schwarzkeramik, Holzschnitzereien und etwas Porzellan aus Zsolnay und Kalocsa. Geöffnet: Mo–Fr 10–18 Uhr (Do bis 19 Uhr) und Sa 9–13 Uhr.

Veranstaltungen

Der monatlich erscheinende, mehrsprachige (deutsch/englisch/italienisch/französisch/spanisch) Veranstaltungskalender *Programme* ist kostenlos bei *Tourinform* (vgl. Rubrik Adressen) und in den meisten Reisebüros der Stadt erhältlich. Wir möchten Ihnen dringend empfehlen, sich diese rund dreißigseitige Broschüre zu besorgen. Mündliche Informationen zu allen Veranstaltungen bekommt man ebenfalls bei *Tourinform* und den Vorverkaufsstellen. Eine umfassende Informationsquelle ist die monatlich erscheinende Programmzeitschrift *Pesti Műsor* (PM), die man an jedem Zeitungskiosk erhält. Unter der Rubrik *Zene* (zu deutsch: Musik) kann man z. B. nachschlagen, ob gerade irgendwelche interessanten Pop-Konzerte stattfinden. Seit neuestem gibt es auch eine englischsprachige Ausgabe des Pesti Műsor an den Budapester Kiosken.

• *Kartenvorverkauf* Karten für fast alle Veranstaltungen gibt es bei der **Zentralen Theaterkasse** in der Andrássy út 18, ✆ 3120000 (Metrostation Opera; geöffnet: Mo–Fr 10–19 Uhr). Für konkrete Veranstaltungen fragt man am besten zuerst an der Rezeption, wenn man in einem großen Hotel wohnt, sonst am Veranstaltungsort oder bei Tourinform. Kreditkartenbesitzer können unter ✆ 2660000 von 8–20 Uhr Karten bestellen. Es gibt folgende **Kartenbüros:**

Matáv Jegyiroda, VI. Bezirk, Nagymezö utca 19, ✆ 3023841. Mo–Fr 10–19 Uhr, Sa 9–14 Uhr.

Publika, VII. Bezirk, Károly körút 9, ✆ 3222010. Mo–Sa 10–17 Uhr.

Music Mix, V. Bezirk, Váci utca 33, Mo–Sa 10–18 Uhr, im Mammut-Einkaufszentrum (siehe unter Shopping-Malls) 9–21 Uhr und im V. Bezirk in der Kecskeméti utca 8, Mo–Sa 10–18 Uhr. Telefonauskunft aller Music Mix Büros ✆ 2667070.

Alljährliche Veranstaltungen

Budapester Frühjahrsfestival: Knapp zweiwöchiges Kulturprogramm mit Ausstellungen, Konzerten, Theater und Ballett um Mitte März – die größte und bekannteste Kulturveranstaltung des Landes.

Budapester Internationale Messe (Frühjahr) auf dem Messegelände in der Albertirsai út 10. Große Industriemesse in der zweiten Maihälfte, die rund eine Woche dauert und für Touristen nicht unbedingt interessant ist. Anfahrt zum Messegelände: ab Örs vezér tere (Endstation der roten Metrolinie) mit dem Bus Nummer 100.

Der Große Preis von Ungarn: Spektakuläres Formel-1-Rennen auf dem Hungaroring im August (siehe Sport). Eine der publikumswirksamsten Großveranstaltungen.

Tag der Verfassung: Am ungarischen Nationalfeiertag, dem 20. August, zieht im ganzen Land und besonders in der Hauptstadt Volksfeststimmung ein. Es wird kräftig marschiert und ein gigantisches Feuerwerk in den ungarischen Nationalfarben abgebrannt.

Budapester Internationale Messe (Herbst): Konsumgüterschau mit Produkten der ungarischen Industrie, meist in der zweiten Septemberhälfte auf dem Messegelände (vgl. Budapester Internationale Frühjahrsmesse).

Budapester Herbstfestival mit vielen Kulturveranstaltungen im Herbst, meist ab Ende September (Programm wie Frühjahrsfestival).

Weihnachtsmarkt: im Dezember immer rund um und auf dem Vörösmaty tér.

Silvester: großes Feuerwerk an der Donau.

Veranstaltungen, Bühnen, Konzerte

Folklore und insbesondere **Volkstanz** haben im ganzen Land einen ungeheuren Boom erlebt, sogar bei der hauptstädtischen Jugend. Die aktuellen Veranstaltungstermine und -orte sind dem Veranstaltungskalender "Programme" zu entnehmen. Im Művelődési ház, dem Kulturzentrum der Hauptstadt in der Fehérvari út 47 (XI. Bezirk, ✆ 2033868), werden mit Konzert-, Theater- und Tanzveranstaltungen die ungarischen Folkloretraditionen liebevoll gepflegt. Außerdem können hier Kinder und Erwachsene unter fachkundiger Leitung, und zwar kostenlos, ungarische Tänze lernen. Weitere bekannte Veranstaltungsorte für folkloristische Aktivitäten sind die Budaer Redoute (I. Bezirk, Corvin tér 8), das MOM-Kulturhaus in der Csörsz utca 18 (XII. Bezirk), die Petőfi-Halle im Stadtwäldchen (Zichy Mihály utca 14, XIV. Bezirk) und die Pester Redoute (Vigadó tér 2, V. Bezirk). Das Staatliche Folkloreensemble sowie die Ensembles Duna und Rajkó, die mit ihren Vorführungen auch auf internationalen Tourneen Furore machen, treten regelmäßig in der Budaer Redoute sowie im Palais Duna (V. Bezirk, Zrínyi utca 5, ✆ 3172790) auf.

Freilichtbühnen: Da ist natürlich nur im Sommer etwas los. Von den Budapester Freilichtbühnen ist sicherlich die auf der Margareteninsel mit dem Schwerpunkt Musical die renommierteste (XIII. Bezirk, Margitsziget, ✆ 3404196). Fokloretanzaufführungen kann man im Karmeliterhof des Nationalen Tanztheaters (I. Bezirk, Szinház utca 1) erleben. Die Pester Redoute (V. Bezirk, Vigadó tér 2) widmet sich eher der Operette, ebenso wie die Freilichtbühne des innerstädtischen Kulturpalastes (V. Bezirk, Zrínyi utca 5). Ballett und Operette bilden auch den Programmschwerpunkt auf der Budaer Parkbühne (XI. Bezirk, Kosztolányi Dezső tér, ✆ 4669849). Im Juli/August wird der Platz vor der Basilika Sankt Stephan für zwei Wochen zur Freiluftbühne, wo man den Konzerten des Sinfonieorchesters der Basilika lauschen kann (Kartenbestellung unter www.viparts.hu). Des weiteren finden im Sommer Konzerte und Opernabende im Dominikanerhof des Hilton Hotels statt. Dramen und Operettenabende kann man auf der Freilichtbühne Városmajor (XII. Bezirk, ✆ 3755922) erleben und klassische Konzerte beim Sommermusikfestival in Vajdahunyadvár.

Das Donauufer und die Kettenbrücke sind im Juni beim Donauer *Wasserkarneval* (Info ✆ 3521974) und dem *Brückenfest* Schauplätze zahlreicher Events und Konzerte. Ende Juli / Anfang August findet jedes Jahr das bei jungen Leuten beliebte und berühmte multikulturelle *Inselfestival* auf der Óbudaer Hajógyári-Insel statt (✆ 3720650, www.sziget.hu): Rock, Pop, Weltmusik, Jazz, Heavy, Techno und auch Klassik an über 50 Orten. Die Insel mit den Festivalgästen verwandelt sich in eine Art Kleinstadt im Delirium.

Für junge Leute: Petőfi-Halle, XIV. Bezirk, Zichy Mihály utca 14, ✆ 3434327. Das hauptstädtische Jugend- und Freizeitzentrum im Stadtwäldchen ist eine riesige Anlage mit Bühnen, Großleinwänden, Open-Air-Kino, Schießstand usw. Hier werden täglich verschiedenste Sport-, Musik- und Kulturveranstaltungen angeboten (Volkstanz, Modenschau, Katzenausstellung, Bewegungstheater usw.). Die entsprechenden Veranstaltungstermine sind dem monatlich erscheinenden Journal "Programme" zu entnehmen. Jeden Samstag und Sonntag (9–14 Uhr) findet hier ein Flohmarkt statt. Besonders beliebt ist die "Starlight-Disco" am Samstagabend (vgl. Treffpunkte).

Klassische Konzerte beginnen in Budapest meist um 19.30 Uhr. Karten gibt es an der Kasse der Nationalphilharmonie (V. Bezirk, Vörösmarty tér 1) und am jeweiligen Veranstaltungsort. Die wichtigsten sind: Matthiaskirche (I. Bezirk, Szentháromság tér), Musikhistorisches Museum (I. Bezirk, Táncsics utca 7), Karmeliterhof (I. Bezirk, Színház utca 1–3), Béla-Bartók-Gedenkhaus (II. Bezirk, Csalán út 29), die Musikakademie am Liszt Ferenc tér 8, der Óbudaer Gesellschaftskreis (III. Bezirk, Kiskorona utca 7), Pester Redoute (V. Bezirk, Vigadó tér 2), Stephansbasilika (V. Bezirk, Szent István tér), Innerstädtische Pfarrkirche (V. Bezirk, Március 15. tér), Prunkhof des Stadthauses (V. Bezirk, Városház utca 7) und die Musikakademie (VI. Bezirk, Liszt Ferenc tér 8).

Musical: Darauf hat sich das Madách-Theater (VII. Bezirk, Erzsébet körút 29–33, ✆ 4782041) spezialisiert. Vorstellungsbeginn um 19 Uhr, an manchen Tagen zusätzlich um 14.30 Uhr.

Oper und Ballett: Die Abendvorstellungen in der Ungarischen Staatsoper (VI. Bezirk, Andrássy út 22; ✆ 3312550) und im Erkel-Theater (VIII. Bezirk, Köztársaság tér 30, ✆ 3330108) beginnen jeweils um 19 Uhr. Karten gibt es vor Ort.

Operette: Die Vorstellungen im hauptstädtischen Operettentheater (VI. Bezirk, Nagymező utca 17, ✆ 3532172) beginnen in der Regel jeweils um 14.30 und 19 Uhr. Karten gibt es an der Zentralen Theaterkasse vor Ort.

Großkonzerte: Verantaltungsorte sind in den Progammvorschauen angekündigt. Zu den wichtigsten zählen das **Kongresszentrum**, XII. Bezirk, Jagelló ut 1–3, ✆ 3725700 und der **Millenáris Park**, II. Bezirk, Lövöház utca 39, ✆ 4385335.

Planetarium: Das Budapester Planetarium liegt im Népliget (Volkswäldchen im X. Bezirk, ✆ 2631811), rund zehn Fußminuten von der gleichnamigen Metrostation entfernt. Fast täglich (außer sonntags) finden hier mehrere Lasershows statt, zu denen beispielsweise die Musik von Led Zeppelin, Pink Floyd und Mike Oldfield gespielt

Das Budapester Operettentheater

wird. "Lasererotik" und "Katastrophenaufnahmen" heißen andere Programme. Die aktuellen Veranstaltungen sind in der Broschüre "Programme" aufgeführt und dauern eine knappe Stunde. Karten bekommt man direkt im Planetarium.

Puppentheater: gibt es im großen Puppentheater (VI. Bezirk, Andrássy út 69; Auskunft und Kartenreservierung unter ✆ 3422702) und im Kolibri-Theater (VI. Bezirk, Jókai tér 10; Auskunft und Kartenreservierung unter ✆ 3120622).

Rockopern produziert das Rocktheater (VI. Bezirk, Jókai tér 2, ✆ 3116200). Vorstellungsbeginn ist meistens um 19 Uhr. Karten gibt es an der Zentralen Theaterkasse (VI. Bezirk, Andrássy út 18) und vor Ort.

Zirkus: Der Budapester Großzirkus (ungarisch: Nagycirkusz) ist ein Nachbar des Zoos im Budapester Stadtwäldchen. Vorstellungen: mittwochs um 15 und 19 Uhr, donnerstags um 15 Uhr, Freitags um 15 und 19 Uhr, Samstags um 10, 15 und 19 Uhr sowie Sonntags um 10 und 15 Uhr; Montag und Dienstag geschlossen. Die preiswerten Karten (1,50–3 €) sind trotz der 2.000 Plätze meist einige Tage im voraus ausverkauft.

Budapest
Karten S. 134/135, 208/209; 224/225 u. 239

Ausstellungen

Nicht erst seit der Wende ist die Budapester Kunstszene in Bewegung. Dass es sich lohnt, sich hier umzusehen, haben mittlerweile auch etliche internationale Galeristen und Sammler entdeckt. Und auch jeder Urlauber kann mit ein wenig Glück fündig werden und in der ungarischen Hauptstadt ein Original zu einem Preis kaufen, für den man daheim gerade noch einen limitierten Druck bekommt. Unternehmen Sie ein paar Streifzüge durch die bildende Kunst der Donaumetropole. Wo nicht anders angegeben, sind die Ausstellungsräumlichkeiten täglich außer montags von 10–18 Uhr geöffnet. Aktuelle Informationen über die Austellungsschwerpunkte finden Sie in der Zeitschrift *Programme.*

Apa Center, VIII. Bezirk, Horánzky utca 5. Di–Fr 14–19 Uhr und Sa 11–18 Uhr.
Aulich Art Galéria, V. Bezirk, Aulich utca 5, ✆ 3126012.
Budapest-Galerie, III. Bezirk, Lajos utca 158, ✆ 3886771.
Budapest-Galerie, V. Bezirk, Szabadsajtó út 5, ✆ 3188097.
Burggalerie, I. Bezirk, Táncsics Mihály utca 17.
Csepel Galerie, XXI. Bezirk, Szent Imre tér 3.
Duna-Galerie, XIII. Bezirk, Pannónia utca 95, ✆ 3409186.

Straße der Kunst- und Antiquitätenhändler und Galeristen

Ernst-Museum, VI. Bezirk, Nagymező utca 9, ✆ 3414355.
EVE ART Galerie, VI. Bezirk, Király utca 98 b.
Fortuna Galerie, I. Bezirk, Foruna utca 11 (Di–Fr 11–18 Uhr sowie Sa/So 12–18 Uhr).
Galerie der Kunstsammler, V. Bezirk, Kossuth Lajos utca 12 (Mo–Fr 10–18 Uhr).
Galerie des Óbudaer Gesellschaftskreises, III. Bezirk, Kiskorona utca 7 (Mo–Fr 14–18 Uhr, Sa/So 10–18 Uhr).
Galerie im Burgviertel, I. Bezirk, Úri utca 26.
Galerie, V. Bezirk, Petőfi Sándor utca 8.
Gulácsy-Galerie, VI. Bezirk, Károly körút 6.
Gutenberg Galerie, VIII. Bezirk, Kölcsey ut. 2.
Hungart Studio, V. Bezirk, Kossuth Lajos utca 14.
István-Csók-Galerie, V. Bezirk, Váci utca 21.
KAS Galerie, V. Bezirk, Váci utca 36, ✆ 3182084, Di–Fr 11–18 Uhr. Ausstellungen zeitgenössischer ungarischer Künstler.
Kempinsky Galerie, V. Bezirk, Erzsébet tér 7–8, ✆ 4293777.
Kunsthalle, XIV. Bezirk, Dózsa György út 37. Die größte und berühmteste Galerie Ungarns.
Künstlerclub Fészek, VII. Bezirk, Kertész utca 36.
Milleáris Park, II. Bezirk, Kisrókus utca 16–20, ✆ 4385335.
Studio-Galerie, V. Bezirk, Bajcsy Zsilinszky út 52.
Újpest Galerie, IV. Bezirk, Árpád utca 66.
Vármegye Galerie, V. Bezirk, Vármegye utca 11, ✆ 1188148.
Várszinház Galerie, I. Bezirk, Szinház utca 1–3.
Vigadó-Galerie, V. Bezirk, Vigadó tér 2.
Werkstattgalerie Várfok, I. Bezirk, Várfok utca 14, ✆ 1152165; Mi–So 10–18 Uhr. Ausstellungen von berühmten zeitgenössischen Künstlern; auch Verkauf.

Auf der Fischerbastei

Sehenswertes

Buda

Das Burgviertel

Ein echter Höhepunkt jedes Budapest-Besuchs ist die von Schutzmauern und Basteien umgebene historische Altstadt auf dem Burgberg (*Várhegy*) von Buda. Verwinkelte Gassen, mittelalterliche Wohnhäuser neben barocken Prachtbauten, gemütliche Cafés und renommierte Gaststätten laden zum Entdecken und Promenieren ein. Die beste Art, erste Eindrücke auf dem Burgberg zu sammeln, ist eine etwa halbstündige Kutschenrundfahrt ab der Fiakerstation bei der Matthiaskirche.

Das Burgviertel, 50–60 m über der Donau gelegen, steht komplett unter Denkmalschutz. Die unvermeidliche Folge: Das ganze Gebiet zwischen *Bécsi kapu tér* (Wiener-Tor-Platz) und *Dísz tér* (Schmuckplatz) ist für den Autoverkehr gesperrt. Wer den rund zwanzigminütigen, steilen Aufstieg ins Várnegyed (Burgviertel) scheut, kann mit dem *Várbusz* herauffahren, einem Minibus, der zwischen 5 und 23 Uhr etwa alle fünf Minuten den Moszkva tér mit der Bergstation der Standseilbahn (Budavári Sikló) verbindet. Aber es gibt auch noch eine Alternative: Der Bus Nummer 16 verknüpft den Clark-Ádám-tér am Budaer Kopf der Kettenbrücke mit dem Dísz tér an der Südspitze des Burgviertels.

Steiler geht's nicht

Die Standseilbahn

Die sicherlich originellste Art, auf den Burgberg zu kommen. Mit gut 10 km/h rattert der eine Wagen vom Clark-Ádám-tér hinauf zum Burgpalast, während sein Zwilling, durch ein starkes Drahtseil mit ihm verknüpft, als Gegengewicht auf der zweiten Spur den umgekehrten Weg zurücklegt. Die altertümlich anmutenden Gefährte bieten in je drei Kabinen insgesamt 24 Passagieren Platz.

Und tatsächlich gab es diese Bahn schon vor über hundert Jahren. Im Jahre 1870 wurde das "Wunderwerk der Technik" als zweite Standseilbahn der Welt eingeweiht. Nach 74 Jahren tadellosen Funktionierens versetzte ihr der Bombenhagel im Zweiten Weltkrieg jedoch den Todesstoß. Erst in den achtziger Jahren begann man mit den Rekonstruktionsarbeiten. Seit März 1986 ist die Drahtseilbahn endlich wieder in Betrieb und fährt zuverlässig ihre fast 100 m lange Strecke.

Öffnungszeiten täglich, außer Mo, 7.30 bis 22 Uhr.

Matthiaskirche: Am Szentháromság tér (Dreifaltigkeitsplatz), dem zentralen Platz der Altstadt, erhebt sich der gewaltige Kirchenbau. Bereits im 13. Jahrhundert. ist die Existenz der früheren Liebfrauenkirche urkundlich belegt. Seinerzeit war sie die Pfarrkirche der deutschen Bürgerschaft Budas, deren große politische und wirtschaftliche Macht sich in zahlreichen Umbauten und Vergrößerungen dokumentierte.

Jahrhunderte wechselvoller Geschichte veränderten das ursprünglich gotische Bauwerk in Form und Stil. Als "Eski-" oder auch "Büjük-Dschami" wurde es gegen Ende der türkischen Besatzungszeit sogar zur Moschee. Erst Mitte des vorigen Jahrhunderts hat man unter der Leitung des Architekten Frigyes Schulek versucht, das mittelalterliche Original zu rekonstruieren. Seine Pläne benutzte man auch beim Wiederaufbau nach dem Zweiten Weltkrieg.

Auch heute noch präsentiert sich die Matthiaskirche als typisch ungarische Synthese unterschiedlicher Baustile.

Im Jahre 1302 war das Gotteshaus Schauplatz eines internationalen Polit-Thrillers. Nach dem Absterben der Árpádendynastie favorisierten die Bürger Budas den späteren böhmischen König Wenzel III. (1289–1306) für die ungarische Krone. Papst Bonifaz VIII. jedoch unterstützte mit dem Adeligen Karl Robert das Haus Anjou-Neapel. Den Budaern ging das zu weit, und so exkommunizierten sie kurzerhand den Papst und belegten alle Erzbischöfe, Bischöfe und Priester Ungarns mit dem Bann. Aber schließlich konnte sich Karl Robert doch durchsetzen: Er wurde 1309 in der Matthiaskirche mit viel Tamtam zum ungarischen König gekrönt. Für Bonifaz kein Anlass zum Triumph – er war zu dieser Zeit schon sechs Jahre tot.

Obwohl sich die meisten ungarischen Könige des Mittelalters in Székesfehérvár krönen ließen, pflegten sie den Brauch, sich in der Matthiaskirche der Bevölkerung von Buda als neue Herrscher zu präsentieren. Im Jahre 1463 fand hier die Trauung des Königs Matthias Corvinus mit Katharina Podiebrad statt. Hätte ihm dies nicht gefallen, so wäre er wohl kaum auf die Idee verfallen, am gleichen Ort sieben Jahre später auch seine zweite Frau, Beatrix von Aragonien, zu ehelichen.

Die Matthiaskirche im Burgviertel

Auch das Habsburger Herrscherhaus würdigte den historischen Schauplatz durch die Krönung der Könige Franz Joseph I. (1867) und Karl IV. (1916). Aus Anlass der Inthronisation des ersteren wurde hier am 8. Juni 1867 die Krönungsmesse von Franz Liszt uraufgeführt.

Das Innere der imposanten Kirche birst vor Kunstschätzen und Touristen. Kein Fleck, der nicht mit Fresken bedeckt oder mit Ornamenten verziert ist. Rechts vom Hauptaltar führt eine Treppe in

Budapest
Karten S. 134/135, 208/209; 224/225 u. 239

die Krypta. Hier beginnt die sich auf mehrere Räume und Gänge erstreckende Ausstellung des Kirchenschatzes mit Sakralgegenständen aus vielen Jahrhunderten.

Öffnungszeiten Matthiaskirche, Mo 9.00–17.00 Uhr, Sa 9–13 Uhr, So 13–17 Uhr.

Den Mittelpunkt des Dreifaltigkeitsplatzes vor der Matthiaskirche bildet die *Dreifaltigkeitssäule*, die der Rat der Stadt Buda in den Jahren 1710/13 zum Dank für das Ende einer verheerenden Pestepidemie errichten ließ. Im Zweiten Weltkrieg stark beschädigt, wurde sie erst in den sechziger Jahren von Grund auf restauriert.

Fischerbastei: Die Fischerbastei ist das wohl bekannteste Bauwerk der ungarischen Hauptstadt. Die protzige Maueranlage mit zahlreichen Türmchen, Terrassen und Erkern im Zuckerbäckerstil erhebt sich hinter der Matthiaskirche. Mittlerweile grau vom Großstadtverkehr und überschattet von der mächtigen Hilton-Hotelfassade aus Glas und Beton, ist ihr verspielter Charme zumindest angekratzt. Dutzende von Busladungen ergießen sich jeden Tag über die Treppen und Gänge. Am Wegesrand lauern Porträtzeichner, Musikanten und Kunsthandwerker auf ihre Kunden. Gemeinsam mit den vorgelagerten Verkaufsbuden, vor denen Touristen um billiges Plastikspielzeug und teure Andenken feilschen, sorgen sie für Volksfeststimmung. Auf den Zinnen der *Halászbástya* angekommen, ist man schließlich allein mit der Donau, der Stadt – und dem salvenartigen Klicken der Fotoapparate. Ein toller Ausblick, falls Wetter und Smog ihn zulassen. Ihren Namen erhielt die erst in den Jahren 1901/03 erbaute Fischerbastei wegen der Lage über dem einstigen Fischmarkt der früheren "Fischerstadt". So richtig genießen kann man das berühmte Bauwerk eigentlich nur zu den Zeiten, wenn der endlos scheinende Besucherstrom mal etwas zaghafter fließt. Unser Tipp nicht nur für Romantiker: Werfen Sie doch mal am Abend von hier aus einen Blick auf die Lichter der Millionenstadt.

Burgviertel

Übernachten

5 Thermal Hotel Aquincum
6 Hotel Hunor
8 Hotel Panda
10 Hotel Budapest
11 Hotel Rege
13 Hotel Dunapart
15 Budapest Hilton
18 Hotel Victoria
22 Alba Hotel Budapest
23 Hotel Mercure Buda
24 Hotel Agro
25 Hotel Normafa
26 Hotel Olympia
29 Hotel Orion
30 Hotel Ventura
31 Novotel
32 Hotel Griff
33 Hotel Gellért
34 Sas Club Hotel
35 Citadella Touristenhotel
37 Hotel Flamenco
38 Hotel Wien
39 Rubin Apartman-Hotel
40 Pension Korona

Essen & Trinken

1 Vadrózsa
2 Les Amis
3 Kéhli Vendéglő
4 Kisbuda Gyöngye Éggerem
7 Arany Kaviár
9 Szép Ilona Vendéglő
12 À la Carte
14 Articsoká II
16 Fortuna
17 Fekete Holló
19 Alabárdos
20 Fehér Galamb
21 Le Jardin de Paris
27 Márványmenyasszony
28 Tabáni Kakas Vendéglő
36 Kis Vigadó Falatozó

N
500 m

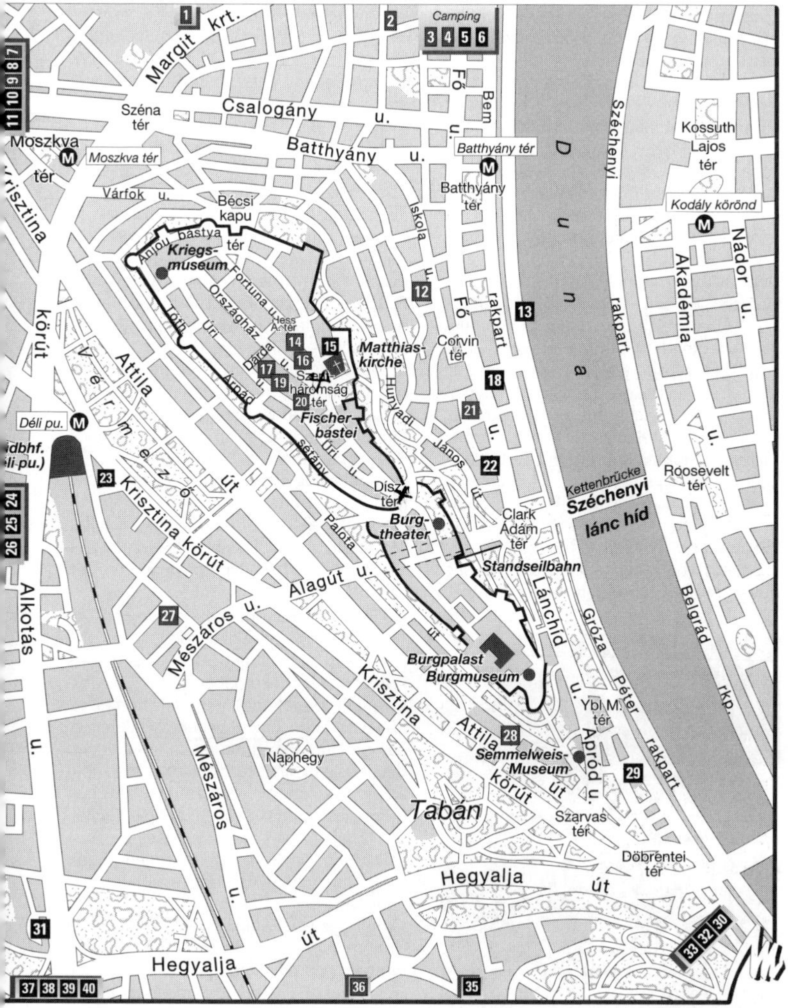

Burgpalast: Das riesige Baudenkmal nimmt die gesamte Südspitze der Budaer Altstadt ein. Der ehemalige königliche Palast aus dem 13. Jahrhundert wurde immer wieder erobert und zerstört, immer wieder aufgebaut und erweitert. Die letzte Renovierung wurde nach dem Zweiten Weltkrieg vorgenommen, als die Anlage ausgebrannt und der ganze Dachstuhl eingestürzt war. Beim Wiederaufbau wurden viele verlorengeglaubte Relikte der mittelalterlichen Gebäude und Befestigungen entdeckt und rekonstruiert. Heute beherbergt der imposante Gebäudekomplex bedeutende Museen und kulturelle Institutionen:

Ludwig-Sammlung: Im A-Trakt, wo früher das Museum der ungarischen Arbeiterbewegung untergebracht war, in dem Arbeiter seltsam unzeitgemäß mit aufgepflanztem Bajonett gegen den Klassenfeind stürmten, hat heute die Ludwig-Sammlung ihren Platz. Sie zeigt zeitgenössische nationale Kunst. Außerdem finden hier wechselnde Ausstellungen moderner ungarischer Künstler (Poster, Grafiken, Fotos o. ä.) statt. Öffnungszeiten: Do 10–20 Uhr, Fr, Sa, So 10–18 Uhr.

Ungarische Nationalgalerie: Die "Magyar Nemzeti Galéria" beherbergt mit insgesamt über 70.000 Exponaten unbestritten die bedeutendste Sammlung von Werken ungarischer bildender Künstler vom Mittelalter bis in unsere Tage (B-, C- und D-Trakt, Eingang auch auf der Donauseite). Ständige Ausstellungen zu den Themen "Gotische Holzskulpturen und Tafelbilder", "Spätgotische Flügelaltäre", "Die Kunst der Spätrenaissance und des Barock", "Malerei und Skulpturen aus dem 19. Jh." sowie "Malerei und Skulpturen aus dem 20. Jh." (bis 1945). Auch zeitgenössische Künstler dürfen in diesen heiligen Hallen ihre Werke vorstellen. Eindeutige Schwerpunkte sind jedoch die Gemälde und Skulpturen aus dem 18. und 19. Jahrhundert. Die Ausstellungen alter ungarischer Kunst stammen aus einem reichen Fundus mittelalterlicher Steindenkmäler, Altarbilder und Gemälde. Besonders berühmt und sehenswert sind die imposanten spätgotischen Flügelaltäre im einstigen Thronsaal des Burgpalastes, die bewegenden Werke des romantisch-realistischen Malers Mihály Munkácsy, die programmatische Plastik "Das Hirtenmädchen" von István Ferenczy, die zauberhaft farbigen Gemälde von Tivadar Csontváry Kosztka und die archaischen Skulpturen von Ferenc Medgyessy. Die sehr umfangreiche grafische Sammlung und die breite Medaillensammlung bilden häufig die Basis von Sonderausstellungen mit verschiedenen Schwerpunkten.

Maler im Burgviertel

Unregelmäßig finden in der Nationalgalerie auch Konzerte statt.

Öffnungszeiten 2.3.–2.12. täglich außer Mo, 10–18 Uhr, Einlass bis 17.30 Uhr, 3.12.–1.3. 10–16 Uhr; fremdsprachige Führungen sind möglich.

Budapester Historisches Museum: Die Ausstellung "Die zweitausend Jahre von Budapest" im Südflügel (E-Trakt) des Burgpalastes dokumentiert die Entwicklung der Hauptstadt von der Römerzeit bis zum Ende des Zweiten Weltkrieges. Zu den interessantesten Sammlungen des riesigen Museums zählen die gotischen Skulpturen des mittelalterlichen Burgpalastes im Rittersaal und die Kachelsammlung. Auch viele wechselnde Ausstellungen. An Sonntagen werden gegen 11.30 Uhr häufig Konzerte im Barockhof gegeben.

Öffnungszeiten täglich außer Di, 10–18 Uhr, im Winter nur bis 16 Uhr. März–September auch dienstags geöffnet. Seit 1984 ist im Trakt F (Westflügel) die **Ungarische Nationalbibliothek** untergebracht. Hier, im F-Trakt gleich neben der Nationalbibliothek, gibt es einen Fahrstuhl, der hinab bis zum Dózsa György tér fährt.

Auskünfte zu Festen, Konzerten und Veranstaltungen auf dem Burgberg erteilt **Budavár Info**, I. Bezirk, Szentháromság tér, ✆ 4880475, 📠 4880473, var@budapestinfo.hu. Geöffnet Juni–September 9–21 Uhr, Oktober–Mai 9–19 Uhr.

Am Eingang des Palastgartens wacht die aus Erz gegossene *Turul-Statue* über die Donaumetropole. Das mythologische Tier soll einst den landnehmenden ungarischen Fürsten den rechten Weg gewiesen haben. Sein Gegenstück begrüßt den Budapest-Besucher schon bei der Anfahrt – es bewacht die Autobahn M 1 von den Bergen über Tatabánya (vgl. Tata/Ausflüge).

Über die **gotischen Sitznischen**, denen man überall in den Toreinfahrten der Altstadthäuser begegnet, streiten sich die Gelehrten schon seit Jahrzehnten. Waren es nun Ruhebänke für die Nachtwächter, Plauschecken für die Dienerschaft, Verkaufsstände der reichen Kaufleute oder einfach Statussymbole nach dem Motto: Einer fängt an, und alle machen es nach? Die meisten dieser Nischen findet man in der mittelalterlich anmutenden Úri utca, in der früher die Tuchhändler wohnten.

Von der *Tóth Árpád sétány*, der Basteipromenade am westlichen Wall des Burgbergs, hat man einen schönen Blick auf die Budaer Berge – und es herrscht weniger Rummel als auf der Fischerbastei. Außerdem machen viel Schatten und Bänke den Spaziergang angenehm. Nicht weniger beeindruckend ist die Fülle an Museen und Ausstellungen in der Altstadt. Hier einige der interessantesten:

Labyrinth der Budaer Burg in der Úri utca 9, ✆ 2120207. Das weitverzweigte System künstlicher und natürlicher Gänge unter der Budaer Burg ist ein optimales Forum für Meditation und Ausstellungen von der Urzeit bis zur heutigen Zeit, die man sich bei meditativer Musik und Kerzenlicht ganz in Ruhe ansehen kann. Täglich von 9.30–19.30 Uhr geöffnet.

Ungarisches Handels- und Gastgewerbemuseum in der Fortuna utca 4 (✆ 35227106): Der Name täuscht – es ist nicht stinklangweilig. Das kleine, skurrile Museum im Norden des Burgviertels gliedert sich in zwei Teile: ein Konditoreimuseum und ein "Handelsmuseum". Neben allerlei Plunder bekommt man hier auch geradezu betörenden Nippes zu sehen, zum Beispiel die erste bewegliche elektrische Reklame Budapests, die 1926 an der Ecke Rákóczi út/Jozsef körút aufgestellt wurde, einen Stollwerck Bonbonautomaten aus den zwanziger Jahren und einen "Pudelautomaten", der von innen an ein Schaufenster klopfte, um die Aufmerksamkeit der Passanten zu erregen. (Was für eine umwerfend unfehlbare, verlorengegangene Werbeidee!) Geöffnet: Mi 10–16 Uhr, Do–Sa 10–18 Uhr, So 10–14 Uhr.

Medizinhistorisches Museum Semmelweis, Apród utca 1–3 (✆ 3753533): Das gefällig restaurierte Zopfstilgebäude zu Füßen des Palastgartens (also schon außerhalb der Altstadt, am südlichen Fuße des Burgberges) ist das Geburtshaus des berühmten Arztes *Ignác Fülöp Semmelweis* (1818–1865). Semmelweis entdeckte als Ursache des Kindbettfiebers mangelnde Hygiene der behandelnden Ärzte und ging als "Retter der Mütter" in die Medizingeschichte ein. Öffnungszeiten: täglich außer Mo, 10.30–17.30 Uhr.

Apothekenmuseum Arany Sas, Tárnok utca 18 (✆ 3759772): Dokumentation der Heilkunst zur Zeit der Renaissance und des Barock. Geöffnet: täglich außer Mo, 10.30–17.30 Uhr, November bis Februar 10–15.30 Uhr.

Musikhistorisches Museum, Táncsics Mihály utca 7, ✆ 2146770. Es ist im Atelier *Béla Bartóks* (1881–1945) untergebracht, dem neben Kodály wohl bedeutendsten ungarischen Musiker dieses Jahrhunderts. 1907–34 war er Klavierprofessor an der Budapester Musikhochschule. Im Museum ist die Entwicklung des ungarischen Musiklebens und ihrer Instrumentalkultur dokumentiert. Außerdem finden hier häufig Konzerte statt. Öffnungszeiten: täglich außer Mo, 10–18 Uhr.

Museum für Kriegsgeschichte, Tóth Árpád sétány 40, ✆ 3569522. Kriegerisches

Gerät aus vielen Jahrhunderten – beeindruckend und schauderhaft zugleich. Uniformen, Fahnen, Landkarten und immerhin 28.000 Münzen. Dauerausstellung über den Aufstand von 1956. Geöffnet: Di–So 10–18 Uhr, Oktober–März 10–16 Uhr, Mo geschlossen.

Der Gellértberg

Steil erhebt sich der Gellértberg im Süden zwischen Elisabeth- und Freiheitsbrücke über die Donau. Der Aufstieg lohnt sich hauptsächlich wegen des Panoramas. Rund 140 m liegt der Berggipfel über dem Donauspiegel. Seinen Namen hat er vom venezianischen Bischof Gerhard (ungarisch: Gellért), den heidnische Ungarn in einem nagelgespickten Fass von hier aus in die Donau gerollt haben sollen. Anlass für diese Tat war die gewaltsame Christianisierung der ungarischen Bevölkerung zur Zeit König Stephans I., also kurz nach der Jahrtausendwende. Ihr Erfolg scheint eher oberflächlich gewesen zu sein, sonst wären die neuen Christen nach Stephans Tod nicht so drastisch mit dem später heilig gesprochenen Bischof umgesprungen.
Der Volksglauben rückt den Gellértberg sogar in die Nähe des Harzer Brockens: Angeblich soll es hier oben von besenreitenden Hexen nur so gewimmelt haben. Auf alle Fälle aber war der Gellértberg ein bedeutendes Weinbaugebiet, bis die Reblaus gegen Mitte des vorigen Jahrhunderts dem ein Ende setzte.

Der Aufstieg über die Serpentinen an der Nordflanke des Gellértberges von der Elisabethbrücke aus dauert etwa zwanzig Minuten. Mit dem Auto kommt man vom Westen herauf (Szirtes út). Außerdem kann man mit der Buslinie 27 ab Móricz Zsigmond körtér fahren.

Elisabethbrücke, Gellértberg und Befreiungsdenkmal

Von der Zitadelle aus reicht der Blick weit über Budapest

Dominierendes Bauwerk auf dem Gellértberg ist die mächtige, mittelalterlich wirkende *Zitadelle.* Tatsächlich entstand sie aber erst nach der Niederschlagung des ungarischen Freiheitskampfes von 1848/49. Die Habsburger bemühten sich damals, mit Kanonen, die sie von hier aus auf die Hauptstadt richteten, die Treue und Ergebenheit ihrer ungarischen Untertanen zu erzwingen. Verständlicherweise stießen sie damit auf wenig Gegenliebe und mussten 1897 schließlich, dem starken Druck der Öffentlichkeit nachgebend, die Zitadelle den Budapester Stadtvätern übergeben.
Auch später noch als Kaserne genutzt, dient die Zitadelle heute endlich friedlichen Zwecken. Aus der Kaserne wurde ein Touristenhotel (vgl. Übernachten), und in den Kasematten wartet ein Restaurant auf zahlungskräftige Kunden. Im Sommer wird das Gelände freitags und samstags zu einer Freiluft-Disco namens "Garden" mit wunderbarem Ausblick über die beleuchtete Stadt.

Der kurze Weg an Souvenirbuden vorbei zum *Befreiungsdenkmal* lohnt sich fast zu jeder Tageszeit wegen des einmaligen Ausblicks auf die Millionenstadt. In unmittelbarer Nachbarschaft der Zitadelle wurde es 1947 zur Erinnerung an die Befreiung Ungarns von den Nazis und zu Ehren der Roten Armee errichtet. Während des Aufstands von 1956 rissen die Budapester das zum Denkmal gehörige Standbild des Sowjetsoldaten aus der Verankerung. 1957 mussten sie es dann zähneknirschend wieder aufstellen.

Von hier aus schließt sich nach Süden hin der große *Jubiläumspark* mit seinen bunten Blumenbeeten an.
Am Fuße des Südhanges des Gellértberges, nahe der Freiheitsbrücke (Szabadság híd), erhebt sich das altehrwürdige Gellért-Hotel. Sein großes Thermal- und Freibad voller nostalgischem Charme und der schöne Garten

Budapest
Karten S. 134/135, 208/209; 224/225 u. 239

können auch von Nicht-Hotelgästen genutzt werden. Angenehm ist auch das große *Rudasbad* am Nordende des Gellértberges nahe der Elisabethbrücke. Es bietet hohe Gewölbe mit mehreren Wasserbecken – von warm bis heiß. Im 12. Jahrhundert stand bereits an gleicher Stelle ein Heilbad-Krankenhaus der Johanniter.

An der Endstation des vom Gellért-Platz abfahrenden Busses nach Nagytétény liegt das Einkaufszentrum Campona mit dem *Tropicarium* (www.tropicarium.hu, täglich 10–20 Uhr, Einlass bis 19 Uhr), einem großen Aquarium für Meerestiere. Man erreicht es auch mit dem Auto über die M0 oder über die Nagytétény Straße. Ein Besuch lohnt in Verbindung mit einem Tagesausflug zum Skulpturenpark und zum Schlossmuseum Nagytétény. Vom Skulpturenpark erreicht man das Einkaufszentrum mit dem Bus Nr. 50 und von dort fährt der Bus Nr. 3 zum Schloss. Das barocke Schloss, das als Vorbild für Schloss Gödöllö diente, wurde komplett restauriert. Seit 2002 beherbergt es Wechselausstellungen und als Zweigstelle des Kunstgewerbemuseums die Dauerausstellung "Europäische Möbel und Kleidung von der Gotik bis zum Biedermeier."

Der Friedhof der Skulpturen

Im abgelegenen Szoborpark stehen die gigantischen Denkmäler aus der Zeit des "Gulaschkommunismus".

Von Tobias Büscher

Lenin erblickt man als ersten. Der Blick fest, der Bart gestutzt, der Mantel wie immer akkurat. Seine Statue ist gut sichtbar positioniert, allerdings nicht mehr im Budapester Zentrum an der Dózsa György útca, sondern in einer Ziegelfassade acht Kilometer südwestlich des Gellértbergs. Der überdimensionale Eingang, den der Entwickler des "wissenschaftlichen Sozialismus" bewacht, erinnert an einen Friedhof. Und tatsächlich stehen dahinter verstreut die innerstädtisch Verstorbenen: Statuen, die einst das Bild der ungarischen Hauptstadt prägten, verbannte die Budapester Generalversammlung 1993 in den staubigen, mäßig gut erreichbaren Vorort Budatétény.

Am Eingang geht es erst einmal zur Kasse mit den Devotionalien: Schnapsflaschen mit den Insignien von Marx, Feuerzeuge mit rotem Stern, CDs mit "best of comunism", Plastiktrabbis als Spielzeug und Ché-T-Shirts von S bis XXL. Gleich dahinter stehen die "Denkmäler der kommunistischen Diktatur" (Begleitheft): Statuen von Revolutionären wie Dimitrow und charismatischen Politikern wie Béla Kun, Gedenktafeln der Arbeiter- und Soldatenräte, sowjetische Helden, ungarische Märtyrer und Freiheitskämpfer des Spanischen Bürgerkriegs.

Verstreut auf einem Territorium in der Größe eines provinziellen Fußballplatzes haben die Figuren nichts an ihrer betont heroischen, zumeist kantigen Geste verloren. Doch statt der schnurgeraden Prachtallee besteht die Kulisse nunmehr aus Strommasten, ein paar verstreuten Häusern und knallbunter Handy-Reklame.

Entsorgte Helden aus dem Stadtzentrum

Dass die zeithistorischen Grabsteine dort im Abseits überhaupt Asyl bekamen, ist nicht selbstverständlich. Denn nach dem politischen Umbruch in den Jahren 1989/1990 dachte so mancher laut darüber nach, die immensen Blickfänger in ihre Einzelteile zu zerlegen. Gut, dass dies nicht geschah. Denn das Freiluftmuseum ist eine attraktive Fundgrube für echte Budapest-Fans und birgt vor allem eine Statue, für die schon alleine die Anreise lohnt: das Béla Kun-Denkmal von Imre Varga, einem der beliebtesten ungarischen Künstler schon während der sozialistischen Ära. Das 1986 erschaffene Gesamtkunstwerk aus Bronze, Chromstahl und Kupfer zeigt den Kommunistenführer Béla während der Revolution 1919 auf einem Podest an einer Laterne, darunter die von seiner Rede begeisterten Mitstreiter. Vom vollmotivierten, bewaffneten Kämpfer bis zur noch etwas zögerlichen, gut gekleideten Dame mit hohen Schnürstiefeln und Sonnenschirm. Es ist das einzige Standbild aus der Zeit vor 1989, das viele Budapester gerne zurück in die Innenstadt holen würden.

Lage Der Park (www.szoborpark.hu) liegt rechts an der Straße Balatoni út (Nr.7) Richtung Ballaton (Plattensee), 8 km vom Zentrum entfernt (Schild: Szoborpark).
Anreise per Bus (eine Stunde einplanen): Vom Platz Ferenciek tere (Metro 3) mit Bus Nummer 7 bis Etele tér (Endstation). Von dort weiter mit dem Volán-Bus Richtung Diósd-Érd. Ticket im Gebäude mit der Aufschrift "Volánbusz".
Öffnungszeiten April bis Oktober 10 Uhr bis Sonnenuntergang, im Winter nur an Wochentagen.

Die Budaer Berge

Sie umgeben hufeisenförmig den am rechten Donauufer gelegenen Teil der Hauptstadt. Das einst bedeutende Weinbaugebiet zieht in Scharen gestresste Großstadtbewohner an. Auch schon im vergangenen Jahrhundert waren den Pester Bürgern die waldreichen Hänge der Budaer Berge, ihre Obstgärten und Villenviertel einen Ausflug wert. Freuen Sie sich auf eine malerische Gegend mit vielen Aussichtspunkten und markierten Touristenpfaden. Beschert der Winter einmal üppigen Schnee, tummeln sich auf den hiesigen Pisten Rodler und Skifahrer.

Am Fuße des *Rosenhügels* (Rózsadomb), einem schön gelegenen Villenviertel etwa zehn Fußminuten vom Budaer Kopf der Margaretenbrücke entfernt, findet man die Türbe (Grabkapelle) des *Gül Baba*. Der 1541 in der damals als Moschee dienenden Matthiaskirche gestorbene kämpferische Derwisch Gül Baba (zu deutsch: Rosenvater) wird in der islamischen Welt als Heiliger verehrt. Dementsprechend ist seine Grabkapelle, ein kleines achteckiges Bauwerk mit Rundkuppel (1543/48), eine beliebte Wallfahrtsstätte.

Öffnungszeiten **Grabkapelle**, Mecset utca 14, Mai–September täglich außer Mo, 10–18 Uhr, sonst bis 16 Uhr.

Die höchste Erhebung der nördlichen Budaer Berge ist der 497 m hohe *Dreigrenzberg* (Hármashatár-hegy). An der Straße, die auf seinen Gipfel führt, liegt die *Pálvölgyer Tropfsteinhöhle* (Cseppkőbarlang). Ihr Eingang befindet sich direkt gegenüber der Haltestelle der Buslinie 65 (fünfte Haltestelle ab Kolosy tér bzw. Becsi út). Auf dem rund 1 km langen Höhlenabschnitt kann man im Rahmen einer Führung die Tropfsteingebilde *im Märchenland, Theatersaal* und *auf der Hühnerleiter* bewundern.

Öffnungszeiten Anfang April bis Ende Oktober täglich außer Mo, 9–16 Uhr.

Das malerische Erholungsgebiet der westlichen Budaer Berge, das an Wochenenden mit Ausflugswetter jedoch ziemlich überlaufen ist, erreicht man mit exotischen Verkehrsmitteln. Zunächst geht es vom Moszkva tér mit der Straßenbahn (Linie 18 oder 56) oder dem Bus (Linie 5 oder 22) zur Talstation der *Zahnradbahn* an der Haltestelle Városmajor.
Die fast 4 km lange Strecke führt zum Aussichtspunkt auf dem *Széchenyihegy*. Die Zahnradbahn, 1847 nach dem Vorbild der schweizerischen Rigi-Bahn gebaut, verkehrt von 5.15 Uhr morgens bis 23.30 Uhr etwa alle 15 Minuten und gewährt, während sie den Höhenunterschied von über 300 m überwindet, einen herrlichen Blick auf die Budaer Berge.
Auf der anderen Seite des kleinen Parks an der Endstation der Zahnradbahn findet man die Haltestelle der *Schmalspurbahn* (Úttörő Vasút). Hier beginnt die 12 km lange Fahrt durch kühle Laubwälder bis zur Talstation Hűvösvölgy. Das Besondere: Die Züge verkehren unter der Regie von 8 bis 14jährigen Kindern, die, von Erwachsenen angeleitet, alle Aufgaben eines Eisenbahners übernehmen dürfen – ein tolles Spielzeug. Von März bis Oktober fährt sie täglich von 9–17 Uhr, sonst nur bis 16 Uhr. *Normafa* (Norma-Baum) heißt die erste Haltstelle, die nach einer Buche benannt ist, unter der vor rund 150 Jahren eine Primadonna die große Arie aus Bellinis "Norma" gesungen hatte. An der Stelle dieser Buche stehen heute zwei Linden und eine Gedenktafel. Wegen der Aussicht und der Ausflugsgaststätten ist Normafa ein besonders beliebter Zwischenstopp. Im Winter geht's hier auf Brettern Hang abwärts. Wen der Hunger quält, der sollte seine Schritte in Richtung Normafa-Grill lenken.

Normafa-Grill, XII. Bezirk, Eötvös út 52–54, ✆ 3956505, 📠 3956504, info@normafahotel.com. Sehr empfehlenswertes Ausflugsrestaurant im gleichnamigen Hotel (vgl. Übernachten) in herrlicher Landschaft mit ausgedehnten Eichenwäldern. An Sommerwochenenden ist hier immer viel los. Das Lokal bietet internationale Spezialitäten in origineller und zugleich gediegener Atmosphäre: lila Wände, schwarzes und grünes Holz sowie buntes, modernes Dekor. Gute Auswahl an Fleisch-, Fisch- und Geflügelgerichten zwischen 4,50 und 10 €. Wir empfehlen das würzige Rumpsteak mit Folienkartoffel (7,50 €) und die Spaghetti prosciutto e funghi für 4,50 €. Alles wird frisch zubereitet, dauert deshalb auch etwas länger und ist sehr hübsch angerichtet. Der Bus Nummer 21 verbindet den Normafa-Grill mit der Metrostation Moszkva tér.

Nächste Station ist das *Jugendcamp*, wo im Sommerhalbjahr bis zu 1500 Kinder und Jugendliche Ferien am Rande der Millionenstadt machen können. Von *Előre*, dem folgenden Halt, führt eine lang gezogene Asphaltstraße auf die Kuppe des *János-hegy*. Wer einen kurzen, aber steilen Aufstieg vorzieht, bleibt noch eine Station im Zug (Haltestelle János-hegy).
Der János-hegy (Johannesberg), den ein 24 m hoher Aussichtsturm krönt, ist mit 529 m der höchste Punkt der Hauptstadt. Eindrucksvoll ist der Rückweg mit dem *Sessellift (Libegő)*. Von seiner Talstation fährt der Bus Nummer 158 zum Moszkva tér zurück.

Öffnungszeiten **Sessellift**, März–September täglich, außer Mo, 9–17 Uhr, im Winter 9.30–16 Uhr.

Doch warum schon zurück – wir haben doch erst die Hälfte der Pioniereisenbahnstrecke gesehen. Weiter geht es auf verschlungenen Waldpfaden um den 458 m hohen Nagy-Hárs-hegy bis zur Endstation *Hűvösvölgy* (zu deutsch: kühles Tal), dessen weiter Wiesengrund ein beliebtes Picknickziel ist. Zur Zeit des Horthy-Regimes hielten hier die ungarischen Kommunisten geheime Zusammenkünfte ab. Der Bus Nummer 56 fährt in die Innenstadt (Moszkva tér) zurück.

Óbuda

Die gute Stube Budapests ist das Zentrum von Óbuda, der III. Bezirk ganz im Norden der Stadt, den man am besten mit der Vorortbahn ab Batthyány tér erreicht. Den Stadtteil dominieren Plattenbauten. Rund um die beiden ansprechenden Kopfsteinpflasterplätze Fő tér und Szentlélek tér (Vorortbahnstation; früher Korvin Ottó tér) am Budaer Brückenkopf der Árpád-Brücke haben sich einige gute Touristenrestaurants angesiedelt. Zu den schönsten Gebäuden zählt das verspielte *Schloss Zichy* (Fő tér 1), eine Rokokoresidenz der gleichnamigen Großgrundbesitzerfamilie aus den Jahren 1746 bis 1752. In den benachbarten, einstöckigen barocken Nebengebäuden sind heute Museen untergebracht, darunter das Óbudaer Heimatmuseum sowie Ausstellungen des avantgardistischen Künstlers *Lajos Kassák* und des berühmten Op-Artisten *Victor de Vasarély*. Geht man an den Gebäuden vorbei zum **Imre-Varga-Museum** in der Laktanya utca 7, kommt man an der Skulptur "Menschen mit Schirmen" vorbei. Das kleine Museum in Óbuda zeigt eine interessante Sammlung der Werke des Bildhauers.

Imre Varga: Ungarns beliebtester Bildhauer

Von Tobias Büscher

Sie mögen ihn einfach alle. Die Sozialisten, weil er Lenin so realistisch darstellte. Die Musikliebhaber, weil seine Skulptur von Liszt so ausdrucksstark ist. Die Franzosen, weil er de Gaulle besonders gut traf. Die Juden in aller Welt, weil sein "Baum des Lebens", eine Trauerweide, vor der Budapester Großen Synagoge ein würdiges Mahnmahl des Holocaust ist.

Skulpturengruppe in Óbuda

Bekannt ist Imre Varga in aller Welt, und auch die Deutschen sind schon lange auf ihn aufmerksam geworden. 2002 bekam er aus Berlin das Bundesverdienstkreuz für sein Lebenswerk.

Vor allem aber die Ungarn selbst lieben ihren Varga über alles. Es liegt an der Dynamik seiner Bronzestatuen, dass so ziemlich jeder Ort im Land den Bildhauer bittet, ein Kunstwerk auf seinen zentralsten Platz zu stellen. So steht die Heilige Elisabeth jetzt in Sárospatak, Prometheus in Szekszárd und Bartok vor dem gleichnamigen Haus in Budapest. In der Hauptstadt ist dem Mann aus Siófok, der 1923 zur Welt kam, auch ein Museum gewidmet.

Imre-Varga-Museum Óbuda, Laktanya utca 7, Di–Sa 10–18 Uhr, Einlass bis 17,30 Uhr.

Aquincum

Der römische Vorfahr der Hauptstadt – gründlich vom Zahn der Zeit benagt. Nach der Eroberung Pannoniens durch die römischen Legionen im ersten nachchristlichen Jahrhundert ließen sich diese im Bereich des heutigen III. Stadtbezirks (Óbuda) nieder. Zunächst entstand an einem strategisch wichtigen Flussübergang (rund um den heutigen Flórián tér) das Militärlager auf einer Fläche von 520 x 540 m. Umgeben von hohen Wehrmauern, Türmen und einem Doppelgraben, beherbergte es unter anderem die Mannschaftsunterkünfte, ein Militärbad, ein Lazarett und den Getreidespeicher.

Zu Beginn des 2. Jahrhunderts wurde das zuerst nur provisorisch angelegte Castrum niedergerissen und aus Stein neu errichtet. Rund eine römische Meile (1.480 m) nördlich der Militärstadt entwickelte sich zugleich die zivile Stadt Aquincum aus der ausgelagerten Handwerkersiedlung. Die Bedeutung der Militärstadt erhöhte sich beträchtlich, nachdem sie im Jahr 106 zur Hauptstadt der Provinz *Pannonia Inferior* erhoben worden war. Durch die Verlegung der II. Legion nach Aquincum und den Ausbau des Statthaltersitzes veränderte sich auch die Stellung der Bürgerstadt. Handwerk und Handel bereicherten sie so rasch, dass sie im Jahre 124 den Städterang *Municipium* (Gemeinde mit Selbstverwaltung, deren Bewohner ein eingeschränktes römisches Bürgerrecht genossen) und 194 den einer *Colonia* (selbstverwaltete Siedlung mit vollständigem römischem Bürgerrecht der Bewohner) erhielt. Während die Einwohnerzahl des Militärlagers bis zu 30.000 betrug, wohnten nach Schätzungen in der Bürgerstadt zwischen 15.000 und 20.000 Menschen.

Römisches Amphitheater der Militärstadt

Bis zum Zerfall der römischen Herrschaft gegen Ende des 4. Jahrhunderts entstanden außerdem an vielen Punkten des heutigen Buda römische Dörfer, Villen, Meiereien und Friedhöfe, wie zahlreiche Ausgrabungsfunde belegen. Selbst auf der Pester Seite wurden mit *Transaquincum* (römische Brücke und befestigter Brückenkopf gegenüber dem Militärlager) und *Contra-Aquincum* (Festung im Zentrum der heutigen Pester Innenstadt) römische Stützpunkte errichtet (vgl. auch die Rubrik Budapest/Geschichte).

Das bedeutendste und interessanteste Zeugnis aus der Römerzeit aber stellen die *Überreste der Bürgerstadt Aquincum* auf dem Grundstück der Szentendrei út 139 dar. Seit dem Ende des 20. Jahrhunderts gibt es hier das *Aquincum-Museum*.

Auf dem Gelände sieht man die spärlichen, mittlerweile auch mit deutschsprachigen Erklärungen versehenen Relikte römischer Anlagen wie Tempel, Wohnhäuser, Werkstätten, Straßen, Bäder, Markt und Friedhof. Außerhalb des Museumsbereichs, jenseits des Bahndamms, stehen die Ruinen eines mächtigen *Amphitheaters* mit Gladiatorenschule, das einst rund 8.000 Zuschauern Platz bot. Bei den Ausgrabungsarbeiten in Aquincum entdeckten die Archäologen, dass diese Siedlung im Vergleich zu anderen römischen Städten ihrer Zeit über auffallend viele öffentliche Bäder verfügt hatte. Schon damals müssen also die Römer um die Existenz und den Nutzen der zahlreichen um Budapest entspringenden Heil- und Thermalquellen gewusst haben.

Weitaus eindrucksvoller als das Ruinenfeld selbst sind die Fundstücke im kleinen *Museum* auf demselben Gelände. Die fast 2.000 Jahre alten Kunst- und Gebrauchsgegenstände, darunter Glas, Keramik, Werkzeuge, Skulpturen, ein unversehrtes Holzfass, technische Geräte, Kultgegenstände und Spielwürfel vermitteln ein anschauliches Bild dieser Zeit. Prunkstück der Sammlung ist eine vollständig rekonstruierte Wasserorgel, die hier in den dreißiger Jahren gefunden wurde.

Im *Lapidarium*, der überaus umfangreichen Sammlung von Steindenkmälern (Grabsteine, Fresken, Reliefs usw.) aus der Römerzeit, kann der Besucher seinen Eindruck von den Lebensumständen einer längst vergangenen Kultur vervollständigen.

• *Öffnungszeiten* **Aquincum-Museum**, Szentendrei út 139, ✆ 2501650, vom 15. April bis zum 30. April und vom 1. Oktober bis zum 31. Oktober täglich außer Mo, 9–17 Uhr, vom 1. Mai bis zum 30. September von 9–18 Uhr. November bis Mitte April geschlossen. Führungen auch in deutscher Sprache.

• *Anfahrt* siebte Haltestelle der Vorortbahn (HÉV) ab Batthyány tér in Richtung Szentendre.

Wen der Besuch Aquincums zu weiteren Streifzügen durch die Römerzeit angeregt hat, der kann noch folgende Museen besuchen:

Herkulesvilla, Meggyfa utca 19–21, ✆ 2501650. Römische Villa mit prachtvollen Mosaikfußböden aus der Zeit um das Jahr 200 unserer Zeitrechnung, mit Szenen aus dem Herkulesmythos. Sie wurden hier in den 1950er Jahren im Garten einer Schule entdeckt. Anfahrt: Bus Nummer 118 ab Flórián tér. Geöffnet: 15. April bis 30. April sowie Oktober täglich außer Mo 10–17 Uhr, Mai bis September täglich außer Mo 10–18 Uhr, November bis 14. April geschlossen.

Bädermuseum am Flórián tér, ✆ 2501650: Reste eines ehemaligen Militärbads und Dokumentation der römischen Heil(bäder-)kunde. Beeindruckend zu sehen, dass vor beinahe 2.000 Jahren die Römer schon die Annehmlichkeit von Fußbodenheizungen und unterschiedlich temperierten Bädern zu schätzen wussten. Der Museumseingang ist in der Fußgängerunterführung zu finden. Geöffnet wie die Herkulesvilla (siehe oben).

Vom Flórián tér aus ist es nicht weit bis zu den Überresten des **Amphitheaters** der Militärstadt an der Kreuzung Pacsirtamező utca / Nagyszombat utca. Das 131 m lange und 107 m breite Bauwerk zählt zu den größten Amphitheatern, die je in den römischen Provinzen errichtet worden waren. Seine elliptische Arena war sogar größer als die des Kolosseums in Rom.

Die Margareteninsel

Im wahrsten Wortsinn eine Insel der Ruhe im hektischen Budapest. Touristen und Einheimische promenieren einträchtig durch die schöne Parklandschaft. Hochgewachsene Laubbäume werfen ihre Schatten auf Bänke und Spazierwege. Die Kinder tollen auf Spielplätzen, während die Erwachsenen an Buden zwischen Plastikspielzeug und Modeschmuck nach einem passen-

Budapest
Karten S. 134/135, 208/209; 224/225 u. 239

Budapests beliebtes Freibad auf der Margareteninsel

den Souvenir kramen. Am angenehmsten ist die Abwesenheit der sonst allgegenwärtigen Autokolonnen, denn hier ist jeder Privatverkehr verboten.

Auf 2,5 km Länge teilt die *Margit-sziget* den Donaustrom, an der breitesten Stelle 500 m messend. Schon die Römer schätzten und nutzten ihre Thermalquellen. Im Mittelalter war die damalige *Haseninsel* ein bevorzugter Stützpunkt des Klerus: Mehrere Orden unterhielten dort Nonnen- bzw. Mönchskloster. Davon künden noch heute etliche Ruinen.

Ihren jetzigen Namen erhielt die Insel von der später heiliggesprochenen *Prinzessin Margarete* (1252–1271). Ihr Vater, König Béla IV., hatte ein Gelübde abgelegt, dass er seine Tochter in dem von ihm gestifteten Dominikanerkloster unterbringen würde, falls sein Land den Mongoleneinfall überstehen sollte. Tatsächlich musste sie mehr als die Hälfte ihres kurzen Lebens dort verbringen.

Nur die Türken wussten mit der Insel wenig anzufangen; sie beließen sie, nachdem sie alle Gebäude zerstört hatten, unbewohnt. Pfiffiger waren dagegen die Habsburger, unter ihrer Herrschaft entstand die beeindruckende Parklandschaft. 1908 erwarb schließlich der Rat der Stadt Budapest die Insel. Doch es sollte noch bis 1945 dauern, bis das beliebte Kur- und Erholungsgebiet der Öffentlichkeit zugänglich gemacht wurde.

Wer die Insel von Süden, also von der Margaretenbrücke kommend, betritt, bemerkt zunächst einen großen Springbrunnen. Das *Bronzedenkmal* davor wurde 1972 anlässlich des hundertsten Jahrestages der Vereinigung von Buda, Óbuda und Pest (vgl. die Rubrik Geschichte) aufgestellt. Am westlichen

Inselufer sieht man ein großes Leichtathletik-Stadion. Ihm schließt sich nach Norden hin das *Alfréd-Hajós-Schwimmbad* an, in dem nationale und internationale Schwimmwettkämpfe ausgetragen werden.

Der mittlere Teil der Insel, östlich der Hauptpromenade rund um Freilichtbühne (siehe Veranstaltungen) und Wasserturm, ist der schönste. Hier findet man, umrahmt von den mittelalterlichen Ruinen einer Franziskanerkirche und eines Dominikanerklosters, den *Rosengarten* und einen kleinen Tierpark mit Rehen, Eichhörnchen und Vögeln. Hervorstechender Orientierungspunkt ist der 57 m hohe *Wasserturm* aus dem Jahr 1911.

Öffnungszeiten **Galerie**, 10–18 Uhr.

Zu Füßen des Wasserturms liegt die *Freilichtbühne der Ungarischen Staatsoper* (Margitszigeti Szabadtéri Színpad). Hier finden im Sommerhalbjahr Opern-, Konzert- und Ballettaufführungen statt. Das nahe Eszpresszó ist von 10 bis 18 Uhr geöffnet.

Wer seine Schwimmsachen dabei hat, kann sich dem riesigen *Palatinus-Freibad* am westlichen Ufer zuwenden. Mehrere Warm-, Kaltwasser- und Planschbecken, das Wellenbad und die Riesenrutsche locken bis zu 20.000 Besucher pro Tag an (vgl. Rubrik Sport/Baden). Der Norden der Insel wird von dem modernen Bau des Thermalhotels beherrscht, der das altehrwürdige Grand Hotel überragt. Das Gartencafé des letzteren bietet Rastenden leckeres Gebäck und Eisspezialitäten.

Im äußersten Norden gibt es dann noch einen Steingarten mit einem Teich und vielen botanischen Raritäten.

- *Anfahrt* Von der Budaer Seite erreicht man die Margareteninsel mit den Straßenbahnlinien 4 und 6 ab Moszkva tér; beide fahren bis zur Mitte der Margaretenbrücke. Von der Pester Seite fährt man ab Nyugati pu. (Westbahnhof) mit der Buslinie 26.
- *Mikrobusse* und die Buslinie 26 sind die einzigen öffentlichen Verkehrsmittel auf der Insel. Die Zugwagen mit ihren drei kleinen Anhängern machen Touristenrundfahrten auf der Insel. Sie verkehren in der Zeit von Mai bis September an Samstagen, Sonntagen und arbeitsfreien Tagen.
- *Fiakerrundfahrten* auf der Margareteninsel sind ein romantisches, erschwingliches Vergnügen. Freie Kutschen findet man am schnellsten in der Nähe des Thermalhotels.
- *Fahrradverleih* Verleihstellen für Fahrräder (auch Tandems) gibt es im Nordosten der Insel, nahe der Endstation der Buslinie 26 und beim Wasserturm.

Pest

Die Pester Innenstadt

Großstädtischer Trubel, Geschäfte und Büros aller Art, protzige Bauten vor allem aus dem 19. und 18. Jahrhundert sowie Betonfassaden prägen das Straßenbild. In der Pester Innenstadt leben auf gerade einmal 2,5 qkm rund 45.000 Menschen. Und ein Vielfaches dieser Zahl kommt täglich als Touristen in dieses Viertel der Läden und Boutiquen.

Das Zentrum der Innenstadt, das sich nach Westen hin bis zur Donau erstreckt, liegt zwischen der Ketten- und der Freiheitsbrücke. Die östliche Grenze bildet der Kiskörút, der Kleine Ring. Hauptgeschäftsstraße ist die *Váci utca* mit ihren Straßencafés und den farbenfrohen Schaufensterauslagen. Weitere markante Punkte sind die Metrostationen an den überaus belebten Plätze *Vörösmarty tér* und *Ferenciek tere.*

Bereits gegen Ende des 2. Jahrhunderts n. Chr. errichteten die Römer eine Befestigung (*Contra-Aquincum*) an der Stelle der heutigen Innerstädtischen Pfarrkirche. Den Großteil seiner heutigen Gebäude erhielt Pest, das als Handwerks- und Handelszentrum rasch an Bedeutung gewann, nach der verheerenden Flutkatastrophe von 1838.

Die *Innerstädtische Pfarrkirche* (Belvárosi Plébánia Templom) am Március 15. tér, dem Pester Brückenkopf der Elisabethbrücke, wurde im 14. Jahrhundert zu ihrer heutigen Größe ausgebaut. Angesichts der Tatsache, dass dabei 300 Jahre alte Gebäudeteile ihrer Vorgängerbauten Verwendung fanden, gilt sie nicht zu unrecht als ältestes Bauwerk Pests. Gotische und barocke Elemente dominieren heute das Kirchenäußere. Doch der aufmerksame Beobachter wird auch hier die Einflüsse von Stilrichtungen anderer Jahrhunderte erkennen. Selbst aus der Türkenzeit, in der die Kirche als Moschee genutzt wurde, blieb etwas erhalten: eine türkische Gebetsnische (Mihrab) am Ende der rechten Nischenreihe, die nach Südosten, in Richtung Mekka ausgerichtet ist. Der im Norden an die Pfarrkirche grenzende *Ruinengarten* enthält die freigelegten Überreste der Grundmauern von Contra-Aquincum.

Von hier aus sind es nur noch ein paar Schritte durch eine Unterführung bis auf die *Váci utca*, deren lebendigster Teil sich bis zum Vörösmarty tér erstreckt. Der kleine, aber keineswegs uninteressante Ableger, die *Kígyó utca* (auch Fußgängerzone), beginnt auf der anderen Straßenseite der Váci utca. Wo sich Kígyó und Petőfi Sándor útca am Ferenciek tere treffen, da wartet das Eckhaus mit einer kleinen Überraschung auf. Der sogenannte *Pariser Hof* (Párizsi udvar), eine palastartige Geschäftspassage mit weiten Lichthöfen und verschnörkelten Formen, beherbergt elegante Boutiquen, Souvenirläden und eine internationale Buchhandlung. Nicht nur für Touristen ist das Passagencafé ein willkommener Treffpunkt, wo die eigentümliche Stimmung dieses nostalgischen Ortes am besten einzufangen ist. Doch sollte man sich hier nicht zu spät verabreden – bei Geschäftsschluss wird die Passage mit Gittern versperrt. Eingänge gibt es zwischen den Häusern Ferenciek tere 4 und 5, von der Petőfi Sándor utca und dem Haris köz.

Der *Ferenciek tere* (früher: Felszabadulás tér, zu deutsch: Platz der Befreiung) selbst ist weniger ein Platz als vielmehr Teil eines Boulevards, der bis zur Elisabethbrücke Szabad sajtó út und bis zu ihrer östlichen Verlängerung, der Rákóczi út, Kossuth Lajos utca heißt. Als eine der belebtesten Ecken der Stadt und wichtige Verkehrskreuzung ist der Ferenciek tere mit der gleichnamigen Metrostation der Ausgangspunkt für so manchen Stadtbummel.
Die *Petőfi Sándor utca*, nach dem "Nationalheiligen" der Ungarn, dem Dichter und Revolutionär von 1848/49 benannt, führt von hier aus zum *Martinelli tér*, der noch im vorigen Jahrhundert als Marktplatz genutzt wurde. Die Parallelstraße zur Váci utca bietet ebenfalls gute Einkaufsmöglichkeiten. Außerdem befinden sich dort die Pester *Hauptpost* (Haus Nr. 13–19) und das

41 42 43
44
45
46 47 48 49
50
Lehel tér
Lehel tér
Margit - híd
Margaretenbrücke
Jászai Mari tér
Szent István körút
Újlipótváros
Ferdinánd híd
Váci út
Radnóti u.
Katona
József
Pannónia
Hegedűs
Gyula
Visegrádi
51
52
53
Bem tér
Balaton
Falk Miksa u.
Nyugati pu.
Nyugati tér
Westbahnhof (Nyugati pu.)
Podmaniczky
Szinyei Merse u.
Bajnok u.
Szív
Szondi
Vörösmarty
54
55
56
Markó
Honvéd
Lipótváros
Teréz körút
Kodály körön
Nagy Imre tér
Budai alsó rakpart
Donau
Széchenyi rakpart
Parlament
Ethnograph. Museum
Alkotmány u.
57
Terézváros
58
59
Andrássy
Batthyány tér
Batthyány tér
Kossuth Lajos tér
Báthory
Jókai u.
Nagymező u.
Zichy Jenő u.
60
61
Vörösm
Kossuth L. tér
Hold u.
Vadász
Zsilinszky út
62
Oktogon
Oktogon
Fő u.
Bem rakpart
Szabadság tér
64
63
65
66
67
69
Király
68
Akadémia
Nádor
Staatliches Opernhaus
Arany J. u.
70
Opera
73
72
Erzsébet
71
Corvin tér
Franz-Liszt-Musik-Hochschule
74
Arany János u.
Október 6. u.
St. Stephans-Basilika
Andrássy
Király u.
Kertész u.
Eötvös
75
76
Zrínyi u.
Bajcsy
77
Postmuseum
Erzsébetváros
Kettenbrücke
Roosevelt tér
78
Széchenyi lánchíd
József Attila u.
Bajcsy-Zs. út
79
80
81
82
Clark Á. tér
84
83
Erzsébet tér
BUS
Deák Ferenc tér
Rumbach S. u.
Dob u.
Burgviertel
Vörösmarty tér
85
Deák F. tér
Wesselényi
Lánchíd u.
Budai alsó rakpart
Bécsi u.
89
Vörösmarty tér
Károly krt.
87
88
Dohány
Synagoge und Jüd. Museum
Duna
Belgrád
90
Vigadó tér
Redoute
Szervita tér
92
Rákóczi
93
Hauptpost
Astoria
Szentkirályi
Vas
94
95
Petőfi S. u.
96
Kossuth L. u.
97
Múzeum krt.
Kőfaragó
Attila út
Krisztina körút
Dobrentei u.
Petőfi tér
98
99
Ferenciek t.
Ferenciek tere
Gute
Innerstädtische Pfarrkirche
100
Nationalmuseum
Március 15. tér
Kecskeméti u.
Józsefvá
101
102
Elisabethbrücke
Erzsébet híd
103
104
105
Váci
Hegyalja út
Döbrentei tér
106
Kálvin tér
107
Belváros
Kálvin tér
108
Baross u.
Sánc u.
Orom
Belgrád rakpart
Gellértberg
Bérc u.
Szt. Gellért rakpart
Budai alsó rakpart
111
Vámház krt.
110
Ráday
Üllői út
Mária
Citadella
112
sétány
Citadella Zitadelle
Szirtes út
Szirtes út
Freiheitsbrücke
Szabadság híd
114
113
115
116
117
Fe
Csarnok tér
Lónyay
Kinizsi
Kelenhegyi út
Iglói u.
Somlói út
Rezeda u.
Minerva u.
Kelenhegyi u.
Mányoki út
Bartók B. út
Szent Gellért tér
Közraktár u.
Bakáts tér
Bakáts u.
120

E ssen & Trinken

- 50 Vegetárius Étterem
- 51 La Pampa
- 52 Wabisabi
- 54 Szerb
- 55 Chez Daniel
- 56 Szindbád
- 58 Nobu
- 63 Biedermeier
- 64 Articsóka I
- 65 Absinth
- 66 Falafel
- 67 Lila Akác Étterem
- 68 Luau
- 69 Karma
- 71 Jorgosz Taverna
- 72 Art Café Alhambra
- 73 Vörös Sárkány
- 74 Svejk Étterem
- 75 Lou Lou
- 76 Párizsá Argentina
- 77 Kis Pipa
- 78 Sirály Étterem
- 79 Hanna
- 80 Shalom
- 81 Vadnyugat Steakhaus
- 82 Carmel
- 87 Hua-Li-Du
- 90 Cosmo
- 92 Senara
- 95 Rondella Borozó
- 98 Százéves Étterem
- 99 Apostolok
- 100 Kárpátia
- 101 Vegetárium
- 104 Mátyás Pince
- 105 Fatâl
- 107 Bécsi Söröző
- 108 Claudia Vendéglő
- 111 Stop Bisztró
- 113 Vörös Postakocsi
- 115 Königliche Bayerische Bierstube Kaltenberg

Ü bernachten

- 41 Thermal Hotel Margitsziget
- 42 Grand Hotel Margitsziget
- 43 Sirály Youth Hostel
- 44 Thermalhotel Helia
- 45 Hotel Family
- 46 Terminus Hotel
- 47 Diáksport Hostel
- 48 Hotel Volga
- 49 Hotel Flandria
- 53 City Panzió Ring
- 57 Hotel Béke Radisson
- 62 Hotel Medosz
- 83 Hyatt Regency
- 84 Budapest Mariott Hotel
- 85 Kempinski
- 86 Marco Polo Jugendherberge
- 89 Hotel Inter-Continental
- 93 Hotel Taverna
- 96 City Panzió Pilvaz
- 97 Hotel Astoria
- 102 Hotel Erzsébet
- 103 City Panzió Mátyás
- 106 Hotel Korona
- 110 Ibis Budapest
- 116 Ábel Panzió
- 118 Hotel Aero
- 119 Hotel Platánus

N achtleben

- 59 Bank Music Club
- 60 Rocktogon
- 61 Underground
- 70 Nachtleben am Liszt-Ferenc-tér: Birdland, Incognito, Buena Vista, Pesti Est Café, Mediterrán, Undergrass
- 88 M 4 Music Club
- 94 Donaukorso
- 112 Garden
- 114 TRAFÓ
- 117 Nachtleben in der Ráday utca: Café Intenzo, Café Paris Texas, Castro Bistro, Soul Café, Ráday Club
- 120 A 38

250 m

Pester Innenstadt

Katona-József-Theater (Haus Nr. 6). Auch das *Petőfi Literaturmuseum* in der Károly Mihály utca 16 (Di–So 10–18 Uhr, Oktober bis März nur bis 16 Uhr) trägt den Namen des berühmten Dichters. Es dokumentiert Nachlässe und Andenken an zeitgenössische ungarische Schriftsteller seit 1954 und zeigt außerdem Ausstellungen zum 10. Jahrhundert.

Am Szervita tér endet auch eine weitere Parallelstraße, die *Városház utca*. Wie ihr Name schon andeutet (Városház bedeutet Rathaus), ist sie vornehmlich durch Verwaltungsgebäude geprägt. Hausnummer 7 ist das klassizistische *Pester Komitatsrathaus*, das in der ersten Hälfte des 19. Jahrhunderts entstand. Rund hundert Jahre älter ist der Gebäudekomplex mit der Hausnummer 9–11. Es handelt sich dabei um das Gebäude des hauptstädtischen *Stadtrats* (Fővárosi Tanács), das auf einer Länge von 189 m die monumentalste Barockfassade Budapests zur Schau stellt.

Zurück am Szervita tér, ist es nur noch ein Katzensprung bis zum *Vörösmarty tér*. Inmitten einer Grünfläche erhebt sich die Statue von *Mihály Vörösmarty* (1800–1855), dem berühmten romantischen Dichter Ungarns. Der weite Platz ist nicht nur wegen der hier endenden gelben Metrolinie, der ersten des europäischen Kontinents, dichtbevölkert, auch die 1858 gegründete *Konditorei Gerbeaud* lockt mit einer exzellenten Auswahl an Strudeln, Torten und Kuchen Besucher in Schwärmen an. Von diesem Betrieb profitieren Dutzende von Porträtmalern und Straßenmusikern, die sich hier im Sommer tagtäglich ein Stelldichein geben. Auf drei Seiten wird der Vörösmarty tér von fast hundertjährigen eklektizistischen Gebäuden umstanden. Eine Ausnahme macht da nur das moderne Bürohaus auf der Donauseite. Es dient als Kulturzentrum, in dem unter anderem der ungarische PEN-Club residiert.

Die Rückseite des Kulturzentrums zeigt sich in völlig anderem Licht, denn seine dem *Vigadó tér* zugewandte Fassade ist die der restaurierten *Pester Redoute* (ungarisch: Pesti Vigadó). 1858–65 im romantischen Stil unter Verwendung orientalischer Schmuckelemente erbaut, war sie bis zu ihrer Zerstörung im Zweiten Weltkrieg ein berühmter Konzertsaal, wo z. B. Liszt, Brahms und Bartók dirigierten. Ebenso interessant sind die Ausstellungen der im selben Gebäude untergebrachten Galerie. Eine erneute Renovierung der Pester Redoute ist in Planung und soll voraussichtlich im Jahre 2006 abgeschlossen sein. Der Vigadó tér, zu dessen Füßen die Ausflugsdampfer anlegen, bildet das Zentrum des sogenannten *Dunakorzó*, der Promenade, die sich zwischen Kettenbrücke und Petőfi tér erstreckt.

Der Kleine Ring

Der Kleine Ring (ungarisch: *Kiskörút*) umschließt auf knapp 3 km bogenförmig die Innenstadt von der Freiheits- bis zur Kettenbrücke und folgt dabei der alten Pester Stadtmauer.

Am *Fővám tér*, dem früheren Dimitrov tér, direkt an der Freiheitsbrücke stehen nebeneinander zwei riesige Gebäude. Es handelt sich dabei um den eklektizistischen Bau der *Universität für Volkswirtschaft*, früher Zollhaus, und die *Zentrale Markthalle* (siehe Rubrik Einkaufen).

Von hier aus führt der Vámhaz körút (früher: Tolbuhin körút) zum *Kálvin tér*, dem wichtigen Verkehrsknotenpunkt im Süden der Innenstadt. Seinen Namen verdankt der Platz der kalvinistischen Kirche aus der ersten Hälfte des 19. Jahrhunderts an der Ecke Ráday utca. Vor rund zwanzig Jahren stieß man beim Bau der Metrostation auf Reste der mittelalterlichen Stadtbefestigung mit dem Kecskeméter Stadttor. Von hier aus setzt der *Múzeum körút* den Kleinen Ring fort. Nur ein paar Schritte sind es von der Metrostation am Kálvin tér bis zum pompösen, klassizistischen Palast des Ungarischen Nationalmuseums am Múzeum körút 14–16.

Das Ungarische Nationalmuseum

Es liegt in einem hübschen Park, in dem viele Denkmäler an berühmte Ungarn erinnern, und wurde in den Jahren 1837–47 nach Plänen von Mihály Pollack erbaut. Besonders imposant wirkt die säulengeschmückte Vorhalle, zu der eine Freitreppe hinaufführt. In den drei Sälen der Vorhalle ist das größte in Ungarn gefundene römische Fußbodenmosaik zu sehen.

Das Museum ist aus der Sammlung des Grafen Ferenc Széchényi hervorgegangen. Heutzutage besitzt es über eine Million Exponate. Es präsentiert eine archäologische Sammlung von der Urzeit bis zum 9. Jahrhundert und dokumentiert anschaulich die Geschichte von der ungarischen Staatsgründung bis 1990. Im zweiten Stock sind interessante Ausstellungen zum 18.–20. Jahrhundert zu sehen. Im Keller des Gebäudes, im Lapidarium, kann man Steinfunde aus der Römerzeit besichtigen.

Lange Zeit konnte man im Prunksaal des Nationalmuseums die ungarische Königskrone bewundern, bis sie im Januar des Jahres 2000 mit den anderen Krönungsinsignien (außer dem Krönungsmantel) ins Parlament überführt wurde. Dies war auch wieder einmal Anlass zum Streit zwischen jenen, die in der Krone ein Symbol für die Einheit der Nation sehen und den anderen, die es skandalös finden, dass eine Republik auf königliche Insignien der Macht schwört. Der untere Teil der Krone soll noch aus der Zeit des ersten ungarischen Königs und Staatsgründers, Stephans des Heiligen, stammen. Erst 1978 wurden die Krone und die Herrschaftsinsignien (Mantel und Schwert aus dem 11. Jh. sowie Reichsapfel und Zepter aus dem 14. Jh.) nach langem Tauziehen von der amerikanischen Regierung zurückgegeben. Die Nationalsozialisten hatten sie in den 1940er Jahren nach Deutschland geschafft, von wo aus sie als Kriegsbeute in die USA kamen. 1990 wurden die Krönungsinsignien symbolisch in das Staatswappen aufgenommen. Eine Kopie der Stephanskrone zeigt die kleine Schatzkammer der St. Stephans-Basilika. Sie stammt aus der Porzellanfabrik in Herend.

Öffnungszeiten Beide Zweige des Nationalmuseums sind täglich außer Mo von 10 bis 18 Uhr geöffnet.

Die Umgebung des Nationalmuseums galt einst als *Aristokratenviertel*. Hier entstanden vor rund hundert Jahren einige Herrenhäuser und Paläste mit auffälligen Neobarock- und Neorenaissance-Fassaden. Heute residieren hier vorwiegend öffentliche Institutionen wie Rundfunk und Universitätsinstitute.

Nach der Rákóczi út setzt sich der kleine Ring mit dem **Károly körút** (früher: Tanács körút) fort. Die Metrostation unter der Kreuzung trägt den Namen des nahen Traditionshotels *Astoria*. Von hier aus sind es nur noch ein paar Schritte bis zur mächtigen, orientalisch anmutenden *Synagoge* (1854–59) mit den beiden markanten Zwiebeltürmen an der Ecke Dohány utca beziehungsweise Wesselényi utca. In dem links an die Hauptfront angrenzenden Seitenflügel (Dohány utca 2) ist das *Jüdische Museum* untergebracht.
Der Garten der Synagoge wurde 1944/45 zur letzten Ruhestätte der von den Nazis im Ghetto ermordeten Juden.

Öffnungszeiten **Museum**, April bis Oktober Mo–Do 10–17 Uhr, Fr und So 10–14 Uhr, November bis April Mo–Do 10–15 Uhr, Fr und So 10–14 Uhr.

Rififi im Jüdischen Museum

Am Nachmittag des 12. Dezember 1993 wurde er entdeckt: der größte Kunstdiebstahl in der ungarischen Nachkriegsgeschichte. Aus dem Jüdischen Museum waren religiöse Kunstgegenstände im Wert von mehreren hundert Millionen Mark gestohlen worden. Die Diebe gelangten unbemerkt über ein für Renovierungsarbeiten aufgestelltes Gerüst ins Innere des Museums. "Sie haben alles mitgenommen, was nicht zu groß war, um es durchs Fenster zu reichen", sagte Gusztav Zoltai, der Vorsitzende der Jüdischen Glaubensgemeinschaft in Ungarn. Die Beute bestand aus zahlreichen Gold- und Silberarbeiten sowie Schriften aus dem 17., 18. und 19. Jahrhundert aus ganz Osteuropa. Die gestohlenen Gegenstände sind zwar versichert gewesen, doch bei sehr vielen Stücken handelte es sich um unersetzliche Unikate. Ein Sprecher der Budapester Polizei erklärte zu diesem dreisten Raubzug, ein an die Polizeizentrale angeschlossenes, aber von einer Privatfirma betriebenes Alarmsystem sei offenbar zur Tatzeit defekt gewesen. Eine zweite Alarmanlage in der Synagoge war von den Einbrechern ausgeschaltet worden. Glücklicherweise konnte die Polizei das Diebesgut 1998 wieder an das Museum zurückgeben.

Schließlich trifft der Károly körút auf den *Deák tér*, der nach dem ungarischen Politiker *Ferenc Deák* (1803–1876) benannt ist; er war der Führer der gemäßigten Reformer und Justizminister von 1848. Der Platz ist ein wichtiger Verkehrsknotenpunkt der Stadt. Hier treffen sich alle drei Metrolinien, die durch ein unterirdisches Labyrinth von Gängen und Rolltreppen miteinander verbunden sind.
Im ersten Untergeschoss der Metrostation Deák tér, beim Ausgang Károly körút, ist ein hübsches *U-Bahn-Museum* (täglich außer Mo 10–17 Uhr) untergebracht. Darin stehen beispielsweise die Wagen der allerersten Metro auf dem europäischen Kontinent. 1896 fuhr Kaiser Franz Joseph damit. Eines der beherrschenden Gebäude am Deák tér ist die klassizistische *Evangelische*

Die Budapester Synagoge hat markante Zwiebeltürme und ein interessantes jüdisches Museum

Nationalsymbol Stephanskrone – hier die Kopie in der St. Stephans-Basilika

Kirche, die in der Zeit von 1799–1809 nach Plänen von Mihály Pollack erbaut wurde. An die Kirche schließt sich das *Evangelische Landesmuseum* (Evangélikus Országos Múzeum, Di–So 9–18 Uhr) an. Münzen und die Dokumentation der evangelischen Konfession in der ungarischen Kultur sind die Hauptpfeiler der Sammlung. Unter anderem kann man auch eine Kopie des handschriftlichen Testaments von Martin Luther sehen.

Der großzügig angelegte *Erzsebet tér* (Engels tér), in den der Deák tér nach Nordwesten hin nahtlos übergeht, ist vor allem wegen seines Fernbusbahnhofes von Bedeutung. Außerdem gibt es dort einen Park und einige der überall sonst so raren Parkplätze. Vom Erzsébet tér aus schließt die József Attila utca den Kleinen Ring, wenn sie am Roosevelt tér auf die Kettenbrücke trifft. Auf jeden Fall aber lohnt es sich noch, vom Erzsébet tér den kurzen Abstecher zur *St.-Stephans-Basilika* am *Szent István tér* zu machen, der größten Kirche von Budapest. Ihre räumlichen Maße sind beeindruckend: Länge 86 m, Breite 35 m und Kuppelhöhe 96 m. Mit rund 4.000 qm bietet sie mehr als 8.000 Menschen Platz. Über fünfzig Jahre, nämlich von 1851 bis 1905, dauerte der Bau dieser monumentalen Neorenaissance-Kirche. Die Bronzereliefs an der Apsiswand illustrieren Szenen aus dem Leben König Stephans des Heiligen. Auch die Marmorbüste über dem Hauptportal trägt seine Züge. Den als bombensicher geltenden unterirdischen Räumen der Pfarrkirche vertrauten die Budapester während des Zweiten Weltkrieges die wertvollsten Unikate des Landesarchives an. Die kleine Schatzkammer der St. Stephans-Basilika zeigt eine Kopie der Stephanskrone. Sie stammt aus der Porzellanfabrik in Herend. Vom Turm der Basilika bietet sich ein lohnenswerter Rundblick über die Stadt.

Der Große Ring

Der Kleine Ring wird in einem weiten Bogen vom 45 m breiten *Nagykörút*, dem Großen Ring, umschlossen. Von der Petőfi-Brücke zieht sich dieser auf insgesamt 4,5 km Länge über Ferenc, József, Erzsébet, Teréz und Szent István körút bis hin zum Pester Brückenkopf der Margaretenbrücke. Weil er über einem erst im 19. Jahrhundert zugeschütteten Donauarm verläuft, entstanden alle bedeutenden Bauten des Nagykörút erst um die Wende vom 19. zum 20. Jahrhundert. Die drei- und vierstöckigen Wohnhäuser sind für die Pester Bauweise in dieser Zeit typisch.

Am Ferenc körút, Ecke Üllői út, erhebt sich der bemerkenswerte Jugendstilpalast des *Kunstgewerbemuseums* (Üllői út 33–37 Das 1896 fertiggestellte Museum kann man schon von weitem an der bunten, folkloristisch verzierten Keramikfassade erkennen. Seine umfassende Sammlung in- und ausländischen Kunstgewerbes wird auf zwei Stockwerken dargeboten. Unter anderem sieht man Metallarbeiten, Keramik, Schnitzereien, Teppiche, Textilien, Möbel, Glasbläser- und Lederarbeiten. Besonders interessant sind die Uhrenausstellung und die Dokumentation des künstlerischen Buchumschlags. Es finden viele periodische Ausstellungen mit wechselnden Themenschwerpunkten statt.

Öffnungszeiten März–Oktober Di–So 10–18 Uhr, sonst nur bis 16 Uhr.

Das vierstöckige Gebäude am Erzsébet körút, Ecke Dohány utca, wurde kurz vor der Wende vom 19. zum 20. Jahrhundert im Neorenaissance-Stil erbaut und *Palais New York* genannt. Das gleichnamige Café im Erdgeschoss war für ein halbes Jahrhundert der Künstler- und Literatentreff schlechthin in Budapest. Auch Richard Strauss und Thomas Mann haben sich im Gästebuch verewigt. Nach dem Zweiten Weltkrieg wurde versucht, es als Restaurant Hungaria mit viel Aufwand in den alten, prunkvollen Zustand zu versetzen, danach trug es von 1990 bis Ende 2001 wieder den Namen Café New York. Das Gebäude wird seit einiger Zeit für ein großes Luxushotel renoviert. Von der Kreuzung Erzsébet körút, Wesselényi utca ist es bis zum *Nationaltheater* (ungarisch: Nemzeti Színház, www.nemzetiszinhaz.hu) am Hevesi Sándor tér 4 und dem *Madách-Theater* (Erzsébet körút 31–33) nicht mehr weit. Sie sind in dieser Reihenfolge die beiden bedeutendsten Sprechbühnen des Landes.

Eine Querstraße weiter, in der *Dob utca*, hat das Post- und Verkehrsministerium seinen Sitz. Im Südflügel des großen Gebäudes (Hársfa utca 47) ist ein *Briefmarkenmuseum* (Di–So 10–18 Uhr) untergebracht, das neben allen ungarischen Briefmarken auch zahlreiche ausländische ausstellt und thematische Wechselausstellungen zeigt. Die Sammlung umfasst über 12 Millionen Briefmarken.

Kurz bevor der Teréz körút am Nyugati tér (der frühere Marx tér) endet, passiert man den *Nyugati pályaudvar*, den Budapester Westbahnhof. Hier begann die erste ungarische Eisenbahnlinie, die seit 1846 Pest mit Vác verband. Die eindrucksvolle Eisenkonstruktion der Bahnhofshalle wurde 1874–77 von der Pariser Firma Eiffel (ja, die mit dem Turm!) erbaut. In

Budapest
Karten S. 134/135, 208/209; 224/225 u. 239

unmittelbarer Nachbarschaft liegt das Westend City Center, eine postmoderne Shopping Mall mit zahlreichen Geschäften und Restaurants, dessen größte Attraktion eine Panoramafahrt mit dem Fesselballon ist, der an Leinen 150 m hoch steigt und garantiert wieder auf der Plattform im Dachgarten des Einkaufszentrum landet (15 Minuten für rund 20 € pro Person, 0–24 Uhr).
Am *Szent István körút* 14 ist das *Lustspieltheater* (ungarisch: Vígszínház) von Budapest beheimatet. Südlich des Brückenkopfes der Margaretenbrücke, am Széchenyi rakpart 19, steht das ehemalige Gebäude des *Zentralkomitees der MSZMP* (Ungarische Sozialistische Arbeiterpartei), in dem einst die Fäden der Macht zusammenliefen.

Das Parlament und Umgebung

Wahrzeichen von Budapest und Blickfang am Donauufer – so sieht man das *Parlament* von der Höhe der Fischerbastei. 1904 nach zwei Jahrzehnten Bauzeit fertig gestellt, gliedert sich das Gebäude in drei Abschnitte: in der Mitte die Kuppel, zu beiden Seiten je ein Sitzungssaal und darum herum die übrigen Räume. Während der Kuppelsaal vornehmlich Repräsentationszwecken dient, trifft sich in dem südlich davon gelegenen Sitzungssaal die Nationalversammlung; im nördlichen werden Kongresse und Konferenzen abgehalten. Die übrigen Räume (insgesamt gibt es beinahe 700) werden unter anderem vom ungarischen Präsidial- und Ministerrat genutzt. Das Äußere ist durch ein Stilgemisch aus Neogotik und Neorenaissance geprägt. Charakteristisch sind dabei die zahllosen Türmchen, die 88 Statuen ungarischer Herrscher und die orientalisch anmutenden Dekorelemente. Das Parlament ist 268 m lang und 118 m breit. Mit dem 1950 angebrachten und

Im Budapester Parlament schlägt das Herz der Macht

mittlerweile entfernten roten Stern auf der Spitze war die Kuppel einst mit 96 m so hoch wie die St.-Stephans-Basilika.

Die *Innenbesichtigung* des Parlaments ist nur im Rahmen einer Führung möglich, die mehrmals täglich angeboten wird. Man sollte allerdings etwas Zeit mitbringen, denn meistens muss man erst vor dem Parlament Schlange stehen, um das Ticket zu kaufen und dann auf den nächsten Termin einer deutschen oder englischen Führung warten. Die Besichtigung lohnt sich aber auf alle Fälle, zumal seit Anfang des Jahres 2000 hier die Stephanskrone zu bewundern ist. Wenn nicht gerade Sommerpause ist (August), hat man auch Gelegenheit, die Versammlungen des Parlaments zubeobachten. Man kommt mit der roten Metrolinie (Haltestelle: Kossuth tér) hierher.

Das Ethnographische Museum

Der 125 m lange Palast entstand in den neunziger Jahren des 19. Jahrhunderts und sollte ursprünglich den Obersten Gerichtshof beherbergen, was schon die künstlerische Gestaltung des Haupteingangs verrät. Die eigentlich geplante Nutzung verdeutlicht ebenso das große Fresko in der pompösen Eingangshalle, mit Justitia im Mittelpunkt, umgeben von allerlei Rechtsverletzern und -verdrehern.

Die ständige Ausstellung im ersten Stock beschäftigt sich mit Lebensweise, Kunst und Kultur der ungarischen Bauern. Die meisten Exponate stammen aus dem Bereich der Volkskunst. Hier findet man alles, von Trachten über Schnitzereien und bemalten Möbeln bis hin zur Keramik.

Im zweiten Stock werden steinzeitliche Funde aus allen Teilen der Welt präsentiert, darunter sind einige Stücke von den Südseeinseln besonders reizvoll. Das Material wurde von Generationen ungarischer Forscher zusammengetragen. Besonderes Augenmerk richteten sie darauf, durch ethnographisches Material die Verwandtschaft der finnisch-ugrischen Völker, zu denen auch die Ungarn zählen, zu belegen.

Öffnungszeiten täglich außer Mo 10–18 Uhr.

Nur wenig südöstlich vom Kossuth tér liegt mit dem *Szabadság tér*, dem Freiheitsplatz, ein weiterer von Monumentalgebäuden gesäumter Platz. Es handelt sich dabei um das *Haus des Ungarischen Fernsehens* im einstigen Börsenpalast und das Gebäude der *Nationalbank*.

Andrássy út und Hősök tere

Von der Innenstadt führt die *Andrássy út*, der Prachtboulevard Budapests, zum Stadtwäldchen. In sozialistischer Zeit hieß er Népköztársaság útja (zu deutsch: Straße der Volksrepublik), doch nun trägt er wieder den Namen des ersten ungarischen Ministerpräsidenten der k.u.k.-Doppelmonarchie, Gyula Graf Andrássy. Die zwischen 35 und 45 m breite baumgesäumte Promenade entstand in den siebziger Jahren des 19. Jahrhunderts als harmonische, repräsentative Anlage. Eine Fülle von Theatern, Museen, Straßencafés und Villen hat sich zu beiden Seiten angesiedelt. Rund 2,5 km sind es vom

Der Heldenplatz mit dem Milleniumsdenkmal – ganz oben Erzengel Gabriel

Beginn am Nordostende des Erzsébet tér bis zum Hősök tere, dem Heldenplatz am Eingang des Stadtwäldchens.

Das dominierende Gebäude auf dem ersten Teilstück der Promenade bis zum Oktogon, dem früheren November 7. tér, ist das *Staatliche Opernhaus* (Andrássy út 22). Es wurde 1875–84 im Neorenaissancestil erbaut. Auffallend sind die zahlreichen Statuen berühmter Musiker an der prächtigen Fassade. Erster Direktor der Staatsoper war Ferenc Erkel (1810–93), der Komponist der ungarischen Nationalhymne.
Karten für die Oper sind sehr schwer zu bekommen; Anlaufstellen sind der Vorraum der Oper und das Tourinform-Büro am Liszt Ferenc tér. Nachmittags bietet die Oper Besuchern auch deutschsprachig geführte Rundgänge an. Schräg gegenüber dem Opernhaus ist das *Staatsballettinstitut* untergebracht (Hausnummer 25). An der Nagymező útca, der nächsten Querstraße, haben sich gleich mehrere Theater angesiedelt, darunter auch das Budapester Operettentheater.

Außerdem sind für den ersten Abschnitt der Andrássy út noch erwähnenswert: das *Postmuseum* (Di–So 10–18 Uhr, unten klingeln) im Haus Nummer 3 mit vielen Exponaten aus der Kommunikationsgeschichte, wie dem Funksender, mit dem man 1919 direkten Kontakt zu Lenin hatte. Es ist in dem eklektischen Palais Saxlehner untergebracht. Wer sich für Architektur interessiert, sollte einen Blick in das opulent verzierte Treppenhaus werfen. Die vom Namensgeber gegründete *Franz-Liszt-Musikhochschule* am Liszt Ferenc tér 8 ist heute ein bedeutendes Zentrum des ungarischen Konzertlebens. Der breitere zweite Promenadenabschnitt, zwischen Oktogon und Kodály körönd, wird von doppelten Baumreihen gesäumt. Im Innenhof der

Andrassy utca 60, früher Sitz der Geheimpolizei, steht ein Panzer. Das im Jahre 2002 eröffnete Haus des Terrors (www.houseofterror.hu, Di–So 10–18 Uhr) erinnert hier u.a. mit Hilfe von Multivisionsschauen an die Opfer des Kommunismus und der *Pfeilkreuzer* genannten ungarischen Faschisten im 20. Jahrhundert.

In der Kodály köröndi 1 lebte 40 Jahre lang der Komponist und Musikpädagoge Zoltán Kodály. In dem Gebäude ist heute ein kleines Gedenkmuseum untergebracht.

Öffnungszeiten Do–Sa 10–18 Uhr offen, Mi 10–16 Uhr, Sa 10–14 Uhr. In der zweiten August- und Dezemberhälfte geschlossen.

Im Erdgeschoss des Hauses Nummer 69 ist das *Staatliche Puppentheater* beherbergt. Im restlichen Teil des Gebäudes residiert die *Hochschule für Bildende Kunst,* deren Hauptgebäude das benachbarte Haus Nummer 71 ist. In dem Neu-Renaissance-Eckhaus der Alten Musikakademie in der Vörösmarty utca 35, wo Franz Liszt von 1879 bis 1886 wohnte, erinnern Instrumente, Möbel, Bücher und persönliche Dokumente an den berühmten Komponisten (zu besichtigen Mo–Fr 10–18 Uhr, Sa 9–17 Uhr). Nach dem von hohen Platanen und Kastanien umstandenen, kreisförmigen Kodály körönd ändert sich der Charakter der Andrássy út auf ihrem letzten Teilstück erneut. Ihre Breite erinnert eher an einen Platz als an eine Straße, und die monumentalen Prachtbauten haben ein- bis zweistöckigen Villen Platz gemacht.
In der Villa mit der Hausnummer 103 ist das *Ostasiatische Museum Ferenc Hopp* untergebracht. Benannt ist es nach dem Budapester Asienkenner *Ferenc Hopp,* der 1919 diese Villa mit allen Kunstgegenständen, die er auf seinen zahlreichen Ostasienreisen gesammelt hatte, dem ungarischen Staat vermachte. Aus dem mittlerweile mehr als 20.000 Einzelstücke umfassenden Fundus stammen die Exponate, die für die wechselnden Ausstellungen des Museums unter bestimmten thematischen Vorgaben ausgewählt werden.

Öffnungszeiten täglich außer Mo 10–18 Uhr.

Das *China-Museum* in der nahen Ráth-Villa (Gorkij fasor 12) ist eine Abteilung des Ferenc-Hopp-Museums und hat dieselben Öffnungszeiten. Eine Besichtigung der vornehmlich chinesischen und japanischen Kunstwerke lohnt sich.

Wer die Promenade nicht zu Fuß entlanggehen möchte, kann den Weg von der Innenstadt zum Heldenplatz auch mit der gelben Metrolinie ab Vörösmarty oder Deák tér meistern.

Die *Műcsarnok,* die an einen antiken Tempel erinnernde *Budapester Kunsthalle,* ist eines der maßgebenden Barometer für die Qualität der zeitgenössischen ungarischen Kunst. Ihr wohl wichtigstes Forum ist die alle zwei Jahre stattfindende *Landeskunstausstellung.* Dazwischen kommen in zahlreichen wechselnden Ausstellungen bildende Künstler und Kunstgewerbler aller Richtungen zum Zuge. Im Foyer kann man relativ günstig Plakate, Drucke und Kunstpostkarten erstehen.

Öffnungszeiten täglich außer Mo, 10–18 Uhr.

Museum der Bildenden Künste am Heldenplatz

Von den alten Ägyptern bis zu Picasso

Das 1906 erbaute, neoklassizistische *Museum der Bildenden Künste* (✆ 3439759) beherbergt eine der umfangreichsten Skulpturen- und Gemäldesammlungen des Landes. Hier ist von Alten Meistern europäischer Malerei bis zu Künstlern des 20. Jahrhunderts so ziemlich alles vertreten, was je Rang und Namen hatte – und das lockt natürlich nicht nur zahlende Gäste an: So wurden im Dezember 1983 sieben der wichtigsten Werke der italienischen Renaissance gestohlen, darunter die "Eszterházy-Madonna" und das "Porträt eines jungen Mannes" von Raffael, die "Heilige Familie" von Vecchio und die "Heilige Familie auf der Flucht nach Ägypten" von Tiepolo. Die ungarische Kunstwelt war wegen des Verlustes der unschätzbar wertvollen Gemälde in heller Aufregung. Aber schon Anfang 1984 konnte der Diebstahl aufgeklärt werden. Ein reicher griechischer Speiseöl-Fabrikant wollte sich die guten Stücke ins Wohnzimmer hängen und hatte deshalb den Auftrag erteilt, sie mitgehen zu lassen. Inzwischen hängen die Bilder gutbewacht an alter Stelle.

Öffnungszeiten täglich außer Mo, 10–17.30 Uhr.

Der *Hősök tere*, einer der größten und eindrucksvollsten Plätze der Hauptstadt, bildet das Tor zum Stadtwäldchen. Auffälligstes Bauwerk ist das *Millenniumsdenkmal* in der Mitte des Platzes, das, 1896 anlässlich der Tausendjahrfeier der ungarischen Landnahme entworfen, im Jahre 1929 fertig gestellt wurde.

Im Zentrum des Denkmals ragt die Statue des Erzengels Gabriel auf einer 36 m hohen Steinsäule empor. Zu seinen Füßen sieht man die Reiterstandbilder der sieben legendären landnehmenden Fürsten. Im Rücken dieses Ensembles stehen zwei Arkaden, in deren Nischen die Statuen aller ungarischen Könige und Regenten zwischen Stephan dem Heiligen und Lajos Kossuth, dem Nationalhelden, aufgestellt sind. Kaum ein Tourist verlässt den Heldenplatz, ohne sich vor den Fürsten fotografisch verewigen zu lassen. Den Heldenplatz flankieren zwei Prachtbauten: auf der rechten die Budapester Kunsthalle, auf der linken Seite das Museum der bildenden Künste.

Das Stadtwäldchen

Das Stadtwäldchen (ungarisch: *Városliget*) ist mit einer Fläche von rund 1 qkm die größte Parkanlage von Budapest. Das Erholungs- und Vergnügungszentrum der Hauptstädter sollte in keinem Besichtigungsprogramm fehlen.

Die Parkanlagen des Városliget kamen am Anfang des 19. Jahrhunderts in den Besitz der Stadt Pest. Anfang des 20. Jahrhunderts hatte es bereits sein heutiges Aussehen mit den verschlungenen Straßen und Wegen, dem vielen Grün und dem großen künstlichen Teich. Dort tummeln sich heute je nach Jahreszeit die Ruderer oder Schlittschuhläufer.

Auf einer Insel inmitten des Weihers steht eines der skurrilsten Gebäude von Budapest, die *Burg Vajdahunyad*. Der Gebäudekomplex ist eine sehr freie Version des in Vajdahunyad (heute Rumänien) gelegenen Stammsitzes von János Hunyadi, seines Zeichens Vater von König Matthias, dem legendären Heerführer und Türkenbezwinger. Im Überschwang der 1000-Jahr-Feier des ungarischen Staates 1896 begonnen, sollte der 1908 fertig gestellte Bau alle in Ungarn vorkommenden Stilrichtungen und Bauweisen präsentieren, um an die historischen Epochen des Reiches zu erinnern. Das Ergebnis kann sich sehen lassen: Von der romanischen Kapelle über das gotische Burgtor bis zur barocken Hoffassade sind viele historische Baustile erkennbar, die sich hier zu einer eindrucksvollen Synthese verbinden.

Winterspaß: Eislaufbahn im Stadtwäldchen

Im Haupttrakt der Burganlage (Nordeingang) ist das *Ungarische Landwirtschaftsmuseum* mit seinen umfangreichen Sammlungen zu Weinbau, Forstwirtschaft, Tierzucht, Hirtenleben, Jagd und Fischerei untergebracht. Auch Umweltschutz wird hier zunehmend thematisiert. An der Museumskasse kann man Sonderbriefmarken kaufen, deren Motive im Zusammenhang mit der Landwirtschaft stehen.

Öffnungszeiten täglich außer Mo, 10–17 Uhr, Sa 10–18 Uhr, So 10–17 Uhr.

Der lebendigste Teil des Stadtwäldchens ist der Állatkerti körút, die nördliche Ringstraße. Vom Hősök tere kommend, ist das berühmte Restaurant Gundel (vgl. Essen) das erste Gebäude auf der linken Seite. Ihm schließt sich wenige Meter weiter der Eingang zum Budapester Zoo (Fővárosi Állatés Növenykert) an. 1864 gegründet, gehört er zu den ältesten, aber bestimmt nicht zu den größten in Europa. Besondere Anziehungspunkte sind das Aquarium und der "Tierkindergarten". Im tropischen Palmenhaus finden Sie außerdem die interessantesten Exemplare aus insgesamt 1.500 verschiedenen Pflanzenarten.

Der Eingang des Zoos

Öffnungszeiten täglich 10–18 Uhr.

Der *Budapester Großzirkus* (Nagycirkusz) ist ein Nachbar des Zoos. Schon 1891 erbaut, wurde er Anfang der 1970er Jahre modernisiert. Gegenüber dem Zirkus befindet sich der Westeingang des großen *Széchenyi-Heilbades.* 76 Grad warmes Wasser speist die Becken des ganzjährig geöffneten Bades. Beeindruckend ist das herrliche Foyer am Osteingang. Das Angebot reicht von baden und im Wasser Schach spielen über saunen (gegen Aufpreis) und Heilwasser trinken bis hin zu medizinischen Anwendungen.

Neben dem Zirkus auf dem Állatkerti körút liegt der *Vidámpark*, der Budapester Vergnügungspark, mit hölzerner Achterbahn, Riesenrad, Mondrakete und Flipperhallen. Vor den Fahrgeschäften bilden sich vor allem an den Wochenenden lange Schlangen. Besonders gut hat uns das nostalgische Karussell aus k.u.k.-Zeiten am Ausgang gefallen. Insgesamt wirkt die Anlage aber eher ziemlich bieder und in die Jahre gekommen.

Öffnungszeiten **Vidámpark**, April–September täglich 10–20 Uhr. Direkt benachbart liegt der **Kis-vidám-Park** für kleine Kinder zwischen 3 und 12 Jahren, geöffnet ebenfalls täglich 10–18 Uhr.

Budapest
Karten S. 134/135, 208/209; 224/225 u. 239

Übernachten
121 Hotel Zugló
125 Hotel Liget
127 Hotel Délibáb
128 Hotel Benczúr
129 Hotel Expo
130 Grand Hotel Hungária
132 Hotel Stadion
133 Baross Panzió
134 Hotel Ében
135 Hotel Metropol
138 Hotel Emke
141 Hotel Nemzeti

Essen & Trinken
122 Restaurant Gundel
123 Robinson
124 Bagolyvár
131 Rosenstein
136 Japan
139 Prágai Vencel

Nachtleben
126 Petőfi Halle
140 Old Man's Music Club

500 m

Stadtwäldchen und Umgebung

Im südlichen, weit ruhigeren Teil des Stadtwäldchens sind noch das Jugendzentrum *Petőfi-Halle* (siehe Treffpunkte), die Museen für Flugwesen und Raumfahrt und der *Blindengarten* erwähnenswert (nur für Blinde, Eingang vom Ajtósi Dürer sor).

Die Ausstellungen des *Verkehrsmuseums* (Városligeti körút 11) dokumentieren die Entwicklung des Verkehrswesens zu Lande, zu Wasser und in der Luft von der Antike bis zur Gegenwart anhand von Modellen.

• *Anfahrt* O-Bus Nummer 70 ab Báthori utca (nahe der Metrostation Kossuth tér).

• *Öffnungszeiten* Di–Fr 10–17 Uhr sowie Sa, So und feiertags 10–18 Uhr, von Oktober bis April jeweils eine Stunde kürzer. In der Umgebung des Verkehrsmuseums sind ausgemusterte Loks und andere Verkehrsmittel zu sehen

• *Essen* Ein Speisewagen des Orientexpress dient als Lokal.

Die Friedhöfe Budapests

Kerepesi temető: Der Kerepeser Friedhof im VIII. Bezirk ist die Budapester Prominentenbegräbnisstätte. Vom protzigen Mausoleum des Unabhängigkeitskämpfers und Nationalhelden Lajos Kossuth hat man einen guten Blick über große Teile der Anlage. Der langjährige kommunistische Parteichef und zeitweilige ungarische Ministerpräsident János Kádár fand seine letzte Ruhestätte in einem vergleichsweise schlichten Grab und nicht etwa im "Pantheon der Arbeiterbewegung", wo seit 1958 verdiente Kommunisten beigesetzt wurden. Auch József Antall, der erste ungarische Regierungschef der nachkommunistischen Ära, wurde im Dezember 1993 hier beerdigt.

Von den vielen anderen Berühmtheiten, die auf dem Kerepeser Friedhof begraben sind, seien der Schriftsteller Zsigmond Moricz, Ferenc Erkel, der Komponist der ungarischen Nationalhymne, die überaus beliebte Volksschauspielerin Lujza Blaha, der große Arbeiterdichter Attila József und Ferenc Deák, der "Architekt" des Ausgleichs von 1867 (vgl. Geschichte), erwähnt.

Anfahrt Die Buslinie 33 fährt von der Metrostation Lehel tér kommend direkt am Hauptportal des Friedhofs in der Fiumei út (rund 300 m vom Keleti pu., dem Budapester Ostbahnhof, entfernt) vorbei.

Új köztemető: Der neue öffentliche Friedhof im X. Bezirk liegt weit außerhalb im Westen von Kőbánya und ist mehr als doppelt so groß wie das Stadtwäldchen. Tausende von Parzellen erstrecken sich über ein riesiges, unübersichtliches Areal. Eine von ihnen, die abseits gelegene *Parzelle 301* (als "301-es parcella" ausgeschildert), ist das Symbol der nationalen Katastrophe, die dem Volksaufstand von 1956 folgte. Hier wurden unter Kádár über 200 Gegner des kommunistischen Regimes verscharrt, die im Sommer des Jahres 1958 bei Nacht und Nebel im nahegelegenen Zentralgefängnis hingerichtet worden waren. Heute erinnern zahlreiche geschmückte altungarische Grabpfähle an die heutigen Nationalhelden, die ihren Freiheitswillen mit Gefängnis, Folter und schließlich auch dem Leben bezahlen mussten. Zur Zeit der Wende war dieses weltvergessene, verwilderte Gräberfeld am Rande zum Nirgendwo der Kristallisationspunkt des ungarischen Nationalgefühls.

Auf dem benachbarten **Jüdischen Friedhof** (Izraelita temetö) steht ein Holocaust-Denkmal, das an die Namen der Zehntausenden von Nazi-Opfern erinnert. Zu den großen Familiengräbern zählt auch das der Familie von Ödon Lechner.

Anfahrt am besten mit dem eigenen Auto oder mit einem Taxi.

Ausflug zu Sissis Lieblingsschloss

Von Petra Sparrer

Nicht nur für Fans der österreichischen Königin Sissi ist Schloss Gödöllö so etwas wie ein Pilgerziel. Es gehört nach Fertöd zu den bekanntesten und schönsten ungarischen Schlössern und ist mit einer Fläche von 1700 qm das größte Barockschloss des Landes. Der 28 ha große Schlosspark lädt zum Flanieren nach kaiserlicher Manier ein. Graf Antal Grassalkovich ließ darin zwischen 1741 und 1749 die ersten fünf Flügel, die Kapelle und die Reithalle nach Plänen des Wiener Baumeisters Andreas Mayerhofer erbauen. Zwei weitere Flügel, zwei Pavillons und ein Theater kamen später auf Wunsch seines Sohnes und seines Enkels hinzu, die außerdem zahlreiche Wohnräume einrichteten und Umbauten veranlassten. Echte Berühmtheit erlangte das Schloss jedoch erst, als es 1867 vom ungarischen Staat erworben und renoviert wurde, um es Franz Joseph I. und seiner Frau Elisabeth aus Anlass der Krönung zum König und zur Königin von Ungarn als Geschenk zu überreichen. Fern von Wien bildete sich um die von den Ungarn sehr verehrte Kaiserin Sisi eine vergleichsweise heitere und ungezwungene kleine Hofgesellschaft. In Elisabeths Arbeitszimmer kann man heute die Porträts der Hauslehrer ihrer Kinder betrachten, das Ankleidezimmer hat ihre Lieblingsfarbe violett, und im gesamen Schloss erinnern noch zahlreiche persönliche Gegenstände sowie Bücher und Bilder an die königliche Familie. Wer das Schloss besichtigt, fühlt sich nun nach langjähriger Renovierung der großzügigen Räumlichkeiten der einstigen Wochenend- und Ferienresidenz des österreichischen Kaiserpaares an längst vergangene Zeiten erinnert. Liebhaber klassischer Musik kommen bei zahlreichen Konzertveranstaltungen auf ihre Kosten. Alljährliches Highlight im August sind die *Barocken Schlosstage*. Das beliebte Festwochenende erweckt mit Tanzspielen, barocker Musik, Gauklern, Puppenspielern und Reitvorführungen die Ära des Bauherrn Antal Grassalkovich und das Zeitalter des Barock wieder zum Leben.

Anreise und Informationen Schloss Gödöllö liegt etwa 30 km von Budapest entfernt. Man erreicht es über die Autobahn M 3 in Richtung Nordosten oder fährt mit der roten U-Bahn-Linie M 2 bis zur Endstation Örs vezér tere und von dort mit der Vorortbahn HÉV bis Gödöllö. Infos zu Konzerten und Übernachtungsmöglichkeiten (Schlosshotel in Planung): Tourinform, Gödöllö Király Kastély (28), ✆ (28)415402, 📠 (28)415402, godollo@tourinform.hu. Veranstalter der Barocken Schlosstage: ✆ (28)420588, informacio@kiralyikastely.hu, www.kiralyikastely.hu.

Blick von Visegráds Hochburg über die Donaulandschaft

Donauknie

Seine große Bekanntheit und Popularität verdankt das Donauknie gewiss zum Großteil seiner Nähe zur Hauptstadt. Traditionell verknüpfen die meisten Reiseveranstalter eine Budapest-Tour mit einem Ausflug hierher. Wer eine gänzlich unberührte, ländliche Idylle erwartet, wird daher wohl enttäuscht sein.

Auf über 50 km windet sich der mächtige Donaustrom zwischen den grünen Höhen des Visegráder Berglandes, des Börzsöny- und des Cserhátgebirges. Hier kann man auf Schusters Rappen noch lohnenswerte Entdeckungstouren machen. Wem der Sinn jedoch nach Kultur steht, der wird ebenso gut bedient: Die Künstlerstadt Szentendre und die historischen Königssitze Esztergom und Visegrád bieten einige Baudenkmäler, Museen und Kunstschätze. Besonders bekannt ist das Donauknie wegen seiner Folkloretradition (Donauschwaben). Wer sich wie die Budapester einmal vom Großstadttrubel der Hauptstadt erholen möchte, sollte mit Bus, Bahn, Dampfer, Vorortbahn oder Auto einen Ausflug hierher unternehmen.

Szentendre

Die kleine Künstlerstadt am Fuße der Visegráder Berge ist mit ihren verwinkelten Plätzen und schmalen, kopfsteingepflasterten Gassen ein beliebter Ausflugsort. Hier kann man gut Souvenirs einkaufen und sich in gemütlichen Restaurants zum Essen niederlassen.

Um den kleinen Hauptplatz, der inzwischen auch wieder Fő tér heißt (früherMarx tér), liegen zahlreiche Galerien zeitgenössischer Künstler aus der Region, die vom locker sitzenden Geldbeutel der Tagesausflügler profitieren wollen. Dem Ruf Szentendres als Künstlerstädtchen folgend, decken sich viele Urlauber hier mit Gemälden ein. Die Häuser Fő tér 2–5, ein serbisches Kaufmannshaus und weitere Handelshäuser, beherbergen eine große Gemäldegalerie; eine weitere finden Sie in dem Gebäude mit der Hausnummer 20.

Rund 20.000 Einwohner zählt die Siedlung gegenüber der großen Donauinsel *Szentendrei-Sziget*. Die kleinen, pastellfarbenen Häuser wirken gepflegt. Szentendre ist unzweifelhaft die schönste Stadt am Donauknie und damit auf jeden Fall einen Ausflug wert. Die Budapester wissen das schon lange und verbringen, wenn sie es sich nur irgendwie leisten können, gerne den Sommer in einer Ferienwohnung, von denen es hier recht viele gibt.

Der Touristenandrang ist allerdings zuweilen überwältigend, vor allem im Sommer. Ein Grund dafür ist, dass Szentendre durch die Budapester Vorortbahn sehr bequem zu erreichen ist. Besonders hoch geht es hier her, wenn Mitte März in Szentendre parallel zum Budapester ein eigenes Frühlingsfestival veranstaltet wird. Die meisten Museen sind von Oktober bis Ende Februar sowie montags geschlossen.

Donauknie Karte S. 244/245

Geschichte: Schon von den Kelten und Römern bewohnt, danach aber rasch verfallen, erhielt der Ort von den landnehmenden Ungarn seinen Namen nach dem heiligen Andreas (ungarisch: *Szent Endre*). Während der Türkenkriege wurde die Siedlung fast völlig vernichtet. Erst gegen Ende des 17. Jh. besiedelten serbische und griechische Flüchtlinge Szentendre neu. Sie ahmten beim Bau ihrer Häuser den Stil ihrer Heimat nach. So entstanden auch die verwinkelten Gassen, die so schmal sind, dass an einigen Stellen keine zwei Personen nebeneinander gehen können. Die seit einigen Jahrzehnten bestehende Künstlerkolonie brachte der Stadt ihren Ruf als Kulturzentrum.

Information/Verbindungen/Adressen

- *Information* **Tourinform**, Dumtsa Jenő utca 22, ✆ 317965, 📠 317966. Geöffnet: im Sommer Mo–Fr 9–16.30 Uhr, Sa, So 10–14 Uhr; im Winter Mo–Fr 9.30–16.30 Uhr. szentendre@tourinform.hu. www.szentendre.hu.
- *Telefonvorwahl* 26.
- *Verbindungen* **Vorortbahn (HÉV)**, Ausflugsdampfer und Straße Nr. 11 von Budapest.
- *Baden* Beliebt ist das große Freibad auf der Papsziget beim Campingplatz.
- *Golf* Den ersten Golfplatz Ungarns (9 Löcher) findet man auf der Szentendre-Insel (Kék Duna Golf-Club).

Übernachten

Hotel Róz, Pannónia út 6b, ✆ 311737 und 📠 310979. Moderne Pension mit Restaurant nahe der Straße Nr. 11. DZ mit Dusche, WC und Frühstück ab 35 €.

Hotel Danubius, Ady Endre utca 28, ✆ und 📠 312511. Das einstige Hotel Ister ist ein quaderförmiger Betonklotz direkt an der verkehrsreichen Straße Nr. 11. DZ mit Dusche, WC und Frühstück ab 35 €. Restaurant mit kleiner Terrasse, Bierstube, Kegelbahn und Grillplatz. Gelegentlich Zigeunermusik und Folkloreprogramme.

Horváth Fogadó, Darupiac 2, ✆ 313950, horvathfogado@matavnet.hu, www.option.hu/horvath. Gasthof mit familiärer Atmosphäre an einem Park in der Innenstadt gelegen. Mit Grillplatz im Garten. DZ ab 30 €.

Kentaur Hotel, Fö tér 3, ✆ und 📠 312125. Drei-Sterne-Hotel etwas südlich vom Zentrum nahe Tourinform. DZ mit Frühstück ab 40 €. Restaurant, Bierstube und Nachtclub im Haus.

Ilona Panzío, Rákóczi F. utca, ✆ 313599. Kleine Pension an einer kleinen, ruhigen

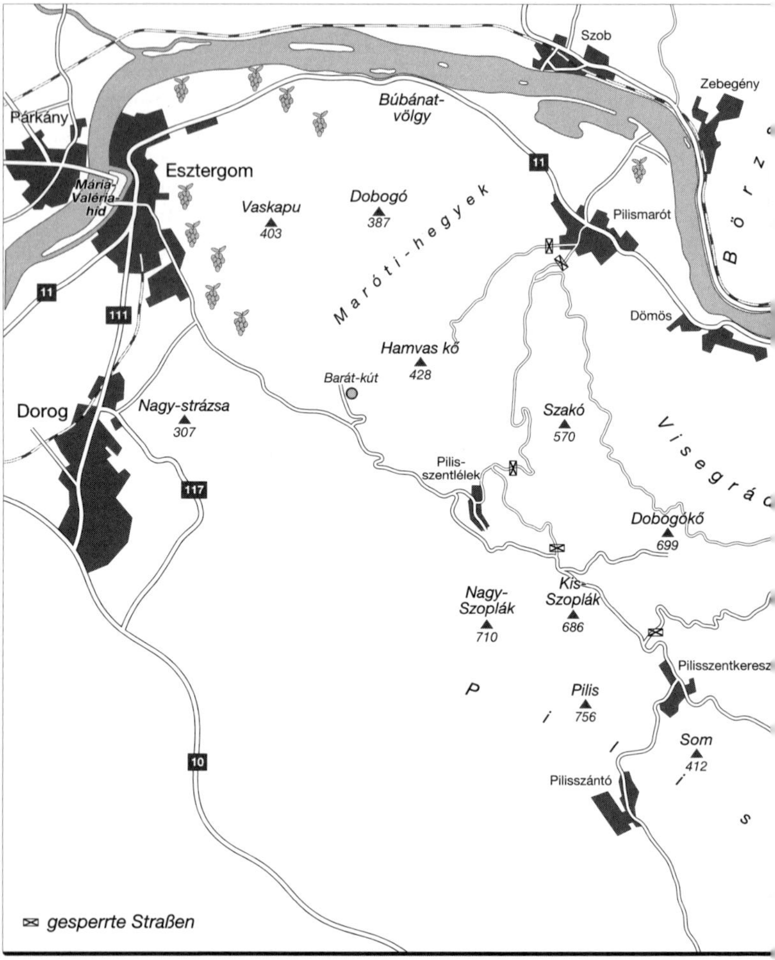

Straße die oberhalb des Fő ter zur M 11 führt. DZ ab 20 €.

Privatzimmer vermittelt Tourinform (siehe Information). Preis pro Nacht für ein Zweibettzimmer ab 30 €. Außerdem bietet Tourinform zahlreiche Ferienwohnungen und Häuser an. Preise pro Nacht: zwei Personen ab 45 €. Es gibt auch zahlreiche "Zimmer frei"-Schilder. Die meisten Hotels und Pensionen liegen in Fußnähe des Fő ter und an der Donau.

Papsziget Camping, ✆ 310697 und 📠 313777; geöffnet Anfang Mai bis Ende September; auf der Papsziget (zu deutsch: Priesterinsel), rund 3 km nördlich der Innenstadt. Das Gelände an der Donau mit Minigolfplatz und großem Freibad macht zwar keinen besonders einladenden Eindruck, bietet aber viel Schatten. Außerdem gibt es ein Motel und Holzbungalows. Preise je nach Saison: Camping für zwei Personen mit Auto und Zelt ab 8 €, DZ mit Waschbecken im angeschlossenen Motel ab 20 €. Im Restaurant neben dem Campingplatz ist von 20 bis 2 Uhr Disco angesagt.

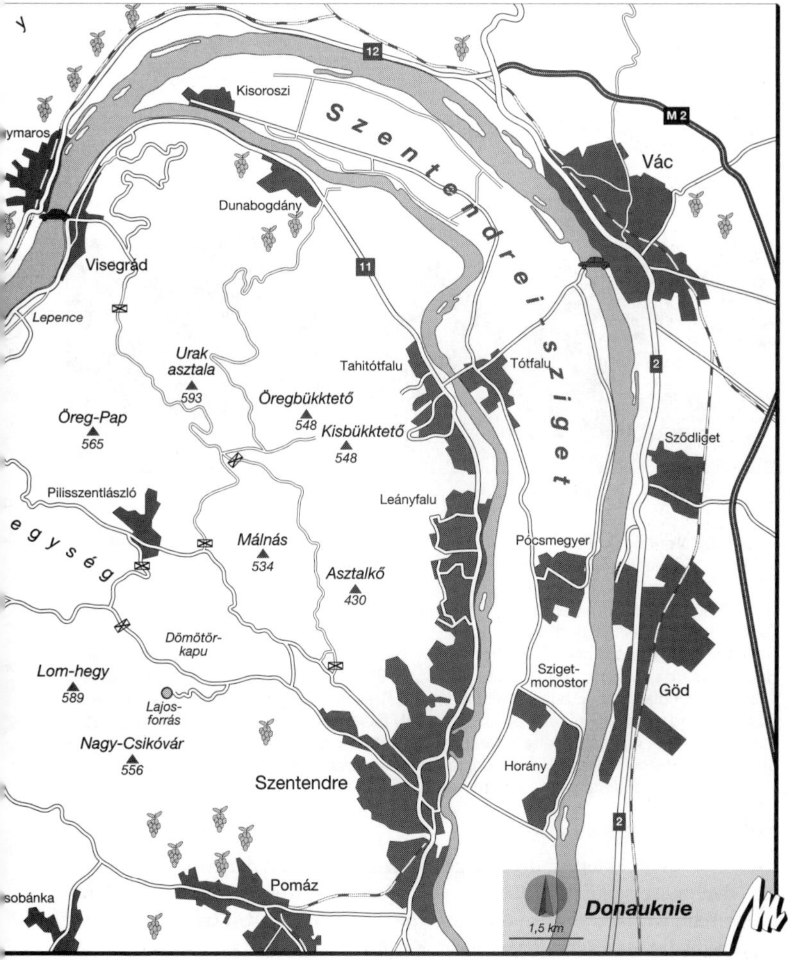

Donauknie
Karte S. 244/245

Essen

Nemzeti Bormúzeum és Labirintus Etterem, Bogdányi utca 10, ✆ 317054. Im Keller kann man ungarische Weine probieren und kaufen. Die Gaststätte über dem Museum hat zwei große Gaststuben und bietet deftige und pikante ungarische Küche, manchmal auch Zigeunermusik dazu. Hauptgerichte ab 10 €. Im Sommer spendet der gemütliche Innenhof des Lokals Schatten.

Aranysárkány Vendéglő, Alkotmany utca 1a, ✆ 311479, aranysarkany@aranysarkany.hu, www.aranysarkany.hu. Der Goldene Drache nicht weit vom Fő tér ist unser langjähriges Lieblingsrestaurant in Szentendre und sicher eines der preiswertesten der Stadt. Der Wirt Attila Máhr hat uns noch nie enttäuscht, häufig aber schon entzückt. Nicht besonders große, wechselnde Auswahl an ungarischen und österreichischen Hauptgerichten um 7 €; wenige teurere. Geöffnet: 12–23 Uhr.

Restaurant am Hauptplatz von Szentendre

Rab-Ráby Vendéglő, Péter Pál utca 1a, ✆ 310819. Gemütlich eingerichtetes Restaurant in einem Winzerhaus aus dem 18. Jh. mit hübscher Gartenterrasse und guter Küche. Ungarische und internationale Gerichten ab 7 €. Geöffnet: 12–23 Uhr.

Határ Csárda, Ady Endre utca 43, ✆ 310311, vendlat@miwo.hu, www.miwo.hu/hartacsarda. Direkt an der nördlichen Stadtgrenze zu Leányfalu, neben der Straße Nr. 11 gelegen. Große Auswahl an Fisch- und Fleischgerichten zu mittleren Preisen ab 12 €. Leckere Salate und viele Mehlspeisen zum Nachtisch. Terrasse hinter dem Haus.

Sehr nett ist das kleine, im Inneren verspielt-sentimental eingerichtete **Kaffeehaus Nosztalgia** in der Bogdányi utca 2, ✆ 311 660. Es gibt leckere Kuchen, Eis und Kaffeespezialitäten zu maßvollen Preisen. Nicht traurig sein, wenn die winzige Straßenterrasse schon besetzt ist, eine größere und schönere ist noch im Innenhof versteckt.

Sehenswertes

Der Fő tér ist ein kleiner, dreieckiger Platz im Zentrum der Altstadt mit vielen denkmalgeschützten Bauten. Im Sommer werden hier manchmal historische Dramen des Szentendre-Theaters aufgeführt. Das Zentrum des Platzes bildet das schmiedeeiserne *Kaufmannskreuz*, das von serbischen Kaufleuten vor über 200 Jahren errichtet wurde.

Die *Mariä-Verkündigungs-Kirche* von 1752 ist ein ziemlich kleines Gotteshaus am Fő tér, Ecke Görög utca. Täglich, außer montags, von 9 bis 16 Uhr kann man das hölzerne Gestühl, einige restaurierungsbedürftige Fresken und eine kleine Ikonostase besichtigen.

Im *Ferenczy-Károly-Museum* am Fő tér 6 sind Werke des expressionistischen Malers ausgestellt.

Öffnungszeiten täglich außer Mo, 10–16 Uhr, von Nov. bis Febr. nur Fr–So 10–16 Uhr.

Die *Kirche* in der Péter Pál utca (Ecke Kucsera F. utca) wirkt im Vergleich zur Verkündigungskirche nüchtern und streng. Vom Vorraum aus kann man durch eine Glasscheibe einen Blick ins Innere werfen.

Auf den *Burghügel* kommt man vom Fő tér über die Alkotmány utca (nach rund 200 m links). Hier steht die schön gelegene, etwas baufällig wirkende mittelalterliche *Pfarrkirche* (keine Besichtigung). Genießen Sie den schönen Blick auf die verschachtelten Dächer der Stadt. Außerdem auf dem Burghügel: das *Czóbel-Béla-Museum* mit Bildern des Malers (Templom tér 1).

Öffnungszeiten **Czóbel-Béla-Museum**, täglich außer Mo, 10–16 Uhr, von Nov. bis Febr. nur Fr–So, 10–16 Uhr.

Margit-Kovács-Sammlung

"Der Ton ist mein tägliches Brot, meine Freude und mein Kummer. Schon beim ersten Berühren wurde er mein Lebenselement", sagt Margit Kovács über ihre Leidenschaft. Nach Studien in Budapest, Wien und München profilierte sich die 1902 geborene Künstlerin bereits in den dreißiger Jahren als bedeutende Keramikerin. Bis zu ihrem Tod im Jahre 1977 nahm Margit Kovács an vielen nationalen Ausstellungen und Wettbewerben teil, wobei sie zahlreiche Preise und Auszeichnungen errang, darunter den Kossuth-Preis, den Ehrentitel "Hervorragender Künstler der Volksrepublik Ungarn" und die Ehrenbürgerschaft der Städte Győr und Szentendre.

Die Margit-Kovács-Sammlung in der Vastagh György utca 1 (Ecke Görög utca) ist sicherlich das interessanteste innerstädtische Museum der Stadt: Figuren, Bilder, Kachelöfen, Vasen, Krüge, Kachelmosaiken, Tierfiguren, Wandteller...

Öffnungszeiten täglich außer Mo, April bis Oktober 9–18 Uhr und im Winter 10–16 Uhr; in der Hochsaison von Juni bis September täglich geöffnet. Auch in Győr gibt es eine, wenn auch kleinere Sammlung von Keramiken der Künstlerin.

Galerie der Künstlerkolonie (Müvésztelepi Galéria), Bogdányi utca 51: wechselnde Ausstellungen von Arbeiten heute in Szentendre wirkender Künstler.

Öffnungszeiten täglich außer Mo und Di, 12–18 Uhr, im Winter geschlossen.

Volkskunstmuseum (Népmüvészetik háza), Rákóczi Ferenc utca 1: Museum mit Keramik, Schriften, Hausschmuck, christlichen Kultgegenständen wie Heiligenbildern und Kruzifixen sowie Zuckerbäcker- und Textilarbeiten.

Öffnungszeiten täglich außer Mo, 10–16 Uhr; im Winter geschlossen.

Edelsteinmuseum (Caprice), Dozsa Gyorgy utca 22, www.caprice.hu: Wer die Geschichte der ungarischen Schmuckindustrie und die Stufen der Schmuckherstellung kennen lernen oder einfach nur Schmuck (hier zollfrei) einkaufen möchte, ist hier richtig. Das Zentrum mit Ausstellung, Shop und Café wurde 2001 auf dem Gelände einer einstigen Papierfabrik eröffnet.

Öffnungszeiten täglich 9–18 Uhr.

Marzipanmuseum (Szabó), Dumtsa Jenö utca, www.kozep.hu/szabo marcipan-muzeum: Kurioses Museum mit 40 Vitrinen. Hier kann man u.a. Michael Jackson bewundern, zwei Meter hoch und aus Schokolade, sowie das ungarische Parlament (160 cm lang).

Öffnungszeiten Mai–September 10–19 Uhr, in der Nebensaison 10–18 Uhr.

Donauknie
Karte S. 244/245

Freilichtmuseum, Skanzen

Im Jahr 1974 wurde das *Szabadtéri Néprajzi Múzeum* (Freiland-Volkskunde-Museum) mit der Zielsetzung eröffnet, charakteristische Gebäude der ungarischen Volksbaukunst aus allen Teilen des Landes mit ihrer originalen Inneneinrichtung hier wiederaufzubauen. Mit 46 ha Fläche ist es Ungarns größtes Freilichtmuseum In zehn Siedlungsgruppen wurden die ausgewählten Bauwerke nach ihrer regionalen Herkunft zusammengefasst. Die vielen eigentümlichen Häuser, Kirchen, Mühlen und Wirtschaftsgebäude stammen aus der Zeit zwischen Ende des 18. und Anfang des 20. Jh. Sie vermitteln auf dem weiten Gelände einen lebendigen Eindruck von den Lebensumständen der ungarischen Landbevölkerung in dieser Zeit. Detaillierte Auskünfte zu den einzelnen Bauwerken enthalten die Prospekte (auch deutschsprachig), die an der Kasse erhältlich sind.

Öffnungszeiten Anfang April bis Ende Oktober, täglich außer Mo, 9–17 Uhr. Letzter Einlass 16.30 Uhr. Juli und August 9–18.30 Uhr. An den Veranstaltungstagen werden alte Handwerkskünste und volkstümliche Bräuche vorgestellt. Programme sind bei Tourinform erhältlich. Anfahrt: 3,5 km westlich von Szentendre, ausgeschildert als "Skanzen"; ein Bus fährt von der Haltestelle der Vorortbahn hierher.

Ausflug

- **Leányfalu**: Szentendre geht nach Norden hin entlang der Straße Nr. 11 übergangslos in den Erholungsort Leányfalu über. Hier gibt es ein Thermalfreibad, Villen und Sommerhäuser sowie den Dunakanyar- Privatcampingplatz auf einem schmalen Wiesenstreifen am rechten Donauufer; innerörtlich gut ausgeschildert.

  Camping **Dunakanyar-Campingplatz**, Dunapart 1, Alszeghy tér 1, ✆ und ℻ 26/383154, geöffnet: 1. Mai bis 30. September.

Vác

Das industriell geprägte Barockstädtchen liegt am östlichen Donauufer zwischen Fluss und Bergland am Fuße des Börzsönygebirges.

Vác ist der Industriereichtum (Chemie, Zement, Werft und Elektronik) durchaus anzusehen. Lediglich zwischen Donaupromenade und Hauptstraße (Dr. Csányi László körút, vormals: Lenin út) auf der Höhe der Fährstation wirkt die Stadt heimelig. Das *Kirchenviertel* zwischen Március 15. tér und dem Konstantin tér besitzt die meisten Baudenkmäler – viele Barockbauten fallen ins Auge. Zwischen Donaupromenade und Anlegestelle liegt das altertümliche *Rácváros*, die sogenannte Serbenstadt.

Eine Autofähre verbindet die Stadt mit der Donauinsel. Hier gibt es häufig längere Wartezeiten. Wer die Stadt auf einer Autotour durch das Donauknie nur kurz besichtigen möchte, lässt das Auto am besten stehen, nutzt die Fähre preisgünstiger als Fußgänger und fährt danach weiter nach Visegrad und Esztergom. Wer länger bleiben möchte: Von Vác aus kann man schöne Wanderungen ins nahe Börzsöny- und Cserhátgebirge unternehmen.

Zeitungskiosk in Vác

Geschichte

Vác war wegen seiner günstigen Lage an einem Donauübergang bereits in vorgeschichtlicher Zeit besiedelt, was auch eine am Nordrand der Stadt gefundene Gießerei aus der Bronzezeit belegt. Außerdem entdeckten Archäologen in einer Kiesgrube mehrere keltische und awarische Gräber.

Bereits der ungarische König Stephan der Heilige gründete hier ein Bistum. 1075 wurde Vác erstmals als Stadt erwähnt – in einer Urkunde König Gézas I. Dieser ließ eine Burg und eine Kathedrale errichten, was neben der strategisch günstigen Lage die Entwicklung der Stadt zum regional bedeutenden Handelszentrum einleitete. Doch der Mongolensturm von 1241 setzte ein abruptes Ende: Vác brannte völlig nieder. Die nächste Blüte der Stadt im Spätmittelalter wurde durch die Türkenkriege beendet. Nach der Niederlage des nationalen Freiheitskampfes unter Ferenc Rákóczi wurden in Vác überwiegend ausländische Bischöfe eingesetzt. Aus dieser Zeit stammen die Barockgebäude, die heute die Innenstadt prägen. Die für Planung und Ausstattung dieser Bauten herangezogene Künstlerschaft war international.

Bedeutsam für die Weiterentwicklung der Stadt waren der 1835 beginnende Passagierdampferverkehr auf der Donau und die Eröffnung der ersten ungarischen Eisenbahnlinie zwischen Pest und Vác am 15. Juli 1846. Gegen Ende des 19. Jh. konnte die erste Textilfabrik der Stadt einem Teil der Bevölkerung, der arbeitslos geworden war, weil Rebläuse die Weinstöcke vernichtet hatten, eine neue Beschäftigung bieten. In der Folgezeit siedelten sich viele andere Fabriken an.

• *Information* **Tourinform**, Marcius 15, tér 16–18, ✆ 316160, 316464, vac@tourinform.hu. Hier bekommt man Informationen zu privaten Unterkünften, Buchungen sind jedoch nicht möglich. Geöffnet täglich von 9–17 Uhr.

• *Telefonvorwahl* 27.

• *Verbindungen* Fähre zur Donauinsel (ungarisch: Szentendrei Sziget). Die Fähre kostet pro Person 1 €, Auto 5 €: Es gibt auch eine Brücke zum rechten Ufer, innerorts ausgeschildert als "Váci Rév" oder Straße Nr. 2 von Pest. Tägliche Bus- und Bahnverbindung nach Budapest.

• *Einkaufen* **Obst- und Gemüsemarkt** in der Kaptalán utca 3 (früher: Löwy Sándor

Donauknie
Karte S. 244/245

utca), in der Nähe des Március 15. tér. Geöffnet: Mitte März bis Ende September 5–17 Uhr, sonst 6–16 Uhr.

• *Übernachten* **Grand Hotel**, Végh Dezsö utca 1, ✆ 510870, www.polymix.hu/grandhotel.
Vörössipka Hotel, Honv'd utca 14, ✆ 501555, www.szallasjegyzék.hu Dreisternehotel mit 16 Zimmern. Ab 45 €.

• *Essen* **Kőkapu**, Dósza György utca 5, ✆ und 📠 315920. Der 15 m hohe Triumphbogen ist der einzige in Ungarn und wurde zu Ehren eines Besuchs der österreichischen Kaiserin Maria Theresia errichtet.
Rund 50 m hinter dem Triumphbogen auf der rechten Seite liegt etwas abseits das selten überfüllte Lokal **Steintor**. Von außen etwas unscheinbar, aber innen recht gemütlich; manchmal mit (Orgel-)Musik. Einige preiswerte Fisch- und Fleischgerichte zu ca. 6 €, wenige teurere Gerichte. Geöffnet: 11.30–23 Uhr.
Halászkert, Liszt Ferenc sétány 9, ✆ 315985, 📠 303147. Der Fischergarten liegt zentral in der Nähe der Anlegestelle der Fähre. Von der Terrasse hat man einen hübschen Blick auf die Donau. Relativ gemütlich und freundlicher Service. Mittlere Auswahl an Fisch- und Fleischgerichten um 8 €. Der Schweinebraten mit Kartoffeln, Reis und Salat war sehr gut. Geöffnet: 12–22 Uhr.
Pokolcsárda (zu deutsch: "Gasthaus zur Hölle"), 200 m von der Anlegestelle der Fähre entfernt auf der Szentendre-Insel gelegen. Etwas teurer als die Restaurants im Ort und ebenso gut.

Sehenswertes

Der *Március 15 tér* ist ein stimmungsvoller Platz mit zahlreichen Gebäuden im Zopf- und Barockstil, darunter auch das barocke *Rathaus* von 1764 (Hausnummer 11). In der Mitte des Platzes führt eine Treppe in einen netten *Weinkeller* mit Zigeunermusik (geöffnet: 17–23 Uhr). Die gelbe, barocke *Dominikanerkirche* (1699–1745) an der Südspitze des Platzes birgt eine sehenswerte Rokokoeinrichtung mit riesigem Altar.

Das Vácer *Kirchenviertel* liegt zwischen Marcius 15 tér und Konstantin tér. Inmitten des Kirchenviertels, auf dem Szentháromság tér (zu deutsch: Dreifaltigkeitsplatz), findet man die hübsche, wenn auch schon etwas verwitterte, barocke *Dreifaltigkeitssäule* aus Sandstein. Sie wurde um 1750 nach einer überstandenen Pestepidemie errichtet.
Hier steht auch die barocke *Piaristenkirche* aus der ersten Hälfte des 18. Jh. mit ihrem künstlerisch bedeutsamen venezianischen Altar von 1759.
Das mächtigste Bauwerk des Kirchenviertels, die *Kathedrale* mit ihrer 42 m hohen Kuppel am Konstantin tér, entstand in der Zeit von 1761 bis 1777 nach Plänen des französischen Architekten Canevale auf Bestellung des Bischofs Christoph von Migazzi (später Kardinal von Wien). Ihre Stilmerkmale sind spätbarock bis klassizistisch. Die beiden Fresken des bedeutenden österreichischen Barockmalers Franz Anton Maulpertsch gelten als künstlerisch wertvollster Bestandteil der Inneneinrichtung. Vor der Kathedrale steht ein *Denkmal Stephans des Heiligen*, des ersten Königs von Ungarn.

Tragor-Ignác-Museum: In drei Räumen und zwei Kellergewölben ist das archäologische, ethnographische und stadtgeschichtliche Material des 1895 gegründeten Museums ausgestellt. Zu den interessantesten Exponaten zählt das Exemplar einer Nürnberger Zeitung aus der Zeit der Türkenherrschaft. Beeindruckend sind auch eine Zunfttruhe von 1754, eine aus Marmor gefertigte Sonnenuhr und zwei rund 200 Jahre alte, mit deutschsprachigen Versen verzierte Grabsteine.

Info Zrínyi utca 41 a, ✆ 500750, 📠 500758. göffnet täglich außer Mo, 10–18 Uhr.

Barocke Architektur wie die Piaristenkirche prägt die kleine Stadt Vác

Das *spätbarocke Bischofspalais* (1775) am Migazzi tér, nahe dem Konstantin tér, ist von einem hübschen Park umgeben. Da es heute als Altersheim dient, ist keine Innenbesichtigung möglich. Fragt man freundlich nach, erhält man jedoch möglicherweise die Erlaubnis, zumindest den Park zu besichtigen.

Ausflüge

▸ **Vácrátót**: Vácrátót liegt 12 km südöstlich von Vác. Der *botanische Garten (Botanikuskert)* der ungarischen Akademie der Wissenschaften ist am südlichen Ortsrand auf der rechten Seite der Durchgangsstraße zu finden. Die 25 Hektar große, täglich geöffnete Anlage wurde im 19. Jh. im Stil eines romantischen englischen Parks angelegt. Schöne Promenaden führen vorbei an mehr als 20.000 Bäumen und Sträuchern aus allen Erdteilen. Im Zentrum des Parks steht ein Schloss, in dem heute das Institut für Pflanzenforschung und Pflanzenzucht untergebracht ist.

Adresse/Öffnungszeiten Alkotmány utca 24, ✆ 28/360122. Geöffnet: 1. April bis 31. Oktober von 8–18 Uhr.

▸ **Verőcemaros**: Der Ort Verőcemaros, 10 km nordwestlich von Vác an der Straße Nr. 12, besteht aus zwei zusammengewachsenen Siedlungen. Von Vác aus kommt man zunächst durch *Verőce*. Erst ein ganzes Stück weiter folgt *Kismaros*.

Auf jeden Fall einen Besuch wert ist das *Gorka-Géza-Museum* in Verőce. In einem wunderschönen Haus befinden sich die meisterlichen Arbeiten des großen ungarischen Keramikers *Géza Gorka* (1894–1971) und seiner Tochter Livia. Nach einer Atelierbesichtigung kann man auf zwei Stockwerken einen Teil der beeindruckenden Werke bewundern.

Öffnungszeiten/Anfahrt täglich außer Mo, 9–18 Uhr. Szamos utca 22, ✆ (27)350017. In Verőce von der Straße Nr. 12 in Richtung Magyarkút abbiegen. Nach 200 m links ausgeschildert.

Das hübsche *Schloss* von Verőce aus dem 18. Jh. ist heute ein Heim für alte und kranke Nonnen. Keine Innenbesichtigung möglich, der Hof ist jedoch zugänglich. Das Schloss ist von der Straße Nr. 12 als "Migazzi Kastély" ausgeschildert (250 m).

Kismaros ist vor allem als Ausgangspunkt für Wanderungen durch das Börzsönygebirge bekannt. Mit der *Schmalspur-Waldbahn*, die sich neben der Landstraße durch das hübsche Waldtal des Baches Morgó schlängelt, geht es nach *Királyrét*, einem von Bergen umschlossenen Talbecken.

Anfahrt zur Bahnstation: von der Hauptstraße (Nr. 12) in Richtung Királyrét abbiegen, nach 200 m auf der rechten Seite.

Visegrád

Dass das malerische kleine Städtchen am Ufer der schnell dahinfließenden Donau einmal Königsstadt war und zu den bedeutendsten des Landes zählte, kann man heute nur noch erahnen. In der Umgebung erheben sich die mächtigen, dicht bewaldeten Berge des Visegráder Gebirges.

Überragt werden die kleinen Häuser und die putzige, gelbe Kirche des 3.000-Einwohner-Ortes von den Ruinen einer alten, wehrhaften Hochburg, dem Herzstück des mittelalterlichen Königspalastes. Wegen seiner zentralen Lage eignet sich Visegrád besonders gut als Stützpunkt für Tagestouren zu den anderen Städten des Donauknies.

Auch als Ausgangspunkt für ausgedehnte Wanderungen in das Visegráder und in das Pilisgebirge ist der Ort beliebt. Das gilt gleichermaßen für die Ausläufer des Börzsönygebirges, die auf der anderen Seite der Donau bis ans Ufer reichen.

Geschichte

Bereits die Römer besaßen seit dem 3. Jh. n. Chr. im Norden von Visegrád ein Lager. Die Reste dieser Anlage wurden vor der Landnahme von slawischen Völkern genutzt. Wahrscheinlich stammt der Name des Ortes (Visegrád bedeutet hohe Burg) aus dieser Zeit.

Gegen Mitte des 13. Jh. ließ der ungarische König Béla IV. (1245–1270), nach dem Mongolensturm völlig auf Sicherheit bedacht, die als uneinnehmbar geltende Burg von Visegrád errichten. Unterhalb der Festung entstand während der nächsten Jahrzehnte der prunkvolle königliche Palast. Die Schriftsteller des 14. und 15. Jh. schwärmten in höchsten Tönen von dem riesigen Bauwerk – Metaphern wie "das irdische Paradies" waren dabei gang und gäbe. 350 Räume soll der Prachtbau besessen haben, um den sich herrliche Rasenflächen ausbreiteten, und sogar einen Brunnen, aus dem bei den häufigen Gelagen roter und weißer Wein sprudelte...

Unter Karl Robert von Anjou war der Palast von Visegrád sogar einmal für kurze Zeit Residenz des ungarischen Königs. Er war es auch, der 1335 Fürst Rudolf von Sachsen, den bayerischen Herzog Heinrich, den böhmischen König Johann und den Polenkönig Kasimir hierher zu einer zweimonatigen

Wie lebten die ungarischen Könige? Die Hochburg von Viségrad hat ein anschauliches Burgenmuseum

Donauknie
Karte S. 244/245

Zusammenkunft einlud. Ergebnis dieses Treffens war der *Vertrag von Visegrád*, nach dem Schlesien zu Böhmen kam, das selbst auf die polnische Krone verzichtete.

In dieser Zeit zählte Visegrád zu den bedeutendsten Städten des Landes, sogar die ungarische Krone und die Herrschaftsinsignien wurden hier aufbewahrt. Die Krone fiel einmal einer Entführung zum Opfer: 1440 ließ sie Königin Elisabeth, die Witwe König Alberts, aus der Schatzkammer, dem Donjon, stehlen. Erst über zwanzig Jahre später bekam der Renaissancekönig Matthias I. die Krone gegen ein hohes Lösegeld auf Umwegen zurück. Trotzdem befahl er, dass das wertvolle Kunstwerk und historische Symbol weiterhin im Donjon aufbewahrt werden sollte.

Aber Visegrád verdankt König Matthias noch mehr: Er ließ den Burgpalast gegen Ende des 15. Jh. durch Siebenbürger Handwerker völlig umbauen und vergrößern. Zur Zeit der Türkenkriege wechselte der Prachtbau mehrmals den Besitzer und wurde dabei nachhaltig zerstört. Die verwitterten Überreste wurden schließlich 1702 auf Befehl des Habsburgerkaisers Leopold I. gesprengt, weil er fürchtete, die aufständischen Kurutzen könnten sie für ihre Zwecke nutzen. Im Laufe der nächsten Jahrhunderte dienten die Ruinen der Visegráder Bevölkerung als Steinbruch; Erdrutsche verschütteten zudem die Gemäuer.

1869, im Jahr des ersten Freilegungsversuchs, war alles noch unter einer meterdicken Geröllschicht begraben. Nach mehreren abgebrochenen und wiederaufgenommenen Versuchen wurde seit 1971 unter der Leitung des nationalen Instituts für Denkmalpflege der Rest der Anlage freigelegt. Die

Restaurierung ist inzwischen abgeschlossen.Das wenige, was erhalten blieb (der Salomonturm sowie Ruinen des königlichen Sommerpalastes und der Hochburg), reicht aus, die einstige Größe und Bedeutung der Visegráder Festung zu erahnen.

Information/Verbindungen/Freizeit

• *Information* Informationsmaterial über Visegrád bekommt man auch bei Tourinform in Szentendre. Vor Ort kann man sich an die Reisebüros wenden, die auch private Zimmer vermitteln:

Hungaro-Reisen, Fö ut 68, ✆ 398112, 📠 26397133, hungaroreisen@matavnet.hu.

Visegrád Tours, Rév utca 15, ✆ 398160, 📠 397597

Auskunft über kulturelle Veranstaltungen sind erhältlich im **Kulturhaus König Matthias**, Széchenyi utca 11, ✆ 398128, 📠 398163, muvelodesihaz@visegrad.hu.

• *Telefonvorwahl* 26

• *Verbindungen* Busverbindung nach Esztergom und Szentendre. Fährverbindung zum gegenüberliegenden Donauufer nach Nagymaros zwischen 6 und 22 Uhr, für Autos nur bis zur Dämmerung. Achtung: Rechtzeitig zurück sein, sonst muss man bis Budapest und dort über die Donaubrücke oder bis Esztergom und dort über die Brücke an der Grenze zur Slowakei)! Nagymaros kann man auch von Budapest aus mit dem Zug erreichen (liegt an der Strecke nach Bratislava).

• *Freizeit* **Baden**, etwas außerhalb am Waldrand gibt es ein großes Thermalfreibad mit mehreren Becken. An warmen Sommerwochenenden ist es oft ziemlich voll. Anfahrt: Von der Anlegestelle der Fähre in Visegrád etwa 3 km in Richtung Esztergom fahren. Der Eingang zum Thermalbad befindet sich direkt links an der Straße Nr. 11 nahe der Abzweigung nach Szentendre. Busverbindung ab der Fährstation in Visegrád. Geöffnet von Mai bis 15. September täglich von 9–18 Uhr.

Wandern: Visegrád ist das Zentrum des rund 35.000 Hektar großen Piliser Parkwaldes mit Spazier- und Wanderwegen, Schutzhütten, Park- und Sportplätzen. Etwa drei bis vier Stunden wandert man von hier aus nach **Pilisszentlászló**, einem kleinen Dorf auf dem Weg zum 700 m hohen **Dobogó-kő**, einem der höchsten Gipfel der Region. Geübte Kletterer schätzen die Steilwand am Nordhang. Der gemächlichere Aufstieg von Pilisszentlászló dauert rund zwei Stunden. Mehrere Aussichtswarten sind auf den umliegende Bergkuppen verteilt (siehe auch Esztergom/Ausflüge).

Auch die 5 km entfernte, an der Straße nach Esztergom liegende Ortschaft **Dömös** ist ein beliebter Ausgangspunkt für Wanderungen ins Pilisgebirge. Am südöstlichen Ortsrand von Dömös führt ein Spazierweg durch die romantische Felsenschlucht am Ufer des Malom-Patak entlang.

Weitere Wandermöglichkeiten gibt es im Börzsönygebirge, jenseits der Donau. Ausgangspunkt ist hier die Ortschaft Nagymaros. Eine lohnenswerte Wanderung führt auf den 484 m hohen Szentmihály hegy (mit Aussichtsturm und prima Panorama).

Wanderkarten sind im Buchhandel von Esztergom und manchmal auch an Souvenirbuden (z. B. an der Visegráder Hochburg) erhältlich. Auch Tourinform in Szentendre verteilt Karten und Broschüren.

Übernachten/Essen

• *Übernachten* **Hotel Matthias**, Fő utca 47, ✆ 398309. Hübsches kleines Privathotel im ruhigen Zentrum Visegráds, direkt neben dem Königspalast gelegen. DZ mit Bad und Frühstück ab 35 €. Die Zimmer sind nicht luxuriös, aber durchaus angenehm. Anfahrt über die Einbahnstraße.

Hotel Silvanus, Feketehegy, ✆ 398311, 📠 597516, hotelsilvanus@mailmatav.hu. Das Hotel mit herrlichem Ausblick liegt mitten im Wald, hoch über Visegrád in der Nähe der Burg. Tennisplatz, Bar, Shop, Restaurant. Preise pro Nacht inklusive Bad und Frühstück 45–50 €. Anfahrt siehe Sehenswertes, Hochburg.

Hotel Honti Panzió, Fö utca 66, ✆ 398120, 📠 397274, hotelhon@axelero.hu, www.hotels.hu/honti. An der Kirche geht es nach rechts zu dieser im Ortszentrum gelegenen, familiären Dreisternepension mit schönem Vorgarten und ordentlichen Zimmern für zwei, drei und vier Personen. Preise: 35–50 €.

Jurta Kemping, Mogyoró hegy, ✆ 398217. In herrlicher Berglage weit über Visegrád, umgeben von Wald und Wiesen. Ein Drittel des Platzes liegt schön unter Bäumen. Warme Duschen. Zwei Personen mit Auto und Zelt zahlen pro Nacht rund 30 €. Geöffnet:Msi bis September. Anfahrt mit dem Bus: ca. 1 km nach der Hochburg bei der Bushaltestelle nach links.

Panoráma-Kemping, Nagymaros-Sólyomsziget, ✆ (27)354124. Überschaubarer, schön gelegener Platz mit Restaurant direkt am Donauufer, in der Visegrád genau gegenüberliegenden Ortschaft Nagymaros. Die eine Hälfte des Platzes liegt im Schatten. Warme Duschen. Preise: zwei Personen mit Auto und Zelt 14 €. Geöffnet: Anfang Mai bis Ende September. Anfahrt: Von Visegrád mit der Fähre über die Donau, dann rechts auf die Hauptstraße, nach ca. 1 km rechts.

Auch in der rund 5 km entfernten, an der Straße nach Esztergom liegenden Ortschaft Dömös gibt es einen Campingplatz: **Dömös-Kemping**, Dunapart, ✆ (33) 482319, ℻ (33)414800. Der gepflegte Privatplatz mit Blumenbeeten und jungen Laubbäumen liegt zwischen Donauufer und Hauptstraße (ausgeschildert von der Straße Nr. 11). Zwei Personen mit Auto und Zelt zahlen hier pro Nacht 14 €. Geöffnet: Anfang Mai bis Mitte September.

• *Essen* **Restaurant Sirály**, Rév utca 7, ✆ 398376, vistours@visegradtours.hu, www.visegradtours.hu. Das relativ große Touristenrestaurant mit Terrasse liegt direkt bei der Anlegestelle der Fähre an der Straße Nr. 11. Große Auswahl an Fleischgerichten, zumeist unter 12 €. Der Rostbraten mit Champignoncremesoße und Reis ist zu empfehlen. Manchmal Zigeunermusik.

Renaissance Restaurant im Hotel Vár, Fő utca 11, ✆ 398081. Das Restaurant am Ortsausgang in Richtung Szentendre, direkt an der Straße Nr. 11 gelegen, verfügt zwar über einen großen Biergarten, ist aber teurer und hat eine weniger umfangreiche Speisekarte als das Sirály.

Sehenswertes

Ehemaliger königlicher Palast: Die Reste der königlichen Sommerresidenz findet man am Ende der Fő utca 27 (Einbahnstraße), einer Parallelstraße zur Straße Nr. 11, auf der rechten Seite. Unter Karl Robert von Anjou wurde mit dem Bau des gewaltigen Palastes zu Füßen der Hochburg begonnen, der unter König Matthias seine Glanzzeit erlebte (vgl. *Geschichte*). Das Museum zeigt Funde aus dem Königspalast und vermittelt einen Eindruck vom höfischen Leben. Ein Besuch lohnt besonders für kunsthistorisch Interessierte. Highlight des Museums ist der original erhaltene Herkulesbrunnen. Am Eingang im Ehrenhof wurde zudem eine Kopie rekonstruiert.

Öffnungszeiten ganzjährig täglich außer Mo, 9–17 Uhr.

Salomonturm (Fő utca 23/Straße Nr. 11): Die Überreste der einstigen Wasserbastei mit dem guterhaltenen Wohnturm, der das *Mátyás-Király-Múzeum* beherbergt, findet man oberhalb des Ortsausgangs in Richtung Szentendre (Aufgang durch ein großes Steintor). Ihre bis zu 8 m dicken Mauern trotzten den Jahrhunderten. Der Salomonturm gehörte zu der auf mehreren Terrassen angelegten "Unteren Burg". Von hier aus wurde die Donauschifffahrt überwacht, und alle vorbeiziehenden Kaufleute mussten Wegezoll entrichten. Im Erdgeschoss befindet sich der prächtige, gotische Anjou-Brunnen aus dem 14. Jh., im Obergeschoss sind Skulpturen und Reliefs aus dem Königspalast zu sehen. Vom Dach bietet sich ein schöner Ausblick auf das Donauknie.

Öffnungszeiten Anfang Mai bis Ende September täglich außer Mo, 9–17 Uhr.

Galt einst als uneinnehmbar: die Hochburg von Viségrad

Auf jeden Fall lohnt sich ein Ausflug zur mächtigen *Hochburg* auf dem Várhegy. Von der imposanten, teilrekonstruierten Festung eröffnet sich ein herrlicher Ausblick auf das Donauknie und das Visegráder Gebirge. Im Turmmuseum sind Wachsfiguren, Werkzeuge, historische Kupferstiche und Wappen zu sehen.

• *Öffnungszeiten/Anfahrt* März bis Oktober täglich 9–18 Uhr, in der Nebensaison nur an Wochenenden bei gutem Wetter 10–16 Uhr. Die Hochburg ist von der Straße Nr. 11 als "Fellegvár" ausgeschildert. Anfahrt: Mit dem Bus ab dem Matthiasdenkmal an der Fő utca (Ecke Str. Nr. 11) oder ab der Haltestelle nahe der Fährstation. Mit dem Auto über die Mátyás király utca und dann die Serpentinenstraße hinauf. Direkt unterhalb der Burg gibt es einen Parkplatz, eine Bushaltestelle und Souvenirshops. Wer gern klettert und gut bei Kräften ist, kommt auf schmalen Trampelpfaden vom Salomonturm zur Hochburg.

500 m weiter, bei der nächsten Bushaltestelle (auch Parkplatz), geht es rechts zum Hotel Silvanus und links zum *Aussichtsturm* auf dem 378 m hohen Nagy-Villám-hegy, den man von 9 bis 17 Uhr besteigen kann. Bei klarem Wetter hat man von hier aus eine bezaubernde Rundumsicht. Etwas unterhalb gibt es ein Restaurant (Nagy-Villámi Erdei Vendeglő). Direkt unterhalb des Aussichtsturmes befindet sich die Bergstation einer langen *Winter- und Sommerrodelbahn*, die nicht nur Kindern viel Spaß macht. (April bis Oktober 10–17 Uhr, Oktober bis April 11–16 Uhr)

Etwa 1 km weiter (nächster Parkplatz mit Bushaltestelle) geht es links zum Campingplatz Jurta und rechts zu einem hübschen *Spielplatz*. Daneben, auf

In der Burganlage von Viségrad (PS) ▲▲
Andere Donauseite mit Blick zur Hochburg von Viségrad (TB) ▲

▲▲ Gigantisch: der Dom von Esztergom (TB)

▲ Esztergoms Innenstadt mit neuem Anstrich (TB)

Markt in Vác (TB) ▲▲

Höhlenbad in Miskolctapolca (TB) ▲▲

Freiluftbühne: die Burgruine der Industriestadt Miskolc (TB) ▲

▲▲ Die Basilika der alten Bischofsstadt Eger (TB)
▲ Eger by night (UTA)

der Kuppe des Mogyoró-hegy, findet man einen kleinen, umzäunten *Wildpark*, den besonders Familien mit Kindern besuchen. Auch hier etwas unterhalb eine Ausflugsgaststätte (Mogyoróhegy Vendeglő). Die *Panoráma autóút* führt zurück nach Visegrád.

Das Projekt Gabcikovo-Nagymaros und sein Scheitern

Matschwege und nervtötender Baulärm vom Sonnenaufgang bis zum späten Nachmittag – das war alles, was uns im Sommer 1988 auffiel, als wir für ein paar Tage im nördlichen Teil von Nagymaros, der Siedlung am Donauufer vis-à-vis von Visegrád, zu Besuch waren. Unsere Gastgeber erklärten stolz, dass hier gerade das größte Wasserkraftwerk Europas entsteht – eine typisch ungarische Pionierleistung eben. Wir staunten.
Inzwischen hat der Ortsname Nagymaros einen ganz anderen Klang. Steht er doch für das "Donau-Doppelkraftwerk Gabcikovo-Nagymaros" und damit für das letzte in Bau genommene Denkmal stalinistischer Gigantomanie – eine ökologische und ökonomische Katastrophe, innenpolitischer Zankapfel, internationale Belastungsprobe und letztlich zum Scheitern verurteilt.

Bereits 1963 trafen Regierungskommissionen der Ungarischen Volksrepublik und der Tschechoslowakischen Sozialistischen Republik eine erste Vereinbarung über die Ausarbeitung eines gemeinsamen Investitionsprogramms zur Schaffung des Staustufensystems Gabcikovo-Nagymaros.
Diese Planung war 1974 abgeschlossen. Beide Staaten entschieden damals die Annahme des Investitionsprogramms. Sie waren sich darüber einig geworden, dass bei Dunakiliti (ungarisches Dorf in der Nähe von Mosonmagyaróvár) ein Stauwerk die Donau sperren sollte. Aus dem so entstehenden Dunakiliti-Stausee sollte dann auf die tschechoslowakische Seite ein sogenannter Triebwasserkanal abzweigen, der bei Palkovicovo (Slowakei) in das Donaubett zurückgeleitet werden sollte. An diesem Kanal war die Staustufe Gabcikovo (Slowakei) vorgesehen. Eine weitere Staustufe, die hydraulisch und energetisch an die erste gekoppelt wäre, war für Nagymaros geplant. Aus diesem Baukomplex sollte Nutzen für die internationale Schifffahrt, die Wasser- und Energiewirtschaft und für die Entwicklung der angrenzenden Gebiete erwachsen – so jedenfalls lesen sich die damaligen Absichtsbekundungen.

Nach jahrelangen heftigen Protesten in- und ausländischer Umweltschützer, die unter anderem die größten Trinkwasservorräte Europas gefährdet sahen, und andauernden Meinungsverschiedenheiten zwischen den beteiligten Staaten Slowakei und Ungarn, bei denen es auch um das politisch nach wie vor heiße Thema der ungarischen Minderheit im Nachbarstaat ging, ist das gigantische Projekt heute endgültig vom Tisch. 1998 hatte zwar Ministerpräsident Horn versucht, noch einmal über das Kraftwerk zu diskutieren, jedoch führte dies beinahe zu seiner Abwahl.

Donauknie
Karte S. 244/245

Esztergom

Der erste Königssitz Ungarns ist ein traditionelles Zentrum der Katholiken: Überragt wird die an historischen Denkmälern reiche Stadt von der mächtigen Basilika auf dem Várhegy, dem Graner Burgberg.

Den Stadtkern prägen Bürgerhäuser in grünen, braunen und ockergelben Farbtönen. Einige wirken alt und baufällig, andere wohlerhalten, als seien sie für die Touristenströme, die sich vor allem im Sommer durch die Straßen der Stadt ergießen, eigens herausgeputzt. Doch immer wieder stehen Betongebäude im scharfen Kontrast zu den kopfsteingepflasterten Nebenstraßen. Und über alledem thront majestätisch die Esztergomer Basilika. Sie ist das größte Gotteshaus des ganzen Landes und Hauptsitz der Katholischen Kirche in Ungarn. Seit der Wende ist die Macht der hier residierenden Kirchenfürsten noch einmal rasant gewachsen. In der hiesigen Katholischen Theologischen Hochschule wird zudem der priesterliche Nachwuchs ausgebildet. Von der Burgmauer gleich neben der Basilika hat man den besten Ausblick auf die Stadt und ihre Umgebung: Die steil aufragende Waldlandschaft des Donauknies hinter sich, blickt man direkt auf den grünblauen, sich träge gen Budapest wälzenden Strom, der die natürliche Grenze zur Slowakei bildet. Seit Herbst 2001 verbindet die neue Mária-Valéria Brücke Esztergom wieder mit der slowakischen Seite. Die Bewohner der Stadt nutzen die Autobrücke auch gerne zum Flanieren und immer weniger denken daran, dass die alte Brücke von 1895 im Zweiten Weltkrieg zerstört und danach lange Zeit nicht wieder errichtet wurde, weil die Beziehungen zum Nachbarland schlecht waren.

Mit knapp über 30.000 Einwohnern ist Esztergom zwar nur die zweitgrößte Siedlung am Donauknie, jedoch unbestritten das kulturelle Zentrum der Region. Eine der Stadt vorgelagerte, kleine Donauinsel (*Prímás-Sziget*) ist durch drei Brücken mit dem Festland verbunden. Zahlreiche Andenkenläden, Eszpresszós und Bisztrós dokumentieren die große wirtschaftliche Bedeutung des Tourismus für Stadt und Region. Schließlich verfügt Esztergom über doppelt soviele Fremdenbetten, wie die übrigen Orte des Donauknies zusammengenommen. Aber auch die hiesige Schwerindustrie ist für den Wohlstand von einiger Bedeutung.

Geschichte

Die Ungarn besiedelten Esztergom kurz vor der letzten Jahrtausendwende, nachdem bereits Kelten und Römer dort ihre Spuren hinterlassen hatten. Der Legende nach wurde am Weihnachtstag des Jahres 1000 der erste ungarische König und Staatsgründer, *Stephan der Heilige*, in Esztergom gekrönt, wo er angeblich auch geboren war. Der zum Christentum bekehrte Herrscher, der vehement auch für die Konvertierung seiner Untertanen sorgte, wählte Esztergom als Regierungssitz und ließ hier den ersten Königspalast des Landes errichten. Gleichzeitig entstand die erste Kathedrale, die während des Mittelalters der wichtigste Kirchensitz in Ungarn blieb.

Gigantische Maße: Die Basilika von Esztergom ist Hauptsitz der katholischen Kirche in Ungarn

Donauknie
Karte S. 244/245

Doch die Glanzzeit der Stadt neigte sich bald dem Ende zu. Als sie unter König Béla III. in der zweiten Hälfte des 12. Jh. noch einmal aufgeblüht war, brachen mit dem Mongolensturm von 1241 die letzten Tage der damaligen Hauptstadt von Ungarn an. Zwar konnten die Mongolen die Festung nicht erstürmen, aber die ungeschützte Stadt legten sie in Schutt und Asche.
Als daraufhin die ungarischen Könige Esztergom den Rücken kehrten, weigerte sich das Oberhaupt der ungarischen Kirche, der Erzbischof von Esztergom, seine prachtvolle Kirche im Stich zu lassen und zog kurzerhand in den freigewordenen Königspalast um.

Wohl einzig aus diesem Grunde versank Esztergom in den folgenden Jahrhunderten nicht in Vergessenheit: Die Macht und Finanzkraft des Klerus zog gleichermaßen Händler, Handwerker, Gelehrte und Künstler an, und die Stadt konnte als geistig-kulturelles Zentrum fortbestehen, wenn auch in wesentlich bescheidenerem Maße als zuvor. Zwar veranlassten die Türkenkriege und die anschließende 140jährige Besetzung der Stadt die katholische Priesterschaft, sich vorübergehend in sicherere Gefilde zurückzuziehen, doch kaum war die Gefahr gebannt, kehrte sie knapp 280 Jahre später zurück. In dieser Zeit, gegen Mitte des 19. Jh., erhielt Esztergom zahlreiche neue monumentale Sakralbauten, die heute das Stadtbild prägen.

Information/Verbindungen/Wandern

- *Information* Gran Tours, Széchenyi tér 25, ✆ 502001, 📠 502000, grantours@vnet.hu.
- *Telefonvorwahl* 33.
- *Verbindungen* tägliche Busverbindung nach Budapest (V. Bezirk, Erzsébet tér) und Visegrád, Szentendre. Ferner mit dem Ausflugsdampfer nach Budapest (Vigadó tér); siehe Ausflüge.
- *Wandern* gute Wandermöglichkeiten in der Umgebung. Eine Wanderkarte des Pilisgebirges ist im örtlichen Buchhandel erhältlich.

Übernachten

Hotel Esztergom (4), Prímás sziget, ✆ 412555, ℻ 412853, hotelesz@elender.hu. Besonders schön und ruhig gelegenes Komforthotel auf der vorgelagerten Donauinsel, direkt bei der Kossuthbrücke. Kanu- und Kajakvermietung, Tennisplatz. DZ mit Bad und Frühstück 45 €. In Eszergom ist dies das einzige Hotel. Es gibt aber Pensionen und Privatzimmer.

Alabardos Panzió (3), Bajcsy-Zsilinszky utca 49; ✆ 312640. Die Pension bietet insgesamt 22 relativ komfortable Zwei- und Vierbettzimmer mit TV, Dusche und WC ab 35 €.

Privatzimmer vermittelt Gran Tours (vgl. Information): DZ mit Kochgelegenheit und Bad oder mit Frühstück ab 20 €. Hier kann man auch Unterkünfte in der **Ferienhaussiedlung (1)** von Esztergom-Búbánatvölgy buchen. Sie liegt an vier kleinen Seen rund 5 km östlich des Stadtkerns. Gute Bade- und Angelmöglichkeiten; Angelkarten sind direkt am See erhältlich. Die Ferienhäuser bieten Platz für zwei bis maximal acht Personen; vier Personen zahlen pro Nacht für ein Ferienhaus mit Bad/WC und Küche ab 45 €.

Campingplatz Gran (6), Nagy-Duna sétány, ✆ 411953., ℻ 402513. Gepflegter Platz mit wenig Schatten ca. 1 km vom Zentrum entfernt auf der vorgelagerten Donauinsel. Herrlicher Blick auf die Basilika, den Fluss und die Slowakei am anderen Ufer. Zwei Personen mit Auto und Zelt zahlen hier ab 14 € pro Nacht. Geöffnet: Anfang Mai bis Mitte Oktober.

Essen

Primas Pince (2), Szent István tér 4; ✆ 313495, ℻ 313495. Ein kühler, kirchenartiger Backsteinkeller direkt unterhalb der Basilika – genau das richtige für einen heißen Sommertag. Am schönsten sitzt man auf der Galerie. Geringe Auswahl an Fleisch- und Fischgerichten, zumeist unter 15 €. Bekannt gute Küche. Leckerer Cappuccino im Glas. Geöffnet: im Sommer 9–21 Uhr, im Winter 9–16 Uhr.

Alpesi Vendéglő (5), Babits Mihály utca 4, ✆ 312456. Gemütlich eingerichtetes Restaurant in einer Seitenstraße etwas östlich des Zentrums. Preiswert und gut. Geöffnet: täglich 12–22 Uhr.

Renommiert, aber auch vergleichsweise teuer ist das **Restaurant des Hotels Esztergom** (vgl. Übernachten).

Veranstaltungen

Kunstausstellung von Esztergomer Künstlern im Burghof bei der Basilika jedes Jahr in den ersten drei Juniwochen. Auch Verkauf.

Esztergomer Historie: Barock- und Renaissance-Musikspektakel. Jedes Jahr am dritten Juliwochenende mit vielen Konzerten. Am Sonntagmorgen findet dann ein beliebter mittelalterlicher Markt statt, auf dem Volkskunstartikel feilgeboten werden.

Gitarrenfestival: alle zwei Jahre (den ungeraden) in der ersten Augusthälfte. Mit großem Abschlusskonzert von 200 Gitarristen in der Basilika.

Orgelkonzerte in der Basilika – jedes Jahr im Sommer. Über die genauen Termine kann man sich bei Gran Tours informieren.

Sehenswertes

Basilika: Das riesige Bauwerk auf dem Burgberg ist die größte Kirche Ungarns und zugleich die drittgrößte Europas. Ihre Maße sind überwältigend: 118 m in der Länge und 40 m in der Breite. Die mächtige, von massiven Säulen gestützte Kuppel erhebt sich 100 m über die Krypta.

Fast ein halbes Jahrhundert, nämlich von 1822 bis 1869, wurde an diesem bombastischen Bau gearbeitet. Anlässlich der Einweihung komponierte Franz Liszt seine berühmte *Graner Messe*.

Die erweiterte Schatzkammer, die vor wenigen Jahren ganz neu eingerichtet wurde, ist nun endlich auch für Einzelreisende zugänglich gemacht worden.

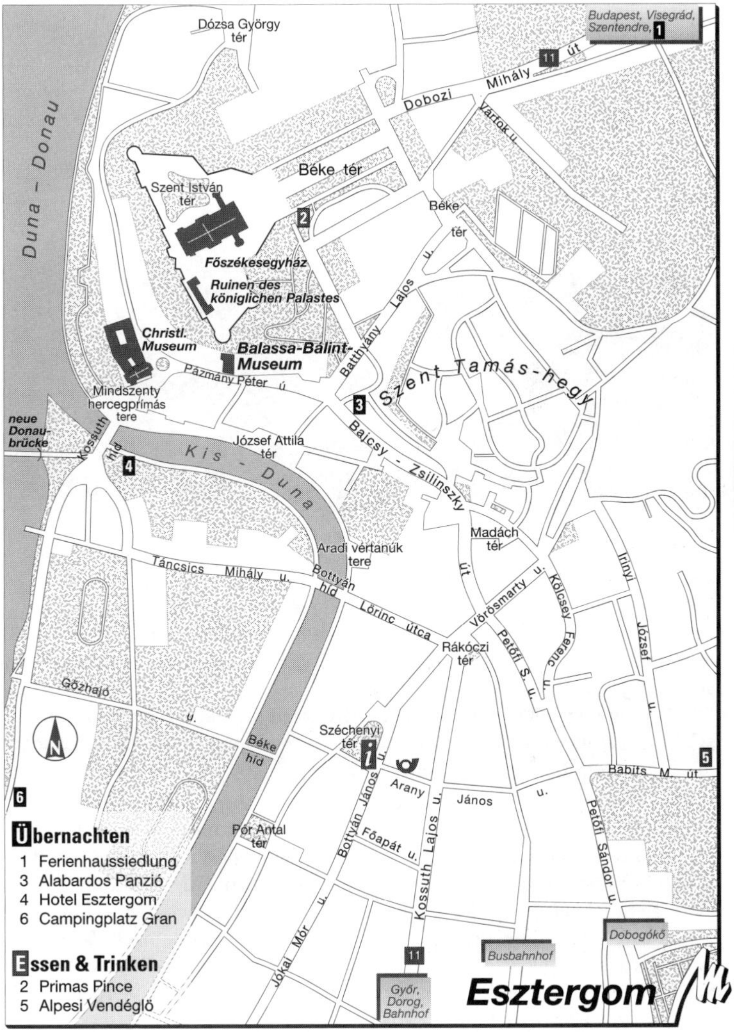

Donauknie
Karte S. 244/245

Sie beherbergt einige der kunstvollsten und wertvollsten Goldschmiedearbeiten des Landes.

Öffnungszeiten Mo geschlossen, Di–Fr 10–17 Uhr, Sa, So 10–16 Uhr. Die Kasse der Kuppel ist oben und schließt spätestens um 16.30 Uhr. Schatzkammer: Di–Fr 11–16 Uhr.

Die Aussicht vom *Glockenturm* der Basilika ist bei klarem Wetter schier umwerfend. Der Aufstieg erfordert einige Kondition.

Die sogenannte *Bakócz-Kapelle*, die südliche Seitenkapelle, ist besonders bemerkenswert, da sie noch von dem abgerissenen Vorläuferbau der Basilika

Esztergom – Blick vom Domplatz

stammt. Das zwischen 1506 und 1510 im Auftrag des Esztergomer Erzbischofs Tamás Bakócz errichtete Bethaus wurde Anfang des 19. Jh. in 1.600 nummerierte Teile zerlegt und an der Südseite der gerade entstandenen Basilika eingefügt.

Im Inneren dominiert der Nobelbaustoff Marmor: Der wertvolle florentinische Renaissancealtar aus dem Jahre 1519 ist aus weißem, die Wandverschalung aus rotem Marmor gearbeitet.

Königlicher Palast: Die erst in den dreißiger Jahren dieses Jahrhunderts ausgegrabenen Überreste der ersten ungarischen Königsresidenz (vgl. *Geschichte*) findet man nur wenige Schritte von der Basilika entfernt auf dem Burgberg. Erst 1987 wurden die neu erschlossenen Teile des Ruinenfeldes der Öffentlichkeit zugänglich gemacht. Dazu gehört auch das wahrscheinlich älteste ungarische Wohnzimmer, in dem der Legende nach König Stephan der Heilige geboren wurde. Gebrauchsgegenstände, Schmuck, Waffen, Siegel, Wappen und andere Dokumente der Palastgeschichte werden im angeschlossenen Museum aufbewahrt.

Öffnungszeiten täglich außer Mo, 9–17 Uhr.

Das *Balassa-Bálint-Museum* in der Pázmány Péter utca (✆ 312584) beherbergt eine stadtgeschichtliche Sammlung mit römischen und keltischen Funden. Wechselnde Kunstausstellungen.

Öffnungszeiten täglich außer Mo, 9–17 Uhr.

Das *Donaumuseum* in der Kölcsey Ferenc utca 2 (✆ 311888) dokumentiert die Geschichte des Lebensraums Donau. Draußen schon warten Anker,

Schiffsschrauben und Geräte, die mit Schifffahrt und Brunnenbau zusammenhängen. Innen können Sie Schiffsmodelle, Navigationsinstrumente, zahlreiche Karten und Bilder bestaunen. Die ausgestellten Wasserproben verdeutlichen die rasant sinkende Wasserqualität der Donau, trotz der in den letzten Jahren gestiegenen Anstrengungen, die Abwasserreinigung in den Griff zu bekommen. Neben dieser ständigen Ausstellung laden auch saisonale Präsentationen der Modernen Kunst zu einem Besuch ein.

Öffnungszeiten dienstags geschlossen, sonst täglich 9–17 Uhr.

Christliches Museum

Das Christliche Museum in der Berényi Zsigmond utca 2 (✆ 313880) ist eines der größten und reichsten Museen des Landes. Freuen Sie sich auf die umfangreichste Sammlung italienischer Malerei außerhalb der Apenninenhalbinsel; alles fein säuberlich mit deutschsprachigen Erklärungen versehen. Neben den Werken ungarischer, italienischer, deutscher, österreichischer und niederländischer Maler aus dem 13. bis 16. Jh. sieht man hier Altäre, Gobelins, Glas und Keramik, Stickereien, Heiligenbilder und Holzskulpturen sowie einen schönen Kachelofen aus der Salzburger Strobelwerkstatt von 1570. Als besonderes Prunkstück gilt die Holzschnitzarbeit *Das heilige Grab von Garamszentbenedek* (um 1470–1480) im Obergeschoss.

Öffnungszeiten täglich außer Mo, 10–18 Uhr.

Donauknie Karte S. 244/245

Ausflüge

- **Donauschifffahrten**: Mit dem Ausflugsdampfer das Donauknie entdecken, das geht in der Saison dreimal täglich – am Wochenende werden sogar zusätzliche Schiffe eingesetzt. Die viereinhalb Stunden dauernde Tour bis ganz hinab nach Budapest lohnt sich landschaftlich jedoch kaum, denn die Strecke bis Visegrád beinhaltet bereits den schönsten Teil der Fahrt und dauert nur anderthalb Stunden.
- **Dobogókő**: Lohnenswert ist ein Abstecher nach Dobogókő, dem 700 m hoch gelegenen Erholungszentrum im Herzen des Pilisgebirges (ca. 20 km südöstlich). Das im Winter relativ schneesichere Gebiet lockt vor allem Skifahrer an. Aber auch im Sommer ist es ein beliebter Ausgangspunkt für ausgedehnte Wanderungen durch das Pilisgebirge (Wanderkarten in Esztergom besorgen). Vom Aussichtsturm hat man einen beeindruckenden Ausblick auf das Donauknie. Direkt neben der Touristenherberge Nimrod-Hotel befindet sich ein Wildgehege mit Wildschweinen, Mufflons, Rehen und Hirschen.

Übernachten **Nimrod-Hotel**, Eötvös sétány 4, ✆ (26)347644, ℻ (26)347653.

Besuchermagnet Eger: Franziskanerkirche am Dobó-István-tér, im Hintergrund die klassizistische Basilika

Nordungarn

Die abwechslungsreiche Mittelgebirgslandschaft Nordungarns geht nach Süden in die Weiten der Großen Tiefebene über, während sie im Norden an die Slowakei grenzt. Hier verlaufen die reizvollsten, aber auch die abgelegensten Eisenbahnstrecken Ungarns durch sanft gewellte Hügellandschaften mit blumenübersäten Wiesen und entlang schroff aufragender, waldbedeckter Felsformationen.

Das *Cserhátgebirge* im Westen Nordungarns ist weniger ein Gebirgszug als vielmehr eine landwirtschaftlich stark genutzte, sanft geschwungene Hügellandschaft, nur selten unterbrochen von kleinen Mischwäldern und reich an winzigen, oft idyllisch gelegenen Weilern, um die herum Getreide, Mais, Melonen und Sonnenblumen angebaut werden. Viel vom außergewöhnlichen Reiz des Cserhátgebirges vermittelt die malerische Strecke zwischen Szécsény und Pásztó, die Fahrradfahrern allerdings einige Anstrengung abverlangt.

Als Ausgangspunkt für Entdeckungstouren durchs Cserhátgebirge bietet sich das Grenzstädtchen *Balassagyarmat* an.

Östlich liegen die von Buchenwäldern bedeckten Höhenzüge des *Mátra- und Bükkgebirges,* wo man die höchsten Berge des Landes findet. Die historisch bedeutsame und wegen ihrer süffigen Weine bekannte Stadt *Eger* gehört zu den meistbesuchten Orten Ungarns. Sie liegt genau zwischen den beiden Gebirgszügen und verfügt damit über prächtige Ausflugsmöglichkeiten zu den Kurorten am Fuße des 1.014 m hohen *Kékes* im Herzen des Mátragebirges und nach *Szilvásvárad*, dem Fremdenverkehrszentrum am Rande des Nationalparks Bükkgebirge und Herkunftsort der durch die Wiener Hofreitschule berühmten Lipizzaner.

Miskolc, an der Ostflanke des Bükkgebirges gelegen, streitet sich seit jeher mit Debrecen um den Rang der zweitgrößten Stadt Ungarns. Während Miskolc selbst durch Industrie geprägt und für Touristen nur bedingt interessant ist, trifft man in der Umgebung dieser Großstadt auf einige eher unbekannte, aber lohnende Ausflugsziele.

Ein kleines Städtchen mit großem Namen ist *Tokaj* an der Südflanke des *Zemplener Gebirges*. Vom legendären Ruf des hiesigen Weines angelockt, finden sich die Reisenden meist etwas überrascht in einem kleinen, verschlafenen Bauerndorf wieder. Doch auch hier gibt es neben den keinesfalls zu versäumenden Weinproben auch noch ein paar andere lohnenswerte Beschäftigungen.

Balassagyarmat

Kleine Grenz- und Industriestadt am Fluss Ipoly. Die von Wiesen und Feldern bedeckte, hier schon merklich abgeflachte Hügellandschaft des Cserhátgebirges reicht bis an den Ortsrand.

Um das kleine, historische Zentrum am Köztársaság tér entwickelte sich ein ruhiges Provinzstädtchen mit heute knapp 20.000 Einwohnern. Durch die Türkenkriege verlor Balassagyarmat seine mittelalterliche Festung und über die Hälfte seiner Bevölkerung. Seit 1790 war der Ort dann Hauptstadt des Komitats Nógrád, bis man im Jahre 1950 den Komitatssitz ins wirtschaftlich prosperierende Salgótarján verlegte.

Balassagyarmat gilt auch als *Hauptstadt der Palozen*, so genannt nach einer hier beheimateten nordungarischen Volksgruppe, die ihre bunten Trachten, traditionellen Bräuche und eigene Mundart bewahren konnte. Diesen zu Ehren wurde ein besuchenswertes Volkskundemuseum eingerichtet. Der Stadtpark *Palócliget* in der Nähe des Hauptplatzes lädt mit schattigen Bänken unter hohen Bäumen zum Verweilen ein. Selbst in der Hochsaison trifft man hier kaum einen anderen Touristen.

• *Information* www.balassagyarmat.hu

IBUSZ, Rákóczi utca 46, 2660 Balassagyarmat, ✆ 311949. Geöffnet: Mo–Fr 8–16 Uhr, Sa 8–12 Uhr.

• *Telefonvorwahl* 35.

• *Verbindungen* Mehrmals täglich direkte Bus- und Bahnanbindung nach Vác und Salgótarján. Grenzübergang in die Slowakei. Der Busbahnhof ist auf dem Köztársaság tér hinter dem Rathaus. Der Bahnhof liegt am Ende der Bajcsy-Zsilinszky utca.

• *Übernachten* **Club Panzió** Teleki László út 14, ✆ und ℻ 301824, nyirjes@axelero.hu, www.hotels.hu/club_panzio. Die einzige ganzjährig empfehlenswerte Pension des Ortes hat 18 Zimmer. Also vielleicht vorab reservieren. DZ ab 35 €, Apartment mit Küche für vier Personen ab 45 €.

Sztár Motel, Kóvári utca 12, ✆ und ℻ 301152. Liegt etwas außerhalb, 300 m westliche der Stadtgrenze und hat acht Zimmer und ein Restaurant. DZ ab 30 €.

Privatzimmer über IBUSZ ab 20 €.

Das **Szalézi College**, ✆ 301765, ℻ 301683, www.hotels.hu/szalezi_kollegium, hat von Mitte Juni bis Ende August während der Semesterferien 180 günstige, freie Betten.

Kisegítő Camping, Gelände am westlichen Stadtrand (Kóvary utca 13). Zwei Personen mit Auto und Zelt zahlen 6–8 € pro Nacht. Geöffnet: Anfang Juni bis Ende August.

• *Essen* Ein paar **Restaurants** gibt es an der Hauptstraße des Ortes, der Rákóczi utca, die mit der Straße Nr. 22 identisch ist. Nichts Herausragendes. Es gibt einen Wochenmarkt (Thököly utca), wo man auch günstig einen Imbiss im Stehen bekommt. Sehr leckeren Kuchen und Eis hat die Orchidea Cukrászda in der Bajcsy-Zsilinszky 12.

Sehenswertes

Palozenmuseum (ungarisch: *Palóc Múzeum*, Palóc liget 1): Das Museum liegt rund 100 m vom Hauptplatz der Stadt entfernt und ist innerorts gut ausgeschildert. Im ersten Stock sieht man originalgetreue Bauernstuben der Palozen. Im ersten Zimmer, das den Zeitraum 1700–1848 dokumentiert, sind Möbel, Trachten und Handwerkszeuge ausgestellt. Im zweiten Zimmer (1849–1918) Möbel, Holzschnitzereien, Stickereien und Webereien sowie Hirtenkunst. Damals waren sowohl die Bettwäsche als auch die Trachten der Bauern schwarz, weil Waschwasser nicht immer in ausreichender Menge zur Verfügung stand. Das dritte Zimmer präsentiert den Zeitraum zwischen den Weltkriegen. Ein paar hübsche, eingezäunte Palozenhäuser findet man im Hinterhof, der an den schattigen Stadtpark grenzt.

Öffnungszeiten Mai bis September Di–So 10–16 Uhr.

Das schönste Gebäude der Stadt ist die klassizistische *Kulturzentrale* (ehemals Komitatsrathaus) von 1835 am Köztársaság tér. Weitere klassizistische und barocke Wohnhäuser stehen an der Hauptstraße des Ortes. Bemerkenswert ist auch die reiche Innenausstattung der *katholischen Kirche* in der Rákóczi utca.

Ausflüge

▸ **Szécsény**: Szécsény liegt 18 km östlich von Balassagyarmat an der Straße Nr. 22 (direkte Busverbindung). Die interessante und relativ umfangreiche Sammlung des *Kubinyi-Ferenc-Múzeum* befindet sich im Obergeschoss des ansehnlichen, in Ocker und Weiß gehaltenen *Schlosses Forgách*. Den Schwerpunkt der Ausstellung bilden archäologische Funde vom Donauknie und aus dem Bükkgebirge, darunter stein- und bronzezeitliche Waffen, Schmuck, Werkzeuge und andere Gebrauchsgegenstände.

Die naturgeschichtliche Sammlung mit präparierten, (einst) hier heimischen Tieren ist besonders für Kinder interessant; die Attraktion ist ein Braunbär. Umfangreiche Jagdabteilung mit Flinten und Trophäen. Außerdem gibt es eine Gemäldegalerie.

• *Information* Tourinform, Ady Endre utca 7, ✆ 370777, 📠 370170, szecseny@tourinform.hu, Mo–Fr 8–18Uhr, außerhalb der Saison nur bis 16 Uhr.

• *Öffnungszeiten* des Museums: Anfang April bis Ende September Di–So 10–18 Uhr, sonst Di–Sa 10–16 Uhr.

• *Anfahrt* von der Hauptstraße Nr. 22 ab Ortsmitte ausgeschildert (rund 200 m).

▸ **Hollókő**: Das malerisch gelegene Palozendorf 17 km südöstlich von Szécsény (mit dem Bus dort umsteigen) wird in einigen Reiseführern als Museumsdorf beschrieben, doch macht es eher einen modernen Eindruck.

Schloß Forgách – wo einst der Adel residierte, staunt heute das Volk in Filzpantoffeln

Allerdings holen die alten Frauen zum sonntäglichen Kirchgang noch immer ihre traditionellen Trachten aus dem Kleiderschrank. Der Ort hat eine restaurierte Burg aus dem 13. Jahrhundert mit einem schönen Ausblick. In der Altstadt reihen sich rund 60 Palozenhäuser an zwei Straßen entlang, darin u.a. das Puppenmuseum, das Dorfmuseum und das Postmuseum. Seit 1987 gehört Hollókő zum Weltkulturerbe der UNESCO. Da es nur 100 km von Budapest entfernt liegt, kommen dementsprechend viele Tagestouristen in den Ort.

Ein Umweg hierher (Abzweigung von der Straße nach Pásztó) lohnt sich ganz besonders am 20. August, dem ungarischen Nationalfeiertag. Gut 2.000 Besucher kommen dann nach Hollókő, wenn auf einem Hügel über dem Dorf bei Volksfestatmosphäre fünf bis zehn Folkloregruppen in Trachten Volkstänze und -gesänge der Region aufführen. Verköstigung auf dem Festivalgelände.

Information Tourinform, Kossuth Lajos utca 68, ✆ 579011, 579010, holloko@tourinform.hu. April bis September Mo–Fr 9–17 Uhr, Sa, So 10–16 Uhr.

▸ **Salgótarján**: Die 50.000 Einwohner zählende Stadt, 45 km östlich von Balassagyarmat am Nordostrand des Cserhátgebirges, die man ebenfalls über die Straße Nr. 22 erreicht, ist Verwaltungs- und Industriezentrum der Region. Die wenigen alten Häuser im Stadtkern werden von Wohn- und Bürosilos aus Beton überragt. Die Kohlevorkommen von Salgótarján sind heute weitgehend erschöpft; das Gespenst der Arbeitslosigkeit geht um. Bald wird wohl nur noch das *Bergbaumuseum* (Banyámúzeum, April–September Di–So von 10–15 Uhr) in der Ady út von den einst so reichen Flözen der Umgebung berichten.

Eger

Schöne Frauen, Stierblut und die Sterne von Eger. Die historische Festung über der Stadt gilt noch heute in den Augen vieler Ungarn als Symbol der nationalen Unabhängigkeit und Stärke.

Weltberühmt wurde Eger durch seine hervorragenden Rotweine, allen voran die Sorte *Egri bikavér*, zu deutsch: Erlauer Stierblut. Im *Szépasszonyvölgy*, dem "Tal der schönen Frau" wurde eine 400-jährige Kellergruppe restauriert, die heute Schauplatz ausgiebiger Weinproben ist.

Eger wird alljährlich von über einer Million Touristen besucht und gehört damit zu den attraktivsten Reisezielen in Ungarn. Die fast 1000-jährige Stadt hat neben köstlichem Wein auch allerhand zu bieten, z. B. den stimmungsvollen barocken Stadtkern aus dem 18. Jh., der liebevoll restauriert wurde. Überragt wird Eger von seiner historisch bedeutsamen Burg: Hier verteidigte sich einst die winzige ungarische Burgbesatzung unter Hauptmann István Dobó heldenhaft und erfolgreich gegen eine riesige türkische Übermacht.

Eger bietet dem Reisenden zahlreiche Kunstdenkmäler, wie z.B. die klassizistische erzbischöfliche Basilika, die drittgrößte Kirche Ungarns. Aber auch Heilungssuchende und Wasserfreunde kommen auf ihre Kosten: Aufgrund der hier vorhandenen Heil- und Thermalquellen wurde die 63.000 Einwohner zählende Stadt zum Kurort erklärt. Die günstige Lage zwischen Mátra- und Bükkgebirge macht sie außerdem zum attraktiven Ausgangspunkt für Entdeckungstouren durch das nordungarische Bergland.

Geschichte

Unmittelbar nach der Jahrtausendwende, in den Jahren 1001–1009, erhob der erste ungarische König, Stephan der Heilige, die Stadt Eger als eine der ersten des Landes zur Bischofsstadt.
1241, im Jahr des Mongolensturms, wurde die junge Siedlung auf dem heutigen Burghügel eingenommen und zerstört. Aus dieser Erfahrung heraus ließ sie König Béla IV. beim Wiederaufbau befestigen – so entstand der erste Vorläufer der Burg von Eger.

Die damals stark dezimierte Bevölkerung wurde durch Einwanderer aus dem heutigen Belgien, Frankreich, Deutschland und Italien aufgestockt. Für einige Zeit konnte sich das Gemeinwesen nun friedlich und unbehelligt zu einem Zentrum der ungarischen Renaissancekultur entwickeln. Die Bischöfe richteten ihren Palast prunkvoll nach dem Vorbild einer damaligen Königsresidenz ein, unterstützten großzügig Kunst und Wissenschaft und brachten mit Jagden und großen Empfängen ein farbenfrohes und aufregendes Leben in die Provinzmetropole.
Auch den Bürgern ging es nun zunehmend besser: Der begonnene Weinbau eröffnete in der Landwirtschaft neue Perspektiven, während Handwerk und Handel eine Blütezeit erlebten. Doch bald schon zogen am Horizont erneut düstere Wolken auf.

Nach der vernichtenden Niederlage des ungarischen Heeres in der Schlacht bei Mohács von 1526 näherten sich die vorrückenden osmanischen Truppen langsam Eger, das nach dem Fall von Veszprém und Szolnok im Sommer des Jahres 1552 seiner sicher scheinenden Vernichtung entgegenblicken musste. Doch es kam anders – die Verteidiger waren erfolgreich.

Sterne von Eger

Am 15. August 1548 übernahm der königliche Hauptmann *István Dobó* den Befehl über die Burg Eger. Mit harter Hand leitete er die Arbeiten zur Befestigung der Burg, ließ Vorräte sammeln und beobachtete die weitere Umgebung der Stadt. Laut Inventurverzeichnis wurden im Jahre 1551 riesige Mengen Getreide, Pökelfleisch und Sauerkraut eingelagert, dazu Kühe, Ziegen, Schafe und anderes Getier, das, in der Außenburg untergebracht, bei einer längeren Belagerung die Frischfleischversorgung sicherstellen sollte.

Der Tag der Entscheidung kam am 14. September des Jahres 1552, als sich die nur 2.000 Mann starke Burgbesatzung nach tagelangem Artilleriebeschuss einem anstürmenden türkischen Heer gegenübersah, das mehr als 40.000 Soldaten zählte. Über einen Monat lang versuchten die Osmanen unter schwersten Verlusten, die Burg einzunehmen, bis ihre Befehlshaber am 18. Oktober entnervt aufgaben.

Den heldenhaften Kampf der ungarischen Verteidiger gegen die überwältigende feindliche Übermacht schildert bewegend der 1901 erschienene Roman *Sterne von Eger* des Schriftstellers Géza Gárdonyi (1863–1922). Nicht zuletzt dieses Buch, eines der meist gelesenen in Ungarn, trug dazu bei, dass die Burg von Eger noch heute als überragendes Symbol der nationalen Unabhängigkeit und Stärke gilt.

Wer Freude an historischen Romanen hat und sich diese nicht durch eine gehörige Portion Nationalpathos nehmen lässt, dem sei die Lektüre des 500-Seiten-Wälzers wärmstens empfohlen. Die deutschsprachige Ausgabe ist manchmal auch im örtlichen Buchhandel zu haben. Es ist schon ein tolles Erlebnis, sie im Schatten der Burg zu verschlingen.

Eine weitere Belagerung der Burg im Oktober 1596 brachte dann aber ihrer Besatzung den Untergang. Bereits nach knapp einer Woche kapitulierte die nun zum Großteil aus fremden Söldnern bestehende Burgstreitmacht, obgleich sie rein zahlenmäßig der siegreichen von 1552 um das Dreifache überlegen war. Aber Kompromissbereitschaft lohnt sich nicht in jedem Fall: Zwar hatte Sultan Mohammed III. dem Gegner freien Abzug zugesichert, doch kaum hatten sich die Tore geöffnet, da begann ein blutiges Gemetzel...

Fast hundert Jahre lang, nämlich bis zum 17. September 1687, flatterte nun der Halbmond über Eger, das im türkischen Reich den Rang einer Provinzhauptstadt innehatte. Schon bald bildeten die Mohammedaner die Bevölkerungsmehrheit, und es entstanden zahlreiche osmanische Bauten, von denen der schönste das noch heute erhaltene Minarett ist. Nach der (unblutigen)

Das Kurhotel Flora hat einen eigenen Eingang zum Thermalbad von Eger

Befreiung von der Türkenherrschaft lebten in Eger kaum mehr als 3.500 Menschen, obwohl sich ein nicht geringer Teil der türkischen Bevölkerung zum Bleiben entschlossen hatte.

Im Jahre 1702 begann der Habsburgerkaiser Leopold damit, die Festung durch Sprengungen unbrauchbar machen zu lassen. Doch auch mit diesem Schachzug konnte er nicht verhindern, dass ein am ungarischen Freiheitskampf beteiligtes Kurutzenheer die Burg am 2. Januar 1705 eroberte. Tatsächlich diente sie in den nächsten sechs Jahren mehrmals dem aufständischen Fürsten Ferenc Rákóczi als Hauptquartier.

In der Mitte des 18. Jh. begann eine neue Blütezeit Egers, in deren Verlauf die heute das Stadtbild prägenden Barockbauten entstanden. Vor allem der Reichtum des Klerus zog damals Scharen von Künstlern, Architekten und Handwerkern an. Auch die Entwicklung der Stadt zu einem der ungarischen Zentren des Buchdrucks in dieser Zeit ist hauptsächlich auf bischöfliche Aufträge zurückzuführen.

Im 19. Jh. kam dann mit der einsetzenden Industrialisierung der wirtschaftliche Aufstieg. In einer Zeit, in der Eisen-, Motoren- und Möbelindustrie und nicht zuletzt der Fremdenverkehr die örtliche Erwerbsstruktur prägen, hat der traditionelle Weinbau dennoch wenig von seiner Bedeutung eingebüßt. Daneben hat sich Eger aber auch als Schul- und Universitätsstadt einen Namen machen können.

Information/Verbindungen/Adressen

• *Information* **Tourinform Eger**, Bajcsy-Zsilinszky utca 9, 3300 Eger, ✆ 517715, ☎ 518815, eger@tourinform.hu, www.tourinform.hu/eger, www.eger.hu. Geöffnet: 15. Juni – 15. September Mo–Fr 9–20 Uhr sowie Sa/So 9–17 Uhr; sonst Mo–Fr 9–17 Uhr und Sa 9–13 Uhr.

Eger-Tourist, Bajcsy-Zsilinszky utca 9, 3300 Eger, ✆ 411724, 📠 411768. Geöffnet im Sommer (Anfang Mai bis Ende August) Mo–Sa 8–18 Uhr; sonst Mo–Fr 8–17 Uhr und Sa 8–12 Uhr. Hier kann man auch Stadtpläne und Wanderkarten vom Mátra- und Bükkgebirge erwerben. In den Monaten Juni bis August veranstaltet Eger-Tourist täglich um 10 Uhr morgens zweistündige (auch deutschsprachige) Stadtführungen.

• *Übernachten* Unterkünfte des ländlichen Tourismus im gesamten Komitat Heves (u.a. auch in Lipizzanerzuchtort Szilvásvárad) vermittelt der **Verein für Urlaub auf dem Land**, Telekessy utca 2, ✆ 516657.

• *Telefonvorwahl* 36.

• *Verbindungen* Fahrplanauskunft für Bus unter ✆ 313070 und für Bahn unter ✆ 314264.
Züge: mehrmals täglich direkt nach Budapest; ansonsten geht alles über Füzesabony (dort umsteigen nach Budapest, Debrecen, Miskolc usw.).
Bus: tägliche Direktverbindung mit Budapest, Szilvásvárad, Miskolc und vielen kleinen Orten der Umgebung.

• *Taxi* ✆ 555555, 333333.

• *Post* Hauptpost in der Széchenyi utca 20–22; geöffnet: Mo–Fr 7–20 Uhr, Sa 7–18 Uhr und So 8–12 Uhr.

Übernachten (siehe Karte S. 273)

Die meisten Hotels und Pensionen in Eger sind zumindest in der Hauptsaison langfristig ausgebucht. Wer seine Reise planen kann, sollte rechtzeitig vorbestellen. Eine preiswerte Alternative zum Hotel sind die fast immer zur Verfügung stehenden Privatzimmer. Vermittlung über Tourinform.

Park Hotel (16), Klapka György utca 8, ✆ 522222, 📠 413114. s.u. Ockerfarbener Altbau in angenehmer Lage am Rande des Volksparks, nur fünf Fußminuten von der Innenstadt entfernt. DZ mit Bad und Frühstück zwischen 37 und 92 € (enorme Unterschiede zwischen Neben- und Hochsaison), Zur selben Gruppe gehört das nur 50 m entfernt liegende Hotel Eger.

Hotel Eger (17), Szálloda utca 1–3, ✆ 522222, 📠 413114, hotelegerpark@axelero.hu, www.hotels.hu/parkhoteleger. Unschöner, moderner Betonbau mit Schwimmbad, Sauna und Fitnessraum. Es gelten dieselben Preise wie im Park Hotel. Die Gäste beider Hotels können die Freizeiteinrichtungen (Tennisplatz) und Konferenzräume nutzen.

Hotel Flora (14), Fürdő utca 5, ✆ 320211, 📠 320815, reserve@hotelflora.hunguesthotels.hu, www.hunguesthotels.hu. Schöner modern eingerichteter Neubau mit vier Etagen und einem Dachgarten, fünf Fußminuten von der Innenstadt entfernt. Den schönsten Ausblick bieten die Zimmer mit Blick über das Freibad. Das Hotel hat einen direkten Eingang zur Liegewiese des Bads. 184 Zimmer, darunter auch vier Apartments und acht zweistöckige Familienzimmer. Ideales Quartier für Kurgäste. Hauseigenes Kurzentrum mit Saline zur Anreicherung der Atemluft mit Salz. Sauna, Thermalbecken, Tennisplatz. DZ mit Bad und Frühstück 67–80 €. 7-Nächte-Erholungspaket für Indivualreisende ab 300 € im DZ pro Person. 7-Nächte-Kurpaket ab 427 € mit Halbpension und Bad, Sauna und 15 ärztlich angeordeneten Behandlungen.

Hotel Senator-ház (6), Dobó tér 11, ✆ und 📠 320466, hotelsen@axelero.hu, www.hotels.hu/senatorhaz. Völlig zentral und doch ruhig in der Fußgängerzone gelegenes, hübsches familiäres Hotel mit 11 Zimmern. DZ mit Bad und Frühstück 40–67 €. Am Hotel Senator-ház beginnt in der Zeit vom 15. Mai bis zum 30. September täglich außer Mo um 9.30 Uhr eine **Stadtbesichtigungs-Tour** der Firma Super Guide.

Hotel Minaret (2), Harangöntő utca 3–5, ✆ 410233, 📠 410473. Kleines Privathotel direkt am Minarett. Wir bekamen Zuschriften von mehreren Lesern, die sich hier sehr wohl gefühlt haben. Alle Zimmer mit Dusche und Frühstück ab 40 €. Es gibt auch Drei- und Vierbettzimmer.

Hotel Korona (4), Tündérpart 5, ✆ 313670, 📠 310261, koronaho@mail.agria.hu, www.agria.hu/koronahotel. Komfortables 88-Betten-Hotel, rund fünf Fußminuten vom Zentrum entfernt gelegen. DZ mit Bad und Frühstück je nach Saison und Ausstattung 60–80 €.

Hotel Romantik (5), Csiky Sándor utca 26, ✆ 310456, 📠 516362, romantik-eger@axelero.hu, www.hotels.hu/romantik. Kleines Hotel mit nur 34 Betten in unmittelbarer Nachbarschaft des Hotels Korona. DZ mit

Bad und Frühstück je nach Saison und Ausstattung 45–65 €.

Hotel Panoráma (9), Dr. Hibay Károly utca 2 (Ecke Kossuth Lajos utca), ✆ 412886 und 📠 410136, panhotel@elender.hu, www.hotels.hu/panorama_hotel. Egers einziges Viersternehotel hat 38 Zimmer und liegt in der historischen Innenstadt. Mit Sprudelbad und Sauna. Bewachter Parkplatz vorhanden. Das DZ mit Bad und Frühstück kostet je nach Saison und Ausstattung 50–120 €.

Fortuna Panzió (18), Kapás utca 35a, ✆ 316480, 📠 515128. Privatpension am westlichen Stadtrand, unweit dem "Tal der schönen Frau". DZ mit Bad und Frühstück 30–50 € je nach Saison.

Kökút Panzió (19), Kökút utca 11, ✆ 310292. Privatpension in der Nähe des "Tals der schönen Frau". Zweistöckiges, ockerfarbenes Wohnhaus mit Frühstücksraum und Hausbar. Die kleinen, sauberen DZ mit Frühstück kosten 30–45 €; Dusche und WC sind im Erdgeschoss.

Privatzimmer vermittelt auch das Eger-Tourist-Büro in der Bajcsy-Zsilinszky utca 9 (vgl. Information). Preise: DZ ab 25 €, Motelzimmer ab 30 € und Häuser für bis zu sechs Personenab 45 €; auch in den kleinen Dörfern der Umgebung, wie Egerbogács, Szilvásvárad, Szarvaskö, Matrafüred-Sástó.

Privatzimmervermittlung Villa Tours, Jókai út 3, ✆ 410215, 📠 417803; geöffnet: Mo–Fr 9–19 Uhr.

Autós Caravan Kemping (1), Rákóczi utca 79, ✆ und 📠 428593, carcamp@externet.hu. Der Campingplatz liegt etwa 3 km westlich vom Zentrum an der Str. 25 in Richtung Ózd (gut ausgeschildert). Die Buslinien 11 und 12 halten die Verbindung mit der Innenstadt aufrecht. Tickets erhält man am Zeitungskiosk schräg gegenüber der Bushaltestelle oder bei der Post. Vor dem Gelände gibt es einen Fahrradverleih und Tennisplätze. Der schön angelegte und dabei recht große Platz hat nur wenige schattige Stellplätze. Gute Versorgung mit Restaurant und Einkaufsmöglichkeiten. Preis für zwei Personen mit Auto und Zelt: 9 € pro Nacht. Mit Studentenausweis bis zu 50 % Ermäßigung. Ein DZ im Motel des Campingplatzes kostet 15 €, Bungalows für zwei Personen 35 €. Letztere sind, weil für den Preis wirklich nicht übel, meist langfristig ausgebucht. Der Campingplatz ist vom 15. April bis zum 15. Oktober geöffnet.

Tulipán Kemping (21), Szépasszonyvölgy 71, ✆ 410580, tulipan-freddy@freemail.hu, www.hotels.hu/freddy. Kleines ganzjährig geöffnetes Campinggelände mit viel Schatten direkt im "Tal der schönen Frau". Die Anfahrt ist von der Straße Nr. 25 ausgeschildert. Frühstücksmöglichkeit am Buffet. Zwei Personen mit Auto und Zelt zahlen hier 8 € pro Nacht. Die Bungalows für bis zu fünf Personen kosten 20–45 € pro Nacht. Ideal für alle, denen die Weinkeller wichtiger sind als die Sehenswürdigkeiten im Stadtzentrum.

Essen

Auch wenn das Angebot an Restaurants in Eger schon seit jeher relativ breit ist, bleibt zu bemängeln, dass richtige "Highlights" noch immer fehlen. Die Kategorien "solide" und "Touristennepp" sind hingegen recht gut besetzt.

Fehérszarvas (15), direkt neben dem Parkhotel in der Klapka Gy. utca 8, ✆ und 📠 411129. Betont rustikale Atmosphäre in einem Kellergewölbe, das nicht von ungefähr Weißer Hirsch heißt. Dekoriert mit einem Sammelsurium an Jagdtrophäen, Hirschgeweihen, Porzellanhirschen und einem gekrönten Wildschwein. Bekannt gute Küche mit einer breiten Auswahl an Fleischgerichten zwischen 5 und 12 €. Hirschrücken mit gebratener Gänseleber und Pilzragout 10 €, Paprikahuhn 7 €. Sehr gute flambierte Desserts. Geöffnet: täglich 18–24 Uhr.

Vadászkürt (11) (zu deutsch: Jägerhorn), Érsek utca 4, ✆ 311304. Im Hinterhof gibt es eine hübsche Terrasse, die von rankenden Pflanzen überspannt wird – recht gemütlich und insgesamt sehr empfehlenswert. Aufmerksamer Service. Spezialität des Hauses sind Wildgerichte um 10 €, aber es finden sich auch etliche weitere Fleisch- und Geflügelgerichte auf der Speisekarte. Lecker, reichlich und sogar heiß sind die Suppen; klein, aber fein: die gefüllten Palatschinken "Mátra-Bergfuß-Art". Sowohl das Rehfilet in Pilzsoße mit Rotwein und Kartoffeln als auch den ge-

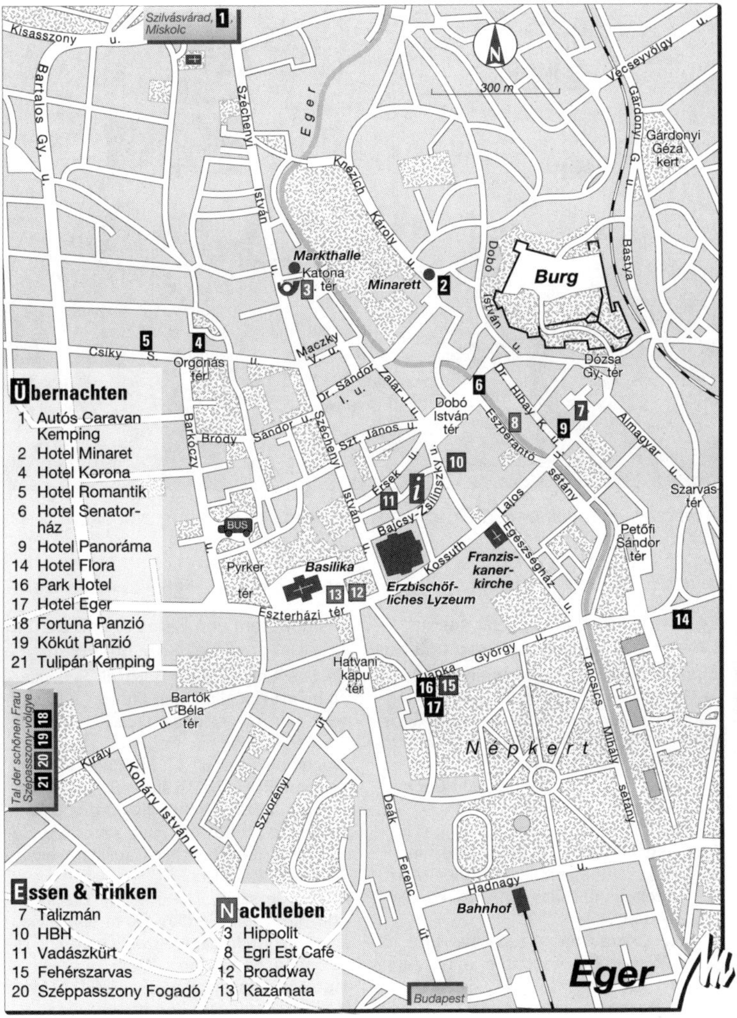

grillten Hühnchenschlegel mit Pommes kann man getrost weiterempfehlen. Große Auswahl an Erlauer und Tokajer Weinen. Geöffnet: täglich 11–22 Uhr.

Talizmán (7), Kossuth Lajos utca 19, ✆ 410883. Gemütliches Kellerlokal in zentraler Lage. Auf der deutschsprachigen Speisekarte ist eine große Auswahl an Hauptgerichten um 6,50 € verzeichnet.

Széppasszony Fogadó (20), Széppasszonyvölgy, ✆ 310777. Gemütliches Keller-Restaurant mit Weinstube und zivilen Preisen im "Tal der schönen Frau". Gelegentlich Zigeunermusik. Es werden auch einige Gästebetten (4 Zimmer, 9 Betten) angeboten.

Wassergymnastik bei 32 Grad Wassertemperatur im Thermalbecken

Treffpunkte (siehe Karte S. 273)

Da wird inzwischen in Eger schon so einiges geboten: von Cafés über Bier- und Weinstuben bis hin zu Discos und Nachtbars. Viel Spaß beim Ausprobieren.

Egri Est Café, Szechényi utca 16 (8), ✆ 415105. Beliebtester Treffpunkt für junge Leute direkt in der Fußgängerzone. Tagsüber als Internetcafé frequentiert, am Wochenende Partys und Bühnenshows. Abends auch als Restaurant und Cocktailbar beliebt.

Hippolit (3), Katona István tér 2, ✆ 411031. Moderner Club mit Terrasse, Restaurant und Pizzeria (Elefanto) neben der Markthalle. Freitags und Samstags Disko, bis 4 Uhr geöffnet.

Dobos Cukrászda, Széchenyi utca 6, ✆ 413335. Beliebte Konditorei mit Cafébetrieb im Zentrum.

Capri Pizzeria, Bajcsy-Zsilinszky utca 4 (gegenüber dem Eger Tourist-Büro). Guter Italiener in ungarischen Händen, Pizzen zwischen 2 und 4 €. Im Sommer kann man im Hof nebenan draußen sitzen. Geöffnet: täglich 11–23 Uhr.

HBH Bayerisches Bierhaus (10), Bajcsy-Zsilinszky utca 19, Ecke Dobó tér, ✆/📠 515516. Die Attraktion des Hauses ist der nach bayerischem Rezept selbstgebraute Gerstensaft, der frisch vom Fass weg ausgeschenkt wird. Dazu gibt's höchst passende Schmankerl. Zum Beispiel "Schweinestelze mit Kraut und Bratkartoffeln" für 5,50 €, worunter man selbstverständlich eine Haxe zu verstehen hat. Geöffnet: 11–23 Uhr.

Alabárdos, Érsek utca 7. Bierstube mit Gildebier vom Fass; täglich außer So, 11–24 Uhr.

Jatagán Söröző Vendéglő, Dózsa György tér 1. Bierstube am Platz unterhalb der Burg, mit Sitzmöglichkeit auf demselben. Geöffnet: 11–23 Uhr.

Arany Oroszlán, Dobó tér 5. Die Wein- und Bierstube "Goldlöwe" hat eine Möglichkeit zum draußen Sitzen. Geöffnet: 11–22 Uhr, im Sommer bis 24 Uhr.

Ispotály Pince, Vár, ✆ 323424. Uriger Weinkeller auf dem Burghügel.

Halaszkert, Dózsa György tér 8. Der "Fischergarten" ist ebenfalls eine Weinstube zum Draußensitzen.

Kazamata (13), Pyrker tér 3, ✆ 311538; geöffnet: Mi und Fr 22–4 Uhr, Sa 22–5 Uhr. Kellerpub mit Eingang direkt neben der Treppe zur Basilika.

Broadway Palace (12), Pyrker tér 3, liegt an der Hauptstraße gleich um die Ecke. Nettes Kaffeehaus, am Wochenende eine beliebte Disko.

Veranstaltungen

Im Hochsommer gibt es Folklorevorführungen, Theater- und Konzertveranstaltungen im Hof des Lyzeums (gegenüber der Basilika am Eszterházy tér). Mitte Juli finden Burgfestspiele statt.

Internationales Schachturnier von Eger: Es wird meist in den ersten Augusttagen unter dem Titel "Agria-Schachspiele" ausgetragen. Die genauen Veranstaltungstermine und -orte sind im Tourinform-Eger-Büro am Dobó tér 2 zu erfragen.

Jeweils rund zwei Wochen dauern die **Barockfesttage** im Juni und die **Weinlesefesttage** im September.

Sport

Baden: Ein Freibad (*Eger Strand*) mit mehreren Thermalbecken, Schwimmbecken und Kurvenrutschbahn liegt gleich neben dem Stadtpark, am Petőfi tér 1. Die riesige Anlage mit Heilbad und Kurpark verfügt über eine große, baumbestandene Liegefläche, ein preiswertes Selbstbedienungsrestaurant, einen Spielplatz, Getränkestände, Buffets und einen Obstverkauf. Alle Einrichtungen wie Sauna, türkisches Bad usw. kosten extra. Geöffnet: 1. Mai bis 30. September 8–19 Uhr. Direkt daneben liegt ein Thermalbad aus türkischer Zeit (Fürdö utca 1–3). Öffnungszeiten für Leute, die ohne ärztliche Überweisung kommen: Mo–Fr 10–12 Uhr.

Eger hat inzwischen auch ein Hallenbad und eine Sauna. **Aládar Bitskey**, Frank Tivadar utca 5. Ganzjährig geöffnet.

Reiten auf Lipizzanerpferden kann man auf der "Egedhegy-Tanya", einer Reitschule, die in Véccseyvölgy etwa 3 km entfernt in Richtung Noszvaj liegt. Dort werden auch Kutschfahrten angeboten.

Tennis: Plätze gibt es auf dem Eger Kemping, beim Hotel Eger und Flora.

Nordungarn

Einkaufen

Am **Marktplatz**, dem Katona tér, stehen fast immer ein paar Obst-, Blumen- und Kleiderstände. Hier finden Sie auch die zweistöckige **Markthalle**: große Auswahl an Obst, Gemüse und Pilzen im Erdgeschoss, Brot, Fleisch, allerlei deftige Wurstwaren und Buffets steht im Obergeschoss zum Verkauf. Geöffnet: Mo–Fr 6–17 Uhr, Sa 6–13 Uhr und So 6–10 Uhr.

Der **Flohmarkt** mit dem durchaus nicht schmeichelhaft gemeinten Namen "Lengyel piác" (zu deutsch: Polenmarkt) wurde aus dem Stadtzentrum ausgelagert und findet nun täglich auf einem Gelände an der Ausfallstraße in Richtung Andornaktálya statt. Die Buslinie 4 fährt von der Innenstadt hier heraus. Besonders viel ist morgens los.

Das **Heilpflanzenfachgeschäft** in der Idkay utca offeriert weit über hundert Arten von Heilkräutern, Tees und Naturkosmetika.

Weinhandlungen: Rebensaft aus Eger und Tokaj führen in recht guter Auswahl die beiden zentral gelegenen Geschäfte in der Bajcsy-Zsilinszky utca 1 und 11.

Optiker: Sonnenbrille vergessen oder Malheur passiert? Kein Problem. Bei Kontrax Optik (Zalár utca 2, ✆ 314041, ✆ 516125; nahe Dobó tér) werden innerhalb einer halben Stunde neue Augengläser fertig gestellt. Der Ersatz für gestohlene Sonnenbrillen mit sehschärfenkorrigierenden Gläsern, für Brillenrahmen oder Pflegemittel ist hier günstiger zu bekommen als in Deutschland.

Sehenswertes

Neben einer Besichtigung der mächtigen *Festung auf dem Burgberg,* auf dem die ältesten Baudenkmäler der Stadt in geschichtsträchtiger Umgebung versammelt sind, lohnt sich auch ein Bummel durch die vielen engen und gewundenen Gässchen der Innenstadt. Die wichtigsten Zentren sind der *Dobó István tér*, der alte Marktplatz, und der *Eszterházy tér*, der von der

Die Festung auf dem Burgberg bietet einen schönen Rundblick

mächtigen Kuppel der Basilika von Eger, der drittgrößten Kirche des Landes, überschattet wird. Prachtvolle Barockgebäude stehen an der *Kossuth Lajos utca* und an der *Széchenyi utca*, den beiden schönsten Straßen von Eger.

Burg von Eger: Über eine steile Kopfsteinpflastergasse erreicht man vom Dózsa György tér das mächtige südliche Haupttor der Festung, das von einem großen Relief mit der Darstellung des Verteidigungskampfes von 1552 geschmückt wird. Von hier aus führt der Weg zwischen den hohen Außenmauern und wehrhaften Basteien zur Kasse, wo man einen Lageplan aller innerhalb der Burg befindlichen Sehenswürdigkeiten bekommt. Ein Besuch lohnt bei schönem Wetter vor allem auch wegen des weitläufigen Geländes, das einen schönen Rundblick über Eger und die Umgebung bietet. Der ehemalige *Bischofspalast* entstand in den siebziger Jahren des 15. Jh. unter Verwendung von Teilen älterer Vorgängerbauten. Er ist der einzige Bau der mittelalterlichen Burganlage, der die Türkenzeit und die Zerstörungsversuche der Habsburger (vgl. Rubrik Geschichte) halbwegs unangetastet überstanden hat. Hier wurde ein *Museum* eingerichtet, dessen umfassende Sammlung zur Burggeschichte einen lebhaften Eindruck von den Lebensumständen der Festungsbewohner durch weit zurückliegende Jahrhunderte hindurch vermittelt.

So findet man die Waffen der osmanischen Angreifer und der verteidigenden Ungarn aus dem 16. Jh., Schmuck- und Gebrauchsgegenstände, Möbel, Rekonstruktionen des historischen Bauzustandes sowie viele Originaldokumente und religiöse Kultgegenstände.

In den acht Ausstellungssälen, die das Obergeschoss des Palastes beherbergt, sind chronologisch angeordnete Exponate der Burg- und Stadtgeschichte zwischen dem 11. und 18. Jh. zu sehen. Einigermaßen lohnenswert ist auch der Besuch der benachbarten *Gemäldegalerie*, die in bunter Mischung Werke internationaler und ungarischer Künstler vom 15. bis zum 19. Jh. präsentiert, darunter viele Landschaftsmalereien und religiöse Motive Alter Meister.

Der beeindruckendste Teil der Festungsanlage sind die mittlerweile auf einer Länge von 1.640 m freigelegten *unterirdischen Kasematten*, in denen sich einst Munitionsdepots, Beobachtungsposten und Mannschaftsunterkünfte befanden. Wer sie besuchen möchte, ist auf die Teilnahme an einer Führung angewiesen (deutschsprachige Führung gegen Aufpreis). Es gibt auch ein Panoptikum, das fast jedes Jahr neue Figuren aus der Geschichte präsentiert und ein Münzmuseum.

Öffnungszeiten Die **Burg** ist von April bis August 8–20 Uhr geöffnet. September 8–19 Uhr. Sonst: 8–17 Uhr. Museen: April bis Oktober Di–So 9–17 Uhr. Außerhalb der Saison nur bis 15 Uhr. Montags kann man nur den Heldensaal und die Kasematten besuchen.

Das *Géza-Gárdonyi-Gedenkmuseum* in der Gárdonyi utca 28 liegt rund 250 m von der Burg entfernt. Der Weg ist (links) vom Bischofspalast aus beschildert. Inmitten eines hübschen Gartens liegt das kleine Haus, in dem der Verfasser der *Sterne von Eger* (vgl. Rubrik Geschichte) die letzten 25 Jahre seines Lebens verbracht hat. Sein Grab mit der schlichten Inschrift "*Nur sein Leib*" befindet sich innerhalb der Burgmauern.

Öffnungszeiten täglich außer Mo, 9–17 Uhr, von November bis April nur bis 15 Uhr.

Repräsentative Barockgebäude säumen den *Dobó István tér*, heute Fußgängerzone und Stadtmittelpunkt. Besonders auffällig ist die große, ehemalige *Franziskanerkirche* von 1750 mit ihren sehenswerten Deckenfresken und

Dóbó István leistete in der Burg von Eger heldenhaft einem riesigen türkischen Heer Widerstand

dem reichen Rokokoschnitzwerk. Links neben der Kirche sieht man die etwas älteren, ehemaligen Klostergebäude. Darin ist im Erdgeschoss eine kleine *Palozen-Volkskunst-Ausstellung* (Palóc Népművészeti Kiállítás) untergebracht.

Öffnungszeiten **Ausstellung**, täglich außer Mo, 9–17 Uhr, nur von April bis Oktober.

Rechts neben der Franziskanerkirche liegt das Rathaus. Den eigentlichen Blickfang auf dem Dobó István tér bilden zwei Denkmäler: die Bronzeplastik des Burgverteidigers Dobó und der "'Kämpfer der Grenzburgen".

Vom Dobó István tér geht man nur wenige Minuten in nördliche Richtung zum 40 m hohen *Minarett*, das um 1600 erbaut wurde und als Wahrzeichen Egers gilt. Nach der Befreiung von der Türkenherrschaft wurde die dazugehörige Moschee in eine christliche Kirche umgewandelt, die allerdings schon vor über hundert Jahren wegen Baufälligkeit abgerissen werden musste. Mittlerweile darf man das Minarett auch wieder besteigen (April bis Oktober 10–18 Uhr). Wenn man erst die hundert Stufen geschafft hat, hat man eine tolle Aussicht.

Die *Széchenyi utca* ist eine der beiden Prachtstraßen der Stadt. In Nord-Süd-Richtung durchquert sie die Innenstadt, bis sie in der Nähe des Eszterházy tér auf ihr west-östliches Pendant, die Kossuth utca trifft. Wie letztere ist auch die Széchenyi utca reich an barocken Wohn- und Sakralbauten. Dazu zählen vor allem die *Zopfstilgebäude* mit den Hausnummern 13 und 14 und die üppig mit Figuren, Wand- und Deckenmalerei ausgestattete *Jesuitenkirche* gegenüber dem Haus Nr. 14.

Im Haus Nummer 14 finden Sie ein *Apothekenmuseum* (Telekessy Patikamúzeum) mit alten Gerätschaften der Apotheke, die hier von 1713 bis 1968 ansässig war.

Öffnungszeiten **Apothekenmuseum**, April bis Oktober. 9–17 Uhr.

Die kleine, zwischen zwei Wohnhäusern eingezwängte *Annenkirche* (Haus Nr. 29) besitzt eine hübsche Kanzel.

Am nördlichen Ende der Széchenyi utca, am Rande des Stadtzentrums, liegt von Mauern umgeben in einem kleinen Garten die *griechisch-orthodoxe Kirche* (Ráctemplom; Hausnummer 55) aus dem 18. Jh. Sehr schön und berühmt ist ihre barocke Ikonostase. Eingang von der Vitkovics Mihály utca 30.

Öffnungszeiten **Griechisch-orthodoxe Kirche**, März bis Oktober Mo–So 10–17 Uhr.

Das bedeutendste Bauwerk an der *Kossuth Lajos utca* ist die ehemalige Franziskanerkirche. Ihr schmuckreiches Inneres wird durch Deckenbilder, vergoldete Statuen und große Heiligenbilder geprägt, umrahmt von Säulen, Figuren und einem schönen Altar. Die benachbarten ehemaligen Klostergebäude tragen die Hausnummer 14.

Außerdem findet man in dieser Straße viele barocke Prachtbauten wie das *Komitatsrathaus* (Nr. 9, mit einer stadthistorischen Ausstellung), den *Großpropstpalast*, heute eine Bibliothek, und den *Kleinprobstpalast* (Nr. 4), in dem heute eine ständige Ausstellung der Keramikerin Ilona Kis Rooz untergebracht ist.

Öffnungszeiten **Ausstellung**, 10–17 Uhr.

Ein weiteres Zentrum der Stadt ist der *Eszterházy tér* (früher: Szabadság tér). Schon von weitem sieht man die beiden 54 m hohen Türme der klassizistischen *Basilika*, die 1831–39 unter dem ersten Erzbischof von Eger erbaut wurde. Mit ihrem Grundriss von 93 x 53 m zählt sie zu den drei größten kirchlichen Bauwerken des Landes. Das ockerfarbene Gotteshaus mit seiner wuchtigen Kuppel empfängt den Besucher mit einem mächtigen Säulenportal. Den auffällig hellen Innenraum schmücken Deckenfresken, Säulen und eine klassizistische Einrichtung.

Ebenfalls klassizistische Elemente weist das hufeisenförmige *Erzbischöfliche Palais* auf, ein ockerfarbenes Eckhaus rechts von der Basilika.

Viel auffälliger ist jedoch der festungsähnliche quadratische Bau des ehemaligen *Erzbischöflichen Lyzeums* (1765–85 erbaut). Heute beherbergt es eine pädagogische Hochschule, die noch vor einiger Zeit den assoziationsreichen Namen Ho-Chi-Minh (1890–1969; kommunistische Symbolfigur des vietnamesischen Kampfes gegen die imperialistischen Bestrebungen Frankreichs und der USA) trug und mittlerweile nach dem Bischof Károly Eszterházy benannt ist.

Blick vom Erzbischöflichen Lyzeum zur Basilika

Durch den Eingang gegenüber der Basilika gelangt man in den herrlichen Innenhof. Es lohnt sich, den 53 m hohen Beobachtungsturm der Sternwarte zu erklimmen. Die berühmte Bibliothek mit mehr als 130 000 Büchern und kostbaren Handschriften aus dem Mittelalter liegt im ersten Stock, Tür Nr. 45. Das Deckenfresko stellt das Konzil von Trient (1545 und 1563) dar, und stammt von Johann Kracker, der sich unter den 132 Persönlichkeiten links neben dem Bischof auch selbst verewigt hat. Der dritte Stock wartet mit einer kleinen Stein- und Mineraliensammlung auf, der sechste Stock mit dem Sternwartenmuseum. Von der Aussichtsterrasse kann man den herrlichen Blick über die Stadt genießen. In den beiden Sälen des Museums wurden von 1776 bis 1876 tatsächlich astronomische Beobachtungen durchgeführt.

Öffnungszeiten täglich außer Mo, 9.30–12.30 Uhr, am Sa/So nur bis 12 Uhr. Die Öffnungszeiten werden nicht sehr ernstgenommen.

Das *Weinmuseum Egervin* in der Városfal utca 1 (✆ 413812) ist eigentlich gar keines. Im Obergeschoss erzählen ein paar Bilder und Gefäße von der

Weinlese; im Keller lagern massenweise alte Weinflaschen hinter Gittern. Kernstück des Museums ist der Weinkeller, der vom Eger-Mátra-Weinkombinat getragen wird. Es darf wegen der schlechten Entlüftung nicht geraucht werden. Der Service ist sehr freundlich. Zur Auswahl stehen zu maßvollen Preisen regionale Weine der vergangenen zehn Jahre, darunter die Traubensorten *Egri Bikavér* (Erlauer Stierblut, rot, je nach Jahrgang trocken bis halbtrocken), *Egri Leányka* (Erlauer Mädchentraube, weiß, halbtrocken bis süß) sowie *Egri Pinot Noir* und *Egri Medoc Noir* (beide rot).

Öffnungszeiten April bis Oktober täglich außer Mo, 10–22 Uhr. November bis März 14–21 Uhr. Der Eintritt ist frei.

Junger Wein in alten Kellern

Im *Szépasszony-völgy*, dem *Tal der schönen Frau* am Westrand der Stadt, etwa zwanzig Fußminuten vom Zentrum entfernt, liegen rund um eine schattige Wiese zahlreiche Weinkeller, die z. T. schon vor über 400 Jahren in den Fels geschlagen wurden. In der Hochsaison wird hier bis Mitternacht gefeiert, doch schon gegen Ende August machen viele Keller dicht. Im September bereiten sich die Besitzer bereits auf die Weinernte vor. Vor den Toren von Eger reiht sich Quadratkilometer weit Weinstock an Weinstock, wenn man in Richtung Kerensc zur Autobahn nach Debrecen fährt. Die höhlenartigen Gewölbe sind so schmal, dass kaum zwei Holzbankreihen hineinpassen. Aus den meisten tönt Folklore- und Zigeunermusik. Hat der Wein erst einmal die Zunge gelöst, dann werden auch schon einmal ein paar Liedchen geträllert, wobei das einschlägig bekannte deutsche Volksliedgut immer mal wieder den einen oder anderen Peinlichkeitsschauer über den Rücken wandern lässt. Wer da nicht mitschunkeln will oder kann, ist im nächsten Keller willkommen, der nur ein paar Schritte weiter liegt. In allen jedoch wird ausgiebig junger Wein probiert, was nicht selten schlimme Kopfschmerzen nach sich zieht. Wer in den ebenso schmalen wie niedrigen, länglichen Kellergewölben nach Toiletten sucht, tut dies vergeblich. Die befinden sich am oberen Rand des Kellerrundes. Man kann sich im übrigen hier auch ab 3 € literweise mit Weinvorräten in Kanistern versorgen. Wir empfehlen hierzu das Gewölbe mit der Nummer 29, von unten kommend weit oben auf der linken Seite. Im Talgrund logieren ein kleiner Rummelplatz und die beiden (obschon sehr touristischen) recht ordentlichen Restaurants *Kulacs Csárda* (✆ 311375) und *Ködmön Csárda* (✆ 311172), für die mehrere Leser lobende Worte gefunden haben.

Ausflüge

Die günstige Lage Egers direkt zwischen Mátra- und Bükkgebirge macht die Stadt zum hervorragenden Ausgangspunkt für Entdeckungstouren. Mit dem eigenen Auto ist es nur ein Katzensprung zu den waldreichen Höhenzügen der beiden Mittelgebirge. An der Straße Nr. 24, die Eger über das

Im Tal der schönen Frau laden Winzer in ausgebauten Steinhöhlen zu Weinverkostungen ein

Mátragebirge hinweg mit Gyöngyös verbindet, reihen sich fast alle Ortschaften, die besuchenswert sind, aneinander. Außerdem geht die Fahrt vorbei am *Kékes,* dem mit 1.014 m höchsten Gipfel Ungarns und zugleich Eldorado der einheimischen Wintersportler.

Die wichtigsten Ziele im *Bükkgebirge* sind unter der Rubrik "Szilvásvárad/ Ausflüge" aufgeführt (siehe dort).

Lohnenswerte Ziele sind auch die *Thermalbäder* in der näheren Umgebung Egers. Solche gibt es z. B. nordwestlich in Bükkszék und östlich der Stadt in Bogács. Eine natürliche heiße Quelle befindet sich zwischen Egerszalók und Demjén ca. 10 km südwestlich von Eger mitten im Wald. Sie ist frei zugänglich und wer möchte, kann hier noch um Mitternacht eintauchen. Das Wasser soll gegen Rheuma helfen und Beschwerden nach Knochenbrüchen lindern. Dazu erhielten wir folgenden Leserbrief:

Lesertipp: "Das schönste Thermalbad habe ich hinter Egerszalók (ca. 1,5 km Richtung Demjén; dann links ab, wenige hundert Meter) gefunden. Das heiße Wasser fließt in zahlreichen Rinnsalen frei über Kalk-Sinter-Terrassen in ein ca. 10 m großes Rundbecken. Die Holzkabinen und Toiletten waren sehr sauber." Rolf Wedel, Weissach im Tal.

▸ **Sirok**: Sirok liegt rund 20 km westlich von Eger an der Straße Nr. 24. Von der *Siroki vár* (Burgruine) direkt über dem Dorf hat man eine tolle Aussicht auf das östliche Mátra- und das westliche Bükkgebirge. Im 13. Jh. wurde die Burg aus dem Felsmaterial des Berges, auf dem sie steht, erbaut. Ein ausgeschilderter, schmaler Weg führt bis nahe unter die Burg. Der Aufstieg dauert von dort aus rund 20 Minuten. In der Széchenyi utca kann man Höhlenwohnungen besichtigen, die in das Tuffgestein geschlagen wurden.

▶ **Parádfürdő**: Der bekannte Kurort liegt wunderschön, 15 km westlich von Sirok, von Buchen- und Eichenwäldern umgeben, am Fuße der Serpentinen der Straße Nr. 24 zum Kamm des Mátragebirges. Die Thermalwasserbecken inmitten ausgedehnter Parkanlagen stehen den Patienten der beiden örtlichen Sanatorien zur Verfügung. Am unteren Ortsrand befindet sich ein, kleines Freibad.
Sehenswert ist das *Pferdekutschenmuseum* (*Kocsimúzeum*) am oberen Ortsrand. Dort stehen Kutschen verschiedener Jahrhunderte und Werkzeuge der Kutschenbauer. Der Rundgang schließt die Besichtigung des hauseigenen Pferdestalles mit ein, was besonders für Kinder interessant sein dürfte. Es besteht die Möglichkeit zu Kutschfahrten.
Öffnungszeiten Di–So von 9–17 Uhr, vom 1.10. bis 31.3. nur von 10–16 Uhr.

▶ **Parád**: Ein kleines, mit ursprünglichen Einrichtungsgegenständen ausgestattetes *Palozenhaus* ist zwar für einen Zwischenstop in der Siedlung 5 km westlich von Parádfürdő ideal, aber keinen großen Umweg wert (ab Ortsmitte ausgeschildert).
Öffnungszeiten Di–So 9–17 Uhr.

▶ **Parádsasvár**: Am oberen Ortsrand von Parádsasvár (4 km westlich von Parád an der Straße Nr. 24) liegt eine große *Glasfabrik*. Einkauf von Souvenirs direkt ab Werk ist in einem Andenkenladen der Fabrik möglich.
Öffnungszeiten Mo–Fr 10–15 Uhr.

Unterhalb des Ortes befindet sich ein winziger Campingplatz mit Motel und Restaurant. Im ehemaligen Károly-Schloss ist ein Fünfsternehotel untergebracht. Hervorragende Wandermöglichkeiten in der Umgebung. Eine Wanderkarte des Mátragebirges ist meistens bei "Eger Tourist" in Eger erhältlich.

▶ **Mátraháza**: 715 m über dem Meeresspiegel liegt Mátraháza, 6 km südlich von Parádsasvár an der Straße Nr. 24 und in direkter Nachbarschaft des Kékes, des höchsten ungarischen Berges (1.014 m). Die Siedlung ist ausgezeichneter Ausgangspunkt für Bergwanderungen und bedeutendes Wintersportzentrum und verfügt mittlerweile auch über einige Hotels und Pensionen. Dasselbe gilt auch für die 3 km östlich gelegene, kleine Ortschaft *Kékestető*.

• *Camping* Genau zwischen den 8 km voneinander entfernten Ortschaften Mátraháza und Mátrafüred an der Straße Nr. 24 befindet sich der hübsch gelegene Campingplatz **Sástó Kemping**, ✆ und 📠 (37)374025, sasto@elpak.hu, www.hotels.hu/sastocamping, an einem idyllischen See mit kleinen Inselchen und Brücken, die zum nahegelegenen Aussichtsturm führen. Angeln und Bootfahren sind möglich. Wer hier nur spazieren gehen will, was durchaus lohnenswert ist, kann sein Auto auf dem Parkplatz etwas oberhalb des Campinggeländes abstellen. Der Campingplatz selbst ist oft gut besucht, weil wirklich schön gelegen. Es gibt Schatten, wenn auch nicht übermäßig viel. Saubere sanitäre Anlagen. Für zwei Personen mit Auto und Zelt kostet eine Nacht 8 €. Das angeschlossene Motel ist vom 15. April bis 15. Oktober geöffnet (der Campingplatz schließt bei schlechtem Wetter schon zwei Wochen früher). DZ: ab 25 €. Außerdem gibt es beim Campingplatz ein Restaurant, ein kleines Lebensmittelgeschäft, ein Buffet, eine Bar und einen Obststand. Zwei weitere Aussichtstürme befinden sich in der Nähe.

Mátrafüred: Das malerisch gelegene Mátrafüred selbst, etwa 4 km steil unterhalb des Campingplatzes gelegen, bietet viele Spazier- und Wanderwege sowie ein kleines Freibad am unteren Ortsrand neben der Durchgangsstraße.

Übernachten Das **Komforthotel Avar**, Parádi út 24, ✆ 37/320131, 37/320400, avarhotel@mail.datanet.hu, www.hotels.hu/avarhotel_matrafured, verfügt über rund 350 Betten und ein ebenso preiswertes wie gutes Restaurant. Die Übernachtung im DZ mit Bad und Frühstück kostet ca. 48 €.

Gyöngyös

Gyöngyös liegt 6 km südwestlich von Mátrafüred an der Straße Nr. 24. Obwohl der engere Stadtkern um den Fő tér, der erst vor wenigen Jahren renoviert wurde, eigentlich ganz passabel aussieht, bleibt das Zentrum der Weinanbaugebiete von Gyöngyös und Visonta weit hinter allen Erwartungen zurück. Denn die 37.000 Einwohner zählende Stadt am Fuße des Mátragebirges wird durch Wohnblocks in Plattenbauweise und ausgedehnte Fabrikanlagen (vor allem Schwer- und Maschinenbauindustrie) geprägt. Der Verkehrsknotenpunkt Gyöngyös, um den man bei einer Rundreise durch das nordungarische Bergland schwerlich herumkommt, gilt als wirtschaftliches Rückgrat der Mátragegend. Übernachten kann man weitaus angenehmer in Mátrafüred oder Eger.

Information **Tourinform**, Fö tér 10, ✆ und 311155, gyongyos@tourinform.hu, Mo–Fr 10–16 Uhr, Sa, So nur in der Hochsaison 10–16 Uhr. **Eger Tourist**, Hanisz Imre tér 2, 3200 Gyöngyös, ✆ 37/311565. Geöffnet: Mo–Fr 8–17 Uhr und Sa 8–12 Uhr.

Das *Mátra-Museum* in der Kossuth Lajos utca 40, neben dem Dimitrovpark (von Fő tér rund 300 m), ist in dem kleinen ehemaligen *Schloss Orczy* untergebracht. Im Erdgeschoss befinden sich eine stadtgeschichtliche Sammlung und eine Jagdausstellung, im Obergeschoss eine naturkundliche Sammlung mit präparierten Tieren wie Hirschen und Wildschweinen. Die besondere Attraktion ist ein Mammutschädel mit Stoßzähnen.

Öffnungszeiten täglich außer Mo, 9–17 Uhr, vom 1.11.–28.2. nur von 10–14 Uhr.

Neben dem Museum liegt die Talstation der *Schmalspurbahn*, mit der man ins Mátragebirge fahren kann.

Die *St.-Bartholomäus-Kirche* aus dem 14. Jh. am Fő tér gilt als größte gotische Kirche Ungarns. Sie wurde allerdings im 18. Jh. im barocken Stil umgebaut. Sehenswert ist die prachtvolle Innenausstattung (Besichtigung nur vormittags).

Nur etwa 200 Schritte entfernt liegt am Eötvös tér 7 (Ecke Vacholt utca) die *St.-Urban-Kirche* mit ihrer zu recht gerühmten, kunstvoll geschnitzten Kanzel.

Szilvásvárad

Schön gelegener Ausflugsort und beliebter Stützpunkt für Ausflüge in den Nationalpark Bükkgebirge. Besonders Pferdeliebhaber kommen hier auf ihre Kosten.

Der kleine Erholungsort 28 km nördlich von Eger liegt direkt an der Grenze des Nationalparks Bükkgebirge, eine der landschaftlich reizvollsten Gegenden Ungarns.

Bekannt ist Szilvásvárad hauptsächlich wegen seiner *Lipizzanerzucht* und dem nahen Szalajka-Bachtal, einem beliebten Ausflugsziel. Urlauber schätzen den stillen Ort vor allem als Ausgangspunkt für Wanderungen und Spaziergänge. Bis 1945 gehörte das 1.800 Einwohner zählende Dorf zum Besitz der Grafen Pallavincini. Wer wegen der Pferde herkommt, sollte sich vorher genau nach Terminen für Lipizzanervorführungen erkundigen (✆ 355153). Tagsüber sind die Hengste meist im Stall und die Stuten und Fohlen auf den Weiden des Hochplateaus.

• *Information* **Hegyvidék Tours**, Patak utca 26, ✆ und 📠 355163.

• *Telefonvorwahl* 36.

• *Verbindungen* von Eger mit der Eisenbahnlinie in Richtung Putnok; mit dem Auto auf der Straße Nr. 25. Außerdem mehrere Busse täglich von und nach Eger.

• *Freizeit* **Angeln** im Lázbérci-vízfároló (10 km nordwestlich) bei Dédestapolcsány. Angelscheine sind bei Hegyvidék Tours erhältlich.

Reiten: siehe Sehenswertes.

Ein großes Fest ist die drei Tage dauernde **Reiterschau**, die (jedes Jahr an einem anderen Termin) zwischen Juli und September stattfindet.

• *Essen/Übernachten* **Hotel Lipicai**, Egri utca 12–14, ✆ 355100, 📠 355200. Großer Beherbergungsbetrieb im Ort an der Durchgangsstraße; mit Restaurant. Die nicht sehr komfortablen DZ kosten inklusive Frühstück je nach Saison und Ausstattung ab 35 € pro Nacht.

Grignani Agriturismo, Petőfi utca 2, ✆ und 📠 355178, grignani@matavnet.hu

Hotel Szalajka, Egri utca 2, ✆ und 📠 355760, szalajkafogado@freemail.hu, www.travelport.hu/szalajka_fogado. Verhältnismäßig großer Beherbergungsbetrieb im Obergeschoss des empfehlenswerten Restaurants; DZ ab 35 €. Im Restaurant wird eine mittelgroße Auswahl an Wild-, Fleisch- und ab 6,50 € geboten. Zu empfehlen: das Wildschwein in Champignoncremesoße mit Nockerln und der Rostbraten. Schöne, überdachte Holzterrasse und freundlicher Service.

Szilvás, Park utca 6, ✆ 355159, 📠 355324, reserve@hotelszilvas.hunguesthotels.hu. Das Hotel hat 40 DZ im ehemaligen Schloss der Familie Pallavicini. Um das neubarocke Gebäude in einem 14 ha großen Park gruppieren sich etliche Steinhäuser finnischen Stils (Vierbettzimmer und Appartments). Mit Sauna und Sportplatz. DZ mit Bad 39–46 €, mit Dusche zwischen 33 und 40 €. WCs in einem Gebäude im Park.

Privatzimmer bekommt man über Hegyvidék Tours. Preise: DZ ab 11 €.

Hegyi Kemping, Egri utca 36/A, ✆ 355207, 📠 411768, egertours@mail.agria.hu, www.hotels.hu/hegyicamping; am Ortsausgang in Richtung Eger, nahe der Durchgangsstraße (innerorts ausgeschildert). Relativ großer Platz mit rund 400 Stellplätzen; fast kein Schatten. In der Mitte stehen Bungalows, rundherum Zelte und Wohnwagen. Buffet und Lebensmittelverkauf auf dem Platz, Tennisplatz daneben. Preise: Zwei Personen mit Auto und Zelt zahlen 10 €, die Bungalows für zwei Personen kosten 25 €, die Bungalows für drei Personen 35 €. Geöffnet: 15. April bis 15. Oktober.

Sehenswertes

Die *reformierte Kirche* am nördlichen Ortsrand erinnert an einen gigantischen Getreidesilo. Bemerkenswert ist das klassizistische Säulenportal. Die weiße Rundkirche entstand zwischen 1837 und 1841. Unregelmäßig geöffnet.

Pferdeausstellung (Park utca 8): Die kleine Ausstellung (nur ein Raum) illustriert anhand von Pokalen, Bildern, Zaumzeug und anderen Dokumenten die Geschichte der hiesigen Lipizzanerzucht. Im Pferdestall nebenan kann man diese wirklich edlen Tiere bewundern.

Das Gestüt von Szilvásvárad (Fenyves utca) wurde 1952 gegründet. Die Hengstfohlen (rund 80) leben bis zu ihrem dritten Lebensjahr in Csipkéskút,

Lipizzanertraining in Szilvásvárad

auf fast 1.000 m Höhe mitten im Nationalpark. Das Gestüt bietet auch Reitstunden und Kutschfahrten.

- *Anfahrt* von Eger kommend hinter der großen Reithalle rechts abbiegen, dann nach rund 300 m auf der schmalen Straße rechts ausgeschildert.
- *Öffnungszeiten* 9–17 Uhr.

Szalajka-Tal (am südlichen Ortsrand ausgeschildert als "Szalajka-Völgy"): Direkt am unteren Talende, rund 100 m von der Durchgangsstraße entfernt, befindet sich die Talstation der Schmalspurbahn, die den Besucher über 4 km direkt ins Zentrum des Geschehens befördert (verkehrt etwa alle 40 Minuten ab 8.30 Uhr). Direkt gegenüber kann man auch Mountainbikes mieten.

Rund um die Endstation liegen in malerischer Landschaft mehrere hübsche Picknickwiesen. An gekennzeichneten Plätzen können Selbstversorger sogar grillen (alles mitbringen!). Obwohl gerade in der Hochsaison hier wegen des allzu regen Ausflugsbetriebs nicht nur Vogelzwitschern zu hören ist, lohnt sich die Fahrt trotzdem.

Keine 200 m unterhalb der Bahnstation befindet sich ein kleiner Wasserfall. Hier stürzt der Bach Szalajka in mehreren, kleineren Kaskaden in die Tiefe. 50 m unterhalb des Wasserfalls beginnt der Waldlehrpfad, der an Waldarbeiter- und Köhlerhütten mit den dazugehörigen Werkzeugen sowie einem wassergetriebenen Schmiedehammer (ständig frei zugänglich) vorbeiführt. Weiter oberhalb sind auf Schautafeln Holzarten, Vögel, Pilze und Pflanzen beschrieben.

Ein rund viertelstündiger Spaziergang führt von der Bahnstation zur *Ősember-Barlang* (zu deutsch: Urmenschen-Höhle). Der Weg führt links an dem kleinen See vorbei. Dann steigt er in steilen Serpentinen direkt bis zur Höhle (Wegzeichen: grünes Dreieck auf weißem Grund). Die Kulturhöhle, in der ungarische Forscher umfangreiche Funde aus prähistorischer Zeit gemacht haben, ist rund 50 m lang und mindestens 15 m breit.

Ausflüge

- **Bélapátfalva**: Knapp 2 km oberhalb von Bélapátfalva (8 km südlich von Szilvásvárad an der Straße in Richtung Eger) liegt in landschaftlich reizvoller Umgebung die *Kirche* eines ehemaligen Zisterzienserklosters (Besichtigung: täglich außer montags 10–16 Uhr). Sie ist ab der Ortsmitte ausgeschildert. Das Kloster (jetzt Ruinen) wurde bis ins 16. Jh. bewohnt. Das architektonisch interessante Gotteshaus von 1232 wurde zur Zeit unseres Besuchs von innen restauriert. Besonders fotogen ist die Kirche abends: Das Licht ist dann optimal, um die felsigen Hügel der Landschaft im Hintergrund zur Geltung zu bringen.
  Etwa 1 km östlich der Ortschaft liegt am Fuße des Berges Belkő ein toller *Badesee* mit Parkplatz und Buffet (kein Eintritt).
- **Durchs Bükkgebirge nach Lillafüred**: Die schmale Straße von Szilvásvárad nach Lillafüred (36 km), die sich in schier endlosen Windungen mitten durch den *Nationalpark Bükkgebirge* schlängelt, gehört zu den reizvollsten Strecken des Landes. Nachdem sie kürzlich für den Kraftfahrzeugverkehr gesperrt wurde, ist sie nun ein Paradies für *Wanderer* und mit guter Kondition ausgestattete *Radler*. Beginnend bei Szilvásvárad im Szalajka-Tal, führt sie durch eine wildromantische Waldlandschaft. Vom Parkplatz aus hat man nach rund 6 km bei klarem Wetter einen atemberaubenden Ausblick auf das westliche Mátragebirge und nach Norden bis weit in die Slowakei.

Die Kirche von Bélapátfalva mit den Klosterruinen

Landschaftlich ist der Nationalpark überaus abwechslungsreich. So findet man dichte Fichtenwälder, schattige Laubwälder und naturbelassene Hochheiden mit zahlreichen seltenen Pflanzen und Tieren. Nach 17 km erreicht man den Wintersportort *Bánkút.* Wie auch in einigen der anderen kleinen Ortschaften am Wegesrand besteht hier die Möglichkeit einzukehren. Nach weiteren 5 km ist man im idyllisch gelegenen *Jávorkút* angelangt, der Kreuzung zahlreicher Wanderwege. Hier steht der sogenannte "Schwedische Urfichtenwald" mit rund 150 Jahre alten Bäumen.
Man kann diese Tour natürlich auch in die entgegengesetzte Richtung machen. Dann muss man von der Straße Miskolc – Eger in Lillafüred am Hámorsee nach Bánkút/Szentlélek abbiegen. Nach ein paar Kilometern ist der beschriebene Weg als Jávorkút/Szilvásvárad blau ausgeschildert.

Informationen über Lillafüred finden Sie im Kapitel Miskolc/Ausflüge.

Aber auch *Autofahrer* können Entdeckungstouren ins Bükkgebirge machen. Schön ist z. B. die Strecke von Eger nach Lillafüred (am nördlichen Ortsrand von Eger an der Straße Nr. 25 ausgeschildert). Es gibt noch eine nördlichere Variante: Man fährt von Szilvásvárad über Nagyvisnyó nach Dédestapolcsány; dort rund 100 m hinter dem Ortsschild rechts in Richtung Mályinka abbiegen. Direkt hinter diesem kleinen Dorf beginnen der Nationalpark und die Serpentinenstrecke. Nach rund 10 km erreicht man eine Höhenkreuzung. Von hier aus lohnt sich ein Ausflug nach Bánkut (4 km).

Lesertipp: "Von Bánkut aus sind wir durch den herrlichen Buchenwald nach Javorkut gewandert, haben dort im Hotel gut zu Mittag gegessen und sind den markierten Wanderweg an einem Lipizzanergestüt vorbei zurück nach Bánkut gewandert. Der Rundwanderweg dauert rund drei Stunden, eine Wanderkarte hängt in Bánkut aus." Peter Mömkes, Bonn.

Von der Höhenkreuzung bei Bánkut erreicht man nach 11 km das *Zentrale Hüttenmuseum* mit einer Ausstellung schmiedeeiserner Waren, einem Bruchstein-Hochofen und einem wassergetriebenen Schmiedehammer. Ab hier sind es noch 3 km bis Lillafüred.

Öffnungszeiten **Hüttenmuseum**, täglich außer Mo, 10–17 Uhr.

Miskolc

Die Hauptstadt des krisengeschüttelten nordungarischen Industriereviers liegt günstig am Fuße des Bükkgebirges und erstreckt sich über mehrere Kilometer in West-Ost-Richtung zu beiden Seiten des Baches Szinva.

Die relativ kleine historische Altstadt, in der fast alle Sehenswürdigkeiten zu finden sind, liegt zu Füßen des 236 m hohen Berges *Avas,* in den zahlreiche Weinkeller gegraben wurden; die ältesten schon um das Jahr 1500. Die Altstadt durchzieht eine längere Hauptstraße (Széchényi István út), die in eine reizvolle Fußgängerzone umgewandelt wurde. Jetzt fährt hier nur noch die Straßenbahn und viele zuvor ziemlich heruntergekommene Altbauten hat man wirkungsvoll restauriert.

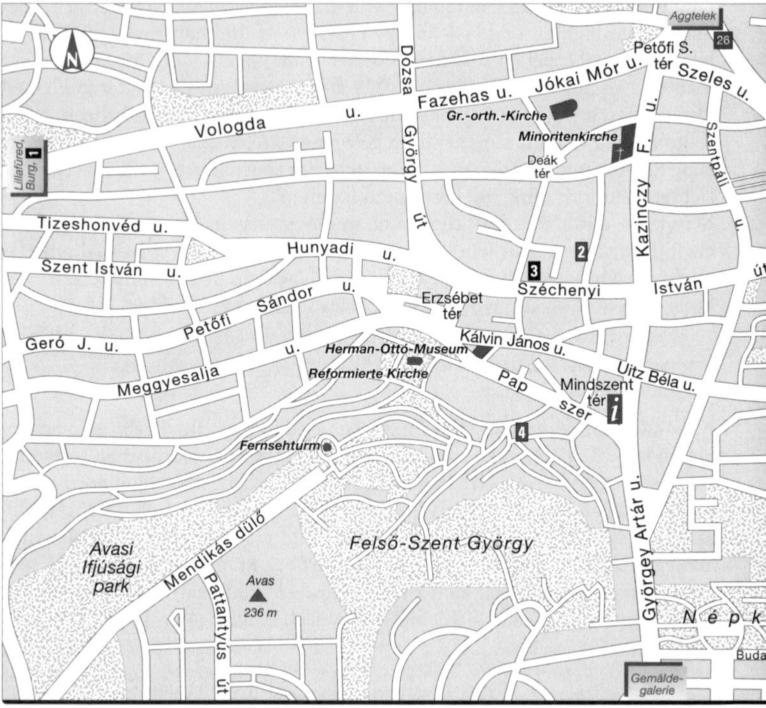

Auffällig in der nach Debrecen größten ungarischen Provinzstadt (rund 220.000 Einwohner) ist die "moderne" Bebauung, die fatal an die Architektur ostdeutscher Wohnanlagen in industriellen Ballungsgebieten erinnert. Über 130 Industrieanlagen, darunter vor allem Stahl-, Papier- und Maschinenindustrie, haben der Stadt ihren Stempel aufgedrückt.

Die günstige Lage Miskolcs am Rand des Bükkgebirges hat dazu geführt, dass sich in unmittelbarer Nähe angenehme Erholungsorte in herrlicher landschaftlicher Umgebung entwickeln konnten, darunter Miskolctapolca und Lillafüred. Beide werden von den Miskolcern nicht zuletzt wegen der guten Verkehrsanbindung (Bus und Schmalspurbahn) sehr gern besucht.

Geschichte

Die "landnehmenden" Ungarn fanden bei der Eroberung dieses Gebietes kleine slawische und germanische Gruppen vor. Am Ende des 9. Jh., nach Abschluss der Eroberung, siedelte sich der ungarische Stammesfürst Bors hier an. Nach ihm ist auch heute noch das Komitat mit seiner Hauptstadt Miskolc benannt: *Borsod*. Die Stadt selbst erhielt ihren Namen von der adeligen Siedlerfamilie Miskóc.

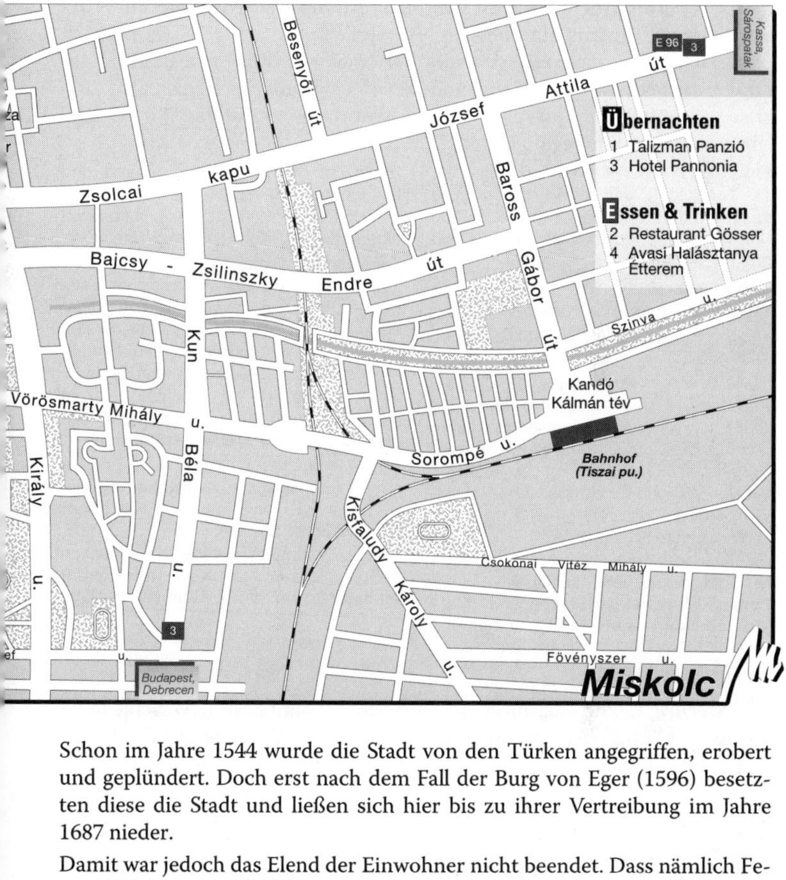

Schon im Jahre 1544 wurde die Stadt von den Türken angegriffen, erobert und geplündert. Doch erst nach dem Fall der Burg von Eger (1596) besetzten diese die Stadt und ließen sich hier bis zu ihrer Vertreibung im Jahre 1687 nieder.

Damit war jedoch das Elend der Einwohner nicht beendet. Dass nämlich Ferenc Rákóczi in Miskolc zeitweise das Hauptquartier seines Freiheitskampfes aufgeschlagen hatte und dabei von den Miskolcern tatkräftig unterstützt worden war, ließen die Habsburger nicht ungesühnt: 1706 steckten sie die Stadt in Brand, was nur zwei Gebäude unversehrt überstanden. Doch bis zum Ende des 18. Jh. brachte es Miskolc bereits wieder auf eine Einwohnerzahl von 15.000.

Selbst weitere Brandkatastrophen und auch Überschwemmungen in den folgenden Jahren konnten nicht verhindern, dass sich die Stadt zielstrebig zu einem industriellen Zentrum mauserte. Nach dem Zweiten Weltkrieg wohnten bereits 100.000 Menschen in Miskolc, eine Zahl, die sich mittlerweile schon wieder mehr als verdoppelt hat.

Heute ist Miskolc nach Budapest die zweitwichtigste Industriestadt des Landes. Die Schlote der einstigen "Lenin-Hüttenwerke" und der Maschinenfabrik von Diósgyőr markieren den Standort von Betrieben, die im Wirtschaftsleben Ungarns eine überragende Rolle spielen. In der *Technischen Universität für Schwerindustrie* wird der Nachwuchs für eine Branche geschult, die heute wie kaum eine andere von einer internationalen Strukturkrise geschüttelt wird, die aber nach wie vor das Rückgrat des Wirtschaftslebens der gesamten Region bildet.

• *Information* **Tourinform**, Mindszent tér 1, 3530 Miskolc, ✆ und 📠 348921. miskolc@tourinform.hu. Geöffnet: Mo–Do 8–16.15 Uhr, Fr 8–14 Uhr zusätzlich im Juli und August Sa 8–16.15 Uhr.

• *Telefonvorwahl* 46.

• *Post* Hauptpost in der Kazinczy utca 16.

• *Taxi* ✆ 361111, 370222, 366000, 322222, 355555, 366221.

• *Übernachten* **Hotel Pannonia (3)**, Kossuth utca 2, ✆ 504980, 📠 504984, collovinikft@chello.hu, www.hotelpanonia.miskolc.hu. Komfortables Drei-Sterne-Hotel in der Fußgängerzone gegenüber der Post. DZ mit Bad/WC und TV ca. 45 €. Angeschlossen sind ein bekannt gutes Restaurant und ein nettes Straßencafé.

Weitere Herbergen gibt es im Badeort **Miskolctapolca** (siehe Ausflüge).

Borsod-Tourist in der Széchenyi út 35 sowie Tourinform vermitteln Pensionen und **Privatzimmer** in Miskolc, Lillafüred und Umgebung. Der Preis für ein DZ liegt bei rund 15–25 €. In Miskolctapolca gibt es eine eigene Zweigstelle von Borsod-Tourist.

Talizman (1), Vár utca 14, ✆ 378627. Ganz in der Nähe der Burg am westlichen Ortsrand wohnt man ruhiger und naturnaher als in der Innenstadt. Hübsch an einer von Kastanienbäumen gesäumten Fußgängerzone gelegen. Garten im Innenhof. Ungarische Küche und kleine Pension. DZ je nach Saison 35–40 €. Mit großem Parkplatz und ein paar Kneipen in Fußnähe.

• *Essen* Gut essen kann man im Restaurant **Avasi Halásztanya Étterem (4)** am Kis-Avas, nur wenige hundert Meter vom Zentrum in der Mélyvölgy utca 15, ✆ 344676, und im Restaurant **Gösser (2)**, zwischen Fußgängerzone und Hősök tere in der Altstadt (Déryné utca 7, ✆ und 📠 344425).

Sehenswertes

Die *Széchényi utca* mit ihren restaurierten Wohnhäusern verschiedener Baustile ist Fußgängerzone und Prachtstraße zugleich. Bemerkenswert ist in erster Linie das klassizistische Nationaltheater an der Ecke Déryné utca. Die Széchényi utca mündet an ihrem westlichen Ende in den baumumstandenen und mit Blumenbeeten geschmückten *Szabadság tér*, den größten und schönsten Platz der Stadt.

Von hier aus sind es nur ein paar Schritte zum *Herman-Ottó-Museum* (Pap szer 1), das eine große archäologische Sammlung (von der Urzeit bis zum Mittelalter) besitzt und viele wechselnde Ausstellungen veranstaltet.

Öffnungszeiten täglich außer Mo, 10–16 Uhr.

Vom Fernsehturm auf dem 236 m hohen *Berg Avas* hat man einen guten Rundblick über Miskolc und Umgebung; allerdings ist Besuchern nur die untere Plattform des Turmes zugänglich. In den Fels des Berges sind vor langer Zeit einige Weinkeller gehauen worden, die die örtlichen Winzer lediglich zur Sommerzeit am Wochenende öffnen.

Der Fußweg von der Innenstadt zur Bergkuppe führt vorbei an der gotischen *reformierten Kirche* aus dem 13. Jh. im unteren Bereich des Berghanges, dem ältesten Baudenkmal der Stadt. Neben der Kirche befinden sich ein hölzerner Glockenturm von 1557 und ein uralter Friedhof. Die Kirche ist von der Rückseite her zugänglich. Auffällig ist das unterschiedlich gestal-

Fußgängerzone in Miskolc

tete Maßwerk der Kirchenfenster. Der Kanzelschmuck (ein Pelikan nährt seine Kinder mit dem eigenen Blut) symbolisiert den Opfertod Christi. Interessantes, uraltes Chorgestühl mit Intarsienarbeiten. Die alten Wetterhähne der Kirche sind im Chor untergebracht. Insgesamt wirkt die Rekonstruktion der Kirche (Gewölberippen und Pilaster wurden einfach abgeschlagen) etwas grob.

Die reich geschmückte, zweitürmige *Minoritenkirche* am Hősök tere mit dem einstigen Ordenshaus der Franziskaner (heute Schülerheim) zählt zu den beeindruckendsten barocken Baudenkmälern der Stadt. Besonders kunstvoll sind die geschnitzten Evangelisten an der Kanzel. Die prächtige Deckenmalerei (pro Joch ein Bild) stellt Episoden aus dem Leben Marias dar. Sie ergänzen die Darstellung der Himmelfahrt am Hochaltar.

Leider ist die *griechisch-orthodoxe Kirche* am Deak tér wegen ihrer wertvollen Innenausstattung meist verschlossen. Für (zahlende) Gruppen wird jedoch geöffnet – am Pfarrhaus klingeln. Sehenswert sind auf jeden Fall die 16 m hohe Ikonostase mit rund achtzig Einzelbildern, die schwarze Maria von Kasan darstellend, und das edelsteingeschmückte Kreuz vom Berg Athos (1590).

Die *Miskolcer Gemäldegalerie* in der Felszabadítók útja 28 (gegenüber dem "Népkert"; zu deutsch: Volksgarten) beherbergt eine umfangreiche Sammlung berühmter ungarischer Gemälde und Plastiken aus zwei Jahrhunderten.

Öffnungszeiten täglich außer Mo, 10–17 Uhr.

Die *Burg von Diósgyőr,* im ältesten Stadtbezirk am westlichen Ortsrand, liegt nahe der Ausfallstraße in Richtung Lillafüred, rund 5 km vom Zentrum entfernt (mit der Straßenbahnlinie 1 zu erreichen). Die schlecht ausgeschilderte, viertürmige Burg gilt als eine der schönsten erhaltenen Schöpfungen der mittelalterlichen ungarischen Baukunst. Mitte des 13. Jh. wurde mit dem Bau begonnen – ihre endgültige Form erhielt sie aber erst gut hundert Jahre später. Die *Königinnenburg* behielt ihren Namen im Volksmund bis heute, weil sie längere Zeit im Besitz der jeweiligen ungarischen Herrschergattin war. Zur Zeit der Türkenkriege und des Rákóczi-Freiheitskampfes war die Festung Schauplatz heftiger Gefechte, wobei sie einigen Schaden nahm. Später, strategisch unbedeutend geworden, verfiel sie langsam. Seit den fünfziger Jahren, als mit der Restaurierung begonnen wurde, hat sich wiederum vieles verändert: Heute präsentiert sie sich wieder mehr als stolze Burg denn als verfallene Ruine.

Von einem der wiederhergestellten Türme hat man einen guten Ausblick auf die Umgebung. Im Sommer finden im Burghof wegen der hervorragenden Akustik häufig Konzerte und verschiedene andere Freilichtveranstaltungen statt.

Öffnungszeiten Die Burg ist zur Innenbesichtigung (Museum) von April bis Oktober täglich außer Mo, 9–18 Uhr, geöffnet.

In direkter Nachbarschaft der Burg befindet sich ein Freibad (*Várfürdő*).

Ausflüge

Miskolctapolca

Der beliebte Badeort liegt 5 km südlich vom Stadtzentrum in landschaftlich angenehmer Umgebung, ist allerdings oft überlaufen. Die Linie 2 verbindet den Ort mit dem Stadtkern von Miskolc.

Miskolctapolca – Badespaß in langen, natürlichen Höhlen

Inmitten eines riesigen Parkwaldes findet man das große *Thermal-Höhlenbad* (✆ 304128), dessen Heilkraft stets eine große Zahl von Kurgästen anzieht. Und das Baden in den langen Naturhöhlen ist auf jeden Fall ein Erlebnis. Mit rund 30 Grad Celsius sprudelt das kristallklare, schwach radioaktive Heilwasser in die Höhlen-, Frei- und Hallenbecken. Vor allem im Kampf gegen Erschöpfungszustände, Herzneurosen, Magen- und Darmleiden soll es seine Wirkung entfalten. In der Nachbarschaft gibt es einen Teich und ein großes Sportschwimmbad.

Öffnungszeiten täglich 9–13 und 14–18 Uhr. Im Januar geschlossen.

• *Essen/Übernachten* **Park Hotel**, Csabai út, ✆ 360811, 📠 369931, parkhotel@axelero.hu. Klotziger Drei-Sterne-Hotelbau direkt am Éden-Camping. DZ mit Dusche und Frühstück 35 €.

Zenit Panzió, Miskolctapolcai utca 25, ✆ 561561, 📠 561560. Privatpension mit netter Wirtsfamilie. DZ mit Bad ab 35 €.

Flóra Panzió, Miskolctapolcai utca 35, ✆ und 📠 368116, www.hotels.hu/florapanzio. DZ mit Bad und Frühstück je nach Saison ab 35 €.

Privatzimmer vermittelt die Zweigstelle von Borsod-Tourist auf dem Éden-Camping, ✆ 368917. DZ in Bungalows um 20 €. Geöffnet: Juni bis August Mo–Sa 9–17 und So 9–12 Uhr, sonst Mo–Fr 9–15 Uhr.

Éden-Camping, Károlyi Mihály utca 1, ✆ 561510, 📠 368917, botour@elender.hu. Ganzjährig geöffneter, kleinerer Platz; zwar günstig im Ortskern gelegen und relativ komfortabel, aber wenig ansprechend und vergleichsweise teuer. Zwei Personen mit Auto und Zelt zahlen 9 € pro Nacht, die Vierbettbungalows kosten ab 38 €. Der (etwas längere) Weg zum anderen Campingplatz lohnt sich.

Autós Kemping, Iglói út 13, ✆ 367171, 📠 368917. Größeres Gelände in schöner Lage rund 3 km oberhalb der Ortschaft Miskolctapolca, mitten im Wald (viel Schatten). Warmes Wasser gibt es allerdings nur morgens und abends. Zwei Personen mit Auto und Zelt zahlen 9 € pro Nacht. Daneben gibt es eine Bungalowzeile (Holzhütten) auf dem Platz. Preise: einfacher Zweipersonenbungalow mit Waschgelegenheit ca. 20 € und Bungalow mit vier Betten und Dusche 40 €. Geöffnet: Mitte April bis Ende September.

In der Privatgaststätte **Rosza Kert** (zu deutsch: Rosengarten), direkt gegenüber dem Eingang des Freibades, ist man zwar sehr freundlich, gemessen an seiner Qualität ist das Essen aber hier zu teuer. Eine Alternative ist das Restaurant **Kisvadász** (zu deutsch: kleiner Jäger) ganz in der Nähe.

Lillafüred

Der von dichtem Wald umgebene, kleine Kurort 12 km westlich von Miskolc liegt im wildromantischen Szinva-Bachtal am Ostrand des Bükkgebirges. Besondere Besucherattraktionen sind der *Hámorsee* mit Bootsverleih und zwei Tropfsteinhöhlen. Lillafüred war in sozialistischer Zeit militärisches Sperrgebiet. Damals konnte man sich als ausländischer Besucher zwar ohne Probleme tagsüber hier aufhalten, aber Übernachtungen am Ort waren nicht gestattet.

• *Übernachten/Essen* Direkt am See in dem rekonstruierten Neorenaissanceschloss aus den 1930er Jahren liegt das **Hotel-Restaurant Palota**, Erzsébet sétány 1, ✆ 331411, 📠 533203, reserve@hotelpalota.hunguesthotels.hu. Es ist von einem schönen Garten umgeben mit Blick auf das Tal und den See. Zum Hotel gehören ein 10 m langes Schwimmbecken, eine Sauna und eine Bowlingbahn. DZ mit Bad und Frühstück 39–46 €.

Daneben liegt oberhalb des Sees eine kleine Pension mit Gartenlokal: **Tókert**, Erzsébet sétány 3, ✆ und 📠 531202, tokert@tokert.hu, www.tokert.hu. Sieben DZ (ca. 40 €) und ein Apartment.

Die *Annahöhle* (auch: Petőfi Sándor-Höhle) liegt rund 150 m unterhalb der Straße und des Hotels. Eine weitere Attraktion ist die *Wasserfallkaskade*:

50 m oberhalb der Annahöhle stürzt der Bach beinahe 10 m steil abwärts. Zum Essen können wir die etwas oberhalb, an der Straße nach Eger gelegene *Lilla Panzió* empfehlen. Auf ihrer schönen Terrasse kann man gut und vergleichsweise teuer speisen.
Eine weitere Tropfsteinhöhle, die *Szent-Ißstván-Höhle,* liegt etwa 500 m oberhalb des Hotels Palota in Richtung Eger auf der rechten Seite (Parkplatz). Eine Führung, die eine halbe Stunde dauert, wird zu jeder vollen Stunde begonnen, wenn mindestens zehn Besucher zusammengekommen sind. Die letzte Führung beginnt eine Stunde vor Schließung.

Öffnungszeiten 15. April bis 15. Oktober 9–17 Uhr, sonst 9–16 Uhr. Pullover nicht vergessen – die Höhle hat nur zehn Grad.

Die *Schmalspurbahn,* die in der Hochsaison im Juli und August alle 30 Minuten zwischen dem Miskolcer Ortsteil Diósgyőr und dem Weiler Garadna (kurz vor Omassa; auf halbem Weg nach Bánkut) verkehrt, hält am Bahnhof unterhalb der Szent-István-Höhle.

• *Anfahrt* von Miskolc nach Lillafüred: Vom Zentrum mit dem Bus Nr. 1 bis zur Endstation, dann Bus Nr. 5 bis Lillafüred – etwa alle zehn Minuten. Für Autofahrer ist die Strecke gut ausgeschildert. Von Lillafüred aus führt eine Straße durch die idyllische Waldlandschaft des Bükk-Nationalparks nach Szilvásvárad (siehe Szilvásvárad/Ausflüge).

Die Tropfsteinhöhlen im Aggteleker Nationalpark

Das *Tropfsteinhöhlensystem von Aggtelek und Jósvafő* ist das größte Europas und erstreckt sich auf über 22 km bis weit unter die Slowakei, wo es als Domicahöhle bekannt ist. Auf ungarischer Seite gibt es mehrere Eingänge, so in den beiden 6 km voneinander entfernten Orten Aggtelek und Jósvafő sowie zwischen beiden am Vörös-tó, dem "Roten Teich". Der wichtigste von ihnen ist der Aggteleker Eingang. Die regelmäßigen ungarischen Führungen dauern entweder eine oder drei Stunden und beginnen meistens zur vollen Stunde. Deutschsprachige Führungen können nach langfristiger vorheriger Anmeldung ebenfalls arrangiert werden.

• *Öffnungszeiten* täglich von 8 bis 18 Uhr. Besonders Höhlenfans, die gern an einer Spezialführung teilnehmen möchten, sollten sich rechtzeitig an Tourinform oder direkt an die Höhlenverwaltung (ungarisch: Aggteleki Nemzeti Park Igazgatósága, ✆ 350006, www.anp.hu, wenden. Für die Besichtigung der Domicahöhle unter slowakischem Gebiet ist der Reisepass erforderlich.

• *Anfahrt* von Miskolc entweder über die Straße Nr. 26 fast bis zur slowakischen Grenze und von dort aus weiter auf der Landstraße oder ab Sajószentpéter auf der Straße Nr. 27 bis zur Grenze des Nationalparks und von dort aus Landstraße (rund 66 km).

Der **Nationalpark Aggtelek** ist verglichen mit dem Bükkgebirge nicht nur landschaftlich etwas enttäuschend. Auch die wenigen touristischen Einrichtungen wie Unterkünfte und Gaststätten liegen qualitativ deutlich unter dem Landesdurchschnitt. Typisch für diese Gegend sind die karg bewachsenen Hügel, wo das Erdreich an vielen Stellen vom nackten Karst durchbrochen wird.

• *Information* **Tourinform,** Baradla oldal 1, ✆ und ℻ 343029 und 343073, aggtelek@tourinform.hu, Juni bis September täglich 9–18 Uhr, in der Nebensaison Mo–Do 7.30–16 Uhr, Fr 7.30–13.30 Uhr.

• *Übernachten* **Baradla Autóskemping**, 3759 Aggtelek, Baradla oldal 1, ✆ 48/343073, ℻ 48/350006. Kleinerer Platz direkt beim Aggteleker Höhleneingang. Wenig Komfort, kein Schatten. Preise: Zwei Personen mit Auto und Zelt zahlen pro Nacht 10 €; es gibt auch Bungalows. Für den hier gebotenen Service zu teuer. Geöffnet: Mitte April bis Mitte Oktober.

Das Aggteleker **Hotel Cseppkő** (✆ 48/343075, ℻ 48/342181) bietet Sauna, Tennisplatz und Heilkuren für asthmatische Krankheiten an. DZ mit Bad und Frühstück ab 40 €.

▶ **Hollóstető**: Der winzige Weiler 6 km südwestlich von Lillafüred mitten im Nationalpark Bükkgebirge liegt direkt an der Nebenstraße, die Miskolc mit Eger verbindet. Von hier aus lassen sich schöne Wanderungen unternehmen. Mit Kartenmaterial sollte man sich aber schon vorher eingedeckt haben, denn hier muss man froh sein, wenn man das Lebensnotwendige bekommt. Dafür verirren sich aber auch nicht allzu viele Besucher hierher.

• *Übernachten* Der schlichte Campingplatz **Hegyi Kemping**, 3557 Hollóstető, ✆ 46/390183, liegt etwas abseits, geradezu idyllisch mitten im Wald. Vorsicht Wohnwagenbesitzer – auf der Zufahrtsstraße gibt es viele Schlaglöcher. Der Platz ist von der Straße aus gut ausgeschildert. Es gibt ein Buffet und billige Bungalows: zwei Personen ab 18 €, drei Personen 23 € und vier Personen 35 €. Geöffnet: 1. Mai – 30. September.

• *Essen* Das nicht gerade berauschend gute **Restaurant** am Touristenhaus in Hollóstető (✆ 390163, ℻ 390418) ist täglich von 8 bis 20 Uhr geöffnet – montags allerdings nur bis 17 Uhr. Sowohl die DZ als auch die Bungalows, die bis zu vier Personen Platz bieten, kosten rund 25 €.

Tokaj

Ein kleiner Ort mit großem Namen – und der steht für den besten Wein der Welt. Meinen jedenfalls die Winzer von Tokaj.

Die Kleinstadt Tokaj wäre ein weißer Fleck auf den meisten Landkarten, wenn hier und in den umliegender Orten der Umgebung nicht der weltberühmte Wein wüchse, der schon allerlei Päpste und Zaren vor Verzückung hat überschnappen lassen. Die Überlieferungen der Aussprüche bekannter Tokajertrinker sind Legende. Wenn dabei die Wahrheit manchmal etwas gestreckt wird – lieber die Wahrheit als der Wein, und es dient ja einem guten Zweck. Den Vogel schoss angeblich der Schwedenkönig Johann III. ab, als er, blindlings den Heilkräften des Tokajers vertrauend, 1585 sein krankes Pferd damit behandelte. Ob dieses die Rosskur überlebte, ist unbekannt.

1986 ist Tokaj nach genau hundert Jahren wieder Stadt geworden. Von der historischen Bausubstanz ist nach dem Zweiten Weltkrieg jedoch wenig übrig geblieben. Die Bewohner haben das beste daraus gemacht und alte Häuser, so gut es ging, wiederhergestellt. Die Störche, die man hier überall nisten sieht –z. B. auf dem Rathaus und auf dem Stadtmuseum – scheint das zu freuen. Die größte Attraktion aber ist der Wein, der hier bei ausgiebigen Weinproben nicht oft genug begutachtet werden kann.

Geschichte

Schon bald erkannten die Menschen der Frühzeit die günstige Siedlungslage des Gebiets am Zusammenfluss von Theiß und Bodrog. Das belegen zahlreiche Funde aus der Stein-, Kupfer-, Bronze- und Eisenzeit. Tatsächlich unterhielten die vor der Landnahme hier wohnenden Stämme in der damals Hímesudvar genannten Stadt eine *Erdburg*. Der Name Tokaj wurde erstmals im Jahre 1074 urkundlich erwähnt. Unter der Herrschaft der Árpádendynastie diente die Stadt als königliches Quartier, bis sie beim Mongolensturm von 1241 zerstört wurde.

Gegen Ende des 14. Jh. wurde an der Stelle der alten Erdburg ein großer, vierstöckiger Steinturm erbaut, der die Aufgabe hatte, den Salztransport auf der Theiß zu sichern. Im Laufe der nächsten Dekaden entstanden um ihn herum die Befestigungswerke der schließlich *fünfeckigen Burg*, die nun für einige Zeit eine wichtige strategische Rolle spielen sollte. Rund 1.200 Soldaten waren damals hier stationiert, während die Siedlung am Flussufer ihrer Blütezeit entgegenstrebte. Die Stadtrechte wurden ihr im Jahre 1478 verliehen, worauf sich vor allem der Handel schwungvoll zu entwickeln begann. Die Burg jedoch wurde bei der Eroberung durch die Türken im Jahre 1567 stark in Mitleidenschaft gezogen – weitere Beschädigungen folgten 1604 bei der "Befreiung" durch die Habsburger. Den Rest aber bekam sie rund ein Jahrhundert später vom ungarischen Nationalhelden Ferenc Rákóczi, als dieser aus Ärger über die Zerstörung von Sárospatak durch die Kaiserlichen die Vernichtung der strategisch wichtigen Burg befahl.

Währenddessen gaben griechische Händler, die im 17. und 18. Jh. vor den Türken hierher geflüchtet waren, dem Wirtschaftsleben der Stadt neue Impulse. Bereits im 19. Jh. entwickelten sich die ersten kleineren Industriebetriebe in Tokaj, darunter eine Zündholz-, Leder-, Seifen- und Spirituosenfabrik. Da der antiquierte Verkehrsweg Theiß lange gegen den jetzt notwendigen Eisenbahnbau stand, geriet der Handel zunehmend ins Hintertreffen. Der Stern Tokajs im Zeitalter der Industrialisierung sank genauso schnell, wie im Mittelalter sein Aufstieg begonnen hatte.

Erst in den vergangenen Jahrzehnten wurde, besonders nach der erneuten Ernennung zur Stadt (1986), ein neuer Aufschwung, vor allem durch den Wirtschaftsfaktor Tourismus, in Angriff genommen. Doch egal, ob Tokaj weiterhin das bescheidene Dasein eines Bürgerstädtchens fristet oder eine neue Blütezeit erleben wird – dem 6.000-Einwohner-Städtchen bleibt stets der Weltruhm seines Weines.

Information/Adressen

- *Information* **Tourinform**, Serház utca 1, ✆ 552070 und ✆ 352259, tokaj@tourinform.hu. Geöffnet in der Hochsaison Mo–Fr 8–17 Uhr und Sa 8–12 Uhr, sonst Mo–Fr 9–16 Uhr.
- *Vorwahl* 47.
- *Post* Rákóczi utca 24. Geöffnet: Mo–Fr 8–17 Uhr und Sa 8–12 Uhr (auch Geldwechsel).

Übernachten

Hotel Tokaj, Rákóczi utca 5, ✆ 352344, ✆ 352759. Betongebäude direkt an der Durchgangsstraße. DZ mit Bad ab 40 €.

Makk-Marci Panzió, Liget köz 1, ✆ 352336, ✆ 353088, www.hotels.hu/makk_marci. Nette kleine Pension gegenüber der Post. Sauber und freundlicher Service. Man sollte darauf achten, nach Möglichkeit ei-

Die Hauptstraße mit Rathaus

nes der nach hinten hinausgehenden Zimmer zu bekommen, die um einiges leiser sind. DZ mit Dusche/ WC und Frühstück ab 35 €.

Lux Panzió, Serház utca 14, ✆ 352145, ℻ 352533, www.hotels.hu/lux_tokaj. Blitzsaubere Pension mit Farb-TV auf dem Zimmer. Im angeschlossenen Restaurant gibt es Hausmannskost zu zivilen Preisen (ausgezeichnetes Rindsgulasch). DZ mit Dusche im Zimmer und WC auf dem Flur für 35 €. Wirklich zu empfehlen.

Privatzimmer werden im Ort reichlich angeboten; man folge einfach nur den Schildern mit der Aufschrift "Zimmer frei". Die Preise für ein DZ liegen je nach Komfort und Saison um 35–40 €. Oft kann man auch noch etwas handeln; vor allem, wenn man mehr als drei Tage bleiben möchte. Zimmervermittlung auch über Tourinform.

Tisza-Kemping, Tisza part, ✆ und ℻ 352012. Der Platz liegt, innerorts gut ausgeschildert, zwischen den Eisenbahnschienen und der Theißbrücke schön schattig unter hohen Bäumen. Achtung – Überschwemmungsgefahr: Der Fluss Bodrog, der hier in die Theiß mündet, bringt alljährlich aus den Bergen große Wassermassen mit sich. Warme Duschen und Buffet vorhanden. Bootsverleih. Preis für zwei Personen mit Auto und Zelt: 10 € pro Nacht. Außerdem gibt es auf dem Campingplatz Bungalows (nur mit Waschgelegenheit). Ein 2-Betten-Häuschen kostet 20 € und ein 4-Betten-Bungalow 40 €. Es ist zu empfehlen, die Übernachtung mindestens zwei Monate vorher zu buchen. Geöffnet: Anfang April bis Mitte Oktober.

Tokaj-Kemping, Tisza part. Der kleine Privatplatz ist direkt neben dem Tisza-Kemping zu finden und genauso von Überschwemmungen bedroht. Während die eine Hälfte des Geländes viel Schatten hat, muss die andere ganz ohne auskommen. Zwei Personen mit Auto und Zelt zahlen 10 € pro Nacht.

Essen

Restaurant des Hotels Tokaj, Rákóczi utca 3, ✆ 352344. Großes Restaurant mit Terrasse neben dem Hotel. Gute Auswahl an Pfannen- und Fischgerichten für ca. 5–6 €. Die gebackenen Schweinekoteletts mit Reis waren annehmbar.

Halászcsárda, Bajcsy-Zsilinszky utca 23, ✆ 352632. Man findet es unweit der Theißbrücke. Fisch- und Fleischgerichte ab 5,50 €.

Tiszaparti Csárda, am Theißufer direkt vor dem Tisza-Kemping. Sehr einfaches Restaurant mit nur wenigen Tischen. Auf der Tafel am Eingang stehen wenige Tagesgerichte. Für einen Imbiss ganz ok.

Degenfeld, Kossuth tér 1, ✆ 553050. Gehobene ungarische Küche mit moderner Note in einem Haus aus dem 19. Jahrhundert, direkt auf dem Hauptplatz neben einem großen Souvenir- und Weinverkauf. Preislich liegen die meisten Fisch- und Fleischgerichte zwischen 10 und 14 €. Riesige Auswahl an Weinen.

Kikötö pihenö, hier kann man seinen Durst danach löschen. Das Schiff hat neben der Halászcsárda am Theißufer seinen festen Liegeplatz. Unter Sonnenschirmen und auf roten Korbmöbeln kann man sich gut von der vorangegangenen Weinprobe erholen. Zwischen Mai und Oktober (12–23 Uhr) stehen ein paar Getränke und kleinere Gerichte zur Auswahl.

Einkaufen/Sport/Veranstaltungen

• *Einkaufen* **Delikatész**, Rákóczi utca 16. Gute Auswahl an Tokajerweinen, Aszú von 3–6 Puttonyo, zu maßvollen Preisen. Geöffnet: täglich 10–19 Uhr.

Furmint Vinotéka, Bethlen Gábor utca 14. Große Auswahl an Weinen und Folkloreartikeln. Geöffnet: 9–17 Uhr.

• *Sport* **Baden**: Freibad in der Theiß am jenseitigen Ufer, 400 m stromabwärts vom Campingplatz. Die Wasserqualität wird angeblich ständig kontrolliert.

Reitschule: "Lovaglás", ab Tisza-Kemping ausgeschildert.

Kutschfahrten sind ab der Tiszaparti Csárda vor dem Campingplatz möglich.

• *Veranstaltungen* Das Tokajer **Weinfest** Wird Ende Mai gefeiert. Alle Ortschaften, die zur Tokajer Weingegend gehören (insgesamt sind das 17), sind mit ihren Trachten beim großen Straßenzug mit Folkloredarbietungen vertreten. Das Fest, das an historische Vorbilder anknüpft, wird ganz groß gefeiert. Auch im Oktober zum Beginn der Erntezeit gibt es jedes Jahr ein Weinfest. Infos bei Tourinform.

Folklore-Theaterveranstaltungen: im Sommer wöchentlich auf der Freilichtbühne am zentralen Kossuth Lajos tér, die bei Bedarf aufgebaut wird.

"Wein der Könige" und "König der Weine"

König Béla IV. soll es gewesen sein, der hier nach dem Mongolensturm von 1241 italienische und wallonische Weinbauern angesiedelt hat. Berühmt wurde der Tokajer aber erst nach 1490, als mit der Herstellung des *Aszú* begonnen wurde. Dann aber trat er binnen kurzer Zeit seinen triumphalen Siegeszug über die Tafeln der Reichen und Mächtigen an. Himmlisch fanden ihn die Päpste Pius IV. und Benedikt XIV., für Beethoven, Haydn und Schubert war er wie Musik, Voltaire löste er die spitze Zunge, Zar Peter der Große kaufte sich hier einen eigenen Weinberg, und Goethe verewigte den Tokajer sogar im Faust.

Was ist nun das Besondere der Tokajerweine? Da ist zum einen der gute Boden vulkanischen Ursprungs mit viel fruchtbarem Löss. Die wichtigste Rolle aber spielt das Klima: Die Karpaten schützen vor den kalten Nordwestwinden, und der lange, sonnenreiche Herbst ermöglicht den Reben eine lange Reifezeit.

Auf rund 98 % des Tokajer Weingebiets gedeihen die beiden Rebsorten *Furmint* und *Hárslevelü* (Lindenblättriger). Ein Großteil der rund 250.000 Hektoliter umfassenden Ernte kommt als Tafelwein in den Handel. Doch das Zauberwort für den wirklichen Genießer heißt *Aszú* (zu deutsch: Aus-

bruch). Süß und feurig schmeckt er, aromatisch und schwer, wobei er ein wenig an Portwein oder Sherry erinnert, diese aber geschmacklich weit hinter sich lässt.
Der Trick ist einfach: Wenn in anderen Ländern die Weinlese beendet wird, beginnt sie in Tokaj gerade und dauert manchmal bis in den Dezember hinein. In dieser Zeit verlieren die Trauben ihr Wasser und schrumpeln zusammen. Fachleute nennen diesen Zustand, in dem der Fruchtzuckergehalt auf über 50 % steigen kann, "Edelfäulnis". Die fast zu Rosinen geschrumpften Beeren werden nun gelesen, gemahlen und in stehende Fässer eingestampft. Der unten durch ein Loch abfließende Saft liefert die kostbare *Esszencia*, die Essenz, die infolge ihres hohen Zuckergehalts nur schwach in Gärung gerät.
Die Qualität des Aszú richtet sich nun danach, wie viele *puttonyos* (ein Hohlmaß: 12–15 kg) Trockenbeeren in einem Göncer Fass (136 Liter) mit dem Most der restlichen Ernte zusammen vergoren werden. Eine einfache Faustregel: je mehr "puttonyos", desto süßer und teurer.
Im Handel ist der Aszú mit 3 oder 4 "puttonyos" am stärksten vertreten: Im Supermarkt beginnt der Preis für eine 0,5-Liter-Flasche bei 4,50 €. Wer aber z. B. das Glück hat, auf eine Flasche mit 6 "puttonyos" zu stoßen, muss dafür schon ein Vielfaches hinblättern. Das gilt natürlich nur für die jüngeren Jahrgänge – nach vier- bis achtjähriger Reifezeit ist der Aszú nämlich fast unbegrenzt haltbar. Doch mit dem Alter steigt auch der Preis in schwindelnde Höhen, ganz abgesehen von der Schwierigkeit, überhaupt jemanden zu finden, der eine solche Kostbarkeit verkauft. Der *Szamorodni* entsteht in Jahren, in denen sich die Trockenbeerenauslese nicht lohnt – dann wird die gesamte Ernte inklusive der wenigen Trockenbeeren gemeinsam gekeltert. Nicht schlecht, aber eben kein Aszú!
Bevor es aber zum Probieren geht, sollten Sie sich noch vier Vokabeln einprägen: *bor* ist der Wein, *edes* bedeutet süß und *száraz* trocken; *részeg* aber heißt besoffen – Prost!

Weinproben

Vor allem im Ortszentrum und an der Theißbrücke gibt es mehrere *Borozós* (Weinstuben), aber auch viele Schilder "Weinverkauf", wo man den ganzen Stolz privater Winzer testen und kaufen kann. Aber die Tokajer lieben eines noch mehr als den Wein – ihren Schlaf nämlich. Deshalb wird es auch spätestens gegen 21 Uhr ziemlich schwierig, noch ein Schlückchen ausgeschenkt zu bekommen. Getrunken wird übrigens in Tokaj immer aus den kleinen 0,1-Liter-Gläschen.

Rákóczi Pince, Kossuth Lajos tér 15, ✆ 352408, 📠 352141, rakoczi@tokaj.com. Der Rákóczikeller ist die Weinstube des Tokajer Weinkombinats (geöffnet: 9–12 Uhr und 13–19 Uhr), zu finden in der Ortsmitte an der katholischen Kirche. Ältere und Spezialweine kann man hier zu entsprechenden Preisen kosten und mit ein wenig Glück sogar einen Aszú aus dem eigenen Geburtsjahrgang kaufen (100 € sind da schnell weg für eine (!) 0,5-Liter-Flasche). Gute Auswahl und winzige Terrasse. Innen sitzt man stilgerecht auf unbequemen Holzfässern.

Den zur Weinstube gehörenden, 1.500 m langen Rákóczikeller, wo auf 24 Gängen bis zu 20.000 Hektoliter Wein lagern, können nur größere, angemeldete Gruppen besichtigen. Individualreisende haben manchmal Glück und dürfen sich einer solchen Gruppe anschließen – frühzeitig nachfragen, für wann sich die nächste angekündigt hat.

Borozó, Rákóczi utca 4. Geöffnet bis 24 Uhr! Die einzige Möglichkeit, zu etwas späterer Stunde noch einen Schoppen zu bekommen. Niedrige, holzvertäfelte kleine Räume; letztlich die gemütlichste Weinstube in Tokaj.

Taverna, Rákóczi utca 2, ✆ 352346. An der Hauptstraße gegenüber der Theißbrücke. Kleine Terrasse und breite Palette an Aszú-Weinen offen im Ausschank. Geöffnet: täglich außer Mo 9–21 Uhr.

Dreber, Kossuth Lajos tér 17. Die Weinstube hat auch kleinere Gerichte anzubieten. Geöffnet: So–Do 9–21 Uhr sowie Fr und Sa bis 22 Uhr.

Sehenswertes

Tokajer Stadtmuseum: Das Museum in der Bethlen Gábor utca 7 lohnt einen Besuch. Im *Erdgeschoss* werden Ikonen und religiöse Kultgegenstände gezeigt. Im *ersten Stock* Zimmer eines griechischen Weinhändlers, alte Bücher, Waffen, Tonscherben, Siegel, Porzellan und Zimmerschmuck, im *zweiten Stock* unter dem Dach u.a. Schaukästen mit Rebsorten, Winzerwerkzeuge, Gefäße, Weinetiketten, Zapfhähne, im *Keller* Flaschen und Krüge, schön bemalte Teller, Krüge und Flaschen aus Porzellan sowie Geschirr mit Rebenmuster.

Öffnungszeiten ganzjährig Mo–Fr, 10–16 Uhr.

Gemäldegalerie: wechselnde Ausstellungen zeitgenössischer Maler in der barocken, griechisch-orthodoxen Kirche (Bethlen Gábor utca, neben Haus Nr. 17).

Öffnungszeiten Mai bis August täglich außer Mo, 10–16 Uhr.

Der *Tokaji-hegy* ist der 516 m hohe, weinbestandene Aussichtsberg über der Stadt. Im Volksmund wird er liebevoll *Kopasz* (zu deutsch: Glatzkopf) genannt. An der Theißbrücke führt ein schmaler Fußweg (Treppe) etwas den Berg hinauf. Von hier aus hat man eine tolle Aussicht auf die Große Tiefebene und die Theißschleife. Mit dem Auto kann man von *Tarcal* kommend (8 km westlich) direkt auf den erloschenen Vulkankegel fahren, dem das Weinanbaugebiet seine guten Böden verdankt.

Schöne Gebäude: Im kleinen, ehemaligen *Jagdschloss* des Königs Szapolai (Bem Jósef utca 2) befindet sich ein großer privater Weinkeller, den man auf Anfrage manchmal besichtigen darf. Das um 1700 erbaute ehemalige *Rákóczi-Dessewffy-Schloss* (Bajcsy-Zsilinszky út 15–17) ist heute eine Schule. Die *Synagoge* in der Achim András utca (Ecke József Attila utca) wurde vor einigen Jahren renoviert. Sehenswert ist auch die Ikonostase in der *griechisch-orthodoxen Kirche* (Vásvan Pál utca; neben Hausnummer 11), die man aber leider nur durch ein Gitter betrachten kann.

Ausflüge

Szerencs

Die Kleinstadt (20 km nordwestlich von Tokaj an der Straße Nr. 37) mit 9.000 Einwohnern am Ufer des gleichnamigen Flusses wäre kaum einen

Aufenthalt wert, wenn man nicht von hier aus schöne Wanderungen in das Zemplener und Tokajer Gebirge machen könnte.

Übernachten **Hotel Huszárvár**, Huszárvár út 11, ✆ 47/563050, 📠 47/362296, szerburghotel@elender.hu. DZ um die 50 €. **Pension Weekend**, Rákóczi utca 19, ✆ 563010, 📠 361938. Kleine Pension, DZ ab 35 €.

In der Hauptstraße stehen einige renovierte historische Gebäude. Außerdem beherbergt das Burgschloss der Familie Rákóczi aus dem 16. Jh. inzwischen die mit insgesamt 751.000 Stück größte *Postkartensammlung* des Landes, von denen allerdings nicht alle zu sehen sind. Die Sammlung des Arztes Dr. László Petrikovits bildet den Grundstock für die Ausstellung. Herzallerliebst sind einige Postkarten, die, von der Rückseite beleuchtet, ein völlig anderes Bild zeigen. Des weiteren kann man sich eine ständige Ausstellung zur Geschichte des Ortes und der Familie Rákóczi ansehen. Man erreicht das Schloss von der Straße Nr. 37 in Richtung Ond abbiegend, dann nach rund 150 m links der Posta utca folgend. Es ist auch ausgeschildert.

Öffnungszeiten täglich außer Mo, 10–17 Uhr.

Monok

Von Szerencs aus fährt man rund 10 km nach Norden bis Monok, dem Geburtsort des ungarischen Nationalhelden, Politikers und großen Redners *Lajos Kossuth* (1802–1894), nach dem auch in der kleinsten ungarischen Stadt eine Straße oder ein Platz benannt ist. Sein im Zopfstil um 1780 erbautes *Geburtshaus* auf der rechten Seite der Durchgangsstraße, 200 m oberhalb der Kirche, ist heute ein Gedenkhaus. An der Hauswand befinden sich eine Marmortafel und einige kleine mit den ungarischen Nationalfarben geschmückte Kränze.

Öffnungszeiten täglich außer Mo, 10–18 Uhr.

Keine 200 m oberhalb des Gedenkhauses steht das im charakteristischen Ocker gehaltene, etwas heruntergekommene ehemalige *Barockschloss der Familie Andrassy* (1620–25 erbaut, heute Schule).

Anfahrt von Szerencs aus nach Monok: auf der Straße in Richtung Ond fast bis zum Ortsausgang von Bekecs, dann rechts in Richtung Megyaszó, nach 500 m rechts ausgeschildert.

Szabolcs

Das kleine Dorf 10 km nordöstlich von Tokaj (von der Straße Nr. 38 in Richtung Nagyhalász abzweigen; von der Hauptstraße gut ausgeschildert als Műemlék) beherbergt das *Mudrány-Kúria-Múzeum* in einem kleinen ehemaligen Adelshaus.

Neben der kleinen ortsgeschichtlichen Dokumentation mit einigen archäologischen Funden ist besonders die historische Einrichtung des Hauses von Interesse (je ein Barock-, Renaissance- und Biedermeierzimmer). Beachtenswert sind auch die Bildnisse ungarischer Herrscher in den Ecken der Zimmerdecken.

Öffnungszeiten täglich außer Mo, 10–18 Uhr.

Gegenüber dem Museum führt ein 150 m langer Feldweg zu einem Denkmal inmitten der überwachsenen Überreste einer *Wallburganlage* aus dem 10. Jh. Nur die Erdwälle selbst sind noch gut zu erkennen.

Vom Museum sind es noch ungefähr 200 m bis zur hübschen kleinen *Basilika* aus dem 11. Jh., deren Dach mit Holzschindeln gedeckt ist. Wer einen Blick hinein werfen möchte, kann im Haus gegenüber (Nr. 23) den Schlüssel bekommen. Urig wirkt der hölzerne Glockenturm vor der Kirche.

Sárospatak

Das Städtchen liegt 36 km nordöstlich von Tokaj (Straße Nr. 37), zwischen Bodrog und Zemplener Gebirge, nur wenige Kilometer von der slowakischen Grenze entfernt. Hierher, in den äußersten Nordosten Ungarns, verirrt sich vergleichsweise selten ein Urlauber aus Westeuropa. Die Wohnhäuser, alt wie neu, vermitteln alle einen behaglichen Eindruck. Allein die Abwesenheit der kühlen "Fünfziger-Jahre-Bauten" lässt die Stadt sympathisch wirken. Ein mehrtägiger Aufenthalt lohnt sich nur, wenn man von hier aus zu Fuß auf Entdeckungstour durch das Zemplener Gebirge geht. Es gibt ein kleines Thermalbad und einen malerisch in einem Steinbruch gelegenen See (Wanderkarten bei Tourinform und auf der Burg erhältlich).

• *Information* **Tourinform, Táncsics tér 3,** ✆ und ℻ 511441, sarospatak@tourinform.hu. **Borsod-Tourist**, Kossuth utca 46, 3950 Sárospatak, ✆ 323073; geöffnet: Mo–Fr 8–16 Uhr und (in der Saison) Sa 8–12 Uhr.

• *Telefonvorwahl* 47.

• *Übernachten* **Privatzimmer**: Vermittlung durch das Borsod-Tourist-Büro in der Kossuth utca 46. Preise: DZ um 30 €.

Hotel Borostyán, Szent Erzsébet utca 28, ✆ 312611. In einem ehemaligen Trinitarierkloster aus dem 17. Jh., besonders schön und ruhig direkt an der Burg gelegen. Ein DZ mit Bad kostet ab 45 €.

Hotel Bodrog, Rákóczi utca 58, ✆ 311744, ℻ 311527, bordog@matavnet.hu. Neubau an einer verkehrsreichen Straße; Parkplatz hinter dem Haus. Hier kommt ein DZ mit Dusche und Frühstück auf 45 €.

Tengerszem-Kemping, Herczeg Ferenc utca 2, ✆ 312744, ℻ 314527. Etwas abgelegen. Anfahrt: von der Straße Nr. 37 in Richtung Sátoraljaúhely nach 1 km rechts, dann noch einmal 1,5 km. Kein Schatten, wenig besucht, Lebensmittelladen, Tennis, Tischtennis; Thermalfreibad in der Nähe. Preise: zwei Personen mit Auto und Zelt 8 €, einfacher Bungalow für bis zu fünf Personen 40 €. Geöffnet: Anfang April bis Ende September.

Das **Burgschloss** von Sárospatak, von einem wunderschönen Park umgeben, wirkt imposant. Seine Geschichte begann im Jahre 1534, nachdem sich der Raubritter Peter Perényi eines noch älteren Turmes an dieser Stelle bemächtigt hatte und nun begann, diesen auszubauen und mit einer Festung zu umgeben. Sein Sohn setzte den Bau fort, und auch die nachfolgenden, rasch wechselnden Besitzer ließen sich den weiteren Ausbau einiges kosten.

1616 kamen Stadt und Schloss in den Besitz der Familie Rákóczi, deren Sitz es nun für fast hundert Jahre bleiben sollte. Damals wurde die Festung ein Zentrum des Widerstands gegen die Habsburgerherrschaft in Ungarn. Schon 1670 war sie der Schauplatz einer Verschwörung gegen Wien, an der der Vater von *Ferenc Rákóczi*, der den gleichen Namen trug, beteiligt war, und auch der bewaffnete Aufstand brach mit der Verhaftung des Kommandanten der Festung Tokaj hier aus.

Nach 1697 kehrte noch einmal der alte Glanz in Sárospatak ein, als *Ferenc Rákóczi II.* (1676–1735) vor seiner Verhaftung und Flucht drei Jahre lang die prachtvolle Residenz seiner Ahnen genoss. Im Sommer des Jahres 1703 befreiten die Truppen des Freiheitskrieges unter seiner Leitung die Stadt. Doch noch am Abend des Einmarsches fiel das Schloss einem Brand zum Opfer. Schließlich tagte 1708 im provisorisch wiederhergestellten oberen Turmsaal ein wichtiger Landtag unter der Führung des aufständischen Fürsten. Von hier aus musste er auch zwei Jahre später in die türkische Emigration gehen, von wo er nie zurückkehrte. Das Schloss wechselte derweil wieder rasch seine Besitzer. 1945 wurde es dann verstaatlicht. Umfangreiche Arbeiten waren notwendig, um es zu restaurieren und das Rákóczi-Museum hier einzurichten.

Das riesige *Rákóczi-Museum* enthält Dokumente der Familien- und Zeitgeschichte, Zeugnisse des Rákóczi-Befreiungskampfes sowie die originalgetreu restaurierten Einrichtungsgegenstände, darunter einige sehr hübsche Möbel. Es geht nahtlos über in die städtische Gemäldegalerie, in der ein paar Dutzend Bilder, meist aus diesem Jahrhundert, ausgestellt sind. In einem kleinen Keller des Hauptgebäudes ist eine Keramikausstellung zu sehen.

Öffnungszeiten täglich außer Mo, von 10–18 Uhr geöffnet. Mittlerweile werden auch deutschsprachige Führungen angeboten.

Die mächtige *Hallenkirche* aus dem 14. Jh. in der Kádár utca ist die größte ihrer Art in Nordungarn. Von außen wirkt sie graubraun, von innen hell. Prunkstück der Inneneinrichtung ist ein monumentaler, barocker Hochaltar mit reichlich Schnitzwerk und Goldverzierungen. Außerdem befindet sich auf der Orgelempore eine kleine Kirchenkunstausstellung.

Öffnungszeiten Di–Sa 9–17 Uhr und So 11–17 Uhr; Mo geschlossen.

Eine weitere historisch bedeutsame Einrichtung in Sárospatak ist das 1531 gegründete *Reformierte Kollegium*. Der klassizistische Hauptbau, in dessen Bibliothek zahllose seltene Schriften aufbewahrt werden, entstand im 19. Jh. Insgesamt umfasst die Bibliothek weit über 200.000 Bücher. Bemerkenswert sind auch die kunstgewerbliche und folkloristische Sammlung im Erdgeschoss und die nach dem berühmten böhmischen Pädagogen und einstigen Lehrer an diesem Institut *Comenius-Ausstellung* genannte Sammlung zur Geschichte des Kollegiums. Im sogenannten *Schulpark* gegenüber der Hauptfassade stehen die Statuen später berühmt gewordener Schüler des Kollegiums, zu denen auch Lajos Kossuth und Zsigmond Móricz zählen. Noch heute gilt das Kollegium, eines der ältesten und bekanntesten Schulen Ungarns, als ein geistiges und kulturelles Zentrum des Landes. Innenbesichtigungen sind nur im Rahmen von Führungen möglich, die man im Borsod-Tourist-Büro vereinbaren kann.

Öffnungszeiten ganzjährig Mo–Fr 9–17 Uhr.

Nach der Reitervorführung haben die Pferde Durst

Die Große Tiefebene

Endlose, schnurgerade Straßen führen durch die weite, absolut flache Landschaft. Ein riesiges Feld reiht sich an das nächste: Sonnenblumen, Paprika, Mais und Weizen bis zum Horizont...

Das einstige Öd- und Weideland ist heute die Kornkammer Ungarns. Doch neben den großen "landwirtschaftlichen Fabriken" gibt es hier auch kleine, abgelegene Dörfer, wo die Zeit stehen geblieben zu sein scheint: Storchennester, Herden watschelnder Gänse und viel Ruhe.

Hier denkt man oft an Piroschka (alias Liselotte Pulver) – es geht gar nicht anders. Aus den winzigen Bahnhöfen, jeder mit viel Blumen und Grün ein Schmuckstück für sich, könnte sie im nächsten Moment heraustreten und unser Vorurteil aufs trefflichste bestätigen. Doch die vielgerühmte Pusztaromantik mit feurigen Pferdehirten, rassigen Tänzerinnen und virtuosen Zigeunergeigern, kurz: das ewig junge Operettenungarn, ist den wenigen Enklaven vorbehalten, wo es, oft sogar ohne rechte Begeisterung, knipsenden Tagestouristen vorgeführt wird.

Die Große Tiefebene (ungarisch: *Alföld*) erstreckt sich über mehr als die Hälfte des ganzen Landes. Einst war sie ein sumpfiges Gebiet mit reißenden Flüssen und üppiger Fauna und Flora. Allein die Theiß, die die Große Tiefebene in zwei annähernd gleich große Regionen teilt, überflutete alljährlich riesige Landstriche. Durch rigorose Begradigung und mit kilometerlangen Staudämmen hat man den Strom unter Kontrolle gebracht.

Zur Puszta (was soviel heißt wie kahl oder verlassen) wurde die Große Tiefebene in der Zeit der türkischen Besetzung Ungarns. Die Eroberer ließen die Wälder roden und bemühten sich, die Erträge des eroberten Besitzes zu steigern. Die ungarische Bevölkerung indes flüchtete sich in die sichereren Städte. Zurück blieben unbestellte Felder und verlassene Dörfer, wo die vom Gesetz verfolgten Betyáren und allerlei Diebesgesindel ihr Unwesen trieben. Außerdem war diese Steppenlandschaft die Heimat der Hirten und Fischer. Typisch für die folgende Zeit sind die Einsiedlerhöfe, sogenannte *Tanyas*, von denen einige, die erhalten geblieben sind, zu Museen umgewandelt wurden.

Nach und nach jedoch, vor allem nach 1945, wurde die weite, baumlose Tiefebene kultiviert und damit zur landwirtschaftlich bedeutendsten Region des Landes. Nur in vergleichsweise winzigen Naturschutzgebieten, wie der *Hortobágy-* und der *Bugac-Puszta*, hat man versucht, die legendenumwobene und auf eigenartige Weise reizvolle Landschaft nicht zuletzt als Touristenattraktion zu bewahren.

Wenn die Große Tiefebene auch heute nicht mehr öd und leer ist, so ist doch die landschaftliche Einförmigkeit noch immer ihre hervorstechendste Eigenschaft. Ein Ausflug hierher lohnt sich aber, auch wenn der malerisch gekleidete Hirte weitgehend durch den modernen Agraringenieur ersetzt wurde und viele Ziehbrunnen den Motorpumpen weichen mussten, die Aluminiumwasserspeicher, die modernen Wahrzeichen der Puszta, mit Wasser versorgen. Naturliebhaber kommen insbesondere im Hortobágy-Nationalpark und rund um den Theiß-See auf ihre Kosten. Längst ist das Flachland im Südosten Ungarns mit seinen weit auseinanderliegenden Bauerndörfern nicht nur für Fahrradwanderer und Angler kein Geheimtipp mehr.

Auch die größeren Städte der Tiefebene, wie die mediterran wirkende Pusztametropole Szeged, die Hauptstadt des Paprikas, das einst kalvinistische und heute studentische Debrecen und Kecskemét, das inmitten eines riesigen Obstanbaugebiets liegt, sind interessante Ziele, wenn man Ausflüge zu den berühmten Bauwerken des ungarischen Jugendstils, kuriosen Museen und den Pusztahöfen in der Umgebung miteinander verbinden möchte. Im Sommer hat man vom Besuch der Pusztastädte dann am meisten, wenn man die Reise etwas nach dem Festspielkalender plant: Ende Juni und im Juli kann man die meisten Open-Air-Konzerte und Aufführungen miterleben. Zu den Highlights des ungarischen Bade- und Thermaltourismus zählen Hajdúszoboszló und das etwas verträumte Gyula ganz in der Nähe der rumänischen Grenze.

Nyíregyháza

Kartoffeln, Tabak und Äpfel der Sorte Jonathan: Nyíregyháza ist Zentrum der "Nyírség", einer sandigen, von Akazienwäldern bestandenen und landwirtschaftlich stark genutzten Hügellandschaft.

Die Hauptstadt des Komitats Szabolcs-Szatmár-Bereg ist im Vergleich zum Rest der Großen Tiefebene relativ dicht besiedelt. Eine erste Niederlassung an der Stelle der heutigen 115.000-Einwohner-Stadt wurde beim Mongolensturm im Jahre 1241 zerstört. Zur Zeit der Türkenkriege zur Grenzfestung ausgebaut, wurde sie bald darauf ein zweites Mal dem Erdboden gleichgemacht. Zu Beginn des 18. Jh. war die einst stattliche Bevölkerung auf nur fünfzig Familien zusammengeschrumpft. Ein erneuter Aufschwung der heutigen Provinzmetropole begann erst mit der Industrialisierung, obwohl die Stadt ihren von der Landwirtschaft geprägten Charakter bis heute behalten hat.

Urlauber aus Westeuropa sieht man hier trotz des hübschen Stadtzentrums selten. Auffallend ist die große Zahl an Geschäften, darunter besonders viele Lebensmittelläden. Das wird verständlich, wenn man weiß, dass die *Nyírseg* ein ausgesprochenes Obst- und Gemüseanbaugebiet ist. Vor allem Äpfel der Sorte Jonathan sind ein bekanntes regionales Erzeugnis. Auch die tabakverarbeitende Industrie hat hier eine lange Tradition.

Obwohl schon das Stadtzentrum baulich angenehm und interessant ist, stellt das nahe *Sóstófürdô* eine attraktive Alternative dar: eine Bade- und Erholungssiedlung mit guter touristischer Infrastruktur und besonders schöner Umgebung.

• *Information* **Tourinform**, Országzászló tér 6, 4400 Nyíregyháza, ✆ 504647, ℻ 504648, szabolcs-m@tourinform.hu. Geöffnet: Mo–Fr 9–17 Uhr, in der Saison auch samstags 10–16 Uhr

• *Telefonvorwahl* 42.

• *Einkaufen* Ein großer **Markt** befindet sich in der Rákóczi utca (Búza tér 23).

• *Übernachten* **Hotel Centrál**, Nyár utca 2–4, ✆ 411330, ℻ 408710, central@szabinet.hu 64-Betten-Hotel in zentraler Lage. DZ mit Bad und Frühstück ca. 45 €.

Hotel Korona, Dózsa György utca 1, ✆ 409300, ℻ 409339, korona@broadband.hu. Neuerer Bau in zentraler Lage. Verschiedene gastronomische Einrichtungen im Haus, darunter auch ein Restaurant und eine Nachtbar mit Showprogramm. DZ mit Bad und Frühstück ab 45 €.

Ózon Panzió, Csaló köz 2, ✆ 402001, ℻ 402002, www.hotels.hu/conto. Pension mit 17 Zimmern. DZ mit Bad und Frühstück ab 30 €.

Senator Panzió, Búza tér 11, ✆ 311796. Pension mit 15 Zimmern. DZ mit Bad und Frühstück ab 26 €.

• *Essen* Níregyháza ist nicht gerade reich an kulinarischen Höhepunkten. Preisgünstige ungarische Küche gibt es im **Tölgyes** in der Sóstói utca 40. Weitere Adressen sind der **Tiszti Klub** in der Színház utca 2, die **Pater Sörözô** in der Széchenyi utca 35, der **Weinkeller Tokaji** in der Dózsa György utca 7, der **Irish Pub** in der Blaha Lutjza utca 1, das **Café Piano** am Hôsök tere 8 und die **Gösser Sörözô** am Országzázsló tér 10.

Sehenswertes

Das *Jósa-András-Museum* am Benczúr Gyula tér 21 zählt zu den größten, vielfältigsten und interessantesten Provinzmuseen Ungarns, aber selbst diese Tatsache vermag nur sehr wenige Besucher anzulocken. Egal – dann müssen Sie sie eben alleine genießen, die archäologischen Funde aus der Zeit der Landnahme (Schmuck, Waffen, Hirtentaschen usw.), die Gemäldegalerie mit Werken des hier geborenen Malers Gyula Benczúr, die Ausstellung um den Schriftsteller Gyula Krúdy sowie die Möbel- und Volkskunstsammlung (Stickereien usw.).

Öffnungszeiten täglich außer Mo, 9–14 Uhr.

Auf dem zentralen Platz der Stadt, dem *Kossuth tér*, befindet sich das beige gestrichene, spätklassizistische *Rathaus* von 1892 (Haus Nr. 1), davor ein Kossuth-Denkmal. Auf der gegenüberliegenden Seite die evangelische *Ba-*

rockkirche aus dem 18. Jh. Besonders hübsch wirken die zahlreichen Verschachtelungen und Türmchen. Das in hellen Farbtönen bunt bemalte Innere sieht aus, als ob ein Dutzend Malerlehrlinge ihrer Phantasie hätten freien Lauf lassen dürfen.

Ausflüge

▸ **Sóstófürdô**: Die kleine Bade- und Erholungssiedlung liegt nur 6 km nördlich vom Stadtzentrum Nyíregyházas entfernt (Buslinie 8), inmitten eines großen, parkartigen Waldes. Riesig ist die Thermalbadanlage mit mehreren, auch überdachten Becken.

Hier geht alles, vom Faulenzen bis zum Tennisspielen und vom Schwimmen im Kaltwasserbecken bis zum Wannenbad. Der See im großen Kurpark steht sowohl Tretbootfahrern als auch Schwimmern zur Verfügung. Außerdem gibt es noch zwei von dichtem Schilf umgebene Natronseen.

Der *Wildpark* (ungarisch: Vadaspark) hat von 9–19 Uhr geöffnet. Hier machen auffallend viele ungarische Familien mit Kindern Urlaub. Informationen bekommt man von Tourinform in der Viztorany utca (✆ 411193). Parkfürdö und Freibad am See von Mai bis Mitte September täglich von 9–20 Uhr geöffnet.

• *Information* Tourinform, Víztorony, ✆ und ℻ 411193, sostofurdo@tourinform.hu, Mo–Fr 10–17 Uhr.

• *Übernachten* **Hotel Park**, Tölgyes utca 68, ✆ 501360, ℻ 501366, mpitk@axelero.hu. 89-Betten-Hotel in Sóstófürdô. DZ mit Dusche und Frühstück 45 €, DZ mit Bad und Frühstück 50 €.

Paradise Hotel, Sóstói utca 76, ✆ 402038, ℻ 402011. DZ mit Bad und Frühstück 35 €, Apartments 40–45 €.

Igrice Camping, Blaha Lujza sétány 8, ✆ 479705. Der komfortable Wiesenplatz mit der angeschlossenen, modern wirkenden Feriensiedlung liegt direkt am See. Baden möglich. Innerorts gut ausgeschildert. Preise: Zwei Personen mit Auto und Zelt zahlen rund 8 € pro Nacht (warme Duschen). Ein Bungalow mit Dusche für bis zu vier Personen kostet 20 € und ein DZ im Motel 15 € pro Nacht. Geöffnet: Anfang Mai bis Ende September.

▸ **Nyírbátor**: Der Ort liegt 37 km südöstlich von Nyíregyháza. Von der Ortsmitte sind die 200 m entfernte *Franziskanerkirche* und das im ehemaligen Ordenshaus untergebrachte Museum ausgeschildert. Der einflussreiche transsylvanische Prinz István Báthory ließ das Gotteshaus um 1480 erbauen. In der Kirche beeindruckt vor allem die üppige Barockausstattung mit reichlich vergoldetem Schnitzwerk. Die kalvinistische Kirche auf einem Hügel an der Báthory István utca zählt zu den schönsten gotischen Kirchen Ungarns.

Im *Báthori-István-Museum* nebenan sind eine umfangreiche volkskundliche Sammlung, Ausgrabungsfunde, eine Ausstellung über traditionelle Berufe anhand von Werkzeugen, Fotos usw. sowie Stickereien und Keramik zu besichtigen.

Öffnungszeiten täglich außer Mo, 10–18 Uhr.

Alljährlich findet in Nyírbátor ein bekanntes *Musikfestival* statt (Juli – August).

• *Übernachten* **Bástya Hotel**, Hunyadi utca 8–10, ✆ und ℻ 42/281657. DZ mit Bad und Frühstück ab 30 €.

Hotel Hódi, Báthori utca 12, ✆ und ℻ 42/281012. DZ mit Bad und Frühstück ab 45 €.

Mátyás Panzió, Hunyadi utca 8, ✆ und ℻ 42/281657. Gehört zum Hotel Bástya, beide liegen direkt nebeneinander. DZ mit Bad und Frühstück ab 25 €.

Vaja: Vaja liegt 36 km östlich von Nyíregyháza (erst Straße Nr. 41, dann Nr. 49). Im Burgschloß (innerorts als Museum gut ausgeschildert) ist eine kleine Rákóczi-Ausstellung untergebracht, deretwegen allein sich ein größerer Umweg allerdings kaum lohnt.

Öffnungszeiten **Vay-Adám-Múzeum**, täglich außer Mo, 10–17 Uhr.

Man muss sich schon stark für Architektur interessieren, um dem Burgschloss aus dem 16. Jh. und der schmucklosen, ein Jahrhundert älteren reformierten Kirche neben dem Schloss etwas abgewinnen zu können.

Debrecen

Kalvinistisches Rom, "größtes Dorf" und einst provisorische Hauptstadt – die zweitgrößte ungarische Stadt ist seit jeher das kulturelle und wirtschaftliche Zentrum des Gebiets östlich der Theiß.

Zwar findet man auch in Debrecen scheinbar endlose Trabantenstädte, deren Architektur an Legebatterien erinnert, doch ist der Stadtkern von einladendem Wesen, die Gebäude sind bescheiden, manchmal sogar schön, und die Sehenswürdigkeiten atmen Geschichte. Oft wirkt die Stadt noch wie ein riesiges Bauerndorf der Tiefebene. Niedrige einstöckige Häuser säumen die meisten Straßen. Etwas höhere Häuser säumen nur die große Hauptstraße, die vom Kálvin tér zum Bahnhof führende Piac utca.

Etwas ab vom Schuss in der flachen Tiefebenenlandschaft zwischen der Hortobágy-Puszta und der rumänischen Grenze gelegen, ist es Debrecen dennoch mittlerweile gelungen, Miskolc, dem ewigen Konkurrenten, den Rang der zweitgrößten ungarischen Stadt abzulaufen.

Debrecen – Universitätsstadt und Tor zur Hortobágy-Puszta

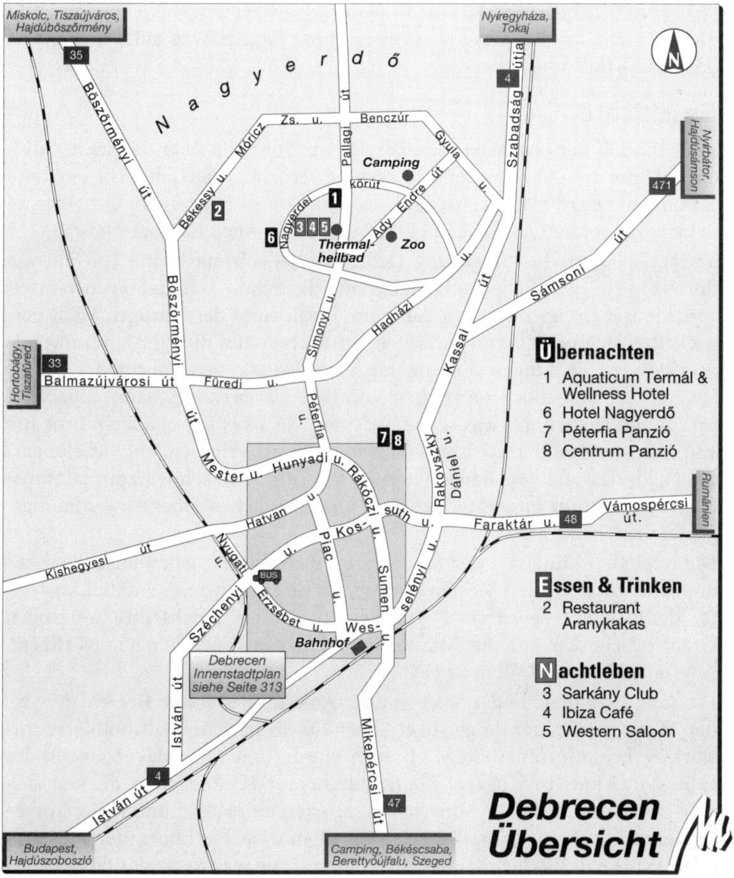

Unzweifelhaft ist weiterhin die berechtigt größere touristische Bedeutung Debrecens. Alljährlich werden hier rund anderthalb Millionen Besucher gezählt. Von hier aus sind es nur 35 km in die Hortobagy-Puszta. Ein Pluspunkt ist außerdem der große *Parkwald* (ungarisch: Nagyerdö) direkt am Stadtrand, wo ein riesiges Badezentrum mit Thermal-, Heil- und Sportschwimmbecken entstand. Drei Universitäten sorgen für ein quirliges Studentenleben.

Seit 1950 besitzt Debrecen als Hauptstadt des mehr als achtzig Ortschaften umfassenden Komitats Hajdú-Bihar für seine Umgebung eine verwaltungstechnische Schlüsselrolle. Große Bedeutung hat auch die Industrie in der rund 210.000 Einwohner zählenden Protestantenstadt. Weltbekannt sind die pharmazeutische Industrie, die Walzlagerwerke und besonders die

Debrecener Lebensmittelindustrie: Von hier aus treten Millionen von Hühnern, Enten, Truthähnen und Gänsen ihren langen Weg auch in bundesdeutsche Kühltruhen an.

Geschichte

1774 schrieb der englische Reisende Robert Townson über die Stadt: "Welchem Umstand Debrecen seine Gründung verdankt, weiß ich nicht; verstand auch nicht, was 30.000 Menschen dazu bewegte, sich an einem Ort anzusiedeln, wo es weder Quelle noch Fluß, weder Heiz- noch Baumaterial gab..."

Tatsächlich war die Umgebung Debrecens jedoch einst eine von Flüssen durchzogene, waldbedeckte Landschaft, die schon seit der Frühsteinzeit von Menschen bewohnt war. Auf dem Territorium der heutigen Stadt entwickelten sich nach der ungarischen Landnahme um die Jahrtausendwende drei kleinere Siedlungen, die allmählich miteinander verschmolzen.

Sie wurden schließlich nach einer von ihnen *Debrecen* genannt, ein Wort türkischen Ursprungs, was soviel bedeutet wie: lebe, bewege dich. Im Jahre 1361 zur Stadt und 1405 zum königlichen Besitz erhoben, entwickelte sich die Niederlassung von Bauern und Händlern relativ schnell zum administrativen Zentrum im sumpfigen und unzugänglichen Überschwemmungsgebiet der Theiß.

Die reichsten Kaufleute der Stadt waren damals die Viehhändler. Sie nahmen ein Stück Wilden Westen vorweg, als sie sich zusammentaten, um unter dem Schutz bewaffneter Truppen in großen Trecks ihre wertvollen Graurind-Herden auf die Märkte in Polen, der Türkei, nach Nürnberg, Augsburg, Prag und Wien zu treiben.

Das Jahr 1536 brachte der Stadt mit der Ankunft des ersten Reformators einen Wendepunkt, der ihr geistiges Leben für die nächsten Jahrhunderte aufs stärkste beeinflussen sollte. Debrecen wurde und blieb das Bollwerk des Protestantismus in Ungarn. Kaufleute anderer Konfessionen durften sich hier nicht niederlassen – Konvertiten mussten unter Androhung der Todesstrafe auswandern. Debrecen war vor allem eine Hochburg der puritanischen Kräfte der Reformation: Jahrhunderte lang war sogar das Geigenspiel und das Singen von Liebesliedern verboten.

In der Mitte des 16. Jh. von den Türken erobert, konnte die Stadt im Schnittpunkt der Machtbereiche der Habsburger, der Siebenbürger Fürsten und der Türken ihre Handelsaktivitäten noch weiter ausbauen, obgleich die Bürgerschaft dieses Privileg mit einer Unmenge von Steuern und Schutzzöllen bezahlen musste.

Selbst Feuersbrünste, Seuchen und Plünderungen vermochten es nicht, die Bedeutung der Stadt in dieser Zeit entscheidend zu schmälern. Erst mit dem schwindenden türkischen Einfluss und dem Erstarken der Habsburger in der zweiten Hälfte des 17. Jh. sahen die Bewohner Debrecens ihre einträgliche Position als Händler zwischen den Fronten gefährdet. Deshalb beteiligten sie sich begeistert (weil finanziell motiviert) an dem Freiheitskampf des Fürsten Ferenc Rákóczi mit dem Ergebnis, dass die siegreichen Habsburger die Stadt gleich mehrmals ausraubten und nieder brannten.

Die Truppen der Gegenreformation zwangen außerdem die sich seither nur recht zäh entwickelnde Stadt, auf gleichberechtigter Basis auch Katholiken aufzunehmen, was für Debrecens Patrizier wohl noch schlimmer war als alle anderen Zerstörungen und Demütigungen zusammen.

Eine, wenn nicht gar die Sternstunde Debrecens war fraglos der 7. Januar 1849, als sich die aus Budapest vertriebene ungarische Revolutionsregierung unter *Lajos Kossuth* hier niederließ. Der Landtag tagte im Oratorium des kalvinistischen Kollegiums, in dem auch die ungarische Krone aufbewahrt wurde. In der Großen reformierten Kirche verkündete Kossuth noch im selben Jahr "das selbständige und unabhängige Ungarn" sowie die Entthronung der Habsburger.

In der Folgezeit begann auch hier, wieder unter der Herrschaft der nur kurzfristig Entthronten, die Industrialisierung: Tabak-, Zucker-, Ziegel- und Möbelfabriken waren die ersten und blieben die bedeutendsten.
Im Zweiten Weltkrieg wurde die bereits im Oktober 1944 von den Sowjets befreite Stadt stark zerstört. Rund einen Monat später war Debrecen zum letzten Mal die provisorische Hauptstadt Ungarns.

Information/Verbindungen/Adressen

• *Information* **Tourinform**, Piac utca 20, ✆ 412250, 📠 535323, tourinform@ph.debrecen.hu, www.debrecen.hu, geöffnet von Anfang Juni bis Mitte September täglich von 8–20 Uhr, in der übrigen Zeit von Mo–Fr 9–17 Uhr, Sa, So 9–15 Uhr.
Hajdútourist, Barna utca 17, ✆ 412683, 📠 415588. Geöffnet: Mo–Fr 8–17 Uhr und Sa 8–12 Uhr. Stadtplan, (Puszta-)Programme, (Reise-)Bücher zur Region und Stadtführungen.
IBUSZ, Révész tér 2, ✆ 415555, 📠 410756, i045@ibusz.hu. Mo–Fr 9–18 Uhr.
Aquila Naturreisen, Péterfia utca 46, ✆,📠 456744. Ausflüge in die Hortobágy Puszta und die Obere Theiß-Region.

• *Telefonvorwahl* 52

• *Verbindungen* **Bahn**: Debrecen erreicht man von Budapest mit der Bahn vom Nyugati pu. (Westbahnhof) aus in rund 2,5 Std.
Bus: täglich Busse nach Eger, Miskolc, Békéscsaba und Gyula. Der zentrale Busbahnhof von Debrecen befindet sich am Külsô Vásártér.
Flugzeug: Am 16. August 1991 wurde an der Straße Nr. 47 in Richtung Süden der erste ungarische Verkehrsflughafen außerhalb von Budapest eröffnet. Bisher besteht nur eine regelmäßige inländische Flugverbindung mit dem Budapester Airport Ferihegy – eine Erweiterung zum internationalen Flughafen ist seit langem geplant, wird aber in den nächsten Jahren wohl nicht realisiert. Adresse: Mikepércsi utca, ✆ 410165. airportdebrecen@satrax.hu

• *Adressen* **Buchladen** mit deutschsprachigen Büchern in der Piac utca 45–47.

• *Post* Hauptpost in der Hatván utca 5–9.

• *Taxis* ✆ 444444, 422222, 316588.

Übernachten (siehe Karte S. 309 und S. 313)

Hotel Arany Bika (11), Piac utca 11–15, ✆ 508600, 📠 421834, aranybika@civishotels.hu, www.civishotels.hu. Altehrwürdiges, vierstöckiges Jugendstilhotel in völlig zentraler Lage nicht weit von der großen reformierten Kirche. Das Viersternehaus bietet gehobenen Komfort und einen Pool mit Sauna und Jacuzzi. Beeindruckend ist der Speisesaal mit der hohen Glasdecke und den nostalgischen Kronleuchtern. Es gibt auch eine Bar. Schon im 17. Jh. stand hier ein Gasthof. Der Besitzer, János Bika (zu Deutsch: Stier) ließ auf sein Wirtshausschild einen goldenen, sich aufbäumenden Stier malen. Daher der Name "Arany Bika" (Goldener Stier). DZ mit Frühstück und Bad zwischen 44 und 91 € je nach Saison. Kinder 50 %, unter 6 Jahren gratis. Hervorragendes Restaurant (siehe Essen).

Kalvin Hotel Cívis (10), Kálvin tér 4, ✆ und 📠 418522, kalvin@civishotels.hu. Komforthotel in völlig zentraler Lage. DZ mit Bad und Frühstück 35–55 €. Das Hotelrestaurant im ersten Stock ist zu empfehlen, auch wenn es im Hochsommer unter der imposanten Glaskuppelkonstruktion brütend heiß wird. Eher kleine Auswahl an Hauptgerichten ab 4,50 €. Nettes Detail: Die schweren Tischleuchten ruhen auf den Rücken dreier Stiere.

Hotel Debrecen (16), Petôfi tér 9, ✆ 413942, 📠 316550. Kleines, älteres Hotel an einer verkehrsreichen Kreuzung unweit des Bahnhofs. Preise inkl. Frühstück: DZ mit Waschgelegenheit ab 30 €, DZ mit Dusche 35 € und DZ mit Bad ab 40 € – je nach Saison.

Hotel Fônix (15), Barna utca 17, ✆ 413555, 📠 413054. hajdutourist@axelero.hu Liegt in einer ruhigen Seitenstraße, nur wenige hundert Meter vom Bahnhof entfernt. Ziemlich zentral und nicht besonders komfortabel. DZ mit Dusche und Frühstück um 35 €.

Im Mittelpunkt von Debrecen – Die Große Reformierte Kirche

Aquaticum Termál & Wellness Hotel (1), Nagyerdei körút 9–11, ✆ 514111, 📠 311730, termalhotel@termalhotel.hu, www.termal hotel.hu. Direkt am Eingang zum neuen Erlebnisbad Aquaticum am Stadtrand, schön im Stadtwald gelegen. Viersternehotel mit allem Komfort, den Kurgäste erwarten. Thermalbecken mit verschiedener Wassertemperatur drinnen und draußen, die auch von Nichthotelgästen genutzt werden können. DZ mit Bad und Frühstück ab 50€.

Nagyerdö (6), Pallagi utca 5, ✆ 410588, 📠 319739, reserve@hotelnagyerdo.hunguest hotels.hu, www.hunguesthotels.hu. Das Hotel liegt schön im Stadtwäldchen in der Nähe des Zoos und des Erlebnisbads Aquaticum. Es hat 100 Zimmer mit Balkon. Besonders schön ist die Sicht aus dem 6. bis 10. Stock Richtung Stadtkern. Gäste können eine kleine Sauna mit Sonnenterrasse draußen und einen mit Thermalwasser gefüllten kleinen Pool nutzen. Es gibt einen Tennisplatz und Kinderspielgeräte im Garten. Seit April 2002 gehört zum Hotel ein medizinisches Zentrum, mit 69 Grad warmem Thermalwasser. Neben den Thermalkuren kann man sich von einem deutschsprachigen Zahnarzt auch seine Zähne wieder auf Hochglanz bringen lassen. EZ 45 €, DZ 61–74 €, Apartment für 2 Personen 86 €. Pauschalpakete 7 Nächte mit Halbpension im DZ ab 273 €.

Péterfia Panzió (7), Péterfia utca 37B, ✆ 418246, 📠 423582. Zwei Holzbungalows in einem ruhigen Hausgarten mit je zwei DZ, die inklusive Dusche/WC, Gemeinschaftsküche und Frühstück je nach Saison ca. 28 € kosten.

Play Pub House (13), Batthyány utca 26, ✆ 411252, 📠 452738, www.hotels.hu/play_ pub_inn. Nette Privatpension in zentraler Lage. DZ mit Waschgelegenheit und Frühstück 25 €, DZ mit Bad und Frühstück 35 €.

Centrum Panzió (8), Péterfia utca 37/A, ✆ 416193, 📠 442843, centrumpanzio@axe lero.hu, www.axelero.hu/centrum. Zentral gelegene Pension, die von Tourinform empfohlen wird – und wir stimmen dem zu. Hervorragendes Preis-/Leistungsverhältnis. DZ zwischen 35 und 40 €.

Privatzimmer vermitteln Tourinform oder IBUSZ: DZ 8–35 €. Auch größere Wohneinheiten (Preis je nach Zimmerzahl und Komfort) können hier gemietet werden.

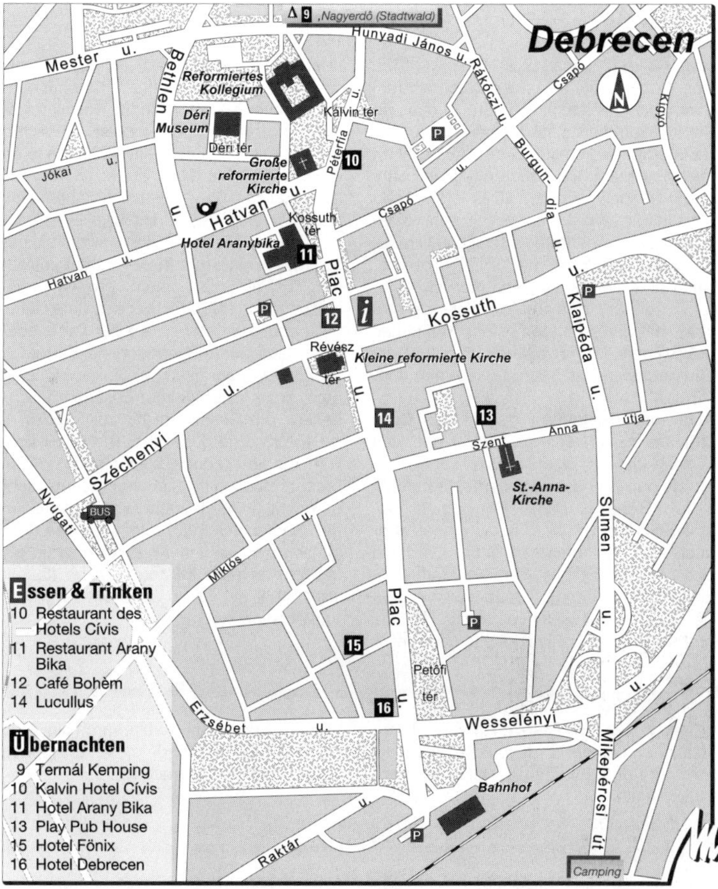

Termál Kemping (9), Nagyerdei körút 102, ✆ und ℻ 412456. Der Platz befindet sich in schöner Waldlage, wenige hundert Meter vom Badezentrum entfernt. Direkte Verbindung mit dem Zentrum (Bahnhof) durch die Straßenbahnlinie 1. Schattig, warme Duschen, Lebensmittelgeschäft und Bistro. 2003 wegen Renovierung geschlossen. Vielleicht 2004 wieder geöffnet.

Dorcas Kemping, am Vekeri-tó (See) in Erdôspuszta, ✆ 441119 oder 541028 und ℻ 441119, dorcasaidhungary@debrecen.com. Der schattige Platz liegt ziemlich weit außerhalb in der Erdôspuszta, einer reizvollen Landschaft mit Badesee, Angel-, Reit- und Wandermöglichkeit (vgl. Sport). Auf dem Gelände gibt es auch eine Gaststätte. Preise: Zwei Personen mit Auto und Zelt zahlen hier ca. 9 € pro Nacht. Einfache Bungalows für zwei Personen kosten pro Nacht 15 €. Geöffnet: Anfang Mai bis Ende September. Anfahrt: von der Straße Nr. 47 in Richtung Szeged nach rund 6 km links ausgeschildert, dann noch einmal 6 km.

Essen (siehe Karte S. 309 und S. 313)

Arany Bika (11), Piac utca 11–15, ✆ 416777. Das Hotelrestaurant (siehe Übernachten) bietet die mit Abstand beste Küche der Stadt. Gepflegte Atmosphäre und aufmerksame Bedienung. Große Auswahl an Fleischspeisen, aber auch ein paar Fisch- und Geflügelgerichte. Das Holzteller-Fleisch für zwei Personen ist sehr empfehlenswert: mehrere unterschiedlich zubereitete Schnitzel mit viel Garnierung. Auch eine Vorspeise sollte man sich hier ruhig gönnen (zum Beispiel Schinkenroulade mit viel selbstgemachter Mayonnaise). So gern wir gewollt hätten, beim Dessert mussten wir passen. Geöffnet: täglich 11–1 Uhr.

Auch das **Restaurant des Hotels Cívis (10)** am Kálvin tér 4 (✆ 418522) und des Termal Hotels im Stadtwäldchen können wir empfehlen (siehe unter Übernachtungen).

Café Bohém (12), Piac utca 29, ✆ 0652536373. Großes, geräumiges, aber auch sehr beliebtes belgisches Bierhaus und Restaurant, im Sommer mit Grillküche im Innenhof. Große Auswahl an Fleisch- und Fischgerichten ab 8 €. Freitags und samstags bis 2 Uhr nachts geöffnet.

Lucullus (14), Piac utca 41, ✆ 418513. Traditionelles Kellerrestaurant mit gehobener ungarischer Küche, auch für Geschäftsessen beliebt. Empfehlenswerte Gerichte mit Gänseleber. Gehobene Preisklasse ab ca. 22 €. Geöffnet 11.30–23 Uhr.

Aranykakas (2), Martonfalvi utca 20, ✆ 348770. Das Restaurant liegt etwas außerhalb, in der Nähe der Universität am Stadtwald mitten in einer Plattenbausiedlung. Es gehört zu einem großen Geflügelzuchtbetrieb. Entsprechend viele Geflügelspezialitäten stehen auf der Karte, aber man sollte nichts Besonderes erwarten.

Im Zentrum, vor allem an der langen Piac utca, findet man weitere **Essensmöglichkeiten** vom Restaurant bis zur Imbissstube im Metzgergeschäft. Absolute Highlights fehlen jedoch bisher noch in Debrecen. Besonders die jungen Leute zieht es nachts in den Stadtwald *Nagyerdô* in den **Sarkány Club (3)** oder das **Ibiza Café (4)** an dem kleinen Ruderteich oder gegenüber in den **Western Saloon (5)** mit Disko. Mit der Linie 1 besteht eine gute Verkehrsverbindung.

Sport

• *Reiten* Die Lovastanya ist eine private Reitschule in der Erdôspuszta, rund 1,5 km vom dortigen Campingplatz entfernt (ausgeschildert).

Weitere Sportmöglichkeiten im Nagyerdô (siehe oben). Besonders hervorzuheben ist das dortige **Thermalbad**.

Veranstaltungen

Veranstaltungskalender, Karten und mündliche Informationen zu allen Konzert- und Theaterveranstaltungen sind beim **Hajdú-Tourist-Büro** am Kálvin tér 2 A sowie bei **Tourinform** in der Piac utca 20 erhältlich.

Als größtes und bekanntestes Debrecener Fest gilt der **Blumenkarneval**, der im August (ca. 15.–20.8.) eine ganze Woche lang gefeiert wird. Er beginnt gegen 9 Uhr morgens mit einem Festzug vom Bahnhof durch die ganze Innenstadt bis zum Stadion im Nagyerdô und endet mit einem großen Feuerwerk. Das aktuelle Festprogramm bekommt man bei Tourinform.

Jazztage, sie finden alljährlich im September statt, mit vielen Konzerten im Kulturhaus, im überdachten Stadion und auf eigens aufgebauten Freilichtbühnen auf öffentlichen Plätzen.

Das **Frühlingsfestival** lockt alljährlich in der zweiten Märzhälfte mit auserlesenen Konzertveranstaltungen Besucher nach Debrecen.

Die **Internationalen Béla-Bartok-Chortage** finden alle zwei Jahre (den geraden) Anfang Juli statt.

Einen recht großen Bekanntheitsgrad hat auch das **Internationale Militärorchestertreffen**, das alle zwei Jahre (den ungeraden) Anfang Juli stattfindet. Höhepunkte sind die Konzerte im Stadion und auf der Piac utca.

Sehenswertes

Die lange Hauptstraße, *Piac utca* (zu Deutsch: Marktstraße; in sozialistischer Zeit hieß sie *Vörös Hadsereg útja*, Straße der Roten Armee), durchquert vom Bahnhof aus beinahe schnurgerade das Stadtzentrum.
Hier spielt sich fast das gesamte öffentliche Leben ab – Geschäfte, Restaurants, starker Autoverkehr und auch die einzige Straßenbahn (sinnigerweise die Linie 1). Im vergangenen Jahrhundert noch auf ihrer gesamten Länge von den charakteristischen, einstöckigen Bürgerhäusern gesäumt, hat sie sich inzwischen zu einer typischen Großstadtstraße mit hohen Gebäudefronten gewandelt. In Bahnhofsnähe noch von modernen Wohnblocks mit zwischengestreuten Grünflächen geprägt, verbreitert sie sich nach Norden hin immer mehr zum repräsentativen Boulevard, bis sie zuletzt auf den zentralen Platz der Innenstadt, den Kálvin tér, mündet.

Eines der auffälligsten Gebäude an der Piac *utca* ist das 1912 erbaute *Komitatshaus* (Hausnummer 54), das inzwischen wieder die Komitatsverwaltung beherbergt, nachdem es einige Zeit als Bürohaus gedient hatte. Die Fassadenstatuen entstanden in der Pécser Zolnay-Keramikfabrik. Zur gleichen Zeit entstand auch das mächtige klassizistische *Rathaus* (Hausnummer 20).

Die *Große reformierte Kirche* (ungarisch: *Nagytemplom*) am Kálvin tér leuchtet von außen in den charakteristischen Ockerfarben. Sie gilt als Wahrzeichen des *Kalvinistischen Roms* und als Hort des Protestantismus in Ungarn. Das Innere wirkt ohne den sonst in Ungarn so gewohnten Pomp der Katholiken ziemlich kahl. Rund 5.000 Personen haben hier, in der größten reformierten Kirche des Landes, Platz. Ein weiterer Superlativ: Im linken Turm hängt die mit über fünf Tonnen größte Glocke des Landes, die sogenannte *Rákóczi-Glocke*. Sie wurde aus im Dreißigjährigen Krieg erbeuteten Kanonen gegossen.

Im Jahre 1849 war die Kirche der Schauplatz eines der bewegendsten Augenblicke der ungarischen Geschichte, als *Lajos Kossuth*, der Kopf der ungarischen Revolutionsregierung, hier die Trennung Ungarns vom Hause Habsburg, dessen Absetzung und ein "unabhängiges Ungarn" verkündete. Im Gedenken an diesen Augenblick wurde dem Nationalhelden Kossuth vor der Kirche ein Bronzedenkmal errichtet.
Zuletzt stand der Nagytemplom im Blickpunkt der Weltöffentlichkeit, als der Papst hier am 18. August 1991 höchstpersönlich im Rahmen seines vielbeachteten Ungarnbesuchs ein ökumenisches Gebet abhielt.

Der erste Vorläuferbau stand schon im 13. Jh. an gleicher Stelle. Er wurde aber genauso wie der nächste Kirchenbau bei einer Feuersbrunst vernichtet. Das gegenwärtige, monumentale Gotteshaus wurde zwischen 1805 und 1823 im klassizistischen Stil errichtet. Zsigmond Móricz, ein berühmter ungarischer Schriftsteller dieses Jahrhunderts, charakterisierte die Große reformierte Kirche so: "*Mit ihren zwei massiven Türmen bietet sie wie ein Stier der Hortobágy der Zeit die Stirn.*"

Öffnungszeiten Mo geschlossen; im Sommerhalbjahr Di–Fr 9–16 Uhr sowie Sa 9–12 Uhr und So 13–18 Uhr; im Winterhalbjahr nur Di–Sa 9–12 Uhr.

Das *reformierte Kollegium* hinter der großen Kirche wurde zwischen 1803 und 1816 vom selben Baumeister, Mihály Péchy, ebenfalls im klassizistischen Stil erbaut. Jahrhunderte lang nahm es in der ungarischen Bildungsgeschichte einen wichtigen Platz ein. Heute sind hier die theologische Hochschule und ein reformiertes Gymnasium untergebracht. Eine Führung auf Deutsch oder Englisch ist auch für Einzelpersonen empfehlenswert und erschwinglich, allerdings muss man sich dafür eine Woche vorher anmelden. ✆ 414744.

Zweimal nahm das Kollegium in Zeiten bedeutender Wendepunkte der ungarischen Geschichte eine zentrale Stellung ein. Das erste Mal im Jahre 1849, als die aus Budapest geflüchtete Revolutionsregierung im Oratorium ihre Landtage abhielt. Auch die Notenpresse der später von den Habsburgern im Verbund mit zaristischen Truppen besiegten Übergangsregierung war hier untergebracht.

1944 konstituierte sich im Kollegium auch die provisorische Nationalregierung. Damals wurden mit der Verabschiedung der ersten wichtigen Gesetze, unter anderem zur Bodenreform, die Grundlagen für die Entwicklung der sozialistischen Volksrepublik geschaffen.

Der Aufstieg des Kollegiums begann im Jahre 1538, als die mittelalterliche Schule der Stadt von der reformierten Kirche übernommen wurde. In der zweiten Hälfte des 16. Jh. betrieben die Glaubensstreiter sogar eine Druckerei. Bis zu 500 Schüler studierten hier in strenger Zucht Religion und Philosophie. An der Nordfassade findet man das Motto der Schule: *Orando et laborando*, beten und arbeiten.

Tatsächlich blieb den späteren Landpfarrern wenig Zeit für andere Beschäftigungen: Morgens um 3 Uhr begann der Tag, der erst um 9 Uhr abends endete und tatsächlich mit Beten und Arbeiten ausgefüllt war. Das Kollegium durfte nur mit besonderer Genehmigung verlassen werden, und auch das nur in Begleitung. Die Schulglocke auf dem Hof wurde geläutet, wenn ein Schüler des Kollegiums verwiesen wurde; aufsässige Schüler wurden "ausgeläutet".

Kaum hatten die Habsburger nach der Vertreibung der Türken im Osten Ungarns Fuß gefasst, ging die Kaiserin Maria Theresia im Rahmen der Gegenreformation daran, das Kollegium, die Wiege des ungarischen Protestantismus, zunächst durch Kürzung der finanziellen Mittel in seiner Wirkung zu begrenzen und zu ersticken. Doch noch vor Ende des 18. Jh. konnte das Kollegium durch den Ausgleich von 1791 seine traditionelle Bedeutung zurückgewinnen, wobei es als erste höhere Lehranstalt des Landes Ungarisch als Unterrichtssprache einführte.

Zu den besonderen Schätzen des Kollegiums zählt die *Bibliothek*, in der über 500.000 Bücher, darunter viele wertvolle Unikate, untergebracht sind.

Sie gilt als größte geistliche Bibliothek und als zweitgrößte des ganzen Landes. Außerdem gibt es im Kollegium ein kleines *Museum* mit mehreren Ausstellungen, darunter eine Sammlung sakraler Kunst sowie eine schulgeschichtliche und eine naturwissenschaftliche Ausstellung, die unter anderem auch den 1857 in der Nähe der Stadt niedergegangenen Meteoriten beherbergt.

Öffnungszeiten Di–Sa 9–17 Uhr und So 9–13 Uhr; Mo geschlossen.

Das Déri Museum

Zwischen Kollegium und Kirche befindet sich eine schattige, kleine Parkanlage. Von hier aus ist es nicht mehr weit bis zum *Déri Museum* am Déri tér, dem bedeutendsten Museum der Stadt. 1902 wurde es als städtisches Museum gegründet und rund zwanzig Jahre später nach dem aus Ungarn stammenden Wiener Seidenfabrikanten *Frigyes Déri* benannt. Wie ein Seifenfabrikant zu solchen Ehren kommt? Déri hatte zuvor der Stadt Debrecen seine ungeheuer wertvolle Sammlung antiker Kunstwerke geschenkt. Sein Bruder, *György Déri,* wollte ihm dann auch nicht nachstehen und übereignete deshalb der Stadt seine kaum weniger wertvolle ethnographische Sammlung. An der Fassade des 1928 fertiggestellten Museumsbaus prangt in goldenen Lettern das Motto *Ars longa vita brevis est*; zu Deutsch: Die Kunst währt lang, das Leben kurz.

Die archäologische Ausstellung enthält Funde, die das menschliche Leben im Gebiet des Komitats Hajdú-Bihar von der Urzeit bis zur Landnahme veranschaulichen. Beeindruckend sind Exponate zum vorchristlichen Totenkult und die Urnen aus der späten Bronzezeit. Angeschlossen ist eine ortsgeschichtliche Sammlung, in welcher der Darstellung der mittelalterlichen Stadtentwicklung, der Reformationszeit, der bäuerlichen Lebens- und Arbeitsweise im 16. bis zum 18. Jh. sowie der neuzeitlichen Stadtgeschichte breiter Raum gegeben wird (mittlerweile natürlich nicht mehr unter besonderer Betonung der "kapitalistischen Willkürherrschaft" im letzten Jahrhundert). Zu sehen ist auch Mobiliar aus der ersten im 17. Jh. in Debrecen eröffneten Apotheke.

Die Ausstellung *Die Welt der antiken Kulturen* mit etruskischen, griechischen, römischen und ägyptischen Exponaten, zeigt als besondere Attraktion zwei

Mumien. Lohnenswert ist auch die umfangreiche Sammlung von asiatischen Kunst- und Gebrauchsgegenständen, eine Ausstellung ausländischer und ungarischer Maler und bildender Künstler vom 15. Jh. bis zur Gegenwart, wobei die monumentalen Werke des 1900 in einer Nervenheilanstalt bei Bonn gestorbenen, pathetischen Historienmalers Mihály Munkácsy großen Raum einnehmen, eine kunstgewerbliche Galerie und eine Waffensammlung. Durch die Fülle seiner Exponate erhebt sich das Déri-Museum weit über andere Provinzmuseen. Ein Besuch ist sehr zu empfehlen.

Öffnungszeiten täglich außer Mo, im Winterhalbjahr 10–16 Uhr und im Sommerhalbjahr 10–18 Uhr. www.derimuz.hu

Die *Kleine reformierte Kirche* an der Piac utca (Ecke Széchenyi utca) wurde 1720 an der Stelle eines Vorgängerbaus aus dem 12. Jh. errichtet. 1909 fegte ein Sturm den zwiebelförmigen Turmhelm herab. Seither heißt das Gebäude im Volksmund "die verstümmelte Kirche".
Der Glockenturm erinnert an den zinnenbewehrten Turm einer Burg. Die Kirche wirkt ziemlich baufällig und ist nur während der Gottesdienstzeiten zugänglich.

Das älteste erhaltene Gebäude der Stadt ist das sogenannte *Diószegi-Haus* in der Széchenyi utca 6. Das um 1690 erbaute Patrizierhaus hat seinen Namen von dem einst hier wohnenden ersten Postmeister der Stadt, Sámuel Diószegi. Als Postmeister war er auch zuständig, Quartiere zur Verfügung zu stellen, eine Pflicht, der er besonders gerne nachkam, als im November des Jahres 1714 der Schwedenkönig Karl XII. inkognito hier entlang flüchtete. Denn wer hat nicht gerne ein gekröntes Haupt zu Gast im eigenen Haus – und wenn's nur wäre, um dies hinterher den Nachbarn zu erzählen. Heute ist hier das Restaurant *Regiposta* (deutsch: Alte Post) untergebracht.

Die barocke *St.-Anna-Kirche* (1721–1746) in der Szent Anna utca (früher: "Béke utca", Straße des Friedens) wurde als erstes Gebäude der Stadt zum Baudenkmal erklärt. Sie war die Pfarrkirche der in Debrecen nie besonders starken katholischen Gemeinde.
Nach fast 200 Jahren kam 1716 der erste katholische Pfarrer nach Debrecen, um die Gegenreformation einzuleiten. Aus einem Gespräch mit seinem Bischof wird folgendes überliefert: "*Ich bekehrte zwar niemanden. Trotzdem kann mir Eure Emminenz gratulieren. Weil ich nämlich, zwei Jahre dort wohnend, nicht selbst bekehrt wurde.*" Sehenswert sind hier der schöne goldbraune Altar mit den geschnitzten Figuren, die goldverzierten und ebenfalls figurengeschmückten Seitenaltäre und die Deckenfresken. Die St.-Anna-Kirche wurde als Ordenskirche erbaut; rechts daneben steht das ehemalige *Ordenshaus der Piaristen*, links daneben das ehemalige *Piaristengymnasium*.

Das *Medgyessy-Museum* in der Péterfia utca 28 enthält viele, vorwiegend naturalistische Statuen von *Ferenc Medgyessy*, dem herausragenden ungarischen Bildhauer des 20. Jh. 1881 in Debrecen geboren, lebte er nach Studienaufenthalten in Budapest und Paris bis zu seinem Tod im Jahre 1958 in der Budapester Künstlerkolonie.

Öffnungszeiten täglich außer Mo, im Winterhalbjahr 10–16 Uhr und im Sommerhalbjahr 10–18 Uhr.

Die Péterfia utca führt mit ihrer Verlängerung, der Simonyi út, vom Kálvin tér zum nördlich gelegenen Großen Wald, dem *Nagyerdô* (direkte Verbindung zum Zentrum: Straßenbahnlinie 1). Das über 2.000 Hektar große Gebiet mit seinen schattigen Parkanlagen gilt als "Debrecener Prater". Dementsprechend dürfen Vergnügungseinrichtungen nicht fehlen. So findet man hier den winzigen *Zoo*, den *Vidám-Park* (zu Deutsch: Vergnügungspark), das *Waldstadion* und einen kleinen *Ruderteich* (Verleih von Tret- und Ruderbooten). Wer in die Therme oder ins Schwimmbad möchte, hat auf engem Raum die Qual der Wahl. Es gibt das große, öffentliche *Thermalheilbad* mit Frei- und Hallenbecken, die Thermalbecken und das Wellnessangebot des Aquaticum Termál Hotels sowie das große, erst 2003 eröffnete Erlebnisbad Aquaticum (geöffnet 10–22 Uhr, www.aquaticum.com) mit Rutschen, Höhlenbädern und vielen Raffinessen vom Kinderbecken bis zum Jacuzzi. In der Nachbarschaft des Nagyerdô liegt das Universitätsviertel von Debrecen.

Ausflüge

Hajdúböszörmény

Hajdúböszörmény liegt 19 km nordwestlich von Debrecen und ist über die Straße Nr. 35 zu erreichen. Wie Jahresringe legen sich die Straßen und Häuserreihen um den von Mauern umgebenen historischen Stadtkern. Hajdúböszörmény war einst der Sitz der Heiducken-Hauptleute. Als "'Hajdú" (*Heiducken*) bezeichnete man seit den Türkenkriegen im 16. Jh. eine Gruppe von draufgängerischen Kriegern meist niederer Herkunft. Unter Fürst

Denkmal für die Heiduckenkrieger in Hajdúböszörmény

István Bocskai kämpften sie gegen die Habsburger, denen sie 1604 eine entscheidende Niederlage beibringen konnten. Bocskai siedelte daraufhin seine treuen Kampfgefährten in dieser Region an. Vor die Namen ihrer neuen Siedlungen wurde einfach ein "Hajdú" gesetzt. Bezeichnenderweise ist noch heute der zentrale Platz der Hajdúböszörményer Altstadt nach István Bocskai benannt.

Im ehemaligen Heiduckensitz gegenüber der Stadthalle am Bocskai tér ist heute standesgemäß das *Heiduckenmuseum* untergebracht. Besonders hübsch und typisch ist der Arkadenhof des barocken Bauwerks. Seine ursprüngliche Form stammt aus dem 17. Jh., die Fassade erhielt es im 18. Jh. Das Heiduckenmuseum stellt die Geschichte des Heiduckenlandes und verschiedene Gegenstände aus dem Leben der Heiducken vor.

• *Information* **Tourinform**, Kálvin tér 6, 4220 Hajdúböszörmény, ✆ 561851, 📠 561852. Geöffnet: Mo–Fr 9–17 Uhr. hajduboszormeny@tourinform.hu.

• *Telefonvorwahl* 52.

• *Camping* **Káplár Miklós Kemping**, Polgári utca 92–100, ✆ und 📠 371388. Einer der schönsten Campingplätze des Landes; sehr sauber und sehr ruhig. Die Bungalows sind erstklassig renovierte, 150 Jahre alte Bauernhäuser, die man sonst nur im Freilichtmuseum sieht, mit malerischer Originaleinrichtung – fast zu schade zum Benutzen. Auffällig saubere sanitäre Anlagen. DZ 24 €. Camping für zwei Personen mit Auto und Zelt 10 €. Der sehr kleine Platz ist oft ausgebucht, deshalb möglichst rechtzeitig vorher anmelden. Miserable Kopfsteinpflasterzufahrt. Gut ausgeschildert von der Straße 35 in Richtung Miskolc. Geöffnet: Anfang Mai bis Mitte Oktober.

Hajdúszoboszló

Vor allem als Kurort und Thermalheilbad hat sich das 25.000 Einwohner große Hajdúszoboszló 21 km südwestlich von Debrecen an der Straße Nr. 4 einen Namen gemacht. Alljährlich pilgern über anderthalb Millionen Besucher zu dem großen Badezentrum in parkartiger Umgebung, darunter allein rund 100.000 Besucher aus dem Ausland. Die meisten von ihnen erhoffen sich eine Linderung ihrer rheumatischen Beschwerden.

Im hiesigen jod- und bromhaltigen Heilwasser, das aus 1100 m Tiefe hervorsprudelt, wird gebadet, getrunken und inhaliert – immerhin soll sich einer offiziellen Statistik zufolge der Gesundheitszustand von 92 % der Patienten mit der Kur gebessert haben. Die Freibäder, aber auch Wellen-, Sprudel- und Kinderbad sowie der Ruderteich sorgen dafür, dass sich hier auch Gesunde pudelwohl fühlen. Deshalb eignen sich Stadt und Bad auch für einen Tagesausflug. Die Freibadlandschaft Aquapark ist komplett erneuert worden und bietet nun insgesamt neun Riesenrutschen mit einer Gesamtlänge von über einem Kilometer.

• *Information* **Tourinform**, Szilfákalja utca 2, 4200 Hajdúszoboszló, ✆ 558928, 📠 558929. Hier kann man auch ausführliche Infos zum Kurbetrieb anfordern.hajduszoboszlo@tourinform.hu.

Baden: Gyógyfürdö, Szent István Park 1–3, ✆ (52)558558, hajduszoboslogyogyfurdo.hu. Thermalbad ganzjährig geöffnet, Freibad Aquapark von Mai bis September.

• *Telefonvorwahl* 52.

• *Übernachten* **Hotel Béke**, Mátyás király sétány 10, ✆ 361411, 📠 361759, reserve@hotelbeke.hunguesthotels.hu. Ruhig in einem Grüngürtel gelegenes Kurhotel mit Hallenbad, zwei Schwimmbecken im Freien, Sauna, Solarium und Tennisplatz. DZ mit Bad und Frühstück 64–80 € je nach Saison. Es besteht die Möglichkeit für

Debrecen: In die “Große Reformierten Kirche“ passen 3000 Menschen (TB) ▲▲
Debrecen: Straßenbahnlinie 1 durchquert das “Rom des Calvinismus“ (TB) ▲

▲▲ Kecskemét: Reich an organisch-verspielter Baukunst (PS)
▲ Der Theißstausee ist ein Tipp für Naturliebhaber (PS)

Verbeugung nach der Pferdedressur in der Puszta (TB) ▲

▲▲ Neuromanische Votivkirche von Szeged (TB)
▲▲ Caféhausflair auch auf Plakaten (TB)
▲ Unistadt mit historischem Charme (TB)

Heilkuren. Im angeschlossenen, recht guten Restaurant gibt es eine ordentliche Auswahl an Hauptgerichten ab 9 €.

Hotel Aqua-Sol, Gábor Aron utca 7–9, ✆ 273310, 📠 273340, reserve@hotelaquasol.hunguesthotels.huViersternehotel mit 142 Zimmern und allem Komfort mit Schwimmbad, Sauna und Dampfbad. Hierher kommen vorwiegend Kurgäste und Geschäftsleute, da das Hotel über Konferenzräume verfügt. Der erste Stock ist über eine Brücke mit dem Heil- und Strandbad verbunden. DZ 81–95 €. Günstigere Pauschalen und Badekurpakete.

Hotel Hőforrás, Mátyás király setány 21, ✆ 362144, 📠 557080, reserve@hotelhoforras.hunguesthotels.hu. Das Kurhotel mit 93 Zimmern, Hallenbad und Swimmingpool gehört wie Aqua-Sol und Béke zur Hunguest Hotelgruppe (www.hunguesthotels.hu). DZ je nach Saison 42–50 €.

Hotel Délibáb, József Attila utca 4, ✆ 360366, 📠 362059, delibab@civishotels.hu. Sechsstöckiges Gebäude im Kurpark von Hajdúszoboszló. DZ mit Bad und Frühstück 48–78 €. Restaurant der gehobenen Preisklasse.

Privatzimmer vermittelt Tourinform. Ferienhäuser und separate Wohnungen mit Küche und Badezimmer sowie Verkauf von Heilkuren bietet das örtliche Reisebüro **Re-tours**, Arany János utca 44–46, ✆ und 📠 359717. olahsandor@axelero.hu.

Campingplatz, Debreceni útfél, ✆ und 📠 557851. Teilweise schattiges Gelände in der Nähe des Badezentrums mit Restaurant und Bar. Hier sieht man kaum Zelte, stattdessen hauptsächlich Wohnwagen und Wohnmobile. Außerdem gibt es viele Bungalows auf dem Platz. Preis für zwei Personen mit Auto und Zelt 8 € pro Nacht. Motel-DZ 20–25 €, ganz einfache Bungalows für zwei Personen um 15 €. Geöffnet: Mitte April bis Mitte Oktober.

• *Veranstaltungen* Bekannt und ein großes Ereignis sind die **Reitertage** jedes Jahr Anfang August auf der "Buzakalász MGTSz" (Landwirtschaftliche Genossenschaft) in der Balmazújvárosi útfél.

Sehenswert ist das *Bocskai-Museum* in der Bocskai utca 12 und 21 (die beiden Ausstellungsorte liegen etwa 50 m auseinander). Zentrale Themen sind die Ortsgeschichte unter besonderer Berücksichtigung der Heiducken und des Fürsten Bocskai (so wird hier sogar noch der Schenkungsbrief von Szoboszló aufbewahrt) sowie die Entwicklung der hiesigen Badekultur.

• *Haus Nr. 12* Münzen, die Schenkungsurkunde König Stephans, bäuerliches Arbeitsgerät, allerlei Urkunden zur Stadtgeschichte sowie Fahnen. Ein paar alte Maschinen der Bauern, Kutschen und Pferdeschlitten in einem Schuppen auf dem Hof.

• *Haus Nr. 21* Gegenstände aus dem Alltag der Hirten (Ledertaschen, Hirtenstökke, Sättel, Zaumzeug usw.). Außerdem Trachten, Keramik und Stickereien.

• *Öffnungszeiten* täglich außer Mo, 9–13 Uhr; zusätzlich 1. Mai bis 30. Sept. (außer Mo) 14–16 Uhr Uhr und 1. Okt. bis 30. April (außer Mo) 14–18 Uhr. Von der Hauptstraße (Straße Nr. 4) am besten gegenüber der Großen reformierten Kirche zu Fuß rund 100 m in die Einbahnstraße.

Auf dem Weg zu den Museen kommt man an der barocken *katholischen Kirche* (1777–88) vorbei. Werfen Sie ruhig mal einen Blick auf die hübschen Deckenfresken.

Nádudvar

Nádudvar, 19 km westlich von Hajdúszoboszló gelegen, ist ein Straßendorf und zugleich eine bekannte Keramikhochburg. Hier lohnt sich ein Besuch bei einem der örtlichen Töpfermeister. Fazekas heißt in der deutschen Übersetzung Töpfer, und so gibt es im Ort einige entsprechende Schilder, wo man nachfragen kann.

Es entstehen dort Gefäße wie Blumenvasen und Bierkrüge, Aschenbecher, Teller und Schalen, die nach dem Aushärten auf traditionelle Weise verziert

Diese Töpferin in Nádudvar beherrscht die "schwarze Kunst"

werden: Die matte Oberfläche, die nach dem Brennen grauschwarz schimmert, wird stellenweise mit Kieselsteinen schwarz glänzend gerieben. Vor allem ornamentale und florale Muster sind typisch für die in Ungarn recht bekannte *Schwarzkeramik* aus Nádudvar. Die freundlichen Töpfermeister führen ihre "schwarze Kunst" auch gerne den Besuchern vor. Wir haben uns hier stets mit Mitbringseln eingedeckt, die allen Beschenkten große Freude gemacht haben. Eine gute Adresse, etwas abseits der Hauptstraße, ist die geräumige Töpferei von József Nagy, Lukács Dénes utca 67, ✆ 0654/480038.

Karcag

Die nette Kleinstadt im *Nagykunság* (zu Deutsch: Großkumanien) mit ihren rund 25.000 Einwohnern ist ein traditionelles Zentrum der Volkskunst und liegt 62 km südwestlich von Debrecen (bereits im Komitat Jász-Nagykun-Szolnok) an der Straße Nr. 4.

Sehenswert ist das *Győrffy-István-Museum* in der Kálvin utca 4, eine umfangreiche Folkloresammlung mit vielen Exponaten aus der bäuerlichen Lebens- und Arbeitswelt (Handwerkzeuge, Keramik, Stickereien usw.). Sie finden das Museum in unmittelbarer Nähe des Wasserturms, der wie eine fliegende Untertasse auf einer Betonsäule aussieht, auf dem schattigen Wiesenplatz, wo auch die meisten Feste stattfinden.

Öffnungszeiten täglich außer Mo, 10–17 Uhr.

Wirklich lohnenswert ist auch ein Besuch im *Kántor Sándor Fazekas Tájház* in der Erkel Ferenc utca 1 (wenn man vom Zentrum in Richtung Kisújszállás fährt, hinter dem Wasserturm nach ca. 300 m ausgeschildert;

die Schlaglöcher auf den letzten 50 m sind ein harter Stoßdämpfertest). Mehrere Ausstellungsräume beherbergen wunderschöne Keramiken in allen denkbaren Formen und Farben.

Öffnungszeiten Anfang April bis Ende Oktober täglich außer Mo, 10–17 Uhr.

Außerdem gibt es in Karcag ein paar hübsche Häuser im Folklorestil, deren Laubengänge wie bei den Csárdas in der Hortobagy-Puszta mit Säulen verziert sind.

12 km nordwestlich von Karcag, in *Berekfürdô*, befindet sich ein Thermalheilbad mit Frei- und Hallenbecken. Dort gibt es mehrere Hotels und Campingplätze.

• *Informationen* **Tourinform Karcag**, Dózsa György utca 5–7, ✆ und ℻ (59)503225, karcag@tourinform.hu und **Tourinform Berekfürdö**, Berek tér 11, ✆ 59/519007, ℻ 59/319408, berekfurdo@tourinform.hu.

• *Übernachten* **Touring Hotel**, Berek tér 13, ✆ und ℻ 59/319226. www.hotels.hu/touring_berekfurdo. Kleines Hotel mit 25 Zimmern ohne besonderen Komfort direkt neben dem Thermalbad. Ein DZ mit Bad, Frühstück und Badekarte kostet je nach Saison 40–60 €.

Strand Camping & Panzió, ✆ 59/312512. Mittelgroßer Platz mit etwas Schatten in der Nähe des Thermalbades; von der Dorfstraße ausgeschildert. Zwei Personen mit Auto und Zelt zahlen 8 € pro Nacht. Die DZ und Dreibettzimmer im Gästehaus kommen je nach Saison auf 20–30 €. Geöffnet: Anfang April bis Ende Oktober.

Hortobágy

Die Puszta: weite Ebene, hölzerne Ziehbrunnen, schnatternde Gänsescharen und weidende Zackelschafe, folkloristische Hirtenkunst und eine müde Fata Morgana. Hier gehen Landwirtschaft, Naturschutz und Touristenspektakel eine traditionsreiche Verbindung ein.

Die kleine Ortschaft Hortobágy ist das Zentrum des mit heute 82.000 ha weitläufigen Nationalparks, der im Januar 1973 als erster Ungarns gegründet wurde und seit 1999 zum Weltnaturerbe der UNESCO zählt. Nur Teile des Parks sind für Besucher zugänglich. Ausgeschilderte Lehrpfade erleichtern die Orientierung. Die Eintrittskarten für diese Gebiete werden regelmäßig kontrolliert (siehe Information). Seltene Tierarten, insbesondere schützenswerte Wasservögel, sorgfältig gepflegte Bräuche der Puszta-Hirten, Ausstellungen und Vorführungen sind die wichtigsten Attraktionen. Mit besonders viel Glück erlebt man hier den Zug der Wildgänse im Frühjahr und der Zug der Kraniche im September. Von früher 17 sind heute noch 10 Karpfenteiche in der Hortobágy in Betrieb. Die anderen sind verschilft oder versumpft. Das Fischteichsystem umfasst rund 6000 ha und ist auch ein wichtiger Lebensraum für Wasservögel.

Besonders wohl, weil die Puszta unserem Piroschka genährten Ungarnklischee so nahe kommt, wimmelt es in dieser Salzsteppenlandschaft im Sommer nur so von deutschen und österreichischen Urlaubern und Tagesausflüglern. Natürlich ist man bemüht, alles zu tun, damit dies auch so bleibt. Und das nicht erst seit gestern. Das einstige Überschwemmungsgebiet der Theiß war zunächst eine fruchtbare und dicht besiedelte Sumpf- und Waldlandschaft. In der Zeit der Türkenkriege nahm die schon vorher durch

zahlreiche Epidemien stark dezimierte Bevölkerung weiter ab. Mit der Regulierung des Flusses um 1850 trockneten dann die Sümpfe aus – die Wälder waren schon zuvor verschwunden.
In der Folge wurde der Boden der Puszta stark alkalisch und damit für die Landwirtschaft fast unbrauchbar. Von nun an war sie eine Domäne der Hirten, die mit ihrer Folklorekultur das Bild der Puszta bis in die heutige Zeit prägen. Sie lebten stets in einer strengen Hierarchie: ganz oben der Pferdehirt, ganz unten der Schweinehirt.

Um überhaupt noch Erträge erwirtschaften zu können, pflanzte man z. B. auch Reis an, und so findet man hier eines der am nördlichsten gelegenen Reisanbaugebiete der Welt. Die Puszta liegt auf etwa 88–92 m über dem Meeresspiegel. Hier herrscht ein kontinentales Klima, d.h. die Sommer sind ziemlich heiß und die Winter empfindlich kalt. Außerdem gilt die Puszta als das niederschlagsärmste Gebiet in Ungarn. Fauna und Flora sind die wichtigsten Sehenswürdigkeiten der Hortobágy. Besonders im Frühling, wenn die Puszta blüht, entfaltet sich eine überraschende Farbenvielfalt. Zu dieser Zeit und auch im Herbst machen hier Millionen von Zugvögeln Station. Viele Tiere, darunter ziemlich seltene, sind aber auch ständig anzutreffen.

Von den in ganz Ungarn beheimateten knapp 5.000 Storchenpaaren lebt ein Großteil in der Hortobágy. Insgesamt über 230 Vogelarten hat man hier gezählt; das sind mehr als die Hälfte aller in Europa vorkommenden Arten.

Besonders stolz ist man auch auf die Zeugen einer vergangenen Tierzuchtepoche: die *Nóniuspferde*, die *Graurinder* und die *Zackelschafe*. Denn schließlich gilt die Tierzucht als "eine der Urbeschäftigungen des Ungarntums". Die wenigen, an tiefergelegenen Stellen erhaltenen Sümpfe bieten Wild und (Klein-)Raubtieren einen Unterschlupf.

Durch die Hortobágy führt nur eine Straße von Tiszafüred nach Debrecen. Sie war einst die Hauptverbindungsader zwischen West- und Ostungarn. Am östlichen Ortsausgang der Ortschaft Hortobágy befindet sich ein Panzermahnmal, das an die große Panzerschlacht erinnert, die im Zweiten Weltkrieg hier stattfand.

Information/Verbindungen/Sport

• *Information* **Tourinform,** (direkt neben dem Hirtenmuseum) 4071 Hortobágy, Petőfi tér 1, ✆ und 📠 589321. hortobagy@tourinform.hu. Geöffnet 15.3.–15.12. Mo–Fr 8–16 Uhr, 15.6.–15.9. Mo–Fr 8–18 Uhr und Sa, So 9–17 Uhr. Hier bekommt man alle Informationen zu Pusztaprogrammen und der Besichtigung des Nationalparks inklusive Kartenmaterial und Wandervorschlägen. Die freundlichen Tourinform-Mitarbeiter sprechen Deutsch und Englisch und vermitteln neben geführten Touren auch Zimmer. Am besten per E-Mail vorab reservieren lassen. Bei Tourinform oder im Nyogati Fogadóház (✆ 378054), dem so genannten Westlichen Gasthof, kann man auch die Eintrittskarten für den Nationalpark kaufen (900 HUF pro Tag und Person, 1800 HUF pro Woche und Person, bis zu 4 Personen 1500 HUF pro Tag).

Weitere Infos und Führungen: Hortobágyi Nemzeti Park , 4024 Debrecen, Pf. 216. ✆ 529920, 📠 529940, dora@www.hnp.hu, www.hnp.hu.

• *Telefonvorwahl* 52

• *Verbindungen* Kleine Bahnlinie vom rund 30 km entfernten Debrecen. Die idyllische Fahrt führt an blumengeschmückten

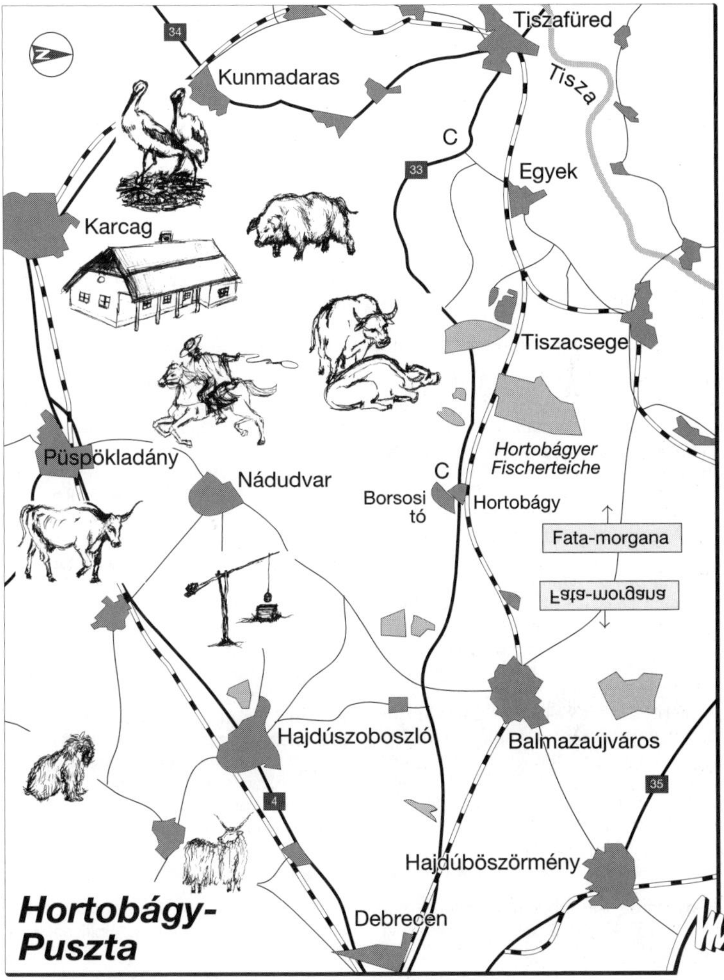

Bahnhöfen vorbei. In der Hochsaison gibt es außerdem eine Busverbindung mit Eger.

• *Freizeit/Sport* **Rundflüge** sind eine unvergessliche und originelle Art, den Nationalpark zu entdecken. Die Piloten wechseln manchmal ihre Standorte, ihre Flugzeuge sind jedoch meist an der Straße Nr. 33 zu sehen, z.B. vom Dorf Hortobágy aus gesehen am Kilometerstein 67 neben dem Gasthaus Pástortanya. Zehn Minuten Rundflug mit dem urigen Doppeldecker kosten ca. 50 € und machen einen Riesenspaß. Es passen maximal drei Personen ins Flugzeug. Starts: Bei geeignetem Wetter von Juni bis September täglich zwischen 10 Uhr und Sonnenuntergang. Informationen gibt die Nationalparkorganisation unter ✆ 529920.

Reiten: Das Gestüt von Hortobágy-Máta ist 300 Jahre alt und mit 250 Pferden eines der wichtigsten ungarischen Pferdezuchtzentren. Hier wird die alte ungarische Nonius-Rasse erhalten. Ebenso werden hier Sportpferde gezüchtet und mit Deckhengsten aus Holstein veredelt. Man findet das Gestüt vom Dorf Hortobágy aus nach rund 2 km hinter der Neunlöchrigen Brücke auf der rechten Seite. Neben sehr empfehlenswerten Kutschfahrten in die Puszta mit den beliebten Vorführungen der Pferdehirten kann man hier auch in erfahrener Begleitung ausreiten. Nach Möglichkeit sollte man sich ein bis zwei Tage zuvor anmelden, da die Tiere in der Hauptsaison schon einmal ausgebucht sein können. Ausritte oder Reiten in der Koppel 15 € pro Stunde, Reitunterricht 10 € für eine halbe Stunde, Unterricht im Gespannfahren ab 30 € pro Stunde. Man kann hier auch einen einwöchigen Reiterurlaub mit Ausritten durch die Puszta pauschal buchen Deutschsprachige infos unter ✆ (52)589369, E. Varga, E-Mail: apuszta@axelero.hu.

Kutschfahrten in die Puszta: Kardarcsi-Csárda, vom Dorf Hortobágy aus gesehen 14 km in Richtung Debrecen; direkt an der Straße Nr. 33 am östlichen Nationalparkeingang (Kilometerstein 86) gelegen. Von Mai bis Oktober starten von hier aus täglich um 11, 14 und 16 Uhr Kutschfahrten in die Puszta mit anschließendem traditionellen Essen.

Übernachten

Hortobágy Club Hotel, 4071 Hortobágy-Máta, ✆ 369020, ℻ 369027. hortobagyhotel@axelero.hu, www.hortobagyhotel.hu. Um den zentralen Bau des Vier-Sterne-Hotels mit Schwimmhalle gruppieren sich 20 Hausapartments mit allem Komfort. Jedes der 54 DZ (ab 80 € inkl. Frühstück) und vier Apartments (ab 120–160 € für 2 Personen) ist mit Bad, Telefon, Fernseher, Minibar und Balkon oder Terrasse ausgestattet. Auch pauschal über Reiseveranstalter buchbar.

Öregtavi, direkt bei den Fischteichen von Hortobágy-Halastó, 7 km von Hortobagy entfernt Richtung Tiszafüred, ✆ und ℻ 369119. Großes hellgrünes Gasthaus mit Garten und 9 Zimmern. Fernseher im Aufenthaltsraum. Optimal für Naturliebhaber. Guter Ausgangspunkt für Vogelbeobachtung. EZ mit Frühstück 25 €, DZ mit Frühstück 35 € und Dreibettzimmer 45 €. Ganzjährig am besten buchbar über Tourinfom, da das Haus nicht ausgeschildert ist und nicht immer jemand dort die Gäste empfängt.

Pástortanya, Hortobágy-Halastó, ✆ und ℻ 369127, pasztortanya@freeemail.hu. An der Straße 33 in Höhe des Kilometersteins 67 gelegene Pension mit nettem Restaurant, einem Apartment für 4 Personen (ab 25 €) und vier DZ ab 20 €. Geöffnet 8–21 Uhr.

Fogadó, Kossuth utca 1, ✆ 369137. Sehr einfache Pension mit Restaurant im Zentrum; oft belegt. DZ ca. 30 €.

Puszta Kemping, ✆ 369300, ℻ 369485. Der kleine, schattige, nicht besonders gut gepflegte Platz mit recht unebenem Boden liegt ziemlich zentral im Ort Hortobágy. Zwei Personen mit Auto und Zelt zahlen 8 € pro Nacht. Ein einfacher Zwei-Bett-Bungalow kommt auf 12 €. Geöffnet: Anfang Mai bis Ende September.

Essen

Nagycsárda (Hortobágyi Csárda), Petôfi tér 2, ✆ 589144 und ℻ 589339. Sie gilt als eines der Wahrzeichen der Puszta. Der markante Bau mitten im Ort ist kaum zu übersehen. 1871 wurde der damals schon fast 200 Jahre alte Lehmbau der Csárda durch ein Ziegelgebäude ersetzt, das den Westflügel der heutigen Anlage bildet. 1968 dann öffnete das im traditionellen Stil eingerichtete Restaurant seine Pforten. Seither bietet die bekannt gute Küche vor allem Hirtenspezialitäten und Fisch aus den Fischteichen, serviert in stilvoll-altertümlicher Einrichtung. Die Csárda ist wirklich schön, aber vergleichsweise teuer und in der Hochsaison ziemlich überlaufen. Wenn viel los ist, leidet zuweilen der Service dramatisch und die Qualität der Speisen nicht minder. Geöffnet täglich von 8–22 Uhr.

Fogadó-Restaurant, Kossuth utca 1, ✆ 369137 (vgl. Übernachten). Bodenständiges Restaurant im Ortskern mit winziger Auswahl, aber billig und bei Einheimischen beliebt. Einfache, aber empfehlenswerte Hausmannskost ab 6 € pro Gericht.

Pástortanya, Hortobágy-Halastó, ✆ und ℻ 369127 (siehe Übernachten). An der Straße 33 in Höhe des Kilometersteins 67 gelegen. Kleines Restaurant mit überdachter Terrasse. Einfache ungarische Küche ab 8 €. Geöffnet 8–21 Uhr.

Attila, der Starreiter in Hortobágy-Puszta

Kutschfahrt in die Puszta: Plötzlich ist ein Igel ein Star

Veranstaltungen

Wer für die Dauer der beiden folgenden Veranstaltungen im Dorf Hortobágy oder Umgebung wohnen möchte, sollte seine Unterkunft unbedingt möglichst frühzeitig reservieren.

Zur Erinnerung an die großen Tiermärkte vergangener Zeiten wird heute alljährlich am ungarischen Nationalfeiertag, dem 20. August (und meist auch schon am 19.) ein **Brückenjahrmarkt** (ungarisch: Hídi vásár) rund um die Neunlöchrige Brücke abgehalten. Dazu gehören auch Reitervorführungen und viele Folkloreveranstaltungen.

Die **Internationalen Hortobágyer Reitertage** ziehen alljährlich Tausende von Besuchern ins Pferdezuchtzentrum Máta. Reitwettbewerbe, Schaureiten und das Schäfertreffen sind die wichtigsten Attraktionen dieser dreitägigen Veranstaltung, die in der Regel zu Pfingsten stattfindet.

Die Puszta

Es ist beinahe aussichtslos, die Tierherden der Hortobágy auf eigene Faust zu finden, sind doch die Hirten mit den Tieren stets in Bewegung. Wer dennoch sicher sein will, alle oder zumindest die meisten Puszta-Attraktionen zu sehen, der sollte sich für eines der vielen Pusztaprogramme entscheiden. Preis und Leistungsumfang sind recht unterschiedlich. Die wachsende Konkurrenz unter den Veranstaltern ist auch dafür verantwortlich, dass Sie mittlerweile manchmal sogar schon beim Einparken angesprochen werden. Wir können das Pusztaprogramm des staatlichen

Gestüts in Hortobágy-Máta empfehlen, das mit einer kleinen Führung durch die Pferdeställe endet (bis zu viermal täglich, 8 € pro Person, Kinder 4 € inkl. deutschsprachiger Führung). Das Gestüt bietet auch Kutschfahrten für Gruppen an sowie Gulaschpartys und Reitausflüge für geübte Reiter, apuszta@axelero.hu.

Und wie es zugeht auf einem solchen Puszta-Ausflug? Ungefähr so: Zuerst erklärt der sachkundige Führer die Sehenswürdigkeiten des Hirtenmuseums. Der routiniert gehaltene Vortrag ist mit vielen Anekdoten gespickt, doch die Pointen zünden selten.

Mit dem eigenen Fahrzeug geht es dann zur Töpferei ("hier kaufen möglich"), wo wir den Planwagen besteigen. Staubige Wege bringen uns in die Nähe der Tierherden. Schon frohlocken die Besitzer von Teleobjektiven. Doch wenn das Graurind auch stillhält, die Kutsche tut das nicht. Sie schwankt so sehr durch die fast nur aus Schlaglöchern bestehende Piste, dass nur die Mutigsten eine Hand zum Fotografieren freibekommen. Doch schließlich gibt es auch Gelegenheit zum Aussteigen und dann laufen sie uns alle der Reihe nach vor die Linse: das massige *Graurind*, das so bedrohlich schaut, die *Zackelschafe* mit ihren wild geschwungenen Hörnern, die vor Jahrhunderten aus Asien eingewanderten Wasserbüffel und die trägen Langhaarschweine, die *Mangalicas*. Wer die Tour morgens oder abends unternimmt, kann manchmal beobachten, wie ganze Graurind- oder Pferdeherden am Ziehbrunnen getränkt werden. Die wichtigste Station aber ist das Lager der Pferdehirten, der *Csikós*. Diese Nachfahren der stolzen "Herren der Puszta", die ihren Sonntagsbraten noch unter dem Sattel weichgeritten hatten, haben längst ihre "malerische Tracht, die nur noch bei ganz besonderen Anlässen getragen wird" (nämlich ungefähr zwanzigmal täglich beim Besuch der Touristen) angelegt und begeistern uns mit Reiterkunststückchen.

Bei einem der Nachwuchshirten, der sich in seiner Discokluft sichtlich wohler fühlen würde als in der "malerischen Tracht", mag sich das Pferd dann doch nicht hinlegen. Ein erfahrener Csikós leistet Hilfestellung, und schließlich muss die ganze Prozedur noch einmal wiederholt werden, weil der dicke Herr aus Hamburg im entscheidenden Moment seinen Film gewechselt hat.

Wer sich gefragt hat, warum die stolzen Pferdehirten während der ganzen Vorführung unablässig mit dem Ochsenziemer geknallt haben, bekommt jetzt die Antwort, wenn der Nachwuchs-Csikós die schön gearbeiteten Lederpeitschen präsentiert. "Jetzt kaufen möglich", gibt der Führer sein Signal, und "einmalige Gelegenheit". Doch niemand will so recht. Stattdessen geht es wieder auf die Planwagen und zurück auf die Buckelpiste. Was allen am besten gefallen hat? Es war das merkwürdige, langhaarige Tier, das wir bei den Schafhirten gesehen haben – ein *Puli*, ein echter ungarischer Hirtenhund. Zwar konnte man auf Anhieb hinten und vorn kaum unterscheiden, doch wurde die Frage geklärt, weil er auf Süßigkeiten versessen war: Wo die Kekse verschwanden, da musste vorne sein.

Nonius heißt eine alte ungarische Pferderasse, die heute nur noch in der Puszta gezüchtet wird

Sehenswertes

Im *Pasztormúzeum* wird man vergeblich nach Sakralem suchen, denn "Pasztor" heißt im Ungarischen der Hirte, der ja auch seine "Schäfchen" zusammen halten muss. Das Museum ist im einstigen, um 1780 erbauten Wagenschuppen der Nagycsárda untergebracht. So gut wie jeder Besucher der Hortobágy geht hier einmal hindurch – ein lohnenswerter Ausflug in die Geschichte von Puszta-Klischee und Wirklichkeit.
Auch wenn das Museum nicht sehr groß ist, stimmt es doch sehr gut auf die Landschaft und ihre Bewohner (vor allem früherer Zeiten) ein. So sieht man hier die traditionellen Trachten der Pferde-, Rinder-, Schaf- und Schweinehirten sowie deren Gebrauchsgegenstände und Werkzeuge (Musikinstrumente, Lederarbeiten und Stickereien usw.), wobei der Übergang zur Folklorekunst fließend ist. Die Kleidung eines Debrecener Bürgerpaars aus der gleichen Zeit macht den Unterschied der Lebensweisen deutlich.

Öffnungszeiten Das **Museum** (✆ /℻ 589321) ist von April bis Dezember täglich außer Mo von 9–17 Uhr geöffnet. Dezember bis März nur für Gruppen nach Voranmeldung.

Puszta Tierpark: Ein Besuch in diesem an einen Streichelzoo erinnernden Tierpark ist vor allem mit Kindern zu empfehlen. Man sieht die wichtigsten Puszta-Tiere von der Gans über das Zackelschaf bis zum Graurind und kann sie auch anfassen. Hinter der Neunlöchrigen Brücke ist der Zoo ausgeschildert.

Öffnungszeiten März bis November 9–18 Uhr.

Gemäldegalerie: Die karge Steppenlandschaft der Hortobágy hat stets die Gemüter von Malern jeglicher Stilrichtungen tief beeindruckt. Folglich entstanden hier viele wichtige und noch mehr bedeutungslose Gemälde, Skizzen und Zeichnungen der modernen ungarischen Malerei. Einige der ansprechendsten Landschaftsporträts der Pussta und der Tiefebene sind in der Hortobágy-Galerie zu sehen, zu finden hinter der Nagycsárda.

Öffnungszeiten April bis September täglich außer Mo, durchgehend von 9–17 Uhr; sonst täglich außer Mo, 9–12 Uhr und 13–16 Uhr.

Die *Neunlöchrige Brücke*, die direkt bei der Nagycsárda das Flüsschen Hortobágy überspannt, gilt als Wahrzeichen der Puszta und fehlt auf fast keinem Urlaubsfilm. Ihre Berühmtheit verdankt sie der beeindruckenden Tatsache, die längste Ziegelbrücke Ungarns zu sein, und ihren "Löchern", das sind die Zwischenräume der Brückenpfeiler.

Die sogenannte *Fischausstellung* findet man 6 km westlich von Hortobágy an der Straße Nr. 33 (als Museum ausgeschildert). Die Ausstellung von ausgestopften, hier heimischen Vögeln und Fischen ist kurios, aber winzig und lohnt nicht unbedingt die Anfahrt.

Öffnungszeiten Anfang Mai bis Mitte Oktober täglich außer Mo, 9–17 Uhr.

Die *Meggyes-Csárda* 12 km westlich von Hortobágy ist als Museum eingerichtet. Die Beschwernisse der schlechten Anfahrt (2,5 km Buckelpiste von der Straße Nr. 33; als Museum ausgeschildert) werden von der im Originalzustand konservierten, historischen Csárda nicht aufgewogen.

Öffnungszeiten Anfang Mai bis Mitte Oktober täglich außer Mo, 9–17 Uhr.

Eine *Töpferei* ist 7 km östlich von Hortobágy an der Straße Nr. 33 als Museum ausgeschildert. Hier wird die sehr hübsche, traditionelle schwarzgebrannte Keramik in Handarbeit gefertigt. Wenn man Glück hat, kann man auch bei der Herstellung zusehen. Die fertigen Töpferwaren sind oft alle ausverkauft, da sehr begehrt.

Öffnungszeiten Anfang Mai bis Mitte Oktober täglich außer Mo, 8–16 Uhr.

Wahrzeichen der Puszta: die neunlöcherige Brücke von Hortobágy

Eine *Vogelausstellung,* d. h. ein kleiner Raum mit ausgestopften Pusztabewohnern wie Dachs, Fuchs und Vögel, findet man 3 km westlich der Kis-Hortobágyi-Csárda an der Straße zwischen Tiszacsege und Balmazújváros (14 km vor Tiszacsege). Es handelt sich auch hierbei nur um eine winzige Ausstellung, für die sich kein Umweg lohnt.

Das *Wasserbüffelreservat* befindet sich rund 1,5 km südlich der inzwischen geschlossenen Kishortobágyi-Csárda. Tagsüber kann man die Büffel nur mit dem Fernglas und nach einem längeren Fußmarsch beobachten. Zum Schlafen jedoch kehren die Tiere in ihre Stallungen zurück, wo man sie am frühen Morgen und am späten Abend sehen kann. Auch in Máta und Szálkamalom kann man im Sommer manchmal Wasserbüffel sehen.

Ähnlich schwierig ist es, die Bewohner des **Vogelreservats** nahe der Ortschaft Nagyiván, in der südwestlichen Spitze des Nationalparks, vor die Linse zu bekommen.

Fata Morgana

Eine besondere Attraktion der Puszta: Geisterhaft flimmert an windstillen und sonnenreichen Tagen die Luft und täuscht Seen vor, wo es keine gibt. Obwohl auf der Karte der Hortobágy (erhältlich bei Tourinform) *"Ort und Richtung der Sichtbarkeit der Fata Morgana"* eingezeichnet sind, ist dies noch lange keine Garantie. Denn wann immer wir sie erleben wollten, machte sie trotz der vor Hitze flirrenden Luft gerade Pause.

Eine große *Storchenkolonie* ist in der Ortschaft Tiszacsege zu finden. Hier nisten bis Ende August mehrere Storchenpaare, bevorzugt auf Stromleitungsmasten. Viele Storchennester und wenn man Glück hat, auch ihre Bewohner, kann man außerdem in der benachbarten Siedlung Egyek sehen.

Ausflüge

- **Tisza-tó (Theiß-Stausee)**: *Balaton der Tiefebene* wird der mittlerweile 127 qkm große Stausee (35 km westlich der Ortschaft Hortobágy) in Werbeprospekten gerne genannt. Die zwischen Tiszafüred und Abádszalók auf einer Länge von fast 30 km aufgestauten Wassermassen betreiben ein Kraftwerk bei Kisköre.

  Die großen Buchten, toten Arme, verschilften Kanäle und kleinen Inseln locken vor allem Angler und Wassersportler, Individualisten und Naturliebhaber an den zweitgrößten ungarischen See. Die touristische Infrastruktur (Hotels, Campingplätze, Privatzimmer und Häuser, Gaststätten und Erholungsheime) hat sich hier in den vergangenen Jahren zwar entwickelt, doch ist sie längst nicht mit der am Plattensee vergleichbar. So wird der Theiß-Stausee mit seinen beiden touristischen Zentren *Tiszafüred* und *Abádszalók* (gute Wassersport- und Bademöglichkeiten in der 14 qkm großen Attila-Bucht) auf absehbare Zeit noch ein Urlaubsgebiet für Pioniere bleiben – mit gleichermaßen wenig Rummel und Komfort. Von beiden Orten aus bieten sich Ausflüge in die nahe Puszta an. Viele ungarische und internationale Tagestouristen kommen zum Theißsee, um bei einem Ausflug mit einem kleinen Motorboot, die noch recht unberührte Natur zu genießen. Großreiher, Kormorane und andere unter Naturschutz stehende Vogelarten gehören für Naturliebhaber zu den Highlights der Region. Das Vogelreservat in der Bucht von Tizsavalk liegt im nördlichen Teil und gehört zum Nationalpark von Hortobágy. Hierhin kommt man nur mit dem Kanu und das nur außerhalb der Schonzeit. Der westliche Teil des Stausees verfügt noch über wenige touristische Einrichtungen. In Kisköre gibt es ein Strandbad und einen Campingplatz. Aktuelle Informationen über den See und seine Umgebung erhält man bei den Tourinform-Büros in Tiszafüred, Abádszalók und Kisköre.

• *Information* **Tourinform Tiszafüred**, Fürdö *utca* 21, ✆ und 📠 511123, tiszafüred@tourinform.hu.

Tourinform Abádszalók, Deák Ferenc utca 1/17, ✆ und 📠 357376, abadszalok@tourinform.hu.

Tourinform Kisköre, Kossuth Lajós utca 8, ✆ und 📠 358023, kiskore@tourinform.hu.

• *Telefonvorwahl* 59

• *Bootsfahrten* Abfahrt am Kormorán Bootshafen in Tiszafüred-Örvény, Anmeldung vor Ort oder unter ✆ 0659350350. Zweistündige Fahrt mit einem Fischerboot und ortskundigem Führer 30 €. Erweiterungen, z.B. Baden, Campen, Vogelbeobachtung möglich.

• *Übernachten* **Füzes Panzió**, Húszöles utca 31/b, ✆ 59/351854. Netter Neubau in Tiszafüred direkt an der verkehrsreichen Straße Nr. 33, unweit dem Termál Kemping. DZ mit Dusche/WC ab 30 €.

Hableány Hotel, Tiszafüred-Tiszaörvény, Hunyadi utca 2, ✆ und 📠 59/353333. Gutes Restaurant im Haus. Mit Sauna und Solarium, Fitnessraum, Parkplatz und Garten. Hunde erlaubt. DZ mit Bad ab 40 €.

Horgász Kemping, Feltáró út, ✆ 59/351220, 📠 59/352619, horg.camp@dpg.hu, www.hotels.hu/horgcamp. Der beste der Plätze in Tiszafüred; groß und sehr schattig, mit Tennisplatz. Zwei Personen mit Auto und Zelt zahlen 4 € pro Nacht. Zweibettzimmer 15 €, Holzbungalows mit 6 Betten ab 20 €. Verkauf von Angelkarten. Grillgerichte im Camping-Restaurant. Anfahrt: von der Straße Nr. 33 aus Richtung Debrecen kommend, kurz vor dem Ortsausgang links abbiegen (ausgeschildert). Geöffnet: Anfang Mai bis Ende September.

Termál Kemping, Fürdö *utca* 2, ✆/📠 59/352911. Größeres Gelände am westlichen Ortsausgang von Tiszafüred. Zwei Personen mit Auto und Zelt zahlen 6 € pro Nacht. Die Bungalows mit vier Betten kosten je nach Saison ab 20 €. Es gibt auch Zimmer mit drei Betten, die zwischen 25 und 35 € kosten sowie ein paar preiswertere Unterkünfte für Studenten. Geöffnet: Anfang April bis Ende Oktober.

Tóparti Kemping, Kistisza utca 1–3, ✆/📠 351132, info@topartikemping.hu, www.topartikemping.hu. Campingplatz in unmittelbarer Nähe zum Seeufer mit eigenem Steg und Strand. Verkauf von Angelkarten. Auto mit Zelt ab 6 €.

Füzes Camping & Panzió, 5241 Abádszalók, Deák Ferenc út 12, ✆ und 📠 59/351854. Größerer Platz, innerorts gut ausgeschildert. Freibad in der Nähe. Zwei Personen mit Auto und Zelt zahlen 6 € pro Nacht. Geöffnet: Anfang Mai bis Ende September. Angeschlossene Pension siehe oben.

Tisza Hercegnöje, 5241 Abádszalók, Attila-Bucht, ✆ (70)3819825, 📠 (37)540246, tisza@yachtszallo.com, www.yachtszallo.com. In der Attila-Bucht in Abádszalók liegt die "Theiß-Prinzessin", ein komplett renoviertes Schiff, das Wasserliebhabern 21 Kabinen mit 2,3 oder 4 Betten (Dusche und WC) bietet. Auf dem Schiff gibt es Sauna, Solarium, einen kleinen Pool und einen Fitnessraum. Preise je nach Saison ca. 50 €.

Hotel Diana, 5241 Abádszalók, István K. utca 1, ✆ 59/355300, 📠 59/355603. Großes, sehr einfaches Hotel in Abádszalók an der Straße zum Füzes-Camping. Die DZ ab 30 €. Geöffnet vom 5. Mai bis 30. September.

Békéscsaba

Die größte Stadt der "Sturmecke" hat sich gemausert. Für einen Aufenthalt in der Komitatshauptstadt am Fehér-Kôrös-Kanal kann man ruhig etwas mehr als nur ein paar Stunden einkalkulieren.

Die Hauptstadt des Komitats Békés ist zugleich das landwirtschaftliche und industrielle Zentrum der Region. Einst ging es hier in der "Sturmecke", in der viele besitzlose Landarbeiter wohnten, tatsächlich stürmisch zu, als diese nämlich vehement eine Verbesserung ihrer Lebensbedingungen forderten.

Noch heute ist die Landwirtschaft neben der hiesigen Textil- und Nahrungsmittelindustrie eine der wichtigsten Erwerbsquellen für die Bürger der 70.000-Einwohner-Stadt. Hier, im äußersten Südosten Ungarns, ist es vor allem die Nachbarstadt Gyula, die viele Touristen anzieht. Trotzdem lohnt es sich, auch in Békéscsaba einen Zwischenstopp einzulegen, und sei es nur für einen Spaziergang durch die hübsche Fußgängerzone *Andrássy utca* (in sozialistischer Zeit hieß sie noch *Tanácsköztársaság utca*) und für einen Museumsbesuch.

Information/Verbindungen/Adressen/Sport

• *Information* **Tourinform**, Szent István tér 9, ✆/℻ 441261, bekescaba@tourinform.hu, www.turizmus.bekescaba.hu. Mo–Fr 9–17 Uhr, im Juni, Juli und August auch Sa, So 10–16 Uhr.

IBUSZ, Szt. István tér 9, ✆/℻ 325554, i043@ibusz.hu.

Békéstourist, Andrássy út 10, 5600 Békéscsaba, ✆ 323448, ℻ 323448. Geöffnet: Mo–Fr 8–16 Uhr.

• *Telefonvorwahl* 66

• *Verbindungen* Bahnhof und Busbahnhof in der Andrássy út 58. Züge nach Budapest, Szeged, Gyula und Bukarest. Busse nach Budapest, Szeged, Gyula, Debrecen, Kecskemét, Eger und Pécs.

• *Adressen* **Post**: Hauptpost am Szabadság tér 1/3.

Taxi: ✆ 444777 und 444555.

• *Sport/Freizeit* **Angeln** kann man in der Kôrös. Angelscheine sind im Büro des Angel- und Jagdvereins neben dem Hotel Fiume erhältlich.

Baden kann man in dem großen Freibad mit mehreren Becken am Árpád sor 1 (Flussufer).

Rundflüge: An der Straße Nr. 44 in Richtung Gyula findet man rund 4 km nach dem Ortsausgangsschild auf der linken Seite einen Segelflugplatz. Man kann den Flugbetrieb beobachten (auch Motordrachen und Doppeldecker) und einen Rundflug machen; natürlich nur bei geeignetem Wetter.

Übernachten/Essen

Hotel Fiume, Szent István tér 2, ✆ 443243, ℻ 441116, www.fiume.viharsarok.com. Von Grund auf renoviertes, sehr schönes Komforthotel in absolut zentraler Lage am Anfang der Fußgängerzone. Das in der Zeit von 1863–1870 erbaute Haus war in der sozialistischen Zeit als "Hotel Csaba" bekannt. DZ mit Bad und Frühstück je nach Saison ab 35 €. Angeschlossen ist ein tolles Straßencafé mit Korbmöbeln. Sehr zu empfehlen ist das Hotelrestaurant – nicht zu verwechseln mit der Bierstube, in der es nach bayerischem Rezept gebrauten Gerstensaft gibt oder dem "Grill". Der prachtvolle Speisesaal mit Stuckdecke, Kristallüstern und ornamentalen Wandverzierungen ist täglich von 9–23 Uhr geöffnet. Große Auswahl an hervorragenden Fleisch-, Fisch- und Geflügelgerichten um ca 7 €. Echt Klasse: die Kalbsragoutsuppe (riesige Portion) und das Filetsteak in Sahne und Pilzen. Abends manchmal Live-Musik, sonst dezente Klänge vom Tonband.

Garzon Hotel, Ifjúsági Tábor, ✆ 457355, ℻ 457377, www.fenyeshotel.hu. Drei-Sterne-Hotel außerhalb des Zentrums am Élôviz-Kanal beim Jugendlager (eine Parallelstraße zur Straße 44 Richtung Gyula). Annehmbare DZ ab ca. 30 € mit Frühstück.

Hotel Trófea, Gyulai út 61/1, ☎ 441066, 📠 441038. Niedriger, markanter Kuppelbau direkt an der Straße Nr. 44 in Richtung Gyula, rund 300 m hinter dem Ortsausgangsschild auf der rechten Seite. Macht einen sauberen und behaglichen Eindruck. DZ mit Bad und Frühstück ab 40 €.

Privatzimmer vermittelt das Békéstourist-Büro in der Andrássy út 10. Preise: DZ um 14–20 €, Apartments für bis zu 4 Personen ab 35 €.

Veranstaltungen

Einen Veranstaltungskalender und den Spielplan des beeindruckend schönen **Jókai-Theaters** in der Andrássy út 1 erhält man kostenlos bei Tourinform. Von Juni bis September sind jedoch Theaterferien. Übrigens: Die merkwürdigen Nagelsimse an der Fassade haben nur den Zweck, die Tauben abzuschrecken.

Der **Csabari Vásár**, ein Fest mit großem Markt, wird alljährlich am ungarischen Nationalfeiertag, dem 20. August, gefeiert. Dann ist vor allem in der Fußgängerzone und an der Sportcsarnok, der großen Rundsporthalle an der Straße Nr. 44, etwas los.

Sehenswertes

Das *Munkácsy-Mihály-Museum* in der Széchenyi utca 9 ist gewiss einen Besuch wert. Der berühmte ungarische Historienmaler *Mihály Munkácsy* (1844–1900) arbeitete hier einst als Tischlerlehrling. Im Mihály-Munkácsy-Gedenkzimmer des Museums sind einige seiner Werke und persönlichen Gegenstände ausgestellt. Ein Raum ist wechselnden Ausstellungen vorbehalten, drei weitere Räume beherbergen Gemälde und originelle Gipsfiguren. Im Nebengebäude des Museums ist eine vielfältige und besuchenswerte ethnographische Sammlung untergebracht: Schriften, Werkzeuge, Geräte, die zum Fischfang und zum Ackerbau benutzt wurden, Keramik, Stickereien, Trachten sowie originalgetreue, nostalgische Zimmereinrichtungen.

Öffnungszeiten täglich außer Mo, 10–18 Uhr.

In die zweitürmige *katholische Ziegelkirche* am István király tér kann man ruhig einen Blick werfen. Recht hübsch wirkt der mit Türmchen und Figuren verzierte Altar. Auffällig sind auch die Wandbilder im Chor, auf denen Heilige dargestellt sind.

Am *Rózsa-Ferenc tér* stehen die Große und die Kleine reformierte Kirche sowie das ehemalige Gymnasium, ein zweistöckiges, eklektizistisches Gebäude.

Das *Slowakische Volkskunsthaus und Heimatmuseum* in der Garay utca 21 (hinter dem Gymnasium) dokumentiert die Lebensumstände der slowakischen Minderheit im Gebiet des heutigen Komitats Békés.

Nachdem dieses in der Zeit der Türkenkriege und der nachfolgenden türkischen Besetzung (1566–1695) nahezu entvölkert worden war, begannen die neuen ungarischen Territorialherren nach 1718 mit der Ansiedlung von Slowaken, Ungarn aus Transdanubien und Deutschen aus dem Rheinland, um ihren Besitz effektiver bewirtschaften zu können. Bis zum Ende des letzten Jahrhunderts blieben die kulturellen Eigenarten der Gruppen weitgehend erhalten. Dann setzte ein von staatlicher Seite massiv betriebener Assimilierungsprozess ein, der zwar zu massenhaften Auswanderungswellen führte, aber die bis auf den heutigen Tag bestehenden kulturell-ethnographischen Unterschiede innerhalb der Bevölkerung nicht auszumerzen vermochte.

Dementsprechend beschäftigt sich die Ausstellung im Volkskunsthaus aus der zweiten Hälfte des 19. Jh. einerseits mit der Darstellung der bäuerlichen Arbeitswelt, speziell der slowakischen Minderheit, und andererseits mit deren eigenständiger Kultur. So sieht man hier z.B. hübsche Trachten, Keramik, Stickereien, Möbel und Gebrauchsgegenstände.

Öffnungszeiten täglich außer Mo, 10–12 Uhr und 14–18 Uhr.

An der Straße Nr. 44 nach Gyula ist auf der rechten Seite, rund 500 m nach dem Ortsausgangsschild, ein *Gabona-Múzeum* ausgeschildert. Es handelt sich dabei um ein hübsches Freilichtmuseum, in dessen Mittelpunkt eine um 1860 aus Ziegelsteinen erbaute Windmühle steht, die noch bis 1953 in Betrieb war. Angegliedert ist eine *Tanya*, ein Einzelgehöft der Tiefebene mit der typischen Inneneinrichtung und bäuerlichen Arbeitsgeräten.

Öffnungszeiten von Mai bis September täglich außer Mo und Do, 10–16 Uhr.

Ausflüge

▶ **Békés**: Békés liegt 10 km nordöstlich von Békéscsaba an der Straße Nr. 47. In der kleinen Stadt am Ufer der Körös stand schon im 11. Jh. eine Burg, die allerdings während der Türkenzeit völlig zerstört wurde.

Sehenswert ist das *Museum* am Széchenyi tér 4–6 in einem wunderschönen Barockhaus aus dem 18. Jh., dessen Stuckdecken und reiche Ornamentik liebevoll restauriert wurden. Im Treppenhaus stehen Statuen der antiken griechischen Götterfamilie. Im Museum selbst gibt es eine Ausstellung mäßig interessanter Gemälde und Skulpturen des vorigen Jahrhunderts und einen Saal mit beeindruckenden Werken moderner ungarischer Bildhauer und Maler.

Öffnungszeiten täglich außer Mo, 10–17 Uhr.

Die barocke *katholische Kirche* schräg gegenüber dem Museum, deren Grundstein 1785 gelegt wurde, ist ebenfalls einen Besuch wert. Der Pfarrer, der dank seiner Studienzeit in Wien sehr gut Deutsch spricht, erklärt gerne und voller Stolz die Sehenswürdigkeiten seiner Kirche (Hochaltarbild eines Wiener Meisters, Kreuzwegbilder und Marienstatue).

Die anderen Kirchen der Stadt, darunter die griechisch-orthodoxe Kirche von 1792/95 mit dem hübschen Marmoraltar, sind dagegen nur sehr schwer zugänglich.

Im Vorort *Békés-Tarhos* finden jedes Jahr Anfang Juli die etwa zehn Tage dauernden *Békés-Tarhosi Zenei Napok* statt, ein Festival mit ungarischer E-Musik (Kodaly, Bartok usw.).

• Übernachten Unterkunft finden Sie hier in dem einfachen **Dübögö Hotel** mit Restaurant (Szánthó A. utca 2, ✆ 411429) oder auf dem ganzjährig geöffneten **Campingplatz Békés-Dánfoki Üdülôközpont** (5630 Békés-Dánfok, ✆ 66/341830). Der ruhig gelegene Platz verfügt über recht viele Bungalows (für zwei Personen je nach Komfort ab 8 € pro Nacht) und wenig Schatten. Zwei Personen mit Auto und Zelt zahlen 12 € pro Nacht. Die Zimmer sind meist langfristig von Gruppen ausgebucht. Anfahrt: Wo von der Hauptstraße am südlichen Ortsrand von Békés die Straße nach Békéscsaba rechts abbiegt, dort muss man zum Campingplatz links fahren (rund 2 km). Von Camping aus ist es rund 1 km bis zum winzigen Thermalheilbad von Békés.

▶ **Orosháza**: liegt 37 km südwestlich von Békéscsaba an der Straße Nr. 47 und hat 65 000 Einwohner die in 11 verschiedenen Siedlungen leben. Die übliche, nicht gerade rasend interessante Kombination von archäologischen Funden, bäuerlichen Arbeitsgeräten und Dokumenten aus der Stadtgeschichte im *Szántó-Kovács-János-Museum* in der Dózsa György út 5 lohnt keinen größeren Umweg.

Öffnungszeiten Di–Fr 9–16 Uhr und Sa/So 9–15 Uhr; Mo geschlossen.

Das **Brunnenmuseum** (Könd utca 1) zeigt verschiedene Brunnentypen der vergangenen hundert Jahre. Interessant ist der Ort vielleicht für Naturliebhaber und Vogelbeobachter, die von hier aus Ausflüge in die Naturschutzgebiete der Umgebung machen möchten: Feher tö (Weißer See), Kopáncspuszta, Tatársánc (Tatarenschanze). Informationen sind bei Tourinform erhältlich.

• *Informationen* **Tourinform**, Fasor utca 2, ✆ /℻ 414422, oroshaza@tourinform.hu. Mo–Fr 9–17 Uhr. Im Winter geschlossen.

• *Übernachten* Unterkunft finden Sie in dem zentral gelegenen, neugebauten, komfortablen **Hotel Alföld** am Szabadság tér 12 (✆ 411657), das von außen allerdings nicht sehr einladend wirkt (DZ mit Bad und Frühstück ab 35 €). Weitere Übernachtungsmöglichkeiten in 2 Hotels und 4 Pensionen.

In dem rund 5 km entfernten **Gyopárosfürdô** gibt es ein schönes kleines *Thermalbad* mit großer Parkanlage. Die Anfahrt ist von der Straße Nr. 47 in Richtung Szeged ausgeschildert. Verschiedene Unterkunftsmöglichkeiten sind vorhanden vom Campingplatz über Zimmer und Apartments bis zu kompletten Holzhäusern, die man mieten kann. Über die physiotherapeutischen Behandlungsmöglichkeiten informiert die Kurzentrale (✆ 512230, ℻ 512240) inzwischen auch im Internet unter www.gyoparosfurdo.hu.

Gyula

Die ruhige Ortschaft mit rund 38.000 Einwohnern liegt an der rumänischen Grenze. Das liebenswerte Kurstädtchen ist wegen seines schönen Thermalbades ein wichtiges Fremdenverkehrszentrum der Region.

Gyula, dessen Name wahrscheinlich von einem Enkel eines landnehmenden Fürsten entlehnt ist, ist auch ein wichtiger Gemüseproduzent. Im Stadtkern findet man kaum Hochhäuser, sondern alte Gebäude, die etwas vom Charme alter Zeiten verbreiten. Parallel zur Straße kann man gemütlich am Elöviz-Kanal flanieren und die Angler und Enten beobachten. Am meisten los ist hier im Juli und August, wenn die Schauspieler des Burgtheaters auf einer Seebühne auftreten und auch manchmal Pferdehirten aus der Puszta den Kurgästen im Ort ihre Kunststücke vorführen.

Im Jahre 1214 als *Kloster Gyula* erstmals urkundlich erwähnt, kam die Siedlung gegen Ende des 15. Jh. zu einiger Bedeutung, nachdem sie 1484 zum Komitatssitz erhoben worden war. Die seit dem Ende des 14. Jh. immer wieder um- und ausgebaute Burg spielte in den Türkenkriegen eine wichtige strategische Rolle. Von 1566 an waren dann Stadt und Burg für fast 130 Jahre in den Händen der Türken. Nach 1734 unterschied man für über ein Jahrhundert *Ungarisch-Gyula* und *Deutsch-Gyula*, denn auch hier waren nach der Türkenzeit viele deutsche Landarbeiter angesiedelt worden.

Information/Adressen/Sport

- *Information* **Tourinform**, Kossuth Lajos utca 7, ✆/℡ 561680, bekes-m@tourinform.hu. www.gyula.hu. Informationsbüro der Stadt Gyula und des Komitats Békés. Geöffnet Mo–Fr 9–20 Uhr und Sa 9–15 Uhr (von Mitte September bis Mitte Mai nur Mo–Fr 9–17 Uhr). Bei Tourinform bekommt man auch Informationen zum Wandern, Radfahren und Reiten in der Umgebung oder Material und einen Stadtplan für einen Besuch in der rumänischen Nachbarstadt Arad.

Békéstourist, Vásarhelyi Pál utca 1, 5700 Gyula, ✆ 463028. Geöffnet: Mo–Fr 8–17 Uhr.
Gyulatourist, Eszperanto tér 1, ✆ 463026, ℡ 463367. Geöffnet: Mo–Fr 8–17 Uhr.

- *Telefonvorwahl* 66.
- *Post* Hauptpost am Ezperanto tér 1.
- *Einkaufen* Der **Markt** auf dem Marktplatz (Október 6. tér) hat kein besonderes Flair. Obst und Gemüse, Schuhe und funktionale Kleidung bekommt man im Ort in zahlreichen Läden und Supermärkten.
- *Sport/Freizeit* **Baden**, das Várfürdô (zu Deutsch: Burgbad, www.gyulavarfurdo.hu) ist eine ganzjährig geöffnete Badeanlage, die in einen großen Park eingebettet ist. Wegen der vielen Bäume und Blumen kann man hier auch einen Spaziergang machen. Es gibt im Várfürdô Frei- und Hallenbecken mit und ohne Thermalwasser, Sauna, Massage und medizinische Behandlungen. Das Heilwasser wird insbesondere bei rheumatischen und gynäkologischen Beschwerden eingesetzt und immer mehr Deutsche nutzen die Kurangebote. Außerdem Restaurant, Getränke- und Imbissbuden. Täglich von 8–19 Uhr geöffnet.

Reiten: 6 km in Richtung Kétegyháza liegt Galopp KFT (✆ 463032), ein Gestüt mit Reitschule und einem hübschen Tanyamúzeum (Bauernhofmuseum). Eine kuriose Sammlung von alten Kutschen über alte Fotos, Heiligenbilder bis zu Handpflügen und einer alten Weinpresse dokumentiert das Landleben längst vergangener Zeiten. In der Nähe eines Wasserbrunnens laufen Schweine, Graurinder, Wasserbüffel und Pferde herum. Das Szenario der Hortobagy-Puszta in Klein. Wer in Begleitung ausreiten oder Einzelunterricht an der Longe möchte, sollte sich über Tourinform oder die Hotelrezeption vorher anmelden. Für Gruppen ab 10 Personen werden Pusztaprogramme mit Kutschfahrt, Pferdevorführung und Kesselgulaschmahlzeit veranstaltet (17 € pro Person). Man kann auf dem Gelände auch abgelegen campen (auch mit Wohnmobil), ein einfaches DZ mieten oder ein Apartment für 8 Personen.

Veranstaltungen: Im Sommer finden in der Burg Freilichtspiele statt, und zwar in der Regel zwischen Mitte Juni und Mitte August. Veranstaltungskalender bekommt man bei Tourinform.

Übernachten

Hotel Park (13), Part utca 15, ✆ 463711, ℡ 463124, parkgyula@civishotels.hu, www.gyula.hu. Großes Hotel hinter dem Burgbad, mit einem Restaurant und einem

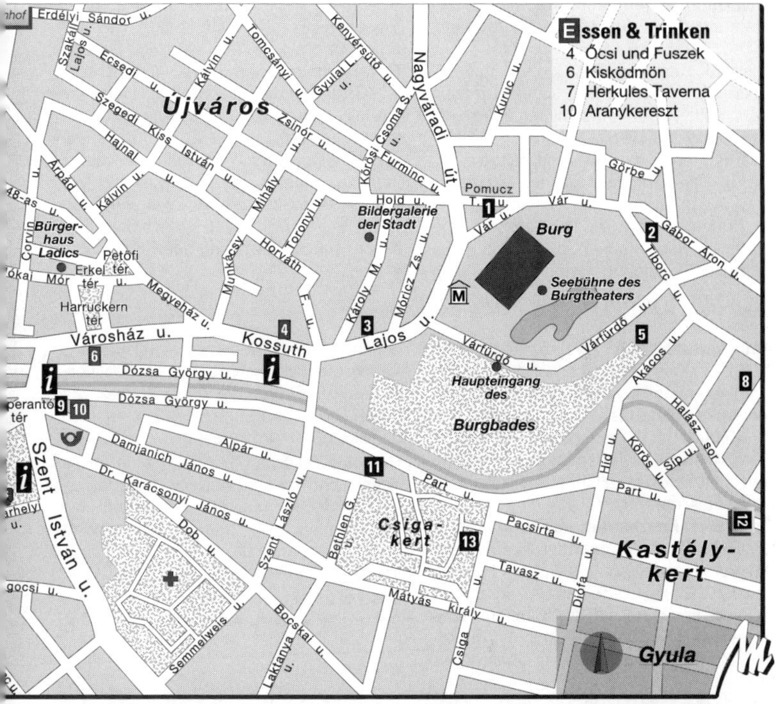

Nachtclub. DZ mit Bad und Frühstück ab 45 €, Apartment mit Bad und Frühstück 60 €.

Hotel Agro (11), Part utca 5, ✆ 561520, 📠 463522, hotelagro@bekes.hu, www.hotels.hu/hotelagro. Ganz in der Nähe des Hotels Park gelegen, verfügt es über ähnlichen Komfort. Haustiere erlaubt. DZ mit Bad und Frühstück ca. 50 €.

Hotel Aranykereszt (9), Eszperantó tér 3, ✆ 463194, 📠 463197. Hübsches, kleines Haus im Zentrum. Oft für Monate im Voraus ausgebucht. DZ mit Bad und Frühstück 40 €. Restaurant im Haus (siehe Essen).

Kurhotel Erkel (5), Várkert utca 1, ✆ und 📠 463555, reserve@hotelerkel.hunguesthotels.hu. Die Nähe zur Therme und zur Burg besticht. Das Hotel hat ein eigenes Kurzentrum und einen Korridor zum Varfürdo (Burgbad), den alle Gäste nutzen können. Die Zimmer allerdings sind recht hellhörig und ziemlich klein für rund 45–52 € je nach Saison und Lage. So gibt es Zimmer ohne Balkon im D-Gebäude und etwas teurere mit Balkon im A-Gebäude. Apartments kosten 62 €. Günstiger als einzelne Übernachtungen sind Wochenpakete. Dann kostet z.B. eine Woche im DZ mit Halbpension um die 200 €. Eine Woche Heilkur mit einer ärztlichen Untersuchung, sieben Heilbehandlungen und sieben Tageskarten für das Bad ist ab 90 € zu bekommen.

Hotel Hôforrás (12), Rábai Miklós utca 2, ✆ 463722, 📠 462246. Ziemlich hässlicher Bau am Stadtrand. DZ mit Bad 35 €. Die Apartments mit Küche für 65 € sind fast immer ausgebucht. Frühstücken kann man im gegenüberliegenden Restaurant.

Székely Panzió (2), Tiborc utca 14, ✆ und 📠 361015. Pension mit Platz für 24 Personen unmittelbar hinter der Burg. DZ je nach Saison und Ausstattung 35–50 €. Fahrradverleih im Hause.

Family Panzió (3), Kossuth Lajos utca 13, ✆ und 📠 463725. Sehr einfache Zimmer zur belebten Straße hin. Parkplatz, Garten und Restaurant. DZ ab 30 €.

Privatzimmer vermitteln Tourinform, Békéstourist und Gyula-Tourist (siehe oben). Preise: DZ ab 25 €.

Thermál Kemping (8), Szélsô utca 16, ✆ 463704, 📠 463551. Der schöne, jedoch nicht sehr große Platz hinter Burg und Bad bietet nur wenig Schatten. Preis für zwei Personen mit Auto und Zelt: 5 € pro Nacht. Die einfachen Motel-DZ kosten 25 €. Außerdem gibt es hier ansprechende Bungalows mit moderner Einrichtung für bis zu vier Personen, die jedoch meist langfristig ausgebucht sind und je nach Saison für 2–3 Personen ab 35 €, für 5 Personen 50 € pro Nacht kosten. Ganzjährig geöffnet.

Privatcamping Mark (1), Vár utca 5, ✆ 463380. Unser allerliebster Lieblingscamping. Der innerorts gut ausgeschilderte, kleine Platz hat viele Stammgäste; vor allem Wohnwagen. Familienanschluss ist im Preis eingeschlossen, und es gibt fast immer etwas zu lachen. Zwei Personen mit Auto und Zelt zahlen je nach Saison 5–8 € pro Nacht. Ganzjährig geöffnet.

Essen (siehe Karte S. 338/339)

Aranykereszt (10), Eszperantó tér 3, ✆ 463163. Das recht gemütliche, kleine Hotelrestaurant liegt etwas versteckt hinter dem Gyulatourist-Büro und ist von 11–23 Uhr geöffnet. Freundliche Bedienung. Gute Auswahl an internationalen Gerichten ab 4,50 €. Das Hühnerpaprikasch für 6 € ist zu empfehlen.

Öcsi und Fuszek (4), Kossuth utca 8, ✆ 468495, 10–24 Uhr geöffnet. Der Besitzer ist Vorsitzender des örtlichen Fußballclubs FC Gyula. Wenn das Restaurant voll ist, können Gäste auf den Clubraum des Vereins ausweichen. Hier hängen selbstverständlich überall Fotos der Spieler. Das Essen ist deftig und relativ preisgünstig. Zu empfehlen: Ferenc Erkels Lieblingsspeise (6,50 €) oder ein Zigeunersteak mit Lecso (4,80 €). Im Sommer sitzt man auch ganz gemütlich im Innenhof.

Herkules Taverna (7), Bodoky utca. Diese griechische Taverne hat eine schöne Terrasse mit Blick auf den Elöviz-Kanal, die im Sommer den Besuch lohnenswert macht. Hauptgerichte ab 5 €.

Kisködmön (6), Városház utca 15, ✆ 463934. Beliebtes Restaurant mit großem Garten. Ungarische Küche, Hauptgerichte ab 6,50 €.

Treffpunkte

Die im Biedermeierstil eingerichtete **Konditorei 100 Szazéves Cukrászda** am Erkel Ferenc tér 1, ✆ 362045, verfügt auch über eine nette, kleine Terrasse. Hier kann man die leckeren Eisbecher genießen, die allerdings ihrer grellen Farben wegen arg gewöhnungsbedürftig sind. Ein Stückchen Kuchen in der angenehmen Atmosphäre der Originaleinrichtung von anno 1840 gehört zum Pflichtprogramm jedes Gyula-Besuches. Rauchen verboten. Geöffnet: täglich 10–22 Uhr. Konditoreimuseum (siehe Sehenswertes) im Haus.

Der **Non-Stop-Spielsaal** am Béké sugárút 9 (beim Kino) ist eine Spielhölle mit Billardtisch. Die Ortsjugend geht freitags und samstags gerne in die **Macho Disco Bar,** in der Városház utca 1.

Sehenswertes

Die rechteckige gotische *Burg* mit ihrer 3 m dicken Mauer, im Stadtzentrum neben dem Thermalbad, ist die einzige erhaltene Ziegelburg Ungarns. Von außen erinnert der massige Bau eher an ein Gefängnis. Die ältesten Teile der Anlage stammen noch aus dem 14. Jh. Der ehemalige Pulverturm ist jedoch die einzige erhaltene Eckbastei der Außenburg. Während des Bauernaufstandes von 1514 konnten die Truppen des Bauernführers und ungarischen Nationalhelden György Dózsa die Festung nicht einnehmen. Das gelang erst den Türken im Jahre 1566. Direkt an der Burg gibt es im Sommer einen netten Biergarten.

Im *Burgmuseum* findet man Dokumente zur Burg- und Stadtgeschichte, darunter Stiche, Waffen, Tongefäße, Kupferkannen und geschnitzte wie bemalte Holztruhen.
Öffnungszeiten tägl. außer Mo, 10–18 Uhr.

Dürer-Terem: Kossuth utca 17. Der Dürersaal in der Nähe der Burg wurde nach Albrecht Dürer benannt, dessen Vorfahren aus Gyula stammten. Wechselnde Gemäldeausstellungen meist moderner Maler aus der Region.
Öffnungszeiten tägl. außer Mo, 9–18 Uhr.

György Kohán-Museum: Béké sugárút. Das weiß-braune Gebäude im Volkspark (Népkert) beherbergt Gemälde zeitgenössischer, expressionistisch inspirierter ungarischer Maler des 20. Jahrhunderts, die in Gyula und Umgebung geboren wurden, darunter in erster Linie Werke von György Kohán (1910–66).
Öffnungszeiten täglich außer Mo, 9–18 Uhr. Innerorts gut ausgeschildert.

Kurioses Bauernhofmuseum zwischen Gyula und Kétegyháza

Ferenc-Erkel-Gedenkhaus: Apor Vilmos tér 7. Ausstellung über Leben und Werk in fünf Räumen des Geburtshauses des berühmten Musikers (1810–93), der 1844 die ungarische Nationalhymne komponiert hatte. *Ferenc Erkel* war 35 Jahre lang Gesangslehrer an der deutschen Schule in Gyula. Auch die anderen Mitglieder der Familie Erkel waren begabte Musiker, vom Urgroßvater bis zu den Kindern Ferenc Erkels.
Öffnungszeiten täglich außer Mo, 9–18 Uhr.

Die in den Jahren 1777–1779 erbaute, große ockerfarbene barocke *katholische Pfarrkiche* am Szabadság tér ist vor allem wegen ihrer schönen Innenausstattung und ihrer sehenswerten Deckenfresken interessant. Erst vor einigen Jahren wurde der Chor restauriert.

Konditoreimuseum: Erkel Ferenc tér 1, in der hübschen Biedermeierkonditorei (vgl. Treffpunkte). Wenn diese geöffnet ist, kann man sich auch das Museum anschauen. Neben dem Backofen und den Stein- sowie Metallformen gibt es hier Schüsseln, Nussmühlen und anderes altes Konditorwerkzeug zu sehen.

Ladics–ház: Jokai *utca* 4, unweit der Konditorei kann man das Wohnhaus einer bürgerlichen Familie aus dem 19. Jahrhundert besichtigen.
Öffnungszeiten Di-Fr 10–18 Uhr.

Hódmezővásárhely

Töpfer, Biber und die erste ungarische Autofabrik. Hódmezővásárhely ist nicht nur ein Zungenbrecher, sondern auch eine typische Stadt des Alföld, der Großen Tiefebene.

Üblicherweise wird der lange Ortsname im alltäglichen Gebrauch auf *Vásárhely* verkürzt. Vor allem die erste Silbe des Ortsnamens ("Hód") macht den Sprachforschern einige Schwierigkeiten, so ist auch heute der Biber (ungarisch: *hód*) als Namenspatron der 53.000-Einwohner-Stadt nicht unumstritten.

Während das nicht sehr große Zentrum mit seinen Repräsentationsbauten durchaus städtisch wirkt, geht es schon in den Querstraßen beschaulich und dörflich zu. In der Umgebung der Stadt liegen noch viele traditionelle Einzelgehöfte (*Tanya*), einst die bevorzugte Siedlungsform in der Großen Tiefebene, die aber nach und nach zu verschwinden drohen.

Die Industrie hat es längst geschafft, in Hódmezővásárhely die Landwirtschaft in ihrer wirtschaftlichen Bedeutung zu überrunden. Ein prominentes Beispiel dafür ist die im Jahre 1988 aufgenommene Automobilproduktion: Die hier montierten Leicht-Pkw (Marke Pouli) mit Elektro- oder Dieselmotor werden sogar nach Frankreich und Norwegen exportiert. Das ist vor allem insofern interessant, als in Ungarn seit dem Zweiten Weltkrieg keine Pkw mehr hergestellt wurden.

Hauptanziehungspunkt der Region ist aber das nur 25 km entfernte Szeged. Von dort aus ist Hódmezővásárhely gut für einen Tagesausflug zu erreichen. Sein Stadtzentrum erreicht man, wenn man von der Straße Nr. 47 in Richtung Straße Nr. 45 abbiegt.

Geschichte

Nach der ungarischen Landnahme entstanden auf dem Gebiet der heutigen Stadt beinahe zwanzig kleinere Siedlungen, von denen allerdings nur zwei, Hód und Vásárhely, die Türkenzeit überstanden. Bereits im Jahre 1456 hatten sie von dem legendären ungarischen Heerführer und Türkenbezwinger János Hunyadi das Stadtrecht erhalten.

Bereits 1890 hatte Hódmezővásárhely über 55.000 Einwohner und war damit fünftgrößte Stadt Ungarns. Um die Jahrhundertwende entstanden dann die Bauten, die auch heute noch das Stadtzentrum prägen. Der große ungarische Dichter Endré Ady gab der Siedlung dann den treffenden Beinamen "Bauern-Paris".

In den fünfziger Jahren unseres Jahrhunderts war Hódmezővásárhely für kurze Zeit Komitatssitz. Ab Anfang der siebziger Jahre erlangte dann die Industrie eine Schlüsselstellung im Erwerbsleben der Stadt. Vor allem die traditionelle Keramikfertigung, aber auch Textilindustrie und Maschinenbau sowie neuerdings die Automobilfabrikation waren dabei von maßgeblicher Bedeutung. Nach der Größe seines Stadtgebiets steht Hódmezővásárhely in Ungarn heute an zweiter Stelle, was die Einwohnerzahl betrifft allerdings erst auf Rang 19.

Jugendstil in Reinkultur

Information/Verbindungen/Freizeit

• *Information* **Tourinform** Hódmezővásárhely, Szegfü utca 3, ✆ und ℻ 249350, hodmezovarsahely@tourinform.hu. Mo–Fr 9–18 Uhr, Sa, So 10–17 Uhr, Mitte September bis Mitte Juni nur Mo–Fr 8–16 Uhr. **Szegedtourist**, Szőnyi utca 1, 6800 Hódmezővásárhely, ✆ 534915.

• *Telefonvorwahl* 62.

• *Post* Hauptpost in der Hódi Pál utca 2.

• *Verbindungen* **Zug**, der Hauptbahnhof liegt in der Kistópart utca. Direktzüge nach Budapest, Szeged, Békécsaba, Orosháza, Szolnok, Makó und Szentes.
Bus: Der Busbahnhof befindet sich in der Bocskai utca. Direktbusse fahren unter anderem nach Debrecen, Hajdúszoboszló, Matrafüred, Budapest, Kecskemét, Jászberény, Gyöngyös, Makó, Miskolc und Szolnok.
Taxi: ✆ 346666, 342888.

• *Freizeit* **Baden**: Ein großes und ganzjährig geöffnetes Thermalfreibad befindet sich in der Ady Endre utca 1., täglich 8–20 Uhr.
Veranstaltung: Die "Őszi Tárlat" (Herbstausstellung) alljährlich im Oktober ist im ganzen Land bekannt. Viele Künstler stellen dann ihre Werke im Tornyai-János-Museum aus.

Übernachten/Essen

• *Übernachten* **Hotel Fáma**, Szeremlei utca 7, ✆ 344231, ℻ 344444. Liegt etwas vom Zentrum entfernt in der Nähe des Kálvin János tér. Der bescheidene Neubau macht einen ganz netten Eindruck. DZ mit Bad und Frühstück ab 38 €.
Hotel Pelikán, Ady Endre utca 1, ✆/℻ 534645, In der Nähe des Thermalbads gelegen. DZ mit Dusche und Frühstück 40–55 €.
Vándorsólyom Fogadó, Kútasi utca, ✆ 341900, ℻ 342276. Das Gasthaus liegt 2 km außerhalb in Richtung Orosháza. DZ mit Bad und Frühstück ca. 35 €, Apartments für zwei Personen mit Frühstück ab 45 €. Reitgelegenheit in der Nähe.
Privatzimmer vermittelt das Szegedtourist-Büro in der Szőnyi utca 1. Preise: DZ ab 30 €; Wohnungen für bis zu vier Personen 45 €.
Termálkemping, Ady Endré utca 1, ✆ und ℻ 245033. Größerer Platz mit wenig Schatten direkt an der Straße Nr. 47 in Richtung Szeged, unweit vom Zentrum. Zwei Personen mit Auto und Zelt zahlen hier 6 €. Geöffnet vom 1. März bis 31. Oktober.

• *Essen* Das Restaurant **Phoenix** im Ratskeller (Kossuth tér 1, ✆ 341919) genießt einen guten Ruf.

Sehenswertes

Der Hauptplatz der Stadt, der Kossuth tér, wird in erster Linie durch das monumentale *Rathaus* von 1894 geprägt, ein schönes, gelb-beiges Gebäude mit Turm. Vor dem Rathaus steht das Husarendenkmal, nicht weit davon ein Kossuth-Denkmal. Auf dem Kossuth tér befindet sich außerdem die weiße *Alte reformierte Kirche* von 1713, die kürzlich vollständig renoviert wurde. In der *Alföldi Gemäldegalerie* am Kossuth tér 8 sind in erster Linie Arbeiten des hiesigen Malers János Tornyai (1869–1936) zu sehen.

Öffnungszeiten **Galerie**, täglich außer Mo, Di 10–15 Uhr, Mi–So 10–17 Uhr.

Tornyai-János-Museum, Szántó Kovács János utca 16: Schwerpunkt der Sammlung sind Gemälde zeitgenössischer Künstler aus der Region. Im Erdgeschoss finden wechselnde Ausstellungen moderner Bilder statt. Drei weitere Räume mit Gemälden findet man im ersten Stock. Außerdem gibt es dort einen Raum mit urgeschichtlichen Funden wie Tongefäßen und Figuren, darunter die berühmte *Venus von Kökénydomb.*

Öffnungszeiten täglich außer Mo, 10–17 Uhr.

Volkskunsthaus: Auf einer großen Wiese neben dem Restaurant Bagolyvár (s. o.) befindet sich das altertümliche, von Mauern umgebene Gehöft. Neben zwei Räumen, die im Stil des 19. Jahrhunderts eingerichtet sind, findet man hier eine Volkskunst- und eine Keramikausstellung.

Öffnungszeiten Di–Fr 10–17 Uhr und Sa 11–17 Uhr. Zusätzlich Juni – August So 11–17 Uhr.

Die **Töpfer** von Hódmezővásárhely pflegen einen ganz bestimmten Keramikstil mit blau-weißen Ornamenten, Blumen- und Vogelmotiven. Wer mag, kann einen der namhaften Töpfermeister der Stadt besuchen. Bei einem solchen Besuch führen sie ihre Kunst vor und erwarten, dass die Gäste das eine oder andere kaufen. Am besten nach Anmeldung über das Szegedtourist-Büro (Szőnyi utca 1), aber auch auf eigene Faust.

Adressen **János Mónus**, Táncsics utca 27, ✆ 241545; **János Szénasi**, Eke utca 41, ✆ 341441; **Ferenc Mónus**, Széchenyi utca 6, ✆ 346140.

Das *Tanya-Museum*, ein Hof mit historischer Einrichtung und Windmühle bei Kopáncs, ist von der Straße Nr. 47 in Richtung Szeged nach 6,5 km links ausgeschildert.

Öffnungszeiten 1. März bis 15. Oktober Di–So 13–17 Uhr.

Szeged

Mediterran wirkende Festspielstadt im sonnenreichen Süden Ungarns. Mit 190.000 Einwohnern der viertgrößte Ort des Landes – in Sachen Kultur und Atmosphäre nach Budapest aber zweifelsfrei auf dem zweiten Platz.

Die Festspiel- und Universitätsstadt an der Theiß ist ein überaus lohnenswertes Ziel. Auf den Straßen sieht man viele junge Leute, die sich in großen Straßencafés, z. B. am *Klauzál tér*, treffen. Das bunte Straßenleben wird umrahmt von sorgfältig restaurierten historischen Gebäuden. Alles erinnert ein wenig an Florenz, zumal Szeged auch noch außerordentlich vom Klima be-

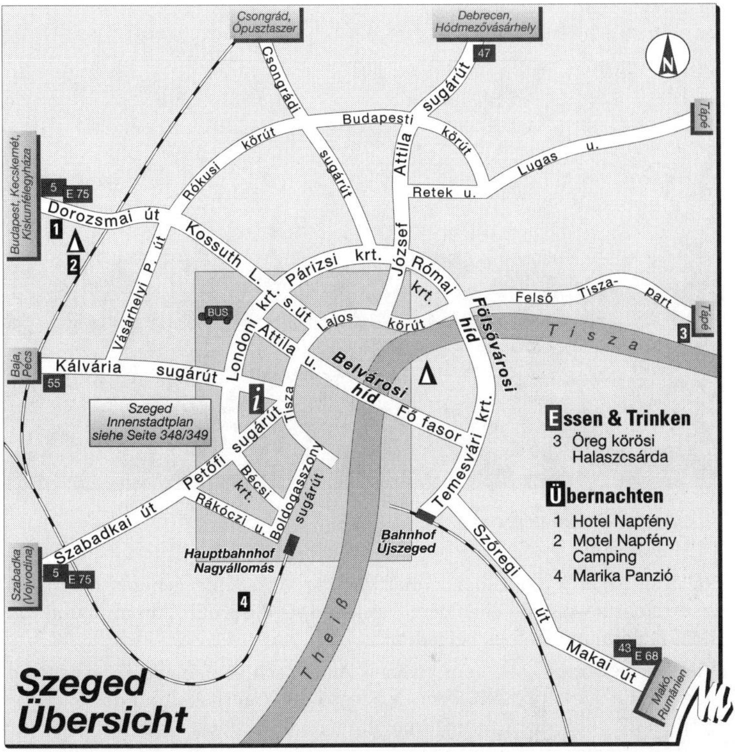

günstigt ist (wenig Niederschläge, viele Sonnentage). Zur Zeit der Freilichtspiele in der Hochsaison platzt die Hauptstadt des Komitats Csongrád freilich aus allen Nähten.

Früher war Szeged wegen des auch heute noch bedeutenden Anbaus als *Hauptstadt des Paprikas* bekannt. Zudem war die Stadt lange Zeit der Inbegriff für Salami und Filzpantoffeln – traditionelle Exportprodukte.

Den größten Park von Szeged, das *Népliget* (zu deutsch: *Volkswäldchen*), erreicht man auf direktem Weg über die alte Brücke (*Belvárosi híd*). Er wird in östlicher Richtung vom Fő fásor (früher: Rózsa Ferenc sugárút) durchquert. Hier gibt es ein Freilichttheater und -kino sowie Restaurants und Tennisplätze. Südlich des Volkswäldchens liegt in Újszeged, am linken Theißufer, der große *botanische Garten* der Universität, der mit rund 2.000 heimischen und 1.500 tropischen Pflanzenarten einer der größten des Landes ist.

Szeged ist nach Budapest die Stadt mit den meisten Statuen und Denkmälern in Ungarn, so z. B. das *Reiterstandbild* des heiligen Georgs am Rerrick Béla tér, dessen Original sich im Prager Hradschin befindet. In unmittelbarer Nähe, auf dem Aradi vértanúk tere, steht die *Reiterstatue* von Ferenc

Szegeds neuromanischer Dom

Rákóczi. Beide Statuen sind schnell von den Arkaden gegenüber dem Dom zu erreichen, wo sich neben dem Széchenyi tér die größte Ansammlung von Denkmälern und Statuen befindet.

Viele Urlauber, die mit dem eigenen Auto nach Rumänien, Griechenland oder in die Türkei fahren, kennen Szeged als Transitstadt an den Europastraßen E75/E68, doch zum Durchfahren ist die *Schönste Fata Morgana der Großen Tiefebene* viel zu schade...

Geschichte

Bereits in vor- und frühgeschichtlicher Zeit war die Region rund um Szeged besiedelt. So wurden z. B. Überreste von Menschen der *Kőrös-Kultur* gefunden, die hier vor mehr als 4.000 Jahren lebten.
Der Legende nach schloss Fürst Árpád nach der ungarischen Landnahme in der Nähe Szegeds den sagenumwobenen *Blutsbrüderbund* mit den übrigen magyarischen Stammesfürsten und legte damit den Grundstein für die spätere Staatsgründung.
Im Jahre 1183 wurde die Stadt erstmals urkundlich erwähnt. Schon damals war sie als wichtige Handelsstation, vor allem für Salztransporte aus Siebenbürgen, bekannt. Nach dem Mongolensturm von 1241 wurde die stark zerstörte Stadt wieder aufgebaut und erhielt eine Burg.

Im Jahre 1543 wurde Szeged von türkischen Heeren eingenommen, in deren Besitz es nun für 144 Jahre bleiben sollte. Als die Habsburger die Stadt von den Türken befreiten, stand ihr das düsterste Kapitel ihrer Geschichte noch bevor: Die Habsburger rächten sich nämlich für die Unterstützung des ungarischen Freiheitskampfes unter Ferenc Rákóczi, indem sie die Stadt ausplünderten und niederbrannten. Außerdem inszenierten sie hier mit Vorliebe ihre berüchtigten Hexenprozesse. Die sogenannte *Hexeninsel* in der Theiß, heute sehr hübsch von hohen Bäumen bestanden, war damals eine vielgenutzte Hinrichtungsstätte.

Zur Zeit der Revolution von 1848/49 war Szeged für kurze Zeit die Hauptstadt Ungarns. Im März 1879 vernichtete das Hochwasser der Theiß die Stadt fast vollständig. Nur rund 300 Häuser blieben verschont. Am Wiederaufbau beteiligten sich damals fast alle europäischen Städte von Rang mit großzügigen Finanzspritzen. Szeged bedankte sich, indem die einzelnen Abschnitte der großen Ringstraße nach diesen Metropolen benannt wurden: Bécsi (Wiener), Moszkvai (Moskauer), Londoni, Párizsi, Berlini, Brüsszeli, Római und Odesszai körút (Ringstraße).

Heute ist Szeged das kulturelle und, wie man vor allem an den Raffinerien im Norden der Stadt sieht, auch das industrielle Zentrum seiner ansonsten landwirtschaftlich geprägten Umgebung.

Information/Verbindungen

• *Information* **Tourinform**, Touristenbüro des Komitats Csongrád, Dugonics tér 2, 6720 Szeged, ✆ 488690, ✆ 488699, szeged@tourinform.hu. Geöffnet: Mo–Fr 8–17 Uhr, Sa 9–15 Uhr, vom 15. Juni bis 30. August Mo–Fr 9–20 Uhr und Sa/So 9–18 Uhr.

• *Telefonvorwahl* 62.

• *Post* Hauptpost am Széchenyi tér 1.

• *Verbindungen* **Bahn**, Direktzüge nach Budapest, Pécs, Békéscsaba, Eger, Miskolc, Kecskemét, Debrecen, Nyíregyháza.

Bus: sehr gute regionale und überregionale Anbindung.

Taxi: ✆ 480480, 444888, 555555.

Übernachten (siehe Karten S. 345 und S. 348/349)

Novotel (9), Maros utca 1, ✆ 562200, ✆ 562221, h2996@accor-hotels.com, www.novotel-szeged.hu. Das große Hotel am Theißufer liegt zentral und bietet gehobenen Komfort. Es ist das beste Hotel der Stadt. DZ mit Bad und Frühstück 75–83 €.

Hotel Royal (13), Kölcsey utca 1–3, ✆ 475275, ✆ 420223, royalhotel@mail.tiszanet.hu. www.royalhotel.hu Betonklotz zwischen schönen Altbauten; nebenan ein schönes Kaffeehaus. DZ mit Bad und Frühstück 49–57 €. Bar im Haus.

Hotel Tisza (11), Wesselényi utca 8, ✆ und ✆ 478278, szobak@tiszuhotel.hu, www.tiszahotel.hu. In einem hübschen, alten Haus direkt im Zentrum. Wie das Hotel Royal ist es gut, ohne luxuriös zu sein. DZ mit Dusche und Frühstück 33–45 €.

Kurhotel Forrás (14), Szent György Albert utca 16–24, ✆ 430130, ✆ 430866, reserve@hotelforras.hunguesthotels.hu. Innen freundlich wirkender Neubau mit Sauna, Solarium, Sonnenterrasse und Tennisplatz in Újszeged (östliches Theißufer) nahe dem Bad. Kurhotel mit eigenem Kurzentrum insbesondere für rheumatologische Therapien. DZ mit Bad und Frühstück ab 48 €. Auch attraktive Pauschalangebote mit Halbpension und Heilkur.

Hotel Napfény (1), Dorozsmai út 4, ✆ 421800, ✆ 467579, hotelnapfeny@mail.tiszanet.hu. Das Hotel gehört zum Motel-Camping und liegt bei diesem, direkt an der Straße Nr. 5 in Richtung Budapest, 3 km vom Zentrum (regelmäßige Busverbindung). DZ mit Frühstück ab 30 €, Apartment für zwei Personenab 35 €.

Csirke Panzió (7), Bocskai utca 3b, ✆ 426188. Nette, relativ zentral gelegene Pension mit wenigen großen Zimmern. DZ ab 30 €. Oft belegt, telefonische Anmeldung empfehlenswert.

Marika Panzió (4), Nyil utca 45, ✆/✆ 443861, marika@tiszanet.hu, www.tiszanet.hu/kronikaspark. Pension in der Altstadt, rund 15 Fußminuten vom Zentrum entfernt. Alle

Zimmer mit Kabel-TV und Minibar. Ruhig gelegen, nette Wirtsfamilie, Parkmöglichkeit im Hof und sehr gutes Frühstück. DZ mit Dusche/WC und Frühstück ca. 35 €.

Familia Panzió (20), Szentháromság utca 71–73, ✆ 441802, ℻ 441122, www.hotels.hu/familia_szeged. Kleine Privatpension mit schönen, großen Zimmern in einem Ziegelsteinhaus an einer viel befahrenen Straße. Am Eingang muss man die Schuhe ausziehen! DZ mit Bad und Frühstück ab 30 €.

Joó Panzió (18), Móra utca 10 b, ✆ 442564, ℻ 441735, jooete@vnet.hu. Harte Sitten – auch hier hat man sich als Gast am Eingang seines Schuhwerks zu entledigen (wird aber nicht mehr so eng gesehen). Ein DZ mit Bad und Frühstück kostet 20–25 €. Kleine, ruhig gelegene Privatpension, rund zehn Fußminuten vom Stadtzentrum entfernt.

Privatzimmer vermittelt unter anderem das Szeged-Tourist-Büro am Klauzál tér 7. Preise: DZ ab 25 €, Apartment für bis zu vier Personen ab 40 € und Villen für vier bis sechs Personen ab 60 €.

Einen Privatzimmerservice zu ähnlichen Konditionen bietet auch das IBUSZ-Büro Oroszlán utca 3, ✆ 471177 und ℻ 420626, i085@ibusz.hu.

Für junge Leute stehen im Sommer Zimmer in **Studentenheimen** ("Kollegium Turistaszállás") zur Verfügung. Allerdings nur dann, wenn in Ungarn Semesterferien sind. Was den Komfort angeht, gibt es große Unterschiede. Das macht sich jedoch kaum im Preis bemerkbar (8–15 € pro Nacht und Nase). Buchen kann man diese Unterkünfte über Tourinform, beim Szeged-Tourist-Büro oder beim Reisebüro Express in der Kígyó utca 3, ✆ 481411.

Motel Napfeny Camping (2), Dorozsmai út 4, ✆ 421800, ℻ 467579. Der größte Platz liegt etwa 3 km außerhalb, direkt an der Straße Nr. 5 in Richtung Budapest, und ist innerorts gut ausgeschildert (regelmäßige Busverbindung mit dem Zentrum). Recht gemütliches Campinggelände mit relativ viel Schatten und einer ausgedehnten Motel-Siedlung. Preis für zwei Personen mit Auto und Zelt: 6–8 € pro Nacht. Die kleinen, dunklen Motelzimmer sind kaum zu empfehlen. (siehe oben) Auf dem Gelände gibt es einen kleinen Swimmingpool. Geöffnet: Mitte April bis Ende Oktober. Die Motelzimmer und Bungalows werden ganzjährig vermietet.

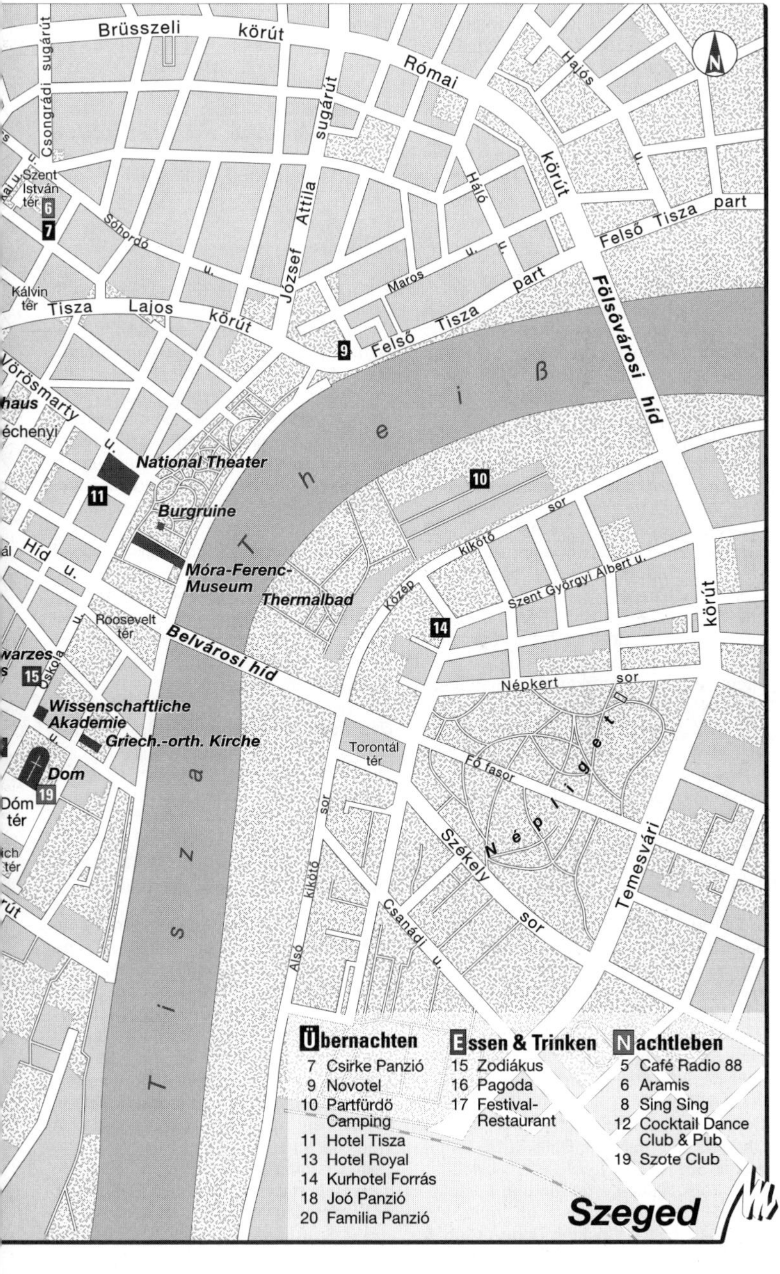
Brüsszeli körút
Csongrádi sugárút
Római körút
sugárút
Hajós u.
Háló u.
Szent István tér
Sóhordó u.
Attila
József
Felső Tisza part
Maros u.
Kálvin tér
Tisza Lajos körút
Fölsővárosi híd
Vörösmarty u.
Széchenyi
National Theater
Burgruine
Móra-Ferenc-Museum
Thermalbad
Híd u.
Roosevelt tér
Belvárosi híd
Oskola
Wissenschaftliche Akademie
Griech.-orth. Kirche
Dom
Dóm tér
kikötő sor
Szent Györgyi Albert u.
Közép
Népkert sor
körút
Torontál tér
Fő fasor
Népliget
Székely sor
Temesvári
Alsó kikötő sor
Csanádi u.
Theiß
Tisza
Übernachten
7 Csirke Panzió
9 Novotel
10 Partfürdö Camping
11 Hotel Tisza
13 Hotel Royal
14 Kurhotel Forrás
18 Joó Panzió
20 Familia Panzió
Essen & Trinken
15 Zodiákus
16 Pagoda
17 Festival-Restaurant
Nachtleben
5 Café Radio 88
6 Aramis
8 Sing Sing
12 Cocktail Dance Club & Pub
19 Szote Club
Szeged

Partfürdő Camping (10), Középkikötő sor, ✆ 430843, 📠 425559. Direkt am östlichen Theißufer gelegenes, sehr schattiges Gelände; miserabel ausgeschildert. Wohnwagen oder Anhänger sind nur sehr schwer hierher zu bugsieren. Für Zelte gut geeignet. Auf dem Platz gibt es Bungalows und einen etwas größeren Swimmingpool. In der Nähe besteht eine Bademöglichkeit in der Theiß, die zwar etwas sauberer aussieht als die Emscher, aber dennoch weit davon entfernt ist, einladend zu erscheinen. Preise: Zwei Personen mit Auto und Zelt zahlen hier 6–8 € pro Nacht. Geöffnet: Anfang Mai bis Ende September.

Camping Sziksóstó, zwei Campingplätze in der näheren Umgebung von Szeged (siehe Ausflüge/Kiskundorozsma).

Essen (siehe Karten S. 345 und S. 348/349)

Zodiákus (15), Oskola utca 13, ✆ 420914. Das zentral gelegene Restaurant bietet ungarische und internationale Küche ab 12 €. Für den Abend sollte man unbedingt einen Platz reservieren. Große Auswahl an Fisch-, Fleisch- und Geflügelspezialitäten. Geöffnet: täglich 11.30–1 Uhr.

Pagoda (16), Zrínyi utca 5, ✆ 312490. Nett eingerichtetes chinesisches Kellerrestaurant im Stadtzentrum mit großer Auswahl an Hauptgerichten ab 5 €. Wir waren begeistert. Besonders zu empfehlen sind das "5-Aroma-Fleisch mit Knoblauch-Sojasauce" für 7 € (es handelt sich dabei um Rinderzunge als Vorspeise) und die köstliche "5-Aroma-Ente" mit Pflaumensauce und gekochtem Reis für 7,50 €. Geöffnet: täglich außer Di, 12–24 Uhr.

Öreg kőrösi Halaszcsárda (3), Sárga üdülötelep 262, ✆ 495481, 📠 497155. Eine kleine Kopfsteinpflasterstraße zweigt von der nördlichen Uferpromenade in Richtung Tápé, 3 km vom Zentrum entfernt, ab. An der Abzweigung ist das Restaurant ausgeschildert. Hier, am Theißufer, befinden sich zwei sehr preiswerte Fischercsárdas. Empfehlenswert ist besonders die obengenannte, weil die Kis kőrösi Csárda (✆ 495698) gegen Abend mit einer "Video-Disco" alles an Stimmung verdirbt. Man sitzt (in der Öreg kőrösi Csárda) auf einer hübschen Terrasse direkt am Theißufer. Hier gibt es fast ausnahmslos Fischgerichte. Die echte "Szegeder Fischsuppe", die weithin berühmt ist und übrigens auch in vielen anderen Restaurants angeboten wird, wird mit frischem Paprika serviert, den man nach Belieben hinzufügt. Traditionell wird die Suppe höllisch scharf gegessen. Aber um das zu erreichen, reicht schon ein Viertel der servierten Paprikadosis. Eine weitere bekannte Spezialität ist das Szegeder Fischpaprikasch, das hier mit Nudeln ("Topfenfleckerln") und Sauerrahm serviert wird. Freundlicher und schneller Service.

Das **Festival-Restaurant (17)**, Dóm tér, ✆ 321924, gegenüber dem Dom im neuen Bibliotheksgebäude ist bekannt für preiswerte und gute Küche (Selbstbedienung, bis 19 Uhr geöffnet).

Treffpunkte

Die **Vírág Cukrászda** ist ein sehr einladendes Straßencafé mit großer Terrasse auf dem Klauzál tér im Stadtzentrum. Bei entsprechendem Wetter tagsüber der Treffpunkt schlechthin. Geöffnet: 8–22 Uhr.

Eine beliebte Disco ist das täglich geöffnete **Sing-Sing (8)** in der südwestlichen Ecke des Mars tér, des früheren Marx tér. Weitere "In-Treffs" sind die Cocktail-Bar **Colibri** in der Deák Ferenc utca 28–30, 20–3 Uhr geöffnet, und das **Café Rádió 88 (5)** an der Szeged Plaza mit Latin Music, Hip Hop, Funk, Soul, Konzerten und Karaoke-Abenden. Tanzen kann man samstags von 22–5 Uhr im **Cocktail Dance Club & Pub (12)** (Kálvária sgt. 9–11) und im **Szote Klub (19)** am Dóm tér 13. Billiardtische gibt es im **Club Aramis (6)** (Bocskai utca 1). Treffpunkt der Studenten ist der **JATE-Club** (Toldi utca 2), ein großes gelbes Haus am Dugonics tér. Hier finden täglich Veranstaltungen verschiedener Studentenclubs statt, wobei die der Kunststudenten als besonders interessant gelten. Manchmal gibt es auch Vorträge in Fremdsprachen (vor allem Englisch und Deutsch). Statt an Programmen teilzunehmen, kann man natürlich auch "nur" sitzen, sich unterhalten und Bier schlürfen.

Das Rathaus am Széchenyi tér

Freizeit/Sport

Angeln kann man in der Theiß, der Maros und in einigen Fischteichen. Auskunft und Angelkarten gibt es beim Anglerverein, Szentháromság sugárút 63, ✆ 311196.

Baden: In Újszeged, am linken Theißufer, gibt es links von der Alten Brücke ein Frei- und Sportschwimmbad sowie einen Bäderkomplex mit mehreren Thermalbecken, darunter auch vier im Winter benutzbare Becken.

Rundflüge: Den Szegeder Flugplatz (✆ 549501; Motor-/Segelflug) finden Sie von der Innenstadt kommend, rund 1 km außerhalb der Stadtgrenze auf der linken Seite.

Schiffsausflüge auf der Theiß, von einer Stunde bis zu einem ganzen Tag, arrangiert MAHART, Felső Tisza-part, ✆ 425834.

Thermen: Das Heilbad in der Tisza Lajos krt. 24 wird zur Nachbehandlung von Gelenkbeschwerden und Entzündungen empfohlen. Das Thermalbad in der Fürdő utca 1 hat zwei Becken mit Heilwasser.

Einkaufen

Der **Lengyel Piac** hat sich schon seit einiger Zeit vom Szent István tér am Alten Wasserturm auf den außerhalb gelegenen Cserepes sór verlagert. Und noch immer ist dort allerhand los. Auf dem behördlich geduldeten, sogenannten "Polenmarkt" kann man (fast) alles kaufen und auch tüchtig feilschen. Am besten früh am Morgen (etwa 7 Uhr) hinfahren.

Der **Großmarkt** für Früchte und Gemüse am Mars tér ist am frühen Mittwoch-, Samstag- und Sonntagmorgen am größten. Auch den berühmten Szegeder Paprika und die original Salami (Marke "Herz" und "Pick") bekommt man hier. Es gibt sogar einen Filzpantoffel-Kiosk.

Das **Szegedi Nagyáruház** ist ein großes, braunes Kaufhaus mit vielen Geschäften: Bekleidung, Drogerieartikel, Supermarkt, Glas, Souvenirs und Porzellan (auch Zsolnay).

Ein **Spezialgeschäft für Szegeder Salami** finden Sie in der Jókai utca (Ecke Árpád tér), nahe dem Nagyáruház. Es befindet sich im Eigentum der Salamifabrik und bietet auch Schmankerl wie Gänseleberpastete und Kaviar. Geöffnet: Mo 12–19 Uhr, Di–Fr 7–19 Uhr und Sa 7–14 Uhr.

Herender Porzellan gibt es im Spezialgeschäft in der Oskola utca, gleich am Dóm tér.

Ajándek, Klauzál tér 6, Souvenirgeschäft

Eingang zum Dom, Ungarns viertgrößtem Gotteshaus

in zentraler Lage mit Porzellan, Glas und Schmuck. Es gibt sogar Zsolnay- und Hollóháza-Porzellan in geringer Auswahl. Geöffnet: Mo–Fr 9–18 Uhr und Sa 9–13 Uhr.
Einen weiteren **Andenkenladen** gibt es ganz in der Nähe, in der Kárász utca 9. Angeboten werden dort Zierdeckchen aus Kalocsa, Stoffe, Folkloreblusen und Keramik. Geöffnet: Mo–Fr 10–18 Uhr und Sa 10–13 Uhr.

Veranstaltungen

Tickets für die **Nationaloper** bekommt man in der Kelemen utca 15, ✆ 554713, -714, -715, 📠 554711, ticket@szinhaz.szeged.hu.
Wohl nicht nur für Kinder interessant ist das **Puppentheater** auf dem Tisza Lajos körút 50, ✆ 420912.
Orgelkonzerte gibt es etwa einmal im Monat im Dom, nähere Auskünfte beim Tourinform-Büro.
In jedem April findet an mehreren Veranstaltungsorten in der Stadt eine **Woche der Musik des 20. Jahrhunderts** statt. Im Mittelpunkt dieser Veranstaltungsreihe stehen Chor- und Orchesterkonzerte. Auskünfte beim Tourinform-Büro.
Jeden Sommer im Juli/August, meist etwa vom 20. Juli bis zum 20. August, finden die **Szegeder Freilichtspiele** statt. Die wichtigsten Veranstaltungsorte sind die Freilichtbühnen am Dóm tér und im Volkswäldchen. Fast täglich werden in dieser Zeit Dramen, Opern, Folklore, Rock-Musicals und viele andere Veranstaltungen zur Aufführung gebracht. In Rahmen der Freilichtspiele wird dann auch stets das **Internationale Volkstanzfestival** abgehalten. Weitere Informationen im Tourinform-Büro.
Bemerkenswert ist auch die herbstliche Veranstaltungsreihe **Szegeder Kammermusik**, die meist im Oktober bzw. November zu hören ist. Das besondere daran: Zuvor hat die Stadtverwaltung jeweils drei Komponisten beauftragt, neue Musikstücke zu verfassen. Die Ergebnisse ihrer Bemühungen sind dann an drei Abenden in der Konzerthalle des Hotels Tisza zu hören.

Sehenswertes

Als Stadtzentrum gilt der große, von hohen Platanen bestandene *Széchenyi tér*. In der parkartigen Anlage stehen viele Statuen bedeutender Persönlichkeiten der ungarischen Geschichte. Das im Jahre 1800 errichtete *Rathaus* wurde nach der Überschwemmungskatastrophe von 1879 im Barockstil umgebaut. Heute ist das schöne Gebäude als Kunstdenkmal geschützt. Die sogenannte *Seufzerbrücke* verbindet das Rathaus mit dem benachbarten städtischen Bürohaus.

Das Portal des Rathauses

Der *Dóm tér* ist der zweite wichtige Platz der Innenstadt. Im Sommer finden hier im Rahmen der bekannten Szegeder Freilichtspiele (vgl. Veranstaltungen) viele Theater- und Opernaufführungen statt. Das auffälligste Bauwerk am Dóm tér ist der erst 1930 fertig gestellte neoromanische *Dom*, die viertgrößte Kirche des Landes. Nach dem Theißhochwasser von 1879 gelobten die Stadtväter, beim Wiederaufbau Szegeds eine gewaltige Kirche zu errichten. Tatsächlich sind die Maße der braunen Backsteinkirche mit ihren vielen großen und kleinen Türmchen beeindruckend: 81 m lang, 51 m breit und 93 m hoch wurde sie. Die Fassade ist mit kleinen Mosaikbildern der zwölf Apostel und der 3 m hohen Statue der Patrona Hungariae, der Heiligen Mutter der Ungarn, geschmückt. Altchristliche Symbole, ornamentale Malereien und Heiligenfresken bedecken farbenfroh die inneren Wände. Der Altar ist von einem Baldachin überspannt, der auf vier Mauersäulen ruht. Zwei größere und zwei kleinere Altäre findet man an den Seitenwänden des Gotteshauses. Weltberühmt ist die *Domorgel* mit ihren rund 10.000 Pfeifen – sie gilt als drittgrößte Orgel Europas.

Öffnungszeiten werktags 9–18 Uhr sowie So 9–10 Uhr, 11–11.30 Uhr und 12.30–18 Uhr. Der Eingang befindet sich an der Seite.

Direkt vor dem Dom steht der achteckige mittelalterliche *Szent Dömötör torony*, der St.-Demetrius-Turm. Beim Abriss des Vorgängerbaus des Doms im Jahre 1925 kam der aus dem 12. Jh. stammende Turm zum Vorschein. Eigentlich wollte man ihn sprengen, aber das Dynamit brachte ihn nicht zum Einsturz. Heute betrachtet man ihn stolz als ältestes Bauwerk der Stadt. Die Fresken im restaurierten Turm kann man normalerweise nur vom Vorraum aus sehen.

Szegeds griechisch-orthodoxe Kirche

In den *Arkaden* rund um den Dom tér stehen die Statuen verdienter ungarischer Musiker, Dichter, Maler, Politiker und Wissenschaftler.

Die *griechisch-orthodoxe Kirche* hinter dem Dom wurde in den Jahren 1773–1778 von Serben, die vor den Türken nach Szeged geflüchtet waren, erbaut. Das wertvollste Stück ihrer Inneneinrichtung ist eine Ikonostase von 1761. Das Deckenfresko stellt die Erschaffung der Welt dar.

Öffnungszeiten Di–Fr 10–17 Uhr.

Die *Wissenschaftliche Akademie*, ein zweistöckiges, gelbes Gebäude nahe dem Dom, in der Somogyi utca 7, ist sicherlich das schönste klassizistische Gebäude von Szeged.

Der *Kulturpalast* am Roosevelt tér ist ein großes, klassizistisches Gebäude mit markantem Säulenportal in der Nähe der alten Brücke. Hier ist das *Móra-Ferenc-Museum* (www.mfm.u-szeged.hu) untergebracht. Die ethnographische Sammlung enthält unter anderem Porzellanteller, Tongefäße, bunte Truhen und kleine, handbemalte Wandschränke, Trachten, Gebrauchsgegenstände und Werkzeuge der vergangenen Jahrhunderte sowie eine Gemäldesammlung mit Bildern des 19. und 20. Jh. Daneben gibt es ein Móra-Gedenkzimmer und eine archäologische Ausstellung.

Öffnungszeiten Mo geschlossen, Di 10–15 Uhr, Mi–So 10–17 Uhr.

Wenn man links am Kulturpalast vorbeigeht, erreicht man die Ruinen der *Alten Szegeder Burg*. Nach dem Mongolensturm von 1241 ließ der ungarische König Béla IV. an gleicher Stelle eine Ziegelburg errichten (vgl. Geschichte). In der Mitte des 16. Jh. von den Türken modernisiert, wurde sie schließlich unter den Habsburgern, etwa ab 1800, als Zuchthaus verwendet.

Die heutige Burgruine besteht im wesentlichen aus den im 18. Jh. erbauten Kasematten. Ab und zu werden hier wechselnde Ausstellungen gezeigt.

Reök-Palais aus der Ära des Jugendstil

Das 1883 erbaute *Nationaltheater* (*Szegedi Nemzeti Szinház*) in der Deák Ferenc utca 12 wurde im Herbst 1986 nach umfangreichen Rekonstruktionsarbeiten wiedereröffnet. Das schöne und große, ockerfarbene Gebäude ist an seiner Frontseite mit Statuen von Ferenc Erkel und József Katona geschmückt. Es wurde wie das Lustspieltheater (Vígszínház) in Budapest von den berühmten Wiener Theaterarchitekten Hellmer und Fellner im Neobarockstil entworfen. Auf dem Spielplan stehen neben Sprechtheater auch viele Opernaufführungen. Tagsüber ist hier eine theatergeschichtliche Ausstellung zu sehen.
Öffnungszeiten Di–So 10–14 Uhr.

Das 1857 erbaute *Schwarze Haus* in der Somogyi utca 13 erkennt man an seiner dunkelbraunen Farbe – von schwarz keine Spur. Es ist sicherlich eines der schönsten und ältesten romantischen Gebäude der Stadt. Nach der Theorie des Museumswärters wohnte hier im vorigen Jahrhundert ein Eisenwarenhändler, der sein Haus schwarz anmalen ließ, um den Bauern, die meist Analphabeten waren, sagen zu können: "*Ihr findet mich in dem schwarzen Haus.*"
Das Gebäude beherbergt heute eine *Filiale des Móra-Ferenc-Museums.* Auf zwei Stockwerken finden hier wechselnde Ausstellungen statt.
Öffnungszeiten täglich außer Mo, Di–Fr 10–15 Uhr, Sa–So 10–17 Uhr.

Die ehemalige, Mitte des 18. Jh. erbaute *Franziskanerkirche* steht in einem kleinen Park am Mátyás kiraly tér. Besonders interessant ist die barocke Innenausstattung mit dem großen, goldbraunen Altar und den figuren- und bildgeschmückten Nebenaltären. Auch die Kanzel ist eine sehr schöne Arbeit. Beachtenswert sind zudem die Bilder über den Seitentüren. Am Mátyás kiraly tér wurden Überreste eines uralten *Klosters* entdeckt – die Rekonstruktionsarbeiten sind noch nicht abgeschlossen.

Die *alte Synagoge* in der Hájnóczy utca (1900–1903) ist nicht nur ein sehr schönes Gebäude, sondern auch für ihre künstlerisch wertvolle Innenausstattung bekannt (Fachführungen auf Wunsch). Sie wurde im Maurensezessionsstil erbaut. Der Deckel des Marmoraltars ist aus Jerusalemer Marmor. Die Tür der Bundelade ist aus Nilakazie. In den neun Fächern werden 18 Thorarollen aufbewahrt. Ganz in der Nähe in der Gutenberg utca steht die *neue Synagoge* in klassizistischem Stil.

Öffnungszeiten **Alte Synagoge**: 1. April – 30. September, Mo–Fr 10–12 Uhr, 13–17 Uhr, Sa geschlossen, So 10–12 und 13–17 Uhr, 1. Oktober – 31. Dezember Sa geschlossen, Mo–So 10– 14 Uhr, 1. Januar – 31. März, Mo–So 10–14 Uhr, Sa geschlossen.

Er wurde 1979 eingeweiht – sinnigerweise zum 100. Jahrestag des Jahrhunderthochwassers von 1879: der *musizierende Springbrunnen* am Dugonics tér. Heute musiziert er leider nur noch sehr unregelmäßig. Eine winzige Bühne ist von Sitzgelegenheiten umgeben – alles in allem die Mini-Ausführung eines antiken Amphitheaters.

Klassizistische Bauten im Zentrum

Eine interessante Privatsammlung ist das *Theaterhistorische Museum* auf dem Bécsi körút 11/A. Halten Sie Ausschau nach der *Varga Mátyás Színháztörténeti kiállítása.*

Öffnungszeiten Di–So 10–14 Uhr.

Die Geschichte der Szegediner Gewürzpaprikazucht und -verarbeitung wird im *Paprikamuseum* am Felsö Tisza-part 10 dokumentiert (www.szegeddipaprika.hu). Es zeigt die Schritte der Verarbeitung und die dazu erforderlichen Maschinen. Zahlreiche Fotos machen die Besucher mit den Highlights (Pick Salami!) und Persönlichkeiten der regionalen Paprikazucht bekannt.

Öffnungszeiten Fr 15–18 Uhr, Sa 13–16 Uhr.

Ausflüge

Tápé

Die alte Fischergemeinde am rechten Theißufer, 4 km östlich von Szeged, ist für ihre mittlerweile verschwundene Kultur mit eigenen Trachten, Tänzen und Liedern bekannt, was das heutige Ortsbild allerdings kaum vermuten lässt. Das althergebrachte Mattenflechten der Frauen von Tápé ist als Heimarbeit jedoch noch immer einer der wichtigsten Produktionszweige im Ort.

Weithin bekannt ist das *Volkskunsthaus des Komitats Csongrád* in Tápé. Folklore-Fans, und das sind immer mehr Ungarn, lernen hier, auf traditionelle Art zu weben, töpfern und stricken. Interessierte Urlauber können sich an das Szeged-Tourist-Büro in Szeged oder an Tourinform wenden.

"In meiner Sammlung zeige ich dem Besucher die frühere Bauernwelt von Tápé und möchte damit das kampfriche bunte Volksleben unserer Vorfahren vorstellen und schätzen lassen", heißt es wörtlich in dem Prospekt zur ortsgeschichtlichen Sammlung von József Lele (jun.). Obwohl das Haus in der Vártó utca 4, (✆ 62/549040) als Museum ausgeschildert ist, hat man doch das Gefühl, in einen eher privaten Rahmen einzudringen, weil die aus allerlei Kleinkram bestehende Sammlung (Ausstellung wäre zu viel gesagt) in den Kellerräumen eines Wohnhauses untergebracht ist.

Öffnungszeiten täglich, 15–19 Uhr, Sa, So 10–19 Uhr.

• Übernachten **Hotel Aranylabda**, Budai Nagy Antal utca 27, ✆ 495400, ℻ 495200. Ansehnlicher Neubau an der vielbefahrenen Hauptstraße von Tápé. Das rund zehn Autominuten vom Szegeder Stadtzentrum entfernt gelegene Hotel macht einen behaglichen Eindruck. DZ mit Bad und Frühstück ab 35 €. Ein empfehlenswertes preiswertes Restaurant und eine Bierstube sind im Haus.

Kiskundorozsma

Kiskundorozsma liegt rund 8 km nordwestlich von Szeged. In der Szélmalom utca befindet sich eine von Grund auf renovierte, 250 Jahre alte *Windmühle*, die Interessierten gerne gezeigt wird. Beeindruckend ist vor allem die hölzerne Mechanik der Mühle.

• Öffnungszeiten Die Öffnungszeiten werden leider nicht besonders ernst genommen: Mitte April bis Ende November täglich außer Mo, 13–17 Uhr.

• Anfahrt aus Richtung Szeged kommend, rund 600 m nach dem Ortseingangsschild rechts abbiegen, dann nach weiteren 600 m auf der rechten Seite.

An der Endstation der Buslinie (nahe dem Vásár tér) findet im Sommer an jedem zweiten und vierten Sonntag im Monat vormittags ein großer *Trödelmarkt* statt.

• Camping Etwa 3,5 km vom Ortskern entfernt in Richtung Kiskunhalas liegt der **Sziksós-Kemping** (✆ 463050, ℻ 425559). Zwar ist er gerade an hochsommerlichen Wochenenden von Tagesausflüglern aus Szeged wegen der guten Bademöglichkeiten völlig überlaufen, aber sonst kann man ihn bedenkenlos empfehlen, zumindest wenn man motorisiert ist – denn bisher gibt es noch keine sehr gute Busverbindung (tagsüber fährt der Bus etwa einmal pro Stunde). Zwei Personen mit Auto und Zelt zahlen auf dem großen, schattigen Gelände (geöffnet: Anfang Mai bis Ende September) je nach Saison bis zu 8 €. Die meist ausgebuchten Bungalows für bis zu drei Personen kosten ab 20 €.
In der Nähe gibt es einen zweiten, nur im Sommer geöffneten Campingplatz, der als **FKK-Camping** ausgeschildert ist und über einen eigenen FKK-Badestrand verfügt.

Ópusztaszer

Die rund 30 km nördlich von Szeged gelegene Ortschaft Ópusztaszer (vom Szegeder Zentrum ausgeschildert) wäre kaum der Erwähnung wert, gäbe es nicht ein wenig südlich der Siedlung den **Nationalen Gedenkpark** (*Nemzeti Emlékpark*), der wie ein Freilichtmuseum eingerichtet ist. Der Legende nach trafen sich an diesem Ort die sieben "landnehmenden" ungarischen Fürsten zu einer ersten Versammlung – ein sagenumwobenes Ereignis von überragender nationaler Bedeutung.
Das im Jahre 1945 ausgerechnet hier die Bodenreform verkündet wurde, beweist den ungarischen Hang zu historischer Symbolik und nationalem Pathos gleichermaßen.

Ein Ausflug zum Gedenkpark (www.opusztaszer.hu, info@opusztaszer.hu) lohnt sich auf jeden Fall wegen der Vielfalt an Sehenswertem. Die große parkartige Anlage ist 55 ha groß und reich bestückt mit charakteristischen Bauten aus allen Landesteilen, darunter eine Einzelgehöft-Dorfschule (*tanya-iskola*) und eine *Windmühle*, die früher in Szentes stand. Alle Gebäude wurden originalgetreu rekonstruiert und auch eingerichtet. Daneben findet man kulturelle und technische Denkmäler (Dampflok, Flugzeug, Mähdrescher usw.). Einschließlich des großen Museums kann man mühelos zwei bis drei interessante Stunden hier verbringen.

Besonders viel los ist hier jedes Jahr am 1. Mai, am letzten Samstag im Juni (Hunnialis) und am Nationalfeiertag, dem 20. August. Da gibt es Reitervorführungen, Ansprachen führender ungarischer Politiker, einen großen Bazar, Volkstanzvorstellungen und Gulasch aus einem Riesenkessel.

Öffnungszeiten vom 1. April bis zum 31. Oktober täglich 9–18 Uhr, in der übrigen Zeit von 9–16 Uhr.

- *Camping* **Szeri Kemping**, 6767 Ópusztaszer, Árpád-liget 111, ✆ 62/275123, 📠 275165. Kleiner Platz mit etwas Schatten direkt neben der gleichnamigen Csárda mit Terrasse und Gartenlokal an der Straße zur nationalen Gedenkstätte. Zwei Personen mit Auto und Zelt zahlen hier pro Nacht rund 6 €. Die einfachen, kleinen Holzbungalows kosten je nach Saison pro Nacht: für zwei Personen ca. 18 €und für bis zu vier Personen 35 €. Geöffnet: Mitte April bis Mitte Oktober.
- *Essen* In der Nähe des Gedenkparks befindet sich die **Szeri Csárda** mit guter Küche.

Makó

Die ruhige, etwas verschlafen wirkende Kleinstadt nahe der rumänischen Grenze (31 km östlich von Szeged an der Straße Nr. 43), der man ihre 30.000 Einwohner kaum ansieht, ist vor allem wegen des hiesigen Zwiebelanbaus bekannt. Sehenswert ist das zentral an der Straße Nr. 43 gelegene *József-Attila-Museum* (ausgeschildert). Der rote Ziegelbau beherbergt eine buntgemischte Ausstellung. Unten sehen Sie Trachten, Keramik und bäuerliche Haushaltsgegenstände. Oben stehen Dokumente zur Ortsgeschichte im Mittelpunkt.

Öffnungszeiten täglich außer Mo, 9–17 Uhr.

Rund 50 m von dem Museum entfernt, in der Kazinczy utca 6, befindet sich das *Attila-József-Gedenkhaus*. Die umfangreiche, wenn auch für Besucher, die nicht Ungarisch können, nicht besonders aufregende Ausstellung über Leben und Werk von *József Attila* (1905–1937) ist in dem Haus untergebracht, in dem der ungarische Arbeiterdichter über 15 Jahre seines Lebens verbrachte. József Attila hat für die ungarische Literatur denselben Stellenwert wie Thomas Mann (mit dem er im übrigen befreundet war) für die deutsche.

Öffnungszeiten täglich außer Mo, 9–17 Uhr.

Makó bietet gute Reitmöglichkeiten und ist bekannt als lohnendes Angelgebiet. Am Marczibányi tér 6 (ziemlich zentral) gibt es ein Thermalschwimmbad.

- *Telefonvorwahl* 62.
- *Übernachten* **Hotel Korona**, Széchenyi tér 10, ✆ 411384. Sehr einfaches Hotel im Ortszentrum. DZ mit Waschgelegenheit und Frühstück 30 €, DZ mit Bad und Frühstück 35 €. Das Hotelrestaurant ist durchaus empfehlenswert.

Privát Kemping, Maros-part, ✆ 211914, 📠 211872. Der private Platz liegt am Fluss Maros und ist (wenn man von Szeged kommt) wenige hundert Meter hinter dem Ortseingang links ausgeschildert. Zwar nicht sehr komfortabel, aber meistens nicht überlaufen und etwas Schatten;

familiäre Atmosphäre. Preise: zwei Personen mit Auto und Zelt 6 € und einfaches Motel-DZ 20 € pro Nacht. Geöffnet: Anfang Mai bis Ende September. Restaurant in unmittelbarer Nähe.

Kemping & Motel Makó, Wekerle út 30, ✆/℻ 412232. Der zweite Campingplatz liegt am östlichen Ortsrand und ist von der Straße Nr. 43 gut ausgeschildert. Er ist zwar deutlich größer als der erste, bietet aber nur wenig Schatten. Preise: Zwei Personen mit Auto und Zelt zahlen 6,50 € pro Nacht. Die sehr einfachen Motel-DZ kosten ca. 20 €. Geöffnet: Anfang Mai bis Ende September.

Kecskemét

Das Zentrum des Obstanbaus ist zugleich eine lebendige Universitätsstadt. Um den großstädtischen Kern schmiegen sich akaziengesäumte, kleinstädtische Kopfsteinpflastergassen, die ihrerseits von einem äußeren Ring aus dörflichen Siedlungen umgeben sind.

Natürlich gibt es auch wuchtige Trabantenstädte an der Peripherie. Doch obgleich Kecskemét keine alte Stadt ist, zählt sie aufgrund ihrer Bausubstanz sicherlich zu den schönsten des Landes. Davon zeugen auch die Scharen meist deutscher Reisebusse, denen man rund um den *Szabadság tér* begegnet.

Die ökonomisch wie kulturell bedeutendste Stadt des Donau-Theiß-Zwischenlandes ist in erster Linie Zentrum des wichtigsten landwirtschaftlichen Anbaugebietes von Ungarn. Rund um Kecskemét findet man die größten Obstgärten des Landes, in denen vor allem Pfirsiche und Aprikosen, aber auch Äpfel und Kirschen gedeihen. Die Großindustrie der 110.000 Einwohner zählenden Stadt beschäftigt sich vorrangig mit der Verarbeitung von Lebensmitteln.

Berühmt ist der *Barack Pálinka* genannte Aprikosenschnaps (nur echt mit der Ziege auf dem Etikett), der selbst trainierte Trinker mit seiner durchschlagenden Wirkung noch zu verblüffen vermag. Die trockenen Landweine dieser Gegend, wie der weiße *Helvecia* und der rote *Kékfrankos*, stellen gemeinsam rund ein Drittel der gesamten ungarischen Weinproduktion und sind weit risikoloser als der Barack zu genießen.

Seit 1950 ist Kecskemét Hauptstadt des flächengrößten ungarischen Komitats *Bács-Kiskun*. Die Ziege im Stadtwappen (und auf dem Etikett der Barackflaschen) bezieht sich auf den Namen Kecskemét, was zu Deutsch soviel heißt wie "Ziegengang".

Geschichte

Relativ spät, nämlich erst in der Mitte des 14. Jh., trat die damals neugegründete Stadt urkundlich in Erscheinung. In der Türkenzeit genoss sie zunächst als Besitz des Paschas von Buda und später des Sultans gewisse Privilegien.

Zu den wichtigsten Daten der Stadtgeschichte gehört das Jahr 1832: Damals beglichen die Stadtväter von Kecskemét ihre Lehensschuld, und ein starker wirtschaftlicher Aufschwung setzte ein, als der noch heute für die ganze Region typische Obst- und Weinbau begonnen wurde.

Wenn man heute im Stadtbild nur wenige ältere Gebäude entdeckt, so ist dafür maßgeblich das schwere Erdbeben vom 9. Juli 1911 verantwortlich, das die ganze Stadt verwüstete und einen Schaden von insgesamt acht Millionen Goldmark anrichtete.

Zwei weltberühmte Söhne der Stadt werden hier gern als Beitrag Kecskeméts zur ungarischen Kultur gesehen. Es sind dies der neben Béla Bartók wohl berühmteste ungarische Musiker und Komponist *Zoltán Kodály* und der bekannteste ungarische Dramatiker *József Katona* (vgl. Sehenswertes).

Information/Adressen/Verbindungen

• *Information* **Tourinform**, Kossuth tér 1, ✆ und 📠 481065, kecskemet@tourinform.hu, www.kecskemet.hu. Geöffnet: Mo–Fr 8–20 Uhr, Sa/So 9–13 Uhr (Mai–September); von Oktober bis April nur Mo–Fr 8–17 Uhr. Hier bekommt man auch Auskünfte zu Unterkünften und ländlichem Tourismus in der Umgebung.
Eine Liste von Bauernhöfen der Umgebung, wo man ab einer Dauer von drei Nächten ländlich und mehr oder weniger idyllisch wohnen kann, bekommt man auch bei **Falusi Turizmus**, Csongrádi utca 25, ✆ und 📠 486230.
IBUSZ, Kossuth tér 3, ✆ 486955, 📠 480557, i061@ibusz.hu

• *Telefonvorwahl* 76.

• *Post* Hauptpost am Kálvin tér 1.

• *Zug* Bahnhof am Kodály Zoltán tér 7. Direktzüge nach Budapest, Szeged und Lajosmisze.

Übernachten

Hotel Tó (8), Csabay Géza körút 7, ✆ 328166, 📠 328469. Das im Landhausstil neu gebaute, schön gelegene Hotel am Stadtrand wurde 1987 eröffnet. Ein DZ mit Bad und Frühstück kostet hier 35 €. Im Restaurant kann man recht gut essen. Außerdem gibt es eine Bierstube und ein Gartenlokal. Das wirklich hübsche Haus liegt in der Nähe des Campingplatzes, am großen Freizeitpark (siehe auch Sport).

Hotel Három Gúnár (7), Batthyány utca 1–7, ✆ 483948, 📠 481253, haromgunar@ms.hu, www.hotelharomgunar.hu. Das stilvolle 45-Zimmer-Hotel "Zu den drei Gänserichen" in einem gepflegten älteren Haus liegt ziemlich zentral, unweit dem Katona-József-Theater. DZ mit Bad und Frühstück 45 €. Bekannt gutes Hotelrestaurant (Hauptgerichte um 8 €) und Bierstube mit Kegelbahn.

Hotel Aranyhomok (5), Kossuth tér 3, ✆ 486286, 📠 481195, aranyhomok@axelero.hu. Betonbau in sehr zentraler Lage, nahe dem Rathaus. DZ mit Bad und Frühstück 60–70 €. Nachtbar mit Programm (ab 23 Uhr) im Haus.

Hotel Szauna (9), Csabay Géza körút 2, ✆ 501190, 📠 501199, hotelszauna@axelero.hu, www.betahotels.hu. Liegt direkt am Campingplatz neben dem Freibad. Mit Bar und, wie der Name schon andeutet, Sauna. DZ mit Dusche und Frühstück ab 35 €.

Caissa Panzió (2), Gyenes M. tér 18, ✆ und 📠 481685, caissa@axelero.hu, www.caissachessbooks.com. Kleine Pension im fünften Stock (Fahrstuhl) eines Wohnhauses am ruhigen Gyenes M. tér (nicht direkt an der Straße). Die freundlichen Vermieter sprechen etwas Englisch und Deutsch. Mit TV und großem Aufenthaltsraum. Zimmer verschiedener Größe, eins mit Balkon. DZ mit Dusche/WC und Frühstück 25–35 €. Auch Vermittlung von Privatwohnungen.

Fábián Panzió (3), Kápolna utca 4, ✆ 477677, 📠 477175, www.hotels.hu/fabian. Privatpension in der Innenstadt mit insgesamt fünf DZ (Dusche/WC) und einer Gemeinschaftsküche. Hübscher, kleiner Neubau an einer belebten Straße. DZ ab 30 €.

Andi Panzió (1), Bácskai utca 13–15, ✆ 484002. Ziemlich weit außerhalb gelegene Privatpension. Großes DZ mit Etagenbad und Frühstück 28 € und DZ mit Dusche/WC und Frühstück 30 €.

Autós Kemping (10), Csabay Géza körút 5, ✆ 329398, 📠 329598. Hübscher Rasenplatz mit wenig Schatten, weiträumig ausgeschildert. Günstige Stadtrandlage direkt an einem Freizeitpark. Fahrradverleih an

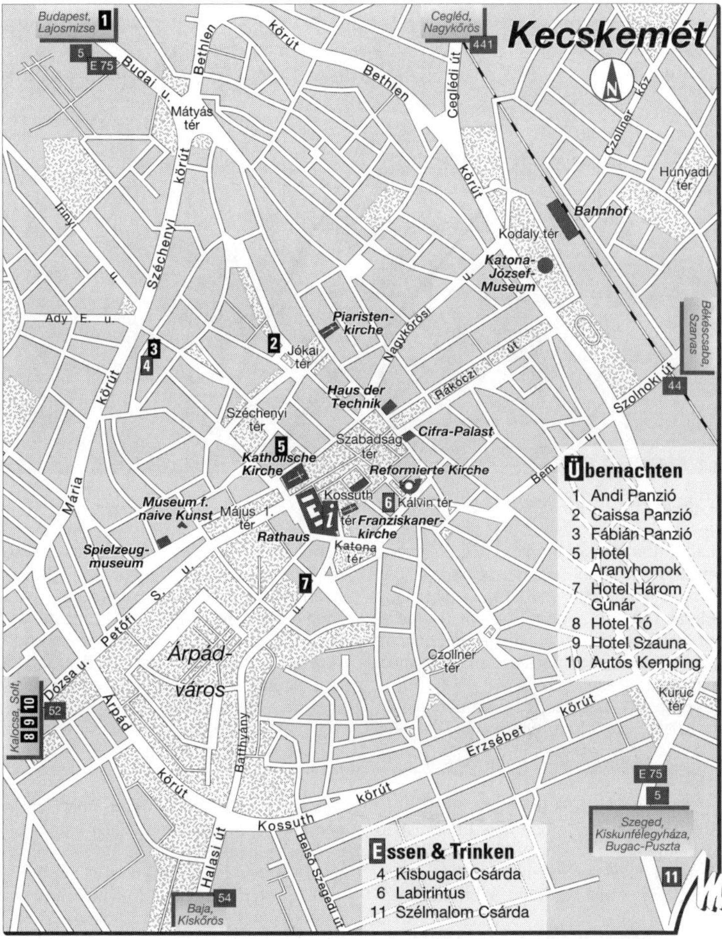

der Rezeption. Verbindung zum Zentrum: Buslinie 1 und 11. Buffet und kleiner Shop. Preise: Zwei Personen mit Auto und Zelt zahlen ab 5 €; die Bungalows (nur kalte Duschen) mit vier Betten kosten 25 € pro Nacht. In der Hauptsaison manchmal ziemlich voll. Geöffnet: 15. April bis 15. Oktober.

Essen

Kisbugaci Csárda (4), Munkácsy Mihály utca 10, ✆ 486782. Sehr gemütlich eingerichtetes, bodenständiges Restaurant mit viel folkloristischem Krimskrams an den Wänden und bestickten Platzdeckchen. Freundlicher und schneller Service. Zu Fuß etwa zehn Minuten vom Zentrum entfernt. Hauptgerichte zumeist unter 7 €. Hervorragende Pilzsuppe; außerdem sind das Lendenfilet und der Rostbraten (beides mit Champignons) sehr gut. Geöffnet: 10–22 Uhr (Fr und Sa Zigeunermusik).

Flaneure in Kecskeméts grüner Innenstadt

Labirintus (6), Kéttemplóm kőz 2. Pizzeria in einem kleinen Keller mit einer riesigen Auswahl an Pizzas ab 3,50 €. Es gibt sogar Pizzas mit Gänseleber. Ansonsten lockere, studentische Atmosphäre und schöne Abwechslung von der traditionellen ungarischen Küche.

Szélmalom Csárda (11), Városföld 167, ✆ 322166. Ca. 2,5 km hinter dem Ortsausgang von Kecskemét direkt an der Straße Nr. 5 in Richtung Szeged. Die Csárda befindet sich in einer malerischen alten Mühle, die sehr einladend eingerichtet ist. Bekannt gute Küche und beeindruckende Auswahl. Empfehlenswert ist der Gänseleberrisotto mit frischen Champignons und Käse überbacken.

Sport/Einkaufen/Veranstaltungen

• *Sport* Im Mai 2003 eröffnete am Csabay Géza krt. 2 ein modernes **Erlebnisbad** (www.csuszdapark.hu) mit zahlreichen Rutschen, Wellenbad und drei Thermalbecken. Mitte Mai bis Mitte September täglich 9–19 Uhr.

Ein **Freibad** liegt direkt neben dem Campingplatz (siehe Übernachten). 300 m weiter in Richtung Innenstadt befindet sich das schon etwas ältere städtische **Hallenbad**. Draußen gibt es eine Liegewiese und ein Thermalbecken.

Im großen **Freizeitpark**, der sich nördlich des Campingplatzes erstreckt (hinter den Eisenbahnschienen), gibt es neben Bademöglichkeiten (Riesenrutsche) auch einen Rudersee mit Angelstellen und Tennisplätze.

Reiten kann man auf mehreren Bauernhöfen in der Umgebung. Auskunft gibt Tourinform.

• *Einkaufen* Ein großer **Obst- und Gemüsemarkt** findet täglich außer montags an der Budai utca hinter dem großen C-Centrum-Kaufhaus statt (Mi und Fr am größten). Es lohnt sich, dafür früh aufzustehen. Einen kleinen Laden mit **Zsolnay-Porzellan** finden Sie am Deák Ferenc tér 6.

• *Veranstaltungen* Das **Donau-Folklorefestival** veranstalten die Städte Kecskemét, Baja und Kalocsa alle drei Jahre gemeinsam im Juli (das nächste Mal 2004). Da gibt es Volkstanz, Theater und Musikvorführungen. Veranstaltungskalender und Tickets erhalten Sie bei Tourinform.

Die **Hirös-Tage** gegen Ende August werden mit historischen Umzügen und Weinproben hauptsächlich am Szabadság tér und in der Petőfi Sándor utca gefeiert. Auskunft über den genauen Termin sowie die Zahl und Dauer der Veranstaltungen erteilt Tourinform.

Sehenswertes

Das Stadtzentrum bilden die beiden ineinanderübergehenden Plätze *Kossuth tér* und *Szabadság tér*. Auf dem Kossuth tér stehen drei Kirchen und der dominante Bau des städtischen *Rathauses* (Kossuth tér 1). Das große Gebäude mit der reich geschmückten Fassade gehört zu den ersten Versuchen, einen eigenen, charakteristisch ungarischen Baustil zu entwickeln. Es entstand in den Jahren 1893–1897 nach Plänen von Ödön Lechner und Gyula Pártos. Das Ergebnis kann sich sehen lassen. Das berühmte Glockenspiel des Rathauses lässt tagsüber zu jeder vollen Stunde eine Melodie von Zoltán Kodály erklingen und ist für Touristen natürlich ein wichtiger Anziehungspunkt. Die große, tagsüber ständig zugängliche *katholische Kirche* (ungarisch: Nagytemplom) neben dem Rathaus wurde 1774–1806 im Zopfstil erbaut. Von außen ockerfarben und weiß, weist sie im Inneren eine reiche Ornamentik und viele Fresken auf.
Ebenfalls gut zugänglich ist die benachbarte ehemalige *Franziskanerkirche* am Kossuth tér 5. Sie ist das älteste Baudenkmal von Kecskemét. Aus ihrer Bauzeit (um 1300) stammen noch einige gotische Details – später wurde sie barock umgestaltet.

Öffnungszeiten in der Regel 6–12 Uhr und 14–18 Uhr.

1975 wurde das *Kodály-Zoltán-Institut für Musikpädagogik* in der "Zweikirchenpassage" (Kéttemplom köz 1–3) eröffnet. Seinen Namen verdankt es dem großen ungarischen Musikpädagogen und Komponisten Zoltán Kodály, der 1882 in Kecskemét geboren wurde. Die von Kodály entwickelte

Das Rathaus von Ödon Lechner und Guyla Pártos mit dem Glockenspiel

Methode der Musikerziehung ist heute weltweit anerkannt. Im ersten Teil des Kreuzganges des ehemaligen Franziskanerklosters (1702–36) befindet sich eine ständige Kodály-Ausstellung (geöffnet 10–18 Uhr).
Die weiße *reformierte Kirche* mitten auf dem Szabadság tér wurde während der Türkenzeit errichtet, in den Jahren 1680–83. Die Baugenehmigung erteilte die Hohe Pforte in Konstantinopel. Sie ist nur zu den Gottesdiensten zugänglich.

Die *Gemäldegalerie* im ehemaligen *Cifra-Palast* (Rákóczi út 1) liegt am Westrand des Szabadság tér. Auch von außen ist der 1904 im ungarischen Jugendstil erbaute Palast einer der schönsten Bauten der Stadt. Die sehr umfangreiche und sehenswerte Sammlung von Werken ungarischer Maler des 19. und 20. Jh. auf drei Etagen sowie die temporären Ausstellungen zeitgenössischer Maler haben hier einen würdigen Rahmen gefunden.
Öffnungszeiten täglich außer Mo, 10–17 Uhr.

Die in den Jahren 1864–71 erbaute ehemalige *Synagoge* (heute: "Haus der Wissenschaft und Technik") in der Nachbarschaft der Gemäldegalerie (Rákóczi út 2) erkennt man gut an ihrer Kuppel, die einer Lotusknospe nachempfunden ist. Im ersten und zweiten Stock des Treppenhauses stehen 15 Kopien von Michelangelo-Statuen.

Überaus prachtvoll wirken der Hauptaltar und die zehn Nebenaltäre der 1729–35 erbauten *Piaristenkirche* in der Jókai utca 1. Von besonderem Wert ist der sogenannte Hirtenaltar. Sonst ist sie aber eher schlicht eingerichtet. Außerhalb der Gottesdienstzeiten kann man die Altäre nur vom Vorraum aus betrachten. Daneben findet man das ehemalige Ordenshaus und gegenüber die einstige Schule der Piaristen.

Dem zweiten berühmten Sohn der Stadt, *József Katona*, ist das *Gedenkmuseum* in der Katona József utca 5 (Ecke Bánk bán utca) gewidmet. Die Zukunft des Gedenkmuseums im Geburtshaus des großen ungarischen Dramatikers (1791–1830) mit Dokumenten über seine Zeit, sein Leben und Werk, war lange Zeit unklar, doch mittlerweile ist es dank Sponsorengelder wieder regelmäßig geöffnet.
Öffnungszeiten Di–Sa 10–14 Uhr.

Das nach ihm benannte *Stadttheater* mit dem markanten Kupferbaldachin über dem Eingang zählt zu den schönsten Gebäuden der Stadt. Davor befinden sich eine Bronzestatue des Dramatikers und die Dreifaltigkeitssäule von 1742.
Im Vorgarten des Rathauses erinnert ein Steinquader an die Stelle, wo József Katona, der Schöpfer des nationalen historischen Dramas, im Jahre 1830 einen tödlichen Herzanfall erlitt.

Das ortsgeschichtliche *Katona-József-Museum* im kleinen Katona-József-Park vor dem Bahnhof (Bethlen körút 1) beherbergt eine reiche archäologische, ethnographische und heimatkundliche Sammlung.
Öffnungszeiten täglich außer Mo, 8–16 Uhr.

Seit 1976 gibt es das *Museum für naive Kunst* (ungarisch: Naiv Müvészek Múzeuma) in einem 200jährigen Kecskeméter Adelshaus. Die reiche Samm-

Verspieltes Musterbeispiel des ungarischen Jugendstils: der Cifra-Palast

lung naiver Skulpturen und Malerei in fünf Räumen ist die einzige ihrer Art im Lande. Seit 1988 gibt es im Keller auch eine Galerie, in der man naive Kunst kaufen kann.

Adresse/Öffnungszeiten Gáspár András utca 11 (nahe dem Déak Ferenc tér, neben dem Parkplatz). Täglich außer Mo von 10–17 Uhr geöffnet.

Das *Spielzeugmuseum* (ungarisch: Szórakaténusz Játékmúzeum) befindet sich auf dem gleichen Gelände. Die nicht besonders umfangreiche Ausstellung zeigt historisches und modernes Spielzeug, wie Puppenstuben, Dampfmaschinen und Bauklötze, aber auch von Kindern selbst gefertigtes Spielzeug.

Öffnungszeiten täglich außer Mo, 10–12.30 und 13–17 Uhr.

Das *Historische Museum für Heilkunde und Apothekenwesen* (ungarisch: Orvos-és gyógyszerésztörténeti múzeum) finden Sie in der Kölcsey utca 3 (Ecke Deák Ferenc tér), rund 50 m vom Spielzeugmuseum entfernt. In vier kleinen Räumen werden Besucher mit der Medizintechnik der Altvorderen vertraut gemacht. Den Schwerpunkt der Sammlung bilden Glas- und Porzellangefäße. Daneben gibt es chirurgische Instrumente, Waagen, Mörser usw. zu sehen.

Öffnungszeiten täglich außer Mo, 10–14 Uhr.

Das *Museum der ungarischen Fotografie* (ungarisch: Magyar Fotográfiai Múzeum) finden Sie am Katona József tér 12. Es ist das einzige Fotomuseum des Landes und zeigt ungarische zeitgenössische und historische Fotografie und Fototechnik.

Öffnungszeiten täglich außer Mo, 10–16 Uhr.

Die *Bozsó-Sammlung* in der Klapka utca 34, ein Privatmuseum, enthält Gemälde des regional bekannten Malers sowie archäologische Exponate.
Öffnungszeiten Fr, Sa und So 10–18 Uhr.

Die Zwack Unicum AG zeigt in ihrer Fabrik in Kecskemet in der Matkói utca 2 eine Ausstellung zur Geschichte der Fabrikantenfamilie und des bekannten Kräuterschnapses. Eine Besichtigung der Destillerie lässt sich gut mit dem Kauf von Mitbringseln in Flaschenform verbinden. Einzelne Gäste können die Fabrik freitags ab 13 Uhr besuchen.

Etwas außerhalb, südwestlich der Innenstadt in einer kleinen Parallelstraße zur Dózsa György út, finden Sie das *Museum für volkstümliches Kunstgewerbe* (ungarisch: A magyar népi iparművészet). Dieses große, vielräumige Museum in der Serfőző utca 19a (früher: Külső-Szabadság út) beherbergt Schnitzereien, Keramik, Stickereien, Möbel, Teppiche, hausgewebte Leinwand, Erzeugnisse der Blaufärber und Korbflechter sowie andere folkloristische Artikel aus vielen Städten und Regionen des Landes.
Öffnungszeiten Mi–So 10–17 Uhr, Mo/Di Ruhetag.

Wo die Bilder laufen lernen

Das Kecskeméter Pannonia-Zeichentrickfilmstudio in der Liszt Ferenc utca 21 (✆ 481711) war 1971 die erste Niederlassung der Pannonia-Trickfilmproduktion außerhalb von Budapest. In der Budapester Zentrale entstanden z. B. die Tricksequenzen der Pumuckl-Serie. Rund sechzig Beschäftigte zählt die Kecskeméter Filiale heute. Hier entstehen ausschließlich Zeichentrickfilme, vom Kurzfilm über Fernsehserien bis hin zum Spielfilm.

Hin und wieder finden vormittags für Gruppen rund zweistündige Führungen in Englisch und Französisch statt. Wer rechtzeitig bei Tourinform nachfragt, hat manchmal die Möglichkeit, sich anzuschließen. Fachlich besonders interessierte Besucher (Filmleute oder Grafiker) sollten sich schon vor Beginn ihrer Ungarnreise schriftlich anmelden. Anfragen sind an den Direktor, Herrn Ferenc Mikulás, zu adressieren.

Ausflüge

Die Sandpuszta von Bugac

Das bekannteste und meistbesuchte Gebiet des *Kiskunság-Nationalparks* ist die rund 40 km südlich von Kecskemét gelegene Puszta von Bugac. Sie beginnt etwa 5 km hinter dem Ortsausgang des 5.000-Seelen-Dorfes Bugac und ist gut ausgeschildert. Vorher aber hat man noch 1,5 km auf buckeliger Sandpiste zu bewältigen.

Die Puszta ist ein weites Sumpf- und Sandland mit schmalen Wasserläufen, Sanddünen und schilfbewachsenen Teichen. Dazwischen stehen vereinzelte Baumgruppen, kleine Gehöfte und die typischen Schilfbehausungen der Hirten. Ein Höhepunkt des bunten folkloristischen Treibens sind alljährlich die *Kiskunságer Hirtentage* gegen Ende Juni mit Schaureiten und Hirtenbasaren. (Weitere Informationen zur Puszta und ihrer Geschichte finden Sie im Kapitel *Hortobágy*.)

"*In Ungarn dient das Anlegen von Nationalparks und Naturschutzgebieten keineswegs nur dem Umweltschutz*", heißt es in einer Werbebroschüre zur Bugac-Puszta. Und tatsächlich ist sie schon seit 1930 (!) vor allem eine bedeutende Einnahmequelle.

Damals, in der Zeit der Weltwirtschaftskrise, erkannte man, dass sich mit "romantischen Pusztaprogrammen" weit mehr Geld einnehmen lässt als mit Landwirtschaft. So dient die traditionelle Viehzucht, bei der die Tiere das ganze Jahr über im Freien sind, heute nur noch dem Fremdenverkehr. Von überall karren die klimatisierten Reisebusse ihre Urlauberfracht hierher, um bei den vorwiegend betagten deutschen Besuchern das durch unzählige Filme der vierziger und fünfziger Jahre genährte Klischee von den rassigen Vollbluthengsten und den nicht minder feurigen Csikós in malerischen Trachten, den verführerischen Piroschkas und der sentimentalen Zigeunermusik in schilfgedeckten Csárdas wiederauferstehen zu lassen.

Einzelreisende haben es hier schwer. Am Eingang des Nationalparks ist zunächst ein Obolus (mittlerweile beträgt er rund 5 €, Kinder 4,50 €) zu entrichten. Dieser berechtigt zum Besuch des *Hirtenmuseums*, das man nach einem ziemlich staubigen, beinahe halbstündigen Spaziergang erreicht. Wer rund 10 € pro Nase auszugeben bereit ist, kann vom Parkplatz aus auch weitaus bequemer mit der Pferdekutsche (Abfahrt um 12.15 und um 14.15 Uhr) hinfahren. Das Hirtenmuseum, ein rundes, nicht besonders großes Gebäude, beherbergt eine kleine Sammlung mit Trachten, Gebrauchsgegenständen und Hirtenkunst (Holzschnitzereien, Lederarbeiten usw.). Es liegen umfangreiche deutschsprachige Beschreibungen zur Ausstellung aus.

Öffnungszeiten Anfang Mai bis Ende Oktober täglich 10–17 Uhr.

Doch das ist leider häufig auch schon alles. Reitervorführungen finden von Mai bis September in der Regel täglich zweimal um 13.15 Uhr und um 15.15 Uhr statt. Inzwischen garantiert auch für Individualtouristen. Ab September gibt es nur noch Pferdevorführungen für Gruppen. Falls sich für einen Montag gar keine Gruppen angemeldet haben, ist in der ganzen Puszta Ruhetag.

Die Gäste werden mit Planwagen zu den irgendwo weidenden Tierherden gefahren, die der Fußgänger kaum je zu Gesicht bekommt. Die Reservate für seltene Vogel- und Pflanzenarten sind sowieso unzugänglich. Wer also außer dem Hirtenmuseum und den großen, womöglich leeren Pferdestallungen auch die Zackelschaf-, Graurind- und Mangalicaherden sehen will, tut gut daran, eine Kuschfahrt mitzumachen.

Die beste Adresse u.a. auch für weitere Informationen ist das *Bugac-Tours-Büro*, 6114 Bugac, Szabadség tér 4a (✆ 76/362220, 📠 262220. Informationen über die Bugacpuszta sind erhältlich bei der Bugaci Karikás Csárda Kft., ✆ 372688, 📠 575112, bugactourskft@axelero.hu, www.bugacpuszta.hu). Das Bugac-Tours-Büro hat sich ganz auf Pusztaprogramme spezialisiert und vermittelt inzwischen auch Unterkünfte des ländlichen Tourismus. Eine kleine Ausstellung zu Flora und Fauna der Puszta zeigt die Nationalparkverwaltung in Kecskemet, das Haus der Natur (✆ 482611, www.knp.hu), in der Liszt Ferenc utca 19. Hier sind Informationen zum gesamten Kiskunság Nationalpark erhältlich.

• *Essen* Die überdimensionierte **Bugaci Karikás Csárda** (✆ 76/372688) macht auf den ersten Blick den Eindruck einer üblen Touristenfalle. Der täuscht. Sie können sich auf eine gute und preiswerte Traditionsküche der rustikalen Art freuen. Nur wenn allzu viele Reisebusse vor der Tür parken, lässt der Service manchmal etwas nach. Empfehlenswert sind die Kesselgulaschsuppe, das Paprikahuhn und auch der kalte Schinken mit Meerrettich. Geöffnet: täglich 8–22 Uhr.

• *Anfahrt* Mit dem **Auto** über Kiskunfélegyháza. Außerdem gibt es eine regelmäßige **Busverbindung** mit Kiskunfélegyháza und Kecskemét (Abfahrt in Kecskemét am Busbahnhof werktags um 11, 14.35 und 16.30 Uhr; Abfahrt in der Puszta werktags um 12.25 und 16.00 Uhr oder unter www.volcan.hu.Die originellste Verbindung ist die **Schmalspurbahn** von Kecskemét nach Bugac. Sie verkehrt zwischen dem Álsopalyaudvár (Schmalspurbahnhof) Átrakó im Árpádváros 1 (an der Straße 54 in Richtung Baja) und dem Dorf Bugac wie auch der Bugac-Puszta. Abfahrt in Kecskemét ist jeweils um 8.00, 14.10 und 19.45 Uhr, die Rückfahrt von der Bugac-Puszta um 12.10, 18.20 Infos zu den Abfahrtszeiten der Züge unter www.elvira.hu.

Eine *Reitmöglichkeit* mit Reitschule ist ausgeschildert. Im Winter werden hier Pferdeschlittenfahrten durchgeführt. Bei der Csárda liegt eine kleine *Bungalowsiedlung.*

Nagykőrös

Nagykőrös mit seinen heute fast 30.000 Einwohnern ist eine typische Stadt des Landstrichs zwischen Donau und Theiß, 16 km nordöstlich von Kecskemét an der Straße Nr. 441 gelegen. Im 19. Jahrhundert entwickelte sich der Markflecken zum bedeutenden Konkurrenten von Kecskemét. Noch heute gilt die Gegend um Nagykőrös als eines der wichtigsten Obst- und Gemüseanbaugebiete des Landes. Dementsprechend ist die Konservenindustrie hier der wichtigste Produktionszweig. Am Hauptplatz der Stadt, dem *Szabadság tér*, stehen das barocke Rathaus von 1710 und die große reformierte Kirche.

Sehenswert ist das *Arany-János-Múzeum* im Cifrakert, einem kleinen Park an der Durchgangsstraße (Ceglédi út 19, ausgeschildert). Das Museum ist in einem schönen ockerfarbenen Haus, einem klassizistischen Baudenkmal von 1836/38, untergebracht und wurde nach dem berühmten ungarischen Balladendichter János Arany (1817–1882) benannt, der in den fünfziger Jahren des 19. Jahrhunderts am hiesigen Gymnasium unterrichtete. Schwerpunkte des Museums sind eine archäologische Sammlung, eine János-Arany-Gedenkausstellung, stadtgeschichtliches Material und Volkskunst. Unter anderem wird hier auch die Urkunde aufbewahrt, in der König Béla IV. 1266 erstmals den damaligen Stadtnamen, *Kőrös* erwähnte. Das Museum wurde bereits 1928 gegründet.

Öffnungszeiten Anfang Mai bis Ende September täglich 10–18 Uhr (sonst 9–17 Uhr); Mo geschlossen.

Lajosmizse

Nahe bei Lajosmizse, einem Straßendorf an der Straße Nr. 5, ca. 16 km nordwestlich von Kecskemét, der wohl wichtigsten Transitstrecke Ungarns, wurde eines der für diese Gegend typischen Einzelgehöfte (*Tanya*) aus dem Jahr 1870 als Museum mit *Csárda* originalgetreu rekonstruiert und möbliert. Man findet es 2 km hinter dem Ortsausgang in Richtung Kecskemét, direkt an der Straße Nr. 5. Die alte Csárda ist ein gemütliches Familienrestaurant, während der neue Komplex für Gruppen eine einzige riesige Touristenabfüllstation ist, wo Massen von Reisebussen halten und die Zigeunerschmalzmusik schon zur Mittagszeit trieft.

Öffnungszeiten 15. März – 14. Oktober, Di–Sa 10–17 Uhr, So 10–18 Uhr.

Kleines Gehöft in der Puszta

Kiskunfélegyháza

Kiskunfélegyháza, das traditionell kulturelle und wirtschaftliche Zentrum der Kiskunság (zu deutsch: Kleinkumanien), liegt 27 km südöstlich von Kecskemét direkt an der Europastraße 75/Straße Nr. 5, einer der wichtigsten Verkehrsverbindungen im Lande. Als Industrie- und Handelsstadt ist sie auch heute noch von einiger Bedeutung.

Im Jahre 1389 erstmals urkundlich erwähnt, wurde die blühende Siedlung 1526 von den Türken völlig zerstört. Danach war sie lange Zeit auf zeitgenössischen Karten als "*Puszta* (wüstes, verlassenes) *Félegyháza*" verzeichnet. Erst 1774, nach der Verleihung des Stadtrechts durch Maria Theresia, kam es zu einem erneuten Aufschwung, der seinen Höhepunkt nach dem Ende des Zweiten Weltkrieges fand, als hier zahlreiche Industrieunternehmen angesiedelt wurden. Das schönste Gebäude der Stadt ist heute das am Anfang dieses Jahrhunderts erbaute Jugendstilrathaus mit seiner reich geschmückten Fassade.

Sándor Petőfi (1823–1849), der ungarische Nationalheld, Dichter und Revolutionär, wurde in Kiskunfélegyháza geboren, wo er auch seine Kindheit verbrachte.

Sehenswert ist das innerorts gut ausgeschilderte *Kiskun-Museum* direkt an der Straße Nr. 5 (Dr. Holló Lajos útja 9). Das weit über 200 Jahre alte, ockerfarbene Gebäude war einst der Sitz des Kumanenhauptmanns, von dem aus die ganze Kiskunság regiert wurde. Neben einer ethnographischen und einer Volkskunstsammlung ist im Hof des Museums eine unter Denkmalschutz stehende Windmühle zu sehen. Ein weiterer Schwerpunkt ist die weithin einmalige Kerkerausstellung. Schließlich war hier im 19. Jh. auch für einige Zeit ein Gefängnis untergebracht. Die wohl eindrucksvollsten Exponate dieses Museumsbereichs sind einige Folterwerkzeuge verschiedenen Alters.

Öffnungszeiten täglich außer Mo, 10–17 Uhr.

• Übernachten **Oázis Panzió**, Szegedi útja 13, ✆ und ✉ 76/461427. Nette, neuere Pension direkt an der verkehrsreichen Durchgangsstraße Nr. 5. Das DZ mit Bad und Frühstück je nach Saison ab 35 €.

Csongrád

Die Kleinstadt am rechten Theißufer, 27 km östlich von Kiskunfélegyháza an der Straße Nr. 451, war in den ersten Jahrhunderten nach der ungarischen Landnahme Komitatssitz. Durchreisende können im zentral gelegenen *Tari László Múzeum* (Iskola utca 2; gut ausgeschildert) Station machen. Die kleine archäologische Sammlung und Ausstellung über die Lebens- und Arbeitsweise der Tieflandbauern lohnt jedoch keinen größeren Umweg.

Öffnungszeiten wochentags außer Mo, 13–17 Uhr, Sa 8–12 und So 9–17 Uhr.

Die große katholische *Barockkirche* (um 1860) neben dem Museum ist im Inneren üppig geschmückt. In unmittelbarer Nachbarschaft steht ein schönes *Jugendstilgymnasium*.

Einen Abstecher lohnt auch das historische Zentrum des einstigen Fischerdorfes, die *Belváros-Halászfalu* am östlichen Ortsrand. Die denkmalgeschützten, alten Häuser an der Theiß werden nach und nach in ihren ursprünglichen Zustand zurückversetzt. Dazu müssen zahlreiche Trockenmauern, Schilfdächer und Brettergiebel rekonstruiert werden.

Von hier aus ist es nicht mehr weit zum **Erholungsgebiet** an der Kőrösmündung (*Kőrös Toroki Üdülőterület*). Die große, parkartige Anlage mit einem Freibad, viel Schatten und Sanddünen wird bei hohem Wasserstand oft überflutet. Deshalb wurden die meisten Gebäude auf Plattformen errichtet. Und deshalb ist der hiesige Campingplatz auch nur bedingt zu empfehlen.

• Information Tourinform Csongrád, Szentháromság tér 8, ✆ und ✉ 570325, csongrad@tourinform.hu Geöffnet: Mo–Fr 8–18 Uhr, Sa, So 10–17 Uhr von Mitte April bis Mitte September, am Wochenende nur im Juli und August. Außerhalb der Saison Mo–Fr 8–16 Uhr.

• Telefonvorwahl 63.

• Post Hauptpost am Dózsa György tér 1.

• Verbindungen **Zug**, der Bahnhof liegt in der Vasut utca. Direktverbindung mit Kiskunfélegyháza und Szentes.

Bus, der Busbahnhof befindet sich auf dem Dózsa György tér. Tägliche Verbindung mit Budapest, Szeged, Békéscsaba und Makó.

• Übernachten **Hotel Tisza**, Fő utca 23, ✆/✉ 483594. Schönes, neueres Komforthotel direkt an der Hauptstraße. DZ mit Dusche/WC und Frühstück 40 €. Im Sommer oft ausgebucht – frühzeitig reservieren.

Hotel Erzsebét, Fő utca 3, ✆ 483960, ✉ 483631. Einfaches, älteres, aber sauberes Hotel in zentraler Lage. Preise inkl. Frühstück: DZ mit Dusche ab 30 €.

Privatunterkünfte vermittelt Tourinform. Das Reisebüro **Csongrád Tourist** bietet Apartments für bis zu sechs Personen pro Nacht ab 40 €. In der Hochsaison relativ teuer, aber reizvoll ist es, in den 200 Jahre alten, denkmalgeschützten, schilfgedeckten Museums-Fischerhäuser des "Belváros-Halászfalu" zu übernachten: Zwei Personen zahlen dafür ab 40 € pro Nacht.

Kőrös-Toroki Kemping, Kőrös-torok, ✆ 481185, ✉ 483631. Großes, schattiges, hochwassergefährdetes Gelände rund 3 km vom Zentrum, in der Erholungssiedlung unweit der Stelle, wo die Kőrös in die Theiß mündet. In manchen Jahren gibt es hier viele Mücken. Preise: Zwei Personen mit Auto und Zelt zahlen hier pro Nacht 10 €; die einfachen Bungalows kosten für zwei Personen ab 25 € und für drei Personen ab 35 €. Motelzimmer kosten ab 35 €. Geöffnet: Mitte Mai bis Mitte September.

• *Heilbad* Das ganzjährig geöffnete Thermalheilbad in der Dob utca 3–5 soll bei Rheuma, Frauenleiden und Krankheiten des Bewegungsapparates helfen. Kurgästen stehen drei Freibecken und ein Hallenbecken zur Verfügung.

Szentes

Szentes, 13 km südöstlich von Csongrád gelegen, ist ein stimmungsvolles Bauernstädtchen im Herzen der Tiefebene. Hierher verirrt sich kaum einmal ein Tourist, denn nach großen Attraktionen wird man vergeblich suchen. Das Stadtbild aber hat uns recht gut gefallen, und mit etwas mehr Zeit hätten wir hier gern einen Urlaubstag eingelegt. So aber mussten wir uns nach getaner Arbeit einmal mehr mit einer kurzen Rast im schattigen Park (Széchenyi-liget) am Stadtrand begnügen.
Die 36.000 Einwohner zählende Kreisstadt liegt, von ausgedehnten Feldern umgeben, inmitten der Großen Tiefebene unweit der Theiß. Erst lange nach der Türkenzeit, in der Szentes entvölkert und zerstört worden war, nämlich vor rund 200 Jahren, wurde die Siedlung wieder aufgebaut.

Das *Koszta-József-Museum* befindet sich in einem um 1840 erbauten klassizistischen Gebäude im Stadtpark. Neben archäologischen Funden aus der Zeit der Völkerwanderung sind hier auch Volkskunstgegenstände und Gemälde ausgestellt.
Öffnungszeiten täglich außer Mo, 13–17 Uhr.

Die kleine, rotbraune *griechisch-orthodoxe Barockkirche* in der Kossuth Lajos utca steht unter Denkmalschutz. Sehenswert sind die schmucke Inneneinrichtung und besonders die Ikonostase, die man allerdings nur vom Vorraum aus betrachten kann.
Am *Kossuth tér* stehen mit dem Rathaus, dem alten Komitatshaus und der reformierten Kirche (1808–26) die schönsten Gebäude der Stadt.

• *Information* **IBUSZ**, Kossuth utca 12, 6600 Szentes, ✆ 314161, 📠 314975. Geöffnet: Mo–Fr 8–16 Uhr.

• *Telefonvorwahl* 63.

• *Übernachten* Der **Thermál-Camping** (✆ und 📠 314167) im Széchenyi-liget, dem hiesigen Stadtpark, ist ein größeres Gelände mit Tennisplätzen und einem Freibad mit drei Becken. Zwei Personen mit Auto und Zelt zahlen 10 € pro Nacht. Außerdem gibt es eine Reihe von Holz- und Steinbungalows für zwei bis drei Personen. Geöffnet: Anfang Juni bis Ende August.
Privatzimmer vermittelt das IBUSZ-Büro. Preis für ein DZ ab 10 €.

• *Freizeit/Sport* **Angeln** ist in der Theiß und in einem kleinen See möglich. Angelscheine sind bei der Fischereiaufsicht in der Horvath utca erhältlich.
Baden: Im Széchenyi-liget, dem hübschen Stadtpark, gibt es ein großes Bad mit drei Becken. Außerdem ist das ganzjährig geöffnete Heilbad in der Arany János utca zu erwähnen. Es handelt sich um ein Thermalheilbad mit Sauna, Massage und medizinischer Betreuung.
Wassersport wie Surfen usw. kann man auf dem Thermalsee, der an der Straße in Richtung Szarvas zu finden ist, betreiben. Baden ist dort jedoch verboten.

Szarvas

Die nette Stadt, eigentlich eher ein Straßendorf, 36 km nordöstlich von Szentes liegt an einem toten Seitenarm der Körös. Unbedingt sehenswert ist das *Arboretum*, das von der Straße in Richtung Kecskemét ausgeschildert ist. Im Volksmund wird es nach seinem Hauptförderer, Graf József Bolza, auch *Pepigarten* genannt. Mit über 1.600 Baumarten und insgesamt rund 30.000 Pflanzen ist es der größte botanische Garten des Landes. Der Abzweig zum Arboretum ist von der Straße Nr. 44 ausgeschildert (Richtung Mezőtúr).

Öffnungszeiten täglich 8–18 Uhr (Einlass bis 17 Uhr), im Winter nur bis 16 Uhr.

Außer dem Bronzedenkmal eines Hirsches (Szarvas bedeutet Hirsch) in der Stadtmitte gibt es noch das *Tessedik-Sámuel-Museum* in der Vajda Péter utca, mit ortsgeschichtlicher, archäologischer und ethnographischer Sammlung.

Öffnungszeiten/Anfahrt täglich außer Mo, 10–16 Uhr, November bis März Di–So 13–17 Uhr. Anfahrt: von der Straße Nr. 44 in Richtung Kecskemét am Ortsausgang vor der Brücke die letzte Straße rechts.

• *Übernachten* kann man im zentral gelegenen **Hotel Árpád** in der Szabadság utca 32, ✆ 66/312120, 📠 311564. Das DZ mit Bad und Frühstück in dem renovierten Landhaus aus dem 19. Jh. kostet ab 40 €. Hier wohnen vor allem Jäger.
Ansonsten gibt es hier auch ein **Tourinform-Büro,** 5540 Szarvas, Kossuth tér 3, ✆ und 📠 66/311140, szarvas@tourinform.hu. Geöffnet Mo–Fr 9–18 Uhr, Sa, So 9–17 Uhr, außerhalb der Saison nur Mo–Fr 9–16 Uhr. Hier kann man nach Privatzimmern und Pensionen fragen.

Szolnok

Die über 900-jährige Komitatshauptstadt liegt am Zusammenfluss von Zagyva und Theiß. Die geschäftige Transitstadt mit ihren 85.000 Einwohnern hat sich mit der Veranstaltungsreihe "Szolnoker Sommer" einen Namen gemacht.

Die Innenstadt ist ein betriebsames Pflaster und hat auch einige baulich reizvolle Ecken vorzuweisen. Am jenseitigen Ufer der Theiß – nur zehn Fußminuten von der Innenstadt enfernt – entwickelte sich ein Kur-, Bade- und Erholungszentrum, nachdem man hier auf Heil- und Thermalquellen gestoßen war.

Das Industrie- und Verwaltungszentrum des Komitats Jász-Nagykun-Szolnok ist auf jeden Fall eine Stippvisite wert. Mehr als die Hälfte der berufstätigen Bevölkerung arbeitet in der hiesigen Industrie, wobei die Zucker- und Papierfabriken als die wichtigsten zu nennen sind. Großen Einfluss auf das Leben in Szolnok nimmt auch die Theiß: Hier trainierten schon viele bedeutende ungarische Wassersportler, darunter vor allem Kanu- und Kajakfahrer. Die als "Szolnoker Sommer" bekannte Veranstaltungsreihe lockt alljährlich viele Tausend Besucher an.

Geschichte: 1975 feierte Szolnok den 900sten Jahrestag seiner Gründung. Tatsächlich belegt eine vergilbte, in Esztergom aufbewahrte Urkunde König Gézas I. die Existenz der Stadt im Jahre 1075. Darüber hinaus wird in Historikerkreisen spekuliert, dass Szolnok zu jenen wenigen Städten gehören könnte, die schon der erste König der Ungarn, Stephan der Heilige, als Komitatshauptstadt gründete und die dies auch heute noch sind.

Die strategisch günstige Lage der Stadt an einem wichtigen Theißübergang und einer bedeutenden Heerstraße sollte sich für ihre Einwohner jedoch als

wenig günstig erweisen: Der Chronik nach wurde Szolnok vierzehnmal nahezu vollkommen zerstört. Das konnte auch die alte Szolnoker Burg nicht verhindern, die von Habsburgertruppen gesprengt wurde, nachdem sie gerade die über 130jährige Türkenherrschaft unbeschadet überstanden hatte.
Die schwersten Zerstörungen seiner Geschichte erlitt Szolnok jedoch durch die Bombenangriffe im Jahre 1944, die nur 4.000 Bewohner lebend überstanden.

Die schönste Stilblüte der offiziellen Stadtgeschichte: "Zwischen 1920 und 1944 war Szolnok der Schauplatz reger Arbeiterbewegungen..."

Information/Verbindungen

• *Information* **Tourinform** (Tiszainform), Ságvári körút 4, 5000 Szolnok, ✆ 420704 ✆ 341441, szolnok-m@toruinform.hu, www.szolnok.hu. Geöffnet: Mo–Do 8–18 Uhr, Sa, So 10–18 Uhr, außerhalb der Saison Mo–Do 8–15 Uhr. Stadtplan, Programme (z. B. Theißschifffahrt im Sommer mit kleinen Booten).

• *Telefonvorwahl* 56.

• *Post* Hauptpost in der Baross utca gegenüber dem Hotel Pelikan.

• *Verbindungen* **Bus**, der Busbahnhof befindet sich in der Ady Endre utca. Direktbusse fahren nach Kecskemét, Szeged, Eger, Miskolc, Debrecen, Budapest und zu vielen kleineren Orten im Komitat Szolnok.
Zug: Der wichtige Bahnhof hat die Adresse Jubileum utca 1–3. Es gibt tagsüber beinahe stündlich eine Verbindung mit Budapest. Außerdem erreicht man von hier aus direkt Szeged, Békéscsaba, Miskolc, Eger, Debrecen und Kecskemét.

Übernachten

Hotel Tisza, Verseghy park 2, ✆ 510850, ✆ 421520, reserve@hoteltisza.hu, www.hotels.hu/tisza. Hübsches Gebäude in Ocker und Weiß am Theißufer. Nebenan befindet sich ein türkisches Heilbad. DZ mit Bad und Frühstück ab 50 €. Restaurant und Bierbar im Haus.
Hotel Pelikán, Jászkürt utca 1, ✆ 379603 und 423855, ✆ 340203, www.hotels/hu.pelikan. Das große Betonhotel liegt direkt im Zentrum. DZ mit Bad ab 40 €. Restaurant und Nachtbar im Haus.
Hotel Touring, Tiszaliget, ✆ 379805, ✆ 376003, www.hotels.hu/touring_szolnok. Nicht besonders schöner Bau im Kurgebiet direkt am Theißufer. DZ mit Bad und Frühstück ab ca. 45 €.
Privatzimmer: Infos bei Tourinform. Buchung über IBUSZ, Szapári utca 21, ✆ 423602, ✆ 420039, i089@ibusz.hu. Preise je nach Saison, Lage und Komfort: DZ ab 25 €, Apartments für zwei bis fünf Personen ab 35–45 € und Villa für zwei bis vier Personen ca. 40 €.
Tiszaliget Kemping, Tiszaliget sétány 34, ✆ 424403, ✆ 425525. Das Gelände liegt an der Theiß mitten im Kur- und Erholungsgebiet. Trotz vieler hochgewachsener Bäume (wenig Laub) ist es nicht sehr schattig. Kleiner Lebensmittelladen, warme Duschen und viele Bungalows auf dem Platz. In unmittelbarer Nachbarschaft gibt es einige große, einfache Motels. Preise: zwei Personen mit Auto und Zelt 10 €, Mini-DZ ohne alles 15 €, Zweibettbungalow mit Waschgelegenheit 28 €, Dreibettbungalow mit WC 35 € und Komfortappartement 45 €. Geöffnet: Anfang Mai bis Ende September.

Essen/Treffpunkte

• *Essen* Die besten, aber auch teuersten Restaurants in Szolnok sind die der Hotels **Tisza** und **Pelikán** (vgl. Übernachten).
Borlovag, Gabór úca 6. Ein Ritter in seiner Rüstung begrüßt die Gäste dieses mittelalterlich gestalteten Restaurants. Deftige, aber leckere ungarische Gerichte ab 6 €.
Die **Gösser-Söröző** in der Kossuth Lajos út 9 ist nicht nur, wie der Name vermuten lässt, eine Bierstube, sondern auch ein zentral gelegenes Restaurant, das gemütlich nach dem Nischenprinzip eingerichtet ist. Es gibt gutes und preiswertes Essen. Besonders empfehlenswert ist das "Bels-

zin Stroganof módra sültburgonyával", Rindsgeschnetzeltes in Gurken-Rahmsoße mit Pommes. Geöffnet: 11–24 Uhr. Abends Musik.

• *Treffpunkte* Ziemlich beliebt ist die **Moment Disco** im Tiszaliget, ein großes Gebäude neben der Brücke auf der rechten Seite der Straße in Richtung Debrecen. Das ehemalige Restaurant liegt direkt am Bad im Kurgebiet und bietet auch gutes, preiswertes Essen.

Sport

Badezentrum: Das Thermalbad am Theißufer liegt im Kurgebiet Tiszaliget, 2 km vom Zentrum entfernt, direkt am jenseitigen Ufer der Theiß. Angebot: Freibad, Heilwasser, Kurpark, Sauna, Tennis und kleiner See. Außerdem Bootsverleih, Wasserfahrräder und Angelmöglichkeit.

Angeln kann man im kleinen Kurparksee (s. o.) sowie in der Theiß, Zagyva und "Holt-Tisza", einem alten Theißarm. Tages- und Infos zu Wochenscheine bei Tourinform.

Bootsverleih: Ein privater Bootsverleih existiert an der Theißbrücke auf der Flussseite des Tiszaliget. Hier kann man u. a. Kanus, Kajaks, Motorboote (Führerschein erforderlich) und Fahrräder ausleihen.

Veranstaltungen

Szolnoki Nyár, zu deutsch: Szolnoker Sommer, heißt die bekannte Veranstaltungsreihe, die alljährlich vom 1. Juni bis zum 20. August zahlreiche klassische, Orgel- und Rockkonzerte, aber auch Ausstellungen und Theateraufführungen im ganzen Stadtgebiet mit sich bringt. Zentrum der Aufführungen ist das Damjanich-János-Museum am Kossuth tér 4. Ein Veranstaltungskalender ist bei Tourinform erhältlich. Im Rahmen des Szolnoker Sommers findet alle drei Jahre (das nächste Mal 2005) ein großes **Volkstanzfestival** statt.

Sehenswertes

Das *Damjanich-János-Museum* am Kossuth tér 4 wurde jüngst vollständig renoviert. Austellungsschwerpunkt ist die umfangreiche archäologische Sammlung, hauptsächlich mit Exponaten der regionalen Ur- und Frühgeschichte. Daneben gibt es eine umfangreiche ethnografische Sammlung und eine permanente Ausstellung zur Stadtgeschichte. Im Damjanich-János-Museum stellen auch die Mitglieder der bekannten Szolnoker Künstlerkolonie ihre Werke aus – rund zehn Maler und drei Bildhauer leben auch in diesen Tagen noch in dem traditionellen Künstlerhaus am Ufer der Zagyva.

Öffnungszeiten täglich außer Mo, 9–17 Uhr, November–April 10–16 Uhr.

In der Koltói Anna utca 2 (Ecke Ságvári Endre körút) finden Sie eine besuchenswerte *Gemäldegalerie* mit Bildern zeitgenössischer regionaler Künstler. Das große, beigefarbene Gebäude ist eine ehemalige Synagoge aus dem Jahr 1898. Sie stammt von dem Architekten Lipót Baumhorn, der auch die Synagogen in Szeged und Gyöngyös gestaltete.

Öffnungszeiten täglich außer Mo, 9–17 Uhr.

Gleich in der Nähe (Koltói Anna utca 8) stoßen Sie auf die barocke *Franziskanerkirche*. Das in den Jahren 1724–1757 errichtete Gotteshaus ist das einzige Baudenkmal der Stadt. Die Inneneinrichtung des Gebäudes, darunter prunkvolle Altäre mit Goldverzierung und Holzschnitzarbeiten sowie zahlreiche Fresken, lässt sich außerhalb der Gottesdienstzeiten durch eine Glastür betrachten. Während des Sommerfestivals (vgl. Veranstaltungen) finden hier Orgelkonzerte statt.

Ausflüge

Jászberény

Die 31.000 Einwohner zählende Kreisstadt an der Nordgrenze der Großen Tiefebene, 46 km nordwestlich von Szolnok an der Straße Nr. 32 war einst die Hauptstadt der *Jász*, einer nomadischen, aus der Gegend des Iran stammenden Volksgruppe, die hier seit dem 13. Jh. siedelte.

Sehenswert ist vor allem das *Jász-Museum* in der Táncsics Mihály út 5 (Di–So 9–17 Uhr; von der Hauptstraße ausgeschildert). Hier findet man eine umfangreiche Ausstellung zur bäuerlichen Lebens- und Arbeitswelt sowie archäologische Funde aus dem Mittelalter und der Antike, außerdem eine breite stadtgeschichtliche Sammlung und periodisch wechselnde Gemäldeausstellungen. Als wertvollster Schatz gilt das aus Elfenbein geschnitzte *Lehel Kürtje* (zu deutsch: Lehel-Horn), das sich sogar im Stadtwappen wiederfindet.

Mit dem Horn auf die Rübe

Das aus Elfenbein geschnitzte *Lehel-Horn* ist eine byzantinische Arbeit aus dem 8. Jh. Einer Legende zufolge soll es einst Lehel, einem Heerführer der Jász gehört haben. Nach der vernichtenden Niederlage der Ungarn gegen die Deutschen unter Otto I. hat sich Lehel danach als letzte Gunst erbeten, sein geliebtes Horn noch einmal blasen zu dürfen. Nach dem Verklingen des letzten Tons soll er dann zum Kaiser gestürzt sein und diesen mit dem Horn erschlagen haben. Obwohl diese eindrucksvolle Story jeder historischen Wahrheit entbehrt, wird das Horn seit nunmehr über 300 Jahren in Jászberény als Reliquie aufbewahrt.

Vom vergitterten Vorraum der unter Denkmalschutz stehenden gotischen *Franziskanerkirche* von 1472 kann man die üppige Inneneinrichtung und die schon stark verblassten Fresken anschauen (Hatvani út).

Im *Kulturpark* (von der Straße Nr. 31 in Richtung Budapest ausgeschildert) befinden sich ein kleiner Zoo und ein botanischer Garten. Der Kulturpark wurde von der Firma Lehel (direkt neben dem Kulturpark gelegen, kaum zu übersehen) finanziert. Gut essen kann man im Restaurant *Lehel Gyöngye*, 150 m vom Zoo.

Das hiesige *Thermalbad* in der Hatvani út 5 ist ganzjährig in Betrieb. Die Heilbecken befinden sich in einem überkuppelten Gebäudeteil, der sehr an türkische Bäder erinnert.

• *Information* **Tourinform**, Lehel vezér tér 33, ✆ und ℻ (57)406439, jaszbereny@tourinform.hu.

• *Übernachten* **Hotel Touring,** Serház utca 3, ✆ 57/412051, ℻ 412053. Der nicht gerade ansehnliche, aber zentral gelegene eckige Kasten ist das älteste Hotel des Ortes. DZ mit Bad und Frühstück kosten ab 35 €.

Hotel Lehel Gyöngye, Neszür X. dülö, ✆ 415122, ℻ 415025, lgyongye@mail.datanet.hu, www.hotels.hu/lehel_gyongye. Außerhalb gelegenes Drei-Sterne Haus. DZ ab 40 €.

Das **Tourinform-Büro** informiert über weitere Hotels und Pensionen und vermittelt auch Privatzimmer.

Cegléd

Die Kreisstadt, 31 km westlich von Szolnok an der Straße Nr. 4, liegt an der nördlichen Grenze des riesigen Obst- und Gemüseanbaugebiets, das sich zwischen Cegléd und dem 30 km entfernten Kecskemét erstreckt. Schon 1444 erhielt Cegléd das Marktrecht. Heute wirkt der Ort etwas verschlafen. Es gibt ein Tourinform-Büro am Kossuth tér 1, wo man sich über die wenigen Übernachtungsmöglichkeiten informieren kann. Jedoch lohnt ein längerer Aufenthalt hier kaum.

Sehenswert ist das zentral gelegene *Kossuth-Museum* in der Marx Karoly utca 5 (Ecke Rákóczi utca). Archäologische Funde sowie Dokumente der Stadtgeschichte und Volkskunst um die Jahrhundertwende (Holzschnitzereien, Zierstickereien) sind die interessantesten Schwerpunkte der Ausstellung. Seinen Namen hat das Museum von *Lajos Kossuth* (1802–1894), dem Reichsverweser der ungarischen Revolutionsregierung von 1848/49 und Symbol des nationalen Freiheitskampfes. Die dem Museum angeschlossene Lajos-Kossuth-Sammlung enthält von dessen Spazierstock bis zu seiner Totenmaske alles mögliche an Zeugnissen seines Lebens und Wirkens. Diese werden von vielen traditionsbewussten Ungarn beinahe religiös verehrt, von den meisten ausländischen Besuchern hingegen mit viel zu wenig Aufmerksamkeit bedacht.

Öffnungszeiten täglich außer Mo, 10–18 Uhr.

Die von außen wuchtig wirkende *reformierte Kirche* am Hauptplatz der Stadt (Szabadság tér) ist im Inneren völlig kahl und schmucklos. Interessant an der im charakteristischen Ocker gestrichenen Kirche ist jedoch das klassizistische Säulenportal und die von zwei Türmen bewachte, riesige Kuppel. Nur während der Gottesdienstzeiten zugänglich.

Kalocsa

Die Paprikametropole liegt im Donautal am Westrand der Großen Tiefebene. Noch berühmter als das scharfe Gewürz aus hiesigem Anbau sind nur die Volkskunsterzeugnisse der Kalocsaer Frauen – jene Stickereien mit den leuchtenden Blumenmotiven.

Die Stadt selbst ist ruhig und angenehm. Die dominierenden Gebäude im barocken Siedlungskern sind die riesige Kathedrale und der Erzbischöfliche Palast; beide aus dem 18. Jh. und am Szentháromság tér gelegen. Da es auch ein ziemlich gutes Hotel in Kalocsa gibt, können wir einen mehrtägigen Aufenthalt durchaus empfehlen. Eine Sightseeing-Pause sollte jedoch auch der einlegen, der eigentlich nur auf der Durchfahrt ist.

Die knapp 20.000 Einwohner zählende Kreishauptstadt ist berühmt für die Produktion von Edelpaprika. Rund um Kalocsa erstrecken sich weite Felder, in denen 32 Dörfer liegen, wo sich fast alles um den begehrten "Spanischen Pfeffer" dreht, der vor langer Zeit schon zum unverzichtbaren Bestandteil der ungarischen Küche geworden ist. Besonders reizvoll ist es hier, wenn im Herbst die Felder "brennen" – dann wird das Gewürz geerntet, getrocknet und gemahlen.

Puppen in Stickereien aus Kalocsa: die Barbies des Ostens

Von dessen Bedeutung künden auch die vielen, vor allem an Hausfassaden zur Zierde und zum Trocknen aufgehängten, roten Paprikagirlanden. Seit dem 18. Jh. ist der Paprikaanbau rund um Kalocsa überliefert; aber erst in diesem Jahrhundert mauserte sich der *Edelsüße Kalocsaer Rotgoldene* auch zu einem wichtigen Exportprodukt.

Mindestens genauso bekannt ist die Folklorekunst der Kalocsaer Frauen, oft als *Kunst des Lichtes* gerühmt. Ihren bunten Zierstickereien in *Füllnahttechnik* genauso wie den leuchtenden, vielfarbigen Wandmalereien liegen meist überlieferte Blumenmotive zugrunde. Aber auch Herzen, Hufeisen und Vögel sind traditionelle Motive der unverwechselbaren Kalocsaer Volkskunst. Keramik, Trachten und Stickereien aus hiesiger Produktion stehen als Souvenirs hoch in der Gunst vieler Ungarnreisender.

Kalocsa, im Jahre 1009 bereits erstmals urkundlich erwähnt, zählt zu den ältesten Städten des Landes. Schon in der Regierungszeit des ersten ungarischen Königs, König Stephans I., war sie der Sitz eines Erzbischofs.

Information/Verbindungen

- *Information* **Kalocsa Korona Tours Kft.**, Szent István király út 5, 6300 Kalocsa, ✆ 461819, 📠 461676, szallar@mail.externet.hu, www.koronatours.hu. Geöffnet: Mo–Fr 8–17 Uhr, zusätzlich vom 1. Juli bis zum 31. August Sa 8–12 Uhr. Besichtigungsprogramme auf Anfrage.
- *Telefonvorwahl* 78.
- *Post* Hauptpost am Tomon tér, dem früheren Marx tér.
- *Verbindungen* **Zug**, kleiner Bahnhof am Martirok tere – für Folklorefans lohnt sich ein Besuch, da er im Inneren mit den typischen Blumenmotiven bemalt ist. Auf jeden Fall geht's erstmal nach Kiskőrős; dort umsteigen.

Bus: Busbahnhof am Malatin tér. Direktbusse nach Budapest (fast stündlich), Kecskemét, Baja und Pécs.

Übernachten

Hotel Kalocsa, Szentháromság tér 4, ✆ und ✆ 461244, beta@mail.externet.hu. Neueres Komforthotel in einem ansprechend restaurierten, denkmalgeschützten Gebäude aus den 1780er Jahren, am schönen und relativ ruhigen Hauptplatz im Zentrum gelegen. DZ mit Bad und Frühstück ab 45 €. Das bekannt gute Hotelrestaurant offeriert internationale Spezialitäten für gehobene Ansprüche, zum Großteil unter 9 € pro Hauptgericht.

Hotel Piros Arany, Szent István király út 37, ✆ 462220, ✆ 462622. Das alte, nicht gerade komfortable Hotel direkt neben dem Puszta-Tourist-Büro verfügt auch über ein spottbilliges Restaurant. DZ mit Frühstück ab 30 €.

Privatzimmer vermittelt das Kalocsa-Korona-Tours-Büro in der Szent István király út 5. Preise: DZ ca. 25 € und Apartments für drei bis vier Personen ab 35 €.

Essen

Juca néni csárdája, Mészesi utca, ✆ 461469. Das weithin bekannte und ziemlich große Traditionslokal liegt einsam an der Donau-Fährstation, rund 6 km vom Stadtzentrum entfernt. Die Zufahrt erfolgt über eine wunderschöne, lange Kopfsteinpflasterallee (von der Straße Nr. 51 in Richtung Baja vor dem Ortsausgang in Richtung Gerjen abbiegen). Gute Auswahl an rustikalen, sehr wohlschmeckenden und großzügig portionierten Hauptgerichten zumeist unter 6,50 €. Wenn Touristenbusse hier Station machen, leidet der Service manchmal etwas, dafür gibt es dann zuweilen Folklorevorführungen. Öffnungszeiten: nur von Mai bis September täglich 12–24 Uhr.

Einkaufen/Veranstaltungen

• *Einkaufen* Ein **Porzellan- und Glasgeschäft**, in dem man Handarbeiten und heimisches Porzellan (auch etwas Zsolnay) kaufen kann, finden Sie in der Szent István király ut. 37.

Größere Auswahl an Kalocsaer Volkskunstartikeln (Blusen, Deckchen usw.) haben Sie im **Souvenirladen** am Szentháromság tér 3 neben dem Hotel Kalocsa.

Im **Lebensmittelladen** Szent István király utca 35 gibt es auch Kalocsaer Paprika.

• *Veranstaltungen* Das **Donau-Folklorefestival** veranstalten die Städte Kecskemét, Baja und Kalocsa alle drei Jahre gemeinsam im Juli (das nächste Mal 2004). Da gibt es Volkstanz, Theater und Musikvorführungen. Veranstaltungskalender und Tickets beim Kalocsa-Korona-Tours-Büro in der Szent István király út 5.

Alljährlich dagegen finden die **Paprika-Tage** in Kalocsa statt. An einem Tag im September gibt es dann einen großen Paprikamarkt, Folkloremusik, Militärorchester und Volkstanz.

Sehenswertes

Auf dem *Szentháromság tér* (zu deutsch: Dreifaltigkeitsplatz; in sozialistischer Zeit hieß er noch Szabadság tér, Freiheitsplatz), einem wunderschönen, kleinen Kopfsteinpflasterplatz im Herzen Kalocsas, stehen zwei ehrfurchtheischende barocke Bauwerke, die einer weit größeren und bedeutenderen Stadt zugedacht scheinen: Dom und erzbischöfliches Palais. Erst in den vergangenen Jahren von Grund auf renoviert, strahlen beide nun in hellen, frischen Farbtönen – ein deutliches Symbol der Wiederauferstehung der klerikalen Macht in Ungarn nach der Wende.

Die von Andreas Mayerhofer entworfene *Kathedrale* (1735–54), ein ocker- und beigefarbenes Gebäude mit zwei Türmen, ist bereits der vierte Bau an gleicher Stelle, da seine Vorgänger zerstört wurden. Bei der Restaurierung

Eingang zum Bahnhof, den Wandmalereien und Blumenmotive schmücken

der Krypta fand man am Anfang dieses Jahrhunderts uralte Bischofsgräber, darunter auch eines aus rotem Marmor, von dem man annimmt, dass es noch aus der Zeit des ersten ungarischen Königs, Stefans des Heiligen, stammt. Unter der riesigen Kuppel mit den beeindruckenden Deckenreliefs erwartet den Besucher eine überaus prunkvolle Barockausstattung.
Die Ausstellung der *erzbischöflichen Schatzkammer* ist täglich von 9 bis 17 Uhr geöffnet. Der Eingang befindet sich an der Rückseite der Kathedrale. Es handelt sich um eine kleinere, aber unbedingt besuchenswerte Sammlung von prachtvollen Messgewändern, Kelchen und Bischofsringen, auch Gold, Silber und Edelsteine sind zu bewundern.
Rechts neben dem Dom steht eine *Dreifaltigkeitssäule* von 1786, die der Zahn der Zeit schon kräftig benagt hat.

Der von hohen Mauern umgebene *Erzbischofspalast* gilt als Meisterstück der Barockbaukunst italienischer Prägung in Ungarn. Schon König Karl Robert von Anjou hatte zu Anfang des 14. Jh. an gleicher Stelle eine Burg errichten lassen. Auf deren Grundmauern entstand das Palais in den sechziger Jahren des 18. Jh. Franz Anton Maulpertsch (1724–1796), der bedeutendste Vertreter der späten österreichischen Barockmalerei, schuf 1783/84 die Fresken im Prunksaal und die Deckengemälde in der Palastkapelle. Solch verschwenderische Schönheit lockte allerhand Bewunderer hierher – so soll allein Franz Liszt zwölfmal im Erzbischofspalast Gast gewesen sein.
Ein absolutes Muss für alle bibliophilen Besucher ist die weltberühmte *Bibliothek des Erzbischöflichen Palastes* mit insgesamt über 120.000 Bänden, darunter auch zahlreiche wertvolle Codices und Wiegendrucke. Mehr als

die Hälfte der Bücher beschäftigen sich mit theologischen Fragestellungen; weitere wichtige Sachgebiete sind Länderkunde, Belletristik, Geschichte und Naturwissenschaften. Zwei Drittel der Werke sind in lateinischer Sprache verfasst. Ein Höhepunkt der Sammlung ist eine Bibel von 1519 mit eigenhändigen Notizen von Martin Luther.

• *Öffnungszeiten* Die **Bibliothek** ist täglich außer Mo von 9–12 und 14–17 Uhr geöffnet. Die 30-minütigen, auch deutschsprachigen Führungen beginnen zu jeder vollen Stunde. Wer an bestimmten Werken ein besonderes Interesse hat, kann diese nach Anmeldung beim Bibliotheksleiter im Lesesaal einsehen.

Das *Viski-Karoly-Múzeum* in der Szent István király utca 25 beherbergt im Obergeschoss die übliche Mischung aus frühgeschichtlichen Funden, bäuerlichen Arbeitsgeräten und Relikten aus der Türkenzeit. Außerdem gibt es eine umfangreiche Sammlung zur berühmten Volkskunst der Stadt (Stickereien, Trachten, Wandmalereien mit psychedelisch anmutenden Blumenmustern). Daneben sind eine numismatische Ausstellung mit Münzen von der Römerzeit bis zur jüngeren Vergangenheit zu sehen und eine umfangreiche Gesteinssammlung.

Öffnungszeiten täglich außer Mo, 9–17 Uhr.

Das *Volkskunsthaus* in der Tompa Mihály utca 5 ist ein im Stil der Jahrhundertwende museumsartig eingerichtetes und schilfgedecktes Gebäude. Beeindruckend sind die frei aus der Hand gestalteten, traditionellen Wandmalereien, deren Motive vor allem farbenfrohe Feldblumen sind. In einem benachbarten Haus sind ein paar bestickte Decken und Kleidungsstücke ausgestellt. Außerdem befindet sich auf dem Gelände einen Verkaufsraum, wo in einem Hinterzimmer ein halbes Dutzend Frauen den Reisegruppen demonstriert, wie die diffizile Volkskunst hergestellt wird. Die wirklich hübschen Blumenmuster-Stickereien mit kräftigen Farben sind wegen der arbeitsaufwendigen Herstellung nicht gerade billig. Der Preis für ein winzig kleines Deckchen beträgt ab 25 €. Nette, deutschsprachige Führung.

Öffnungszeiten täglich 10–18 Uhr.

In dem Barockgebäude in der Szent István király utca 6, einem *Paprikamuseum*, findet man alles zum Thema: Gewürzmühlen, getrocknete und eingelegte Früchte, alte Dosen, Geschirr mit Paprikamuster. Auch Verkauf von Volkskunstartikeln.

Öffnungszeiten täglich 10–17 Uhr.

Das *Nicolas-Schöffer-Museum* (Szent István király utca 76) befindet sich im Geburtshaus des bekannten Objekt- und Lichtkünstlers. Er wurde am 6. September 1912 in Kalocsa geboren und später durch seine gigantischen nächtlichen Lichtspiele berühmt. Seine Werke bezauberten die größten Metropolen der Welt, so auch die französische Hauptstadt, in der er sich schließlich niederließ. Die im örtlichen Museum ausgestellten Metallplastiken, z.T. mit Licht- und Bewegungs- sowie Spiegeleffekten ausgestattet, sind ein Geschenk des anerkannten Künstlers an seine Heimatstadt.
Ein weiteres Werk von Nicolas Schöffer steht vor dem Kalocsaer Busbahnhof (Szent István király utca/Ecke Malatin tér).

Öffnungszeiten **Museum**, täglich außer Mo, 10–12 und 14–17 Uhr.

Hier dreht sich alles um Wein: Hájos pincék

Ausflüge

▸ **Hajós pincék**: Das größte Weinkellerdorf Europas besteht aus rund 1.700 Weinkellern und liegt 20 km südöstlich von Kalocsa an der Straße Nr. 54. Unter den kleinen Häusern wurden Keller ins Erdreich gegraben, in denen große Holzfässer mit Weinen lagern, die zum Teil noch aus dem 19. Jahrhundert stammen. Es gibt sowohl rote als auch weiße Weine in allen Geschmacksrichtungen, vorherrschend aber trockene. Ohne besonderen Anlass sind nur ein knappes Dutzend der meist privaten Keller geöffnet. Die Eigentümer, unter ihnen viele Donauschwaben, freuen sich über Besucher. Nimmt man nach der ausgiebigen Weinprobe noch etwas von ihrem Wein mit, ist die Freude natürlich umso größer. Preis pro Liter ab 3 €. Den leicht herbeigeführten Schwips kann man, falls nötig, in mehreren kleinen Pensionen vor Ort ausschlafen. Das wirklich einmalige Weinkellerdorf wird im Vergleich zu kleineren Anlagen dieser Art, z. B. in Eger, noch ziemlich selten von Touristen besucht.

▸ **Szeliditó**: Der kleine See 17 km nordöstlich von Kalocsa hat ein flaches Ufer und ist deshalb besonders für Familien mit Kindern geeignet.

• *Übernachten* Der schattige **Campingplatz Árnyas** (6329 Dunapataj, Szelidi-tó, ✆ und 📠 362670) direkt am See ist von Mitte Mai bis Mitte September geöffnet. Zwei Personen mit Auto und Zelt zahlen 6 € pro Nacht. See und Campingplatz sind in Dunapataj (Straße Nr. 51) ausgeschildert. Außerdem gibt es hier Zimmer und Bungalows, die man beim Kalocsaer Kalocsa-Korona-Tours-Büro (Szent István király út 5) buchen kann. Preise: Zimmer für zwei bis vier Personen ca. 35 €, Ferienhäuser für bis zu vier Personen ca. 45 € und Ferienhäuser für sechs bis zehn Personen ab 60 €.

Baja

Donauhafen, Motorboot-Eldorado und Heimat süffiger Landweine: Ruhe, Erholung und Beschaulichkeit werden in Baja rund um die Petőfi-Insel großgeschrieben.

Der Hauptplatz der Stadt, der große kopfsteingepflasterte Béke tér, direkt an einem Altwasserarm der Donau gelegen, erinnert sehr an die überschaubaren Plätze portugiesischer Atlantikstädte. An erster Stelle Ruhe und Beschaulichkeit sind es auch, die die meist über fünfzigjährigen Stammgäste nach Baja führen. Eine weitere wichtige Zielgruppe sind Motorbootfreunde, die hier optimale Wassersportmöglichkeiten vorfinden.

Baja ist der nördlichste Donauhafen, den noch die großen Seeschiffe ansteuern können, denn eine zu niedrige Brücke hindert sie an der Weiterfahrt in Richtung Budapest. Wichtige Hafenstadt ist Baja allerdings nur für den Lastverkehr, denn Ausflugsdampfer verkehren zwischen Budapest und der ehemaligen jugoslawischen Grenze aus Rentabilitätsgründen nicht. Aber nicht nur der Handel, ein jahrhundertealtes Privileg der 45.000-Einwohner-Stadt, spielt hier eine wichtige Rolle. Auch die ortsansässige Industrie (die Bajaer Möbelfabriken exportieren sogar in die USA) mit den wichtigsten Zweigen Textil- und Elektrobranche sowie dem großen Fleischkombinat (hier werden jährlich über 320.000 Schweine geschlachtet) ist aus der hiesigen Erwerbsstruktur nicht wegzudenken. Selbst die Landwirtschaft ist rund um Baja noch von großer Bedeutung. Erwähnenswert sind die trockenen Landweine (rot und weiß), die aus Baja, Hajós und Vaskut kommen. Die gesamte touristische Infrastruktur der Stadt konzentriert sich auf die Petőfi-Insel (Petőfi-sziget) und ihre nähere Umgebung.

Geschichte

Der Fisch- und Wildreichtum dieser Gegend war wohl maßgeblich dafür verantwortlich, dass sich schon in der Frühsteinzeit rund um Baja Menschen ansiedelten. Während des ungarischen Bauernkriegs unter György Dózsa wurde das aufstrebende Baja zum ersten Mal fast völlig zerstört. Auch die Türkenkriege im 16. Jh. sorgten zunächst für eine starke Verminderung der Bevölkerung. Später aber, vor allem im 17. Jh., wurde Baja zum bedeutenden islamischen Religionszentrum, zur Versorgungsstelle der türkischen Truppen und zum Sitz herausragender osmanischer Würdenträger. Nach der Vertreibung der türkischen Besatzer erhielt Baja das Marktrecht, die wichtigste Voraussetzung zur Entwicklung des Handels. Allmählich entwickelte sich auch der Drei-Nationalitäten-Charakter der Stadt: Waren schon in der Türkenzeit anstelle der geflüchteten und verschleppten Ungarn viele Serben hier angesiedelt worden, so kamen nun deutsche Handwerker hinzu.

Seine Blütezeit hatte Baja in der ersten Hälfte des 19. Jh., als sich die Stadt zu einem Zentrum des Getreide-, Wein- und Viehhandels entwickelte. Eine Brandkatastrophe vernichtete jedoch bald darauf eine Vielzahl von Gebäuden. Nach dieser Feuersbrunst am 1. Mai 1840 entstand beim Wiederaufbau der heutige Grundriss der Stadt. Nun aber ging die Entwicklung für einige Zeit eher zäh voran. Schuld daran war die Tatsache, dass Baja nicht an das Eisenbahnnetz angeschlossen war. Erst in den sechziger und siebziger Jahren dieses Jahrhunderts vollzog sich der Wandel Bajas zur Industriestadt. Außerdem konnte sich die Stadt einen bescheidenen Ruf als Studentenstadt erwerben – immerhin gibt es hier zwei Hochschulen.

Information/Verbindungen

- *Information* **Tourinform**, Szentháromság tér 5, ✆ und ✆ 420792, baja@tourinform.hu. Geöffnet: Mo–Fr 9–17 Uhr.
- *Telefonvorwahl* 79.
- *Post* Hauptpost an der Oroszlán utca 5.
- *Verbindungen* **Zug**, Bahnhof am Állomás tér (Anfahrt über Szegedi út). Nach Westen fährt man bis Bátaszek, von dort weiter Richtung Budapest, Dombóvár, Pécs. Nach Osten geht's erstmal bis Kiskunhalas, von dort weiter Richtung Kiskunfélegyháza und Budapest.

Bus: Busbahnhof am Csermák tér. Busse nach Budapest mehrmals täglich; außerdem Richtung Kecskemét und Székesfehérvár.

Übernachten/Essen

Hotel Sugovica, Petőfi-sziget, ✆ 321755, ✆ 323155, sugovica@enternet.hu. Neubau mit Tennisplatz in günstiger Lage auf der Petőfi-Insel mit komfortablen Zimmern (gut ausgeschildert). DZ mit Bad, Balkon und Frühstück ca. 50 € je nach Saison. Gutes Restaurant im Haus. Häufig ausgebucht. Die zum Hotel gehörenden Bungalows (nur Mai bis September geöffnet) auf dem benachbarten Campingplatz verfügen alle über Küchen. Die größeren (5 Betten für ca. 40 € und 4 Betten für 35 € pro Nacht) haben warme Duschen; wer in den kleinsten wohnt (28 € für 3 Betten) kann die sanitären Anlagen des Campingplatzes mitbenutzen. Der Direktor des Hotels, der gleichzeitig das Fremdenverkehrsamt leitet, engagiert sich mit Leib und Seele für das Wohl seiner Gäste.

Hotel Duna, Szentháromság tér 6, ✆ 323224, ✆ 324844, hotel-duna@baja.hu. Pastellgrünes, einfaches Hotel in einem älteren Gebäude am Hauptplatz der Stadt. Einfaches DZ mit Frühstück ab 35 €; DZ mit Bad und Frühstück 45 €. Restaurant mit Terrasse.

Privatzimmer vermittelt Tourinform (liegt direkt neben dem Duna Hotel) ab 25 €.

Sugovica Kemping, Petőfi-sziget, ✆ 321755, ✆ 323155. Der gut geführte Platz in günstiger Lage auf der Petőfi-Insel neben dem gleichnamigen Hotel (s. o.) verfügt über ständig warmes Wasser und ist relativ schattig. Er ist hauptsächlich bei älteren Wohnwagenreisenden beliebt. Preis für 2 Personen mit Auto und Zelt oder Wohnwagen 12 €. Geöffnet: 1. Mai bis 30. September (für Wohnwagen u. U. auch früher oder später möglich – im benachbarten Hotel nachfragen).

Véndio, Petőfi-sziget 1, ✆ 424544. Das Restaurant liegt auf der Petőfi-Insel. Probieren Sie die berühmte Bajaer Fischsuppe, die hier jeden Tag zubereitet wird. Auch die Auswahl an Fleischgerichten ist nicht schlecht: Räuberbraten, gefüllte Entenbrust oder Jungfernbraten mit Gänseleber. Hauptgerichte um die 8,50 €.

Ein beliebter Treffpunkt ist der **Riverside Pub** (Halászpart 6, 12–2 Uhr).

Sport/Veranstaltungen

- *Sport* Die Petőfi-Insel, die in einem Altwasserarm der Donau liegt, ist der sportliche Mittelpunkt der Stadt. Hier gibt es folgende Angebote:

Ein **Hallenbad** mit Kinderbecken gegenüber dem Hotel Sugovica.

Zehn **Tennisplätze** am westlichen Ufer der Insel (dort buchen).

Viele **Bademöglichkeiten** in der Donau rund um die Insel.

Und den **Yachthafen** direkt am Campingplatz mit großem Steg, Strom, Trinkwasser. Außerdem gibt es dort eine Winde zum Zuwasserlassen und Herausholen der Boote sowie eine mobile Tankstelle, die in Bootssportkreisen als Geheimtipp gehandelt wird.

Angeln: Nicht nur rund um die Petőfi-Insel gibt es ausgezeichnete Angelmöglichkeiten. Schließlich wird in Baja pro Kopf die größte Menge Süßwasserfisch in ganz Mitteleuropa verzehrt (rund 66 kg pro Jahr). Angelscheine sind bei Tourinform erhältlich.

• *Veranstaltungen* Das **Donau-Folklorefestival** veranstalten die Städte Kecskemét, Baja und Kalocsa alle drei Jahre gemeinsam im Juli (das nächste Mal 2005). Da gibt es Volkstanz, Theater und Musikvorführungen. Veranstaltungskalender und Tickets erhalten Sie bei Tourinform. Alljährlich findet der **Bajaer Sommer** mit mehreren Folklore-, Musik- und Theaterveranstaltungen statt. Mündliche Veranstaltungsinformationen (leider nur kurzfristig) bei Tourinform.

Wie die Fischsuppe ins Guinness-Buch der Rekorde kam

Von Petra Sparrer

Am zweiten Samstag im Juli sollte man einen Besuch in Baja planen, jedenfalls dann, wenn man Rummel liebt und ein echtes Highlight unter den ungarischen Volksfesten miterleben möchte. Die Speisung der 20.000 will man dieses Happening fast biblisch nennen und in manchem Jahr sollen gar 50.000 dabei gewesen sein. In der Innenstadt kochen meist Männer traditionell in über 2000 Kesseln die berühmte regionale Fischsuppe. Sie besteht vorwiegend aus Karpfen, es dürfen aber auch mal Zwergwels, Hecht oder Karausche sein. Man sitzt zusammen an langen Tafeln, schlürft Suppe und leckeren Wein dazu. Es ist gesellig, es gibt Volksmusik, Tanz und zum Abschluss in der Nacht ein Feuerwerk. Nicht nur, dass der kulinarische Massenevent längst im Guiness-Buch der Rekorde steht, die Bewohner der Donauhafenstadt sollen angeblich mit jährlich 66 kg pro Person einen echten Fischessrekord aufstellen. Wir verraten Ihnen das Rezept, es funktioniert jedoch am besten mit vor Ort erworbenen Zutaten (für zwei Personen):

1 kg Fisch
1 Zwiebel, klein geschnitten
1 Esslöffel fein geriebenes Paprika mit einer Prise Salz
etwas Kirschpaprika
1,2 Liter Wasser
100 g Bajaer Fischsuppennudeln (erhältlich vor Ort)

Fische zwei Stunden vor dem Zubereiten zerlegen und salzen. Mit den zerkleinerten Zwiebeln in den Topf oder den Kessel geben, das Wasser hinzugeben und bei starker Flamme kochen. Den Paprika hinzugeben und etwa 50 Minuten kochen. Mit gekochten Fischsuppennudeln servieren.

Sehenswertes

Das *Türr-István-Museum* am Béké tér (Roosevelt tér, ✆ 324173) enthält unter anderem die größte Ausstellung zur Donaufischerei in Ungarn. Die Sammlung von heimischen Fischarten, Fanggeräten und Bootbauwerkzeugen beeindruckt nicht nur Angler. Einige der Aufsichtspersonen sind Donauschwaben, die gern auf Deutsch etwas erklären. Außerdem gibt es

hier ein Gedenkzimmer für die "großen Söhne" der Stadt, zu denen auch István Türr, der Namensgeber des Museums, gehört. 1825 geboren, war er unter Garibaldi General im italienischen Freiheitskampf.
Öffnungszeiten tägl. außer Mo, 10–16 Uhr.

Blick von der Petőfi-Insel zum Zentrum

Sehenswert ist auch die *Gemäldegalerie Nagy-István-Képtár* in der Arany János utca 1 (✆ 325649), im ehemaligen "Herrenhaus Voinich". Hier sind Gemälde hiesiger Künstler ausgestellt, die in diesem Jahrhundert gearbeitet haben, darunter hauptsächlich die Werke des Namenspatrons des Museums, István Nagy (1873–1937). Alle Bilder sind auch deutsch untertitelt. Sehr lohnenswert.
Öffnungszeiten tägl. außer Mo, 10–16 Uhr.

Im *Éber-Emlékház*, einem Gedenkhaus in der Jokai Mór utca 19, sind Gemälde, Skulpturen und Volkskunstprodukte aus der Sammlung eines verstorbenen heimischen Bildhauers zu sehen.
Öffnungszeiten tägl. außer Mo, 10–16 Uhr.

Ständig zugänglich, wenn auch nicht übermäßig interessant, sind die *barocke Pfarrkiche* am Ságvári Endre tér (beachtenswert sind die Deckenfresken und der Hauptaltar) und die ebenfalls barocke, ehemalige *Franziskanerkirche* in der Bartók Béla utca 1 mit reich verzierten Altären. Hinter der Franziskanerkirche befindet sich der *Déri-Garten,* eine hübsche, kleine Parkanlage.
Die sehr ansprechend restaurierte klassizistische *Synagoge* (Munkacsy Mihály utca 7–9) ist heute eine Bibliothek, die man auch von innen besichtigen kann. Das wertvollste Kunstdenkmal der Stadt, die im Zopfstil erbaute *orthodoxe Kirche* in der Táncsics Mihály utca 21, ist vor allem wegen ihrer prächtigen Ikonostase aus dem 19. Jh. berühmt. Leider wird sie nur für Gruppen geöffnet. Man sollte sich bei Tourinform erkundigen, ob man sich einer Gruppe anschließen kann, die vielleicht gerade angemeldet ist.
Eine zweite, barocke *orthodoxe Kirche* an der Ecke Szabadság útja/Batthyany utca wird heute als Konzertsaal genutzt und ist sonst nicht zugänglich.

Highlight transdanubischer Baukunst: die Benediktinerabtei von Ják

Transdanubien

Transdanubien nennt man den westlich der Donau gelegenen Teil Ungarns. Abwechslungsreich und eindrucksvoll sind seine Landschaften.

Im Südosten erhebt sich das waldreiche *Mecsekgebirge*, an dessen Südrand die historische Stadt Pécs, eine der schönsten Ungarns, gelegen ist.
Im äußersten Süden, nur wenige Kilometer von Pécs entfernt, liegt mit dem *Villányer Gebirge* ein seit Jahrhunderten für seinen Weinbau bekanntes Gebiet. Zwischen Szekszárd und der Donau erstreckt sich die ethnographisch interessante Sumpflandschaft des *Sárköz*.

Von dort schließt sich, bis zu den östlichen Ausläufern der Alpen reichend, das *Mezőföld* an, eine dünn besiedelte, freundliche Hügellandschaft mit weit geschwungenen Tälern zwischen *Plattensee* (dem ein eigenes Kapitel gewidmet ist) und Mecsekgebirge. Das westliche Transdanubien ist jedoch weniger aufgrund seiner ausgeprägten landschaftlichen Anmut, sondern vielmehr wegen seiner reizvollen Städte ein von Urlaubern besonders geschätztes Gebiet. Zu seinen bekannten Ausflugsorten gehören Szombathely, Kőszeg und Sopron im sogenannten *Alpokalja* (Alpenvorland) nahe der österreichischen Grenze.
Nach Westen hin erreicht man von hier aus das *Kisalföld*, die Kleine Tiefebene, deren bedeutendste Stadt, Győr, fast von jedem Ungarnbesucher durchfahren wird. Landschaftliche Grenze zwischen Kisalföld und Mezőföld sind neben dem Plattensee die sich schroff aus der Ebene erhebenden

Höhenzüge des Bakony-, Vértes- und Gerencsegebirges. Dieses *Transdanubische Mittelgebirge* umfasst im Nordosten auch die Budaer und Visegráder Berge sowie das Pilisgebirge.

Wegen seiner Bodenschätze ist Transdanubien das neben Budapest am stärksten industriell entwickelte Gebiet Ungarns. Aber auch Tourismus und Landwirtschaft, insbesondere Weinbau, prägen die Erwerbsstruktur der Region entscheidend mit.

Pécs

Die Komitatshauptstadt mit bewegter Geschichte am Fuße des Mecsekgebirges versprüht mediterranen Charme. Straßencafés, eine Studentenszene und heiße Kultursommer locken in den tiefen Süden Ungarns.

Im historischen Zentrum rund um den Széchenyi tér bietet die lebendige Provinzmetropole (160.000 Einwohner) eine Vielzahl an Baudenkmälern, Museen und Kunstsammlungen. Publikumswirksame Großveranstaltungen wie Folklore, Theater und Konzerte, eine vorbildlich entwickelte Gastronomie und nicht zuletzt die freundliche Mentalität der Pécser sind gute Gründe für einen Besuch.

Was der erste Blick auf die Universitätsstadt kaum vermuten lässt: Pécs ist das wichtigste Industriezentrum der Region. Besonders Kohlen- und Uranerzbergbau spielen eine derart elementare Rolle, dass ein Neubaugebiet der Stadt den Namen "Uranstadt" erhielt. Aber auch Maschinenbau, Textil- und Lebensmittelindustrie sind hier von Bedeutung. Die guten Einkaufsmöglichkeiten in Pécs stehen in enger Verbindung mit den hier ansässigen Traditionsbetrieben der früher so genannten "Luxusindustrie": Zsolnay-Keramik, Pannónia-Sekt und Orgelbau. Allerdings musste die Lederfabrik schließen. Das angesehene Ballettensemble der Stadt und das Pécser Nationaltheater haben den Ruf der Stadt als Kulturmetropole begründet.

Schließlich besitzt Pécs auch als Hauptstadt des rund 500.000 Einwohner zählenden Komitats *Baranya* eine verwaltungstechnische Schlüsselrolle über die engere Umgebung hinaus. Regentage sind wegen der geschützten Lage selten; die Sonne scheint hier im August durchschnittlich über 300 Stunden. Wenn es dann selbst unter den Markisen der Straßencafés zu warm wird, empfiehlt sich ein Ausflug in die waldbedeckten Höhen des schattigen Mecsekgebirges.

Geschichte

Schon in der jüngeren Steinzeit vor rund 6.000 Jahren gab es im Westen des heutigen Stadtgebietes eine geschlossene Siedlung, die sich um Christi Geburt unter römischem Einfluss zur Stadt *Sopianae* mauserte.

Die Wasserläufe des karstigen Mecsekgebirges, das günstige Klima und die Lage an der antiken Fernhandelsstraße zwischen Byzanz und Regensburg waren wohl die wichtigsten Gründe für die nomadisierenden Urbewohner, sich ausgerechnet hier niederzulassen.

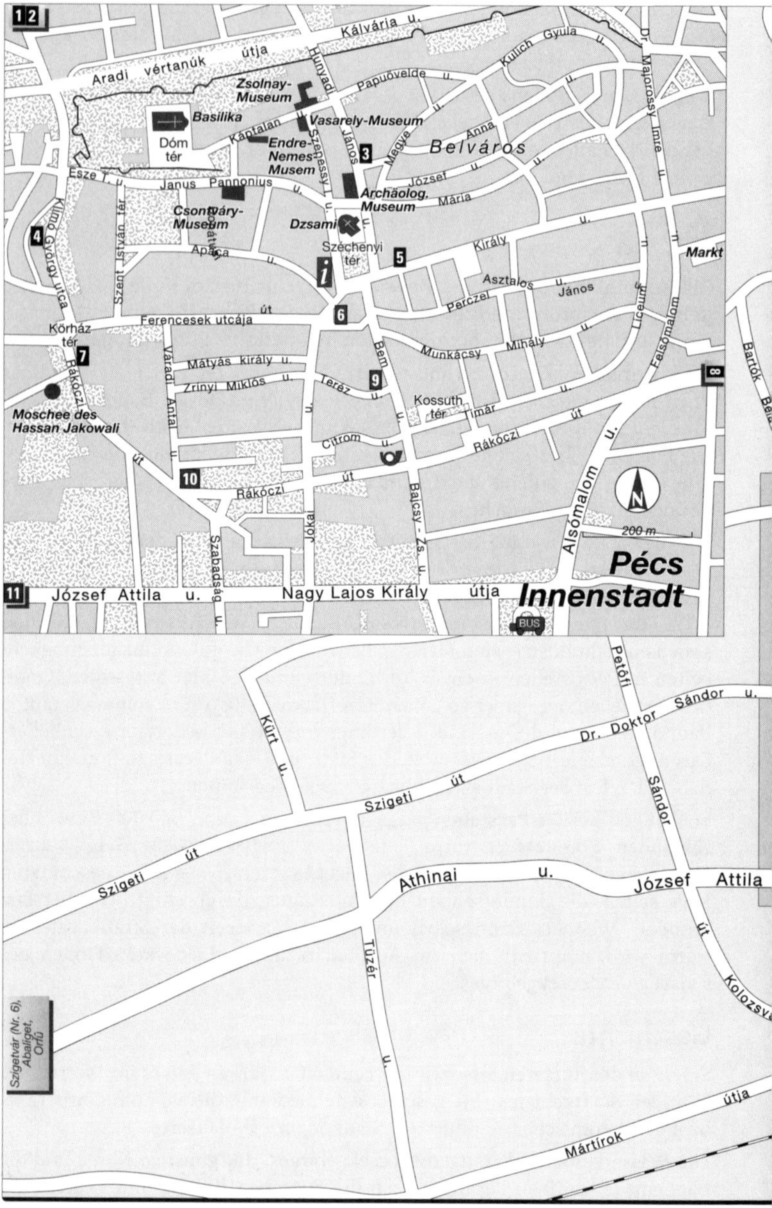
Pécs
Innenstadt
Belváros
Kálvária u.
Aradi vértanúk útja
Hunyadi
Zsolnay-Museum
Basilika
Dóm tér
Káptalan
Vasarely-Museum
Endre-Nemes-Musem
Szepessy
János
Papnövelde u.
Kulich Gyula u.
Dr. Majorossy Imre u.
Megye
Anna
József u.
Mária
Archäolog. Museum
Esze T. u.
Janus Pannonius u.
Csontváry-Museum
Dzsami
Széchenyi tér
Király u.
Markt
Klimó György utca
Szent István tér
Apáca u.
Asztalos János u.
Perczel u.
Ferencesek utcája út
Körház tér
Liceum
Felsőmalom u.
Munkácsy Mihály u.
Bartók Béla
Rákóczi
Moschee des Hassan Jakowali
Váradi Antal u.
Mátyás király u.
Zrínyi Miklós u.
Teréz u.
Bem u.
Kossuth tér
Timár u.
Rákóczi út
Citrom u.
Alsómalom u.
200 m
Szabadság u.
Jókai u.
Bajcsy - Zs. u.
József Attila u.
Nagy Lajos Király útja
BUS
Petőfi
Dr. Doktor Sándor u.
Kürt u.
Szigeti út
Sándor
Athinai u.
József Attila út
Tüzér u.
Kolozsvár
Mártírok útja
Szigetvár (Nr. 6), Abaliget, Orfű

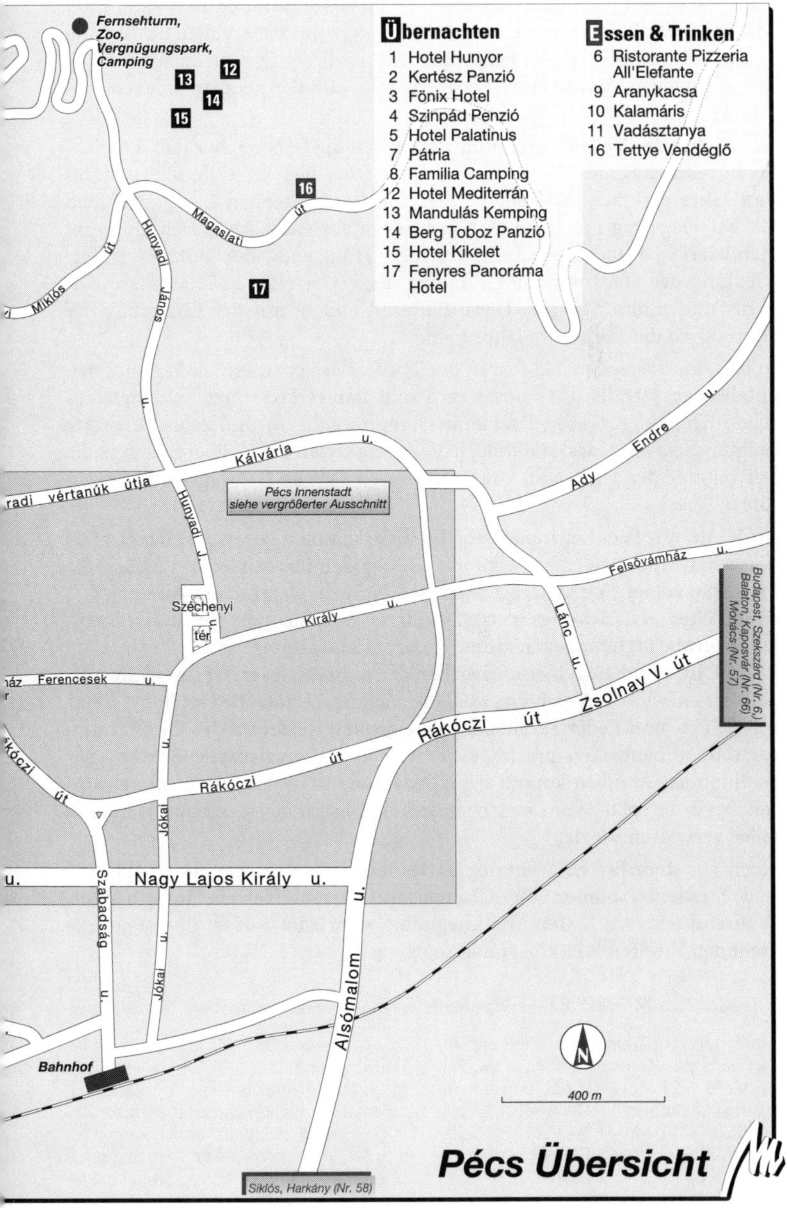
Übernachten
1 Hotel Hunyor
2 Kertész Panzió
3 Fönix Hotel
4 Szinpád Penzió
5 Hotel Palatinus
7 Pátria
8 Familia Camping
12 Hotel Mediterrán
13 Mandulás Kemping
14 Berg Toboz Panzió
15 Hotel Kikelet
17 Fenyres Panoráma Hotel
Essen & Trinken
6 Ristorante Pizzeria All'Elefante
9 Aranykacsa
10 Kalamáris
11 Vadásztanya
16 Tettye Vendéglő
Fernsehturm, Zoo, Vergnügungspark, Camping
Magaslati út
Hunyadi János u.
Miklós út
Kálvária u.
vértanúk útja
Pécs Innenstadt siehe vergrößerter Ausschnitt
Ady Endre u.
Felsővámház u.
Hunyadi J. u.
Széchenyi tér
Király u.
Lánc u.
Ferencesek u.
Zsolnay V. út
Rákóczi út
Jókai u.
Nagy Lajos Király u.
Szabadság u.
Alsómalom u.
Bahnhof
Budapest, Szekszárd (Nr. 6.)
Balaton, Kaposvár (Nr. 66)
Mohács (Nr. 57)
Siklós, Harkány (Nr. 58)
400 m
Pécs Übersicht

Im 5. Jh. n. Chr. beendeten die Hunnen die erste Blütezeit der Stadt unter römischer Vorherrschaft, in deren Verlauf nicht nur viele Villen, Paläste und Tempel entstanden waren. Bedeutsam war in dieser Epoche auch die Erhebung Sopianaes zum zivilen Verwaltungszentrum der neugeschaffenen Provinz *Valeria*.

In der Zeit der Völkerwanderung wechselten die Beherrscher dieses Gebietes in rascher Folge, bis der karolingische Staat hier im 9. Jh. für fast hundert Jahre eine Schlüsselrolle bei der von König Stephan I. angestrengten Christianisierung innehatte. Schon bald darauf entwickelte sich ein reges Handwerks-, Handels- und Geistesleben. Höhepunkt der kulturellen Entwicklung der Stadt war die Gründung der *Universität* 1367 als erste Ungarns und fünfte Europas. Diese Blütezeit endete mit der Eroberung der Stadt durch die Türken im Jahre 1543.

In den nun folgenden 143 Jahren der Türkenherrschaft erhielt Pécs mit orientalischen Händlern, Handwerkern und Bauwerken einen morgenländischen Charakter. Sieben Dschamis (Hauptmoscheen) und zehn Minarette prägten zeitweise das Stadtbild. Nur wenige von ihnen überdauerten die Vertreibung der Türken im Jahre 1686 durch das von Ludwig von Baden geführte Heer.

Im 18. Jh. war Pécs Schauplatz von Freiheitskämpfen gegen die Habsburgerherrschaft und zweier verheerender Pestepidemien. Als es schließlich die Privilegien einer "freien königlichen Stadt" erhielt, war dies der Anfang eines neuerlichen Aufschwungs, der eng mit der Erschließung der ersten Steinkohlengrube im heutigen Stadtteil *Vasas* zusammenhing.

Das 19. Jh. stand auch hier im Zeichen der Industrialisierung. In relativ kurzer Zeit entwickelten sich um 1850 die auch heute noch bedeutenden Keramik-, Sekt- und Lederfabriken. Den steigenden Reichtum des Großbürgertums dokumentierten prächtige barocke und klassizistische Bauten. Der traditionelle Weinbau konnte seine Bedeutung in dieser Zeit noch behaupten, bevor er später vom wirtschaftlich übermächtigen Bergbau ins hintere Glied verwiesen wurde.

Noch vor dem Ersten Weltkrieg entstanden mit Kanalisation, Eisenbahn- und Straßenbahnlinien die Grundlagen einer modernen Infrastruktur. Während Pécs im Ersten Weltkrieg stark verwüstet wurde, überstand die Stadt den Zweiten Weltkrieg unversehrt.

Information/Verbindungen

• *Information* **Tourinform**, Fremdenverkehrsamt des Komitats Baranya, Széchenyi tér 9, ✆ 213315, 📠 312632, E-mail baranya-m@tourinform.hu. Geöffnet: 1.5.–15.6. und 15.9.–31.10. Mo–Fr 9–16 Uhr und Sa 9–14 Uhr, 15.6.–15.9. Mo–Fr 9–20 Uhr sowie Sa und Sa 9–18 Uhr, sonst (1.11.–30.4.) Mo–Fr 8–16 Uhr, Sa/So geschlossen.

Mecsek-Tourist, Széchenyi tér 1, 7601 Pécs, ✆ 513376, 📠 214866. Geöffnet: Mo–Fr 9–17 Uhr und Sa 9–13 Uhr. Zuständig für Buchung von Unterkünften (auch Campingplätze). Anlaufstelle für Veranstaltungsinformationen und Eintrittskarten.

In der Saison (Juli und August) kann man sich hier für eine an jedem Samstag um 9 Uhr stattfindende, etwa zweistündige Stadtbesichtigung anmelden. Auch außerhalb dieses festen Termins sind solche Führungen möglich, die man mindestens

Im Restaurant des Hotels Kikelet kann man den Blick über Pécs auch mit romantischer Abendbeleuchtung erleben

einen Tag vorher bestellen sollte. Sie sind preisgünstig und lohnen sich sogar schon für Familien.

IBUSZ, Apáca utca 1, ✆ 212157, 📠 211011, i077@ibusz.hu.

• *Telefonvorwahl* 72

• *Verbindungen* **Bahn**: Der Hauptbahnhof liegt am Indóház tér. Züge nach Budapest rund fünfmal täglich und zum Plattensee einmal täglich. Direkte Verbindungen nach Szigetvár – Nagykanisza – Szombathely, Mohács, Baja – Szeged und Osiak (Kroatien).

Bus: Der zentrale Busbahnhof liegt an der Zólyom utca; sehr gute regionale und landesweite Verkehrsanbindung.

Taxis: Taxistände sind am Széchenyi tér, am Kossuth tér, an der Post, an den Bahnhöfen und an der Zsolnay-Fabrik. Taxiruf: ✆ 333333, 310000, 438055.

• *Post* Hauptpost in der Jókai Mor utca 10.

Übernachten (siehe Karte S. 388/389)

Hotel Palatinus (5), Király utca 5, ✆ 889462, 📠 889438, palsales@axelero.hu, www.danubiusgroup.com/palatinus. Gepflegtes Mittelklassehotel in einem zentral gelegenen, aparten Jugendstilhaus. Sehr hübsche Terrasse vor dem Hoteleingang. DZ mit Bad und Frühstück ca. 60 €, Apartment mit Bad und Frühstück 85 €. Öffungszeiten der gastronomischen Einrichtungen: Restaurant (Hauptgericht um die 8 €) 7–10, 12–16 und 19–24 Uhr; Bowling-Bar 10–2 Uhr; Terrasse 10–21 Uhr und Bierstube 10–23 Uhr.

Hotel Pátria (7), Rákóczi utca 3, ✆ 5889504, 📠 889506, palsales@danubius.con, www.danubiusgroup.com/patria. Wenig schöner Neubau in herrlicher Lage. Das komfortable DZ mit Bad und Frühstück kostet ab 50 €.

Fönix Hotel (3), Hunyadi utca 2, ✆ 311680, 📠 324113, www.hotels.hu/fonix_pecs. Kleines Hotel, nur 100 m vom Széchenyi tér entfernt. DZ mit Bad und Frühstück 35 €. Restaurant mit italienischer Küche.

Hotel Hunyor (1), Jurisics Mihály útca 16, ✆ 512640, 📠 512643, hunyor@mecsektours.hu. Passabler Neubau am oberen Stadtrand. DZ mit Bad und Frühstück ab 40 €. Gut essen kann man im benachbarten Weingarten-Restaurant.

Szinpád Panzió (4), Klimó Gy. útca 9, ✆ und 📠 221110. Anspruchsvolle Pension direkt im Zentrum. Alle Zimmer mit Bad, WC und SAT-TV. Das DZ kostet 35 €, Drei- und Vierbettzimmer 50–60 €. Im angeschlossenen, klimatisierten Restaurant (geöffnet von 11.30–24 Uhr) gibt es

Transdanubien

ausgezeichnete ungarische Küche zu moderaten Preisen.

Fenyves Panoráma Hotel (17), Szőlő útca 64, ✆/📠 315996. Angenehmes Hotel (20 Zimmer) in herrlicher Hanglage mit beeindruckender Aussicht hoch über der Stadt. Extrem steile und schlechte Zufahrt. DZ mit Bad und Frühstück zwischen 45 und 60 €.

Hotel Mediterrán (12), Hidegvölgyi útca 1, ✆ 514110, 📠 514111. Modernes 70-Betten-Hotel unterhalb des Pécser Vergnügungsparks (Vidámpark) mit toller Aussicht. Nur für Motorisierte zu empfehlen. DZ mit Bad und Frühstück ca. 65 €.

Kikelet (15), Károly Mihály útca 1, ✆ 512900, 📠 512901, reserve@hotelkikelet.hunguesthotels.hu, www.hunguesthotels.hu. Das dreistöckige Hotel liegt hoch über der Stadt in der Nähe des Zoos und unterhalb des Fernsehturms und bietet eine wunderschöne Aussicht. Es hat 33 Zweibettzimmer, zwei Apartments sowie Sauna und Dampfbad und eine große Sonnenterrasse. Empfehlenswertes Restaurant mit romantischem Blick über das abends hell erleuchtete Pecs. DZ 75–80 €. Vier Übernachtungen im vorreservierten Pauschalpaket mit Halbpension und Nutzung der Wellnesseinrichtungen DZ 140–156 €.

Kertész Panzió (2), Sáfrány utca 42, ✆ 327551. Die große, recht ruhig über dem Hotel Hunyor gelegene Pension ist rund 20 Fußminuten von der Innenstadt entfernt (steil bergauf). Das DZ mit Bad und Frühstück kostet hier 30–35 €, das Apartment mit Bad und Frühstück kommt auf 40 € für zwei Personen und auf 45 € für vier Personen.

Berg Toboz Panzió (14), Fenyves sor 5, ✆ 510555, 📠 510556, toboz@dravenet.hu. Die kleine, freundliche Familienpension liegt an einer kleinen Stichstraße, rund 200 m unterhalb des Pécser Zoos. Mit Dusche/WC und Frühstück kosten die kleinen DZ etwa35 €, die großen DZ 45 €.

Privatzimmer vermitteln neben dem Mecsek-Tourist-Büro am Széchenyi tér 1 auch die meisten anderen örtlichen Reisebüros sowie Tourinform. Der Preis für ein DZ bewegt sich um 28 €. In der Saison (Sommersemesterferien) werden manchmal sehr preiswerte Betten in Studentenwohnheimen vom Mecsek-Tourist-Büro angeboten (nur für jüngere Leute ohne große Ansprüche geeignet).

Mandulás Kemping (13), Pécs-Mecsek, ✆ 315981, mandulas@mescektours.hu. Schattiges, leicht abschüssiges Gelände hoch über der Stadt nahe dem Zoo. Recht saubere sanitäre Anlagen und warme Duschen. Regelmäßige Busverbindung zum Zentrum. Motel und Bungalows. Die Anlage war zur Zeit unseres Besuchs geschlossen.

Familia Camping (8), Gyöngyösi István utca 6, ✆ 327034. Netter, wirklich familiärer Privatcampingplatz mit blitzsauberen sanitären Anlagen und vielen schattenspendenden Obstbäumen. Das Gelände liegt rund 200 m abseits der Straße Nr. 6 beim Puskin tér und ist aus Richtung Szekszárd rechts ausgeschildert. Die rund 3 km zum Zentrum kann man mit den Buslinien 2 und 31 zurücklegen. Preise: Zwei Personen mit Auto und Zelt zahlen hier 10 € pro Nacht, die kleinen, angenehmen Zweipersonenbungalows kosten ab 20 €. Geöffnet: 1. Mai – 30. September.

Essen (siehe Karte S. 388/389)

Tettye Vendéglő (16), Tettye tér 4, ✆ 310438. Das Lokal liegt oberhalb der Stadt am Waldrand (Buslinie 33). Auf der exquisiten, aber wenig umfangreichen Speisekarte stehen Spezialitäten der internationalen Küche zu maßvollen Preisen. Im Sommer Biergartenbetrieb. Geöffnet: täglich 11–23 Uhr.

Vadásztanya (11), Jakabhegy utca 69, ✆ 310820. Das gute Traditionslokal liegt an der Kreuzung von Magyarürögi út (der Straße in Richtung Abaliget) und der Jakabhegy út. Im Sommer sitzt man im schönen Garten hinter dem Haus unter großen Rosskastanien und genießt die gute Küche mit vielen Wildgerichten unter 8 €. Geöffnet: 12–23 Uhr; kein Ruhetag.

Aranykacsa (9), Teréz utca 4, ✆ 518860. Für viele Pécser gilt dieses Lokal als das beste. In gediegener Atmosphäre werden die internationalen und ungarischen Speisen auf edlem Zsolnay-Porzellan serviert (wie man sich schon denken kann, ist es nicht gerade billig). Geöffnet: 11–23 Uhr.

Kalamáris (10), Rákóczi utca 30, ✆ 312573. Hübsche Terrasse und im Inneren durch Spiegel abgeteilte Nischen. Auf der Karte eine gute Auswahl an Fleischgerichten sowie ein paar Geflügel- und Wildgerichte ab 6 €. Geöffnet: So–Do 11–23 Uhr, Fr und Sa 11–24 Uhr.

Ristorante Pizzeria All'Elefante (6) (Elefántos Ház,) Jókai tér 6, ✆ 215026. Der Italiener mit der leckersten Pizza am Ort liegt zentral in der Altstadt. Große Auswahl an Pasta und Pizzen zu zivilen Preisen. Geöffnet: 12–23 Uhr.

Treffpunkte

Im Zentrum prägen Konditoreien, Kaffeehäuser und Eszpresszós das Stadtbild, deren Terrassen dazu einladen, das lebendige Straßentreiben zu beobachten.

Virág Cukrászda, Széchenyi tér 7. Die gemütlich eingerichtete "Blumen-Konditorei" unterhalb der IBUSZ-Filiale bietet leckere Eisspezialitäten, Torten und Kuchen. Große Rundbogenfenster geben den Blick auf den Hauptplatz der Stadt frei. Geöffnet: 8–22 Uhr. Im Innenhof des Gebäudes finden Sie ein zur Konditorei gehörendes Eiscafé.

Mecsek Cukrászda, Széchenyi tér 16. Ein wenig düster ist's hier schon, fast wie in einer Bar. Indes werden vor allem Kaffeespezialitäten und Kuchen gereicht. Oben gibt es ein Stehcafé, unten sitzt man in Cocktailsesseln an runden Tischen. Geöffnet: täglich 8–21 Uhr.

Caflisch Cukrászda, Király utca 32. Hübsches, kleines Café mit eigener Konditorei in zentraler Lage. Kaffee, Kuchen und Eisspezialitäten. Geöffnet: Mo–Fr 8–22 Uhr sowie Sa und So 11–23 Uhr.

Capri Kávéház, Citrom utca 7. Kleines und gemütliches Kaffeehaus in einem roten Backsteinhaus gegenüber der Post. Leckere Eisbecher und verschiedene Kaffeespezialitäten. Geöffnet: 10–21 Uhr, So Ruhetag.

Sport

- *Baden* Das **Hullámfürdő**, ein im Winter überdachtes Freibad in der József Attila utca 12, liegt rund eine Viertelstunde zu Fuß vom Zentrum entfernt.
- *Tennis* Im **Makár Tanya Teniszklub**, im **Mecsek L.S.E. Klub** und im **Káplán Teniszklub** sind Gastspieler willkommen. Auskunft im Tourinform-Büro am Széchenyi tér 9.

Einkaufen

Die meisten Geschäfte und Warenhäuser findet man rund um den Széchenyi tér. Viele kleinere Geschäfte gibt es auch in der Irgalmasok utca, die zu einem großen Teil Fußgängerzone ist, und in der Király utca.

Der **Pécsi Vásár** im Stadtteil Kertvaros (Gartenstadt) ist ein riesiger Flohmarkt an der Mora Ferenc utca, Ecke Megyeri út (Buslinie 3 bis zur vorletzten Haltestelle). Er findet täglich statt, ist aber an Wochenenden und ganz besonders am ersten Sonntag jedes Monats am größten.

Die **große Markthalle** am Pécser Busbahnhof, ein großes, hellblaues Gebäude, steht in der Bajcsy-Zsilinszky utca 25 (ein Stück hinter der Kreuzung mit der Nagy Lajos Király útca). Dort gibt es unter anderem Obst, Gemüse, Honig, Fleisch, Wurst, Getränke, Käse und Blumen. Besonders lecker und preiswert ist der eingelegte Essigpaprika. Geöffnet: Mo 5–16 Uhr, Di–Fr 5–18 Uhr und Sa 5–14 Uhr; So geschlossen.

Eine kleine **Markthalle** mit Obst, Gemüse und Blumen finden Sie in der Felsőmalom utca 5. Links hinter der Halle sind weitere Stände aufgebaut. Geöffnet: von April bis Oktober Mo–Fr 5–17 Uhr, Sa 5–14 Uhr und So 6–10 Uhr; von November bis März Mo–Fr 6–17 Uhr und Sa 6–14 Uhr.

Das berühmte **Zsolnay-Porzellan** bekommt man in dem Geschäft am Jókai tér (Mo–Fr 9–13 und 14–17 Uhr; im Sommer Mo–Fr 9–13 und 14–19 Uhr sowie Sa 9–13 Uhr).

Oder gleich beim Hersteller: Die **Zsolnay-Porzellanfabrik** finden Sie in der Felsővámház utca 72 a. Die Verkaufsstelle, ein weitläufiger Raum mit Vasen, Servicen und Dosen in allen Größen, hat folgende Öffnungszeiten: Mo–Fr 8–12 und 13–16 Uhr. Bringen Sie unbedingt etwas Zeit mit, da hier nicht selten eine einzige Verkäuferin den ganzen Andrang bewältigen muss.

H & L heißt der kleine Antiquitätenladen in der Ferencesek utcája 40. Dort gibt es Gemälde, Schwarzkeramik und auch etwas Zsolnay-Porzellan. Geöffnet: Mo–Fr 10–18 Uhr und Sa 10–13 Uhr.

Einen **Buchladen**, der auch deutschsprachige Bücher führt, finden Sie in der Ferencesek utcája gegenüber dem Apothekenmuseum. Geöffnet: Mo–Fr 10–18 Uhr und Sa 9–12 Uhr.
Ganz in der Nähe, in der Ferencesek utcája 12, gibt es ein gutsortiertes Antiquariat, das **Kolofon Antikvárium**. Geöffnet: Mo–Fr 10–12 und 13–18 Uhr und Sa 9.30–12.30 Uhr.

Haushaltswaren, Gläser und etwas Zsolnay-Porzellan und Antiquitäten sowie Kleidung und Schuhe findet man inzwischen in verschiedenen Läden in den Seitenstraßen unterhalb und seitlich des Széchenyi tér. Ab April 2004 eröffnet ein modernes Einkaufszentrum, namens Arkad, in der Nähe des Busbahnhofs an der Kreuzung von Alsomalom útca und Nagy Lajos Király útca.

Veranstaltungen

Karten für den **Liszt-Ferenc-Konzertsaal** in der Kiraly útca 83 und das sehr schön restaurierte **Nationaltheater** am Színház tér erhalten Sie (mindestens eine Woche vor dem Veranstaltungstermin) beim Mecsek-Tourist-Büro am Széchenyi tér 1.
Im **Pécser Sommertheater** gibt es eine Reihe von Kulturveranstaltungen verschiedenster Art, meist auf eigens dafür aufgebauten Freilichtbühnen, alljährlich in der Zeit zwischen Mitte Juli und Anfang August.
Die **Pécser Tage** mit zahlreichen Konzerten, Theater- und Sportveranstaltungen finden alljährlich in der zweiten Septemberhälfte statt.

Die **Internationalen Puppentheater-Festspiele** finden in Pécs im Sommer oder Herbst alle drei Jahre statt.
Orgelabende in der Basilika am Széchenyi tér finden unregelmäßig, meist im Sommer, statt. Die genauen Termine erfahren Sie im Tourinform-Büro am Széchenyi tér 9. Für Konzerte in der Basilika verkauft Tourinform auch die Tickets. Tickets für Konzerte in den anderen Kirchen der Stadt sind direkt vor Ort erhältlich, Programme ebenfalls bei Tourinform.

Sehenswertes

Die *Stadt der Museen* hat neben eben diesen auch bedeutende Bauwerke aus ihrer langen Geschichte zu bieten. Aus der neueren Zeit stammen Zoo, Fernsehturm und Vergnügungspark auf den Höhen des Mecsekgebirges.

Der *Széchenyi tér*, Kernplatz der alten Innenstadt, war schon im Mittelalter Kirchenzentrum und Marktplatz. Heute besitzt er ein beeindruckendes Ensemble von Gebäuden der verschiedensten Stilrichtungen und Epochen, die die wechselvolle Geschichte der Stadt mehr oder weniger verändert überstanden haben.
Der Platz wird beherrscht von der ehemaligen *Dschami des Paschas Kásim Gasi* (Gasi = der Sieger), dem kunsthistorisch bedeutendsten Baudenkmal der Stadt und wohl auch des ganzen Landes aus der Türkenzeit. Die in den Jahren 1939–42 renovierte Moschee entstand in der zweiten Hälfte des 16. Jh. auf dem Fundament und mit den Steinen der von den Türken abgerissenen gotischen St.-Bartholomäus-Pfarrkirche. Auffälligstes Merkmal dieses später von den Jesuiten mehrmals umgebauten Gotteshauses ist seine achteckige, innen kreisförmige Bogenkuppel. Die in den fünfziger Jahren durch den Pécser Kunstmaler Ernő Gebauer restaurierte reiche Ornamentik und die interessanten Fresken lohnen eine Besichtigung.
Öffnungszeiten Mo geschlossen, Di–Sa 10–18 Uhr, Sa, So 10–16 Uhr.

Das Zentrum des Platzes bildet das *Dreifaltigkeitsdenkmal* von 1908. Schon im Jahre 1713 stand an gleicher Stelle ein Vorgängermonument. Beachtens-

Pécs mit der Basilika am Dom tér

wert sind auch die zahlreichen Gebäude mit eklektizistischen Fassaden (Haus Nr. 6, 8 und 9–10), die ihr heutiges Aussehen häufig dem Umbau ihrer barocken oder klassizistischen Vorläufer verdanken, sowie weitere Baudenkmäler, deren Umbau zu einer Verschmelzung unterschiedlichster Baustile führte. So entdeckt man neben barocken Stilelementen (Haus Nr. 12) auch romantische (Haus Nr. 17) und klassizistische Formen (Haus Nr. 7).

Die dreischiffige, neuromanische *Basilika* am Dóm tér wurde Ende des 19. Jh. umgebaut. Das viertürmige, majestätische Bauwerk dominiert das Stadtbild und bietet sich deshalb auch als Orientierungshilfe an. Der heutige Grundriss der Kirche entwickelte sich im 9. Jh. aus einem frühchristlichen Vorgängerbau. Nach der großen Feuersbrunst vom 11. April 1064 wurde das damalige Holzdach durch ein gotisches Gewölbe ersetzt.

Eine Innenbesichtigung der Basilika lohnt sich vor allem wegen ihrer kunstgeschichtlich bedeutsamen Ausstattung, darunter der säulenumstandene Renaissancealtar aus rotem Marmor in der Herz-Jesu-Kapelle (der ersten auf der rechten Seite) sowie die Wand- und Deckenfresken. Bemerkenswert sind auch die Statuen der zwölf Apostel an der südlichen Fassade. Der Kirchenbau thront auf einer kleinen unterirdischen Kirche aus dem 9. Jh. (Zugang neben dem Altar). An den hinabführenden Treppen sehen Sie die schönsten und wertvollsten Reliefs (9.–12. Jh.) der gesamten Basilika.

Öffnungszeiten Mo–Fr 9–17 Uhr, So 13–17 Uhr (samstags wegen Hochzeiten und anderer Veranstaltungen ungewiss; im Winter am Nachmittag nur bis 16 Uhr).

In unmittelbarer Umgebung der Basilika wurden frühchristliche und römische Grabkammern sowie Reste einer unterirdischen, frühchristlichen Kirche aus dem 4. Jh. entdeckt. Inzwischen kann man in Pécs insgesamt 8 Grabkammern und Mausoleen mit frühchristlichen Wandmalereien besichtigen. Seit 2003 ist auch die restaurierte Grabkammer I (bekannt unter der Bezeichnung Peter und Paul) öffentlich zugänglich. Die Tickets für alle Gräber (außer für die Grabkammer mit dem Krug, direkt dort) bekommt man am frühchristlichen Mausoleum am Szent István tér. Wer im Winter kommt, sollte auch hier nach dem Schlüssel für die anderen Grabkammern fragen. Bei Tourinform ist ein Plan mit ausführlichen Informationen erhältlich.

Besichtigung täglich außer Mo, 10–18 Uhr.

Die *Moschee des Paschas Hassan Jakowali* in der Rákóczi út 2 (am Kórház tér) gilt als weiteres wichtiges Denkmal aus der Türkenzeit. Das Bauwerk aus dem 16. Jh. ist die einzige Moschee Ungarns, die mitsamt ihrem immerhin 23 m hohen Minarett erhalten blieb. Heute ist es zwischen zwei hohen neuzeitlichen Bauten eingeklemmt. Die einstige Ausschmückung ist stark verblasst, und so lohnt sich der Besuch heute hauptsächlich wegen des hier untergebrachten türkischen Museums (*Jakováli Haszán Múzeum),* in dem neben allerlei Kriegsgerät zahlreiche Kunstgegenstände wie Zinngefäße und Keramik gezeigt werden.

Öffnungszeiten **Museum**, von April bis September täglich von 10–12.30 Uhr und 14–18 Uhr, von Oktober bis März geschlossen.

Visionen eines Apothekers

Gegen Ende des 19. Jahrhunderts gehorchte der Apotheker *Tivadar Csontváry Kosztka* (1853–1919) einer inneren Stimme und begann zu malen: zuerst Tierköpfe, Vögel und Schmetterlinge, später riesige Landschaftsbilder in leuchtenden Farben und Porträts voll visionärer Kraft. Hielt zu seiner Zeit nur er selbst sich für ein Genie, so teilen heute die meisten kunstinteressierten Ungarn seine Meinung.

Der bedeutendste Teil der von Csontváry erhaltenen Werke ist seit 1983 in den Räumen des *Csontváry-Museums* (Janus Pannonius utca 11) zu sehen. Seine stilistisch schwer einzuordnenden Gemälde sind allemal einen Besuch wert. Mein Lieblingsbild: "Castellammare di Stabbia" (1902).

Öffnungszeiten täglich außer Mo, 10–18 Uhr, So 10–16 Uhr.

Janus-Pannonius-Museum: Das Museum ist mit seinen Abteilungen über das gesamte Innenstadtgebiet verstreut. Hier die lohnenswertesten:

Die *archäologische Abteilung* am Széchenyi tér 12 zeigt in sieben Räumen früh- und urgeschichtliche Funde, darunter Tier- und Menschenskeletteile, Schmuck, Werkzeug und frühe Keramik.

Öffnungszeiten täglich außer Mo und So, 10–16 Uhr.

Die *volkskundliche Abteilung* in der Rákóczi út 15 beherbergt in fünf Räumen im Erdgeschoss und ersten Stock Volkskunstgegenstände wie Gefäße, Möbel und Stickereien sowie Gegenstände aus der bäuerlichen Wohn- und Arbeitswelt (Webrahmen, Spinnrad, Zimmereinrichtung usw.).

Öffnungszeiten täglich außer Mo und So, 10–16 Uhr.

Die *naturwissenschaftliche Abteilung* in der Sabadság útca 2 birgt viele Exponate aus Flora, Fauna und dem Mineralienreich: Käfer, getrocknete Pflanzen und Gräser, Schmetterlinge und ausgestopfte, heimische Säugetiere wie Wildschwein, Reh und Wolf.

Öffnungszeiten täglich außer Mo, 10–16 Uhr, Mai bis Oktober Di–Sa 10–18 Uhr.

Wohl am spektakulärsten ist die *kunstgeschichtliche Abteilung* in der Káptalan utca 2. Im ältesten Wohnhaus der Stadt, das schon Anfang des 14. Jh. dem Domherrn gehörte und dem sein Alter schon stark anzusehen ist, befindet sich neben dem Amerigo-Tot-Museum (Reliefs und Skulpturen des berühmten ungarischen Bildhauers) im Erdgeschoss das Zsolnay-Keramik-Museum (Obergeschoss). Die 1868 von Vilmos Zsolnay gegründete Porzellanmanufaktur stellt noch heute Gebrauchs- und Schmuckkeramik her, die zu den begehrtesten, aber auch teuersten Mitbringseln westlicher Touristen gehört. Die handbemalten und virtuos verschnörkelten Stücke überschreiten nicht selten die Grenze zum Kitsch. Aber vielleicht ist es gerade das, was sie so beliebt macht. Hier kann man in vier Räumen historische Einzelstücke (Vasen, Geschirr, Dosen, Figuren, Ofenkacheln usw.) betrachten, darunter auch ein Taufbecken von 1896.

Im Zentrum: der Széchenyi tér mit dem Dreifaltigkeitsdenkmal

Öffnungszeiten Beide Museen sind täglich außer Mo von 10–18 Uhr und So von 10–16 Uhr geöffnet.

Die *Museen und Ausstellungsräume* der bildenden Kunst sind der eigentliche Reichtum der Stadt:

Im *Vasarely-Museum* in der Káptalan utca 3, dem Geburtshaus des Op-Art-Vaters Viktor Vasarely (geb. 1908), kann man ein paar seiner unverwechselbaren optischen und geometrischen Spielereien bestaunen. Außerdem zu sehen: Grafiken, Drucke, Gemälde, Teppiche und Plastiken, die der in Paris lebende Künstler seiner Heimatstadt schenkte. Oben in zwei Räumen wechselnde Ausstellungen.

Öffnungszeiten täglich außer Mo, 10–18 Uhr, So 10–16 Uhr.

Der in Pécsvárad (siehe Ausflüge) geborene Künstler *Endre Nemes*, seit 1940 in Stockholm zu Hause, schenkte 1983 der Stadt Pécs mehr als 250 seiner stark vom Surrealismus beeinflussten Werke. Heute sind sie im *Endre-Nemes-Museum* in der Káptalan utca 5 zu sehen.

Öffnungszeiten 15. April–Oktober täglich außer Mo, 10–14 Uhr, 1. November bis 14. April geschlossen.

Im *Ferenc-Martyn-Museum*, Káptalan utca 6, sind Werke des abstrakten Künstlers in vier kleinen Räumen ausgestellt.

Öffnungszeiten Di–So 14–18 Uhr (vom 1. Oktober bis zum 30. April geschlossen).

Die *Moderne Ungarische Gemäldegalerie I* in der Káptalan utca 4 beherbergt eine umfangreiche Sammlung ungarischer Gegenwartskunst (Gemälde und Skulpturen) ebenso wie die *Moderne Ungarische Gemäldegalerie II* in der Papnövelde útca 5.
Öffnungszeiten täglich außer Mo, 10–18 Uhr.

Die *Pécsi Galéria* am Széchenyi tér (Ecke Széchenyi köz) ist eine Kellergalerie mit wechselnden Ausstellungen der zeitgenössischen bildenden Kunst.
Öffnungszeiten 12–16 Uhr, Sa 10–18 Uhr, Mo Ruhetag.

Das *stadtgeschichtliche Museum* in der Felsőmalom utca 9 dokumentiert die Siedlungsentwicklung vom Ende der Türkenzeit bis zum Ende des Zweiten Weltkrieges anhand von Kleidung, Möbeln, Werkzeugen und Gebäudemodellen. Im Erdgeschoss sehen Sie außerdem eine Sammlung zur Geschichte der in Pécs beheimateten Lederverarbeitung.
Öffnungszeiten täglich außer Mo und So, 10–16 Uhr, Mai bis Oktober geschlossen.

Auch der *Bergbau*, der in Geschichte und Gegenwart der Stadt eine überragende Rolle spielt, wird in Pécs durch eine Sammlung gewürdigt. Und zwar im "Untergrundmuseum" in der Káptalan utca 3.
Öffnungszeiten täglich außer Mo, 10–17 Uhr.

Auf dem 535 m hohen Misinagipfel ist weniger der *Fernsehturm* als vielmehr die Aussicht von demselben erwähnenswert, die bei entsprechendem Wetter zu den schönsten des Landes gehört. Wer den anderthalb- bis zweistündigen Aufstieg scheut, kann vom Hauptbahnhof oder Széchenyi tér die Buslinie 35 nehmen. Nach dem Fotografieren auf der Aussichtsterrasse, zu der ein Lift führt, schmeckt ein Kaffee in luftiger Höhe.
Öffnungszeiten Mo–Fr 9–21 Uhr, Sa, So 9–23 Uhr, von Oktober bis April nur bis 18 Uhr.

Rund 600 m neben der Straße zum Fernsehturm liegt der Pécser *Vergnügungspark* (Vidámpark), der sich zwar weder mit westeuropäischen noch mit der Budapester Anlage vergleichen lässt, sich dennoch großer Beliebtheit erfreut.
Öffnungszeiten von Mai bis September täglich 10–18 Uhr, Oktober bis April geschlossen.

Die dritte Attraktion hoch über der Stadt ist der *Zoo.* Vor allem für Familien mit Kindern lohnt sich der nicht teure Besuch. Neben Präriehunden, Braunbären, Löwen, Adlern und einem Nilpferd kommen selbst Hamster und Schwäne in dem relativ großen Gehege vor, das allerdings vor allem den Raubtieren nur wenige Quadratmeter Fläche gewährt.
Öffnungszeiten 1. April – 30. September täglich 9–18 Uhr; sonst täglich 9–17 Uhr.

Ausflüge

Pécsvárad

Pécsvárad liegt 18 km nordöstlich von Pécs, etwas abseits der Straße Nr. 6. Hier gibt es ein *Burgmuseum* mit Ruinengarten im Innenhof, Steinfunden und Keramik. Wer es besichtigen möchte, kann an der Rezeption des István Király Szálloda Hotels nach dem Schlüssel fragen.
Öffnungszeiten vom 1. April bis zum 31. Oktober täglich außer Mo, 9–17 Uhr.

• *Übernachten* Zum Übernachten können wir das **Hotel István Király Szálloda** (✆ 72/466577, 📠 72/465121) empfehlen: DZ mit Bad und Frühstück ab 35 € je nach Saison.

• *Essen* Gut essen kann man im **Restaurant Gesztenyés** (zu Deutsch: Kastanien); man findet es, von Pécs kommend, an der ersten Kreuzung des Ortes.

• *Feste* Im Zentrum bei der Kirche werden im Oktober jedes geraden Jahres die Kastanienernte und die Weinlese mit einem **Mädchenmarkt** gefeiert – Folkloremusik und Trachten sind natürlich mit dabei.

Szigetvár

33 km westlich von Pécs an der Straße Nr. 6 finden Sie die Stadt mit der berühmten *Sumpfburg* (in der Ortsmitte als Museum ausgeschildert), die, in den Jahren 1420/40 erbaut, einige Berühmtheit erlangte, nachdem ihre heldenhafte 2.400-Mann-Besatzung unter Miklós Zrínyi im Sommer 1566 das mehr als 100.000 Mann zählende Türkenheer 33 Tage aufhalten konnte. Nach Ablauf dieser Zeitspanne opferten sich die wenigen Überlebenden bei einem Ausfall. Immerhin war der Vormarsch der Türken nach Westen durch diese Verzögerung gestoppt.

Anlässlich des Ausfalls der Burgbesatzung am 7. September 1566 findet alljährlich an einem Sonntag im September eine Gedenkfeier mit Burgspielen statt. Höhepunkt der Ritterspiele ist ein kulinarischer Abend mit Speisekarten in altungarischer Sprache.

Von der nachfolgenden Zeit der Türkenherrschaft künden mehrere *Baudenkmäler*, darunter die kleine *Moschee Sulimans II.* mit dem zu einem kleinen Teil noch erhaltenen Minarett. Hier finden ständig wechselnde Ausstellungen der bildenden Künste statt. Im *Burgmuseum* ist eine Sammlung zur Burggeschichte zu sehen. Die Burg wird renoviert, lässt sich jedoch dennoch besichtigen.

Öffnungszeiten **Museum** täglich von 9–17 Uhr; von November bis Februar sonntags nur bis 16 Uhr, von Dezember bis März geschlossen.

Besuchenswert ist auch das kleine *Stadtgeschichtliche Museum* an der Zufahrt zur Burg (Vár utca 1) mit angeschlossenem Café. Zu sehen gibt es dort Keramik, Blaufärberwaren und vieles mehr.

Das kleine, unlängst renovierte und ganzjährig geöffnete *Thermalheilbad* der Stadt befindet sich in der Tinódi utca 23.

• *Information/Übernachten* Im Gebäude des **Hotels Oroszlán** (Zrínyi tér 2, ✆ 73/310116, 📠 510382, DZ mit Bad und Frühstück je nach Komfort und Saison zwischen 20 und 45 €. Am renovierten Hauptplatz der Stadt, befindet sich ein **Tójolo-Tourist-Büro**, das hier auch eine Privatzimmervermittlung betreibt.

Orfű

Orfű ist ein schmucker Erholungsort, 11 km nordwestlich von Pécs in Richtung Abaliget gelegen, der sich gut entwickelt hat und über eine passable touristische Infrastruktur verfügt, darunter Pensionen, Wochenendhäuser, Restaurants, eine Minigolfanlage usw. Außerdem gibt es hier auffallend viele Schilder "Zimmer frei". Kein Wunder, bieten doch zwei Seen die Möglichkeit zu Bootsfahrten, zum Baden und Angeln (Scheine am Campingplatz). Der obere See ist ein künstlich angelegtes Gewässer mit "Strandbad". Der untere, an dem der Campingplatz liegt, ist ein natürlicher See mit z.T. verschilftem Ufer und einer Riesenrutsche im abgetrennten Seebad.

Das *Wassermühlenmuseum* in einer Wassermühle aus dem 19. Jh. liegt nahe dem oberen See und ist von der Durchgangsstraße als "Malom Múzeum" ausgeschildert.

Öffnungszeiten 1. Mai – 30. September täglich außer Mo, 10–17 Uhr. Zwischen Oktober und April sollten Interessierte ihren Besuch vorher telefonisch ankündigen (✆ 06204330947), dann wird die Mühle geöffnet.

• *Camping* Der **Campingplatz Panoráma** (Dollár utca 19, ✆ 72/549824, 📠 72/446115) ist ein gepflegter, komfortabler Rasenplatz mit wenig Schatten, rund 200 m vom See entfernt. Zwei Personen mit Auto und Zelt zahlen hier ca. 12 €, die Komfortbungalows kosten je nach Saison ab 20 €/Nacht, Apartments kommen auf 35–40 €. Öffnungszeiten: 15. April – 15. Oktober.

Abaliget

Das ruhige Ausflugsziel 20 km nordwestlich von Pécs (dort von der Straße Nr. 6 am westlichen Ortsrand ausgeschildert) lädt zu ausgedehnten Wanderungen in schöner Mittelgebirgslandschaft ein. Attraktion des Ortes ist eine 640 m lange *Tropfsteinhöhle,* von deren Tropfsteinen heute allerdings nicht mehr viel zu sehen ist. Immerhin wirkt sie für Asthmakranke lindernd, die sich täglich zwei Stunden hier aufhalten müssen. Führungen durch die Höhle werden ab 25 Personen durchgeführt (April bis Oktober 9–18 Uhr, November bis März 10–15 Uhr), die in der Saison schnell zusammenkommen. Ohne Führung kann man nur die erste Hälfte besichtigen (nicht besonders aufregend). Der idyllisch angelegte, kleine künstliche See zwischen Höhle und Campingplatz bietet Kahnfahrt- und Angelmöglichkeiten.

• *Übernachten* **Abaligeti Camping** (7678 Abaliget, Üdülőterület, ✆ 72/498730, 📠 498730), an dem kleinen See gelegener, ruhiger, nicht sehr schattiger Platz mit Lebensmittelgeschäft und Restaurant in der Nähe (innerorts gut ausgeschildert). Zwei Personen mit Auto und Zelt zahlen hier ca. 8–12 € pro Nacht. Auch Bungalows (ab 25 € für drei Personen) und Mehrbettzimmer. Öffnungszeiten: 15. April – 15. Oktober.

Harkány

Das bekannte *Schwefelthermalbad* liegt 26 km südlich von Pécs an der Straße Nr. 58, nahe der kroatischen Grenze. In einem zwölf Hektar großen, hübsch angelegten Park inmitten der Ortschaft stehen dem Badegast vier Freibecken und zwei halbüberdachte Hallenbecken zur Verfügung. Außerdem gibt es eine medizinische Abteilung des Kurbades, in der verschiedene Heilverfahren zur Anwendung kommen.

Öffnungszeiten Das Bad ist ganzjährig geöffnet, und zwar täglich von 9–19 Uhr.

Es riecht nach Schwefel

Als die Familie Batthyány in den 1820er Jahren die Anwendungsmöglichkeiten der Heilquelle entdeckte, brachte die erste Badesaison bereits über tausend Kurgäste. Doch schon im 18. Jh. war die damals stark verschlammte Quelle bekannt. Ihren Schwefelreichtum belegen die überlieferten Namen Büdösrét (Stinkwiese), Büdöstó (Stinkteich) und Büdöski Fürdő (Stinkbad).

Information

• *Auskunft* über therapeutische Anwendungen erhält man bei Tourinform, Kossuth Lajos útca 2, 7815 Harányfürdö, ✆ 72/479624, 📠 72/479989, harkány@tour inform.hu. Geöffnet: Mo–Fr 9–18 Uhr, Sa, So 10–18 Uhr. Eine Zweigstelle von Mecsek-Tours gibt es am Badeingang in der Bajcsy Zsilinszky utca 2 (✆ 72/480322; geöffnet: Mo–Do 8–16 Uhr, Fr 8–15 Uhr und Sa 8–12 Uhr; vom 1. Juni bis zum 30. August Mo–Fr 8–18 Uhr, Sa 8–14 Uhr und So 8–12 Uhr).

Übernachten/Essen

• *Übernachten* Die örtlichen "Traditionshotels" **Baranya** und **Dráva** liegen in unmittelbarer Nähe des Bades auf der Bajcsy-Zsilinszky útca und sind weder besonders schön noch überdurchschnittlich komfortabel.

Baranya, Bajcsy-Zsilinszky utca 5, ✆ 480245, 📠 480160. Dreisternehotel mit drei Gebäuden, insgesamt 150 Zimmer mit durchschnittlichem Komfort. DZ je nach Saison und Aufenthaltsdauer zwischen 25 und 55 €.

Dráva, Bartók Béla utca 1, ✆ 580810 und 📠 580813. Das Dráva hat zwar nur zwei Sterne, ist aber mit dem Baranya durchaus vergleichbar. Je nach Komfort und Saison kommt hier das DZ mit Bad und Frühstück auf 35–45 €.

Siesta Club Hotel, Kossuth Lajos utca 17, ✆ 480611, 📠 480302. Sehr einladendes, relativ neues, komfortables Dreisterne-Apartmenthotel direkt an der verkehrsreichen Hauptstraße. DZ mit Küche, Bad, WC und Frühstück zwischen 30 und 50 €.

Hotel Agro, Járó utca 1, ✆ 72/480336, 📠 72/480408. Komforthotel mit 104 DZ und drei Apartments. Es gibt eine Sauna, Cocktailbar, Bierstube und einen Tennisplatz. DZ mit Bad und Frühstück zwischen 45 und 60 €, Apartment mit vier Betten 60 €.

Hotel Platán, Bartók Béla utca 15, ✆ 72/480507, 📠 480411, palzol@axelero.hu. Einfaches Zweisternehaus. DZ mit Bad und Frühstück 30–45 €.

Privatzimmer vermitteln das Mecsek-Tours-Büro oder IBUSZ, Bajcsy-Zsilinszky utca 5.

Der **Termál-Camping Harkány** (✆ 72/480117) ist in der Bajcsy-Zsilinszky utca 6 zu finden. Der große, schattige Platz bietet Unterkunft für bis zu tausend Personen und liegt rund 200 m vom Kurpark entfernt (innerorts gut ausgeschildert). Zwei Personen mit Auto und Zelt zahlen je nach Saison zwischen 6 und 10 €. Der Preis für die recht komfortablen Vierbettbungalows beträgt 30 €. Ein einfaches DZ im Camping-Motel kostet 20 €. Geöffnet: 15. April – 15. Oktober; für Wohnwagen ganzjährig.

Direkt an der Durchgangsstraße Nr. 58, rund 500 m hinter dem Ortsausgang in Richtung Grenze, liegt der Komfort-Campingplatz **Castrum-Camping** (Drávaszabolcsi utca, ✆ 72/480722). Wegen der ungünstigen Lage (laut, wenig Schatten) ist die Anlage kaum zu empfehlen.

• *Essen* Die Auswahl an guten Restaurants im Ort ist ganz ordentlich. Empfehlenswert ist der **Gasthof Fasor** auf der Hauptstraße (Kossuth Lajos utca 44). Sehr beliebt ist auch das **Restaurant Domino** (ausgeschildert am Ortsausgang in Richtung Siklós; Mittwoch Ruhetag). Gut und preiswert isst man im **Restaurant Piroska**, ebenfalls am Ortsausgang in Richtung Siklós ausgeschildert; geöffnet: 12–15 Uhr und 17–23 Uhr.

Muskatli Csárda, Ady Endre utca 19. Gemütlich eingerichtetes Gartenrestaurant mit vielen Geranien auf dem Balkon direkt an der Straße 58 in Richtung Grenze. Mittlere Auswahl an Hauptgerichten zwischen 4 und 8 €. Täglich von 11–22 Uhr geöffnet. Hin und wieder Folkloreveranstaltungen.

Siklós

Ein Ausflug zum 5 km östlich von Harkány gelegenen Siklós lohnt sich hauptsächlich wegen der mittelalterlichen Festungsanlage über der Stadt, die zu den besterhaltenen des Landes gehört. Die 1294 erstmals erwähnte Burg fiel 1543 für 143 Jahre in die Hände der Türken. 1728 ging sie in den Besitz der Familie Batthyány über. Berühmt wurde deren Spross Kázmér

Der Skulpturenpark bei Siklós – ein Freilichtmuseum ganz besonderer Art

Batthyány, weil er 1847 als erster ungarischer Fürst seinen Leibeigenen die Freiheit schenkte. Seine sterblichen Überreste wurden 1990 aus Paris überführt und feierlich in der Burgkapelle bestattet. In jedem geraden Jahr wird in Siklós ein großes *Burgfestival* mit Blasmusik und Folklore gefeiert.

Die Burganlage bietet nicht nur mit ihren architektonischen Denkmälern (gotische Kapelle, Folterkammer, Basteien und Zugbrücke), sondern auch dank der hier untergebrachten Museen aufschlussreiche Einblicke in die Vergangenheit.

Neben der Burgkapelle mit Resten uralter, z. T. stark verblasster Fresken befindet sich im Erdgeschoss eine Ausstellung zur Mode um die Jahrhundertwende (Handschuhe, Textilien, Accessoires, Nähmaschinen usw.). Im Keller finden Sie eine kleine Sammlung von Steindenkmälern (Lapidarium). Der erste Stock beherbergt wechselnde Ausstellungen, z. B. von Gemälden.

Lohnenswert ist auch ein Rundgang durch die burghistorische Dokumentation im zweiten Stock, wo sich auch die *István-Gádor-Ausstellung* befindet. Die vielen Exponate veranschaulichen, wie sich der geniale Keramiker stilistisch vom phantasievoll Konkreten (1920) zum phantastisch Abstrakten (1970) entwickelt hat.

• *Öffnungszeiten* **Burg**, 15. Oktober bis 14. April 9–16 Uhr, 15. April bis 14. Oktober 9–18 Uhr. Montags sind die Museen geschlossen, aber der Eintritt kostet weniger (300 HUF). Burgkapelle und Folterkammer (direkt am Eingangstor auf der rechten Seite mit kleiner Ausstellung von Folterinstrumenten und historischen Stichen) bleiben jedoch zugänglich.

Von Siklós sollte man auf keinen Fall versäumen, einen Ausflug zum 8 km östlich von Siklós gelegenen *Skulpturenpark* (Nagyharsány Szoborpark) zu machen, der auf der Straße von Nagyharsány nach Villány nach rund 2 km links als Museum ausgeschildert ist. Er ist in einem stillgelegten Steinbruch am Hang des Nagyharsány-hegy untergebracht. Die Umgebung des Skulpturenparks ist unübersehbar geprägt von ihrer jahrhundertelangen Weinbaukultur.

Skulpturen im Steinbruch

Seit 1967 werden in dem zum Skulpturenpark gehörenden Gebäude regelmäßig internationale Bildhauersymposien veranstaltet. Die große, ständige *Freilichtausstellung* an diesem von riesigen Weingärten umgebenen Ort umfasst mehr als hundert Plastiken von über siebzig Künstlern, die aus farbigem Kalkstein und Halbmarmor geschaffen wurden. In den Sommermonaten hat man nicht selten Gelegenheit, die hier wirkenden Künstler bei der Arbeit zu beobachten.
Überdies haben auf diesem Areal Drachenflieger einen Startplatz gefunden. Der in Ungarn nicht sehr verbreitete Sport führt bei den Autofahrern, die ein solches Fluggerät bemerken, nicht selten zu gefährlichen Manövern.

Villány

Villány liegt 13 km östlich von Siklós und etwa 30 km von Pécs im Zentrum eines ebenso großen wie bekannten Weinbaugebiets. Weinkeller mit privatem Verkauf sind hier absolut keine Seltenheit. Kein Wunder, dass man im Herzen des Städtchens ausgerechnet ein *Weinmuseum* (Bem József utca 8) findet. Seit Anfang der achtziger Jahre kann man hier eine kleine Sammlung alter Winzergerätschaften und Dokumente des hiesigen Weinbaus (Etiketten und Diplome) besichtigen. Im Weinkeller des Museums lagern außerdem einige Weinspezialitäten, die man günstig einkaufen kann. Jüngere Weine werden in großer Auswahl angeboten. Freundliche, deutschsprachige Beratung. Das Museum ist von der Durchgangsstraße ausgeschildert.

Öffnungszeiten täglich außer Mo, 9–17 Uhr.

• *Übernachten* **Gere Panzió**, Diófás tér 4, 7773 Villány, ✆ 492195 und ℻ 492952. Hübsche, kleine Privatpension mit gutem Weinkeller. DZ mit Dusche und reichhaltigem Frühstück 30 €.

• *Essen* Weinkeller **Tiffán Ede**, Erkel F. utca 10. Gute Küche, Hauptgericht um 5 €.

Hat der Weinliebhaber in Villány Station gemacht, so steht ihm die größte Attraktion noch bevor:

▸ **Villánykövesd**: Folgt man in Villány der Ausschilderung in Richtung Újpetre, trifft man 3 km nordwestlich von Villány auf das Dorf Villánykövesd, dessen *Weinkellerstraße* aus dem 19. Jh. als Rarität in der Volksbaukunst gilt. Beinahe jedes der winzigen Häuser verfügt über einen eigenen Weinkeller, wo man besonders zur Zeit der Weinlese die Weine direkt beim Erzeuger probieren und kaufen kann. Aber Vorsicht: So gut der Wein in den kühlen Kellern beim freundlichen Schwätzchen schmecken mag – schon mancher hat, an die Hitze des Tages zurückgekehrt, das letzte Glas bereut.

Der Maskenbauer Englert Antal: In Móhacs empfangen ortsansässige Kunsthandwerker Besucher

Mohács

Mohács, das steht für Niederlage. Der verschlafene, aber multikulturelle Donauhafen ist noch immer eine offene Wunde für jeden historisch interessierten Ungarn.

Der südlichste Donauhafen Ungarns war schon immer ein wichtiger Verkehrsknotenpunkt. Untrennbar mit dem Namen der Stadt verknüpft ist die Erinnerung an die vernichtende Niederlage der Ungarn gegen die Türken in der *Mohácser Schlacht* am 29. August 1526. Davon künden die Gedächtniskirche in der Stadtmitte und die bekannte Mohácser historische Gedenkstätte 7 km südwestlich davon.

Ein dreisprachiges Ortsschild empfängt den Besucher der typischen südungarischen Kleinstadt, die von knapp 30.000 Kroaten, Ungarn und Deutschen bewohnt wird. Verkehr, Handel und Industrie legten im 19. Jh. den Grundstock für ihren wachsenden Wohlstand. Nur 8 km sind es von hier aus bis zur ehemaligen jugoslawischen Grenze.

• *Information* **Tourinform**, Széchenyi tér 1, ✆ 505515, 📠 505504, mohacs@tourinform.hu. Geöffnet Mo–Fr 7.30–18 Uhr, Sa, So 10–18 Uhr.
Mecsek Tourist, Szentháromság utca 2, 7700 Mohács, ✆ und 📠 511020. Öffnungszeiten: Mo–Fr 8–17 Uhr und Sa 8–12 Uhr. Privatzimmerdienst.

• *Telefonvorwahl* 69.

• *Verbindungen* tägliche Bus- und Bahnverbindung nach Pécs.

• *Übernachten* **Hotel Csele**, Szent Mihály tér 6–7, ✆ und 📠 511020. Neubau direkt am Donaufährhafen, rund 200 m vom Stadtzentrum entfernt. DZ mit Dusche und Frühstück je nach Saison und Ausstattung ab 45 €.

Alte Volkskunst und viel Schabernack im Schafspelz

Von Petra Sparrer

Berühmt und etwas furchterregend sind sie, die mit Tierblut gefärbten, aus Weidenholz geschnitzten Masken mit Schaffellkapuzen und zwei großen Hörnern. Darunter kann man die Gesichter der so genannten Buschos in ihren Schafspelzjacken und mit um die Hüften gebundener Kuhglocke nicht erkennen. Einst steckten zur Frühlingssonnenwende nur Schokazen, Männer aus einer südslawischen Volksgruppe, in diesen Schafspelzen. Heute pflegen die Menschen aus Mohács ihre alte Karnevalstradition mit großer Begeisterung. Das ausgelassene Buschofest, das vom Faschingssonntag bis zum Karnevalsdienstag dauert, ist heute zum touristischen Spektakel mit internationaler Anziehungskraft avanciert.

Der Legende nach haben die Schokazen in ihrer Verkleidung mit Gebrüll und dem Höllenlärm ihrer rasselnden Teufelsräder in Booten die Donau überquert und auf diese Weise bei anbrechender Dunkelheit ihre erschrockenen türkischen Unterjocher in die Flucht geschlagen. Auch wenn die Legende längst historisch widerlegt ist, denn die Schokazen kamen eigentlich erst nach der Türkenvertreibung in diese Gegend, glaubt in Mohács und Umgebung jeder gerne an ihre Heldentat. Vertrieben wird heute der Winter und die vermummten Buschos spießen immerhin nicht mehr wie früher symbolisch Türkenköpfe aus Holz auf ihre handgefertigten Dreizacke, sondern jede Menge leckere Faschingskrapfen.

Der Umzug der Buscho-Gruppen durch Móhacs, der Tanz um einen riesigen brennenden Scheiterhaufen auf dem Hauptplatz, Vorführungen von Handwerkern aus ganz Ungarn und das Übersetzen der Boote über die Donau gehören zu den festlichen Highlights. Und natürlich die Späße der Kinder, die an den närrischen Tagen Frauen mit Sägemehl aus Socken überschütten, mit Säcken voller Lumpen um sich schlagen und unermüdlich übermütige Streiche spielen.

Doch wer an Karneval hier nicht dabei sein kann, der braucht auch nicht traurig sein. Die Masken und Kostüme sind in Mohács nämlich ganzjährig zu bewundern und das nicht nur im Museum. Wer Lust hat, der darf bei den Meistern der Maskenkunst ein wenig Atmosphäre schnuppern. Wir haben den Künstler und Dozenten Englert Antal in seinem Atelier in der Kígyío utca 7 besucht. Er bekam 1998 den Preis für Volkskunstgewerbe und hat inzwischen schon zahlreiche hiesige Kinder in diesem Fach unterrichtet. Wer Französisch spricht, kann sich mit seiner sympathischen Frau, einer Französischlehrerin, verständigen. Tourinform kündigt Gäste, wenn gewünscht, auch vorher telefonisch dort an, oder man schaut eben einfach selbst, ob die Werkstatt geöffnet ist. Interessenten erfahren über Tourinform im übrigen weitere Adressen örtlicher Handwerker, denn in Móhacs können sie auch Lebkuchenmachern, Kerzengießern, Seilern und Töpfern bei der Arbeit über die Schulter gucken.

Duna Panzió, Felsö Dunasor 14, ✆ und ✆ 302450, Handy: 309596315. Angenehme familiäre Pension direkt an der Donau. Alle Zimmer mit Bad und TV, Parkplatz im Innenhof. DZ je nach Saison ab 35 €.

Révkapu Motel, János utcá 1, ✆ und ✆ 303474. Einfache DZ ab 24 €.

• *Essen* **Halászcsárda**, direkt neben dem Hotel Csele. Vom ersten Stock hat man einen schönen Blick auf die Donau. Auf der Speisekarte stehen wenige Fleischgerichte und viele Fischspezialitäten (frisch aus der Donau) zu günstigen Preisen. Der "Hecht im ganzen vom Rost" mit viel Knoblauch und Pommes ist sehr zu empfehlen. Mo geschlossen.

• *Feste/Veranstaltungen* Busójaras, das Buscho-Fest an Karneval gehört zu den Highlights unter den ungarischen Festen (siehe Themenkasten).

Um den 16. Mai wird das Fest der "Wassergehenden" gefeiert. Mit nächtlicher Bootsprozession, Wettbewerb im Fischsuppekochen, vielen Blaskapellen und Feuerwerk. Infos über Tourinform.

Sehenswertes

Das *Kanizsai-Dorottya-Museum* in der Szerb utca 2 beherbergt eine kleine, aber informative Sammlung über die Geschichte der Mohácser Schlacht mit Funden vom Schlachtfeld und volkskundlichen Exponaten.

Öffnungszeiten Di–Sa 10–16 Uhr.

Lohnenswert ist auch ein Blick in die *griechisch-orthodoxe Kirche* gegenüber dem Museum. Wenn man dort fragt, wird die Kirche aufgeschlossen. Innen sind die historische Einrichtung und eine Sammlung alter und neuer Ikonen zu besichtigen.

Ausflüge

▸ **Mohácser historische Gedenkstätte**: Das Schlachtfeld, auf dem König Ludwig II. 1526 von den Türken unter Pascha Suleiman II. entscheidend geschlagen wurde, ist heute eine historische Gedenkstätte ("Mohácsi Történelmi Emlékhely"). Sie finden sie 7 km südwestlich von Mohács.

Am Jahrestag der Schlacht findet hier alljährlich am 29. August ein Konzert statt. Am Eingang zur Gedenkstätte liegt ein kleiner Ausstellungsraum mit einer Dokumentation der Schlacht in ungarischer und mittlerweile auch in deutscher Sprache. Die Gedenkstätte selbst ist ein großes, gepflegtes Rondell in parkartiger Landschaft mit vielen hölzernen Grabpfählen, die von mehreren Künstlern zu den Jahrestagen der Schlacht geschaffen wurden.

• *Öffnungszeiten* 1. April – 31. Oktober 9–17 Uhr; Mo geschlossen. Vom 1. November bis 31. März ist eine Besichtigung nach vorhergehender Anmeldung (telefonisch unter 382130 oder über Tourinform) möglich.

• *Anfahrt* Von Mohács knapp 6 km auf der Straße Nr. 56 in Richtung Udvar; an der Abzweigung nach Sátorhely ist die Gedenkstätte als Museum ausgeschildert.

▸ **Dunaszekcső**: Die kleine Ortschaft mit Donaubrücke, 15 km nördlich von Mohács gelegen, bietet mit dem *Aréna-Camping* einen Zeltplatz, der zu den wenigen mit FKK-Abteilung in Ungarn gehört.

• *Camping* **Aréna-Camping**, der nette, stellenweise schattige Privatcamping ist gut ausgeschildert und verfügt über ein hübsches Gartenrestaurant. Zwei Personen mit Auto und Zelt zahlen hier 8 € pro Nacht, die Zweibettbungalows ab 35 €. Ganzjährig geöffnet.

Szekszárd

Eine typische südtransdanubische Stadt mit alter Weinbautradition, wo moderne Gebäude zwischen alten Wohnhäusern stehen und schmale Gässchen breite Straßen kreuzen.

Die Szekszárder Hügel sind, soweit das Auge reicht, von liebevoll gepflegten Weingärten bedeckt. Dort wachsen die beliebten schweren Rotweine, darunter auch der berühmte Kadarka.

Die rund 45.000 Einwohner zählende Hauptstadt des Komitats Tolna, eines der kleinsten des Landes, ist auch heute noch hauptsächlich Agrarstadt. Es wird neben Wein vor allem Mais und Weizen angebaut. Lohnenswert sind ein Besuch des Wosinsky-Mór-Megye-Museums und ein Abstecher in den nahen Gemencer Wald.

Der Rebensaft von Alisca

Schon der Steinsarg eines Bewohners der keltischen Siedlung auf dem heutigen Gebiet Szekszárds ist mit einem Weinstock verziert. Er bezeugt die lange Tradition des Weinbaus in diesem Gebiet. Zu den Grabbeigaben gehörte neben einer schön geformten Flasche mit dem dazugehörigen Glas auch eine Opferschale.

Schon im 15. Jh. kelterten um Szekszárd türkische und ungarische Weinbauern den köstlichen Rebensaft. Bereits damals gelangten die Früchte ihrer Arbeit in weit entfernte Teile des Landes. Am Anfang des 18. Jh. war der Szekszárder Wein in England, Holland und Deutschland genauso bekannt wie im türkischen Reich. Hundert Jahre später wird er seiner Schwere und dunkelroten Farbe wegen häufig "Stierblut" genannt.

Als besondere Freunde des hiesigen Weins werden hier gerne Franz Liszt, Papst Pius IX. und sogar der äthiopische Kaiser Hailé Selassié I. ins Feld geführt.

• *Information* **Tourinform,** Garay tér 18, ✆ 511263, 📠 511264, tourinform.szekszard varos@axelero.hu. Mai bis Oktober 9–18 Uhr, Sa, So 10–17 Uhr, sonst am Wochenende geschlossen.

Tolna-Tourist, Széchenyi utca 38, 7100 Szekszárd, ✆ 418365, 📠 315252. Mo–Fr 8–17 Uhr.

• *Telefonvorwahl* 74

• *Übernachten* **Hotel Gemenc**, Mészáros Lázár utca 1, ✆ 311722, 📠 311335, www.hotels.hu/hotel_gemenc. Komfortables Hotel im Stadtzentrum. DZ mit Dusche und Frühstück ca. 45 €. Restaurant und Bar im Haus. Besonders bei Jägern beliebt.

Alicsa Hotel, Kálvária utca 1, 312228, 📠 511242, www.hotels.hu/alicsa_hotel Zweisternehotel mit eigenem Parkplatz. DZ mit Bad und TV ab 35 € je nach Saison.

Privatzimmer vermittelt das hiesige Tolna-Tourist-Büro in der Széchenyi utca (DZ um 35 €, Apartment für 3–4 Personen ab 40 €). Hier kann man auch Ferienhäuser (für 4 Personen in **Dombori** buchen (www.vet.info.hu/dombori, 6–8 € pro Person). Dort, rund 20 km nordöstlich an einem alten Donauarm, gibt es eine Feriensiedlung mit Campingplatz, Hotel, Motel und Ferienhäusern, die wegen der guten Angelmöglichkeiten sehr geschätzt wird. Campingplatz **Fadd-Dombori,** Duna sor 1, ✆ 311928. Motel Club Dombori Duna sor 22, ✆ 447337.

Pestkreuz und barocker Kirchturm – in ungarischen Städten ein typischer Anblick

• *Essen* **Restaurant Garay**, Garay tér, ✆ 312118. Das Restaurant an der Hauptstraße bietet eine gute Auswahl an Fleischgerichten ab 6,50 € Gute Küche. Öffnungszeiten: 9–23 Uhr.

Aranykulacs, Nefelejcs utca 1, ✆ 413369. An den kleinen Tischen mit rotweiß karierten Tischdecken in einem Kellergewölbe bekommt man zu jedem Gericht den passenden Wein empfohlen. Fleischgerichte ab 6,50 €.

Empfehlenswert ist auch das **Trophäenrestaurant** im nahen Ausflugszentrum (vgl. Ausflüge/Gemencer Wald).

Sehenswertes

Das *Wosinsky-Mór-Megye-Museum* am Szent István tér 26 veranschaulicht die Entwicklung der menschlichen Zivilisation im Raum des Komitats Tolna. Präsentiert werden dabei ur- und frühgeschichtliche Funde, Volkskunstgegenstände wie Trachten und Holzschnitzereien, Dokumente zur Entwicklung von Handwerk und Industrie sowie Zeugnisse der Lebensweise verschiedener Schichten (Wohnungseinrichtungen von Aristokratie und Bauern).

Öffnungszeiten Oktober–März täglich außer Mo und So, 10–16 Uhr. April–September 10–18 Uhr.

Links hinter dem Museum finden Sie die ehemalige Szekzárder Synagoge, nunmehr als *Haus der Künste* genutzt. Das kurz vor der Wende vom 19. zum 20. Jahrhundert erbaute Gotteshaus wurde in den achtziger Jahren von der Kommune erworben und aufwendig umgebaut. Heute strahlt das Gebäude in neuem Glanz und bildet einen ansprechenden Rahmen für Konzerte jeder Art und quartalsweise wechselnde Ausstellungen der Bildenden Künste.

Öffnungszeiten Oktober–März täglich außer Montag von 9–17 Uhr.

Wohl eher etwas für Insider ist das *Babits-Mihály-Gedenkhaus* in der Babits-Mihály utca 13. Im Geburtshaus des ungarischen Lyrikers, Übersetzers und Prosaisten *Mihály Babits* (1883–1941) können Sie sein Mobiliar und Handschriften bestaunen. Von Babits stammt eines der Meisterwerke der phantastischen Literatur, der Roman "A gólyakalifa", der in Deutschland zuletzt bei Suhrkamp unter dem Titel "Der Storchkalif" erschien – heiß zur Lektüre empfohlen.

Öffnungszeiten April–Oktober täglich außer Mo und So 9–17 Uhr, sonst 9–15 Uhr.

Den Winzerort Skekszárd sollte eigentlich niemand verlassen, ohne in einer der gemütlichen Weinstuben einzukehren oder an einer Weinprobe teilzunehmen. Im Garten des Komitatshauses am Béla ter 1 steht ein Weinbrunnen aus Bronze, wo in der Regel vorwiegend rote Weine in die Gläser fließen. Wein probieren und einkaufen können Weinliebhaber in der *Garay Kellerei* am Garay tér 19 (www.alicscavin .hu). In den renovierten, über hundertjährigen Kellern lagern in Eichenfässern mehrere 1000 Hektoliter Wein. Weitere attraktive Adressen für Weinliebhaber sind u. a. das *Haus der Weine* in der Rákoczi útca 22 sowie die Weinhäuser *Korona* (Béri B. A. utca 70) und *Vesztergombi* (Béla tér 7).

Vom *Aussichtsturm* auf dem Kalvarienberg im Westen der Stadt hat man einen schönen Blick auf die Umgebung Szekszárds.

Ausflüge

Gemencer Wald

Der 6 km östlich von Szekzárd gelegene, gut ausgeschilderte Gemencer Wald (regelmäßige Busverbindung ab Stadtmitte) gehört zu den größten und schönsten Wildreservaten in Ungarn. Das urwüchsige *Landschaftsschutzgebiet*, das von Altwasserarmen der Donau und von Seen durchzogen ist, bietet nicht nur Hirschen und Wildschweinen, sondern auch vielen seltenen Vogelarten sicheren Unterschlupf.

Vom neuentstandenen *Ausflugszentrum* in Gemenc (Gemencei Kiránduló Központ) aus ist es möglich, das Reservat mit der Kleinbahn oder dem Schiff zu besuchen.

Die **Kleinbahn** (74/312552) verkehrt zwischen 1. Mai und 20. August um 10.30 und 15 Uhr und zwischen 1. Oktober und 30. April um 10.30 und 14 Uhr, wenn mindestens 20 Personen zusammenkommen. Abfahrt am Gemencer Ausflugszentrum.

Das **Ausflugsschiff**, das über die Donau und den Sió-Kanal ins Reservat fährt, verkehrt zwischen 1. Mai und 30. Oktober tägl. um 8, 10, 12, 14 und 16 Uhr. Ein Ausflug dauert etwa zwei Stunden (mit Kleinbahn und Schiff).

Wandern ist nur im Gebiet des Ausflugszentrums möglich. Es ist landschaftlich allerdings ebenso reizvoll wie das Naturschutzgebiet, an das es grenzt. Im hiesigen Tolna-Tourist-Büro (8–17 Uhr) kann man Reitkurse, Ausritte und Kutschfahrten buchen.

• *Essen* Außerdem gibt es in Gemenc ein sehr gutes Restaurant, das **Trófea Étterem**, das zwar einfach, aber gepflegt ist und ausschließlich eine saisonbedingte, kleine Auswahl feiner Wildgerichte anbietet. Fast alle Gerichte kosten ca. 8 €.

Folklore im Sárköz

Das südöstlich von Szekszárd gelegene, *Sárköz* genannte Gebiet um die Ortschaften *Öcséng, Décs* und *Sárpilis* gilt als ein wichtiges Zentrum der ungarischen Volkskunst. In der Mitte des vorigen Jahrhunderts entwickelten die Bauern dieser Region eine Kultur mit farbenprächtigen Volkstrachten, handbemalten Möbelstücken und schmuckvoller Keramik. Sie waren infolge der Flussregulierung zu einigem Wohlstand gelangt. Das gut ausgeschilderte *Volkskunsthaus* in Décs beherbergt neben historischen Museumsstücken auch speziell angefertigte Keramiken und Stickereien in einer Verkaufsausstellung. Nach Anmeldung über Tourinform geöffnet.

In jedem ungeraden Jahr wird im Juli das berühmte "Décsi Lakodalmas", das *Décser Hochzeitsfest* veranstaltet, zu dem man sich beim Tolna-Tourist-Büro in Szekszárd anmelden kann.

▸ **Bonyhád**: Die Stadt Bonyhád, 16 km südwestlich von Szekzárd an der Straße Nr. 6 gelegen, war bereits im 15. Jh. ein blühender Ort, bevor er während der Türkenherrschaft vernichtet wurde. Heute ist Bonyhád kulturelles Zentrum und Siedlungsschwerpunkt des *Völgység*, der talreichen Hügellandschaft nördlich des Mecsekgebirges.

Durchreisende sollten einen Zwischenstopp im *Völgységi Múzeum* machen, das in der Stadtmitte liegt und von der Straße in Richtung Zomba/ Tevel gut ausgeschildert ist. Hier wird die Geschichte des einst dünnbesiedelten Gebietes dokumentiert, dessen ungarische und serbische Bevölkerung seit 1710 deutschen Zuwachs aus der Pfalz und aus Hessen (vor allem aus Fulda) erhielt. Die von den Gutsherren privilegierten deutschen Siedler stellten lange in nicht wenigen Dörfern der Völgység die Bevölkerungsmehrheit. Der Eingang des Museums liegt an der Gebäuderückseite.

Öffnungszeiten täglich außer Mo, 10–17 Uhr.

▸ **Grábóc**: Das Dorf am Ende der Welt bietet eine griechisch-orthodoxe Kirche mit einer schönen Ikonostase. Sie finden das täglich, außer montags, ab 10 Uhr geöffnete Gotteshaus auf dem Gelände eines Altersheimes am Ende des Dorfes.

Anfahrt von Bonyhád 5 km in Richtung Bátaszék, dann links abbiegen und noch weitere 4 km (die Straße endet hier).

▸ **Mecseknádasd**: Die Lebensumstände und besonderen Kunstfertigkeiten der deutschen Minderheit in dieser Region Ungarns (Baranyaer Donauschwaben) illustriert das innerorts gut ausgeschilderte *Ungarndeutschen-Museum* im 8 km südwestlich von Bonyhád gelegenen Dorf Mecseknádasd. Der malerisch gelegene Weiler wird zu 85 % von Menschen deutscher Abstammung bewohnt. Im Museum gibt es Kunsthandwerkliches, eine Honigkuchenbäckerei, Kerzengießerei und Töpferei zu sehen.

• *Öffnungszeiten* **Museum**, 1. April–31. Oktober Di–Sa 10–17 Uhr, So 10–12 Uhr und 14–17 Uhr; sonst Di–Fr 10–16 Uhr und So 9–12 Uhr.

• *Übernachten* Am Dorfrand mit Aussicht auf den Wald liegt eine **Reiterpension** (7695 Mecseknádasd, Rékavölgy, ✆ und ℻ 72/ 463454), die DZ mit Dusche und WC bietet.

Kaposvár

Die Schokoladenseite der Industriestadt inmitten der grünen Hügel von Somogy ist ihre großzügig ausgebaute Fußgängerzone mit prächtig renovierten historischen Bauten.

Ein Bummel auf der Fő utca, der Hauptstraße, die früher "Straße des 1. Mai" hieß (Május 1 utca), lohnt sich auf jeden Fall.

Kaposvár wurde bereits im Jahre 1009 erstmals urkundlich erwähnt. Seit Beginn der Industrialisierung in der Mitte des 19. Jahrhunderts entwickelte sich die Stadt am Oberlauf des Kapos zum Verkehrsknotenpunkt und industriellen Ballungsgebiet der Region. Heute prägen Textil- und Maschinenbauindustrie und nicht zuletzt die hier ansässige Fleischindustrie die Erwerbsstruktur.

Kaposvár ist wegen seines Park- und Blumenreichtums als "Blumenstadt" bekannt und wurde mehrmals mit diesem Preis ausgezeichnet. Doch in den vergangenen Jahrzehnten ist die Stadt auch eine moderne Industrie- und Verwaltungsstadt (rund 68.000 Einwohner) geworden. Die liebevoll restaurierte Hauptstraße lädt zum Flanieren ein. Die grüne, hügelige Umgebung der Hauptstadt des Komitats Somogy hat für Naturliebhaber ihren Reiz.

Information

Siotour, Fő utca 1 (nahe dem Kossuth tér) 7400 Kaposvár, ✆ 320537, 📠 312459, www.siotour.hu. Öffnungszeiten: Mo–Fr 8–16.30 Uhr.

Tourinform, Fő utca 8, ✆/📠 320404, kasposvar@tourinform.hu, www.kapsosvar.hu oder www.somogytourism.hu. Geöffnet von Mo–Fr 9.30–17.30 Uhr. In der Saison auch Sa und So 9.30–13.30 Uhr.

- *Telefonvorwahl* 82

Essen/Übernachten

Hotel Kapos, Kossuth tér 2, ✆/📠 316022, info@kaposhotel.hu, www.kaposhotel.hu. Graues Betongebäude im Zentrum. DZ mit Bad und Frühstück 45 €.

Hotel Csokonai, Fő utca 1, ✆ 312011, 📠 316716, siotour@mail.datanet.hu, www.siotour.hu. Renovierte, spätbarocke Hotelpension in einem zentral gelegenen Bau aus dem 18. Jh. DZ mit Bad und Frühstück ab 35 €. In der Bierstube mit Garten gibt es gutes Essen zu günstigen Preisen (geöffnet bis 22 Uhr).

Privatzimmer beim Siotour-Büro in der Fő utca 1 zu buchen. Preise: DZ ab 30 €, Apartment für bis zu fünf Personen ca 45 €.

Camping Deseda in Toponár, ✆ 312020, 📠 312854. Das rund 6 km von Kaposvár entfernte Gelände ist eine empfehlenswerte Alternative zu den Hotels im Zentrum. Der ansprechende Platz liegt an einem tollen See mit Freibad und Restaurant. Zwei Personen mit Auto und Zelt zahlen hier pro Nacht 9 €. Das Gelände ist vom 26. Mai bis zum 27. August geöffnet. Anfahrt: Von der Straße Kaposvár – Szántód ist der Campingplatz in der Ortsmitte von Toponár ausgeschildert.

Freizeit/Sport

Das nur montags geschlossene **Thermalbad** mit Hallen- und Freibecken ist gegenüber dem Bahnhof zu finden.

Reiten können Sie in der landwirtschaftlichen Hochschule am Stadtrand (Toponár utca).

Einkaufen

An der **Haban-Keramik-Fabrik** in der Mező utca 42, die leider nicht besichtigt werden kann, gibt es mehrere Verkaufsstände mit preisgünstigem Porzellan. Anfahrt: Von der Straße Nr. 61 in Richtung Dombovár nach 2 km links abbiegen in Richtung Szántód; dann nach rund 500 m auf der rechten Seite.
In der Fö utca gibt es ein Spezialgeschäft für **Zsolnay-Keramik**.

Sehenswertes

Einen Besuch lohnt das *Rippl-Rónai-Museum* in der Fő utca 10. In dem klassizistischen ehemaligen Komitatshaus von 1829/32 werden neben einer stattlichen Gemäldesammlung auch archäologische, naturkundliche und ethnographische Gegenstände gezeigt, so z. B. Geräte der hiesigen Fischer und Somogyer Hirtenkunst. Benannt ist das Museum nach dem bekannten Jugendstilmaler *József Rippl-Rónai* (1861–1927), der in Kaposvár geboren wurde.

Öffnungszeiten April bis Oktober täglich außer Mo, 10–16 Uhr, sonst 10–15 Uhr.

In der historisch eingerichteten *Apotheke zum Goldenen Löwen* aus dem 17. Jh. gegenüber der Gemäldegalerie arbeitete Rippl-Rónai einst als Apotheker.

Die *Gemäldegalerie Vaszary* in der Fő utca 12 beherbergt wechselnde Ausstellung bildender Künstler aus Stadt und Umgebung.

Öffnungszeiten täglich außer Mo, 10–18 Uhr.

Ausflüge

- **Szenna**: Der 8 km südlich von Kaposvár gelegene Ort bietet ein *Freilichtmuseum* mit vielen schilfgedeckten, originalgetreu eingerichteten Bauernhäusern aus dem 18. Jh. An erhöhter Stelle steht die 300jährige Dorfkirche (Denkmalschutz). In ihr sind eine eindrucksvoll bemalte Kassettendecke und ein Schnitzaltar zu bewundern.

Öffnungszeiten **Museum**, 1. April – 31. Oktober 10–18 Uhr; sonst 10–16 Uhr; Mo Ruhetag.

• *Essen* Im dörflichen Gasthof **Denna Vendeglő** direkt gegenüber dem Parkplatz am Freilichtmuseum kann man preiswert essen.

- **Ibafa**: Wer von Kaposvár auf der Straße Nr. 67 nach Süden in Richtung Szigetvár fährt, sollte im kleinen Weiler Ibafa (ausgeschildert) Station machen. Dort finden Sie in der Arany János utca direkt an der Kirche das *Pipamúzeum*, ein kleines, kurioses Museum mit alten Tabakspfeifen in allen möglichen Formen und Bauarten, das allerdings nicht immer geöffnet ist

- **Igal**: Rund 18 km nordöstlich von Kaposvár liegt die kleine Ortschaft Igal. Bekannt wurde sie durch das 51 Grad Celsius warme Heilwasser, das reich an Mineralien ist und einen hohen Jodgehalt besitzt. Das hiesige *Thermalheilbad* mit Frei- und Hallenbecken verspricht Linderung bei rheumatischen Beschwerden, Gelenkschmerzen, Erkrankungen des Bewegungsapparates und Frauenleiden. Das Bad ist montags geschlossen.

Camping Übernachten kann man hier auf dem **Campingplatz Hőforrás** (✆ 82/372025) mit Restaurant, Pension und Bungalows. Zwei Personen mit Auto und Zelt zahlen 9 € pro Nacht. Geöffnet: 27. April – 30. September.

Nagykanizsa

Transitstadt inmitten von Weingärten und Wäldern. Viele Geschäfte und einige wenige schöne Altbauten prägen das Zentrum der Industriestadt.

Nagykanizsa ist das Verwaltungszentrum der Erdölförderung im Komitat Zala, deren Schwerpunkt rund 25 km nordwestlich bei der Ortschaft Bázakerettye liegt.

Die Entwicklung der im Jahre 1245 erstmals erwähnten Siedlung zur Handelsstadt begann in der zweiten Hälfte des vorigen Jahrhunderts. Einen neuerlichen Aufschwung brachte die Entdeckung der nahen Ölfelder in den dreißiger Jahren des 20. Jahrhunderts. Heute arbeiten über 50 % der Einwohner in der Industrie, darunter die größte Möbelfabrik des Landes, eine Glashütte und eine Brauerei, die die heimischen Marken Holsten, Platán und Balatoni abfüllt.

• *Information* **Zalatour**, Fő út 13, 8800 Nagykanizsa, ✆ 311185, ℻ 313303, www.zalaszam.hu/nagykanisza oder www.zalaszam.hu/zalatour. Geöffnet: Mo–Fr 8–17 Uhr (in der Saison bis 19 Uhr) und Sa 8–12 Uhr

• *Telefonvorwahl* 93.

• *Einkaufen* Liebhaber von Edelgeschirr sollten einen Blick in das **Zsolnay-Porzellangeschäft** am Deák tér 1 werfen.

• *Übernachten* **Hotel Centrál**, Erzsébet tér 23, ✆ 314000, ℻ 310111. Relativ komfortables Hotel in zentraler Lage mit Cocktailbar und Nachtbar mit Showprogramm. DZ mit Bad und Frühstück ca. 50 € je nach Saison.

Király, an der Kreuzung von Király und Kalmár utca, ✆ 325489. Pension im ersten Stock mit neun, angenehm hellen und großen Zimmern. Ab 35 €.

Privatzimmer vermittelt das Zalatour-Büro in der Fő út 13. Preise: DZ ab 25 €, Apartments für bis zu fünf Personen ab 40 €.

Zalatour Camping, Camping utca 1, ✆ 319119. Durchgangscamping mit beim letzten Check mangelhaften sanitären Anlagen. Das sehr schattige Gelände mit hohen Bäumen und kleinen Bungalows liegt rund 2 km vom Zentrum entfernt und ist von der Straße Nr. 7 in Richtung Letenye ausgeschildert. Preise: zwei Personen mit Auto und Zelt 10 €, Zweibettbungalows 23 €. Geöffnet: 1. Mai – 30. September.

Nonstop Privat Camping, Bajcsy-Zsilinszky utca 118. Der kleine Platz fast ohne Schatten liegt an der lauten Straße, die vom Zentrum zur Straße Nr. 7 Richtung Lentenye führt. Zwei Personen mit Auto und Zelt zahlen hier 8 € pro Nacht, die Motel-DZ kommen auf 25 €. Ganzjährig geöffnet. Anfahrt: Aus Richtung Lentenye kommend rund 100 m nach dem Ortseingang rechts in Richtung Molnári abbiegen, dann nach 300 m auf der rechten Seite.

• *Essen* **Restaurant Ady**, Ady út 5. Die lobenswerte Küche mit üppiger Hausmanns kost in zentraler Lage hat ihren Standard halten können. Gute Auswahl an Gerichten um 6,50 €. Geöffnet: 11–23 Uhr.

Sehenswertes

Thúry-György-Museum (Fö utca 5–7): So heißt eine umfangreiche naturkundliche Sammlung in dem barocken, ehemaligen Batthyány-Schloss von 1705, dem ältesten Gebäude der Stadt. In zehn Räumen sieht man u. a. alte Werkzeuge, Schriften, Bücher, Messgeräte, Bilder zum Thema Waldarbeit, ausgestopfte Tiere. Weitere Schwerpunkte sind Holzverarbeitung und Weinbau.

Öffnungszeiten täglich außer Mo, 10–17 Uhr.

Die *städtische Bildergalerie* (Városi Képtar) ist im Vasember-ház ("Eiserner-Mann-Haus") an der Ecke Erzsébet tér/Ady út untergebracht. Benannt wurde das um 1750 erbaute Wirtschaftsgebäude nach dem Harnisch, den der damals hier wohnende Eisenhändler als Aushängeschild über seinem Geschäft angebracht hatte.

Öffnungszeiten Die wechselnden Ausstellungen regionaler Künstler sind täglich außer Mo, 10–17 Uhr, geöffnet. Der Eingang ist in der Ady út bei den Arkaden.

Ausflug

Zalakaros: Die 18 km nordöstlich von Nagykanizsa landschaftlich schön gelegene Siedlung ist eines der bedeutendsten ungarischen *Thermalheilbäder*. Zalakaros lebt fast ausschließlich von den zumeist älteren Kurgästen, die hier abseits der Hauptverkehrsstraßen auf die Linderung ihrer Beschwerden hoffen.

Das hiesige Heilwasser (Thermalbad, E-mail:thermalfurdo-zkaros@matavnet.hu) wird in erster Linie zur Behandlung rheumatischer Erkrankungen und solcher des Bewegungsapparates angewandt. Den Bedürfnissen der überwiegend deutschen Klientel gemäß gibt es eine große Zahl an gastronomischen Einrichtungen, vor allem Restaurants. Bereits im Jahre 1964 wurde mit dem Ausbau des Heilbades begonnen. Außerhalb der Saison sind die Preise in allen Hotels von Zalakaros z. T. drastisch niedriger.

• *Information* **Tourinform**, Gyógyfürdö tér 10, ✆ 340421, ℻ 340421, zala-m@tourinform.hu.

• *Übernachten* **Hotel Freya**, Thermál utca 7, ✆ 93/340125, ℻ 340137, reserve@hotelfreya.hunguesthotels.hu. Das große Kurhotel am Heilbad verfügt über einen Nachtclub, einen Fahrradverleih und einen Fitnessraum. Mit dem Thermalbad ist es durch eine 200 m lange Unterführung direkt verbunden. DZ mit Bad und Frühstück 78 €. Auch Pauschalangebote, z. B. 14 Tage Kuraufenthalt im DP mit Halbpension 914–960 €.

Hotel Napfény, Termál utca 10, ✆ 93/340641, ℻ 340436. Komfortabler Neubau. Doppelapartment mit Frühstück ab 40 € je nach Saison.

Art-Hotel, Üdülő sor 2, ✆ 93/340216, ℻ 340124. In dem fabrikartigen, Bau, rund 300 m vom Thermalbad entfernt, verbirgt sich eines der schönsten und originellsten Hotels der ungarischen Provinz. In der riesigen Lobby hängen und stehen zahlreiche Gemälde und Skulpturen ungarischer Künstler, alle übrigens auch zum Verkauf. Ein tolles Ambiente. DZ mit Bad und Frühstück ab 48 €.

Hotel Ganz-Danubius, Üdülő sor 4, ✆ 93/340206, ℻ 340205. Von außen ist es wenig einladend, aber das ändert sich in der großen Empfangshalle mit den zahlreichen Pflanzen. Sehr angenehme Atmosphäre. DZ mit Bad und Frühstück ab 45 €. Pauschalangebote für Heilkuren.

Kurcamping Castrum, Nagykanizsai út, ✆ 93/358610, ℻ 314422, info@castrum-group.hu, www.hotels.hu/castrum_zalakaros. Gut ausgeschilderter, großer Platz fast ohne Schatten zwischen Zalakaros und Galambok; rund 2 km vom Heilbad entfernt. Zwei Personen mit Auto und Zelt zahlen hier 9 € pro Nacht. Ganzjährig geöffnet mit angeschlossener Dreisterne-Pension

Der Erholungskomplex hinter dem Heilbad besteht aus mehreren Einrichtungen: der schattige, ruhig gelegene **Campingplatz Thermál,** 8749 Zalakaros, Gyógyfürdő tér 6, ✆ 93/340105, ℻ 340907, thermal@zalaszam.hu, www.zalaszam.hu/zalatour ist vom 1.4. bis zum 15.10 geöffnet. Zwei Personen mit Auto und Zelt zahlen hier 10 € pro Nacht, in den einfachen Zweibettbungalows ca. 30 € pro Nacht. Im klotzigen **Hotel Thermál** (Adresse und ✆/℻ siehe Campingplatz) zahlt man 40 € für ein DZ mit Dusche und Frühstück. Im hübscheren **Hotel Liget** (Adresse und ✆/℻ ebenfalls wie Campingplatz) kommt man auf ca. 40–45 € je nach Saison für das DZ mit Dusche und Frühstück, Apartment ab 45 €.

Zalaegerszeg

Farbenfroher Komitatssitz im Talkessel der Zala. Im Nachkriegsungarn wuchs die Barockstadt schneller als alle vergleichbaren Städte auf ihre heutige Größe von über 60.000 Einwohnern.

Maßgeblich begünstigte diese Entwicklung die Entdeckung der nahen Erdölvorkommen.

Ihrer Nähe zur ethnographisch interessanten Landschaft *Göcsej* trägt Zalaegerszeg durch Museen Rechnung, die den Hauptgrund für einen Besuch der Stadt bilden. Im Zentrum prägen farbenfrohe Spätbarockbauten das Stadtbild. Wer hier einen Einkaufsbummel oder einen Restaurantbesuch einschiebt, wird Zalaegerszeg einen Ausflug wert finden. Bei schönem Wetter reicht der Blick von dem 73 m hohen Fernsehturm (mit Café) auf dem Bazita-Berg weit über die Hügel der Umgebung, manchmal sogar bis zu den Alpen.

• *Information* **Tourinform**, Széchenyi tér 4–6, ✆/℻ 316160, zalaerszeg@tourinform.hu, Mo–Fr 10–16 Uhr.

Zalatour, Kovács Károly tér 1, 8900 Zalaegerszeg, ✆ 311443, ℻ 311469. Geöffnet: Mo–Fr 8–17 Uhr (in der Saison bis 19 Uhr) und Sa 8–12 Uhr.

• *Telefonvorwahl* 92

• *Übernachten* **Hotel Aranybárány**, Széchenyi tér 1, ✆ 550040, ℻ 550041, info@aranybarany.hu, www.aranybarany.hu. Das "Goldene Lamm" ist ein von außen schönes, altes Gebäude im Stadtzentrum. Man hat die Wahl zwischen DZ mit Bad und Frühstück zu 55 € und DZ mit Waschgelegenheit und Frühstück zu 48 € pro Nacht; letztere schienen uns zu klein, dunkel, laut und teuer. Im guten Restaurant gibt es abends Live-Musik. Bierstube und Nachtbar im Haus.

Hotel Balaton, Balatoni utca 2/a, ✆ 550870, ℻ 550871. Nicht sehr schöner, aber komfortabler Neubau in zentraler Lage. DZ mit Bad und Frühstück ab 45 €.

Kóvacs Vendéghaz, Gébárti utca 113, ✆ 3006958, www.extra.hu/kovgyulus. Gasthaus mit wenigen, aber günstigen Zimmern ab 25 €. Noch preiswerter schläft man in den Mehrbettzimmern auf Jugendherbergsniveau.

Privatzimmer vermittelt das Zalatour-Büro am Kovács Károly tér 1. Preise: DZ ab 20 € und Apartments ab 35–40 €. Infos auch bei Tourinform.

• *Essen* Pension und **Restaurant Piccolo**, Petőfi utca 16, ✆ 510055, ℻ 320100, info@piccolo.hu. Blitzsauberes Restaurant mit frischen Schnittblumen auf den Tischen und schöner Terrasse in zentraler Lage. Große Auswahl an leckeren Fisch- und Fleischgerichten (Hauptgericht meist unter 7,50 €, aber auch teurere Spezialitäten). Sehr gute Küche, freundlicher und schneller Service. Öffnungszeiten: täglich außer So, 10–23 Uhr. Die gleichnamige Pension im selben Haus vermietet acht DZ ab 35 €.

• *Baden* Neue Attraktion für die gesamte Umgebung und schon kilometerweit außerhalb von Zalaegerszeg ausgeschildert ist der **Aqua City**, ein 7,5 Hektar großer Erlebnisbadpark (www.aquacity.hu). Juni bis August Mo–Fr 10–19 Uhr, Sa, So 10–20 Uhr. Des weiteren gibt es ein **Thermalbad**, das Gébarti Termálfürdö, mit Sauna in der Mártirok utca 78.

Sehenswertes

Lohnenswert ist ein Besuch des *Göcseji-Museums* in der Batthyány utca 2. Sehen Sie die umfangreiche Ausstellung urzeitlicher Funde sowie die Dokumentation der Entwicklung von Landwirtschaft, Industrie und Volkskunst im Komitat unter besonderer Berücksichtigung der Göcsej-Region (im Obergeschoss der Ausschilderung "Kiállítás" folgen). Im Erdgeschoss gibt es

außerdem eine Ausstellung mit sehenswerten Skulpturen aus dem Nachlass des Bildhauers und Kossuth-Preisträgers *Zsigmond Kisfaludi Strobl*.
Öffnungszeiten Di–Fr, 10–17 Uhr, Sa, So 10–16 Uhr.

Das *Museum für Ölindustrie* (Magyar Olajipari Múzeum) hält für jeden technisch Interessierten ein paar faszinierende Exponate bereit. Während unter freiem Himmel die gigantischen Gerätschaften wie Bohrtürme und Pumpen gezeigt werden, die für diese vom Öl abhängige Region stets von großer Bedeutung waren, findet man in einem angegliederten, großen Ausstellungsraum Modelle von Raffinerien und anderen für die Ölverarbeitung wichtigen Betrieben.
Öffnungszeiten/Anfahrt täglich außer Mo, 10–16 Uhr. Das Ölmuseum finden Sie in direkter Nachbarschaft des nachfolgend beschriebenen Dorfmuseums.

Das Dorfmuseum – Idylle unter freiem Himmel

Das älteste Freilichtmuseum des Landes, das *Göcseji Falu-Múzeum* in der Falumúzeum utca, ist ein harmonisches Ensemble voller Beispiele der Göcsejer Volksbaukunst. So findet man originalgetreu wiederaufgebaute, schilfgedeckte Bauernhäuser mit ihrer ursprünglichen Inneneinrichtung (Hausrat, Werkzeuge, Webstuhl usw.), eine Wassermühle und prachtvolle Häuserfassaden in einer idyllisch wirkenden Anlage an den Ufern eines kleinen Baches.
Öffnungszeiten/Anfahrt April–Oktober täglich außer Mo, 10–18 Uhr, in der Nebensaison nur bis 16 Uhr. Anfahrt: am westlichen Ortsausgang (Straße Nr. 76) in Richtung Körmend als Museum ausgeschildert.

Szombathely

Von der Römersiedlung zur Industriestadt. Die spätbarocken und klassizistischen Bauten rund um den Templom tér im Stadtzentrum entstanden im 18. Jahrhundert, als Szombathely Bischofssitz wurde.

Hier ist man stolz auf die bewegte Vergangenheit der Stadt mit dem alten deutschen Namen "Steinamanger". Schon in der Römerzeit galt das damalige "Savaria", im Mittelpunkt der Provinz Pannonien gelegen, als Zentrum der Verwaltung und des Kultes.
Obwohl Szombathely mit dem Fő tér über einen stimmungsvollen Platz (Fußgängerzone) mit ansprechend restaurierten Gebäuden verfügt, lässt sich die mit 90.000 Einwohnern größte Stadt Westtransdanubiens in punkto Atmosphäre jedoch kaum mit dem benachbarten Köszeg vergleichen. Vor allem Industrie prägt heute die Erwerbsstruktur der Hauptstadt des Komitats Vas, darunter Schuh-, Textil-, Holz- und Landmaschinenfabriken sowie die Reparaturwerkstatt der ungarischen Bahn. Reizvoll für eine Stippvisite.

Geschichte: Obwohl viele Funde dafür sprechen, dass das Gebiet um Szombathely schon in vorgeschichtlicher Zeit besiedelt war, kann man als den Beginn der Stadtgeschichte getrost die Dekade um 50 n. Chr. angeben, in der unter dem römischen Kaiser Claudius die Siedlung "Colonia Claudia Sava-

Győr: im Zentrum Kleinod des Barock (TB) ▲▲
Der Öreg See von Tata (TB) ▲

▲▲ Souvenirjäger werden hier fündig: Schaufenster eines Fotografen in Tata (TB)
▲ Historischer Markt in Győr (TB)

Kőszeg: Kleinstadt mit Flair (TB) ▲▲
Pécs: “Stadt der schönen Künste“ mit Spuren aus der Zeit der Türkenherrschaft (TB) ▲

▲▲ Basilika von Pécs (UTA)
▲ Pécs: Adam und Eva, Wandmalerei einer frühchristlichen Grabkammer (TB)

Szombathely: Einkleiden für den historischen Karneval

ria" gegründet wurde. Hier residierte später der Praeses, der Leiter der Zivilverwaltung von Pannonia prima. In dieser Zeit führten bedeutende Fernhandelswege, wie z. B. die Italien mit der Ostsee verbindende "Bernsteinstraße", durch Savaria und brachten den Bewohnern schnell wachsenden Wohlstand.

Auch wurde hier, wie kaum bekannt, Martinus geboren, besser bekannt als der heilige Martin.

Ein Erdbeben vernichtete im Jahre 455 die damals rund 30.000 Einwohner zählende Stadt. Im 8. Jh. geriet Szombathely unter fränkische Herrschaft und erhielt nun ihren deutschen Namen Steinamanger. Der Mongolensturm im Jahre 1241, häufige Naturkatastrophen und Kurutzenüberfälle sorgten in den folgenden Jahrhunderten dafür, dass die Szombathelyer nicht zu übermütig wurden.

Aufschwung und eine gewisse Zeit der Blüte verhieß das Jahr 1777, als Szombathely zum Bischofssitz erhoben wurde. Für den Zweiten Weltkrieg verzeichnet die Chronik schwere Zerstörungen, von denen sich die wichtige ungarische Industriestadt nach 1945 jedoch schnell erholte.

Information/Verbindungen

• *Information* **Tourinform**, Kossuth Lajos utca 1–3, ✆ 514451, 📠 514450, tourinform@szombathely.hu. Mitte Juni bis Mitte September Mo–Fr 9–20 Uhr, Sa, So 10–18 Uhr, an Feiertagen 10–16 Uhr. In der restlichen Zeit des Jahres Mo–Fr 9–17 Uhr. Infos zu Unterkünften, auch in der Umgebung, z. B. auf den zahlreichen Reiterhöfen.

Savaria Tourist, Mártírok tere 1, 9700 Szombathely, ✆ 511435, 📠 511425, savaria.tourist@mail.matav.hu. Geöffnet: Mo–Fr 8.30–16.30 Uhr und Sa 8–12 Uhr. Hier kann man am besten als Gruppe deutschsprachige Stadtführungen buchen. Zwei Stunden ab 30 €, vier Stunden 60 €.

- *Telefonvorwahl* 94.
- *Post* Kossuth Lajos utca 18.
- *Taxi* ✆ 312222, 313100 und 322222.
- *Verbindungen* Der **Bahnhof** befindet sich am Éhen Gyula tér; Direktzüge fahren nach Kőszeg, Budapest, Sárvár, Székesfehérvár, Veszprém, Miskolc, Hegyeshalom, Pécs, Nagykanizsa, Zalaegerszeg, Graz und Sopron. Vom **Busbahnhof** am Ady tér kommt man nahezu überall hin.

Übernachten

Hotel Savaria, Mártírok tere 4, ✆ 311440, ℻ 324532, claudius.hotel@savaria.hu, www.hotels.hu/savaria. Angenehmes, altehrwürdiges Jugendstilhotel im Zentrum mit bekannt gutem Restaurant in einer hohen, lichten Halle. DZ mit Bad und Frühstück 48 €, mit Dusche und Frühstück 54 € und nur mit Waschgelegenheit 43 €.

Park Hotel Pelikán, Deák Ferenc utca 5, ✆ 513800, ℻ 513801, info@hotelpelikan.hu, www.hotelpelikan.hu. Schickes neues, viersterniges Konferenzhotel in der Innenstadt mit Schwimmhalle, Sauna und gutem Restaurant. 36 komfortable Zimmer je nach Saison ab 70 €.

Hotel Liget, Szent István park 15, ✆ und ℻ 509324. Das von Grund auf renovierte, ehemalige Billighotel Tourist liegt am Ortsrand, nahe dem Hotel Claudius. Das DZ mit Dusche und Frühstück kommt auf 35 €. Leider häufig von Gruppen ausgebucht.

Alvég Panzió, Izsó M. utca 18, ✆ 505881. Gut ausgeschilderte Privatpension, 5 km vom Zentrum an der Straße Nr. 87 in Richtung Kám. DZ mit Bad und Frühstück ab 25 €. Ziemlich laut.

Privatzimmer vermittelt das Savaria-Tourist-Büro am Mártírok tere 1. Preise: DZ ab 14 €, Apartments (separate Wohnungen oder Wohnungsteile für mindestens fünf Nächte) ab 14 € pro Person. Savaria Tourist bietet speziell für junge Leute während der ungarischen Schulsommerferien sogenannte "Kollégiumszállás" (Internatszimmer) an, die bei guten Kontaktmöglichkeiten zu Gleichaltrigen aus aller Herren Länder auch noch sehr günstig sind. Preis pro Person: 8 €.

Sonntags und in der Woche nach 17 Uhr gibt es einen Privatzimmer-Notdienst im Hotel Liget.

Tópart Camping, Kenderesi utca 4, ✆ 509038, ℻ 509039. Der gepflegte, schattige Platz liegt, von Parkanlagen umgeben, im Nordwesten der Stadt, nur rund 100 m vom Freibad entfernt. Zwei Personen mit Auto und Zelt zahlen hier 10 € pro Nacht. Die Preisspanne für Bungalows liegt zwischen 25 € (zwei Betten, ohne Bad) und 40 € (mit zweimal zwei Betten, Bad und WC). Geöffnet: 1. Mai bis 30. September. Gut und preisgünstig isst man im nahen Restaurant Tó.

Essen

Nádor, Nádor út 9, ✆ und ℻ 315664. Das Restaurant direkt hinter der Markthalle bietet typisch ungarische Küche und einen aufmerksamen Service. Mittlere Auswahl an Hauptgerichten ab 4,50 €. Sehr appetitliches Salatbuffet. Geöffnet: täglich, außer sonntags, 11–22 Uhr; Sa bis 24 Uhr.

Gyöngyös, Széll Kálmán utca 8, ✆ 312665. Gute Auswahl an Fleischgerichten, meist um die 5–6 €. Empfehlenswert und preiswert sind die Spezialitäten des Hauses: Würste und Schlachtplatte (nur wenn geschlachtet wird). Der Service ist zwar freundlich, könnte aber etwas schneller sein. Nicht ungemütlich, zentrale Lage. Geöffnet: täglich außer Mo, 11–23 Uhr.

Zigeunermusik zum Zigeunerbraten: Das gibt es im Restaurant **Vadászc** (✆ 511052; Szent Imre Herceg útja 59, gegenüber dem Arboretum) und in der **Pásztorcsárda** (✆ 312884; Dolgozók útja 1, am Ortsausgang in Richtung Bicsu, direkt an der Straße Nr. 89) zu maßvollen Preisen.

Treffpunkte

Papaya, Szent István tér 2 in der Nähe des Hotels Liget. Die derzeit beliebteste Disco der Stadt für 20- bis 40jährige. Nur Do, Fr und Sa 22–5 Uhr.

Die Teenager der Region treffen sich in der **Old´s Room Music Pub** am Busbahnhof (Ady tér). Nur Fr und Sa bis 4 Uhr.

Sport

Das **Thermalfreibad** in der Bartók Béla utca 41 ist neben dem Hallenbad und dem Hotel Claudius zu finden.
Der **Csónakázó tó** ist ein Freizeit- und Erholungsgelände nahe dem Hotel Claudius, in dem auch der Campingplatz liegt. Der See wird auch als Freibad genutzt. Im Sportbereich können Ballspiele (z. B. Tennis) kostenlos durchgeführt werden (Ausrüstung mitbringen). Die gesamte Badelandschaft wurde renoviert und zu einem Erlebnisbad erweitert.
Reiten: Eine ganzjährig geöffnete Reitschule (Lovasiskola, Középhégyi út; ✆ 313461) gibt es hinter dem Hotel Liget; auch Kutschfahrten und Ausritte sind hier möglich. Unregelmäßig finden Reitershows statt.

Einkaufen

Ein Fest für die Sinne bietet die **Markthalle** in der Hunyadi út 5–7. Geöffnet: 16.4.–14.10. Mo, Di, Do, Fr 5–17 Uhr, Mi 5–13 Uhr, Sa 5–14 Uhr und So 5–12 Uhr; 15.10.–15.4. Di, Do, Fr 5–15 Uhr, Mi 5–13 Uhr, Sa 5–14 Uhr, So 5–12 Uhr, Mo geschlossen.

Veranstaltungen

Frühlingsfestival: eine Reihe von Konzerten und Theateraufführungen an verschiedenen Veranstaltungsorten gegen Mitte März. Karten und Infos erhalten Sie bei Tourinform.
Historischer Karneval: Ende August zum Historischen Karneval verwandelt die Stadt rund um den Hauptplatz in eine mittelalterliche Bühne. Über 600 Kostümierte ziehen mit Fackeln durch die Straßen und spielen 2000 Jahre Stadtgeschichte nach. Zahlreiche Puppentheateraufführungen, Konzerte und Darbietungen traditioneller Kunsthandwerker.
Folkloreveranstaltungen: Im Dorfmuseum finden zu Ostern und Pfingsten eine Reihe von Veranstaltungen statt.
Außerdem gibt es in der ethnographisch interessanten Őrség-Region, besonders in den Ortschaften Őriszentpéter und Hegyhátszentjakab, am letzten Juniwochenende (Fr, Sa und So) einen großen **Folkloremarkt** mit Ausstellungen von Volkskünstlern aus dem ganzen Land (auch Kutschfahrten, Pferdevorführungen und Reitmöglichkeiten).
Gegenüber der Savaria-Tourist-Filiale in **Velem** (18 km in Richtung Kőszeg), beim örtlichen Postamt, gibt es ein **Folklorezentrum**. Von Mai bis September werden hier, meist am ersten Sonntag im Monat, Veranstaltungen mit Volkskünstlern der Region durchgeführt. Holzschnitzer, Stickerinnen, Töpfer und Schmiede zeigen dann nicht nur ihre alten Künste, sondern geben auch dem Besucher die Möglichkeit, diese auszuprobieren und zu lernen. Auskunft über die aktuellen Veranstaltungstermine erteilt das Savaria-Tourist-Büro in Szombathely.
Internationaler Tanzwettbewerb: in der Kultur- und Sporthalle Szombathelys alljährlich in der Zeit Ende Mai/Anfang Juni.

Sehenswertes

Das Herz von Szombathely schlägt rund um den Templom tér, der früher Berzsenyi tér hieß. Als die Stadt 1777 Bischofssitz wurde, löste dies bei den lokalen Kirchenfürsten neben viel Freude auch die Bauwut aus. Ihnen verdanken wir einen der schönsten ungarischen Zopfstilbauten, den zweistöckigen *Bischofspalast* von 1783 (Hausnummer 1–3), ein hellbraunes Gebäude mit markantem Säulenportal (keine Innenbesichtigung), und den riesigen zweitürmigen *Dom* (1791–1815), der neben spätbarocken auch klassizistische Züge trägt (Innenbesichtigung lohnenswert, interessante Altarbilder).

Rund 60.000 Bände, darunter einige seltene Handschriften, umfasst die Bibliothek des ehemaligen *Priesterseminars* (Szily Janos 1, heute Schülerheim; keine Besichtigung), das in den Jahren 1777–79 entstand. Die meisten *Bürgerhäuser* an der Szily Janos utca entstanden nach dem Bischofs-Boom, also um 1800. Dominierend sind klassizistische Formen – der Erhaltungszustand der Gebäude ist sehr unterschiedlich.

Reste des römischen Savaria, darunter ein Palast und eine frühchristliche Basilika mit einem beeindruckenden Fußbodenmosaik, sowie Ruinen einer mittelalterlichen Burg, die nach 455 auf den Trümmern des Palastes errichtet wurde, sind im *Járdányi-Paulovits-István-Ruinengarten* (✆ 313369) rechts neben dem Dom zu sehen.

Öffnungszeiten März bis November Di–Sa 9–17 Uhr.

Mehrere weitere Funde aus der Römerzeit sind im *Savaria-Museum* ausgestellt. Neben Aquincum und Gorsium wurden in Szombathely die bedeutendsten römischen Funde in Ungarn gemacht. Der Bau in der Kisfaludy utca 9 (Eingang hinter dem Haus; ✆ und ℻ 500720) beherbergt eine große naturwissenschaftliche und archäologische Sammlung mit den ständigen Ausstellungen "Geschichte der Erde und des Lebens in Westtransdanubien", "Die Tier- und Pflanzenwelt Westtransdanubiens", "Das neolithische Dorf", "Die Geburt der Stadt" und "Die Römerstadt Savaria". Ein Raum ist wechselnden Ausstellungen vorbehalten. Die Exponate sind teilweise auch deutsch beschriftet. Die Apostelstatuen der Kirche von Ják gehören zu den schönsten Beispielen der spätromanischen, ungarischen Bildhauerkunst. Sie stehen heute im Prachtsaal des Savaria Museums.

Öffnungszeiten täglich außer Mo, 10–17 Uhr.

Am Anfang der Rákóczi utca gab es früher das Hotel Isis. Wer da wohnte, wird sich bestimmt über dessen ungewöhnlichen Namen gewundert haben. Die Lösung dieses Rätsels ist in ein paar kümmerlichen Ruinen in unmittelbarer Nähe zu finden. Es sind die Überreste eines im Jahre 188 n. Chr. direkt an der "Bernsteinstraße" erbauten *Iseums*. Dieser Tempel zu Ehren der wegen ihrer Gattenliebe verehrten altägyptischen Göttin Isis wurde im Jahre 455 durch ein verheerendes Erdbeben vernichtet.
Das Heiligtum ist eine Rekonstruktion. Einzig der Fries ist als Original erhalten. Links oben sehen Sie Osiris (links), einen Priester (Mitte) und Isis (rechts). Rechts oben auf dem Fries sind (von rechts nach links) die Gottheiten Victoria, Fortuna, Isis und Mars dargestellt.
Prunkstück des angeschlossenen kleinen Museums ist eine 1955 hier gefundene, beinahe 2.000 Jahre alte Tafel, auf der die Namen der Stifter des Iseums festgehalten sind. Im Inneren befindet sich eine kleine Ausstellung mit Bruchstücken von Gefäßen und Steinresten. Weitere Isisheiligtümer wurden z. B. in Pompeji und dem österreichischen Frauenberg gefunden.
Derzeit wird das Iseum restauriert. Es soll erst 2005 wieder dem Publikum zugänglich sein. Von hier aus können Sie die hübsche *Ziegelstein-Synagoge* sehen, die heute als Konzerthalle genutzt wird.

Ebenfalls in direkter Nachbarschaft des Iseums ist die *städtische Galerie* (Szombathely-képtár in der Rákoczi Ferenc utca 4) beheimatet. In dem grauen Betonhaus warten ein guter Fundus alter Meister und wechselnde Ausstellungen moderner bildender Künstler.

Öffnungszeiten täglich außer Mo, 10–18 Uhr.

Das *Observatorium* in der Szent Imre utja 112 beherbergt eine kleine, aber anregende Ausstellung. Besonders interessierte Sterngucker können nach rechtzeitiger Anmeldung auch einmal abends vorbeikommen und einen Blick durchs Rohr werfen.

Öffnungszeiten Mo–Fr 9–16 Uhr.

Über vierzig charakteristische Volkskunst-Baudenkmäler aus 27 Dörfern des Komitat Vas, darunter schilfgedeckte Bauernhäuser mit historischer Einrichtung und eine Wassermühle an einem kleinen See sind im Freilichtmuseum am westlichen Stadtrand zu sehen.

- Öffnungszeiten 1. Mai – 31. Oktober 9–17 Uhr, sonst 10–16 Uhr, Mo Ruhetag.
- Anfahrt zum Dorfmuseum (Árpád utca 30): 3 km vom Zentrum über die Gagarin utca; nahe dem Hotel Claudius als "Múzeumfalu" ausgeschildert.

Das *Kámoner Arboretum* in der Szent Imre Herceg utca 102, ein schöner, großer und gepflegter botanischer Garten mit rund 2.500 registrierten Pflanzen am nordwestlichen Stadtrand, lädt zum Spaziergang ein. Für Rosen- und Kakteenfreunde gibt es besondere Ausstellungen. An der Kasse ist ein deutschsprachiger Prospekt erhältlich.

Öffnungszeiten/Anfahrt täglich 9–18 Uhr geöffnet. Anfahrt: Stadtbus Linie 2. Mit dem Auto findet man es am besten so: auf der Straße Nr. 73 aus Richtung Kőszeg, kurz nach dem Ortseingangsschild von Szombathely rechts ausgeschildert; knapp 2 km.

Alles nur aus Leidenschaft

Eines der interessantesten und vielfältigsten Museen des Landes ist das Smidt-Museum in der Hollán Ernő utca 2. *Dr. Lajos Smidt* (1903–75), Krankenhausdirektor und Chefchirurg, schenkte das Ergebnis seiner lebenslangen Sammelleidenschaft im Jahre 1968 dem Komitat Vas und der Stadt Szombathely, die die Sammlung mit den Ausstellungsräumen in einem der ältesten Gebäude der Stadt, im ehemaligen Gymnasium von 1773, unterbrachte. Um seine Sammlung auszuweiten, ließ sich Dr. Smidt sein Arzthonorar oftmals in Form antiker musealer Gegenstände auszahlen. Im Erdgeschoss sieht man hier unter anderem archäologische Funde, militärgeschichtliche Exponate, eine numismatische Sammlung, Dokumente zur Geschichte der Heilkunst, Glasbläserarbeiten aus dem 19. und 20. Jh., eine Buchsammlung mit Raritäten des 16. bis 18. Jh., Modebilder, Porzellanteller und vieles mehr. Im Obergeschoss dokumentieren in drei Räumen Möbel, Mode, Porzellan, Gemälde und Gebrauchsgegenstände die stilistischen Perioden des Barock, Empire und Biedermeier. Auf dem Korridor befindet sich eine große Uhrensammlung.

Öffnungszeiten täglich außer Mo, 10–17 Uhr, Sa, So nur nach Voranmeldung.

Archäologische Ausgrabungen vor der Benediktinerabtei von Ják

Ausflüge

- **Ják**: Das kleine Dorf Ják, 12 km südwestlich von Szombathely nahe der österreichischen Grenze, ist wegen seiner ehemaligen *Benediktinerabtei* aus dem 13. Jh. das Ziel zahlreicher Touristenbusse. Die dreischiffige Basilika des 1214 gegründeten Klosters wurde im Laufe ihrer langen Geschichte mehrere Male beschädigt und sogar teilweise zerstört. Sehenswert sind die markante Westfassade und die Reste mittelalterlicher Wandmalereien an der Chorwand und in der südlichen Turmhalle, die noch vor der Kircheneinweihung im Jahre 1256 entstanden sind. Highlight ist das kunstvoll verzierte Haupttor. Die Apostelstatuen der Kirche von Ják gehören zu den schönsten Beispielen. Bilder von den zahlreichen archäologischen Funden im Dorf sind in dem Abteihaus neben der Kirche ausgestellt. Bis heute werden die Ausgrabungsarbeiten rund um die Kirche fortgesetzt. Erst vor kurzem fand man bisher unentdeckte Gräber.

  Während die mächtige Abteikirche mit dem markanten Säulenportal auch innen zu besichtigen ist, gilt dies leider nicht für die etwa gleichaltrige *St.-Jakobs-Kapelle* (um 1260 erbaut) mit dem Zwiebelturm in ihrer unmittelbaren Nachbarschaft.

- **Sárvár**: Die romantisch gelegene kleine Stadt, 27 km östlich von Szombathely (Straße Nr. 86 und 88), ist bekannt durch ihr *Thermalbad* (direkt an der Straße Nr. 84) am Ufer der Rába. Aber auch ein anderes Ausflugsziel im Ort erfreut sich starken Zuspruchs: die mächtige, fünfeckige *Spätrenaissanceburg* der Familie Nádasdy. Die erste Bauperiode der mächtigen, am Zusammenfluss von Gyöngyös und Rába strategisch günstig gelegenen Burg fällt ins 13. Jh., doch erhielt die Festung ihre heutige Form erst im 16./17. Jh.

Sehenswert ist das *Nádasdy-Museum* im Obergeschoss mit einer umfangreichen orts- und burggeschichtlichen Sammlung in prachtvollen, originalgetreu eingerichteten Sälen. Der rund um die Burg angelegte Park ist zugleich ein botanischer Garten.

Öffnungszeiten **Nádasdy-Museum**, täglich außer Mo, 9–17 Uhr.

• *Informationen* zum **Heil- und Wellnessbad** sind erhältlich unter www.badsarvar.hu, thermal@sarvarfurdo.hu.

• *Übernachten* Zimmer in Sárvár erhalten Sie über das **Savaria-Tourist-Büro** an der Burg (Várkerület 33, ✆ 95/320578, savaria tourist.sarvar@enternet.hu, Mo–Fr 8.30–16.30, Sa 8.30–11.30 Uhr).

Die gediegenste Unterkunft des Ortes ist das **Thermál Hotel Sárvár**, Rákóczi út 1, ✆ 95/888443, 📠 95/888499, thermal@savaria.hu. Das Komforthotel mit gutem Restaurant liegt direkt am Heilbad und wird vor allem von Kurgästen frequentiert. DZ mit Bad und Frühstück ca. 80 €–150 €.

▸ **Körmend**: Das von einem großen Garten mit seltenen Pflanzen umgebene ehemalige *Schloss der Familie Batthyány* wirkt seit der letzten Renovierung teilweise recht hübsch. Neben dem städtischen Theater ist darin auch ein kleines, reizvolles *Museum* untergebracht. Die bunte Sammlung enthält ortsgeschichtliche, ethnographische und naturgeschichtliche Exponate.

Öffnungszeiten täglich außer Mo, 10–15 Uhr.

• *Übernachten* Zimmer im 25 km südlich von Szombathely gelegenen Körmend erhalten Sie über das **Savaria-Tourist-Büro** in der Rákóczi út 11, 9900 Körmend, ✆ 94/410161.

Kőszeg

Am Fuße des Kőszeger Gebirges liegt die malerische kleine Provinzstadt, die ihr harmonisches Stadtbild aus dem 18. Jh. erhalten konnte - ein kleines Juwel in Pastelltönen nahe der österreichischen Grenze.

Obwohl die Siedlung mit dem deutschen Namen Güns schon im Jahre 1328 das Stadtrecht erhielt, ist sie heute mit nur 12.000 Einwohnern noch immer eine der kleinsten Städte Ungarns.

Blumenkästen zieren die Fenster der gefällig restaurierten Wohnhäuser, die in frischen Pastellfarben leuchten. Die waldreiche Umgebung lädt zum Wandern ein. Rund um das Herz der Stadt, den *Jurisics tér*, steht fast jedes Gebäude unter Denkmalschutz. An Wochenenden mit Ausflugswetter macht sich die Nähe zur österreichischen Grenze oft schon durch die vielen Besucher bemerkbar.

Im Jahre 1532 schaute für einen Augenblick einmal ganz Europa auf das kleine Kőszeg. Damals konnte die nur knapp tausend Mann starke Burgbesatzung unter dem kroatischen Hauptmann Miklós Jurisics die etwa siebzigfach überlegene türkische Armee drei Wochen lang aufhalten, was wahrscheinlich Wien rettete, zu dessen Eroberung die Türken eigentlich ausgerückt waren.

Information

• *Information* **Tourinform,** 9730 Kőszeg, Jurisics tér 7, ✆/📠 563121, koszeg@tour inform.hu, www.koszeg.hu. Unten vor dem Büroeingang zu Tourinform gibt es einen Fahrradverleih. Das Büro informiert auch detailliert über die Fahrradwege durch den Naturpark Irottkö.

Savaria Tourist, Várkör utca 69, 9730 Kőszeg, ✆ 563048, 📠 563049, tompasav@matavnet.hu. Geöffnet: Mo–Fr 8–17 Uhr und Sa 8–12 Uhr.

• *Telefonvorwahl* 94.

• *Post* Die Hauptpost liegt in der Várkör utca 65 (Mo–Fr 8–17 Uhr und Sa 8–12 Uhr).

• *Verbindungen* Mehrmals täglich fahren **Züge** nach Szombathely. Den Bahnhof finden Sie am Ende der Rákóczi Ferenc utca. **Busverbindungen** bestehen halbstündlich nach Szombathely, Bükfürdő und Sopron. Der Busbahnhof befindet sich in der Liszt Ferenc utca 1.

Übernachten

Hotel Írottkő (6), Fő tér 4, ✆ und 📠 360373, fanny2@axelero.hu, www.hotelirottko.hu. Moderner Bau in zentraler Lage mit großer Empfangshalle und komfortablen Zimmern. DZ mit Bad und Frühstück ca. 45 € je nach Saison.

Portré Hotel (5), Fö ter 7, ✆ und 📠 363170, info@portre.com, www.portre.com. Blau gestrichenes, komfortables Hotel mit Sauna in einem Haus aus dem 19. Jahrhundert direkt am Hauptplatz. Mit Bar und Terrasse, Garten im Hinterhof und nur sechs, modern eingerichteten Zimmern. DZ mit Frühstück je nach Saison ca. 40 €.

Alpokalja Panzió (10), Szombathelyi utca 8, ✆ und 📠 563251, alpok.vaspori@axelero.hu, www.apolkaljapanzio.hu. Pension in relativ ruhiger Lage neben der Str. Nr. 87 bei der Aral-Tankstelle, zehn Fußminuten vom Zentrum. DZ mit Bad und Frühstück ab 35 €. Bei der Pension befindet sich auch ein kleines Casino.

Gasthof zum Goldenen Strauß (7) (Szálloda az Arany Strucc) **(3)**, Várkör utca 124, ✆ 360323, 📠 563330. Hübsches, grünliches, älteres Gebäude in unmittelbarer Nähe des Hotels Írottkő (Zentrum), links von der Herz-Jesu-Kirche. Die DZ kosten trotz unterschiedlicher Ausstattung (manche mit Bad, andere mit Dusche; alle ohne WC) 30–40 € inkl. Frühstück. Vier von ihnen sind sehr schön mit antiken Möbeln eingerichtet. Unser Lieblingszimmer ist die Nummer 7. Wer bei offenem Fenster schläft, der wird den Gasthof wohl laut finden.

AACS Panzió és Pizzeria (1), Varkör utca 30, ✆ 563190, 📠 563191, www.hotels.hu/aaccs. Recht neue Pension mit Pizzeria und Garten zu moderaten Preisen. In der Hochsaison kostet ein DZ mit Frühstück 35 €. Hunde sind erlaubt.

Vár Turistaszálló (3), Rajnis utca 9 (Jurisics vár), ✆ 360227. Ganzjährig geöffnete Touristenherberge in der Kőszeger Burg. Das DZ kostet hier 16 €; Dusche und WC sind auf dem Gang. Junge Leute ohne größere Ansprüche können auch in den Mehrbettzimmern mit jeweils sechs bis zwölf Betten schlafen. Preis pro Person und Nacht: 8 €.

Privatzimmer vermittelt das Savaria-Tourist-Büro in der Várkör utca 69 (siehe Information). Der Preis für ein DZ liegt zwischen 10 und 12 € pro Person. Apartments für zwei bis vier Personen kosten ca 25 €. Kostenlose Zimmer- und Hotelvermittlung bei Tourinform.

Essen

Kulacs (4), Várkör 12, ✆ 563390, 📠 563289. Gemütlich eingerichtetes Lokal mit Gartenrestaurant in der Nähe des Hotels Írottkő. Gute Auswahl an Fleischgerichten um 5 €, dazu ein paar Fischgerichte. Besonders gut ist das gekochte Rindfleisch mit Letscho und Reis für 8 € (große Portion!). Geöffnet: 8–22 Uhr.

Alpesi Vendéglő (8), Munkácsy Mihály utca 2, ✆ 360347. Kleines, recht gemütliches Restaurant mit guter Auswahl an Fleischgerichten zwischen 5 und 8 €. Sehr gut war der hübsch garnierte Schweinebraten mit Pilzen und Reis für 5 €. Schneller und freundlicher Service. Geöffnet: Di–Sa. 10–21 Uhr sowie So 11–15 Uhr.

Bécsikapu (2), Rajnis utca 9, ✆ 563122. Preiswertes Restaurant mit Garten hinter dem Haus. Gute Auswahl an Fleischgerichten um 5–8 €. Reh- und Wildschweingulasch kosten 8 €. Geöffnet: 10–23 Uhr.

Columbus (9), Alsó krt. 19, ✆ und 📠 563470, info@columbuspansio.hu, www.columbuspansio.hu Neue Pizzeria, die besonders durch ihre Architektur beeindruckt, denn sie ist wie ein Schiff gebaut. Große Auswahl an Pizzen, aber auch andere Gerichte zwischen 3 und 9 €. Es gibt auch zwei bis drei Zimmer, je nach Saison 25–35 €.

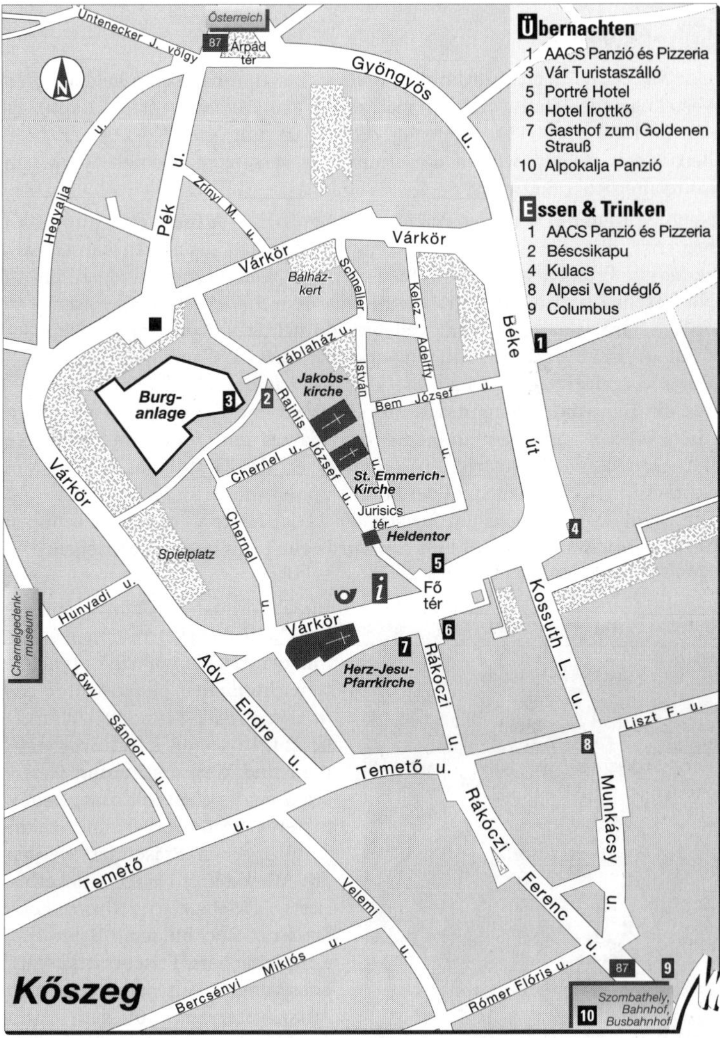

Treffpunkte

Ibrahim Kávézó, Fő tér 17, ✆ 360854. Sehr kleines, hübsches Kaffeehaus mit Straßencafé am Hauptplatz. Ausgeschenkt werden türkischer und Wiener Kaffee. Geöffnet täglich von 8–22 Uhr.

Strucc Kávéház, Várkör 126, ✆ 563345. Mit Flipper und Dartautomat eher eine Bierkneipe als ein Café – ziemlich laut. Einer der wenigen Plätze in Kőszeg, der auch nach 22 Uhr noch geöffnet ist: täglich 7–2 Uhr.

Taylor Café, Kiss J. utca 2, ✆ 563480, ✆ 563481, Treffpunkt für junge Leute und beliebtes Café mit guter Kuchenauswahl.

Sehenswertes

Den *Jurisics tér*, das Zentrum der Altstadt, benannt nach dem heldenhaften Verteidiger der Stadt, erreicht man durch das *Heldentor* (Hősi Kapu). Es wurde 1932 zum 400. Jahrestag der Belagerung von Kőszeg errichtet. Besonders idyllisch wirken die stufenartig versetzten, kleinen Häuser in mittelalterlicher Bauweise.

Nach Norden hin wird der Platz von der gotischen *Jakobskirche* (um 1400) begrenzt, die man zumeist nur vom Vorraum aus anschauen kann. Stark verblasste Fresken aus dem 15. Jh. zieren ihre rechte Innenwand, am linken Nebenschiff sind Marmorgrabsteine aus dem 15./16. Jh. eingelassen. Die üppige Barockausstattung mit reliefgeschmückter Kanzel, prunkvollem Gestühl und reichverzierten Altären wirkt hier etwas fehl am Platz.

Etwas vorgelagert findet man die kleinere, frühbarocke *St.-Emmerich-Kirche*, ein Bau vom Anfang des 17. Jh. Ihr Weiß und Ocker fügt sich harmonisch in das anmutige Ambiente des Platzes ein. Sehenswert sind die Barockaltäre und restaurierten Wandfresken des Gotteshauses (nur vom Vorraum aus). Daneben steht der Stadtbrunnen von 1818/24.

Die ehemalige *Apotheke* am Jurisics tér 11 ist heute wegen ihrer schönen Barockeinrichtung ein Museum. Sie wurde einst von Jesuiten betrieben.

Öffnungszeiten **Museum**, täglich außer Mo, 10–17 Uhr.

Frühbarocke Kirche am Jurisics tér

Im Tábornokház, dem "Generalshaus" mit der Hausnummer 6, das mit dem Heldentor eine architektonische Einheit bildet, wurde das *Jurisics-Miklós-Museum* untergebracht. In seinen Ausstellungsräumen sind Werkstätten und Gerätschaften der einst in Kőszeg beheimateten Handwerker und Kaufleute zu sehen. Präsentiert werden die Werkstätten eines Zuckerbäckers, Metzgers, Uhrmachers, Sattlers, Buchbinders, Schmieds, Kammmachers, Friseurs und eines Fotografen. Von der schmalen Aussichtsterrasse auf dem Turm des Museums hat man einen schönen Blick auf die verschachtelten Dächer der Stadt.

Öffnungszeiten tägl. außer Mo, 10–17 Uhr.

Direkt nebenan (Jurisics tér 8) ist das Kőszeger *Rathaus* zu finden. Das rot-, beige- und ockerfarbene Gebäude dürfte das älteste, noch

Köszegs ruhige Altstadt lädt zum Bummeln ein

dem ursprünglichen Zweck dienende Verwaltungsgebäude des Landes sein, wurde es doch bereits im Jahre 1328 als Rathaus genutzt. Die Fassade verdankt ihr heutiges Aussehen den Aufbauarbeiten nach einem Großbrand im Jahr 1710. Aus dieser Zeit (1712) stammen auch die drei Wappen in den elliptischen Feldern zwischen den Fenstern: Links sehen Sie das Wappen der Familie Jurisics, in der Mitte das historische ungarische Staatswappen und rechts das Stadtwappen. Die übrigen Wandgemälde stammen aus jüngerer Zeit.

Die vor rund dreißig Jahren restaurierte *Burg* aus dem 14. Jh. in der Rájnis József utca 9 beherbergt heute neben dem Touristenhotel, einigen Gaststätten und dem Kulturhaus ein stadt- und burggeschichtliches *Museum* (Vár Múzeum) mit historischen Urkunden, Waffen und Möbeln.

Öffnungszeiten täglich außer Mo, 10–17 Uhr.

Dokumente zum Lebenswerk des namhaften ungarischen Historikers Kálmán Chernel und seines Sohnes István, eines Naturwissenschaftlers, sind im *Chernel-Gedenkmuseum* ausgestellt. Das Museum befindet sich am Ende der Hunyadi út. Besonders anziehend ist hier ein kleiner botanischer Garten mit exotischen Pflanzen, den man auf jeden Fall besuchen sollte, wenn im Mai die Orchideen und Rhododendren blühen.

Öffnungszeiten 15. April – 15. Oktober Mo–Do 8–16 Uhr, Fr 8–13 Uhr, Sa, So geschlossen.

Die frischrenovierte, neogotische *Herz-Jesu-Pfarrkiche* am Fő tér wurde um 1893 erbaut. Die bunten Kirchenfenster wirken sehr hübsch. Beachtenswert ist die ornamentale Malerei an Decken, Wänden und Säulen.

Über die Kálvária utca gelangt man nach etwa einer Stunde Fußweg auf den *Kalvarienberg*. Von hier aus bietet sich ein herrlicher Blick auf Stadt und Umgebung. Wanderkarten sind im Fremdenverkehrsamt erhältlich.

Einkaufen

Das **Fisch- und Wildfachgeschäft** (Hal- es Vadszaküzlet) am Várkör (Ecke Kossuth Lajos utca) bietet das Beste von Reh, Hirsch, Wildschwein, Wildhase, Fasan, Rebhuhn und Wildente sowie Zander, Lachs, Hecht, Wels und Forelle; fast alles tiefgefroren. Außerdem ist hier Szegeder Salami im Angebot. Geöffnet: Mi–Fr 6–16 Uhr, Di und Sa 6–12 Uhr.

Edles **Herender Porzellan** zu stattlichen Preisen gibt es an der Városház utca. Geöffnet: Mo–Fr 9–17 Uhr und Sa 9–13 Uhr.

In derselben Straße liegt auch das Folkloregeschäft Piroska Folklór und ein Geschäft für Glaswaren (Hermann Kristálybolt. Porzellan und Glas der oberen Preiskategorie (auch Zsolnay und aus Kalocsa) gibt es auch in verschiedenen Geschäften rund um den Fö tér. Das **Kristallgeschäft** in dem schönen Arkadenhaus am Jurisics tér 5 (links neben dem Heldentor) lohnt einen Besuch.

Veranstaltungen

Das **Weinlesefest** wird in Kőszeg alljährlich an einem Wochenende gegen Ende September groß gefeiert. Nach dem Festumzug durch die Stadt wird überall in den Weinstuben weitergefeiert. Dazu gibt's Blaskapellen, Wein- und Bierzelte, Souvenirbuden und vieles mehr.

Die **Kőszeger Burgspiele** bieten eine Reihe von Opern- und Theateraufführungen in der Zeit zwischen Mitte Juli und Mitte August. In der Burg oder bei Tourinform erhalten Sie Auskünfte über die Einzelveranstaltungen.

Ausflüge

▸ **Bükfürdő**: Das bekannte Thermalheilbad liegt 12 km westlich von Kőszeg in reizvoller Landschaft. Der moderne Kurort verfügt über Hallen- und Freibecken mit Wassertemperaturen zwischen 26 und 38 Grad Celsius. Das Bad wurde ausgebaut und komplett modernisiert. Außerdem gibt es hier eine Reitschule, etliche Schilder mit der Aufschrift "Zimmer frei" und mehrere winzige Campingplätze, kaum größer als Vorgärten.

Informationen und Kurbuchungen Heilbad AG Bük, 9740 Bükfürdö, Termál krt. 2, ✆ 358022, 📠 358660, bgyrt@axelero.hu, www.bukfurdo.hu. Öffnungszeiten: Oktober bis März, 8–17 Uhr, April/Mai 8–18 Uhr, Juni/August 8–19 Uhr, September 8–18 Uhr.

• *Information* Tourinform, Eötvös utca 11, ✆ 558419 oder -439, 📠 359322, buk@tourinform.hu. Geöffnet: Mo–Fr 8–16 Uhr sowie Sa und So 8–12 Uhr. Vermittlung von Unterkünften in den zahlreichen Privatpensionen.

Direkt am Bad finden Sie auch eine Zweigstelle von **Savaria-Tourist** (www.infobuk.hu) mit Informations- und Privatzimmer-Service.

• *Übernachten* **Kurhotel Répce**, ✆ 358058, 📠 358460, reserve@hotelrepcegold.hun guesthotels.hu. Das große Kurhotel direkt am Bad hat sieben Stockwerke und 163 Zimmer, fast alle mit Balkon. Es liegt in einem Park und hat einen angenehmen Wellness-Bereich. DZ 152 €, in der Nebensaison 144. Pauschalpakete: eine Woche Badekur im Januar 714 €, sonst 1414 €.

Danubius Thermal & Sporthotel Bük, 9740 Bükfürdö, ✆ 889490, 📠 889499, thermal.sales@savaria.hu, www.danubiusgroup.com/danubius/buk. Das Viersternehotel mit 200 komfortablen Zimmern und eigenem Kurzentrum besticht vor allem durch seine Bademöglichkeiten. Es gibt einen Pool, ein Hallenbad mit Thermalbecken und eine neues 170 qm großes Erlebnisbad mit Unterwassermassagedüsen. Am günstigsten als Pauschalpaket buchbar.

Romantik Camping, Thérmal utca 12, ✆ 558050, 📠 558051, romcampk@matavnet.hu, www.hotels.hu/romantik_camping. Ruhiger Platz mit Schwimmbad und viel Schatten ca. 300 m vom Bad entfernt. Es gibt ein Lebensmittelgeschäft und ein Restaurant. Zwei Personen mit Auto und Zelt zahlen für eine Übernachtung 10 €.

Gute Einkaufsmöglichkeiten und günstige Zahnärzte: Sopron ist bei Deutschen und Österreichern beliebt

Sopron

Die Stadt der Kunstdenkmäler zwischen Neusiedler See und Soproner Gebirge lädt zum Bummeln und Einkaufen ein. In den schmalen Gassen, den eckigen Plätzen und begrünten Hinterhöfen der Innenstadt findet man im Sommer viele Straßencafés.

Ein Teil der östlichen Alpenausläufer reicht bis an den Stadtrand. Der mittelalterliche Grundriss der Innenstadt mit ihren Kopfsteinpflasterstraßen und heimelig wirkenden historischen Bauten blieb fast vollständig erhalten, weil Sopron aufgrund seiner Lage von Kriegen meistens verschont wurde. Über 500 Kunstdenkmäler, darunter 240 unter Denkmalschutz stehende Gebäude, sind heute registriert. Direkt im historischen Zentrum kann man einige davon zu Fuß erkunden. Auffallend ist die große Zahl von Geschäften mit wohlsortiertem Warenangebot, was sich durch den regen Einkaufstourismus aus dem nahen Österreich erklärt. Wer zu Füßen des Feuerturms einkehrt, des Wahrzeichens der 60.000 Einwohner zählenden Kreisstadt, sollte auf keinen Fall versäumen, den bekannten "Soproner Kékfrankos" zu probieren – ein köstlicher Tropfen dieser bedeutenden Weinbauregion.

Geschichte

Die Umgebung Soprons wurde bereits von Illyrern und Kelten bewohnt. In den Jahrzehnten um Christi Geburt gründeten die Römer die Stadt "Scarbantia", die Kapitol, Amphitheater und Forum besaß. Zur Zeit Karls des Großen war die Siedlung unter dem deutschen Namen Ödenburg bekannt.

1277 erhielt Sopron durch König Ladislaus IV. die Privilegien einer freien königlichen Stadt, was eine wirtschaftliche Blütezeit einleitete. Soproner Kunsthandwerk und hiesiger Wein wurden auch außerhalb der Landesgrenzen bekannt.

Während der Zeit der Türkenherrschaft blieb die Stadt trotz einiger Vorstöße von Freibeutergruppen von Belagerung und Eroberung verschont. Zum Schutz vor feindlichen Übergriffen wurde damals die Burgmauer verstärkt und mit Schanzen versehen.
Im ruhigen 18. Jh. gelangte Sopron zu einigem Wohlstand, wie die zahlreichen barocken Neubauten dokumentieren, die noch heute maßgeblich die Innenstadt prägen. Mozart, Haydn und Liszt musizierten mehrmals in Sopron.

Von großer wirtschaftlicher Bedeutung war die Eröffnung eines Kohlebergwerks im Jahre 1783, dem wenig später eine Zuckerraffinerie folgte.
Als sich bei einem Volksentscheid im Dezember 1921 die Mehrheit der Bürger Soprons (73 %) für die Zugehörigkeit zu Ungarn statt zu Österreich entschied, erhielt die Stadt den Beinamen "Civitas fidelissima", treueste Stadt.

Der Zeit der Zerstörungen besonders in den letzten Monaten des Zweiten Weltkriegs folgte eine Phase des Wiederaufbaus und der industriellen Neuentwicklung. Heute ist Sopron mit Teppich-, Textil- und holzverarbeitenden Betrieben ein Zentrum der Leichtindustrie. Der Fremdenverkehr spielt eine bedeutende Rolle für den Wohlstand der Stadt.

Information/Verbindungen

- *Information* **Tourinform**, 9400 Sopron, Elökapu utca 11, ✆ 338592, ✆ 338892. sopron@tourinform.hu, www.tourinform.sopron.hu. Fremdenverkehrsamt der Stadt Sopron und Umgebung. Geöffnet Juni–September Mo–Fr 9–20Uhr, Sa, So 9–18 Uhr. Oktober–Mai Mo–Fr 9–17 Uhr, Sa 9–13.
Ciklámen-Tourist, Ógabona tér 8, 9400 Sopron, ✆ 312040. Geöffnet: Mo–Fr 8–16.30 Uhr und Sa 8–13 Uhr
- *Telefonvorwahl* 99
- *Post* Széchenyi tér 7–10.
- *Taxi* ✆ 312034, 312222 und 333333.
- *Verbindungen* Der **Bahnhof** ist in der Állomás utca 19 zu finden. Direktzüge fahren von hier aus nach Budapest, Szombathely, Győr und Wien.
Der **Busbahnhof** liegt in der Lackner K. utca 1–3. Direktbusse gehen von hier aus nach Budapest, zum Plattensee, nach Kőszeg, Nagykanizsa, Papá, Szombathely, Győr und Zalaegerszeg.

Übernachten

Hotel Palatinus (11), Új utca 23, ✆ 523816 und ✆ 349144, hotel_palatinus@freemail.hu, www.sopron.hu/hotels/hotelpalatinus. Größeres Komforthotel in der Altstadt. DZ mit Bad und Frühstück je nach Saison ca. 50 €. Im Hotelrestaurant haben Sie eine gute Auswahl an Gerichten zwischen 8 und 15 €, z. B. gespickte Wildfilets mit Kartoffelkrapfen in Burgundersauce für 7,50 €. Gilt als eines der führenden Lokale der Stadt.
Hotel Pannónia Med (10), Várkerület 75, ✆ 312180, ✆ 340766, sopron@pannoniahotel.com, www.pannoniahotel.com. Das luxuriöse Viersternehotel gehört zur Best Western Hotelkette und wurde sehr ansprechend im klassizistischen Stil des 19. Jh. restauriert. Die Aufenthaltsräume, der Speisesaal, das Kaffeehaus und 14 der 62 Zimmer sind mit antikem Mobiliar ausgestattet. Das Hotel hat Konferenzraum für 400 Personen sowie ein Erlebnisbad, eine Sauna und einen Fitnessraum. Parken kann man in der Tiefgarage. DZ mit Frühstück je nach Saison ab 60 €.

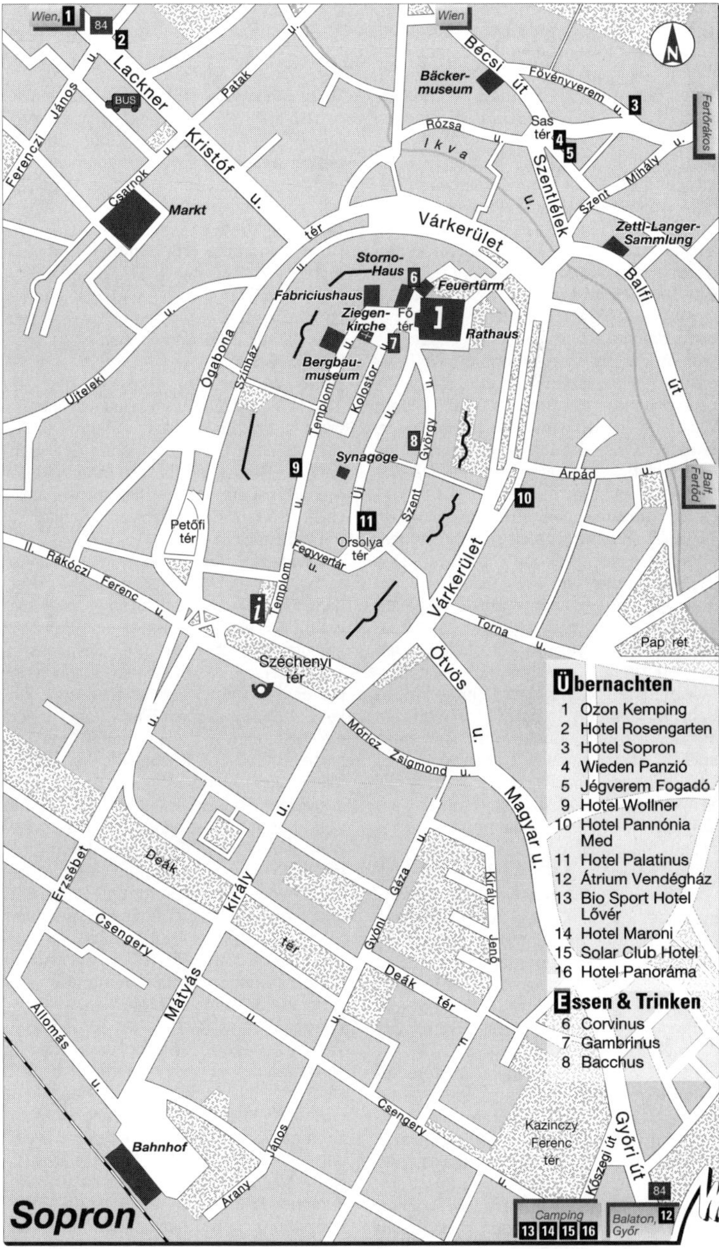
Sopron
Übernachten
1 Ozon Kemping
2 Hotel Rosengarten
3 Hotel Sopron
4 Wieden Panzió
5 Jégverem Fogadó
9 Hotel Wollner
10 Hotel Pannónia Med
11 Hotel Palatinus
12 Átrium Vendégház
13 Bio Sport Hotel Lővér
14 Hotel Maroni
15 Solar Club Hotel
16 Hotel Panoráma
Essen & Trinken
6 Corvinus
7 Gambrinus
8 Bacchus
Bäcker-museum
Markt
Storno-Haus
Fabriciushaus
Feuertürm
Ziegen-kirche
Rathaus
Bergbau-museum
Synagoge
Zettl-Langer-Sammlung
Bahnhof
Lackner Kristóf u.
Bécsi út
Várkerület
Széchenyi tér
Petőfi tér
Orsolya tér
Fő tér
Kazinczy Ferenc tér
Győri út
Magyar u.
Ötvös u.
Deák tér
Balfi út
Wien
Fertőrákos
Balf, Fertőd
Camping
Balaton, Győr

Hotel Sopron (3), Fövenyverem útca 7, ✆ 512261, ℻ 311090, hotel-sopron@sopron.hu, www.hotelsopron.hu. Moderner Neubau mit Blick auf die Altstadt rund fünf Minuten Fußweg vom Zentrum, mit Restaurant, Bierstube, Nachtclub, Swimming Pool, Sauna und Solarium. DZ mit Bad und Frühstück je nach Saison ab 55 €. Es gibt immer wieder Sonderaktionen z.B. mit Wellness-Paketen. Auch außerhalb der Saison möglichst 14 Tage vorher reservieren, da es viel von Geschäftsleuten genutzt wird und oft ausgebucht ist.

Bio-Sport Hotel Lővér (13), Várisi utca 4, ✆ 888451, ℻ 888499, hotellover@fullnet.hu, www.danubiusgoup.com/lover. Großes und modernes Viersternehotel mit Pool, großem Fitnessbereich und Sauna in parkähnlicher Umgebung nahe dem Waldrand, rund 5 km vom Zentrum entfernt im Ortsteil Löverek gelegen; innerorts relativ gut ausgeschildert. DZ mit Bad und Frühstück ab 55 €.

Hotel Szieszta, Lővér körút 62, ✆ 314260, ℻ 316923, reserve@hotelszieszta.hunguest hotels.hu, www.hunguesthotels.hu. Das Dreisternehotel liegt in Löverek gegenüber vom Hotel Marioni. Beide Gebäude stammen noch aus sozialistischer Zeit, wurden aber renoviert. Zum Hotel gehören ein großer Tennisplatz, ein Fitnessraum, eine Sauna und ein winziges Schwimmbad. Im Sommer kann man sich auf der Terrasse sonnen und Tischtennis spielen. In der Nähe gibt es einen Waldlauf-Parcours und ein öffentliches Schwimmbad. Parken kein Problem. Im Sommer machen hier viele ungarische Familien Urlaub. DZ mit Frühstück 50 €.

Hotel Maroni (14), Lőver körút 74, ✆ 312549, ℻ 341182, reserve@hotelmaroni.hunguesthotels.hu, www.hunguesthotels.hu. Das familienfreundliche Dreisterne-Hotel mit 127 Zimmern, davon 87 mit Balkon lässt an Komfort nichts zu wünschen übrig. Es liegt etwas von der Altstadt entfernt in dem ruhigen Ortsteil Löverek. Die Zimmer zur Straße bieten Waldblick. Bis heute ist in dem ehemaligen Arbeitererholungsheim etwas sozialistischer Charme erhalten. Zum Hotel gehören eine Bowlingbahn (15–23 Uhr geöffnet), eine kleine Pianobar und eine Zahnarztpraxis, wo Gäste eine erste Untersuchung und Beratung kostenlos bekommen. Sie können auch die Sporteinrichtungen des gegenüberliegenden Hotels Sziesta nutzen. Es gibt einen Kinderspielplatz. Parken kein Problem. DZ mit Frühstück und Balkon kostet 40–50 €, Silvester 81 €. Es gibt in der Nähe eine Skiloipe.

Solar Club Hotel (15), Panoráma útca 16, ✆ 311675, ℻ 311688, schhotel@mailmatav.hu, www.hsch-szallodalanc.hu. Ziemlich große, neugebaute Apartmentanlage mit mehreren Gebäuden in ruhiger Lage. DZ mit Bad und Frühstück 35 €. Dreibettapartment 40–45 €.

Hotel Panoráma (16), Panoráma útca 38 (Ecke Winkler út), ✆ 312745, ℻ 510103, panorama@dpg.hu, www.reise.info.hu/panoramasopron. Einsternehotel in Löverek. DZ mit Bad und Frühstück je nach Saison 25–35 €.

Hotel Wollner (9), Templon utca 20, ✆ 524400, ℻ 524401, wollner@fullnet.hu, www.hotels.hu/wollner.hu. Komfortables von außen rot angestrichenes Dreisternhaus im Barockstil. Es liegt innerhalb der Altstadtmauern und hat 18 Zimmer, Weinkeller, Garten, Restaurant und Sauna. DZ mit Frühstück 45–50 €.

Rosengarten (2), Lackner K. utca 64, ✆ 513613, ℻ 513633, rosengarten@rosengarten.hu, www.rosengarten.hu Wer hier wohnt (DZ ab 25 €) kann es sich im hoteleigenen türkischen Bad gut gehen lassen. Zu dem Hotel, das etwas außerhalb in der Nähe des groß ausgeschilderten Einkaufszentrums Sopron Plaza liegt, gehört ein Restaurant mit Wintergarten und Terrasse. Ungarische Küche, Steaks und Tafelspitz zu moderaten Preisen.

Jégverem Fogadó (5), Jégverem utca 1, ✆ und ℻510113, jegverem@jegverem.hu. www.jegverem.hu Große Pension mit angeschlossenem Restaurant rund zwei Fußminuten vom Zentrum. DZ mit Bad und Frühstück 35 €. "Jégverem" bedeutet Eisgrube. Unter der heutigen Pension wurden etwa bis zum Jahre 1800 die städtischen Eisvorräte gehortet. Diese "Eisgrube" wurde wiederentdeckt und renoviert.

Wieden Panzió (4), Sas tér 13, ✆ 523222, ℻ 523223, wieden@fullnet.hu, www.wieden.hu Blitzsaubere Pension mitten in der Altstadt mit angeschlossenem Restaurant (geöffnet 10–21 Uhr). Die angenehmen Zimmer verfügen alle über Dusche/WC und Sat-TV. Das DZ kostet um die 35–40 €. Nette Dachzimmer. Apartments für zwei Personen 45 € und für vier Personen 100 €. Vermittlung von Reitausflügen. Fahrradverleih, zur Zeit der Recherche kostenlos).

Das Hotel Szieszta im grünen Stadtteil Löverek: zu sozialistischen Zeiten ein Arbeitererholungsheim mit Waldblick

Átrium Vendégház (12), Kőszegi utca 3, ✆ und ℡ 313799, ornamentica@axelero.hu, www.hotels.hu/atrium. Privatpension am Anfang der Straße, die zum Campingplatz führt, zwanzig Fußminuten vom Zentrum entfernt. Die kleinen, ziemlich lauten DZ mit Bad und Frühstück kosten 35 €.

Privatzimmer vermitteln das Ciklámen-Tourist-Büro am Ógabona tér 8. Preise: Doppelzimmer ab 20 € und Apartments für zwei bis sechs Personen ab 35 €.

Ózon kemping (1), Erdei Malom köz 3, Sopronbánfalva, ✆ 331144, ℡ 523371. ozoncamping@sopron.hu, www.ozoncamping.sopron.hu. Schöner, ruhig gelegener Privatcampingplatz an der Straße nach Brennbergbánya; rund 5 km von der Soproner Innenstadt entfernt. Etwas Schatten und von 8–23 Uhr geöffnetes Buffet. Zwei Personen mit Auto und Zelt zahlen hier ca. 15 € pro Nacht; ein einfacher Bungalow mit Doppelbett kostet inkl. Frühstück für zwei Personen 20 €. Ganzjährig geöffnet.

Essen (siehe Karte S. 431)

Corvinus, (6), Fő Ter 8, ✆ 505035. Gleich neben dem zentralen Feuerturm gelegen, mit schöner Terrasse und einem Interieur, in dem die laute Klimaanlage etwas nervt. Neben preiswerten Pizzen gibt es auch einen Matyás Tál (Matthias-Platte) für zwei Personen: Hirschfleisch, Rotkohl, Reis, Champignons, Gänsekeule und panierter Zander für knapp 16 €. Was so bombastisch klingt, wird ziemlich schnell auf einer langweiligen Portionen-Holzplatte serviert, schmeckt aber gar nicht schlecht. Ein ungarisches Gösser-Bier kostet hier (0,3) 1,20 €.

Bacchus (8), Szent Gy utca 15, ✆ 340017. Am Fuß der doppelten römischen Stadtmauer führt ein Durchgang in dieses Restaurant, das zu ungarischen Gerichten (ab 7 €) hausgemachte Weine aus einer eigenen Kellerei bietet: u.a. Blaufränkischen, Cabernet Sauvignon und grünen Veltelini. Durchgehend von 11–22 Uhr geöffnet.

Gambrinus (7), Fö ter 3, ✆ 339966, ℡ 524926. Historisch eingerichtetes großes Kellerrestaurant mit traditioneller ungarischer und österreichischer Küche ab 8 €. Davor sitzt man im Sommer gemütlich auf Holzbänken mit Blick auf den Hauptplatz. Manchmal Zigeunermusik oder Gruppenveranstaltungen.

Treffpunkte

Sehr angenehm sitzt man im **Liszt Szalon**, Szent György utca 12, www.lisztszalon.hu, einer Konditorei mit einer permanenten Franz List Ausstellung und hübscher Innenhofterrasse. Auch Schokoladenverkauf. Geöffnet: täglich 9–21 Uhr.

Cézár borozó am Hátsókapu 2 ist ein typisch eingerichteter Weinkeller in zentraler Lage. Auf der Karte stehen ausschließlich regionale Weine wie der Soproner Blaufränkische (Kékfrankos), Muskateller, Traminer und Riesling. Dazu gibt es auch kleinere Gerichte. Geöffnet: 10–21 Uhr.

Dáridozó, Disco in der Baross utca 3. Mittwoch und Donnerstag oft junger Sound, Freitag bis Sonntag oft 70er Jahre-Musik.

Sport

• *Baden* **Hallen- und Freibad Lőver**, Lőver körút 82, mit Fitnessraum, Sauna und Solarium. Außerdem gibt es noch den beliebten Badeteich Tómalom (Teichmühle) am Ortsausgang in Richtung Fertőrákos (Posonyi utca).

• *Reiten* Reitmöglichkeiten gibt es im Vadon Lovasklub in Ágfalva (✆ 330925) und in Nagycenk im Horváth és Lukács Lovas Club (✆ 360274, www.horvath-lukacs.hu) Weitere Infos und Reservierung über Tourinform.

• *Wandern* Ein schöner **Wanderweg** (hin und zurück eine Stunde) führt vom Hallenbad zur Károly-magaslat (Karlshöhe), von der man einen herrlichen Ausblick auf den Neusiedler See und die Ausläufer der österreichischen Alpen hat. Der Weg ist mit Ciklámen (Alpenveilchen) ausgeschildert. Sie können ebenso beim Hotel Lőver mit dem Weg beginnen.

Schöne **Spazierwege** gibt es auch auf dem Bécsi-domb, dem Wiener Berg im Norden der Stadt. Parkplatz am früheren Restaurant Hubertusz.

Einkaufen

In Sopron gibt es zahlreiche Geschäfte. Besonders viele im gesamten Innenstadtbereich und am Várkerület, dem ehemaligen Lenin körút.

Wegen der großen Auswahl lohnenswert ist ein Besuch im **Zsolnay-Porzellangeschäft** am Feuerturm (Elökapu 11). Geöffnet: Mo–Fr 8–17 Uhr.

Veranstaltungen

Veranstaltungskalender und Eintrittskarten sowie Auskünfte über alle Veranstaltungen im Stadtgebiet gibt es bei **Tourinform** und beim **Festival-Büro** am Széchenyi tér 17–18, ✆ 338673.

Frühlingsfestival: alljährlich Konzerte, Ausstellungen und Theatervorstellungen sowie Spezialitätenwochen in einigen Restaurants der Stadt.

Soproner Festwochen: Oper, Konzert- und Folkloreveranstaltungen im Juni/Juli.

Wagnerfestival: Galaabende mit Gesang im August.

Weinfest: im Mai mit Straßenumzügen und Folkloremärkten. Weil diese Veranstaltungen wetterabhängig sind, empfiehlt es sich, kurz vorher beim Festival-Büro am Széchenyi tér 17–18 die genauen Termine zu erfragen.

Sehenswertes

Durch das "Treuetor" im *Feuerturm*, dem mittelalterlichen Wahrzeichen der Stadt, gelangt man von Norden in die Innenstadt. Unmittelbar neben dem Treuetor gibt es ein kleines Museum mit Funden aus der Römerzeit. Durch das Museum ist auch der Aufstieg auf die Galerie des Feuerturms möglich, die einen herrlichen Ausblick auf Stadt und Umgebung eröffnet.

Öffnungszeiten **Museum**, vom 1. April – 30. Oktober täglich außer Mo, 10–18 Uhr.

Jenseits des Treuetors Richtung Innenstadt (Fußgängerzone) prägen den *Fő tér* ansehnliche Häuser aus dem 15. Jh. und einige Museen wie das Apotheken-Museum mit historischer Einrichtung (Patika-Múzeum, Hausnummer 2).

Öffnungszeiten täglich außer Mo, 10–14 Uhr, April bis Oktober 10–18 Uhr.

Hauptplatz mit Blick zum Feuerturm

Gegenüber, im über 550 Jahre alten *Storno-Haus* (Hausnummer 8) ist die ehemals private Kunstsammlung der Familie Storno untergebracht. Ein Teil der Ausstellung ist nur im Rahmen einer Führung zu besichtigen. Unter anderem findet man hier Dokumente zur Ortsgeschichte, alte Möbel und kunstgewerbliche Gegenstände.

Öffnungszeiten täglich außer Mo, 10–18 Uhr, vom 1. Oktober – 31. März nur bis 14 Uhr. Führungen jede halbe Stunde.

Das barocke *Fabriciushaus* (Haus Nr. 6) beherbergt die archäologische Abteilung des Liszt-Ferenc-Museums. Während oben Ausgrabungen aus der Eisenzeit zu sehen sind (Gefäße, Schmuck und Werkzeuge), befindet sich im Keller ein Lapidarium, in dem unter anderem römische Götterstatuen gezeigt werden. Außerdem wurden im Haus zwei Wohnungen mit sehr schönem Mobiliar aus dem 18. Jh. als Museum eingerichtet.

Öffnungszeiten täglich außer Mo, 10–18 Uhr, vom 1. September – 30. April nur bis 14 Uhr. Drei verschiedene Eingänge.

Nach Süden hin wird der Fő tér durch die eintürmige gotische *Ziegenkirche* (Kecske-templom) begrenzt. Nach der Legende soll eine Ziege einst den Schatz freigelegt haben, mit dem die ehemalige Franziskanerkirche finanziert wurde. Sehenswert ist ihre üppig barocke Inneneinrichtung. Im 17. Jh. wurden hier fünf Landtage abgehalten und drei Krönungen durchgeführt.

Den Mittelpunkt des Platzes bildet die *Dreifaltigkeitssäule* von 1701.

Die mittelalterliche *Synagoge*, Új utca 22, die um 1300 erbaut wurde, gilt als drittälteste in Europa. Im teilweise rekonstruierten Gebäude ist eine kleine Sammlung jüdischer Kultgegenstände untergebracht.

Öffnungszeiten vom 1. Mai – 30. September täglich außer Di, 9–17 Uhr.

Schräg gegenüber (Hausnummer 11) entdeckte man in einem jahrhundertelang als Wohnhaus genutzten Gebäude bei Renovierungsarbeiten um 1960,

Heißer Sommertag in Sopron: Mitarbeiter der Stadt versorgen die Pflanzen mit Wasser

dass es ursprünglich ebenfalls eine Synagoge war. Sie entstand nur wenige Jahrzehnte nach der oben genannten.

Lohnenswert ist auch ein Besuch im *Bergbaumuseum* (Központi Bányászati Múzeum) in der Templom utca 4. Es beschäftigt sich mit dem Bergbau am nahen Brennberg, wo seit 1752 Kohle abgebaut wird, anhand von Fotos, Maschinen, Modellen und Gesteinsproben. Außerdem eine kleine Gemälde- und Skulpturensammlung zum Thema Bergbau.

Öffnungszeiten täglich außer Mo, ganzjährig 10–14 Uhr.

Im Gebäude des *Bäckermuseum* (Pék Múzeum, Bécsi út 5) existierte in der Zeit von 1666 bis 1950 eine Backstube. Heute kann man hier nicht nur die historische Einrichtung der Bäckerei und des Verkaufsraums, sondern auch des Wohnbereichs der Bäckerfamilie besichtigen. Im ehemaligen Mehllager dokumentiert eine kleine Ausstellung die Entwicklung des Bäckerhandwerks (ausgestellt sind Zunftkisten, Meisterbriefe, Rezeptbücher u. a.).

Öffnungszeiten täglich außer Mo, 10–14 Uhr.

Der *Orsolya tér* (Fußgängerzone) ist ein kleiner, stimmungsvoller Platz im Süden der Altstadt. Im "Lábasház" (= Haus mit Füßen), einem Laubenganghaus aus dem 18. Jh., werden wechselnde Ausstellungen von bildenden Künstlern aus der Region gezeigt.

Öffnungszeiten täglich außer Mo, ganzjährig 10–18 Uhr.

Ebenfalls am Orsolya tér befindet sich die katholische *Kirchliche Kunstsammlung* von Sopron.

Öffnungszeiten Mai–Okt, täglich außer Montag 10–16 Uhr. Nov–April geschlossen.

Die stattliche *Zettl-Langer-Privatsammlung* in der Balfi utca 11 entstand um die Wende vom 19. zum 20. Jh. und umfasst nahezu alles, dessen ein Sammler damals habhaft werden konnte. Sie war schon in sozialistischer Zeit eine der wenigen "Privatsammlungen" in Ungarn.
Sollte während der ebenso freundlichen wie informativen deutschsprachigen Führung die Standardfrage auftauchen: "Wissen Sie, was das ist?", dann können Sie mit Ihrem Wissen glänzen, wenn Sie die richtige unter den folgenden Antworten wählen: 1. eine Dochtschere, 2. eine römische Amphore, 3. ein Fackelhalter (Vorläufer der Stehlampe). Viel Spaß beim Verblüffen!
Öffnungszeiten täglich 10–12 Uhr, außer Montag.

Ausflüge

- **Brennbergbánya**: Das in reizvoller Waldlandschaft gelegene deutschsprachige Dorf finden Sie rund zehn Kilometer westlich von Sopron, mitten im einst gesperrten Grenzgebiet zu Österreich. Das kleine *Bergbaumuseum* mit Werkzeugen, Ausrüstungsgegenständen und anderen Dokumenten über den örtlichen Bergbau ist beinahe am Ende des Sackdorfes zu finden. Danach lohnt sich ein Besuch im Wirtshaus unterhalb der Kirche.
Öffnungszeiten **Museum**, täglich außer Mo, 9–13 Uhr.

- **Fertőrákos**: Der kleine Ort liegt 8 km nordöstlich von Sopron direkt am Neusiedler See, dessen versumpftes Ufer hier schwer zugänglich ist. Das gilt natürlich nicht für das 4 km vom Ort entfernte Strandbad. Auch hier geht es nur sehr flach ins Wasser. Neben dem ganz netten öffentlichen Bad (flaches Wasser) gibt es keine Bademöglichkeit und das schilfbewachsene Ufer ist nicht besonders spektakulär. Es fahren Ausflugsschiffe nach Mörbisch in Österreich. Von dort hat man noch mehr Möglichkeiten für Schiffsausflüge. Im Ort gibt es an der Hauptstraße zahlreiche private Zimmervermieter sowie vereinzelt Restaurants und Weinkneipen. Ausgeschilderte Fahrradwege führen nach Sopron und um den Neusiedler See. Die gesamte Region um den Neusiedler See wurde 2001 zum Weltkulturerbe erklärt.
Eine Besonderheit in Fertőrákos ist der *Steinbruch*, der bereits in der Römerzeit eine wichtige Rolle spielte. Aus den hier gebrochenen Steinen wurde die Stadtmauer Scarbantias, wie Sopron damals hieß, erbaut. In späterer Zeit wurden selbst im 70 km entfernten Wien einige Wohnhäuser aus diesem Material errichtet. Erst im Zweiten Weltkrieg hat man den Steinbruch stillgelegt, weil er durch die Einführung neuer Werkstoffe (Eisenbeton) unrentabel geworden war.
Durch den jahrhundertelangen Gesteinsabbau wurden aus den mächtigen Kalksteinfelsen wahre Felsendome gebrochen: Die riesigen Hallen mit der vortrefflichen Akustik bilden heute während der Soproner Festwochen eine imposante Kulisse für Opern-, Konzert- und Folkloreveranstaltungen. An einigen Stellen treten an dem vor rund 15 Millionen Jahren entstandenen Leitha-Kalkstein Fossilien (meist Meeresalgen und Muscheln) zutage. Der innerorts gut ausgeschilderte Steinbruch (Kőfejtő) ist das ganze Jahr über Besuchern zugänglich.
Öffnungszeiten November bis Mai 8–17 Uhr, Mai bis November 8–19 Uhr.

Balf: bekannter Kurort mit schwefelhaltigem Heilwasser, das besonders für Rheumakranke geeignet ist, 9 km südlich von Fertőrákos. Das hotelähnliche Krankenhaus für Kurgäste ist in einem schönen Barockschloss untergebracht.

• *Übernachten* Für zwei Wochen Pauschalkur mit Vollpension und Unterbringung im DZ finden Sie in den Katalogen der Anbieter je nach Saison und Ausstattung günstige Angebote. Ein DZ im **Kurhotel Schloss Balf** (9494 Balf, Fürdősor 1–3, ✆ 99/314266, 📠 339800) kostet mit Bad und Frühstück ca. 80 €.

Preiswerter kommt die Unterkunft im **Kur-Camping Castrum** (9494 Balf, Wischinskyudvar, ✆ 357024, 📠 314422) einem mittelgroßen, wenig schattigen Platz direkt an der Hauptstraße. Er liegt rund 500 m vom Heilbad entfernt und verfügt über ein Café, Restaurant und Lebensmittelgeschäft. Zwei Personen mit Auto und Zelt zahlen hier 10 € pro Nacht. Ganzjährig geöffnet.

• *Information* **Heilbad Balf**, 9494 Balf, Fürdö sor, ✆ 99/314060, 📠 339800.

Nagycenk

In Nagycenk, 14 km südöstlich von Sopron, erinnert alles an *Graf István Széchenyi*, den "größten Ungarn" (1791–1860). Auf dem Hauptplatz des Dorfes, dem Széchenyi tér, steht sein Denkmal und nicht weit davon entfernt, auf dem Friedhof, sein Mausoleum. Sein Lebenswerk, die Förderung der kulturellen und wirtschaftlichen Entwicklung Ungarns in der Reformzeit (1825–1848), würdigt das Gedenkmuseum im ehemaligen Schloss seiner Familie.

Dieses imposante weiße, klassizistische Gebäude liegt nahe dem Schnittpunkt der Straßen Nr. 84 und 85. Es ist als Museum und als Schlosshotel ausgeschildert. Im Büro des Széchenyi-Museums kann man einen Kassettenrekorder ausleihen. Dieser deutschsprechende Begleiter lässt vieles verständlich werden, was ohne Erklärung schlicht langweilig wäre.
Im Obergeschoss ist ein Verkehrsmuseum mit Fotos, Zeichnungen und Modellen der Verkehrsmittel Eisenbahn, Schiff und Kutsche angegliedert. Außerdem werden im Schloss eine Sammlung zur Entwicklungsgeschichte der Industrie (Modelle von Lokomobilen, Dampfmaschinen sowie Messinstrumente und optisches Gerät) und eine numismatische Ausstellung mit Münzen vom 10. Jh. bis zur Gegenwart gezeigt.

Öffnungszeiten täglich außer Mo, 10–18 Uhr, November bis März 10–16 Uhr.

Der von István Széchenyi erbaute Seitenflügel des Schlosses mit den Pferdeställen beherbergt heute ein Hengstdepot. Pferdeliebhaber dürfen hier die Tiere nicht nur anschauen, sondern zuweilen auch ausreiten.

• *Übernachten* Das **Schlosshotel Széchényi** in der Kiscenki utca 3 (✆ und 📠 99/360061, kastelyszallo.nagycenk@syneco.hu; DZ mit Bad und Frühstück 64–87 €. Wochenpauschalen im DZ 350–400 €. Im Preis inbegriffen ist der Eintritt zum Museum und zum Thermalbad in Balffürdő, 6 km nordwestlich. Der linke Seitenflügel des Széchenyi-Schlosses bildet eine architektonische Einheit mit Museum und Hengstdepot. Das Komforthotel hat insgesamt 19 Zimmer und 2 Apartments sowie ein sehr gutes Restaurant. Hauptgerichte ab 15 €.

Ein 15 Morgen großer Park umgibt das Schloss. Ihm gegenüber erstreckt sich eine 2,5 km lange Lindenallee, die 1754 angepflanzt wurde. Hier ist auch die Endstation der "Museumseisenbahn Széchenyi", die von April bis Oktober auf der knapp 4 km langen Strecke nach Fertőboz verkehrt (Fahrtdauer eine gute halbe Stunde).

Das Versailles Ungarns – das Schloss Eszterházy in Fertőd

Fertőd

Ein großes schmiedeeisernes Tor bewacht den Zugang zum "Versailles Ungarns", 27 km östlich von Sopron. Der Sage nach schuf ein unbekannter Schmied das dreiflügelige Prunktor. Nach der Fertigstellung wurde er dann vom eifersüchtigen Fürsten geblendet, der verhindern wollte, dass der Künstler etwas noch Schöneres schaffen könnte.

Das große, ockerfarbene Schloss der Familie Eszterházy liegt an der nördlichen Parallelstrecke zur Straße Nr. 85 (Sopron-Győr) am westlichen Ortsrand Fertőds. Der Besucherparkplatz ist nicht zu übersehen.

Nikolaus Eszterházy, der von seinen Zeitgenossen mit den bezeichnenden Beinamen "der Glänzende" und "der Prachtliebende" bedacht wurde, ließ das Gebäude mit der markanten Hufeisenform in der Zeit von 1762–66 errichten. Die hohen Einnahmen des Fürsten aus seinen zahlreichen Ländereien erlaubten ihm, Zeit seines Lebens einen höchst aufwendigen Lebensstil zu führen. So werden oft seine Worte zitiert: "Was der Kaiser sich leisten kann, das kann auch ich mir leisten." Davon konnte sich auch Kaiserin Maria Theresia überzeugen, als sie 1773 auf Schloss Eszterháza weilte.

Doch schon im Jahre 1790 hatte mit dem Tode Nikolaus Eszterházys mit einem Schlag alle Pracht ein Ende: Die Familie übersiedelte nach Kismarton, das Schloss verwahrloste, und der Park verwilderte. Erst nach dem Zweiten Weltkrieg begann im Sozialismus die Instandsetzung dieses Symbols des Feudalismus.

Die 126 Zimmer des Barockschlosses beherbergen heute eine Mittelschule und natürlich ein Museum.
Die Besichtigung des Schlossmuseums, wo man erfolgreich bemüht war, die einstige Pracht des "Prunksaals" und des "Maria-Theresia-Zimmers" zu rekonstruieren, und des angegliederten Haydn-Museums mit Dokumenten aus dem Leben des bekannten Hofmusikers der Familie Eszterházy ist nur im Rahmen einer Führung möglich. Die Renovierungsarbeiten am Schloss werden voraussichtlich die nächsten Jahre andauern. Das Schloss lässt sich zwar besichtigen, aber man muss damit rechnen, dass Teile zeitweilig geschlossen sind.

Öffnungszeiten 16. April – 15. Oktober von 10–18 Uhr, 16. Oktober – 15. April von 10–16 Uhr, Mo Ruhetag.

Alljährlich im Juli/August finden hier die *Haydn-Festspiele* (auch mit Stücken anderer Komponisten) statt. Auskunft über die genauen Termine und Kartenverkauf direkt im Schloss.

• Information **Tourinform**, 9431 Fertöd, Joseph Haydn utca 3, ✆ (99)370182, ℻ (99) 370544, fertod@tourinform.hu. Mitte Juni bis Mitte September Mo–Fr 9–19 Uhr, Sa, So 9–13 Uhr, sonst Mo–Fr 9–16 Uhr. Im östlichen Flügel des Schlosses gibt es ein kleines Hotel mit 19 Räumen zu relativ günstigen Preisen. Allerdings muss man es lange vorausbuchen. Infos hierzu und zu weiteren örtlichen Unterkünften über Tourinform.

Kapuvár

Die rund 20.000 Einwohner zählende nordtransdanubische Stadt 40 km östlich von Sopron ist das historische Zentrum der interessanten Region *Rábaköz*. Ihr Name bedeutet "Tor" und "Burg".

Dieser Tatsache widmet sich das in dem ockerfarbigen Barockschloss der Stadt untergebrachte Rábaközi-Museum. Die Festung von Kapu war zunächst ab der Mitte des 12. Jh. eine wichtige Grenzburg, die der Kurutzengeneral Antal Eszterházy schleifen ließ. Um 1750 wurde dann an gleicher Stelle das Barockschloss errichtet, in dem heute neben dem Museum die Amtsräume der Gemeindeverwaltung untergebracht sind.
Außer der archäologischen, burg- und stadtgeschichtlichen Abteilung des *Museums* ist es vor allem die Volkskunstsammlung, die Interesse verdient. Unter anderem sieht man hier Holzschnitzarbeiten, Keramik, bemalte Möbel und im Flur einige Vitrinen mit Folklorestickereien und Trachten.

Öffnungszeiten täglich außer Mo, 10–18 Uhr.

Im Museum erhält man auch den Schlüssel für die rund 100 m entfernte *Pátzay-Pál-Skulpturenausstellung*. Sie umfasst Gipsbüsten und -skulpturen berühmter Ungarn sowie eine Auswahl hübscher, kleiner Bronzestatuetten des namengebenden Künstlers (1896–1979).

• Übernachten Transitreisende übernachten zwar nicht besonders komfortabel, aber preiswert im **Hanság Hotel** (✆ 96/ 242311, ℻ 242291). Das Hotel mit der markanten Aluminiumfassade liegt nur rund 50 m von der Straße Nr. 85 entfernt und teilt sich das Gebäude mit dem städtischen Theater. Die DZ mit Dusche oder Bad/WC kosten ab 30 €.
Weitere Infos: **Ciclamen-Tours**, Fő tér, ✆ (96)242131. Mo–Do 7.30–16 Uhr, Fr 7.30–15.30, Sa 7.30–12 Uhr.

Barocke Architektur prägt Györs Innenstadt

Győr

Die barocke Flussstadt liegt im Herzen des Kisalföld, der Kleinen Tiefebene. Winkelige Kopfsteinpflasterstraßen, sonnenbeschienene Plätze und zahlreiche historische Baudenkmäler prägen den Stadtkern auf dem Káptalanhügel.

Ein Hauch von Geschichte und südländischer Gelassenheit liegt in der Luft. Diese Tatsache wird jeden erstaunen, der Győr nur von der Durchgangsstraße auf dem Weg nach Budapest kennt. Säumen doch diesen Weg heruntergekommene Altbauten, moderne Wohn- und Industriegebäude sowie das abschreckend bombastische, neobarocke Rathaus. Nur wenige Meter nördlich der Straße Nr. 10 jedoch erstreckt sich das "andere" Győr.

Rund um das Zentrum und einstigen Marktplatz der Innenstadt, den Széchényi tér, kreuzen sich schmale Gassen und prachtvolle Straßen, die für Fußgänger reserviert sind. Wer sich hier treiben lässt, steht oft nach gar nicht langer Zeit vor einer Brücke, denn Győr ist die "Stadt der vier Flüsse" (Mosoni-Donau, Rába, Rábca und Marcal). Museumsbesuche und ein Stadtbummel lassen sich hier bei einem anregenden Kurzaufenthalt verbinden.

Doch auch dies ist nur ein Ausschnitt der Wirklichkeit, was jeder bestätigen wird, der auch die modernen Stadtviertel und Trabantensiedlungen Győrs gesehen hat. Schließlich ist die 130.000 Einwohner zählende Stadt nicht nur der bedeutendste industrielle Ballungsraum in Nordtransdanubien, sondern auch Verwaltungszentrum des Komitats Győr-Moson-Sopron und des Kisalfölds (Kleine Tiefebene). Auch als Universitätsstadt und Kulturmetropole ist Győr bekannt, und das hiesige Ballettensemble ist sogar weltberühmt.

Geschichte

Der Ort war bereits seit Jahrtausenden besiedelt, bevor ihn die Römer "Arrabona" nannten – ein Name, der auf das Keltische zurückgeht. Vor der Jahrtausendwende entstand der deutsche Name der Stadt: Raab.
Schon der erste ungarische König, Stephan der Heilige, machte Győr zum Bischofssitz. Die mittelalterliche Burg konnten die Türken Ende des 16. Jh. nur durch Verrat einnehmen. Doch schon vier Jahre später wurde sie zurückerobert.

Im 18. Jh. entwickelte sich Győr dank des Donauhafens nach Pest zum zweitwichtigsten Handelszentrum des Landes. Der Aufstieg zu einem der größten Industriezentren Ungarns begann in der zweiten Hälfte des 19. Jh. Nach und nach siedelten sich hier viele Betriebe der Maschinenbau, Textil-, Lebensmittel- und Baustoffbranche an.

Information

• *Information* **Tourinform** (Informationsbüro der Stadt Győr und Umgebung), Árpád útca 32, ✆ und ✆ 311771, gyor@tourinform. Geöffnet Mo–Fr 8–20 Uhr; in der Saison auch Sa und So 8–18 Uhr.
Ciklámen-Tourist, Aradi vértanúk útja 22, 9021 Győr, ✆ 311557. Geöffnet: Mo–Do 8–16 Uhr, Fr 8–14 Uhr und Sa 8–12 Uhr. Hier kann man auch Stadtführungen buchen (mindestens einen Tag vorher). Preis: für eine Dauer von bis zu drei Stunden pro Gruppe 15 €. In der Regel bekommt man hier oder auch bei Tourinform einen örtlichen Veranstaltungskalender.

• *Telefonvorwahl* 96.

• *Baden* Das modernisierte Thermalbad liegt am linken Ufer der Rába: Ország utca 4, täglich 9–18 Uhr.

Übernachten

Hotel Klastrom (7), Zechmeister utca 1, ✆ 516910, ✆ 327030, klastrom@arrabonet.gyor.hu, www.hotels/hu.klastrom. Eines der besten Hotels von Győr. Das einstige Kloster im Herzen der Altstadt bietet gepflegtes Ambiente und viel Ruhe. DZ mit Bad und Frühstück 65 €–85 €. Sehr gut und relativ teuer isst man im angeschlossenen Hotelrestaurant. In dem schönen Innenhof kann man sich im Sommer sein Bier schmecken lassen.

Hotel Rába (11), Árpád út 34, ✆ 889406 ✆ 889440, raba.reservation@danubiusgroup.com/raba. Großes, zentral gelegenes Dreisternehotel direkt an der verkehrsreichen Durchgangsstraße. Fast immer hoffnungslos überfüllt. EZ mit Bad und Frühstück 80 €, DZ mit Bad, Frühstück und Aircondition 115 €, Apartment 125 und 140 €.

Szárnyaskerék Hotel (14), Révai utca 5, ✆ 314629, ✆ 317844. Die preiswerte Alternative in zentraler Lage, direkt am Bahnhof. Das größere, ältere Haus mit Lift ist häufig ausgebucht. DZ mit Bad/WC 30 €, nur mit Waschgelegenheit 25 €, Vierbettzimmer 40 €, Achtbettzimmer 45 €. Frühstück extra. Fahrradverleih und Restaurant im Haus.

Hotel Corvin (16), Corvin útca 17–19, ✆ 515490 und 312171, ✆ 515491, corvinh@freemail.hu. Das kleine Hotel mit 16 DZ und 2 Apartments liegt in der gleichen Straße wie die gleichnamige Pension, ist nur 300 m von der Innenstadt entfernt und leicht von der Bus- und Bahnstation zu erreichen. Einige Zimmer haben einen ISDN Anschluss. EZ 25 €, DZ 30 €, Dreibettzimmer 40 € und Apartments 45 €. Frühstück extra.

Hotel Schweizerhof (3), Sarkantyú köz 11–13, ✆ 329172, ✆ 326544, info@schweizerhof.hu. In diesem zentral gelegenen, komfortablen kleinen Hotel gibt es ein Restaurant, einen Wellness-Bereich und man kann auch Weine kaufen und probieren. Doppelzimmer in der Hochsaison ab 50 €.

Hotel Stop (13), Mészáros Lőrinc utca 20, ✆ und ✆ 416999. Plattenbau rund 2 km südöstlich der Innenstadt – innen nicht so schlimm. Alle Zimmer mit Bad/WC und Frühstück: DZ 25–30 €, Dreibettzimmer 20 €. Tennishalle.

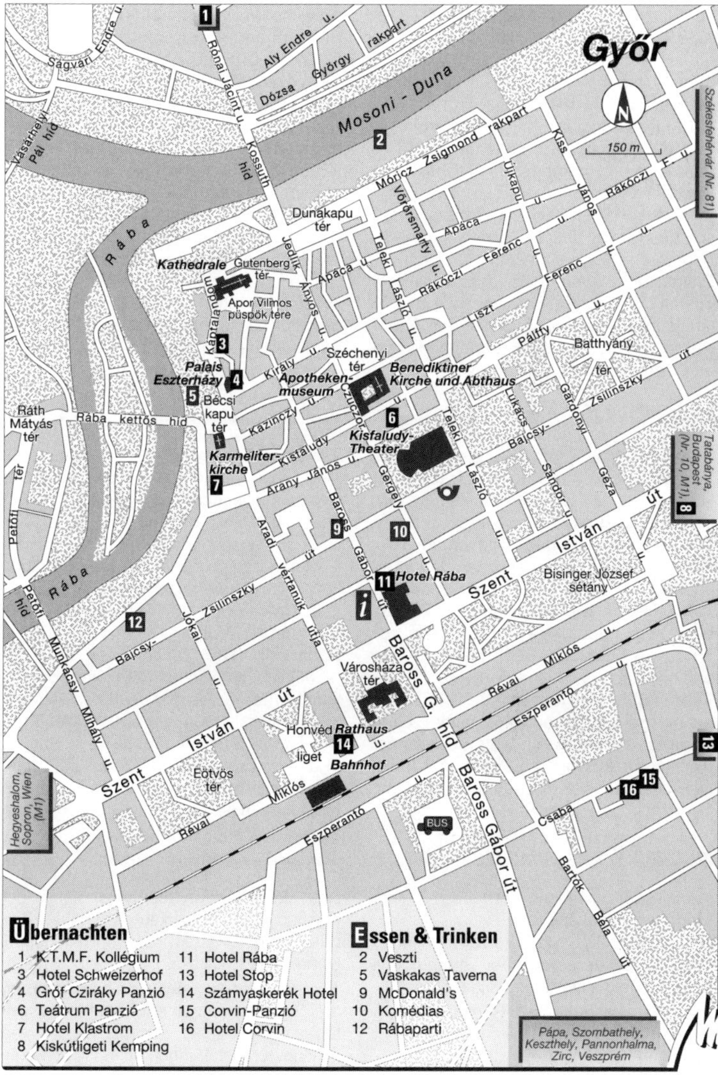

Teátrum Panzió (6), Schweidel utca 7, ✆ 310640, ℻ 329084, etterem@teatrum.hu, www.teatrum.hu. Hübsche kleine Privatpension in zentraler Lage, direkt am Stadttheater. DZ mit Bad/WC und Frühstück 45 €. Restaurant im Haus.

Corvin-Panzió (15), Csaba utca 22, ✆ 515490, ℻515491, corvinhotel@freemail.hu, www.corvinhotel.hu. Ziemlich nahe dem Zentrum gelegene Privatpension mit angenehmen Zimmern und freundlichem Service. Es gibt nur drei DZ mit Bad/WC – inkl. Frühstück ab 35 € pro Nacht.

Gróf Cziráky Panzió (4), Bécsi kapu tér 8, ✆ 310688, ℻310688, grofczirakypanzio@axelero.hu, www.hotelcziraky.hu Direkt am Platz Bécsi kapu gelegen, ist diese ruhige Pension mit 11 Zimmern wirklich empfehlenswert. Unten ist ein Irish Pub, wo man im Sommer draußen auf der Terrasse auch Kaffee trinken kann. DZ ab 45 €.

K.T.M.F. Kollégium (1), Hédervári út 3, ✆ 429722. Unterkunft für junge Leute in den Mehrbettzimmern der Technischen Hochschule während der Sommerferien – ohne besonderen Komfort. Preis pro Person und Nacht: 10 €. Geöffnet: 1. Juli – 31. August.

Privatzimmer vermittelt das Ciklámen-Tourist-Büro in der Aradi vértanúk útja 22 (siehe Info). Preise: DZ ab 30 € und Apartments für bis zu vier Personen und mindestens eine Woche ab 35 €.

Ähnliche Preise verlangt auch das IBUSZ-Büro in der Kazinczy utca 3, ✆ 311700, 📠 329560, i051@ibusz.hu.

Kiskútligeti Kemping (8), Kiskútliget, ✆ und 📠 318986 oder 06303081003. Mittelgroßer, gutgeführter Platz am Stadtrand hinter dem großen Stadion auf einem Wiesengelände, rund 4 km vom Zentrum entfernt gelegen; ausgeschildert von der Straße Nr. 10 in Richtung Budapest. Fast kein Schatten, Buffet und Restaurant. Preise: Zwei Personen mit Auto und Zelt zahlen pro Nacht 10 €, Motelzimmer für bis zu 3 Personen kosten 38 € und Bungalows für bis zu drei Personen 40 €. Geöffnet: 1. April – 15. Oktober.

Essen (siehe Karte S. 443)

Komédiás (10), Czuczor Gergely utca 30, ✆ 319050. Sehr gute Küche – fast immer voll. Neben den wenigen Plätzen im Erdgeschoss gibt es noch weitere Tische im Keller, einem großen Tonnengewölbe. Kleine Auswahl an ungarischen und internationalen Spezialitäten; meist unter 6 €. Sehr lecker ist die Hirschkeule mit Preiselbeersauce. Spezialität des Hauses ist Hahnhoden-Gulasch. Geöffnet: 11–24 Uhr und sonntags 19–24 Uhr.

Veszti (2), Móricz rakpart 3, ✆ 337700. Das preiswerte Restaurant auf einem alten Dampfer ist bei jungen Leuten beliebt hat eine große Auswahl an Pizzas und mexikanischen Gerichten. Geöffnet täglich von 11–1 Uhr.

Vaskakas Taverna (5), Bécsi kapu tér 3, ✆ 322655. Im gemütlich eingerichteten und zentral an dem Fluss Rába gelegenen "Eisernen Hahn" gibt es eine gute Auswahl an Fleischgerichten und Suppen im mittleren Preisbereich. In dem Gebäude waren früher die Kasematten. Abends Zigeunermusik und am Wochenende Disco. Geöffnet: 11–4 Uhr.

Rábaparti (12), Zechmeister utca 15, ✆ 318712. Gemütliches Restaurant mit bekannt guter Küche und mittlerer Auswahl an Hauptgerichten ab 5,50 €. Geöffnet: Mo–Do 10–23 Uhr, Fr und Sa 10–24 Uhr.

In der Baross Gabór út 23 auf der Höhe der Bajcsy-Zsilinszky utca gibt es einen **McDonald's (9)**.

Einkaufen/Veranstaltungen

• *Einkaufen* Jeden Vormittag kleiner **Markt** am Dunakapu tér.

Das große Glas- und Porzellangeschäft **Üveg-Porcelán** in der Aradi Vértanuk utja 8 (Ecke Virag piac) bietet eine gute Auswahl an Edelkeramik (Herender, Zsolnay, Kalocsaer) und Bleikristall. Geöffnet: Mo–Fr 9–19 und Sa 8–13 Uhr.

Ein ähnliches Warenangebot finden Sie auch im **Ékszerbolt** in der Baross Gábor út 22. Geöffnet: Mo–Mi und Fr 8–18 Uhr, Do 8–16 Uhr und Sa 8–12 Uhr.

In der **Képcsarnok**, der Gemäldegalerie in der Bajcsy-Zsilinszky utca 35 (Ecke Czuczor Gergely utca), können Sie Gemälde und Kunsthandwerkliches erstehen. Und zwar: Mo–Fr 9–18 Uhr und Sa 9–13 Uhr.

Das kleine **Antiquitätengeschäft** in der Kisfaludy utca 26 verkauft Gemälde, Porzellan und Glas. Geöffnet: Mo–Fr 10–18 Uhr und Sa 10–14 Uhr.

• *Veranstaltungen* **Győrer Musiksommer**, drei Wochen im Juli mit Theater, Konzerten von Rock über Pop bis Klassik und Folkloreveranstaltungen an verschiedenen Orten der Stadt (Rathaus, Stadttheater usw.). Karten sind nur im Straßenverkauf in der Fußgängerzone erhältlich (nahe dem Hotel Rába).

Wer das berühmte, häufig im Ausland gastierende **Ballettensemble** im Győrer Kisfaludy-Színház sehen will, muss schon monatelang vorher reservieren lassen, am besten per E-Mail über Tourinform.

Sehenswertes

Hauptanziehungspunkt der Győrer Altstadt ist die ehrwürdige *Kathedrale* am Apor Vilmos Püspök tere. Während ihre Grundmauern noch aus dem 11. Jh. stammen, geht das heutige, klassizistische Aussehen des Gotteshauses auf einen Umbau um 1823 zurück. Sehenswert sind die prachtvolle barocke Innenausstattung sowie die von Franz Anton Maulpertsch (1724–1796), dem bedeutendsten Maler des österreichischen Spätbarock, gearbeiteten Fresken und Altarbilder.

Boot auf dem Fluss Rába

In der um 1404 angebauten gotischen *Hedervary-Kapelle* wird die aus vergoldetem Silber gefertigte Herme von König Ladislaus dem Heiligen aufbewahrt (darunter versteht man einen Pfeiler mit Kopf- oder Brustbild). Sie ist ein wertvolles Beispiel früher ungarischer Goldschmiedekunst Anfang des 15. Jh. Reiche Schatzkammer.

Hinter der Kathedrale im ehemaligen *Palast des bischöflichen Gutsverwalters* (Apor Vilmos Püspök tere 1–2) sind Skulpturen, Grafiken und Kupferreliefs des zeitgenössischen Bildhauers Miklós Borsos ausgestellt, der heute in Tihany am Plattensee lebt.

Öffnungszeiten **Ausstellung**, täglich außer Mo, 10–18 Uhr, 1. Okt. – 30. April nur bis 17 Uhr.

Xantus-János-Museum: Die reiche Sammlung wurde nach einem ungarischen Asien- und Amerikaforscher des 19. Jahrhunderts benannt und ist in drei Sektionen aufgeteilt:

Die *stadtgeschichtliche, archäologische und ethnographische Abteilung* ist am Széchényi tér 5 (Ecke Rákóczi utca) zu finden. Die umfangreichste und sicher auch interessanteste Abteilung des Museums ist im 1741/43 erbauten "Abtshaus" (Apátúr-ház) untergebracht.

Das ehemalige Palais Eszterházy in der Király utca 4 beherbergt im ersten Stockwerk die *Bildergalerie* des Xantus-János-Museums. Im Volksmund wird das Barockgebäude auch "Napoleonhaus" genannt, weil dieser im Jahre 1809 für drei Tage hier geweilt haben soll.

Steinmetzarbeiten aus Burg- und Stadtgeschichte, darunter Relikte aus der Römerzeit, erwarten Sie im *Lapidarium* am Bécsi kapu tér 5, im sogenannten "Sforza-Hof" und in einem rund 80 m langen Gang in den Kasematten der alten Burg.

Öffnungszeiten **Xantus-János-Museum**, 1. April – 31. Okt. täglich außer Mo, 10–18 Uhr.

Die *Karmeliterkirche* am Bécsi kapu tér 15 ist eine große, eintürmige Barockkirche im charakteristischen Ocker. Erbaut wurde sie in der Zeit von 1721–25. Bestaunen Sie die vom Architekten der Kirche, Martin Witwer, entworfene Innenausstattung mit barocken Bänken und dem schönen Altarbild. Die Deckenfresken entstanden erst viel später.

Den guten Ton getroffen

Die vor einigen Jahren verstorbene, berühmte ungarische Keramikerin *Margit Kovács* schenkte 1974 ihrer Geburtsstadt vierzig ihrer Werke, die in der *Margit-Kovács-Sammlung* (Rózsa Ferenc utca 1) ein ständiges Zuhause gefunden haben. Die Sammlung ist zwar nicht sehr groß, gibt aber mit ansprechenden und originellen Keramikwerken einen aufschlussreichen Überblick über ihre Arbeit. Die größte Sammlung mit Keramiken von Margit Kovács befindet sich übrigens in Szentendre (siehe dort).
Öffnungszeiten täglich außer Mo, 10–18 Uhr (in der Wintersaison nur bis 17 Uhr).

Die *Széchenyi Patika* am Széchényi tér 9 (Ecke Czuczor Gergely utca) ist ein Apothekenmuseum. Doch die ehemalige Apotheke der Jesuiten mit ihrer historischen Einrichtung ist noch immer in Betrieb. Eine ältere Dame, die Deutsch spricht, erklärt hier gerne das eine oder andere Detail. Sehenswert sind die gläsernen Arzneibehälter und die Fayencen sowie die fresken- und stuckgeschmückte Decke.
Öffnungszeiten Mo–Fr 7.30–16 Uhr, Mi ab 10 Uhr, Sa/So geschlossen.

Ausflüge

Pannonhalma

Auf einem der nördlichen Ausläufer des Bakonygebirges, 21 km südöstlich von Győr (Straße Nr. 82), überragt seit fast tausend Jahren die mächtige ungarische *Erzabtei des Benediktinerordens* ein grünes Tal. Zu ihren Füßen entwickelte sich abseits der Hauptverkehrsstraße ein verschlafenes Dorf – Pannonhalma.
Die Aussicht von der nur 282 m hoch gelegenen Abtei ist herrlich: Langsam geht das Hügelland vom Süden nach Norden in die Kleine Tiefebene über. Während ein bedeutender Teil des Klosterkomplexes, der auch heute noch von Mönchen bewohnt wird, auf das 13. Jh. zurückgeht, datieren die übrigen Gebäude aus späteren Epochen. Das Kloster selbst wurde schon im Jahre 996 durch Fürst Giza, den Vater des ersten ungarischen Königs, gegründet.
Für den regen Besucherstrom sind allerdings nicht allein die Baudenkmäler verantwortlich, sondern vor allem das Klosterarchiv mit seiner über 300.000 Bände umfassenden Bibliothek, die wertvolle Gemäldegalerie, vorwiegend mit italienischen, deutschen und niederländischen Meistern des 16. bis 18. Jh. sowie die Antiquitäten-, Münz- und naturwissenschaftliche Sammlung des Ordens. Die Besichtigung ist allerdings nur im Rahmen einer einstündigen Führung möglich (auch deutschsprachig). Alljährlich wird am 19./20. oder 20./21. August der Klosterschatz ausgestellt.

In der Kirche finden das ganze Jahr hindurch durchschnittlich einmal pro Monat Orgelkonzerte statt. Karten sind mindestens zehn Tage im voraus beim Ciklámen-Tourist-Büro in Győr oder direkt vor Ort erhältlich.

• *Öffnungszeiten* **Kloster**, Di–So 8.30–18 Uhr, im Winter nur 9.30–16.30 Uhr, Mo geschlossen. Eintritt: Die normalen Führungen, die täglich außer Mo, um 11 und 13 Uhr stattfinden, kosten 2 € pro Person. Bei Extraführungen kommen zu dieser Gebühr noch einmal 2,50 €, die sich die Teilnehmer teilen.

• *Information* **Tourinform**, Pétőfi útca 25, ✆ 470187, 📠 471733, pannonhalma@tourinform.hu Geöffnet täglich 9–18 Uhr, September bis Mai 10–18 Uhr. Liegt etwas außerhalb. Besser zu erreichen ist **Pax-Tourist**, direkt am schmiedeeisernen Tor der Abtei (Vár utca 1), ✆ 96/570191, 📠 570192, pax@osb.hu.

• *Telefonvorwahl* 96.

• *Übernachten/Essen* In der **Klosterstube** am Parkplatz unterhalb der Abtei, wird eines unserer Lieblingsbiere ausgeschenkt (Weltenburger Klosterbräu).

Hotel Pax (Dózsa György utca 2, ✆ 470006, 📠 470007, paxhotel@axalero.hu). Mit Sauna, Bar und Restaurant unten im Dorf Pannonhalma. Alle Zimmer haben Dusche/ WC, Telefon und Satelliten-TV. DZ mit Frühstück je nach Saison ab 40 €. Das angenehme, komfortable Hotel ist gut ausgeschildert.

Ebenfalls im Dorf Pannonhalma finden Sie den familiär geführten **Panoráma-Privatcampingplatz**, der, auf einem stark abfallenden Wiesengelände fast ohne Schatten gelegen, seinem Namen alle Ehre macht. 9090 Pannonhalma, Fenyvesalja utca 4a, ✆ 471240. Der Platz ist von der Straße Nr. 82 und auch vom Ort aus gut beschildert. Preise: 4-Bett-Bungalows ab 20 € pro Nacht, zwei Personen mit Auto und Zelt 8 €. Geöffnet: vom 1. Mai bis Ende September, bei gutem Wetter auch länger.

▸ **Szigetköz**: Das 450 qkm große, landschaftlich reizvolle Gebiet erstreckt sich nordwestlich der Straße Győr – Mosonmagyaróvár zwischen Mosoni-Donau und dem Hauptarm des Flusses. 24 kleine Gemeinden verstecken sich hier nahe der slowakischen Grenze. Das Dorf *Ásványráró*, 18 km von Győr, gilt als beliebtes Angelsportzentrum. Angelkarten sind beim Ciklámen-Tourist-Büro in Győr erhältlich.

Mosonmagyaróvár

Das Flussstädtchen zwischen Donau und Leitha, 35 km westlich von Győr, in der Nähe des Grenzübergangs Hegyeshalom/Nickelsdorf, schien bis vor wenigen Jahren noch fast ausschließlich von Industrie und vom Durchgangsverkehr auf der Straße Nr. 10 geprägt zu sein. Inzwischen hat sich die Transitstadt aber recht gut entwickelt: Viele Gebäude wurden renoviert, und auch die gastronomische Szene ist deutlich lebendiger geworden.
Der barocke Stadtkern an der ebenfalls stark befahrenen Straße Nr. 15 (zur slowakischen Grenze) kann mit einer *Burg* aus dem 13. Jh. (heute Agraruniversität) aufwarten. Im *Hánság-Museum* ist eine umfangreiche ethnographische Ausstellung über diese Region zu sehen.

Öffnungszeiten/Adresse **Museum**, täglich außer Mo, 10–18 Uhr, im Winter nur bis 14 Uhr Szent István utca 1.

• *Information* **Tourinform**, Kápolna tér 16, ✆ und 📠 206304, mosonmagyarovar@tourinform.hu. Mo–Fr 10–17 Uhr, Sa, So 10–12.30 Uhr, außer in der Nebensaison.
Auskünfte und Infomaterial erhält man auch im **Ciklámen-Tourist** in der Szent István utca 88, ✆ 217344. Geöffnet: Mo–Fr 8–16 Uhr und Sa 9–12 Uhr.

• *Telefonvorwahl* 96.

• *Übernachten* **Hotel Solaris**, Lucsony utca 19, ✆ 215300, 📠 217788, www.hotels.hu/solaris. Hübsches, modernes Hotel mit

Transdanubien

bewachtem Parkplatz in ruhiger Lage beim Thermalheil- und Schwimmbad. Alle Zimmer mit Dusche/WC, TV und Frühstück: DZ ab 35 €, Dreibettzimmer 50 € und Vierbettzimmer 65 €. Die Anfahrt ist innerorts gut ausgeschildert.

Hotel Lajta, Palánk utca 3, ✆/℻ 211824. Das Hotel Lajta liegt unweit vom Hotel Solaris, ist aber nicht ganz so einladend. Es werden hier auch Heilmassagen angeboten. Alle Zimmer mit Dusche und WC; Frühstück geht extra (rund 3,50 € pro Person). DZ ab 35 €. Das Haus ist innerorts gut ausgeschildert.

Hotel Panorama, Frankel Leó utca 21, ✆ 216167, ℻ 206840, hotel@panoramahotel.hu, www.panoramahotel.hu. Innerorts gut ausgeschilderte Unterkunft am Ortsrand. Sehr freundlicher Service und 15 helle, angenehm eingerichtete Zimmer. DZ mit Bad/WC, TV und Frühstück 45 €, Apartment für vier Personen (zwei Schlafzimmer) ca. 60 €. Die Zimmer mit Blick auf Fluss und Garten sind am schönsten. Sauna, Solarium, Friseur und Kosmetikstudio im Haus.

Minerva Hotel, Engels Frigyes út 2, ✆ 579823, ℻ 215602. 40-Zimmer-Hotel direkt an der lauten Durchgangsstraße (Nr. 1) in einem wenig einladenden Bau; innen halb so schlimm. DZ mit Bad und Frühstück 40 €.

Kis Duna Motel, Gabona rakpart 6, ✆ und ℻ 216433, ℻ 219846, www.hotels.hu/kis_duna. Kleines Motel mit Restaurant direkt an der lauten Straße Nr. 1 am Ortsausgang in Richtung Győr. Die Zimmer sind gerade noch annehmbar; WC auf dem Gang. DZ mit Dusche ab 30 € je nach Saison, Dreibettzimmer mit Gemeinschaftsbad auf dem Flur ab 35 € je nach Saison.

Der örtliche **Campingplatz** ist wegen seiner ungünstigen Lage direkt an der Hauptverkehrsstraße nicht unbedingt zu empfehlen.

• *Essen* **Ambrózia**, Magyar utca 16–18, ✆ 217113. Das Restaurant lebt fast ausschließlich von Touristen. Nicht schlecht sogar, dank der guten Küche mit einer riesigen Auswahl an Fleisch-, Geflügel-, Wild- und Fischspezialitäten zu mittleren Preisen. Geöffnet: 11–21 Uhr, im Sommer eine Stunde länger.

Tata

Die Stadt der Wassermühlen liegt zwischen der Kleinen Tiefebene und dem Gerecsegebirge. Seen, Parks und Wasserläufe prägen die Umgebung und selbst das Zentrum der kleinen Stadt.

Wo im Osten das Kisalföld auf die bewaldeten Hügel des Gerecsegebirges trifft, liegt der Ferienort Tata, im Süden von den sanften Ausläufern des Vértesgebirges umschlossen. Die Romantik im Biergarten einer Csárda am Ufer des Öreg-tó (Alter See), um den sich die Stadt hufeisenförmig anschmiegt, war es wohl, die früher die Touristen in Scharen herführte.

Seit Bekanntwerden der starken Verschmutzung des Sees und dem Verlust der Bademöglichkeiten hat der Andrang jedoch sehr nachgelassen. Jetzt versucht man, durch Umweltschutzmaßnahmen den alten Ruf wiederherzustellen. Doch das braucht Zeit.

Von den ökologischen Schäden ist allerdings das beliebte Fényes-Bad, eine Heilquelle im 2,5 km nördlich gelegenen gleichnamigen Stadtteil, nicht betroffen. Auch die historisch bedeutsame Burg und einige wenige der 23 Wassermühlen in Tata sind einen Besuch wert. Der hübsche Englische Garten istein angenehmer Ort zum Spazierengehen.

Die 30.000 Einwohner zählende Stadt ist jedoch nicht allein auf den Fremdenverkehr angewiesen. Teppich- und Lederindustrie sowie eine Ziegelfabrik prägen das Wirtschaftsleben entscheidend mit. Nahe dem englischen Park befindet sich heute eines der größten ungarischen Sportlertrainingslager.

Plattensee: Die Badewanne Ungarns (PS) ▲▲
Versteckt vor den Touristen: Boote am Plattensee (PS) ▲

▲▲ Fähre ab Tihany (TB)
▲ Héviz: Der größte Thermalwassersee Europas (TB)

Kutschfahrt im Káli-Becken am Nordufer des Plattensees (TB) ▲

▲▲ Schilfgedecktes Haus in Tihany (PS)
▲ Abendstimmung in Badacsony am Plattensee (UTA)

▲▲ Portal der Abteikirche von Tihany (TB)

Seeufer mit Aussicht: Tata

Geschichte

Die Umgebung von Tata war seit Urzeiten von Menschen bewohnt. Das belegt ein spektakulärer, etwa 500.000 Jahre alter Ausgrabungsfund im 5 km entfernten Vértesszöllős (vgl. Ausflüge).
In der Römerzeit war die Ortschaft Szőny (15 km nordwestlich gelegen, heute Stadtteil von Komarom) für die Region von überragender Bedeutung. Die dortigen reichen archäologischen Funde sind im Tataer Burgmuseum und im Budapester Nationalmuseum zu besichtigen.

Tata selbst wurde vermutlich zur Zeit der Landnahme, kurz vor der Jahrtausendwende gegründet. Schon während der Herrschaft der Arpaden war die Siedlung königlicher Besitz. Die mittelalterlichen Ritterspiele und Jagden von Tata gelangten zu einiger Berühmtheit. König Ludwig II. hielt hier im Jahre 1510 einen Reichstag ab.
Zur Zeit der Türkenkriege spielten Ort und Burg eine wichtige Rolle, die sie trotz wechselndem Kriegsglück und starken Zerstörungen bis in die Zeit der Freiheitskämpfe behielten.

Die jüngere Entwicklung der Stadt, die sich in der Errichtung einer ganzen Reihe von Barockgebäuden manifestiert, begann im Jahre 1727 mit dem Kauf des Ortes durch den Grafen József Eszterházy. In dem ehemaligen Schloss seiner Familie unterzeichnete am 14. Oktober 1809 Kaiser Franz II. den Schönbrunner Friedensvertrag. Die letzte Sternstunde Tatas fällt auf den 1./2. Mai 1849, als in der letzten Phase des ungarischen Freiheitskampfes gegen die Habsburger der ungarische Heerführer Görgey hier mit seinen Truppen lagerte, bevor er zum Sturm von Buda ausrückte. Erst im Jahre 1954 wurde Tata zur Stadt erhoben.

Information

• *Information* **Tourinform**, Ady Endre utca 29, 2890 Tata, ✆ und 📠 586045, komarom-m@tourinform.hu. Öffnungszeiten: im Sommer (1. Mai – 31. August) Mo–Fr 9–18 Uhr und Sa, So 9–17 Uhr, im Winter Mo–Fr 9–16 Uhr. Geldwechsel, Jagdtouren und Veranstaltungskalender.

• *Telefonvorwahl* 34.

Übernachten

Hotel Kristály, Ady Endre utca 22, ✆ 383577, 📠 383614, kristhot@alarmix.net, www.hotels.hu/kristaly_tata. Hübsches, frisch renoviertes, ockerfarbenes Hotel mit Bierbar und Restaurant an der Hauptstraße im Zentrum. Der Eingang befindet sich an der linken Gebäudeseite. Die meisten Zimmer haben Blick auf den ruhigen Innenhof mit Sitzterrasse, der sehr ansprechend begrünt wurde. Alle Preise inkl. Frühstück: DZ mit Bad/WC 45 €, DZ mit Dusche 35 € und Dreibettzimmer mit Dusche 40 €.

Hotel Gottwald, Fekete út 1, ✆ 586114, gottwald@freemail.hu, www.hotels.hu/gottwald. Ansehnliches Komforthotel in reizvoller Lage mit gutem Restaurant für 150 Personen mit Terrassse. DZ mit Frühstück ab 40 €, Apartment ab 50 €.

Monika Panzió, Tópart sétany, ✆ und 📠 383208, monikapanzio@netquick.hu. Zwar nicht die modernste Pension, dafür direkt am Seeufer. Einmal in der Woche gibt es eine Gulaschparty. Fragen Sie am besten nach einem Zimmer mit Seeblick. Doppelzimmer knapp 40 €.

Hotel Arnold, Erzsébet király tér 8, ✆ 588028, 📠 482530. Gelb gestrichene, ruhige Pension im Herzen von Tata direkt neben dem Englischen Garten. Mit traditioneller ungarischer Küche. Hunde sind willkommen. Ab 50 €.

Öreg-Tó Club Hotel, Fáklya út 4, ✆ und 📠 487960. www.hotels.hu/oreg_to_tata. Das Haus mit Bierstube und Sportmöglichkeiten liegt ruhig hinter dem Campingplatz. Im Hotelbereich sind alle Zimmer mit Dusche und WC ausgestattet. Preise inkl. Frühstück: DZ ab 35 €. Es gibt hier auch Mehrbettzimmer (ab15 €), u.a. in kleinen Holzhütten, mit gemeinsamem Bad und WC sowie Apartments. Zum Hotel gehören ein großes Restaurant, wo bis zu 200 Personen Platz finden und auch Hochzeiten ausgerichtet werden.

Öreg-tó-Kemping, Fáklya utca 2, ✆ und 📠 383496, oregto@mail.matav.hu. Mittelgroßer Platz mit Tennisplätzen und Restaurant am Alten See; etwa die Hälfte des Areals ist schattig. In unmittelbarer Nähe gibt es einige Buden mit Lebensmittel- und Eisverkauf (kleine Bazarzeile). Das Gelände liegt rund 2 km südlich vom Zentrum. Die Anfahrt ist von der Straße Nr. 100 in Richtung Tatabanya ausgeschildert. Zwei Personen mit Auto und Zelt zahlen hier 15 € pro Nacht. Bungalows mit zwei Schlafzimmer, Dusche/ WC und Küche kommen auf ab 20 € pro Person. Geöffnet: 15. April – 15. Oktober.

Essen

Halászcsárda, Tópart utca 10, ✆ 380136. Die Fischerschenke liegt idyllisch direkt am Ufer des Alten Sees und ist von der Straße Nr. 100 auf Höhe des Tourinform-Büros ausgeschildert (100 m). Gute Küche mit preiswerten Fischgerichten und ungarischen Spezialitäten. Auch Gartenbetrieb – dann sitzt man an Holztischen mit Blick auf den See. Geöffnet 12–22 Uhr.

Zöld Lovak, Ady Endre utca 17, ✆ 481681. Typisch ungarische Gerichte ab 8 € in einem mittelalterlich rustikal eingerichteten Restaurant mit Terrasse. Täglich ab 12 bis 23 Uhr geöffnet, am Wochenende bis 24 Uhr.

Kalósz Fregatt Restaurant und Pub, Almási útca 2, ✆ 382382, 📠 586052, www.hotels.hu/kaloz. In dem Restaurant im Zentrum von Tata sitzt man wie an Deck

Apotheke in Tata

eines Piratenschiffs. Es hat auch eine überdachte Terrasse. Mexikanische, internationale und ungarische Gerichte ab 12 € und eine große Auswahl an Cocktails. Geöffnet So–Do 12–24 Uhr, Sa, So 12–2 Uhr.

Treffpunkte

Die **Weinstube Zsigmond** in den Kasematten der Burg bietet manchmal Zigeunermusik, aber immer gute Weine. Täglich außer Di, von 12–23 Uhr geöffnet. Der beliebteste Tanzschuppen ist die **Brooklyn Disco in der Május 1 útca.**

Sport

- *Angeln* am besten im nahen Cseke-See.
- *Baden* Das **Fényes-Heilbad** mit Frei- und Hallenbecken sowie finnischer Sauna liegt 3 km nördlich der Innenstadt am Fényes Fasor.
- *Fahrradtouren* Fahrradverleih am Öreg-tó-Camping.
- *Reiten* im **Táltos Lovasklub**,in der Fekete utca 2 a, ✆ 2422233, ℻ 381018. **Maestoso**, weiterer Reitclub mit Pension. Eine Stunde kostet ca. 10 €. Auskunft im Tourinform-Büro in der Ady Endre utca 9.
- *Wassersport* Obwohl das Baden im **Öreg-tó** wegen der starken Verschmutzung nicht zu empfehlen ist, wird hier weiter Wassersport getrieben. Wie lange die Klärung des Sees noch dauern wird, ist nicht abzusehen. Direkt am Seeufer nahe dem Campingplatz gibt es eine Ausleihstelle für Kajaks, Kanus und Surfbretter. Im Sommer verkehrt auf dem See ein Promenadenschiff. Die Rundfahrt dauert rund eine Stunde.

Sehenswertes

Die *Öregvár*, die Alte Burg, liegt am Nordufer des Öreg-tó. Die Ende des 14. Jh. erbaute Wasserburg wurde im 19. Jahrhundert durch ihren damaligen Eigentümer, die Familie Eszterházy, mehrmals umgebaut. Schon in den

Jahren 1764–69 errichteten sie im Park neben der Burg ein Zopfstil-Schloss (heute Krankenhaus, November 7 tér, keine Innenbesichtigung).

Die Burg beherbergt heute das *Kuny-Domokos-Museum* mit archäologischen Funden, Volkskunstgegenständen und einer kunstgewerblichen Sammlung. Im Lapidarium stehen römische und mittelalterliche Steinmetzarbeiten. Ferner gibt es im Turmzimmer eine ständige Ausstellung des stark vom Surrealismus beeinflussten Malers Ferenc Martyn.

Öffnungszeiten täglich außer Mo, 10–18 Uhr. Eingang von der Vár alja utca. In der Nebensaison nur bis 14 Uhr und an Wochenenden bis 16 Uhr.

In der ehemaligen Synagoge in der Rákóczi utca (Ecke Malom köz) ist heute das *Museum für antike Skulpturkopien* untergebracht. Es dokumentiert die klassische Bildhauerkunst der griechischen und römischen Antike anhand von über 200 Statuen- und Reliefkopien in Originalgröße.

Öffnungszeiten täglich außer Mo, 10–18 Uhr.

Die Nepomucénus-Mühle in der Alkotmány utca 1 beherbergt das städtische *Museum der Ungarndeutschen*. In ihm sind die Lebensumstände der deutschen und auch der slowakischen Minderheiten im 18./19. Jh. dokumentiert. Unter anderem findet man historisches Mobiliar und Volkskunstgegenstände. Daneben wechselnde Ausstellungen.

Öffnungszeiten täglich außer Mo, 10–18 Uhr.

Sehr schön anzuschauen ist die von Grund auf renovierte *Cifra-Mühle* in der Váralja út. Sie wurde 1587 erbaut und um 1753 barock umgestaltet (keine Innenbesichtigung).

Der *Kalvaria-domb* (Kalvarienhügel, Fekete utca 2) liegt rund zwanzig Fußminuten vom November 7 tér entfernt und steht seit 1958 unter Naturschutz. Auf seinem Gipfel stehen eine kleine Kapelle von 1755 und ein Aussichtsturm. 1984 wurde zudem ein geologisches Freilichtmuseum (Gesteinsschichten, Fossilien) eröffnet, in das auch die nahe *Urmenschenhöhle* mit ihren reichen kulturhistorischen Funden einbezogen ist. Zutritt ist nur im Rahmen einer Führung möglich.

Öffnungszeiten Di–Fr 10–16 Uhr, Sa, So 10–18 Uhr. .

Ausflüge

- **Vértesszőlős**: Die Urmenschensiedlung von Vértesszőlős, 5 km südlich von Tata, ist von der Straße Nr. 100 als Museum ausgeschildert. Wer sich nur mäßig für Archäologie interessiert, wird an der relativ kleinen Ausstellung des Freilichtmuseums wenig Freude haben, zumal die bedeutendsten Funde im Budapester Nationalmuseum zu sehen sind. Da die Exponate nur in Ungarisch, Englisch und Russisch beschriftet sind, empfiehlt sich der Kauf des detaillierten deutschsprachigen Prospekts an der Kasse. Die frühzeitlichen Tier- und Menschenspuren werden unter einem Schutzdach aufbewahrt.

  Öffnungszeiten April bis Oktober Di–Fr 10–15 Uhr, Sa, So 10–18 Uhr. Im Winter geschlossen.

- **Tatabánya**: Die 80.000 Einwohner zählende Stadt, 10 km südlich von Tata, ist eine der bedeutendsten Bergwerksstädte des Landes und völlig vom

Braunkohleabbau geprägt. Die "Turul-Statue" des sagenhaften Adlers, der einst die landnehmenden Fürsten nach Ungarn geführt haben soll, steht auf einer Anhöhe über der Stadt. Sie wurde 1896 zur 1.000-Jahr-Feier der Landnahme errichtet und überblickt majestätisch die Autobahn Győr – Budapest (M 1). Von dem 303 m hoch gelegenen Denkmal eröffnet sich eine beeindruckende Aussicht auf Stadt und Umgebung.

• *Anfahrt* von der Straße Nr. 100 in Richtung Bicske am östlichen Stadtrand links abbiegen. Diese Straße, an deren Anfang der Campingplatz (nicht einmal für den Transit zu empfehlen) liegt, windet sich noch 3 km bis zum Gipfel.

▶ **Majk-Puszta**: Die ehemalige Einsiedelei der Kamaldulenser (schweigende Mönche, ein Zweig des Benediktinerordens) ist ein bemerkenswert kunstvoller Komplex mit Barockschloss, Einsiedlerklausen und Kirche, 5 km von Oroszlány entfernt im waldigen Vértesgebirge. Die knapp zwanzig Einsiedlerklausen sind von hohen Mauern umgeben, da sich die Mönche weder sehen, noch miteinander sprechen durften. Im Schloss residierte die Ordensverwaltung mit ihrem Personal.
Öffnungszeiten täglich, außer Mo, 10–18 Uhr (nur im Rahmen von Führungen).

Székesfehérvár

Die historische Reichshauptstadt hat eine stimmungsvolle barocke Altstadt. Wo heute das Schaufensterbummeln Spaß macht, soll schon der landnehmende Fürst Árpád sein Lager aufgeschlagen haben.

1972 feierte das historische und kulturelle Zentrum des Komitats Fejer den tausendsten Jahrestag seines Bestehens.

Obwohl das Gebiet um Székesfehérvár bereits von Kelten und Römern besiedelt war, gilt als Geburtsstunde der Stadt das erste Regierungsjahr des Großfürsten Géza, unter dem die Entwicklung der Siedlung ihren Anfang nahm. König Stephan der Heilige gab Székesfehérvár den Namen "Alba Regia" und machte die Stadt zum Regierungszentrum seines Reiches. Die schweren Zerstörungen während der Türkenzeit und nicht zuletzt auch im Zweiten Weltkrieg warfen die einst so bedeutende Landeshauptstadt in ihrer Entwicklung weit zurück. Heute ist Székesfehérvár ein liebenswertes Provinzzentrum, dessen ruhmreiche Vergangenheit zu Ruinen zerfallen ist. Die Bedeutung der 122.000 Einwohner zählenden Komitatshauptstadt als Ausflugsziel ist allerdings berechtigterweise groß.

Stuhlweißenburg, wie der mittelalterliche deutsche Name der Stadt lautet, verdankt seine angenehme Atmosphäre hauptsächlich der gelungenen Restaurierung seines stimmungsvollen barocken Zentrums, das als Ganzes für den Autoverkehr (außer für Anwohner) gesperrt ist.

Trabantensiedlungen und Industrieanlagen, darunter die Autobusfabrik Ikarus, ein Aluminiumwalzwerk und die Videoton-Fabrik (Fernseher, Computer, Hifi usw.) prägen die Peripherie der Stadt. Die "Stadt der Straßen", wie Székesfehérvár auch genannt wird, liegt verkehrsgünstig an einer Vielzahl sich hier kreuzender Verkehrswege. Man erreicht sie ohne Umwege über die Autobahn M 7 (Budapest – Plattensee).

Information/Verbindungen

• *Information* **Tourinform**, Városház tér 1, 8000 Székesfehérvár, ✆ 312818, 📠 502772, fejer-m@tourinform.hu. Geöffnet: Mo–Fr 8–17 Uhr und Sa 8–13 Uhr (in der Saison werktags bis 20 Uhr und zusätzlich sonntags 9–13 Uhr). Eine deutschsprachige Stadtführung lohnt sich schon für wenige Teilnehmer. In der Regel bekommt man hier auch einen regionalen Veranstaltungskalender.

• *Telefonvorwahl* 22.

• *Post* Die Hauptpost finden Sie in der Kossuth Lajos utca 16.

• *Verbindungen* **Bahn** – Der Bahnhof befindet sich am Béke tér 5–7. Direktzüge fahren von hier aus nach Budapest, Nagykanizsa, Keszthely, Zalaegerszeg, Szombathely, Siófok, Balatonfüred, Tapolca, Veszprém, Kaposvár und Fonyód.
Bus: Den städtischen Busbahnhof finden Sie am Piác tér. Mit Bussen sind regional und überregional sehr viele Ziele zu erreichen, z. B. Szeged, Győr, Pécs, Dunaújváros, Székzard, Kecskemét und Szolnok.

• *Taxi* ✆ 312222, 311111.

Übernachten

Hotel Alba Regia (4), Rákóczi út 1, ✆ 313484, 📠 316292, reserve.hotelalbaregia@mail.datanet.hu. Moderner Bau in zentraler Lage mit fünf Stockwerken und bewachtem Parkplatz. EZ 38 €, DZ mit Bad, TV und Frühstück 45 €, Dreibettzimmer 63 €. Restaurant und Bar im Haus.

Hotel Magyar király (5), Fő utca 10, ✆ 311262, 📠 327788. Älteres hellbeiges Gebäude in zentraler Lage. In der Hochsaison meist hoffnungslos ausgebucht. DZ mit Bad und Frühstück ab 40 €. Casino und Bierbar im Haus.

Novotel (3), Ady utca 19–21, ✆ 534300, 📠 534350, h333@accor-hotels.com, www.novotel-skekesfehervar.hu. Das neue Komforthotel mit 96 Zimmern, Konferenzräumen und einem guten Restaurant liegt nicht weit von der historischen Innenstadt entfernt und bietet allen Komfort. Kinder unter 16 Jahre kostenlos. DZ mit Frühstück ca. 80 €.

Hotel Rev (8), József Attila utca 42, ✆ 327015, 📠 327061, vtrev@axelero.hu, www.hotels.hu/rev. Ehemaliges Arbeitererholungsheim, allerhöchstens für eine Nacht zu empfehlen. DZ mit Frühstück 30 €; Dusche und WC auf dem Gang.

Renzó Panzió (9), Krasznai utca 46, ✆ 300624, 📠 304887, renzo-panzio@freemail.hu. Ansprechender Neubau am Stadtrand. DZ mit Dusche und Frühstück ca. 45–40 €. Anfahrt: von der Innenstadt die Budai út in Richtung Autobahn (M 7), nach rund 4 km links ausgeschildert.

Két Góbé Panzió (1), Szent Flórián körút, ✆ und 📠 321960. Die familiäre Privatpension "Zwei Lausbuben" mit Restaurant liegt am Stadtrand in der Nähe der Straße Nr. 8. Das DZ mit Frühstück kommt auf 35 €.

Napkelet Panzió (10), Poprádi utca 57, ✆ 303262. Kleine Pension mit mehreren Doppelzimmern, die allesamt einen sauberen Eindruck machen. DZ mit Bad und Frühstück 45 €.

Zu ähnlichen Preisen vermitteln auch folgende andere Reisebüros **Privatzimmer**: IBUSZ, Táncsics Mihály utca 2, ✆ 329393, und Cooptourist, József Attila utca 5–7, ✆ 314391.

Essen

Spaghetti-Haus/Stella Café (7), Kégl György utca 25. ✆ 312869. Angenehm hell eingerichteter Italiener mit kleiner Terrasse und frischen Schnittblumen auf den Tischen, rund fünf Fußminuten vom Zentrum. Freundlicher und aufmerksamer Service. Mittlere Auswahl an Pizza und Pastaab 3,50 €. Sehr gute Küche. Geöffnet: täglich 11–24 Uhr.

Bástya Vendéglö (6), Kossuth Lajos utca 3, ✆ 315091. Kleines ungarisches Restaurant mit empfehlenswerten Fleischgerichten ab 5,50 €. 12–22 Uhr.

Castrum (2), Várkorüt 3, ✆ 505720. Rustikales Kellerrestaurant im mittelalterlichen Stil in der Nähe der Blumenuhr. Große Fleisch- und Salatplatten. Hauptgerichte ab 6,50 €. Auch günstige Mittagsmenüs. Geöffnet 12–22 Uhr.

Magyar király Söröző (5), Fő utca 10 (vgl. Übernachten). Preiswert und gut isst man in der beliebten Bierbar des Hotels, auch wenn die Auswahl an Hauptgerichten und Häppchen nicht besonders groß ist.

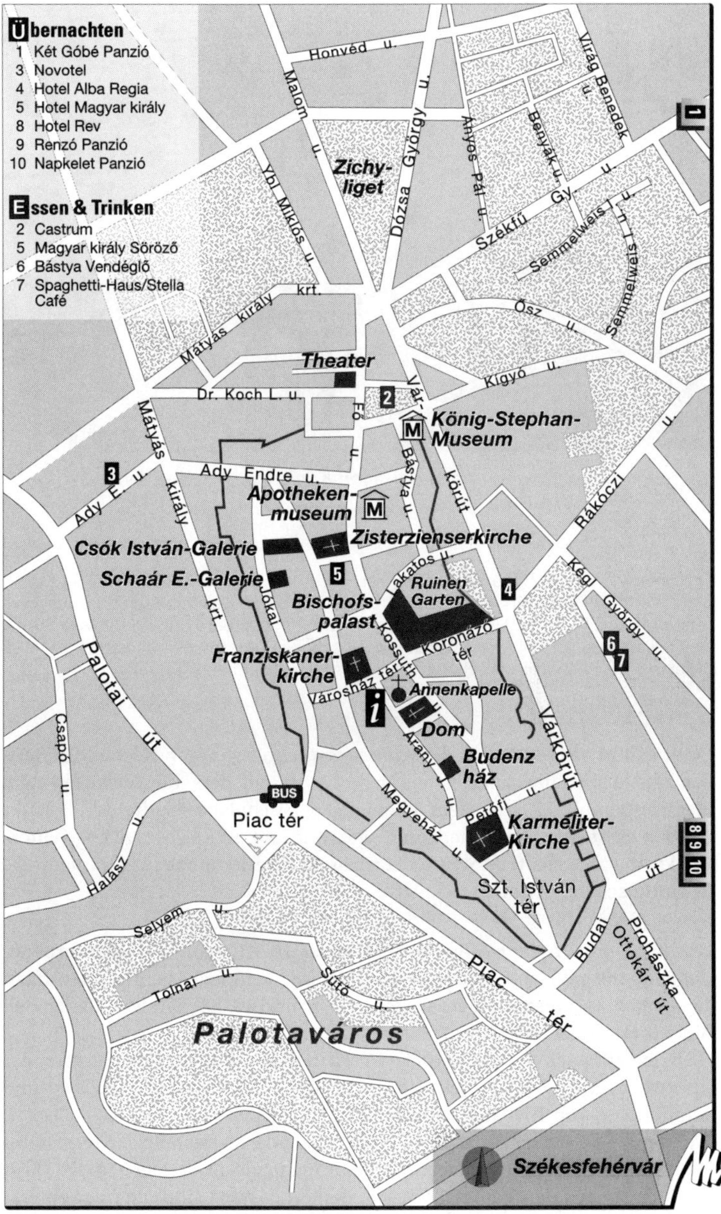
Übernachten
1 Két Góbé Panzió
3 Novotel
4 Hotel Alba Regia
5 Hotel Magyar király
8 Hotel Rev
9 Renzó Panzió
10 Napkelet Panzió
Essen & Trinken
2 Castrum
5 Magyar király Söröző
6 Bástya Vendéglő
7 Spaghetti-Haus/Stella Café
Zichy-liget
Theater
König-Stephan-Museum
Apotheken-museum
Zisterzienserkirche
Csók István-Galerie
Schaár E.-Galerie
Ruinen Garten
Bischofs-palast
Franziskaner-kirche
Annenkapelle
Dom
Budenz ház
Karmeliter-Kirche
Piac tér
Szt. István tér
Palotaváros
Székesfehérvár
Honvéd u.
Malom u.
Dózsa György u.
Ybl Miklós u.
Virág Benedek u.
Benyák u.
Aityos Pál u.
Székfű Gy. u.
Semmelweis I. u.
Ősz u.
Kígyó u.
Mátyás király krt.
Dr. Koch L. u.
Fő u.
Vár-körút
Bástya u.
Ady Endre u.
Ady E. u.
Rákóczi u.
Lakatos u.
Jókai
Kossuth
Koronázó tér
Városház tér
Kégl György u.
Palotai út
Csapó u.
Arany J. u.
Várkörút
Megyeház u.
Petőfi u.
Halász
Selyem u.
Tolnai u.
Sütő u.
Piac tér
Budai út
Prohászka Ottokár út
BUS

Lebendige Fußgängerzone in der alten Königsstadt Székesfehérvár

Treffpunkte

Vörösmarty, Fö utca 2. Die Konditorei gegenüber der "Blumenuhr", einer schönen, wirklich funktionierenden Uhr, deren Zifferblatt aus Blumen besteht (Országzászlo tér), bietet eine gute Auswahl an Kuchen und Eis. Rauchen verboten. Geöffnet: tägl. 9–22 Uhr.

In der **Korzó-Bierstube** mit Restaurant auf der Fő utca (Ecke Júhasz Gyula utca) mit schöner Terrasse gibt es manchmal Live-Musik. Geöffnet: 8–23 Uhr.

Sehenswertes

Dazu gehört auf jeden Fall der *Ruinengarten* mit wenigen Resten der Basilika und des Königspalastes aus dem 11. Jh. auf dem Koronázó tér, dem Stadtmittelpunkt hinter dem ehemaligen Bischofspalais. In der Basilika wurden einst 32 ungarische Könige gekrönt und 29 Reichstage abgehalten. Die kostbarste erhaltene Steinmetzarbeit ist ein Sarkophag im venezianisch-byzantinischen Stil ohne Deckplatte.

Öffnungszeiten April – Oktober täglich außer Mo, 10–17 Uhr.

Der nahe, im Zopfstil erbaute *Bischofspalast*, ein schönes, ockerfarbenes Gebäude mit reliefgeschmückter Fassade, ist für Innenbesichtigungen nicht zugänglich, was insbesondere wegen seiner rund 40.000 Bände umfassenden Bibliothek sehr schade ist.

Dasselbe gilt auch für das barocke *Rathaus* an der Südseite des Platzes, das aus zwei grünen Gebäudeteilen besteht, dem ehemaligen Zichy-Palast und dem Rathaus von 1690 mit hübschem Säulenportal.

Wenn man die Arany János utca entlangschlendert, eine hübsche Kopfsteinpflasterstraße mit alten Häusern, gelangt man zum *Dom*. Die barocke Basilika stammt aus den Jahren 1759–68. Bemerkenswert sind die mit Schnitzwerk verzierten Kirchenbänke und die Deckenfresken.

Das einzige Gebäude der Stadt, das die Türkenzeit unbeschadet überstanden hat, ist die gotische *Annenkapelle* (1470) links neben dem Dom.

Das *István király Múzeum* (König-Stefan-Museum) am Országzászlo tér 3 beherbergt eine reiche Sammlung zur Stadtgeschichte mit Ausgrabungsfunden der Frühzeit (Gefäßteile, Schmuck, Werkzeug, Schädel, Knochen...) bis hin zu Fotos aus der Gegenwart. Im Hof befindet sich eine Ausstellung von Steinmetzarbeiten (Lapidarium). Es ist das größte Museum der Stadt.

Öffnungszeiten Ende April bis Ende September täglich außer Mo, 10–16 Uhr.

Eine Ritterburg aus Stahlbeton

Besuchen Sie die "Bory-Burg" in der Máriavölgy utca. Der Bildhauer und Architekt Jenő Bory (1879–1959) baute unter Einbeziehung der unterschiedlichsten Baustile diese kuriose Ritterburg für seine Frau, eine 1974 gestorbene Malerin. Burg und Atelier enthalten eine Werksammlung des Künstlerpaares, darunter viele Skulpturen.

Die Bory-Vár befindet sich im Nordosten der Stadt in einem Viertel, das sich vor allem durch rege Bautätigkeit auszeichnet. So wimmelt es hier auch von Sackgassen, Einbahnstraßen, Baustellen und anderen Unannehmlichkeiten, die es geraten erscheinen lassen, zur Anfahrt die Buslinie 26 a zu benutzen, die 50 m von der Burg entfernt hält (Abfahrt vom zentralen Busbahnhof am Piac tér).

Öffnungszeiten tägl. 9–17 Uhr. Im Winter (November bis Februar) geschlossen.

Die barocke *Zisterzienserkirche* in der Fő utca 6 wurde in den Jahren 1745–51 von den Jesuiten errichtet und 1813 von den Zisterziensern übernommen. Die Inneneinrichtung (Altäre, Beichtstühle, Kirchenbänke) stammt aus der Tischlerwerkstatt, die die Jesuiten vor über 200 Jahren im Székesfehérvar betrieben haben. Die Fresken sind ein Werk des Wieners Gaspar Sambach. Hübsch anzusehen sind auch die Rokoko-Holzschnitzereien in der Sakristei (Seiteneingang am János köz), darunter prachtvoll verzierte Eichenschränke. (Unregelmäßig geöffnet).

1990 jährte sich der Tod von Mátyás király, dem strahlenden ungarischen Renaissancekönig Matthias I., zum 500sten Male. Anlässlich dieses Ereignisses schuf der Künstler Miklós Melocco ein *Matthias-Rex-Denkmal*, das an der Zisterzienserkirche aufgestellt wurde.

Das *Apothekenmuseum* (Fő utca 9) in der 1758 gegründeten Apotheke "Fekete Sas", Schwarzer Adler, ist wegen der prachtvoll geschnitzten Rokokoeinrichtung (Schränke mit vielen kleinen Schublädchen) und den 250 Jahre alten Porzellan- und Glasbehältern (hübsche Döschen und Fläschchen) schon einen Besuch wert.

Öffnungszeiten täglich außer Mo, 10–18 Uhr.

Die *Franziskanerkirche* am Varosház tér, schräg gegenüber dem Rathaus, besitzt eine schmuckvolle Inneneinrichtung (Altäre, Fresken), die man jedoch nur durch eine Glastür am Eingang bewundern kann.

Székesfehérvár: Offen für moderne Kunst

Einen Besuch lohnt auch das *Stadtgeschichtliche Museum* (Várostörténeti Múzeum) in der Csók István utca 17.

Öffnungszeiten tägl. außer Mo, 9–17 Uhr.

Die *Csók-István-Galerie* am Bartók Bela tér 1 beherbergt wechselnde Ausstellungen bildender Künstler der Region.

Öffnungszeiten Di–Fr 10–19 Uhr, Sa/So 10–18 Uhr.

Ganz auf moderne Bildhauerarbeiten konzentriert sich die *Schaár-Erzsébet-Sammlung* in der Jókai út 11.

Öffnungszeiten tägl. außer Mo, 10–18 Uhr.

Das große, barocke *Győrhaus* (19. Jh.), Kossuth utca 15, ist eines der schönsten Gebäude der Stadt. In seinem kleinen Innenhof, dem sogenannten "Pelikanhof", sind im Sommer Theateraufführungen zu sehen. Die einst hier beheimatete *Städtische Gemäldegalerie* (Oskola utca 10) ist inzwischen in die Zalka Máté utca 10 umgezogen. Dort sind neben der Deák-Sammlung vor allem Werke heimischer Künstler aus der ersten Hälfte des 20. Jahrhunderts zu sehen.

Öffnungszeiten tägl. außer Mo, 10–18 Uhr.

Skulpturen, Gemälde und Möbel der Bildhauerfamilie Ybl können Sie in der *Ybl-Sammlung im Budenz Ház* (Arany János utca 12) bestaunen.
Budenz, der bis 1970 in diesem Haus lebte und arbeitete, war ein deutscher Philologe, der in Székesfehérvár ein Deutsch-ungarisches Wörterbuch geschrieben hat.
Wegen der guten Akustik finden im *Pelikanhof* (s. o.) im Sommer mehrere Konzert-, Folklore- und Theateraufführungen statt.

Ausflüge

Várpalota

Ein Braunkohlekraftwerk, eine Düngemittelfabrik und eine Ölraffinerie prägen entscheidend die Silhouette der Siedlung 22 km westlich von Székesfehérvár an der Straße Nr. 8 in Richtung Veszprém und verursachen bei ungünstigen Wetterlagen einen durchdringenden Gestank. Überregionale Bedeutung genießt die Industriestadt am Fuße des Bakonygebirges aufgrund ihres Aluminiumwerks, in dem die Erze aus den Bauxitgruben der Umgebung verarbeitet werden.

Der Burgpalast aus dem 15. Jh. im Ortskern war zur Zeit der Türkenkriege unter dem Hauptmann György Thury eine bedeutende Grenzfestung. Der Palast gab der Stadt ihren Namen (Burgpalast = Várpalota). In der mächtigen viertürmigen Anlage sind heute das *Ungarische Museum für Chemie* ("Magyar Vegyészeti Múzeum") und eine orts- und burggeschichtliche Sammlung untergebracht.

Öffnungszeiten April –Oktober täglich außer Mo, 10–18 Uhr.

Gorsium-Herculia

Die Ausgrabungsstätte Gorsium-Herculia liegt 18 km südlich von Székesfehérvár und ist über die Straße Nr. 70 (bis Szabadbattyán, dann in Richtung Tác) oder die Autobahn (M 7) Budapest-Plattensee zu erreichen. Von Tác aus ist das Gelände ausgeschildert (1500 m).

Spuren einer vergangenen Stadt

Seit Mitte des ersten Jahrhunderts siedelten sich bei der Furt des Flusses Sárvíz, an der gleichzeitig die Kreuzung zweier wichtiger Straßen lag, die Römer an. Zunächst entstand ein Militärlager, um das herum sich nach der "Befriedung" der hiesigen Barbaren allmählich eine Siedlung zu entwickeln begann. Diese wurde in den folgenden Jahrhunderten mehrmals zerstört und wiederaufgebaut. Über dreißig Jahre nach der völligen Vernichtung der Stadt im Jahre 260 wurde das vorherige *Gorsium* unter dem Namen *Herculia* neu errichtet.

Mit dem Zerfall des Römischen Reiches und dem Einsetzen der Völkerwanderung begann die Siedlung zu verarmen, bis sie spätestens im 10. Jh. in völliger Bedeutungslosigkeit versank. Im frühen 11. Jh. wurden die verbliebenen steinernen Überreste der Gebäude zum Bau der Stadt Székesfehérvár verwendet.

Kleinere Ausgrabungen fanden hier bereits im 19. Jh. statt. Das Jahr 1958 bezeichnet den Beginn der systematischen Freilegung der Stadt. Dabei wurden Mauerreste einer Villa, des Forums, einer altchristlichen Basilika und vieler anderer Gebäude entdeckt. Das Ruinenfeld, von Rasenflächen und Spazierwegen durchzogen, kann heute täglich begangen werden. Neben den Mauerresten sind vor allem die Grabsteine verhältnismäßig gut erhalten. Eine eher kleine Auswahl der wichtigsten Funde (Schmuck, Gebrauchsgegenstände usw.) sind auf dem Gelände in einem ehemaligen Weinkeller untergebracht.

An der Kasse am Eingang des Geländes ist ein deutschsprachiger kleiner Führer mit Lageplan erhältlich, der alle wissenswerten Details zur Ausgrabungsstätte enthält.

Jedes Jahr, etwa Anfang März, feiert man hier das *Floralia-Fest*, ein Blumenfest, zu dem die Besucher mit kleinen Blumensträußen begrüßt werden.

Außerdem werden im Sommer Dramen antiker römischer Autoren aufgeführt (Auskunft: Tourinform in Székesfehérvár).

Öffnungszeiten April – Oktober täglich außer Mo, 10–18 Uhr, sonst 10–16 Uhr.

• *Essen* Das **Restaurant Gorsium**, direkt an der Autobahn und nur wenige Kilometer vom Freilichtmuseum entfernt, bietet Gerichte an, die nach altrömischen Rezepten gewürzt und zubereitet werden.

▶ **Seregélyes**: In Seregélyes, 18 km südöstlich von Székesfehérvár (Straße Nr. 62), prunkt inmitten eines großen Parks das sehr komfortable Schlosshotel Taurus, das teilweise noch seine Originaleinrichtung besitzt.

• *Übernachten* **Schlosshotel Taurus** (8111 Seregélyes, Kastély utca 1, ✆ 22/447030, 📠 447032). Für ein DZ mit Bad und Frühstück zahlt man ca. 75 €. Reiten, Tennis, Schwimmen, Angeln und Rudern sind möglich; auch gibt es einen Weinkeller, Bar und Sauna. Gelegentlich werden auch Konzerte geboten.

▶ **Dunaújváros**: Auf dem Weg nach Dunaföldvár kommt man auch durch Dunaújváros, eine große, 20 km nördlich von Dunaföldvár an der Donau gelegene Industriestadt. Die nach 1949 samt dem hier ansässigen Donau-Eisenwerk aus dem Boden gestampfte Stadt liegt weit von allen Eisenerz- und Steinkohlevorkommen entfernt. Dies und die weltweite Krise der Stahlindustrie lässt die einst hochgelobte Produktionsstätte heute in einem ziemlich düsteren Licht erscheinen. Außer grauen Betonfassaden bekommt man hier wenig zu Gesicht.

▶ **Dunaföldvár**: Die *Burg* von Dunaföldvár (72 km südöstlich von Székesfehérvár) ist eine gut ausgeschilderte winzige Anlage oberhalb der großen Donaubrücke, über die entweder die Eisenbahn oder Autos fahren können. Im einzigen erhaltenen Gebäude aus dem 16. Jh., dem "Rumpfturm", gibt es auf drei Etagen ein kleines Museum mit historischen Waffen und Gebrauchsgegenständen aus der Türkenzeit und wechselnde Ausstellungen. Genießen Sie die tolle Aussicht auf die Donaulandschaft von der Burg aus.

Öffnungszeiten täglich 10–18 Uhr.

• *Camping* Den kleinen **Campingplatz** der Stadt (7020 Dunaföldvár, Hősök tere 12, ✆ 541107), ohne Schatten direkt an der Donau gelegen (von der Straße Nr. 6 weiträumig ausgeschildert), kann man zumindest für den Transit empfehlen. Preise: zwei Personen mit Auto, Zelt oder Wohnwagen 10 €, Zweibettbungalow 30 € und Dreibettbungalow 36 €. Warmes Wasser, Tennis- und Angelmöglichkeit. Geöffnet: Mitte April bis Ende September.

In unmittelbarer Nähe gibt es ein **Thermal-, Frei- und Hallenbad** mit 26–28 Grad Celsius warmem Heilwasser (täglich 10–18 Uhr) und eine Fischercsárda.

• *Essen* Auf der Aussichtsterrasse des Turms ein gemütliches **Eszpresszó**. Das **Burgrestaurant** gegenüber dem Turm ist zwar billig, aber wenig empfehlenswert.

Bei *Paks*, 20 km südlich von Dunaföldvár, ist das erste ungarische Atomkraftwerk in Betrieb, das man auch besichtigen kann. Am zentralen Szent István tér steht die außergewöhnliche und viel fotografierte Kirche aus dem Jahr 1990 des Architekten Imre Makovecz. Im archäologischen Park (Régészeti Park) von Százhalombatta kann man ein teilweise rekonstruiertes Hügelgrab sogar von innen besichtigen. Es stammt von den Illyrern, einer indoeuropäischen Volksgruppe.

Informationen **Tourinform**, Szent István tér 2, ✆ und 📠 421575, paks@tourinform.hu. Mo–Fr 10–17 Uhr. Sa und So nur in der Hochsaison.

Velence-See

Eine sanftgeschwungene Hügelkette umschließt im Norden das flache, verschilfte Ufer des graugrünen Velencei-tó. Erst vor etwa zwanzig Jahren wurde das 10 km lange und im Schnitt 2,5 km breite Gewässer für den Tourismus entdeckt und erschlossen.

Vor allem holländische Urlauber genießen die Vorteile dieses Feriengebiets. Trotz des verglichen mit dem Plattensee niedrigeren Preisniveaus bleibt der Massenandrang im Hochsommer aus. Sehr geschätzt wird die Erholungszone am flach abfallenden Südufer besonders von Familien mit kleineren Kindern. Die durchschnittliche Wassertiefe beträgt rund 1,60 m. Aber auch Wassersportler, vom Kajak-, Kanu- und Segelbootfahrer bis hin zum Windsurfer, Ruderer und Angler, kommen hier voll auf ihre Kosten. Nicht umsonst befindet sich die bedeutendste Schule für den ungarischen Wassersportnachwuchs am Velence-See.

Eine Attraktion ganz besonderer Art ist das *Vogelreservat* am Westteil des Sees, in dessen Schilfdickicht über hundert Vogelarten, darunter Edelreiher, Löffelreiher und Bienenfresser, beheimatet sind. Gut beobachten kann man die Tiere, wenn man zur Schiffsrundfahrt (ab der Anlegestelle in Agárd) sein Fernglas mitbringt. Ornithologen können auch die Vogelwarte selbst besichtigen – Anmeldung in Agárd in der Chernel István utca oder über Tourinform.

Lohnenswert ist auch ein Besuch im schönen, parkartigen *Arboretum* von Alcsút.

Im Sommer erreicht der See Temperaturen zwischen 22 und 26 Grad Celsius; im Winter tummeln sich auf dem zugefrorenen Gewässer Hunderte von Schlittschuhläufern.

Das *Thermalbad* von Agárd wird alljährlich von über 100.000 Gästen besucht. Es bietet einen hohen Mineralsalzgehalt, eine natürliche Wassertemperatur von 37 Grad Celsius, Hallenbecken, Sauna, Massage, Pediküre und Maniküre.

Öffnungszeiten täglich außer Mo, 8–18 Uhr.

- *Information* **Tourinform**, 2481 Velence, Halász utca 37, ✆ 472031, velencetours@axelero.hu
- *Telefonvorwahl* 22.
- *Übernachten* **Hotel Agárd**, 2484 Agárd, Akácfa utca 2, ✆ 370016, 📠 371141. Das 36-Zimmer-Hotel liegt direkt an der Straße Nr. 70 und ist ganzjährig geöffnet. Das DZ mit Bad und Frühstück kostet hier je nach Saison ab 35 €. Angeschlossen sind ein Minigolf- und ein Tennisplatz. Ausgabe von Angelscheinen.

Park Motel, 2484 Agárd, Chernel István utca 25, ✆ und 📠 370053. Kleines Hotel direkt an der Uferstraße von Agárd. DZ mit Bad und Frühstück je nach Saison ab 35 €.

Touring Hotel, 2484 Agárd, Tópart utca 1, ✆ und 📠 370019. Direkt am Seeufer. Ein kleines Stück hinter dem Park Motel, von der Uferstraße aus ausgeschildert. DZ mit Bad und Frühstück je nach Saison 40 €.

Hotel Viking, 2484 Agárd, Gallér utca 2, ✆ 370287, 📠 370550. Großes Apartmenthotel mit drei Gebäuden am Ortsrand von Agárd. Die Anfahrt ist von der Straße Nr. 70 aus beschildert. Das Hotel liegt knapp 1 km vom Seeufer und 2 km vom Thermalbad entfernt. Es bietet ein eigenes Schwimmbad, Solarium, Restaurant und einen Tennisplatz. Alle Apartments sind mit Küche, Bad und WC ausgestattet. Preise: Zwei-Bett-Apartment 45 €, Drei-Bett-Apartment 55 € und Vier-Bett-Apartment 65 €.

Hotel Varsa, 2483 Gárdony, Holdfény sétány 13, ✆ 355110, 📠 356100. Angenehmes Hotel direkt am Seeufer. Angeschlossen ist ein gutes Restaurant. Ganz in der Nähe gibt es einen Strand mit Riesenrutsche. DZ mit Dusche/WC und Frühstück je nach Saison 35–40 €.

Hotel Helios, 2481 Velence, Tópart utca 34, ✆ 472941, 📠 472354 und **Hotel Juventus,** 2481 Velence, Kisköz 6, ✆ 472159, 📠 472362, h.juventus.velence@axelero.hu, www.hotels.hujunventus_velence. Das Juventus ist ein hübsches neues Hotel direkt am Seeufer. Das Helios liegt etwas davon entfernt an einer verkehrsreichen Straße. Von beiden ist es nicht weit bis ins Zentrum der Ortschaft Velence. DZ mit Bad/WC und Frühstück je nach Saison ab 40 €. Juventus und Helios gehören der Stiftung PRO RECREATIONE, die neben dem Gastgewerbe auch noch andere Ziele hat. Originalton Hausprospekt: "Das Ziel ist, das moralische Verhalten der Jugend in eine gute Richtung zu formen, um ihre Einstellung in Gesellschaft erleichtern zu können." Na denn...

Privatzimmer vermittelt Tourinform. Apartments für zwei Personen kosten ab 45 € und Ferienhäuser für bis zu fünf Personen ab 60 € pro Tag.

Camping Nemeskócsag, 2484 Agárd, Akácfa út 2, ✆ 370016, 📠 371141. Von dichten Laubbäumen beschattetes Wiesengelände zwischen Straße und Bahnlinie, direkt am Hotel Agárd gelegen. Zwei Personen mit Auto und Zelt zahlen hier 14 € pro Nacht. Geöffnet: Mitte April bis Mitte Oktober.

Park-Strand-Camping, 2484 Agárd, Chernel István utca 56–58, ✆ 370308, 📠 370099. Das Gelände fast ohne Schatten liegt direkt am See an der Uferstraße am Ortsrand von Agárd. Zwei Personen mit Auto und Zelt zahlen hier 12 € pro Nacht. Geöffnet: 1. Mai – 30. September.

Pisztráng Camping, 2483 Gárdony, Pisttráng utca 21, ✆ 355316. Großer, gut ausgeschilderter Platz fast ohne Schatten direkt am Seeufer. Zwei Personen mit Auto und Zelt zahlen hier 9 € pro Nacht. Geöffnet: 15. April – 15. September.

Panoráma Kemping, 2481 Velence, Kemping utca 2, ✆ 472043, 📠 472964. Großer, innerorts gut ausgeschilderter Platz am nordöstlichen Seeufer fast ohne Schatten, mit eigenem Strand. Preise: Zwei Personen mit Auto und Zelt zahlen hier je nach Saison ca. 12 € pro Nacht. Verleih von Windsurfbrettern, Kajaks usw. Wöchentlich Ausflugsfahrten nach Budapest, Székesfehérvár und in die Puszta. Geöffnet: 15. April – 15. Oktober.

• *Angeln* Der Velence-See ist sehr fischreich. Karpfen, Hechte und Aale tummeln sich in seinen Fluten. Angelscheine erhält man z. B. beim Hotel Agárd in Agárd, Akácfa út, ✆ 370016. Die Tageskarte kommt auf rund 5,50 € der Wochenschein auf 16,50 €.

▶ **Mártonvásár**: Der kleine Ort zwischen Székesfehérvár und Budapest ist Beethoven-Fans sicher nicht unbekannt. Hier, 37 km nordöstlich von Székesfehérvár (Straße Nr. 70) ist der alte Großmeister als Gast der Familie Brunswick oft gewesen. Der Überlieferung nach entstanden im Schlosspark die Mondscheinsonate und die Vierte Sinfonie. Ludwigs Grund für die weite Reise war wohl weniger die Schönheit des Parkes als die der Tochter des Hauses, Therese Brunswick.

Obwohl das Schloss heute eine landwirtschaftliche Versuchsanstalt ist, wird hier alljährlich dem berühmten Gast gehuldigt. An jedem ersten Samstag im Juli und am ersten und zweiten Samstag im August erklingen gegen 19 Uhr im Schatten einer Büste des Komponisten seine schönsten Werke, die von berühmten internationalen Künstlern interpretiert werden.

• *Öffnungszeiten* Das **Beethoven-Gedenkmuseum** in der Brunszwik utca 2, hat Di–Sa 10–12 und 14–16 Uhr geöffnet.

• *Reservierung* Die Karten für die Schloss-Konzerte kann man bei Tourinform in Székesfehérvár vorbestellen oder eventuell vor Ort bekommen.

Veszprém: Fundgrube für Liebhaber historischer Architektur

Veszprém

Ausflugsziel zwischen Plattensee und Bakonygebirge. Das alte Stadtzentrum mit seinen winzigen Gassen und nahe beieinander liegenden Plätzen schmiegt sich an den seit über tausend Jahren besiedelten Burgberg.

Die historische 70.000-Einwohner-Stadt bietet ungewöhnlich viele Baudenkmäler des Barockzeitalters. Obwohl diese das Stadtbild beherrschen, kann man auch zahlreiche architektonische Spuren des Zopfstils und des Eklektizismus entdecken. Während das Burgviertel selbst liebevoll restauriert ist, existieren in seiner Umgebung noch viele recht baufällig wirkende Gebäude.

Als Ausflugsziel hat die Hauptstadt des gleichnamigen, rund 380.000 Einwohner zählenden Komitats, zu dessen Verwaltungsgebiet auch das Nordufer des Plattensees gehört, viel zu bieten. Allerdings ist Veszprém für längere Aufenthalte vor allem wegen der unzureichenden touristischen Infrastruktur weniger zu empfehlen.

Information

• *Information* **Tourinform**, 8200 Veszprém, Vár utca 4, ✆ und 📠 404548, tourinform@vezprem.hu, www.veszpreminfo.hu. Mo–Fr 9–20 Uhr, Sa, So 9–16 Uhr, von Oktober bis Ende März Mo–Fr 9–17 Uhr, Sa 9–15 Uhr, So geschlossen.

Tipp: Die Umgebung ist bei Bikern und Reitern beliebt. Es gibt schöne Fahrradrouten und nette, ländliche Unterkünfte mit Kapazitäten für Gruppen. Infos bei Tourinform.

Balatontourist, Kossuth L. utca 25, 8200 Veszprém, ✆ 544400, 📠 427062, www.balatontourist.hu. Öffnungszeiten: Mo–Fr 8.30–16.30 Uhr, in der Saison (15. Juni – 31. August) Mo–Sa 8.30–19 Uhr.

Deutschsprachige Stadtführungen sind auch für Individualreisende (25 € pro Gruppe) lohnenswert. Hier bekommt man auch einen deutschsprachigen Veranstaltungskalender.

• *Telefonvorwahl* 88.

• *Post* Hauptpost in der Kossuth Lajos utca 19.

• *Verbindungen* **Bahn** – Der Bahnhof befindet sich in der Jutasi út 2. Direktzüge nach Szombathely, Budapest, Győr, Székesfehérvár und Gpsény (dort umsteigen zum Plattensee).

Bus – Der Busbahnhof liegt gleich daneben (Jutasi utca 4). Täglich fahren von hier aus Busse nach Budapest, Várpalota, Győr, Pápa, Sopron, Szombathely, Tapolca, Sümeg, Hevíz, Balatonfüred und Siófok.

Übernachten

Hotel Ri-Ko (4), Haszkovó utca 20, ✆ 424699, ℻ 565991. Das Drei-Sterne-Hotel liegt knapp 2 km vom Zentrum entfernt in der Jutasi-Siedlung (ganz in der Nähe der Straße, die zum Bahnhof führt). DZ mit Dusche/WC und Frühstück 45 €.

Hotel Veszprém (5), Budapest út 6, ✆ 424876, ℻ 424076. Modernes Hotel in zentraler Lage mit Restaurant und Bar. Alle DZ mit Bad und Frühstück: Zur Straße hin kosten sie 35 €, an der Rückseite 45 €.

Erdei Panzio (2), Kittenberger K. utca 14, ✆ 326751. Die Pension "Waldmotel" liegt etwas außerhalb in der Nähe des Zoos in schöner, waldreicher Umgebung. Die kleinen, recht einfachen Unterkünfte kann man beim Balatontourist-Büro in der Kossuth utca 21 buchen. DZ ca. 30 €. Geöffnet: 15. April – 15. Oktober.

Auf dem Gelände des Erdei Motels gibt es auch einen winzigen, wenig komfortablen **Durchgangscampingplatz (1)**. Zwei Personen mit Auto und Zelt zahlen hier 10 € pro Nacht. Geöffnet 15. Mai–15. September.

Privatzimmer vermittelt das Balatontourist-Büro in der Kossuth utca 21. Preise: DZ ab 28 €. Apartments (komplette Wohnungen in Hochhausblöcken für vier bis sechs Personen) um 40 €. Informationen zu Unterkünften auch bei Tourinform.

Essen

Die **Betyár-Csárda (6)** bei Nemesvámos (6 km südwestlich vom Zentrum direkt an der Straße nach Tapolca) ist das mit Abstand beste, aber auch teuerste Restaurant der Umgebung. Normaler Restaurantbetrieb ist nur tagsüber angesagt; fast jeden Abend finden hier nämlich Folkloreprogramme für Gruppen statt, an denen auch Einzelreisende teilnehmen können. Preis pro Person rund 25 € einschließlich einem hervorragenden Menü. Sehr gemütlich eingerichtet.

Cserhát (3), Kossuth Lajos utca 6. Das Selbstbedienungsrestaurant direkt neben dem Restaurant Magyaros ist das günstigste im Ort und bietet eine kleine Auswahl an Gerichten ab 3,50 €, zum Beispiel Schweinspörkölt oder gefülltes Kraut. Geöffnet: Mo–Fr 11–17 und Sa 11–15 Uhr.

Treffpunkte

Marica Kávéház, Kossuth Lajos utca 5, ✆ 421680. Das gemütliche, modern eingerichtete Kaffeehaus mit angeschlossener Konditorei wird von jungen Leuten bevorzugt. Im Keller befindet sich eine Bierbar (Seiteneingang), wo man auch kleine Mahlzeiten (Bockwurst mit Senf) bekommen kann. Geöffnet: 9–22 Uhr.

Einkaufen/Veranstaltungen

• *Einkaufen* Ein Geschäft mit **Herender Porzellan** finden Sie am Gizella tér, ganz in der Nähe vom Kaffeehaus Marica. Siehe auch das Kapitel: Veszprém/Ausflüge.

• *Veranstaltungen* Im Sommer, von Juni bis August, finden zwei- bis viermal im Monat auf dem dreieckigen Platz vor der Kathedrale (wegen der dortigen guten Akustik) **Freilichtveranstaltungen** von klassischer Musik über Chormusik bis zu Theateraufführungen statt. Genaue Infos bei Tourinform.

Sehenswertes

Auf dem *Burgberg* im Herzen der Stadt gibt es einiges zu sehen. Durch das Heldentor (Hősök kapuja), das zu Ehren der Toten des Ersten Weltkriegs erbaut wurde, betritt man das Burgviertel.

In Turm des Tores befindet sich ein winziges *Burgmuseum* mit historischen Stichen, Waffen und einigen wenigen mittelalterlichen Steinmetzarbeiten.

Öffnungszeiten täglich außer Mo, 9–17 Uhr.

In der *Csikász Galerie* (Tolbulin utca 17) sind Skulpturen von Dezső Erdéy (1902–1957) ausgestellt. Die freundliche Museumsaufsicht erläutert gerne interessante Details aus dem Werk Erdéys. Vor der Szt.-György-Kapelle (siehe unten) befindet sich eine Sankt-Emericus-Statue des Künstlers von 1940. Die Galerie erreicht man vom Heldentor kommend, wenn man durch die hölzerne Toreinfahrt des zweiten Hauses auf der linken Seite geht.

Öffnungszeiten Mai – September, täglich außer Mo, 10–18 Uhr, sonst nur bis 17 Uhr.

Aussichtsterrasse auf Veszpréms verkehrsberuhigtem Burgberg

Von hier aus sind es nur noch ein paar Schritte zum *Feuerturm* (Vár utca 9), dem Wahrzeichen Veszpréms. Eine Wendeltreppe führt hinauf zur Balustrade, von der sich ein weiter Ausblick auf die Stadt und die Berge der Umgebung eröffnet.

Öffnungszeiten März – Oktober täglich 9–18 Uhr; geringer Eintritt.

Zurück auf der einzigen durch das Burgviertel führenden Straße, der Vár útca, sieht man als nächstes auf der rechten Seite (zwischen Hausnummer 14 und 12) die in den Jahren 1828–1836 erbaute, klassizistische *Piaristenkirche* mit ihrem barocken Ordenshaus. Sehenswert sind hier besonders die schon stark restaurierungsbedürftigen Deckenfresken und die kleine Ausstellung sakraler Gegenstände mit Kreuzen, Messgewändern, Kelchen und Holzskulpturen.

Öffnungszeiten Mai – Oktober 9.30–17.30 Uhr.

Eine Innenbesichtigung des großen *Erzbischofspalais* in der Vár utca 16 (1765–76) ist von Mai bis Oktober täglich von 9.30–17 Uhr möglich. Der von Jakob Fellner geplante Palast wurde 1776 fertig und hat prunkvolle Säle. Direkt nebenan kann man die winzige, unlängst renovierte *Gizella-Kapelle* aus dem 13. Jh. besichtigen. Sie birgt im italienisch-byzantinischen Stil gearbeitete Apostelfresken, von denen sechs erhalten geblieben sind.

Öffnungszeiten **Kapelle**, Mai–Oktober täglich 10–18 Uhr.

Es lohnt sich auch, dem schräg gegenüber der Kapelle liegenden ehemaligen *Ordenshaus der Franziskaner* einen Besuch abzustatten. Die dazugehörige Kirche ist von Mai–Oktober täglich von 9.30–17.30 Uhr zugänglich. Das Ordenshaus (Vár utca 35) beherbergt die Schatzkammer des Museums für kirchliche Kunst. Im Erdgeschoss und im ersten Stock sind in insgesamt sechs kleinen Räumen wertvolle christliche Sakralgegenstände ausgestellt, darunter Gemälde, Statuen, Goldschmiedearbeiten und Zinngefäße.

Öffnungszeiten tägl. außer Mo, 9–17 Uhr.

Sehenswert ist auch das *Ziegelmuseum* im Museum für Ungarische Bauindustrie in der Var utca 29 mit gestempelten Ziegelsteinen aus ganz Ungarn, von der Römerzeit bis in unsere Tage.

Öffnungszeiten tägl. außer Mo 8–15 Uhr und nur mit Anmeldung (telefonisch über Tourinform).

Historischer Kern und Plattenbau am Stadtrand: Blick vom Feuerturm

Das bedeutendste Baudenkmal des Burgberges, die *St.-Michaels-Kathedrale*, wurde an gleicher Stelle vor fast tausend Jahren gegründet und mehrmals umgebaut, wobei heute neoromanische Stilelemente überwiegen. Besonders schön sind die mit Fresken und ornamentaler Malerei bedeckten Wände und die prachtvollen Glasfenster. In der gotischen Unterkirche befinden sich jahrhundertealte Gräber.
Neben der Kathedrale kann man die spärlichen, überdachten Ruinen der uralten *Georgskapelle* sehen, die erst 1957 ausgegraben wurde. Die um die Jahrtausendwende gegründete Kapelle wurde um 1230 komplett erneuert und in der Mitte des 15. Jh. umgebaut, bevor sie im 16. Jh. völlig zerstört wurde.

Öffnungszeiten **St. Michael und St. Georg**, tägl. außer Mo, 9–17 Uhr.

Am oberen Ende der Vár utca erreicht man schließlich die *Aussichtsterrasse*, wo die Statuen des ersten Ungarnkönigs, des heiligen Stephan, und seiner Gemahlin Gizella seit 1938 ihren Platz haben. Hinter der Kathedrale führt eine Treppe von der Burg hinab. Über die Úrkut utca und Deák Ferenc utca geht es wieder zurück ins Stadtzentrum.

An Exponaten reich ist das *Laczkó Dezső Museum* in der Erzsébet setany 1. Sehen Sie sich dort die ständige Ausstellung *Die Jahrtausende des Bakonygebirges und des Balaton-Oberlandes* an. In den vier Räumen auf zwei Etagen findet man eine umfangreiche Sammlung zur Geschichte des Komitats von der Steinzeit bis zur Gegenwart, darunter archäologische Funde,

Efeu statt Schnörkel

Volkskunstgegenstände, Handwerkszeug, religiöse Kultgegenstände und vieles mehr. Bemerkenswert ist das *Bakonyi-Haus*, ein schönes schilfgedecktes Bauernhaus mit originaler Einrichtung direkt neben dem Museum.

Öffnungszeiten Mitte März bis Mitte September täglich außer Mo, 10–18 Uhr, sonst 12–16 Uhr.

Den *Zoo* im Fejestal erreicht man mit den Buslinien 5 und 10 vom Hotel Veszprém aus. Nach drei Stationen steigt man am Ságvári tér aus und folgt der Beschilderung (zu Fuß rund fünf Minuten). Gemessen an moderneren Anlagen in Westeuropa, hat der Zoo nur wenig zu bieten, aber gerade für Familien mit Kindern kann er trotzdem ein lohnenswertes Ausflugsziel sein.

Öffnungszeiten täglich 9–17 Uhr.

Ausflüge

Herend

15 km westlich von Veszprém an der Straße Nr. 8 liegt die Ortschaft Herend, die weit weniger bekannt ist als die hier beheimatete, zentral gelegene *Porzellanfabrik*. Die Geschichte der mittlerweile weltberühmten Fabrikationsstätte für handbemalte Edelkeramik begann im Jahre 1840, als Mór Fischer die Herender Porzellanmanufaktur erwarb und sehr erfolgreich umstrukturierte.

Angeschlossen ist das vielbesuchte Porzellanmuseum, das anhand von Servicen, Skulpturen und Gefäßen einen Überblick über mehr als 150 Jahre Fabrikgeschichte gibt. Alle Exponate sind auch deutsch beschriftet. Ein Besuch ist überaus lohnenswert, allerdings machen hier viele Reisebusse Station, sodass man stets mit Massenandrang rechnen muss.

• *Öffnungszeiten* Herend, Kossuth Lajos utca 137–139, ✆ 523190, porcellanium@herend.com, www.porcellanium.com. April bis Oktober täglich 9–17.30 Uhr; sonst Mo–Sa 9–16 Uhr. Deutschsprachige Führungen auf Wunsch.

• *Besichtigungen* Fabrikbesichtigungen sind nach Voranmeldung beim Balatontourist-Büro in Veszprém möglich. Wenn genug Teilnehmer zusammenkommen, beträgt der Preis pro Person inkl. Anfahrt und deutschsprachiger Reiseleitung rund 15 €.

• *Einkaufen* Direkt gegenüber dem Museum bietet ein Geschäft Herender Porzellansouvenirs in geringer Auswahl an. Die Preise beginnen bei 50 € für einen kleinen Aschenbecher. Ein Service kommt auf 1.000–4.000 €.

▸ **Farkasgyepű**: Das kleine Dorf liegt an der Straße Nr. 83, ca. 15 km nordwestlich von Herend, mitten in einem Naturschutzgebiet und ist ein beliebter Ausgangspunkt für Wanderungen. Das ausgeschilderte Touristenareal mit Campingplatz, Motel und Bungalows liegt direkt an der Durchgangsstraße.

• *Camping* Der wenig komfortable Campingplatz **Boroszlán Camping** (8582 Farkasgyepű, Petőfi utca 47, ☏ 358012, ℻ 358086) geöffnet von Mai–September) kostet für zwei Personen mit Auto und Zelt 8 € pro Nacht. Außerdem gibt es hier Motelzimmer, die durchaus annehmbar sind: DZ ca. 30 €, Dreibettzimmer 35 € und Vierbettzimmer 40 €. Die hübschen Sechsbettbungalows kosten rund 45 € pro Nacht.

• *Essen* Im **Restaurant Nimród** direkt neben dem Platz isst man recht gut.

Herend ist für handbemalte Edelkeramik berühmt

Pápa

Die altehrwürdige Kleinstadt liegt im Grenzland zwischen Bakonygebirge und Kleiner Tiefebene, 45 km nordwestlich von Veszprém an der Straße Nr. 83. Viele Ungarnurlauber kennen sie nur als Transitstadt auf dem Weg zum Plattensee, doch dafür allein hat Pápa zu viel zu bieten. Die wechselvolle Geschichte der Siedlung reicht weit zurück, rund tausend Jahre. Mit Gizella, der Gemahlin des ersten ungarischen Königs Stephan I., kamen auch noch bayerische Adlige ins Land. Einer von ihnen, der den schönen Namen Poppo trug, bekam in dieser Gegend von seinem König Ländereien zum Lehen. Im Laufe der Jahrhunderte wurde aus dem bayerischen "Poppo" dann das ungarische "Pápa". Bereits im Jahre 1398 besaß der Ort das Stadtrecht. Später machte sich Pápa als Schulstadt einen Namen. So besuchten seit dessen Einweihung im Jahre 1531 viele berühmte Ungarn das Alte reformierte Kollegium in der Petőfi utca 13, unter ihnen auch der Dichter und Nationalheld Sándor Petőfi und der Schriftsteller Mór Jókai.

Der Hauptplatz (Fő tér) wird von barocken Wohnhäusern aus dem 18. Jh. umstanden. Das vornehmste unter ihnen ist das aus den Steinen der mittelalterlichen Burg errichtete, spätbarocke *Eszterházy-Palais*. Im ersten Stock der ockerfarbenen, U-förmigen Anlage befindet sich heute ein ortsgeschichtliches *Museum*, dessen Räumlichkeiten noch viel barocken Charme ausstrahlen.

Öffnungszeiten **Museum**, 15. März bis 31. Okt. 9–17 Uhr, sonst 9–13 Uhr; Mo geschlossen.

Werfen Sie ruhig auch einmal einen Blick in die graue, zweitürmige Hauptkirche – die Deckenfresken stammen von dem berühmten österreichischen Spätbarockmaler Franz Anton Maulpertsch (1724–1796).
Nach Norden hin erstreckt sich vom Fő tér aus der weitläufige Stadtpark "Várkert" (Burggarten) mit seinen Spazierwegen unter jahrhundertealten Platanen. Und nach Süden hin verläuft die Kossuth Lajos utca, eine nette, schmale Fußgängerzone mit vielen Geschäften.
Eine Sehenswürdigkeit der besonderen Art ist das *Blaufärbermuseum* (Kékfestö Múzeuma) in der Jókai utca 12. Es handelt sich um die 1783 gegründete Blaufärberwerkstatt der Familie Kluge. Man kann in diesem außergewöhnlichen Industriedenkmal eine noch heute funktionierende Textilfärberei studieren. Neben den Maschinen und Arbeitsgeräten gibt es einen Ausstellungsraum mit verschiedenen, hier hergestellten Stoffen zu sehen. Wer mag, kann auch blaue Textilien als Souvenir erstehen.
Öffnungszeiten täglich außer Mo, 9–17 Uhr. Falls der Eingang abgeschlossen ist, muss man klingeln.

- *Information* **Tourinform**, 8500 Pápa, Fő utca 5, 8500 Pápa, ✆ und ℻ 311535, papa@tourinform.hu. Geöffnet: Mo–Fr 9–17 Uhr und Sa 9–12 Uhr.
- *Telefonvorwahl* 89.
- *Verbindungen* regelmäßige Busverbindung mit Veszprém, Züge nach Győr und Budapest.
- *Übernachten* **Hotel Arany Griff**, Fő tér 15, ✆ 312000, ℻ 312005, augriff@elender.hu, wwwhotels.hu/arany_griff. Drei-Sterne-Hotel am Hauptplatz der Stadt. DZ mit Bad oder Dusche und WC 38 €. Das Hotelrestaurant ist zu empfehlen.

Főnix Panzió, Jókai utca 4, ✆ 324361, ℻ 310759, lacy@compunet.hu, www.hotels.hu/fonix_papa. Wenig einladende Privatpension an der verkehrsreichen Hauptstraße Nr. 83 mit kleiner Kneipe, die am Abend zur Disco wird. DZ mit Frühstück ca. 30 €.

Privatzimmer vermittelt das Balatontourist-Büro am Fő tér 12.

- *Essen* **Kis Pipa Vendeglö**, Vásár utca 4, ✆ 323536. Das "Gasthaus kleine Pfeife" bietet gute Wild-, Fleisch- und Fischgerichte zu mittleren Preisen. Geöffnet: 11–23 Uhr.

Recht nett und einladend ist der **Biergarten** in der Kossuth Lajos utca 22. Dort sitzt man unter einem runden Schilfdach.

Zirc

Die 8.000 Einwohner zählende Kleinstadt liegt, von abwechslungsreicher Landschaft umgeben, mitten im Bakonygebirge und rund 23 km nördlich von Veszprém an der Straße Nr. 82.
Sehenswert ist das ehemalige *Zisterzienserkloster*, heute ein Museumskomplex, dessen größte Attraktion die 1752 errichtete, prachtvoll ausgestattete Kirche mit Maulpertsch-Fresken sein dürfte (nur bis 16.30 Uhr geöffnet).
Links vom Gotteshaus kann man eine *Bakonyer Volkskunstausstellung* besuchen (Stickereien, Holzschnitzereien, Handwerkszeuge, Trachten, bemalte Möbel, Hirtenkunst, Keramik und kleiner Souvenirverkauf). Hier erhält man auch den Schlüssel für den als "grafische Sammlung" ausgeschilderten Raum, in dem wechselnde Ausstellungen regionaler Kunst und Kultur gezeigt werden.
Öffnungszeiten Di–So 9–17 Uhr.

Das Blaufärben:
eine altes Handwerk

Im Klostergebäude selbst befindet sich neben der über 60.000 Bände zählenden Bibliothek, die von den Zisterziensern in einem wunderschönen Raum eingerichtet wurde, das naturkundliche Museum der Stadt. Die Sammlung umfasst viele hier vorkommende, ausgestopfte oder anders konservierte Tiere sowie ein paar lebendige Exemplare (kleines Aquarium und Terrarium). Hinter dem einstigen Kloster erstreckt sich ein großer botanischer Garten mit über 400 verschiedenen Baum- und Strauchsorten.

• *Öffnungszeiten* Die **Bibliothek** ist täglich außer Mo von 10–12 Uhr und von 14–16 Uhr geöffnet, das **naturkundliche Museum** täglich außer Mo von 9–17 Uhr.

• *Weitere Informationen* **Tourinform**, 8420 Zirc, Rákóczi tér 1, ✆ 416816, 📠 416817, zirc@tourinform.hu, www.zirc.hu (deutsch).

▸ **Csesznek**: Der Ort liegt 13 km nördlich von Zirc und ist von der Straße Nr. 82 ausgeschildert. Ein rund 200 m langer, bequemer Fußweg führt vom Ort zur großen *Burgruine*. Trotz der andauernden Restaurierungsarbeiten ist ein Teil der interessanten Anlage zugänglich, die auch einen herrlichen Ausblick in die Umgebung bietet.

▸ **Bakonybél**: Die Ortschaft liegt 17 km westlich von Zirc an der Straße nach Pápa, am oberen Ende einer idyllischen Waldschlucht. Wichtigster Grund für einen Besuch sind die guten Wandermöglichkeiten. Sehenswert ist das *volkskundliche Freilichtmuseum* (schilfgedeckte Bauernhäuser) direkt an der Hauptstraße. Die *Barockkirche* des Ortes gehörte früher zu einer hiesigen Benediktinerabtei.

• *Öffnungszeiten* **Museum**, täglich außer Mo, 9–17 Uhr.

• *Übernachten* kann man in der **Gerence Fogadó** (8427 Bakonybél, Fürdő utca 59, ✆ und 📠 88/461042, www.hotels.hu/gerence), einem gutgeführten Ferienheim mit DZ für 24 €.

Balaton: nach 70 m kniehoch im Wasser

Der Plattensee

Der Balaton, zu deutsch: Plattensee, liegt im Herzen Transdanubiens. Mit einer Wasserfläche von fast 600 qkm ist er der größte Binnensee Mitteleuropas. Seine besondere Beliebtheit verdankt er der hohen Wassertemperatur, denn die Sonne kann den durchschnittlich nur 3 m tiefen See in Windeseile aufheizen. Gerade das extrem flach abfallende Südufer wird von Familien mit kleinen Kindern sehr geschätzt.

Zur Sommerzeit ist das Gebiet um den Plattensee neben Budapest die am dichtesten bevölkerte Gegend Ungarns. In der Folge wird die Suche nach einem Quartier zur Qual, während Radio Danubius für die Plattenseeregion minutenlange Staumeldungen durchgibt. Wer dann endlich einen Schlafplatz gefunden hat, ist oft enttäuscht über Lage, Standard und Preis.
Diese und andere unangenehme, mit dem Touristenandrang verbundene Erfahrungen kann sich nur ersparen, wer die Hauptreisezeit (Mitte Juni bis Ende August) meidet oder seinen Urlaub rechtzeitig plant und die Unterkunft reserviert.

Mit Weingärten, bewaldeten Hügeln und Bergen im Hinterland ist das Nordufer landschaftlich weitaus reizvoller. Naturliebhaber werden sich ohnehin weitab vom Massenandrang am See im beschaulichen Hinterland wohler fühlen. Vom Nordufer ist es in die weinbewachsene Hügellandschaft näher, allerdings sind hier die Strände weniger schön als am Südufer, das das schier endlose Flachland des Mezőföld im Rücken hat. Am Nordufer bietet sich Keszthely mit seinem großen Schloss zur Besichtigung an. Die meisten Besucher im Jahresdurchschnitt zählt jedoch die beliebte Halbinsel Tihany, die auch leicht mit der Fähre zu erreichen ist. Ein Großteil der Touristen besucht hier die Abtei und drängt sich durch die touristischen Gassen. Aber auch ein längerer Aufenthalt ist durchaus empfehlenswert, z.B. verbunden mit einer mehrstündigen Wanderung. Kurzurlauber sollten sich lieber auf die Besichtigung einiger weniger Orte konzentrieren als zu versuchen, den gesamten Plattensee in ein bis zwei Tagen mit dem Auto zu umrunden. Die Gemeinde Badacsony am Fuße des gleichnamigen Berges am Nordufer ist für jahrhundertelangen Weinbau berühmt. In Balatonfüred konzentriert man sich vor allem auf den Fremdenverkehr. Das Pendant am Südufer ist die Stadt Siófok, in der man ebenfalls auf die touristische Tradition sehr stolz ist.

Der Plattensee in Zahlen

Wasserfläche 595 qkm, Länge 77 km, Breite 3–14 km, Uferlänge 195 km, durchschnittliche Tiefe 3 m, größte Tiefe (vor Tihany) knapp 13 m, mittlere Wassertemperatur im Sommer über 20 Grad Celsius, im Mai und Oktober über 15 Grad Celsius. Bei Sturm wurden schon Wellen von fast 2 m Höhe beobachtet. Im See leben 42 Fischarten. Der Ostteil des Plattensees hat mit 2.100 Sonnenstunden im Jahr rund 100 Stunden mehr zu bieten als der Westteil. Über 1.500 registrierte Segelboote dümpeln auf seinen Wellen. Im Winter, zumeist von Ende Dezember bis Mitte März, ist der See von einer durchschnittlich 20–25 cm dicken Eisschicht bedeckt, die bei starkem Frost bis zu 75 cm stark wird.

Praktisches von A bis Z

▶ **Angeln**: Angelkarten sind bei den örtlichen Reisebüros und auf vielen Campingplätzen erhältlich. Die wichtigsten heimischen Fischarten sind: Karpfen, Zander, Aal, Wels, Hecht und verschiedene Weißfischarten. Über Schonzeiten (z. B. ist vom 20. April bis zum 20. Mai das Angeln generell verboten), Fangquoten und Mindestmaße sollte man sich beim Kauf einer Angelerlaubnis erkundigen.

Preise Tageskarte rund 10 €, Wochenkarte rund 20 €. Jugendliche zahlen etwas mehr als die Hälfte der angegebenen Preise.

▶ **Anreise mit dem Flugzeug:** Wer zum Plattensee möchte, kann sich den Umweg über Budapest sparen. *Balaton-Air* bietet günstige Direktflüge zum Balaton-West-Airport in Sármellék, nur 11 km von Héviz, 15 km vom Plattensee und Keszthely und 20 km von Zalakaros entfernt: Balaton-West-Airport, 8391 Sármellék, ✆ (83)355500, ℻ (83)554002, lhsm@axelero.hu, www.balaton-west-airport.hu. Die Fluggesellschaft *Balaton Air* fliegt jeweils sonntags zweimal von Düsseldorf und Berlin-Tegel, alle 14 Tage von Leipzig aus. Hin- und Rückflug 259 €, One-Way 135 €. Die Fahrt mit dem Zug zum Flughafen kostet 27 €. Infos unter ✆ 309443096, ℻ (84)558013, www.balatonair.de. Die *Lufthansa* bietet Direktflüge ab Frankfurt, weitere sind in Planung. *Swiss Air* bietet Direktverbindungen ab Zürich. Über die *Mutsch*

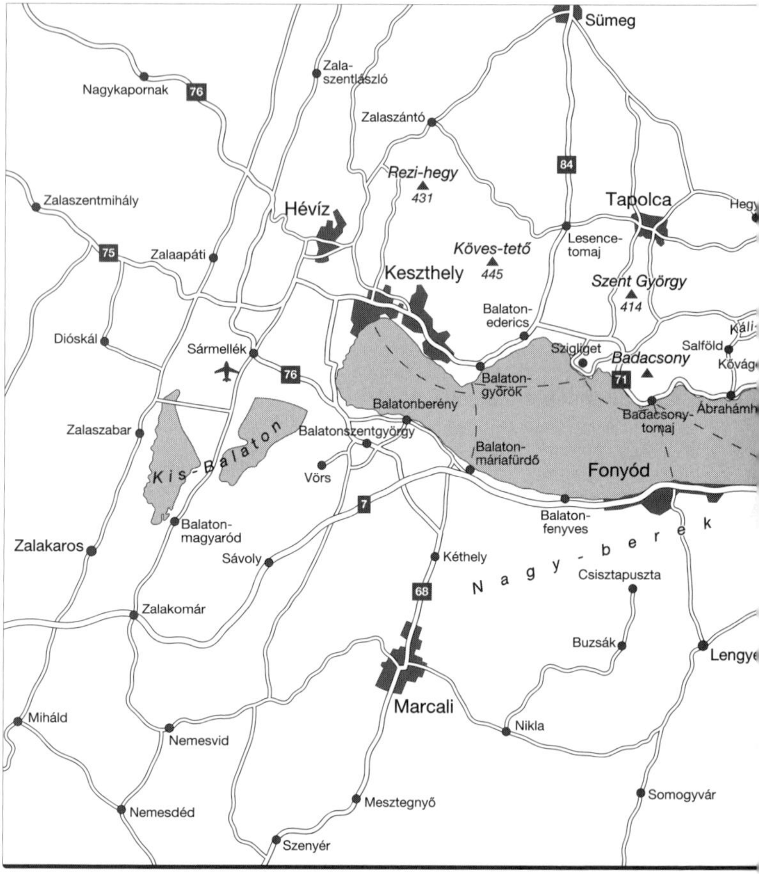

Ungarn Reisen GmbH (Széchenyi utca 23, 8380 Héviz, ✆ (83)340481, 📠 (83)540075) kann man nicht nur die Anreise per Flugzeug oder Bus buchen, sondern auch Mietwagen der Firma *Fox Autorent,* die bei Bedarf zum Flughafen gebracht und dort wieder entgegen genommen werden. Von Deutschland aus: Mutsch Ungarn Reisen, Bahnhofsallee 3, 68642 Bürstadt, ✆ 06206/710733, 📠 710734, mutsch-fischer@freenet.de, www.mutsch-reisen.de

▸ **Baden**: Baden darf man überall, wo es keine Verbotsschilder gibt. Und das gilt neben den Gemeinde- und Privatstränden (Eintritt) auch für einige freie Strände (kostenlos), die es in fast jeder Ortschaft gibt. Nicht überall ist das Seeufer gut zugänglich, weite Teile sind verschilft. Wegen der manchmal recht rasch aufziehenden, gefährlichen Stürme sollte man sich, vor allem als ungeübter Schwimmer, nicht allzu weit vom Ufer entfernen und die Sturm-

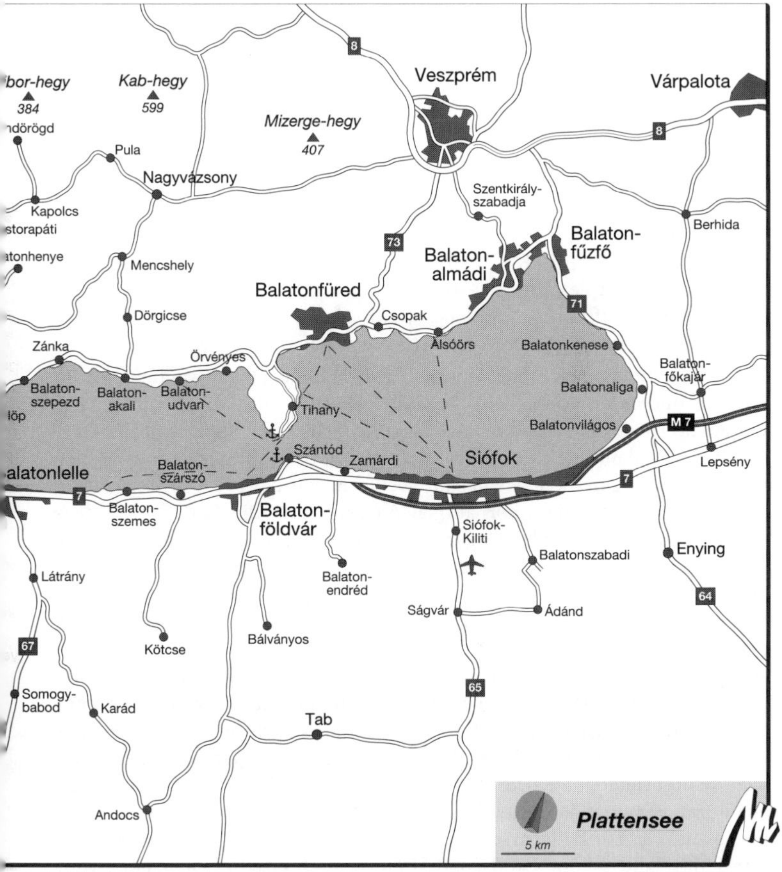

warnzeichen beachten (Sturmkörbe an den Wettermasten der Molen und gelbe bzw. rote Raketen). Die Badezonen sind durch Bojen markiert.

- **Camping**: Die Campingplätze am Plattensee liegen nicht alle günstig. Viele befinden sich direkt neben der Hauptverkehrsstraße oder neben der Bahnlinie, etliche auch zwischen beiden. In der Saison sind fast alle ziemlich voll und leider auch häufig nicht besonders sauber. Einen Katalog mit den schönsten Plätzen verschickt Balatontourist (booking@balatontourist.hu, www.balatontourist.hu). Hier bekommt man auch eine Beschreibung der Fahrradwege rund um den Balaton.
- **Information**: Die Fremdenverkehrs- und Reisebüros *Siótour* in Siófok (8600 Siofók, Batthyány utca 2b, ✆ (84)310806, 📠 (84)310803, marketing@siotour.hu, www.siotour.hu) für das Südufer und *Balatontourist* in Veszprém (Kossuth Lajos utca 25, 8200 Veszprém, ✆ 544400, 📠 427062,

www.balatontourist.hu). für das Nordufer verschicken Prospektmaterial über den Plattensee und sind die besten Ansprechpartner bei Fragen aller Art.

- **Schifffahrt**: Personen- und Fährschiffe verbinden die wichtigsten Orte am See miteinander. Auch wer sich bei einem der größeren Fremdenverkehrsbüros den aktuellen Saisonfahrplan besorgt, wird Wartezeiten kaum völlig ausschließen können. Die Fahrpreise sind moderat. Die bedeutendste Fährlinie verbindet Tihany am Nordufer mit Szántód am Südufer (zwischen Siófok und Balatonföldvár). Zwischen der Halbinsel Tihany und Szántod am Südufer fährt die Fähre in der Hauptsaison bis Mitternacht alle 40 Minuten. (pro Person 1,20 €, pro PKW 3,50 €). Die Überfahrt dauert 10 Minuten. Einen genauen Fahrplan über alle Verbindungen kann man sich schicken lassen: Balaton Schifffahrts AG, 8600 Siófok, Krúdy sétány 2, ✆ (84)310050, 📠 (84)312907, info@balatonihajozas.hu, www.balatonihajozas.hu.
- **Tourismus**: Im Hochsommer wimmelt es von Budapester Wochenendausflüglern und internationalen Langzeiturlaubern. Zwar wurde vor einigen Jahren ein totaler Baustopp für das gesamte Gebiet verhängt, ohne aber dadurch den Zulauf auch nur ein wenig zu bremsen. Immerhin wurde hier nicht übermäßig in die Höhe gebaut. Deutsche aus sowie Österreicher stellen den Löwenanteil der internationalen Gäste. Auch die deutsche Wiedervereinigung, in deren Folge Ungarn als deutsch-deutscher Treffpunkt überflüssig wurde, brachte der Plattenseeregion nur wenig Entlastung.
Vor allem die starke touristische Beanspruchung, aber auch in der Vergangenheit eingeleitete, unzureichend geklärte Abwässer haben längst zu einer deutlichen Verschlechterung der Wasserqualität geführt. Trotzdem wird sie auch heute noch in Prospekten und Reiseführern hoch gelobt. Wer die ebenfalls in den rosigsten Farben geschilderten, endlosen Sandstrände am Südufer sucht, wird allenfalls Reste davon finden. Der aufgeschüttete Sand konnte den unbändigen Herbststürmen nicht standhalten. Heute ist man dazu übergegangen, die Ufer zu betonieren und dahinter Rasenliegeflächen anzulegen, denen man die starke Beanspruchung durch Erholungssuchende meist ansieht. Ein Badeparadies ist der See sicher nicht, dafür aber bietet sein Hinterland schöne Landschaften und viele Freizeitmöglichkeiten vom Wandern über Weinproben bis hin zum Reiten. Eine willkommene Abwechslung für Wasserratten ist ein Ausflug zum großen Thermalsee von Héviz.

Unterkünfte online und mehr – der Plattensee im Internet

www.balaton.net; www.balaton.hu; www.hungarytourism.hu; www.Balaton tourist.hu; www.balatoninfo.net; www.balatontravel.hu; www.siotour.hu; www.plattensee-direkt.de

- **Unterkunft**: Anzahl und Preise der Hotels liegen am Plattensee wie auch in Budapest weit über dem Landesdurchschnitt. In der Vor-, Nach- und Zwischensaison werden z. T. erhebliche Preisnachlässe gewährt. Generell empfiehlt es sich, möglichst frühzeitig zu reservieren. Oft lohnt es sich, Pauschalangebote von Reiseveranstaltern wie Neckermann zu buchen, statt in-

Am Balaton gibt es zahlreiche Segelclubs

dividuelle Unterkünfte in großen Hotels. Es ist durchaus üblich, den Preis für Ferienhäuser und Privatzimmer je nach Angebot und Nachfrage zu verhandeln. Wer das nicht tut, zahlt nicht selten zu viel. Allgemein gilt, dass die Nähe eines Quartiers zum See sich im Preis niederschlägt. Schon 1 km vom Seeufer weg, mit dem (Leih-)Fahrrad keine Entfernung, zahlt sich deutlich aus.

- **Wassersport**: Motorboote dürfen nicht auf dem Plattensee fahren. Verleihstellen für Boote, Surfbretter und andere Wassersportgeräte sind jedoch mittlerweile beinahe an jedem größeren Strand zu finden.

Balatonalmádi

Der traditionsreiche Badeort am nordöstlichen Seeufer ist heute eine Großgemeinde mit den Ortsteilen Budatava, Káptálanfüred, Almádi und Vörösberény. Er gilt mittlerweile als viertgrößte Stadt am Plattensee.

Der rote Sandstein der Region begünstigt nicht nur den Weinanbau, er ist hier auch bevorzugtes Baumaterial. 1082 wurde der Ort Almádi erstmals urkundlich erwähnt.

Rund 10.000 Einwohner bevölkern den verkehrsreichen Erholungsort am Nordostufer mit einem großen Strandbad von 4 Hektar Fläche Auch die einst grünen Hügel und Berge rund um die Bucht von Balatonalmádi sind mit Ferienhäusern und Erholungsheimen dicht bestanden. Schon 1877 war Almádi als Badeort bekannt. Das hier ansässige Forschungsinstitut für Bauxit spielte eine wichtige Rolle bei der Entwicklung der ungarischen Aluminiumindustrie.

Karte S. 474/475

Information

• *Telefonvorwahl* 88.

• *Information* **Tourinform**, 8220 Balatonalmádi, Városház tér 4, ✆ und ℻ 594080, balatonalmadi@tourinform.hu, www.balatonalmadi.hu. Geöffnet Mo–Fr 9–19 Uhr; in der Saison werktags bis 19 Uhr und Sa/So 9–17 Uhr.

Balatontourist, Petőfi utca 6, 8220 Balatonalmádi, ✆ 584106 ℻ 584107, balmadi@balatontourist.hu. Öffnungszeiten: Mo–Fr 8.30–15.30 Uhr und Sa 8.30–12 Uhr, in der Hochsaison (15. Juni – 20. Juli) Mo–Sa 8.30–18.30 Uhr und So 9–12 Uhr.

Übernachten

Hotel Nereus, Lóczy tér 3, ✆ 594444, ℻ 59448, nereus@infornax.hu, www.nereus.hu. Dreistöckiges Hotel mit 140 Betten und Restaurant direkt am Budatava-Strand. Das Hotel ist ganzjährig geöffnet. Es hat einen eigenen Strandbereich mit Kinderbecken. Das DZ kommt auf 40–55 €.

Wellness Hotel, Véghelyi D. utca 1, ✆ 438514, ℻ 439157, wellness@marathon.hu. Hier kann man sportliche Aktivitäten und Wellness auf angenehme Weise miteinander verbinden. Das Hotel hat eine Sauna, einen eigenen Anlegesteg und Angelplätze, man kann Kanus ausleihen oder Segelunterricht nehmen. DZ ab 45 € je nach Saison.

Hotel Kolostor, Vézprémi utca 83, ✆ 594120, ℻ 594122, mentor@mail.datanet.hu, www.balaton.hu/mentortours. Das Hotel mit 47 Zimmern kann auch mit einem guten Restaurant aufwarten und eignet sich für Familienfeste. Manchmal gibt es hier echt ungarische Hochzeiten zu sehen. DZ ab 45 €.

Balaton Glashotel, Budatava utca 3, ✆ 574340, ℻ 574360, balatonglashotel@vnet.hu, www.hotels.hu/glashotel. Zweistöckiges Hotel mit 120 Zimmern direkt am See mit eigenem Strand und Kinderbecken. DZ ab 40 € je nach Saison.

Krisztina Panzio, Bajcsy-Zilincscy utca 67, ✆ 438790, ℻ 438790, dorimel@sednet.hu. Zweisterne-Pension mit 50 Zimmern und Garten mit Grillecke. Parken kein Problem. Das Restaurant mit ungarischen und mediterranen Spezialitäten hat von 8–10 Uhr (Frühstück) und von 17–22 Uhr geöffnet. DZ ab 35 €.

Privatzimmer vermittelt das Balatontourist-Büro in der Petőfi utca 6. Preise: DZ ab 15 €. Apartment für zwei Personen ab 20 €, für vier Personen ab 40 €. Auch Tourinform informiert über Privatunterkünfte und günstige Unterkünfte für junge Leute in Studentenwohnheimen oder Holzhäusern.

Kristóf-Camping, Véghely D. utca 8, ✆ 584201, ℻ 438602, ckristof@balatontourist.hu, www.balatontourist.hu. Der kleine, schattenarme Platz hat 33 Stellplätze und liegt rund 50 m vom Seeufer entfernt, nahe dem öffentlichen Freibad. Warme Duschen und Kochraum vorhanden. Zwei Personen mit Auto und Zelt zahlen 6,50 € pro Nacht, mit Wohnwagen 8–14 €. Im angeschlossenen Motel (Küche, Bad, WC, Terrasse und Parkplatz) kostet ein DZ mit Bad und Frühstück 30 €. Die Anfahrt ist von der Straße Nr. 71 mitten im Ort ausgeschildert. Geöffnet: 1. April – 15. September.

Camping Yacht, Véghely D. utca 16, ✆ 584101, ℻ 584102, cyacht@balatontourist.hu. Größerer Campingplatz mit Grasboden, warmem Wasser, Laden, Restaurant und Bar. Zwei Personen mit Auto und Zelt zahlen 8 € pro Nacht. Die Anfahrt ist von der Straße Nr. 71 ausgeschildert. Das Gelände liegt 300 m weiter in Richtung Balatonfüred als der Kristóf-Camping. Geöffnet: 9. Mai – 10. September.

Bikini-Camping, Óvári F. utca 70, ✆ 2688773, ℻ 438302, bikinicamping@vnet.hu. Der kleine Privatcampingplatz fast ohne Schatten liegt schräg gegenüber dem Camping Yacht an der Straße Nr. 71. Geöffnet vom 1. Juni – 5. September.

Essen

Paprika-Csárda, Hunyadi utca 25. Das kleine und gemütliche Privatrestaurant liegt abseits vom Rummel, rund 1 km oberhalb des Zentrums (ausgeschildert). Der ehemalige Geheimtipp hat sich aber schon ziemlich herumgesprochen. Sehr gute Küche mit mittlerer Auswahl an Fleisch- und Geflügelgerichten zu Preisen, die man sonst nur außerhalb der Plattenseeregion kennt. Sowohl das Rindspörkölt als auch die gefüllten Paprikaschoten waren tadellos. Freundlicher und schneller Service. Sehr empfehlenswert. Geöffnet: 11–23 Uhr; abends Musik.

Pireus-Restaurant, Jókai Mór utca 5. Die gute Alternative im Zentrum (hinter dem IBUSZ- Büro). Der Chef ist ein Grieche, der allerdings schon über dreißig Jahre in Ungarn lebt.

Glóbusz Csarda, Glóbusz utca 1. An der Straße in Richtung Veszprém gelegen. Lohnt den Ausflug mit Kindern, denn neben Speckbraten und ungarischen Gerichten gibt es hier Reitmöglichkeiten und einige Streicheltiere. Geöffnet 12–24 Uhr.

Sehenswertes

In der schönen, braun-weißen *katholischen Kirche* von 1930 (Jókai Mór utca) fallen vor allem die farbenprächtigen Fresken auf. Links neben der Kirche wurde eine Kapelle angebaut, die einer zerstörten Budaer Kapelle nachempfunden ist. Das wunderschöne Goldmosaik, auf dem unter anderem König Stephan der Heilige abgebildet ist, schmückte ursprünglich genau diese Kapelle in der Hauptstadt.

Die *kalvinistische Kirche* in der Veszprémi út im Ortsteil Vörösberény stammt aus dem 13. Jh. Das von einer Steinmauer umgebene Gotteshaus mit der markanten Zwiebelhaube ist die einzige befestigte Kirche der Balatongegend. Der Innenraum ist spartanisch eingerichtet.

Die braunbeige *Barockkirche St. Ignatius* (ebenfalls in der Veszprém út) aus dem 18. Jh. ist vor allem wegen ihrer prachtvollen, in leuchtenden Farben gearbeiteten Fresken mit Szenen aus dem Leben des heiligen Ignatius sehenswert. Im Vorraum hängt eine Tafel, auf der in deutscher Sprache die wichtigsten Sehenswürdigkeiten des Gotteshauses erklärt werden, sowie die Adresse, bei der man den Kirchenschlüssel erhalten kann. Neben der Kirche steht das ehemalige Ordenshaus der Jesuiten (1776–79).

▸ **Wanderungen**: Ein beliebtes Ziel ist der *Wesselényi-Aussichtsturm* oberhalb des großen Steinbruchs. Vom Zentrum über die Batthyány utca dauert der Aufstieg etwa eine halbe Stunde. Der Weg zum 283 m hohen *Szabadság* mit *Aussichtsturm*, 4 km vom Zentrum entfernt gelegen, ist von der Straße in Richtung Felsőörs ausgeschildert. Bei Tourinform bekommt man eine Wegbeschreibung zu dem Lehrpfad "*Roter Sandstein*". Der Weg beginnt im Park bei der Pannonia Aqua Skulptur und ist mit einem blauen Dreieck markiert. In etwa 2 Stunden führt er zum *Ólvari-Aussichtsturm*.

Ausflüge

▸ **Balatonkenese**: Der von Wäldern, Obst- und Weingärten umgebene Ferienort 10 km östlich von Balatonalmádi (Straße Nr. 71) verfügt über ein großes *Strandbad* mit Rasenliegefläche, das für ganz kleine Kinder allerdings nicht geeignet ist, weil die Wassertiefe mindestens 60 cm beträgt. Alle Wassersportarten sind hier möglich. Am oberen Ortsrand gibt es eine *Reitschule*. Die Anfahrt ist von der Hauptstraße Nr. 71 ausgeschildert; von da aus fährt man noch rund 1 km. Puzsta Csárda, Bajcsy-Zsilinszki utca 47. Auch das Restaurant ist ganz gut.

Der Plattensee
Karte S. 474/475

In Felsöörs steht eine rote Sandsteinkirche aus dem 13. Jh.

• *Information* **Tourinform**, 8174 Balatonkenese, Táncics M. utca 24,tér 1, ✆ und 📠 491904, balatonkenese@tourinform.hu.

• *Übernachten* **Romantic-Camping,** 8174 Balatonkenese, Gesztenye fasor 1, ✆ 482360 und 329048, 📠 3222836. Der große, ruhig gelegene Privatcampingplatz ohne Schatten liegt rund 200 m hinter dem Ortsausgang in Richtung Balatonfüred und ist von der Straße Nr. 71 ausgeschildert. Zum Seeufer läuft man von hier aus etwa 500 m. Zwei Personen mit Auto und Zelt zahlen 8 € pro Nacht. 1. Mai bis 30. September geöffnet.

▸ **Balatonakarattya**: In der kleinen Ortschaft 5 km östlich von Balatonkenese gibt es einen FKK-Campingplatz:

Piroska-Naturista-Kemping, Aligai út 15, 8172 Balatonakarattya, ✆ (88)584521, 📠 (88) 584522, cpiroska@balatontourist.hu. Das Gelände ist mäßig schattig und verfügt über ein eigenes Strandbad ohne Liegefläche direkt am Wasser (steiniges Ufer). Die Anfahrt ist vom südlichen Ortsrand ausgeschildert. 800 m oberhalb des Platzes gibt es einen Supermarkt. Ein Restaurant ist in der Nähe. Zwei Personen mit Auto und Zelt zahlen 6,50 € pro Nacht. Der Platz ist vom 11. Mai bis zum 17. September geöffnet.

▸ **Alsóörs**: Der Badeort Alsóörs mit seinen Fischerhütten und den immer zahlreicher werdenden Wochenend- und Ferienhäusern liegt 6 km südwestlich von Balatonalmádi. An der Straße Nr. 71 erinnert ein Denkmal an den Dichter *Sándor Enrődi* (1850–1920), der in Alsóörs ein Sommerhaus besaß, in dem viele seiner Plattensee-Gedichte entstanden.

• *Information* **Tourinform**, 8226 Alsóörs, Strand sétany 1, ✆ und 📠 (87)57500, alsoors@tourinform.hu.

• *Übernachten* Das **Hotel Pelikan** (Füredi utca 62, ✆ 87/447143) mit Restaurant und Billardtisch liegt direkt an der Straße Nr. 71. Die Zimmer mit Dusche/WC und Frühstück kosten je nach Saison: DZ 30–45 €, Dreibettzimmer ab 45 € und Vierbettzimmer ab 60 €.

In Alsóörs befindet sich direkt am Seeufer neben einem Strandbad der schattige **Dunaferr Camping** (✆ 447138 und 📠 87/ 447138, komplex@kpx.dunaferr.hu, www.hotels.hu/alsoors). Zwei Personen mit Auto und Zelt zahlen 6–8 € pro Nacht. Es gibt auch Bungalows. Geöffnet: Mai – September.

- **Felsőörs**: Felsőörs liegt 3 km nordwestlich von Alsóörs an einer landschaftlich reizvollen Nebenstrecke nach Veszprém. Hier gibt es eine aus rotem Sandstein erbaute *mittelalterliche Kirche* aus dem 13. Jahrhundert, deren Besuch lohnt. Ihre Geschichte können Sie der im Vorraum angebrachten Tafel entnehmen. Inzwischen bilden hier Naturnähe und liebevoll restaurierte Häuser eine Symbiose. Das **Údvarház**, ein renoviertes Bauernhaus aus dem Jahre 1862 wurde sogar für seine originalgetreue Inneneinrichtung prämiert. Wer gemütlich und familiär in den Hügeln über dem See wohnen möchte, kann sich Unterkünfte über das hiesige Infoamt reservieren lassen: Touristeninfo, Fö utca 28, ✆ und ℻ (87)477192, felsoorsi-vendegvaro@axelero.hu, www.felsoorsi-vendegvaro.hu.
- **Csopak**: Das schöne Dorf liegt oberhalb des Plattensees an einem Berghang, an dem die bekannten Csopaker Weine (Olaszrizling und Furmint) wachsen, unweit der Stelle, wo sich die beiden Hauptverkehrsstraßen 71 und 73 treffen. Am nördlichen Ortsrand (Straße Nr. 73 in Richtung Veszprém) steht eine alte Wassermühle, in der heute die *Malom Csárda* untergebracht ist. Sie ist bekannt für gute, bodenständige Küche zu zivilen Preisen.
  Das *Strandbad* mit Freilichtkino, Restaurant und Heilwasserbrunnen ist ausgeschildert. Vom Aussichtsturm auf dem Csákány-Berg oberhalb der Ortschaft hat man einen schönen Ausblick auf den See.
  Information Csopak Tourist, Örkény sétany, Strand, ✆ 455025, ℻ 446595, info@csopaktourist.hu, www.csopaktourist.hu. Vermittlung von Zimmern, Apartments und Ferienhäusern, Ausflüge mit Schiff und Bus, Fahrradverleih. Infos zu Restaurants, Sportmöglichkeiten und Veranstaltungen.

Balatonfüred

Boom-Town an der "Balatoner Riviera": jede Menge Discos mit Erotik-Show und Heavy-Metal-Getöse, beinahe an jedem Haus ein Schild "Zimmer frei" und an jeder Straßenecke Restaurants und Bierstuben. Durch Balatonfüred weht ein Hauch von Ibiza.

Die stets belebte Mole und die geschäftige Bazarzeile bilden einen krassen Kontrast zum stillen Fenyves-Park und dem großen Sanatorium. Am Nordufer des Plattensees entstand in den vergangenen Jahrzehnten eine moderne Erholungssiedlung, die anderen großen europäischen Kur- und Ferienzentren in nichts nachsteht. Erst 1971 erhielt Balatonfüred die Stadtrechte, hervorgegangen aus der vorherigen Großgemeinde mit den Hauptorten Áracs und Füred. Bekannt ist die Siedlung in erster Linie als Kurort für Herz- und Kreislaufkrankheiten.

Im bedeutendsten Ferienort am Nordufer des Plattensees übernachten in der Hochsaison täglich dreimal soviel Touristen wie es Einwohner gibt. Und deren Zahl beträgt immerhin 14.000. Zwei Brunnen, in denen das seit Jahrhunderten bekannte, eisen- und kohlensäurehaltige Heilwasser für Trinkkuren sprudelt, sind der Öffentlichkeit frei zugänglich. Die übrigen Brunnen gehören zum Sanatorium.

Sehr viel ruhiger als am Seeufer geht es im alten Ortskern Balatonfüreds zu, der sich etwa 3 km vom See entfernt an den Fuß des 317 m hohen Tamáshegy

(Thomasberg) schmiegt. Rund um die weiße reformierte Kirche erstreckt sich das historische Zentrum mit seinen vielen unter Denkmalschutz stehenden Häusern.

Geschichte

Schon in der Kelten- und später auch in der Römerzeit entstanden in der Nähe des Seeufers kleinere Siedlungen.

Die Gemeinde Füred gelangte zu einiger Bekanntheit, als in den vierziger Jahren des 18. Jh. ein geschäftstüchtiger Mitmensch herausfand, dass das seit einiger Zeit bekannte Quellwasser auch für Heilzwecke genutzt werden kann. Zunächst zur Heilung von Magenleiden, dann gegen Lungenkrankheiten eingesetzt, entdeckte man schließlich im 20. Jahrhundert die Heilwirkung bei Herz- und Kreislauferkrankungen.

Um 1850 gab es bereits die *Sauerwasser* genannte Badesiedlung mit einem Heilbad, Hotels und Gasthöfen. Sie wurde rasch zum Sammelpunkt der ungarischen Intelligenz. So trafen sich hier mit Graf Széchenyi, Lajos Kossuth und Ferenc Deák die herausragenden Führer der ungarischen Revolutionsregierung von 1848/49. Aber auch die Künstlerzunft war mit Mihály Vörösmarty, Mór Jókai und Sándor Kisfaludy prominent vertreten. Letzterer, der berühmte ungarische Dramatiker, ließ hier sogar unter Verwendung von Spenden das erste ortsfeste ungarischsprachige Theater erbauen.

Eine weitere historische Sternstunde erlebte die Stadt, als hier im Jahre 1846 das erste Dampfschiff des Plattensees auslief.

Information/Adressen

- *Information* **Tourinform**, Petőfi S. utca 68, ✆ 580480, 📠 580481, baltonfured@tourinform.hu, www.balatonfured.hu. Geöffnet: Mo–Fr 9–20 Uhr (von Juni–August), Sa, So 9–18 Uhr. (außerhalb der Saison am Wochenende geschlossen).

Balatontourist, Tagore sétány 1, 8230 Balatonfüred, ✆ 342822 und 343471, 📠 343435. Geöffnet: 20. Juni – 20. August Mo–Sa 9–18.30 Uhr und So 9–12.30 Uhr; sonst Mo–Fr 9–16 Uhr und Sa 9–13 Uhr. Fast täglich werden hier Programme (Ausflüge, Besichtigungen, Budapest-Fahrten) für Gruppen und Einzelpersonen angeboten. Zentrale Buchungsstelle am Nordufer.

- *Telefonvorwahl* 87.
- *Post* Zsigmond utca 14, direkt an der roten Sandsteinkirche im alten Ortszentrum und in der Ady E. utca 8–16. Geöffnet: Mo–Fr 8–16 Uhr.

Übernachten

Am ganzen Plattensee und besonders in Balatonfüred sind in der Hochsaison alle Beherbergungsbetriebe oft völlig belegt; für die preisgünstigeren Zimmer am Ort trifft das auch noch außerhalb der Saison zu. Ganz besonders gilt hier die Regel: Je weiter man sich vom Seeufer entfernt, desto günstiger sind die Übernachtungspreise. Schon 500 m machen oft einen spürbaren Unterschied.

Hotel Annabella, Deák Ferenc utca 25, ✆ 899431, 📠 899432, annabella@axelero.hu, www.danubiusgroup.com/annabella. Das Dreisternehotel in einem sechsstöckigen Gebäude in Ufernähe bietet jeglichen Komfort und von vielen Zimmern Seeblick: eigener Strand, Nachtclub mit Pianist, Biergarten, großes Restaurant, Volleyball, Tischtennis, Spielplatz, Frei- und Hallenbad. Aktuelle Zeitungen und Magazine gibt es jeden Morgen im Foyer. DZ mit Bad und Frühstück je nach Saison 45–55 €. Günstiger mit Halb- oder Vollpension über Neckermann buchbar.

Hotel mit eigenem Strand – das Annabella in Balatonfüred

Hotel Margaréta, Széchényi utca 29, ✆ 343824, ℻ 341088, 7260023@sina.com. Großer, moderner Bau unmittelbar an der Straße Nr. 71 mit Schwimmbad und den üblichen Einrichtungen eines Dreisterne-Komforthotels. DZ mit Bad und Frühstück je nach Saison 40–55 €.

Hotel Blaha Lujza, Blaha Lujza utca 4, ✆ 581210, ℻ 581219, hotelblaha@axelero.hu, www.hotelblaha.hu. Dreisterne-Hotel mit relativ preisgünstigem Restaurant und Bar im Zentrum der Ufersiedlung (vgl. Sehenswertes). Die einfachen, aber sehr sauberen DZ mit Dusche und WC kosten inkl. Frühstück ab 45 €.

Hotel Marina, Széchenyi utca 26, ✆ 889500, ℻ 889539, marina@danubiusgroup.com, www.danubiusgroup.com/marina. Großes komfortables Dreisterne-Hotel in einem modernen zwölfstöckigen Bau. DZ je nach Saison ab 60 €. Nachtclub, Kegelbahn und Schwimmbad.

Hotel Füred, Széchenyi utca 20, ✆ 581260, ℻ 483444, hotel.fured@axelero.hu, www.hotelfured.hu. Zwölfstöckiges Dreisterne-Hotel am westlichen Ortsrand zwischen der verkehrsreichen Straße Nr. 71 und dem Seeufer. DZ mit Bad und Frühstück je nach Saison 78–97 €.

Hotel Uni, Széchenyi utca 10, ✆ 581360, ℻ 581361, hoteluni@sednet.hu, www.hotels.hu/uni. Das Dreisterne-Hotel befindet sich im Besitz der Technischen Universität von Budapest und liegt direkt an der Straße Nr. 71. DZ mit Bad und Frühstück je nach Saison 50–64 €.

Hotel Lido, Aranyhíd sétany 12, ✆ 580066, ℻ 342070, hotelido.balatonfured@axelero.hu, www.balaton.hu/hotelido. Dreisterne-Komforthotel mit 36 Zimmern und entsprechend persönlicher Atmosphäre, nur 50 m vom Seeufer entfernt. Mit Pool, Sauna, Solarium und Strandvolleyball-Platz, Grillmöglichkeit im Garten und Kinderspielplatz. DZ ab 65 €. Apartments für vier Personen 85 €.

Hotel Agro, Fürdő utca 24, ✆ 343073, ℻ 580081, hotelagro@axelero.hu, www.hotels.hu/agro_bfured. Kleines Dreisternehotel mittleren Komforts mit 74 Zimmern; vor allem von jüngeren Leuten belegt. Eigenes Schwimmbad, Sauna und Tennisplatz. DZ mit Bad und Frühstück je nach Saison 36–53 €. Sonderpauschalen, z. B. eine Woche mit Halbpension 126–189 € pro Person.

Hotel Manuela, Deák Ferenc utca 21, ✆ 342430, ℻ 343504, manuela@axelero.hu. Das zweisternige Privathotel liegt rund 300 m vom See entfernt in der Ufersiedlung. Sauna, Bar und medizinische Betreuung im Haus. DZ mit Bad und Frühstück je nach Saison ab 35 €.

Der Plattensee Karte S. 474/475

Hotel Tagore, Deák Ferenc utca 56, ✆ 343173, 📠 342603. Wenig ansprechender Bau in Ufernähe. Zwei Sterne, Restaurant im Haus. DZ mit Bad/Frühstück je nach Saison ab 30 €.

Ring Panzió, Petőfi utca 6/A, ✆ 480070 und 📠 342884. Kleine, familiäre Pension nicht weit vom Strand entfernt. DZ mit Frühstück (Bad auf dem Gang) je nach Saison und Dauer des Aufenthalts ab 40 €.

Korona Panzió, Vörösmarty utca 4, ✆ 343278, 📠 580712, info@koronapanzio.hu, www.koronapanzio.hu. Schräg gegenüber der Ring Panzió liegt dieses hübsche Haus einer netten Wirtsfamilie; Restaurant. DZ mit Dusche und Frühstück je nach Saison ab 35 €.

Privatzimmer vermittelt das Balatontourist-Büro in der Tagore sétány (siehe Information). Preise: DZ ab 28 €, Apartments für zwei bis drei Personen 35 €, für vier bis fünf Personen 45 €. Ferienhäuser gibt es insgesamt immer weniger. Zu ähnlichen Konditionen vermitteln auch andere Reisebüros im Ort Zimmer, z.B. **Fontaine Zimmerdienst**, ✆ 343673, **Herpai-Dienst**, ✆ 340512, **Kristóf Tourist**, ✆ 340786, 📠 340786 und viele mehr.

Füred-Camping, Széchenyi utca 24, ✆ 580241, 📠 342341, cfured@balatontourist.hu. Größter und modernster Campingplatz am Plattensee am Ortsausgang in Richtung Tihany mit eigenem Strand, Lebensmittelgeschäft, Restaurant, Bar, Kegelbahnen, Sauna, Solarium, Minigolf und Tennisplätzen sowie Wasserskistrecke. Zwei Personen mit Auto und Zelt zahlen hier rund 12 € pro Nacht. Motelzimmer, Apartments und Bungalows für zwei bis vier Personen kosten von Juni bis August je nach Ausstattung zwischen 40 und 80 €. In der Nebensaison (15.4.–31.5. und 1.9.–14.10.) werden diese Preise um rund 50 % reduziert, und im Winterhalbjahr zahlt man auch von diesem Preis nur noch die Hälfte. Das Gelände ist ganzjährig geöffnet, der Campingbereich allerdings nur von April bis Oktober.

Essen

Tölgyfa Csárda, Meleghegyi utca, ✆ 343036. Von der roten Sandsteinkirche fährt man auf der Csárda utca den Berg hinauf zu dem hübschen, z. T. schilfgedeckten Gehöft. Von der Terrasse des Touristenlokals hat man einen herrlichen Ausblick auf Stadt und See. Große Auswahl an Fleisch-, Fisch- und Wildspezialitäten in üppigen Portionen. Sehr gute Küche im oberen Preisbereich: Die meisten Gerichte kosten um 14 €, Spezialitäten Schneckengulasch und Lachs vom Rost in Champignoncremesoße liegen um 10 €. Besonders die Suppen (heiß, viel und lecker) sind zu loben. Abends Zigeunermusik. Geöffnet vom 1. April bis zum 31. Oktober täglich 11–24 Uhr.

Preiswerter, aber auch nicht so edel und gut ist die **Rizling-Csárda** direkt am (einzigen) Weg, der zur Tölgyfa Csárda führt (Csárda utca 35, ✆ 343866).

Koloska-Csárda, Koloska-völgy (✆ 395182). Die Csárda liegt idyllisch am Wald an einem kleinen Bach und ist gemütlich eingerichtet. Kleine Auswahl an Fleisch- und Wildspezialitäten um 8,50 €. Täglich von 11–23 Uhr geöffnet. Reitmöglichkeit. Anfahrt von der Straße Nr. 71 am östlichen Ortsrand über die Lóczy Lajos utca, dann Béke utca.

Baricska Csárda, Széchenyi utca, ✆ 580095 📠 343105, baricska@matavnet.hu. Das Ziel zahlreicher Touristenbusse liegt oberhalb der Shell-Tankstelle an der Straße Nr. 71 am westlichen Ortsausgang. Sehr große Terrasse. Die sechsköpfige Kapelle spielt schon zur Mittagszeit. Große Auswahl an Fleisch-, Wild-, Geflügel- und Fischgerichten (ungarische und internationale Spezialitäten) im oberen Preisbereich. Essen gut und Service freundlich. Im Vergleich zu den obenerwähnten Csárdas ist die Baricska Csárda jedoch wesentlich teurer und touristisch überlaufen, ohne gleichzeitig viel mehr zu bieten. Das Gleiche gilt für die benachbarte **Hordó Csárda** (✆ 482017 und 📠 481780).

Guszti Borozö, Ady E. utca 58. In dieser zentral hinter der roten Sandsteinkirche ganz in der Nähe der Eisenbahnschienen gelegenen Weinstube gibt es auch Bier vom Fass und ungarische Küche zu gemäßigten Preisen. Geöffnet 17–24 Uhr.

Halászkert, Petőfi utca 2, ✆ 343039. Bekannt gute Küche im gehobenen Preisbereich. Das Restaurant liegt nicht sehr vorteilhaft am Ortseingang, hat sich aber vor allem mit frischem Fisch einen Namen gemacht. Geöffnet: 11–23 Uhr.

Balaton, Kisfaludy utca 5, ✆ 481319. Großes Restaurant an der Promenade im Herzen der Ufersiedlung. Von der Terrasse aus hat man alles im Blick. Es gibt sowohl Putenschnitzel, als auch diverse, gut schmeckende Pizzen für 5 bis 6 €. Täglich 11–23 Uhr geöffnet.

Treffpunkte

Konditorei Kedves, Blaha Lujza utca 7, ✆ 343229. Der erste Eindruck täuscht – das Gebäude stammt aus dem Jahre 1795. In dem modern eingerichteten Café und auf der Terrasse gibt es Kaffee- und Eisspezialitäten. Geöffnet: 7–19 Uhr.
Die einstige **Balaton-Galerie**, der Pavillon in der Széchényi utca, war früher ein Ausstellungsort für Themen rund um die Balatongegend. Heute ist es eine Bar mit Disco.
Die **Columbus-Bar**, eine Disco in der Honvéd utca 7, ist von 22–5 Uhr geöffnet. Beliebter Disco-Treffs sind auch der **Macho Pub** in der Vasút utca, der **Atrium Music Pub** in der Blaha Lujza utca 9, der **Club Fidel** in der Blaha Lujza utca 7 und die **Wagner Disco** in der Zákony utca 3.

Sport

Die erste Adresse für **Wassersport** ist der Campingplatz Füred Camping (siehe Übernachten), wo auch Surfbretter und Segelboot vermietet werden.
In der Umgebung von Balatonfüred findet man mehrere **Reitmöglichkeiten**. Das Balatontourist-Büro und Tourinform geben Auskunft und helfen auch bei der Buchung von Reitstunden.
Das städtische **Strandbad** befindet sich neben dem Hotel Annabella. Daneben liegt ein beheiztes **Freibad**.
Im Ort gibt es mehrere **Segelclubs**. Informationen für Gastsegler erhält man an der Schiffsanlegestelle.
Angelscheine für den Plattensee gibt es im Balatontourist-Büro in der Tagore sétány 1.
Eine **Tennis-Freianlange** finden Sie, wenn Sie von der Straße Nr. 71 am "RALLY-Camping" in die genau entgegengesetzte Richtung abbiegen und dann noch 500 m weiterfahren.

Einkaufen

Eine gute Auswahl an **Lebensmittel** haben Sie im großen Füred-Warenhaus an der Kreuzung Petőfi utca/Jókai Mór utca und im benachbarten ABC-Lebensmittelladen an dem großen Parkplatz (Huray utca), der außerdem meist voller Verkaufsstände ist.
Filme können Sie im Fotoladen im ehemaligen Posthaus (Blaha Lujza utca 9) von 1816 kaufen.

Veranstaltungen

Der monatlich erscheinende **Veranstaltungskalender** ist kostenlos beim Balatontourist-Büro in der Tagore sétány 1 und bei Tourinform (siehe Information) erhältlich.
Berühmt ist der **Anna-Ball** am Annatag (Ende Juli), der im Prunksaal des Sanatoriums groß gefeiert wird. Das Programm umfasst Folkloreveranstaltungen, Walzer-, Zigeuner- und Tanzmusik sowie ein reichliches Abendessen. Um Mitternacht wird von allen Anwesenden die Schönste des Anna-Balls gewählt. Gut die Hälfte der Gäste sind ausländische Touristen, denen empfohlen wird, ihre Karten mindestens vier Monate vorher schriftlich beim Balatonfüred-Tourist-Büro in der Petőfi utca 8 (✆ 481605) zu reservieren. Preis: rund 45 € pro Person.
Ebenfalls groß gefeiert wird die **Eröffnung der Segelsaison** Mitte Mai mit Folklore- und Konzertveranstaltungen an der Mole. Nähere Auskunft erteilt Tourinform.
Bei den **Weinwochen** im August/September kann man allabendlich entlang der Uferpromenade an zahlreichen Ständen die Weine der Region probieren.

Bei Balatonfüreds Kurgästen begehrt:
das Heilwasser aus dem Kossuth-Brunnen

Sehenswertes

In der *Blaha Lujza utca*, der Hauptstraße der Ufersiedlung, stehen fast alle Gebäude unter Denkmalschutz. Darunter die spätklassizistische Rundkirche (1841–46), erbaut nach dem Vorbild des römischen Pantheons. Sehr hübsch ist die rosettengeschmückte Kassettendecke, die man wie die Altarbilder nur durch ein Gitter bewundern kann.
Schräg gegenüber, in der Honvéd utca 1, finden Sie das *Jókai-Museum* in der einstigen Villa des berühmtesten Bewohners von Balatonfüred. Mór Jókai (1825–1904), der wohl bedeutendste ungarische Schriftsteller, lebte und arbeite hier fast zwanzig Jahre lang. In der Gedenkstätte erinnern viele persönliche Gegenstände an den großen Romancier.
Öffnungszeiten von Mai bis Oktober täglich außer Mo, 10–18 Uhr.

Das Haus mit der Adresse Blaha Lujza utca 4 ist die 1861 erbaute, klassizistische Villa der berühmten ungarischen Schauspielerin *Lujza Blaha* (1850–1926) und wird heute als Kurhotel und Restaurant genutzt. Sie war zu ihrer Zeit als "Nachtigall der Nation" bekannt und ist unvergessen.
Schräg gegenüber dem Cáfe Kedves am Seitenflügel des Sanatoriums findet man die klassizistische Apotheke von 1782, die auch heute noch als solche genutzt wird.

Auf dem Kurplatz, dem *Gyógy tér*, befindet sich der von grünen Säulen umgebene Kossuth-Brunnen, dessen Heilwasser dem Publikum zwischen dem 1. Mai und dem 30. September frei zur Verfügung steht (erbaut 1802). Fast immer stehen dort Einheimische und Urlauber Schlange, um sich etwas von dem heilkräftigen Nass in Becher abzufüllen.

Das 1798 im Zopfstil errichtete Horváth-Haus gehört heute zum Sanatoriumskomplex. Südlich und nördlich des Platzes erstrecken sich Parkanlagen.

Guter Orientierungspunkt im eigentlichen Stadtkern ist die *rote Sandsteinkirche* (von der Badesiedlung 2 km entfernt an der Arácsi út, Ecke Csárda utca). Sie wurde mit dem Pfarrhaus 1926/27 im neoromanischen Stil erbaut. Beachtenswert sind die Apostel- und Kreuzwegbilder sowie die reiche ornamentale Malerei. Von hier aus ist es ein Katzensprung bis zur reformierten Kirche, um die der historische Stadtkern mit den denkmalgeschützten Häusern liegt.

Ausflüge

Zu schönen **Wanderungen** (Wanderkarten im Balatontourist-Büro in der Tagore sétány 1, Maßstab 1:80.000) laden die Täler in unmittelbarer Ortsnähe ein.

Von der Koloska Csárda, die man noch mit dem Auto erreichen kann (vgl. Essen), führt in rund 1,5 Stunden ein schöner Spazierweg durch den schattigen Wald zur *Koloska-Quelle*. Sie entspringt am Fuße hoch aufragender Felsen.

Im Kéki-Tal liegt die 120 m lange *Lóczy-Höhle*, die man mit dem Auto anfahren kann. An drei Stellen verbreitert sich die 1894 entdeckte Höhle zu einem Saal. 1934 wurde sie freigelegt und elektrisch beleuchtet. Hier sollte man allerdings keine grandiosen Tropfsteingebilde erwarten.

- Öffnungszeiten tägl. außer Mo, 10–17 Uhr.
- Anfahrt Von der roten Sandsteinkirche aus auf der Arácsi út in Richtung Osten die zweite Straße links (Öreghegyi utca), dann immer geradeaus.

Von der Lóczy-Höhle aus führt in einer guten halben Stunde ein sehr steiler Fußweg zum *Jókai-Aussichtsturm* auf dem 317 m hohen Tamáshegy.

Weitere beliebte Ausflugsziele sind das Siske- und Nosztori-Tal.

Halbinsel Tihany

Die grüne Halbinsel ragt weit in den Balaton hinein. Und auf einer Bergkuppe wacht ein romantisches Fischerdorf über den Fluten: Das ist Tihany, der meistbesuchte Ort am Plattensee.

1952 wurde die gesamte 5,5 km lange und 2–3 km breite Halbinsel Tihany zum ersten Naturschutzgebiet Ungarns erklärt. Während das Ostufer für den Verkehr gut erschlossen ist, kommt man im Westen der Insel, wo es wegen der starken Verschilfung keine Bademöglichkeiten gibt, nur zu Fuß voran.

Tihany, das ist aber auch der gleichnamige Ort mit rund 2.000 Einwohnern auf einer Bergkuppe im Osten der Halbinsel. Die Siedlung hat sich noch viel von der Romantik des alten Fischerdorfes bewahren können, auch wenn heute mehr nach Touristen gefischt wird.

Inmitten der Halbinsel sind durch Niederschläge und Stürme zwei Seen entstanden. Der *Innere See* direkt unterhalb der Ortschaft ist ein bekanntes Anglerparadies, der *Äußere See* hingegen ist völlig verschilft.

Karte S. 474/475

Autofähren verbinden die Halbinsel Tihany mit Szántód am Südufer

An der Südspitze der Halbinsel befindet sich der *Autofährhafen*, der an der schmalsten Stelle des Plattensees Nord- und Südufer miteinander verbindet. Die gesamte Personenschifffahrt geht vom *inneren Hafen* aus, der zwischen Dorf und Fährhafen am östlichen Ufer liegt.
Wer etwas Zeit mitbringt, wird neben der berühmten Abteikirche noch vieles mehr entdecken können.

Geschichte

Erst geraume Zeit nach der letzten Eiszeit entstand die Halbinsel Tihany, denn zunächst war sie wegen des ungleich höheren Wasserstands des Plattensees eine richtige Insel.
Bereits in der Bronzezeit nutzten Menschen diesen geschützten Lebensraum. Archäologen entdeckten hier eine fast 3.000 Jahre alte, mächtige Erdburg, die zu den besterhaltenen Festungen aus vorgeschichtlicher Zeit in ganz Europa zählt. Auch Kelten, Römer und Awaren hinterließen später ihre Spuren.

Größere Bedeutung erlangte Tihany, als im Jahre 1055 der ungarische König Andreas I. die Halbinsel zur Familiengrabstätte bestimmte und zu deren Schutz eine Benediktinerabtei gründete. Gegen Anfang des 13. Jahrhunderts lebten auf Tihany bereits über 400 Bedienstete der Benediktiner.
Zur Zeit der Türkenkriege übernahmen königliche Truppen die Verwaltung der zu einer Burg umgestalteten Abtei, während die Mönche ausgesiedelt wurden. Die türkischen Truppen konnten die Halbinsel jedoch nie erobern – sie scheiterten an der natürlichen Barriere Plattensee.

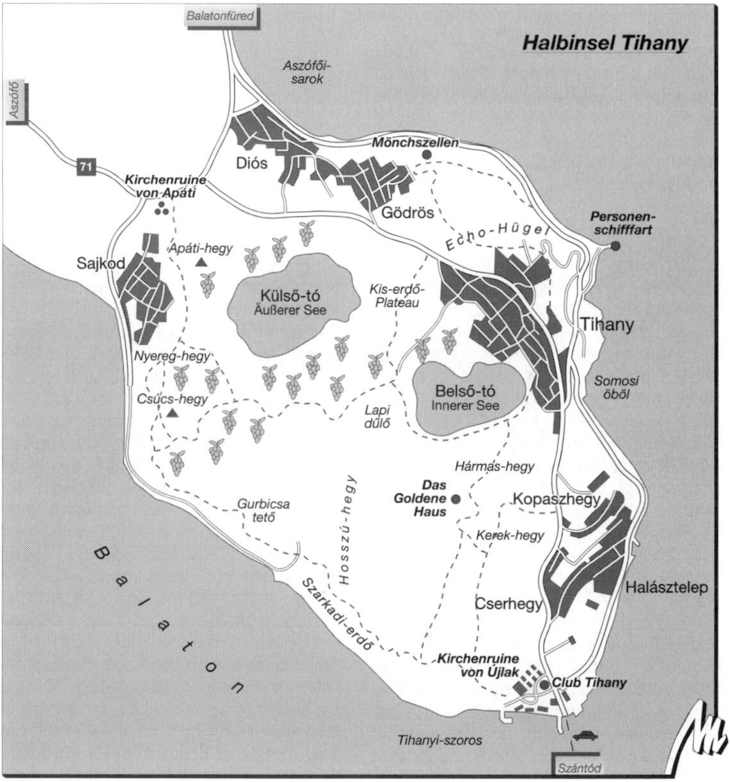

Als im Jahre 1606 den Mönchen die Abtei wieder zugesprochen wurde, begann ein langer Rechtsstreit, weil sich die Burgmannschaft weigerte abzuziehen. Noch heute tragen viele Einwohner Tihanys die Namen jener Soldaten, die sich hier am Anfang des 18. Jahrhunderts , als die Mönche ihre Abtei endgültig wieder in Besitz nehmen konnten, als Bauern, Viehzüchter und Fischer niederließen. Erst zwischen den beiden Weltkriegen entwickelte sich ein bescheidener Badetourismus.

Als Grenzfestung diente die Halbinsel zuletzt den deutschen Truppen, die sich hier zwischen Dezember 1944 und März 1945 verschanzten. Nach der Befreiung wurden die Abtei und ihre Ländereien säkularisiert. Die von Mönchen begründete Weinbautradition, besonders bekannt sind Tihanyer Merlot und Cabernet, wurde fortan zunächst unter staatlicher Aufsicht und nach der Wende auch zunehmend in privater Hand weitergeführt.

Information

• *Information* **Tourinform**, 8237 Tihany, Kossuth utca 20, ✆ und ℻ 448804, tihany@tourinform.hu, www.tihany.hu. Geöffnet: in der Hauptsaison (10. Juni – 21. August) Mo–Sa 8–19 Uhr und So 8–13 Uhr, sonst Mo–Fr 8–17 Uhr und Sa 9–13 Uhr. **Balatontourist**, Kossuth utca 12, ✆ 448519.

• *Telefonvorwahl* 87.

• *Post* Kossuth utca 33.

• *Verbindungen* Ein **Bus** fährt nur nach Balatonfüred. Haltestellen an der Hauptstraße.

Übernachten

Club Tihany, Rév utca 3 (Nähe Fährhafen), ✆ 538563 und 538564, ℻ 448083, reserv@clubtihany.hu, www.clubtihany.hu. Luxushotel mit komfortabel ausgestatteten Bungalows an der Südspitze der Halbinsel. Eine Schönheitsfarm und ein Kinderclub sind angeschlossen. DZ mit Frühstück je nach Saison ab 50 €. Apartments für zwei Personen rund 15 € mehr. Bungalow für zwei Personen ab 65–70 €, für vier Personen ab 85 €. Sehr gutes Restaurant.

Hotel Erika (3), Batthyány utca 6, ✆ 448644, ℻ 448646, www.hotels.hu/erika_hotel. Feines und komfortables Privathotel mit edlem Ambiente. Alle Zimmer verfügen über Klimaanlage und TV. DZ mit Bad und Frühstück je nach Saison ab 60 €.

Hotel Tihany Atrium, Kenderföldi utca 19, ✆ 538100, www.eids.hu/hotelnet/Atrium Tihany. Das Viersternehotel mit 24 Zimmern und 3 Apartments hat eine familiäre Atmosphäre. Es wurde erst 2001 eröffnet und liegt nur 20 m von Strand und Balaton entfernt. DZ mit Frühstück je nach Saison 50–86 €. Apartments je nach Saison 96–128 €. Wer länger bleibt, bekommt Rabatte. Halbpension im Restaurant Vitorlás Vidagó.

Kastély Hotel (Hotel Park und Schlosshotel) (4), Fürdőtelepi utca 1, ✆ 448611, ℻ 448409, www.hotelfured.hu, hotel.fured@axelero.hu. Der ganze Komplex war früher das Erholungsheim der Ungarischen Kommunistischen Partei. Das Schlosshotel ist ein schönes älteres Gebäude, das Hotel Park ein aufdringlicher, fünfstöckiger Betonklotz. Angeschlossen sind ein Minigolf- und ein Tennisplatz, ein Bootsverleih und eine Sauna. DZ mit Bad, Seeblick, Balkon und Frühstück je nach Saison 40–95 €. Die Anlage liegt direkt am See, und zwar an der Uferpromenade rund 1 km unterhalb der Ortschaft Tihany.

Privatzimmer vermittelt das Balatontourist-Büro in der Kossuth utca 12 und Tourinform. Für die Hauptsaison sollte man spätestens im Februar schriftlich buchen. Preise: DZ um 40 €. Zu ähnlichen Konditionen vermitteln auch die Reisebüros in Balatonfüred.

Essen

Óazis (5), Mayor utca 47. Eines der besten Restaurants in Tihany: Es ist von Balatonfüred kommend am Ortseingang rechts ausgeschildert. In dem schilfgedeckten Pavillon und auf der schönen Terrasse sitzt man sehr angenehm. Gemessen an der Qualität der Speisen ist das Preisniveau erschwinglich. Hier gibt es auch ein gutes Frühstück. Geöffnet: von Anfang Mai bis Anfang Oktober täglich 9–24 Uhr.

Das **Excalibur (8)** (direkt unterhalb der Abteikirche) mit eigener Brauerei und das **Ciprian (7)** (direkt neben Tourinform in der Kossuth utca) sind die beiden teuersten Restaurants im Ort und werden vom selben Pächter geführt. Sehr touristisch.

Fogas-Csárda (6), Kossuth Lajos utca 1, ✆ 448658. Zwar nicht das billigste, aber ein gutes, recht gemütlich eingerichtetes Restaurant mit Terrasse. Große Auswahl an Fisch- und Fleischgerichten. Abends Zigeunermusik. Geöffnet: 11–23 Uhr.

Ferenc-Csárda (9), Weinkeller mit stimmungsvollem Gartenlokal in den Weinbergen von Tihany, von wo man ein tolles Panorama genießen kann und wo oft das Akkordeon erklingt. Anfahrt: am Ortsausgang in Richtung Fähre nach etwa 500 m rechts den Berg hoch fahren. Geöffnet: Anfang Mai bis Mitte Oktober 12–22 Uhr.

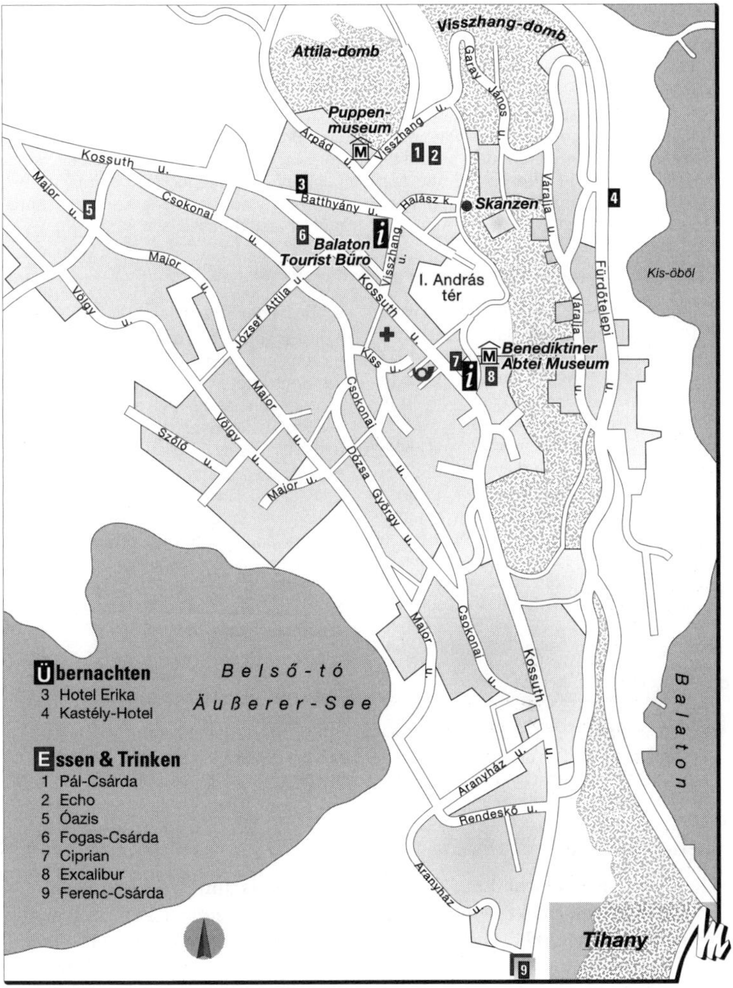

Pál-Csárda (1), Visszhang utca 11, ✆ 448605. Das preiswerte Privatrestaurant bietet nur wenige Fisch- und Fleischspezialitäten. Geöffnet 11–21 Uhr (vom 1. April bis 30. Oktober).

Echo (2), Visszhang utca 13, ✆ 448460. Das Restaurant auf dem Echoberg liegt rund 250 m von der Abteikirche entfernt. Das runde Haus mit Schilfdach ist nicht zu verfehlen. Mittlere Auswahl an Gerichten zwischen 6 und 8 €. Gute Küche. Geöffnet täglich, 10–22 Uhr.

Der Plattensee
Karte S. 474/475

Treffpunkte

Konditorei Rege, Batthyány utca 54, ✆ 448280. Viel besuchtes Ausflugscafé direkt unterhalb der Abteikirche in den ehemaligen Stallgebäuden und Gesindewohnungen des Klosters. Von der Panoramaterrasse hat man einen der schönsten Ausblicke auf den Plattensee. Große Auswahl an sehr guten Torten und Gebäck. Geöffnet: 8–21 Uhr.

Die **Eisdiele** zwischen der Abteikirche und dem Echoberg wird in vielen Leserzuschriften sehr gelobt. Auch wir fanden die Auswahl groß und das Eis sehr lecker.

Das **Brazil kávéház** neben dem Aufgang vom Parkplatz zur Abteikirche ist ein angenehmes, schilfgedecktes Gebäude. Besonders schön sitzt man auf den Korbstühlen der Terrasse.

Sport

• *Angeln* Angelscheine für den Balaton gibt das Balatontourist-Büro in der Kossuth utca 12 aus. Tageskarten kosten 5 € und Wochenkarten 15 €. **Angelscheine** für den Inneren See sind nur direkt vor Ort erhältlich. Wer am großen Anglerwettbewerb im Frühling teilnehmen will, kann sich hier erkundigen und anmelden.

• *Baden* An der Westküste der Halbinsel liegen insgesamt fünf öffentlich zugängliche **Strandbäder**. Es ist nicht empfehlenswert, außerhalb der Strandbäder zu baden, weil das Ufer stark verschilft ist. Das beste Strandbad mit viel Schatten und einer großen Liegewiese befindet sich am inneren Hafen. Ebenfalls sehr schön ist der Strand bei Sajkod.

• *Bootssport* Der **Yachthafen** rund 800 m östlich der Fährstation bietet Anlegeplätze für Segelboote, einen Shop für Ausrüstungsgegenstände und einen Segelbootverleih. Ausflüge mit dem Katamaran über den Club Tihany möglich (siehe unten).

• *Surfen und Segeln* Der **Surfbrettverleih** des "Clubs Tihany" bedient auch Nicht-Hausgäste. Segel und Surfkurse mit international anerkannten Abschlüssen für Jugendliche und Erwachsene auf dem Gelände des Club Tihany (siehe Übernachten): ✆ 2278927, sailsurf@gmx.net, www.clubtihany.hu/sailandsurf.

Einkaufen

Viele **Geschäfte** mit Folklorekunst, Keramik und Glas finden sie in der Kossuth utca. Die fliegenden Händler lauern derweil auf der Pisky-Promenade zwischen Abteikirche und Echohügel. Wertvolle und schöne Gläser findet man im Geschäft **Interkristaly** in der Kossuth utca 41. Geöffnet: 9–12 und 15–21 Uhr.

Sehenswertes

Sie erhebt sich wehrhaft auf der Spitze des Hügels, um den herum sich das Dorf Tihany erstreckt – die weithin bekannte, vor einiger Zeit vollständig renovierte *Abteikirche*. Der heutige Bau entstand in den Jahren 1719–54 auf dem Fundament der von König Andreas 1055 gestifteten Klosterkirche.

In der noch heute existierenden Krypta dieses ersten Baus (Unterkirche) kann man das Grabmal des im Jahre 1060 verstorbenen Ungarnkönigs Andreas I. sehen.

Die Inneneinrichtung der Oberkirche schuf zwischen 1754–79 der Künstler Sebastian Stuhlhof. Ganze 25 Jahre arbeitete er hier unentgeltlich als "Weltlicher unter Mönchen".

Sehenswert sind die Kanzel, der Orgelschrank samt Empore sowie Haupt- und Seitenaltäre. Sie dokumentieren die reife spätbarocke Künstlerschaft Stuhlhofs. In dem erhöhten Sanktuarium fallen besonders die z. T. schon

Am Balaton meistbesucht: die Abteikirche von Tihany

stark verblassten Fresken ins Auge. Hier befindet sich außerdem eine kleine Sammlung sakraler Gegenstände (u.a. Mönchskleidung, Kreuze, Kelche, Hostiendose).
Im Sommer finden hier häufig, vor allem dienstags und mittwochs um 20 Uhr, Orgelkonzerte mit berühmten in- und ausländischen Künstlern statt.
Öffnungszeiten Mai bis September täglich 10–18 Uhr, November bis März 10–15 Uhr.

Das einstige Ordenshaus dient seit 1955 als *Tihany-Museum*. In den 18 kleinen Räumen im Obergeschoss werden zeitgleich mehrere wechselnde Ausstellungen (z. B. zu den Themen: moderne Kunst, alte Gemälde, technische Geräte, Antiquitäten usw.) geboten. Ständig ausgestellt werden allein die Steinmetzarbeiten aus der Römerzeit und dem Mittelalter, die in der Umgebung Tihanys gefunden wurden – und zwar im *Lapidarium* im mittelalterlichen Keller des Gebäudes.
Die hintere Wand des Lapidariums ist zugleich die Rückwand einer nicht zugänglichen *Quellhöhle*.
Öffnungszeiten **Museum**, täglich außer Mo, 10–18 Uhr, November bis März bis 15 Uhr.

Das *Paprikahaus* in der Kossuth Lajos utca 16 erreicht man von der Abtei aus, wenn man der Treppe nach unten in den Ort folgt. Es fällt schon von weitem auf, da die gesamte Außenwand mit Paprikaschoten behangen ist. Wer noch immer auf der Suche nach Mitbringseln ist: Hier wird neben Paprika auch Salami und Wein verkauft.
Öffnungszeiten März bis November täglich 9–22 Uhr.

Sehenswert ist auch das *Puppenmuseum* in der Visshang utca 4, das eine Sammlung von über 250 Puppen in regionaltypischen Trachten zeigt. Die ältesten stammen aus dem 19. Jahrhundert.
Öffnungszeiten Juni bis August 10–19 Uhr, September, Oktober bis 17 Uhr.

Der Plattensee
Karte S. 474/475

Links neben der Abteikirche und von der hier beginnenden *Pisky-Promenade,* die zum Echohügel führt, hat man einen großartigen Ausblick auf den Plattensee. Überall auf der schmalen Mauer der Promenade bieten fliegende Händler ihre Waren feil: Handarbeiten, Folkloreartikel, Keramik und Schachspiele.

An der linken Seite der Pisky-Promenade befindet sich das *Tihanyer Freilichtmuseum* (Szabadtéri Néprajzi Múzeum) mit seinen über hundert Jahre alten Bauernhäusern.
Im ersten Haus, dem *Töpferhaus* (Fazekasház, Batthyány utca 26), findet man in zwei kleinen Räumen Beispiele 100–150 Jahre alter Keramik, z. B. einen schönen Kachelofen, sowie wenige Exponate der zeitgenössischen Keramikerin Lidia Barth, der man zuschauen kann, wenn man das Glück hat, sie bei der Arbeit anzutreffen.
Das zweite Haus, ein originalgetreu eingerichtetes *Bauernhaus,* zeigt Möbel und Gebrauchsgegenstände eines Tihanyer Bauern.
Neben dem Bauernhaus liegt das *Volkskunsthaus,* das eine kleine Verkaufsausstellung (Keramik, Stickereien und bemalte Möbel) beherbergt.

Öffnungszeiten Juli und August 10–20 Uhr, von Mai bis Juni und Oktober täglich außer Di, 10–18 Uhr.

Über das ganze Dorf verteilt findet der aufmerksame Besucher etliche *Häuser im Folklorestil* mit schilfgedeckten Dächern und säulengeschmückten Verandagängen.

Wanderungen

Wanderungen sind die beste und mitunter auch einzige Möglichkeit, die anderen Sehenswürdigkeiten der Halbinsel kennen zu lernen. Wanderkarten und aktuelle Tipps erhält man beim Balatontourist-Büro in der Kossuth utca 12 (siehe Information).

Ein schöner Rundweg führt in rund zwei Stunden von der Siedlung am inneren Hafen vorbei zur *Ciprián-Quelle* (auch Russischer Brunnen genannt) und zu den kahlen Höhlen im Fels, die im 11. Jahrhundert Mönchen aus Kiew als Wohnungen gedient haben sollen.

Ein rot markierter Weg führt in etwa 1,5 Stunden zum 235 m hohen Gipfel des *Csúcshegy* (zu deutsch: Spitzberg), von dessen Gipfel man eine herrliche Aussicht hat. Obwohl hier schon seit über zehn Jahren kein Lavendel mehr angebaut wird, findet man am Fuße des Berges noch einige wilde Überbleibsel der Tihanyer Lavendelfelder.

Bekannt sind die mächtigen *Kalkfelsen* im Südwesten der Halbinsel. Sie sind aus Ablagerungen der heißen Quellen entstanden, die hier vor Jahrtausenden die Landschaft formten. Der größte von ihnen heißt Aranyház (deutsch: Goldhaus), weil er von gelblichen Moosflechten bewachsen ist. Hier kann man spazieren gehen und ein wenig klettern, wenn man die Aussicht genießen will, die sich von den Kuppen bietet.

Ausflüge

Nagyvázsony

Die kleine Ortschaft mit 2.000 Einwohnern liegt 25 km nordwestlich von Tihany zu Füßen des 600 m hohen Kab-Berges. Die Anfahrt vom Plattensee lohnt sich aber.
Sehenswert ist die Ruine der um 1400 erbauten **Burg Kiniszsi**. Im erhaltenen großen Turm der Burg befindet sich im Erdgeschoss der einstige Kerker mit einer kleinen Ausstellung. Im ersten Stockwerk werden Bilder und Skizzen der Burg, im dritten Stock Möbel und Wandteppiche aus dem 16. Jh. und im vierten historische Modelle der Burg und Keramik gezeigt. Im zweiten Stock befindet sich der Rittersaal mit Rüstungen, Wappen usw. In der Burgkapelle zieht das Grabmal Pál Kinizsis mit einem Grabstein aus rotem Marmor die Blicke auf sich. Der einstige Burgbesitzer galt als Held der Türkenkriege, da seine Truppe erfolgreich den Muselmanen trotzte. Der Sage nach konnte er ohne Probleme einen Mühlstein heben.
Im Lapidarium unter der Kapelle (Seiteneingang benutzen) kann man Steinmetzarbeiten aus der Burg und dem von Kinizsi gestifteten, heute verfallenen Paulinerkloster sehen. Vom Dach des Turms, der einst mit Schindeln gedeckt war, hat man einen herrlichen Blick auf die Umgebung. 85 gemeißelte Steinstufen zählt die Wendeltreppe.
Öffnungszeiten April bis Oktober Mo–Fr 8–17 Uhr, Sa, So 9–17 Uhr.

Direkt an der Burg befindet sich im historischen Postamt des Ortes ein **Postmuseum** mit einer interessanten Ausstellung zur Geschichte der Nachrichtenübermittlung. Zum besseren Verständnis empfiehlt es sich, den ausliegenden, umfangreichen deutschsprachigen Prospekt einzusehen. Kernstück der Ausstellung ist eine hübsche Briefmarkensammlung. Das Postamt arbeitet noch immer – wer mag, kann sich einen Sonderstempel besorgen.
Öffnungszeiten täglich außer Mo, 10–18 Uhr.

Direkt gegenüber dem Postamt steht die kleine *evangelische Kirche* von 1796 mit ihrem winzigen hölzernen Glockenturm.

Ein keine zehn Minuten dauernder Spaziergang führt von der Burg in westlicher Richtung zu den Ruinen des einstigen *Paulinerklosters* und der gotischen Klosterkirche, die idyllisch mitten im Wald liegen.

Rund 100 Meter sind es von der Burg bis zu dem kleinen **Freilichtmuseum** in der Bercsény utca 21. Das schilfgedeckte Bauernhaus von 1825 ist im traditionellen Stil der Schwaben eingerichtet, die hier vor über 150 Jahren angesiedelt wurden. Ferner präsentiert das Museum eine kleine ortsgeschichtliche Sammlung. In einem ehemaligen Viehstall ist die Werkstatt eines Kupferschmiedes eingerichtet worden, und im einstigen Heuschober werden einige alte, bäuerliche Gerätschaften gezeigt.
Öffnungszeiten täglich außer Mo, 10–18 Uhr.

Karte S. 474/475

• *Übernachten* **Schlosshotel**, Kossuth utca 10–14, ✆ und 📠 88/264109, www.ibusz hotels.hu. Die komfortablen DZ mit Dusche/WC und Frühstück kosten pro Nacht je nach Saison ca. 40 €.

Das **Kinizsi Turistaház** (Vár utca 9, ✆ 88/264786) direkt an der Burg ist die preiswerteste Übernachtungsmöglichkeit am Ort. Die sehr einfachen DZ kosten 25 € pro Nacht.

• *Essen* Das mit Abstand beste Restaurant von Nagyvázsony ist das **Vázsonykő** mit hübscher Terrasse nahe der Burg in der Sörház utca 2. Mittelgroße Auswahl an Fleischgerichten zu maßvollen Preisen. Besonders gut schmeckt hier das Tartarenbeefsteak (garniertes Rinderhackfleisch als Vorspeise). In der angeschlossenen Privatpension kostet ein DZ mit Dusche, WC und Frühstück 35 €.

▸ **Aszófő**: Aszófő liegt 5 km nordwestlich von Tihany, rund 2 km westlich der Abzweigung von der Straße Nr. 71, wo es nach Tihany geht.

• *Camping* Rund 2 km östlich der Ortschaft (von der Straße Nr. 71 ausgeschildert) finden Sie den **Diana-Campingplatz** (✆ 87/445013, dianacamping@freemail.hu, www.balatontourist.hu), der mitten im Wald liegt. Gäste benutzen den 4 km entfernten Strand in Sajkod. Der große, schattige Platz ist relativ gut ausgestattet: Tennisplatz, Lebensmittelladen, Restaurant usw. Zwei Personen mit Auto und Zelt zahlen pro Nacht ca. 7,50 €. Geöffnet: Mitte Mai bis Mitte September.

▸ **Örvényes**: Örvényes liegt 2 km westlich von Aszófő. Die am östlichen Ortseingang an der Straße Nr. 71 als "Vízmalom"ausgeschilderte *Wassermühle* war noch bis zum Sommer 1987 in Betrieb. In der inzwischen museumsartig eingerichteten Müllerstube befinden sich Holzschnitzereien und Keramik sowie alte Möbel und Pfeifen

Öffnungszeiten täglich 9–17 Uhr.

Etwa 50 m oberhalb der Wassermühle kann man noch die Ruinen einer romanischen Kirche ausmachen, an der vor einiger Zeit mit Rekonstruktionsarbeiten begonnen wurde. Außerdem gibt es in Örvényes eine innerorts gut ausgeschilderte Reitschule.

▸ **Balatonudvari**: Der Ort liegt 2 km westlich von Örvényes. Direkt am östlichen Ortsausgang in Richtung Balatonfüred finden Sie neben der Straße Nr. 71 einen unter Denkmalschutz stehenden alten *Friedhof*. Seine Grabsteine stammen vom Anfang des 19. Jh. und sind herzförmig aus weißem Kalkstein gemeißelt – ein typisches Beispiel ungarischen Bauernbarocks.

▸ **Kiliantelep**: Die ganzjährig geöffnete, riesengroße Bungalowsiedlung in Ufernähe zwischen Balatonudvari und Balatonakali gehört zum Express-Reisebüro in Budapest (info@express-travel.hu).

• *Reisebüro* 8242 Kiliantelep, ✆ 87/449375, 📠 449244.

• *Übernachten* Die Bungalows bestehen jeweils aus zwei DZ, einem EZ sowie Bad und WC. Pro Tag kosten sie je nach Saison komplett ab 40 €; ein DZ kostet ab 35 € (EZ ab 18 €). Außerhalb der Saison gibt es einen Preisnachlass in Höhe von 20 %.

▸ **Balatonakali**: Die Umgebung des Ortes 6 km westlich von Balatonudvari ist berühmt für ihre edlen Tropfen, insbesondere den Muskateller. Probieren kann man die hiesigen Weine in der *Mandula-Csárda* an der Straße Nr. 71.

• *Übernachten* **Pension Residenz**, Sósi Földek 2, ✆ (87)444578, Mobiltelefon in Deutschland 0172/8754900, buchen@balaton-residenz.de, www.pension-residenz.de. Eine Mandelbaumalle führt zu dem neuen, elegant eingerichteten Haus deutscher Gastgeber. Es ist von einem großen Garten mit eigenem Badeteich umgeben. Zum Strand sind es 350 m, zum Ortszentrum 1300 m. Aufenthaltsraum mit Kamin und TV. DZ mit Frühstück je nach Saison ca. 45 €.

• *Camping* Den **Holiday-Camping** (8243 Balatonakali, Sósi-földek, ✆/℻ 87/444093 und 544031, ℻ 544032, www.balatontourist.hu, choliday@balatontourist.hu) von Balatonakali-Sósi finden Sie zwischen Balaton akali und Kiliántelep. Der relativ große Campingplatz mit 260 Stellplätzen liegt genau zwischen Eisenbahn und Ufer. Am eigenen Strand gibt es nur eine sehr schmale Liegefläche mit grasbewachsenen Betonplatten. Restaurant und kleiner Lebensmittelladen auf dem Gelände. Zwei Personen mit Auto und Zelt zahlen in der Hauptsaison 12 € pro Nacht. Geöffnet: 31. Mai – 8. September.

• *Reisebüro* 8242 Kiliantelep, ✆ 87/449375, ℻ 449244.

• *Übernachten* Die Bungalows bestehen jeweils aus zwei DZ, einem EZ sowie Bad und WC. Pro Tag kosten sie komplett 45 €; ein DZ allein kommt auf 20 € (EZ 15 €). Außerhalb der Saison gibt es einen Preisnachlass in Höhe von 20 %.

Badacsony

Wohlschmeckende Weine, viele Vulkane und ein prächtiges Panorama. Der 438 m hohe Badacsony und seine Umgebung am Nordwestufer des Balatons sind vor allem als Weinbaugebiet bekannt.

Hauptsächlich trockene Weißweine gedeihen an dem durch vulkanische Tätigkeit entstandenen Basaltberg, der sich auf einer Landzunge hoch über den Plattensee erhebt.

Das Gemeindegebiet der zu Füßen des Badacsony entstandenen Ortschaften zählt rund 15.000 Einwohner. Der Löwenanteil davon wohnt in den Dörfern *Badacsonytomaj* und *Badacsonytördemic*. An der Südspitze der durch den Berg herausgebildeten Landzunge hat sich die Erholungssiedlung entwickelt, zu der im Sommer Tausende von Ausflüglern per Schiff, Auto und Eisenbahn pilgern. Im Winter jedoch ist Badacsony ausgestorben – fast alle Geschäfte sind verrammelt.

Touristischer Hauptanziehungspunkt ist der Berg selbst, der nicht nur die erwähnten Weine liefert, die man in Dutzenden von Weinstuben und -kellern kosten kann, sondern auch ein herrliches Panorama bietet. Entsprechend dem großen Andrang hat sich denn auch die touristische Infrastruktur entwickelt. Geboten werden gepflegte Gastronomie und eine Bazarzeile in der Nähe der Mole. Im Gemeindegebiet stehen rund 5.000 Betten und einige Campingplätze zur Verfügung.

Information/Verbindungen

• *Information* **Tourinform**, 8258 Badacsonytomaj, Park utca 6, ✆ 431046, ℻ 531013, badacsony@tourinform.hu. Geöffnet Mo–Fr 9–19 Uhr, Mai bis September auch Sa/So 9–15 Uhr.

Balatontourist, in der Tátika Üzletház und in der Park utca 4, 8261 Badacsony, ✆ 431249. Geöffnet: in der Hochsaison (1. Juli – 19. August) Mo–Sa 8.30–18.30 Uhr und So 8.30–12.30 Uhr, in der Nebensaison (1. Mai – 30. Juni und 20. August – 30. September) Mo–Fr 8.30–16.30 Uhr und Sa 8.30–12.30 Uhr; Oktober bis April geschlossen.

• *Telefonvorwahl* 87.

• *Post* Park utca 3.

• *Verbindungen* **Bahn**, der Bahnhof befindet sich direkt an der Erholungssiedlung. Direktzüge fahren von hier aus nach Tapolca und Budapest.

Bus, mehrere Bushaltestellen gibt es entlang der Straße Nr. 71. Gute Anbindung nach Keszthely und Balatonfüred.

Der Plattensee
Karte S. 474/475

Übernachten

Im Gebiet des Badacsony gibt es weniger Komforthotels als viel mehr kleinere, gemütliche Pensionen und Privatunterkünfte, teilweise ohne besonderen Komfort. Trotzdem sind sie in der Hauptsaison meist komplett ausgebucht. Wer seinen Urlaub genau planen kann, sollte rechtzeitig buchen (Auskunft und Buchung beim Balatontourist-Büro, s. Information).

Hotel Club Badacsony, Badacsonytomaj, Balatoni út 14, ✆ 471040 und 471088, 📠 471059. Das hübsche Clubhotel öffnete 1991 seine Pforten. Es liegt direkt am Seeufer und hat einen eigenen kleinen Strand, Sauna, Bootsverleih, Tennisplatz und Kegelbahn. DZ mit Dusche/WC und Frühstück je nach Saison 45–65 €. Ermäßigungen für Kinder. Zustellbetten möglich. Katzen und Hunde erlaubt.

Hotel Neptun, Római utca 156, ✆ 431293, 📠 471597. Das gelb gestrichene Gästehaus liegt 200 m vom Seeufer entfernt und wurde renoviert. Es ist gemütlich eingerichtet und hat eine familiäre Atmosphäre. Auch bei jungen Leuten beliebt. DZ mit Dusche und TV ab 35 €, zusätzliche Betten einzustellen ist möglich. 11 Mehrbettzimmer mit Waschbecken. Je nach Saison ab 20 € pro Person.

Privatzimmer sind beim Balatontourist-Büro zu buchen. Preise: DZ ab 30 €, Apartments für zwei Personen ab 40 € und Ferienhäuser für bis zu vier Personen ab 45 €, für bis zu acht Personen ab 80 €. Umfangreiche Infos zu Unterkünften gibt auch Tourinform.

Miditourist, Park utca 53, ✆ 431028, 📠 431614. 8–22 Uhr.

Badacsony-Camping, Tópart, ✆ 531041, 📠 531042, www.balatontourist.hu, cbalcsony@balatontourist.hu. Der Platz liegt direkt an der Straße Nr. 71, ca. 400 m hinter dem Ortsausgang der Erholungssiedlung in Richtung Keszthely. Es ist ein kleiner Platz mit 100 Stellplätzen , viel Schatten, gepflegter Grasfläche und eigenem Strand. Zwei Personen mit Auto und Zelt zahlen hier 12 € pro Nacht. Geöffnet: 17. Mai – 5. September.

Badacsonyörs-Camping, ✆ 431253. Größerer, nicht sehr schattiger Platz zwischen Eisenbahnlinie und Ufer mit eigenem Strand. Restaurant und Lebensmittelgeschäft auf dem Platz. Zwei Personen mit Auto und Zelt zahlen hier 13 € pro Nacht. Rund 1 km östlich vom Ortsausgang der Siedlung Badacsonyörs in Richtung Tihany von der Straße Nr. 71 aus beschildert. Geöffnet: 18. Mai – 10. September.

Essen

Halászkert, Park utca 5, ✆ 431113. Das Restaurant liegt zentral im Park der Erholungssiedlung, nahe der Schiffsanlegestelle. Das exklusive Restaurant bietet eine große Auswahl an Fleisch- und Fischspezialitäten ab 7,50 €. Für ein gutes Essen sollte man hier schon 12 € pro Person einkalkulieren. Schöne Terrasse, angenehme Atmosphäre, Fassbier, abends Zigeunermusik. Geöffnet: 12–24 Uhr.

Kisfaludy-Haus, Szegedi Róza utca 87, ✆ 431016. Das schilfgedeckte Restaurant liegt inmitten der Weingärten am Hang des Badacsony-Berges (Anfahrt: siehe Wanderungen). Die Küche bietet eine kleine Auswahl an leckeren (Fleisch-) Gerichten zwischen 5,50 und 12 €. Von der hübschen Terrasse hat man einen schönen Seeblick. Auch die hiesigen Weine aus dem alten Weinkeller sind zu empfehlen. Hier werden auch Folkloreabende und Ausflüge angeboten, d. h. es kann voll werden, wenn gerade Gruppen da sind.

Weinproben

Weinproben gehören in Badacsony einfach dazu. Bekannte Weine sind der Riesling, der Grüne Sylvaner, der Szürkebarát (Grauer Mönch) und der Kéknyelű (Blaustengler).

Ab besten ist es, sich vor Ort einen **Keller** inmitten der Weingärten zu suchen, wo man zum Probieren eingeladen wird und auch direkt vom Erzeuger Weine kaufen kann. Außerdem findet man am Hang des Badacsony mehrere **Weingärten** mit Ausschank. Auch in der Bazarzeile im Park der Erholungssiedlung gibt es mehrere

An vielen Stellen ist das Seeufer von Schilf bewachsen

Weinstuben von Winzergenossenschaften, die über ein relativ umfangreiches Sortiment verfügen. Weitere Infos und Adressen bekommt man bei Tourinform.

Borbély Családi Pincészet, 8258 Badacsonytomaj, Káptalantóti utca, ✆ 9271414. In diesem Weinkeller findet man auch alle möglichen Souvenirartikel rund um den Wein. Geöffnet Mai bis Oktober.

Vig Bacchus Fógado, 8261 Badacsony, Kossuth utca 1, ✆ 431543. Weinkellerei und Restaurant mit großer Terrasse (schöner Blick). Mai bis Oktober 11–23 Uhr.

Sehenswertes

Das *József-Egri-Gedenkmuseum* in der Egri sétány 12 nahe dem Bahnübergang der Erholungssiedlung zeigt in drei Räumen Bilder des berühmten Balaton-Malers, dessen Staffelei samt Pinseln und Farben ebenfalls zu sehen ist. Vor dem Museum steht die Büste Egris (1883–1951). Seine stilistisch eigenwilligen Skizzen und Gemälde brachten ihm 1948 den Kossuth-Preis ein, der als begehrtester Kulturpreis Ungarns gilt. Während der Blüte des Stalinismus Anfang der fünfziger Jahre waren seine Werke offiziell nicht mehr anerkannt.

Öffnungszeiten Mai – September täglich außer Mo, 10–18 Uhr.

Die zweitürmige *Kirche* von Badacsonytomaj (1922) ist die einzige aus reinem Basaltgestein errichtete neoromanische Kirche Mitteleuropas.

- *Baden* sechs **Strandbäder** im Gemeindegebiet.
- *Tennis* Plätze vermitteln das Midi-Tourist-Büro in der Park utca 53 und das Restaurant Halászkert.
- *Wassersport* Verleih von Tretbooten und Surfbrettern im Strandbad der Erholungssiedlung, wo auch die Möglichkeit besteht, eigene Segelboote zu Wasser zu lassen.
- *Ausflüge* Zu den organisierten Ausflügen, die man von Badacsony aus buchen kann, zählen vor allem so genannte Puszta-Programme mit Pferdevorführungen. Dabei

Der Plattensee
Karte S. 474/475

geht es mit dem Bus zu einer Csardá mit Pferdestall in der näheren Umgebung. Von Juni bis August kann man auch Ausflüge mit einer alten Dampflok buchen. Lokführerehrendiplome inbegriffen, d.h. wer Lust hat, darf die Lok selbst fahren. Als Fahrtziele stehen zur Wahl: die Seehöhle in Tapolca oder eine Kutschfahrt mit Weinprobe in Badacsony. Dazu gehören jeweils entweder eine Gulaschparty zum Abendessen oder ein Mittagsmenü (auch für Vegetarier) mit Folkloreprogramm. Programm- und Zugfahrkarten gibt es in den örtlichen Reisebüros und an den Schaltern der Bahnhöfe; Infos und Abfahrtszeiten bei Tourinform in Keszthely, Tapolca, Badacsony und Gyenesdiás.

Wanderungen

Der Badacsony ist ein geschätztes Wandergebiet. Die Wege führen allerdings ziemlich steil bergauf, sodass von Spaziergang kaum die Rede sein kann.

Ausgangspunkt für fast alle Wanderungen ist der Parkplatz am Kisfaludy-Haus (vgl. Essen), das knapp 2 km oberhalb der Erholungssiedlung am Berghang liegt. Zwischen Anfang Mai und Ende September (täglich 9–19 Uhr) fahren Sammeltaxis (rote und blaue Jeeps) in halsbrecherischem Tempo zwischen Bahnhof und Kisfaludy-Haus bzw. Weinmuseum. Der Preis pro Person beträgt rund 15 €.
Die etwa 1 km lange Strecke zwischen Kisfaludy-Haus und Weinmuseum bietet sich allein deswegen schon für einen Fußmarsch an, weil die mit Basaltsteinen gepflasterte Straße auch für gute Stoßdämpfer eine Zumutung ist. Andererseits weist sie aber kaum Steigungen auf.

Nur wenige Meter oberhalb des Parkplatzes am Kisfaludy-Haus erhebt sich der mächtige *Rózsakő* (zu deutsch: Rosenstein), ein nicht ganz ungefährlicher Basaltkegel. Unbestätigten Gerüchten und Legenden zufolge werden arglose Menschen, die hier mit dem Rücken zum See auf dem Stein sitzend aneinander denken, noch im selben Jahr ein Hochzeitspaar. Überzeugte Singles sollten deshalb auf keinen Fall dem See ihren Rücken zukehren.

Gekennzeichnete Wanderwege führen außerdem vom Parkplatz des Kisfaludy-Hauses zur *Páholy-Aussichtswarte* auf einem flachen Felsen, von der man einen herrlichen Seeblick hat, und zum *Kisfáludy-Sándor-Aussichtsturm*, der ebenfalls ein herrliches Panorama bietet.
Weitere Wege führen zum mächtigen *Steinkreuz* von 1857 und zum *Steintor* auf der anderen Seite des unter Naturschutz stehenden Gipfels.

Veranstaltungen Ende Juli/Anfang August bei der Weinwoche hat man Gelegenheit, zahlreiche Weine zu verkosten. Anfang September findet alljährlich zum Saisonschluss ein großes **Weinfest** in der Ufersiedlung statt.

Ausflüge

▶ **Révfülöp**: Der Ort liegt 10 km östlich von Badacsonytomaj. Das große städtische Strandbad finden Sie am westlichen Ortsrand nahe der Straße Nr. 71. Außerdem gibt es hier einen regelmäßigen Personenschifffahrtsverkehr zum Südufer. Im Sommer startet mittwochs, freitags und sonntags ab 21 Uhr ein Discoschiff. Gut essen kann man im *Gasthaus Toth*. Der Ort ist ein guter Ausgangspunkt für Ausflüge ins Hinterland, das sich zum Radfahren und Wandern hervorragend eignet. In Révfülöp laufen die südlichen Hügel der ehemals vulkanischen Káli-Becken-Landschaft bis zum Seeufer aus. Der Aussichtsturm auf dem über 270 m hohen Berg oberhalb des Ortes bietet eine schöne Rundsicht. Ende Juli starten in Révfülöp Hunderte von Schwimmern ihre 5,4 km lange Strecke durch den Balaton bis Balatonbóglar – begleitet von Booten und einer Riesenvolksfeststimmung.

• *Information* **Tourinform**, 8253 Révfülöp, Villa Filip tér 8b, ✆ 463194, 📠 463092, revfulop@tourinform.hu. Infos zu Unterkünften und Ausflügen ins Káli-Becken.

• *Camping* **Napfény-Camping**, Halász utca 5, ✆ 87/563031, 📠 563032, www.balatontourist.com, cnapfeny@balatontourist.hu.

Der **Campingplatz Sonnenschein** liegt am östlichen Ortsrand zwischen See und Bahnlinie und ist innerorts (von der Straße Nr. 71) gut ausgeschildert. Flacher Wiesenplatz mit jungen Laubbäumen. Zwei Personen mit Auto und Zelt zahlen ca. 8,50 € pro Nacht. Geöffnet: Mitte Mai–Mitte Sept.

Puszta-Flair im Káli-Becken

Von Petra Sparrer

In Saföld, nur wenige Kilometer vom Plattensee entfernt, hat die Verwaltung des Nationalparks Balaton-Oberland einen Naturschutzhof eingerichtet. Hier kann man ungarische Haustierrassen kennen lernen, Wasserbüffel beobachten und bei den Pferdevorführungen mit dem legendären Fünfergespann echtes Puszta-Flair erleben, zumindestens wenn man selbst nicht dorthin kommt. Ebenso fungiert der Hof als Touristenzentrale für das Káli-Becken. Wie das Badacsony und Tapolcaer Becken, der Kis-Balaton, die Halbinsel Tihany und einigen anderen Landstrichen in verschiedenen Komitaten gehört das Káli-Becken zum Nationalpark Balaton-Oberland. In der näheren Umgebung liegen die Ruinen eines Paulaner-Klosters und einige Salzseen, in denen man im Sommer abseits vom Balaton-Rummel baden kann. Ein beliebtes Ziel von Wanderungen, Ausritten und Kutschfahrten ab Saföld sind auch die imposanten Basaltformationen von Hegyestü, die an eine gigantische Orgel erinnern. Saföld – früher Wohnort der Klosterbediensteten – ist heute fest in der Hand von Budapestern und Touristen. Die schilfgedeckten Häuser haben sie liebevoll restauriert und teilweise zu Künstlerateliers umfunktioniert. Etwa 12 km entfernt in Szentbékkálla lohnt ein weiteres Steinmeer den Besuch.

Naturschutzhof Saföld, ✆ 0660/311571, www.kali.hu/safoldmajor. Pferdevorführungen: Mai bis Juli jeden Samstag 15 Uhr, 5. Juli–1. September Di, Do, Fr und Sa 15 und 18 Uhr. Täglich Ausritte oder Reitunterricht pro Stunde 10 €, Kutschfahrten 1 Std. 8 €.

Infos zu Wander- und Radwegen: Tourinform Révfülöp und bei der Nationalparkdirektion in Veszprém, Vár utca 31, ✆ (88)427855, 📠 427056.

▸ **Balatonszepezd**: Balatonszepezd liegt 3 km nordöstlich von Révfülöp.

• *Camping* Der **Venus-Camping** (Halász utca 1, ✆ 568061, 📠 568062, www.balatontourist.hu, cvenus@balatontourist.hu) bildet einen schmalen, schattigen Streifen zwischen Straße, Bahnlinie und Ufer mit eigenem Strandbad. Zwei Personen mit Auto und Zelt zahlen hier 10 € pro Nacht. Eine Reitschule liegt 300 m entfernt. Geöffnet: Mitte Mai–Mitte September. Das Gelände ist am östlichen Ortsausgang von der Straße Nr. 71 aus beschildert.

Der Plattensee
Karte S. 474/475

Bei schönem Wetter: weiter Rundumblick von der Burgruine Szigliget

Szigliget

Der von der Straße 71 ausgeschilderte Ort, 4 km westlich von Badacsonytördemic auf der kleinen, gleichnamigen Landzunge, ist mit seinen vielen schilfgedeckten Bauernhäusern sicherlich eines der schönsten Dörfer am Balaton. Keine Hotelneubauten oder Touristenbazare verunzieren bisher sein Ortsbild. Auch Szigliget, dessen Name "Inselwäldchen" bedeutet, war in Urzeiten wie Tihany eine Insel, als der Wasserstand des Plattensees noch bedeutend höher war.

An der Südspitze der Landzunge befindet sich neben dem Hafen ein kleines Strandbad. Auf dem Weg dorthin sieht man die *Ruinen* einer Basaltsteinkirche aus dem 12. Jh., wenn man die Straße an der Ostseite der Halbinsel wählt.

Sehenswert, vor allem wegen des atemberaubenden Blicks auf den Balaton und die Halbinsel mit ihren weiß getünchten Kelterhäusern in den grünen Weinbergen, sind die inzwischen aufwändig restaurierten *Burgruinen* auf dem Gipfel des 243 m hohen Burgberges, die man schon von der Straße Nr. 71 aus sehen kann. Atemberaubend (zumindest für starke Raucher) ist auch der fünf- bis zehnminütige steile Fußweg, der von der kleinen Kirche am oberen Ortsrand zur Burgruine führt. Die im 13. Jh. erbaute, zunächst königliche Burg, wurde Anfang des 18. Jh. auf Befehl der Habsburger zerstört. Die im Burgbrunnen gefundenen mittelalterlichen Gefäße sind im Balaton-Museum in Keszthely ausgestellt. Unterhalb der Burg gibt es in dem spätbarocken Herrenhaus der Familie Tóti-Lengyel einen Weinkeller und das Traditionsrestaurant **Várvendéglö**. April bis Oktober 11–13 Uhr.

Von Elefantenfuß und Löwenfell

Zwischen Balatonederics und Balatongyörök gibt es direkt an der Straße Nr. 71 ein Museum der ganz besonderen Art.

Dr. Endre Nagy, ein ungarischer Großwildjäger, verbrachte einige Jahrzehnte seines Lebens in Tansania, wo er neben vielen anderen Berühmtheiten auch Professor Grzimek traf. Wieder zurück in der Heimat, erwarb er dieses Haus und begründete mit den exotischen Erinnerungsstücken aus seinem bewegten Leben ein Afrikamuseum.

Seit 1988 ist das Domizil des weit gereisten Magyaren nun tagsüber der Öffentlichkeit zugänglich. Auf dem Gelände findet man neben heimischem Rotwild und ungarischen Wasserbüffeln auch Kamele und viele Souvenirs aus Schwarzafrika: eine Pythonhaut, einen Elefantenfuß, Geweihe und andere Trophäen. Besondere Attraktionen für alle Kinder sind der lebendige Uhu und das Löwenfell mit dem präparierten Kopf.

Hinterher noch eine Cola am Flamingó-Buffet und der Nachwuchs hat ein paar exotische Erinnerungen an den Plattensee.

Öffnungszeiten Museum Mitte März bis Ende Oktober, tägl. außer Mo, 10–17 Uhr.

Übernachten

In diesem ruhigen Ort gibt es hauptsächlich Privatunterkünfte und kleine Pensionen.

Sziklakert Panzió, Kossuth Lajos utca 138, ✆ (87)461000. Familienpension mit vier Doppelzimmern und gemeinsamer Gästeküche. Nur ein Zimmer hat einen Balkon. DZ je nach Saison ab 35 €. **Valeri Vendégház**, Ösz utca 3, ✆ 461988, ✆ 2585386, foldhazi@elender.hu. Familiäre Pension im Grünen. DZ mit Bad und Frühstück ab 40 €.

▸ **Tapolca**: Früher als "Stadt der Weine" bekannt, gilt die 12 km nördlich von Szigliget gelegene Industriestadt Tapolca wegen der großen Lagerstätten heute als "Stadt des Bauxits". Ein beliebtes Ausflugsziel ist die *Tavasbarlang*, ein Karsthöhlensystem, das auch besichtigt werden kann. Hier gibt es eine Teichgrotte, die man im Rahmen einer unterirdischen Kahnfahrt bestaunen kann. Der Eingang befindet sich in der Kisfaludy utca 5.

Öffnungszeiten 15. Mai – 20. August tägl. 8–16 Uhr, sonst Mo–Fr 9–15 Uhr und Sa 9–12 Uhr.

Sümeg

Die Gemeinde mit kleinstädtischem Charakter liegt 16 km nordwestlich von Tapolca in einem Tal zwischen den westlichen Ausläufern des Bakonygebirges und dem Keszthelyer Gebirge. Im Mittelalter hatte Sümeg als Wirtschaftszentrum des Veszprémer Bistums eine Blütezeit, ohne jedoch je zur Stadt erhoben zu werden.

Sehenswert ist die *Sümeger Burg* auf einem kegelförmigen, 259 m hohen Kalkberg. Sie wurde nach dem Mongolensturm von 1241 erbaut und ist heute die größte Burgruine des Landes. Die imposante Befestigungsanlage mit Fallgrube, Tor, Wachstube, Burgkapelle, Brunnen, Türmen und

Ungarns größte Burgruine in Sümeg

verschiedenen anderen, z. T. noch recht gut erhaltenen Räumen wurde in den Jahren 1959 bis1964 rekonstruiert bzw. konserviert.

Von hier aus bietet sich dem Besucher ein berauschendes Panorama. Der Aufstieg erfolgt über einen bequemen, gepflasterten Steinweg. Hier oben gibt es auch ein kleines Buffet mit den typischen ungarischen Imbissgerichten. Unterhalb der Burg finden in der Hochsaison historische Ritterspiele statt.

• Öffnungszeiten April bis September 8–20 Uhr, Oktober bis März 8–16 Uhr. Für das Eintrittsgeld erhält man in der Regel einen deutschsprachigen Zettel mit Angaben zur Burggeschichte und Informationen zum Burgrundgang.

Direkt unterhalb der Burg befindet sich ein barocker *Pferdestall* aus dem 18. Jahrhundert (Városdal utca), in dem eine Pferdegeschirr- und Sattelausstellung untergebracht ist. Im Reiterhof werden heute Zuchthengste aus vier Komitaten gehalten. Hier können Sie auch reiten oder eine Kutschfahrt unternehmen.

Öffnungszeiten täglich 8–16 Uhr; halbstündlich werden Führungen angeboten.

Sehenswert ist auch die *Franziskanerkirche* mit Ordenshaus (1652–57) am Szent István tér, 250 m vom Reiterhof entfernt. Besonders beeindruckend an der prachtvollen Barockausstattung sind die Altäre, die Kanzel und die hölzerne Pietà von 1653 im Chor, wo auch viele Votivtafeln aus Marmor in die Wand eingelassen sind. Farbenprächtige Wand- und Deckenfresken.

Direkt unterhalb der Franziskanerkirche befindet sich das *Kisfaludy-Gedenkmuseum*, das an den großen Balaton-Literaten Sándor Kisfaludy erinnert, nach dem in fast jedem Dorf am Plattensee eine Straße benannt ist. Neben der Gedenkausstellung werden in einem anderen Raum Mineralien, Versteinerungen und Erze sowie auf dem Flur ein paar Schaukästen mit frühgeschichtlichen Funden gezeigt.

Öffnungszeiten täglich außer Mo, 10–18 Uhr, Oktober bis Februar 10–16 Uhr.

Auf keinen Fall sollte man versäumen, einen Blick auf die weltberühmten *Maulpertsch-Fresken* in der Sümeger Pfarrkiche zu werfen, die 150 m unterhalb der Franziskanerkirche an der Deák Ferenc utca liegt. Der Veszprémer Bischof ließ die Kirche 1756–59 erbauen und danach von Franz Anton Maulpertsch und seinen Gehilfen ausmalen. Kunstgeschichtlich besonders bedeutend ist das Bild "Golgotha", eine Kreuzigungsszene. Obwohl die Fresken in diesem Jahrhundert schon zweimal restauriert wurden, sind sie stark verblasst. Die übrige Inneneinrichtung ist betont schlicht, um die Fresken besser zur Geltung zu bringen. Bevor man sie aber bewundern kann, muss man etwas Geld in den Automaten am Eingang werfen, denn nur dann erstrahlt das Licht, ohne das eine Besichtigung sinnlos wäre. Wenn Franz Anton das gewusst hätte...

Information **Tourinform**, 8330 Sümeg, Kossuth Lajos utca 25, ✆ 550276, 550275, sumeg@tourinform.hu.

Keszthely

Beliebter Ausflugsort und "Hauptstadt des Balatons" – Keszthely ist mit rund 25.000 Einwohnern die größte Stadt direkt am Plattensee. Auch hier hat der Fremdenverkehr eine lange Tradition.

Wegen seiner zahlreichen Sehenswürdigkeiten, darunter das berühmte Barockschloss der Familie Festetics, ist Keszthely gerade im Sommer ein zuweilen schon zu gut besuchter Ausflugsort. Außerhalb der Hochsaison oder an Sonntagen, wo es gewöhnlich etwas ruhiger zugeht, macht es dagegen viel Freude, auf der Fußgängerzone zwischen Schloss und Kirche zu promenieren und sich die reichbestückten Schaufenster anzusehen, um dann in eines der gemütlichen Gartenrestaurants einzukehren.

Danach bietet sich ein Verdauungsspaziergang zum Balaton- oder zum Meiereimuseum an. Vor allem vor Mitte Juni oder ab Ende August, wenn die Besucherströme zu versiegen beginnen, kann man hier auch einen mehrtägigen Aufenthalt einlegen und sich in den Strandbädern oder auf einem der über zwanzig Tennisplätze der Stadt sportlich wohlfühlen.

Geschichte: Die Siedlung liegt auf einer Ton-Löss-Terrasse des Keszthelyer Berglandes, das sich von hier aus nach Norden erstreckt und schon seit der Jungsteinzeit von vielen verschiedenen Volksstämmen bewohnt war, darunter Kelten, Römer, Hunnen und Franken. Nach der ungarischen Landnahme stritten sich mehrere Adelsfamilien um den Besitz Keszthelys. An einer Kreuzung uralter Handelsstraßen gelegen, entwickelte es sich im Mittelalter zu einem nicht unbedeutenden Handelsplatz und Marktflecken.

Zur Zeit der Türkenkriege wurden die Kirche und das Kloster der Franziskaner zu einer Festung umgebaut, die für die Türken zwar uneinnehmbar war, sie aber nicht davon abhalten konnte, die Stadt zu erobern und auszuplündern. Das Gotteshaus wurde später, in der Zeit des ungarischen Freiheitskampfs, von den Kurutzen unter Fürst György Rákóczi als Lagerhaus genutzt, bis die Habsburgertruppen es samt der ganzen Stadt eroberten.

Die Blütezeit der Stadt im 18. und 19. Jh. ist untrennbar verknüpft mit dem Namen der Grafen- und späteren Fürstenfamilie *Festetics*, in deren Besitz

Der Plattensee
Karte S. 474/475

Keszthely im Jahre 1739 kam. Ein wichtiger Meilenstein in der Entwicklung der Stadt war die Gründung der ersten landwirtschaftlichen Hochschule Europas, des *Georgikons*, durch György Festetics im Jahre 1808. Der aufgeklärte Landesherr förderte auch kulturelle Belange und regte den Ausbau des nahe gelegenen Hévíz zum Badeort an.
Seit Mitte des 19. Jahrhunderts entwickelte sich das früher entschieden bäuerlich geprägte Keszthely langsam zu einem Fremdenverkehrsort.

Information

• *Information* **Tourinform**, Kossuth utca 28, ✆ und 📠 314144, keszthely@tourinform.hu. Geöffnet Mo–Fr 9–20 Uhr und Sa 9–18 Uhr, So 9–13 Uhr, September bis Ende April Mo–Fr 9–17 Uhr, Sa 9–13 Uhr, So geschlossen.
Zalatour, Kossuth utca 1 (am Ende der Fußgängerzone), 8360 Keszthely, ✆ 312560, 📠 314301, kesztburo@zalaszam.hu. Geöffnet: Mo–Fr 8–17 Uhr und Sa 8–12 Uhr (in der Saison auch So 9–13 Uhr). Programme auch für Einzelreisende.

• *Telefonvorwahl* 83.

• *Post* Die Hauptpost finden Sie in der Kossuth Lajos utca 48. Geöffnet: Mo–Fr 8–18 Uhr und Sa 8–12 Uhr.

Übernachten

Hotel Helikon (11), Balaton-part 5, ✆ 889600, 📠 889609, helikon@danubiusgroup.com, www.danubiusgroup.com/helikon. Sehr komfortabler Bau mit fast 250 Zimmern direkt am Seeufer mit Restaurant, Nachtclub, eigenem Strandbad mit Anlegestelle und vielen Sportmöglichkeiten: Kegelbahn, Schwimmbad, Sauna, Solarium, Tennishalle, Reitmöglichkeit, Fahrradverleih und Minigolf. DZ mit Bad und Frühstück 45–90 €.
Hotel Hullam (14), Balaton-part 1, ✆ 312644, 📠 315950, www.danubiusgroup.com/hullam. Sehr hübsches, älteres Haus mit kleinen Türmchen direkt am Seeufer neben dem Hotel Helikon. DZ mit Bad und Frühstück in der Hochsaison ca. 65 €.
Hotel Phoenix (13), Balaton-part 3, ✆ 312630, 📠 314225, danubeta@axelero, www.danubiusgroup.com/phoenix. Das Hotel in Flachbauweise liegt neben dem Hotel Helikon, dessen Sportmöglichkeiten man als Hausgast mitbenutzen kann. DZ mit Bad und Frühstück in der Hochsaison ca. 50 €, sonst Preisnachlässe bis zu 50 %.
Hotel Georgikon (4), Georgikon utca 20, ✆ 312363, 📠 315730, moor@georgikon.hu. Das Apartmenthotel neben dem Meiereimuseum war Ende des 18. Jh. die erste landwirtschaftliche Hochschule in Europa. Das Zweibettapartment mit kleiner Küche, Kühlschrank, Dusche und TV kostet inkl. Frühstück je nach Saison zwischen 45 und 60 €. Das Hotel liegt rund fünf Fußminuten vom Zentrum entfernt am Schnittpunkt von Straße Nr. 75 und Bercsényi Miklós utca.
City Hotel Eden (3), Kisfaludy utca 11, ✆ 312213, 📠 313517, info@hoteleden.hu, www.hoteleden.hu. Elegantes Hotel in gelb gestrichenem Neubau in ruhiger Innenstadtlage. Mit Schwimmbad im Garten, Sauna, Solarium und Sonnenterrasse. DZ mit Frühstücksbuffet je nach Saison ab 50 €.
Hotel Kristály (7), Lovassy utca 20, ✆ 318999, 📠 318998, info@kristalyhotel.hu, www.kristalyhotel.hu. Komforthotel im Grünen mit Hallenbad, Sauna, Solarium und Dachterrasse. DZ mit Frühstück ab 55 €.
Barbara Wellness Pension (5), Zámor utca 2, ✆/📠 319865, ztoth@axelero.hu, www.barbara-pension.hu. Die Pension liegt 300 m vom Seeufer entfernt und hat einen kleinen Pool, einen Grill und einen Sandkasten im Garten. Haustiere sind erlaubt. DZ je nach Saison ab 45 €. Auch Halbpension möglich.
Múzeum Pension (12), Múzeum utca 3, ✆ und 📠 313182. Gemütliche Pension mit kleinem Garten mitten in Keszthely. TV im Gemeinschaftsraum. DZ mit Frühstück in der Hauptsaison 38–50 €.
Villa Sissy (10), Erzsébet király utca 70, ✆ 321673, 📠 315394, villasissy@freemail.hu. Familienpension in romantischer Villa in ruhiger Lage neben dem Stadtpark und nicht weit von Hafen und Strand. Zimmer mit Dusche, Kühlschrank und TV. DZ je nach Saison ab 40 €.

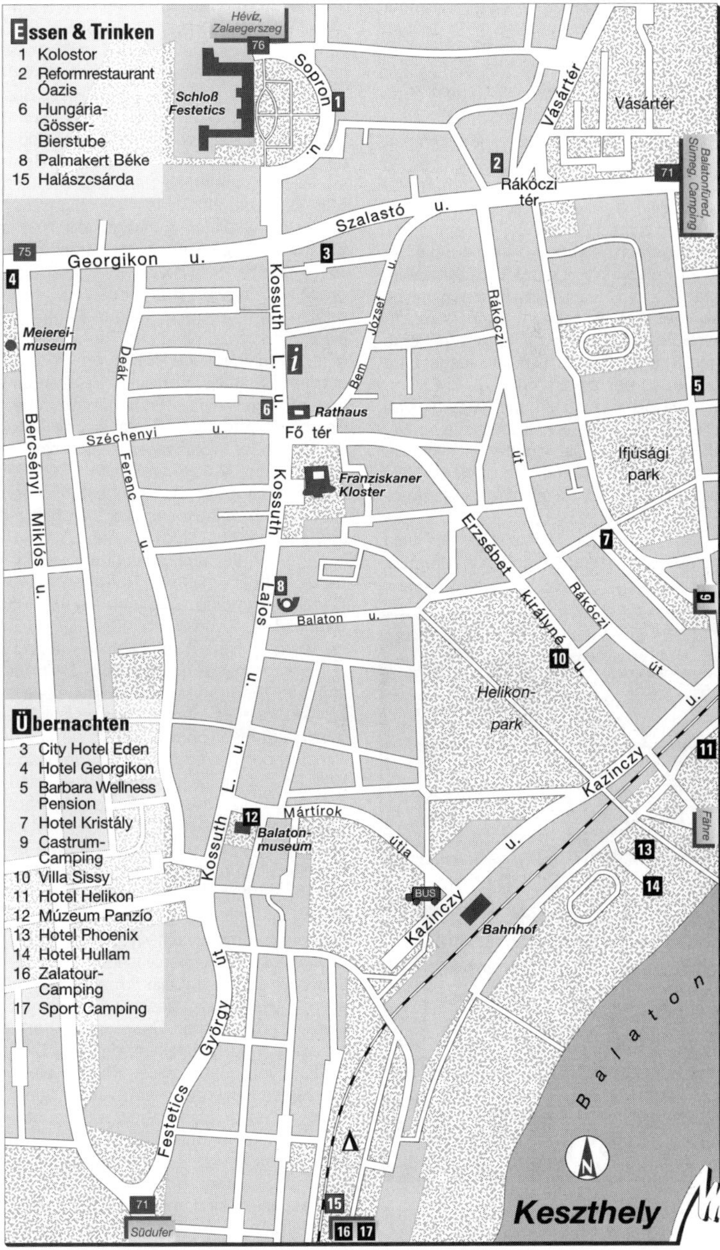

Der Plattensee Karte S. 474/475

Privatzimmer kann man beim Zalatour-Büro in der Kossuth utca 1 buchen. Tourinform vermittelt kostenlos Privatzimmer ab 20 €. Mehr als zwanzig weitere Reisebüros in Keszthely vermitteln ebenfalls Zimmer und Apartments.

Zalatour-Camping (16), Balaton-part, ✆/℡ 312782, kestcamp@zalaszam.hu. Der 3 km vom Zentrum gelegene, frühere "Autos-Camping" ist ein schmaler, langer Streifen zwischen Eisenbahnlinie und Ufer mit eigenem Strand und wenig Schatten. Zwei Personen mit Auto und Zelt zahlen hier 12 € pro Nacht. Die kleinen, nicht besonders komfortablen Bungalows für zwei Personen kosten 15 €, für drei Personen 30 € pro Nacht. Die gut ausgestatteten Apartments kommen auf 45 €. Vom 15. Juli bis zum 15. August wird hier auf alle Preise ein Hochsaisonzuschlag von 15 % erhoben. Die Anfahrt ist von der Straße Nr. 71 am südlichen Ortsrand aus beschildert. 430 Stellplätze. Geöffnet: 15. April–15. Oktober.

Sport Camping (17), Csárda utca, ✆ 313777. Privatcampingplatz in Ufernähe mit viel Schatten direkt neben dem Bahngleis. Zwei Personen mit Auto und Zelt zahlen hier 12 € pro Nacht. Das Gelände ist nicht leicht zu finden. Am einfachsten geht es, wenn man vom Hotel Helikon der Beschilderung folgt und dabei die Durchfahrt-verboten-Schilder ignoriert. Der Campingplatz liegt dann ein Stück hinter dem städtischen Sportgelände. Geöffnet: 15. Mai–30. September; falls nur wenige Gäste da sind, wird auch früher geschlossen.

Alles gut ausgeschildert

Castrum-Camping (9), Móra Ferenc utca 48, ✆ 312120, ℡ 314422, www.castrum-group.hu, info@castrum-group.hu. Moderner, nicht sehr schattiger Campingplatz mit Schwimmbad und Tennisplätzen in relativ ruhiger Lage, 300 m vom Seeufer entfernt. Ständig warmes Wasser, Lebensmittelgeschäft, Freizeitprogramme, Reitmöglichkeit. Zwei Personen mit Auto und Zelt oder Wohnwagen zahlen hier je nach Saison 12–15 € pro Nacht. Für die Hauptsaison muss man mindestens zwei Wochen im voraus bestellen. Frühstück und Halbpension sind möglich. Die Anfahrt ist von der Straße Nr. 71 ausgeschildert. Geöffnet: 1. April–31. Oktober.

Caravan-Camping, Madách utca 43, 8315 Gyenesdiás, ✆ 316020, ℡ 316382. Der kleine, wenig schattige und kaum komfortable Privatcampingplatz mit nur 85 Stellplätzen 2 km östlich von Keszthely gelegen, ist von der Str. Nr. 71 ausgeschildert. 500 m läuft man von hier aus bis zum rund 100 m langen Strand mit Betonpromenade und Rasenliegefläche. Angelkarten sind auf dem Platz erhältlich. Für die Monate Juli und August sollte man schon im März reservieren, wenn man sicher sein will, einen Stellplatz zu bekommen. Zwei Personen mit Auto und Zelt zahlen 10 € pro Nacht. Geöffnet: 15. April–15. Oktober.

Camping Vonyarcvashegy, Szent Mihály domb, 8314 Vonyarcvashegy, ✆ und ℡ 348044, vocamp@zalaszam.hu. Der vor allem von Anglern geschätzte Zalatour-Platz ist am östlichen Ortsrand von Vonyarcvashegy ausgeschildert und liegt 2 km östlich von Gyenesdiás. Durch einen mächtigen Felsen wird er etwas vor dem Lärm der nahen Eisenbahnlinie geschützt. Winziger eigener Strand, Verleih von Wasserfahrrädern und Ausgabe von Angelscheinen. Surfen, Ruderbootfahren und Tennisspielen sind möglich. Es gibt ein Restaurant und ein kleines Lebensmittelgeschäft auf dem Platz. Zwei Personen mit Auto und Zelt zahlen 10 € pro Nacht. Zweibettbungalows ohne Waschgelegenheit kosten 14 € pro Nacht, Holzhäuser mit Dusche und einem DZ 28–35 €. Apartments für zwei Personen kosten je nach Saison ab 40 €. Geöffnet: 1. Mai–30. September. Im rund 2 km entfernten Ortszentrum gibt es eine Reitmöglichkeit.

Carina-Camping, 8313 Balatongyörök, Balaton utca 12, ✆ 349084, ✆ 346029. Gepflegter privater Rasenplatz direkt neben der Eisenbahnlinie, 400 m vom städtischen Strandbad entfernt. Viel Schatten und warmes Wasser. Restaurant in der Nähe. Anfahrt: von der Straße Nr. 71 in Richtung Ortszentrum von Balatongyörök fahren. Preis für zwei Personen mit Auto und Zelt: 10 €. Geöffnet: 1. April – 30. September.

Delta-Camping, 8312 Balatonederics, ✆ 87/336020. Das Gelände zwischen Balatongyörök und Balatonederics ist von der Straße Nr. 71 aus beschildert. Der kleine Privatcampingplatz mit wenig Schatten liegt direkt an der Eisenbahnlinie, rund 100 m vom Strand entfernt. Preis für zwei Personen mit Auto und Zelt: 10 €. Geöffnet: 1. Mai–30. September.

Essen (siehe Karte S. 507)

Palmakert Béke (8), Kossuth Lajos utca 50, ✆ 318219. Das Traditionsrestaurant liegt 200 m vom Hauptplatz (Fő tér) entfernt, in der unteren Verlängerung der Fußgängerzone neben der Post, und bietet eine große Auswahl an Fisch- und Fleischgerichten von 4,50 bis 9 €. Schöner, schattiger Garten. Geöffnet April–Oktober täglich von 11–23 Uhr.

Hungária-Gösser-Bierstube (6), Kossuth Lajos utca 35, ✆ 312265. Sie liegt am Hauptplatz der Stadt, direkt am Beginn der Fußgängerzone. Man kann entweder auf der Straßenterrasse sitzen oder in dem schönen, schattigen Biergarten hinter dem Haus. Mittlere Auswahl an Fleisch- und Geflügelgerichten um 8 €, darunter exotische Spezialitäten und Diätspeisen sowie Snacks. Dazu gibt es Wein vom Fass aus Tihany und Badacsony. Geöffnet täglich von 11–23 Uhr.

Reformrestaurant Óazis (2), Rákóczi tér (neben Hausnummer 3), ✆ 316043. Nettes Vegetarierrestaurant direkt an der Straße Nr. 71. Die hier angebotenen Speisen werden nach Gewicht bezahlt: Rechnen Sie pro 100 g rund 0,80 €. Die ausgestellten Töpferwaren kann man kaufen. Geöffnet: täglich 11–20 Uhr.

Halászcsárda (15), Csárda utca, ✆ 312751. Die Fischercsárda findet man neben dem Helikonstrand, 2 km vom Zentrum entfernt. Auf der gemütlichen Terrasse sitzen meist viele Touristen. Geringe Auswahl an Fisch- und Fleischspezialitäten um 7 €. Geöffnet: 11–23 Uhr.

Kolostor (1), Katona utca 2c, ✆ 511292. Biergarten und gutbürgerliches Restaurant in einem Steinhaus mit großer Terrasse in der Nähe des Schlosses. Hauptgerichte 5–7,50 €.

Sport

- *Baden* Zwei große Strandbäder hat der Ort zu bieten, den Helikon- und den städtischen Strand. An beiden Stränden gibt es während der Saison einen Surfbrett- Fahrrad- und Bootsverleih. Der Libás Strand am Ortsende Richtung Gyenesdiás kostet keinen Eintritt. Hier gibt es trotzdem Imbissbuden, Duschen und WCs.
- *Reiten* Mehrere Reitschulen finden Sie von Keszthely aus in Richtung Gyenesdiás. Weitere Informationen und Adressen sind über Tourinform erhältlich.
- *Tennis* Es gibt eine große Zahl von Plätzen im Ort, z. B. beim Hotel Helikon (vgl. Übernachten).

Veranstaltungen

Unter dem Namen **Keszthelyer Helikon** veranstaltete der bereits erwähnte Graf György Festetics von 1817/19 an Zusammenkünfte ungarischer Schriftsteller. Auf diese Tradition beruft sich das **Internationale Helikon Festival**, das sich alle zwei Jahre durch seine Kammermusik- und Orchesterabende, zumeist im intimen Spiegelsaal des Festetics-Schlosses, einen Namen gemacht hat. Das nächste Fest

beginnt im Mai 2004. Informationen sind bei Tourinform erhältlich.
Im Juli und August finden von Mi–Sa am Balatonufer **Weinfeste** statt.
Jedes Jahr im September gibt es ein **Tanzfestival** im Theater Táncpanoráma.
Zahlreiche Veranstaltungen finden inzwischen in dem neuen, großzügig angelegten **Kongresszentrum und Theater** statt, das 2002 eröffnete wurde: Fö tér 3, 8360 Keszthely, ✆ 515230, info@balatonszinhaz.hu, www.balatonszinhaz.hu.

Einkaufen

Residencia, Fö tér 4, nahe dem Rathaus. Kleiner Laden mit allerlei Geschenkartikeln und Antiquitäten, vom Miniatur-Schaukelpferd bis zum geschmackvollen Bilderrahmen.
Hermann Crystal, Kossuth utca 4. Hier kann man sich die Kollektion der gleichnamigen Glasfabrik ansehen. Es ist auch möglich, die Fabrik zu besuchen, wo die traditionellen Glasbläsereien entstehen. Dafür muss man allerdings eine längere Anfahrt in Kauf nehmen, denn sie liegt in Türje, ca. 15 km westlich von Sümeg. (www.hermanncrystal.hu).
Zsolnay Mustergeschäft, Erzsébeth király utca 2a/112. Zsolnay Porzellan und Schmuckfiguren aus Eosin.

Sehenswertes

Um 1750 begann man mit dem Bau des prachtvollen *Barockschlosses Festetics* am Ende der Szabadság utca, das von 1883 bis 1887 auf die heutige Größe von über hundert Räumen erweitert wurde. Man findet das Anwesen am Ende der oberen Verlängerung der Fußgängerzone.
Im *Schlossmuseum* ist die originale Inneneinrichtung zu sehen, von der uns besonders die 52.000 Bände umfassende Bibliothek beeindruckt hat.
Öffnungszeiten täglich außer Mo, 10–17 Uhr, Juli und August bis 18 Uhr.

Direkt am Ende der Eingangstreppe befindet sich auf der linken Seite der *Spiegelsaal*, in dem im Sommer klassische Konzerte stattfinden.

Auf der Rückseite des Schlosses liegt der Eingang zur städtischen Bücherei. Hier finden Sie auch den schönen, ausgedehnten *Schlosspark* mit seltenen Pflanzen und zahlreichen Statuen.

Die *katholische Kirche* am unteren Ende der Fußgängerzone ist ständig zugänglich. 1560 wurde die gotische Franziskanerkirche zum Schutz gegen die Türken umgebaut (siehe auch Geschichte). Die erst vor kurzem entdeckten Fresken aus der Zeit des Kirchenbaus (um 1386) sind nur noch fragmentarisch erhalten. Besonders schön sind die schmalen, bunten Fenster. Die Holzschnitzereien stammen aus der Zeit der letzten großen Restaurierung (1896).
In dem um 1790 erbauten, vor einiger Zeit ansehnlich renovierten *Zopfstil-Rathaus* links von der Kirche ist heute das Zalatour-Büro untergebracht.

Der Eingang des *Balatonmuseums* (Múzeum utca 2) ist in der Kossuth Lajos utca, der südlichen Verlängerung der Fußgängerzone, rund 700 m von der katholischen Kirche entfernt. Der 1928 erbaute neobarocke Prachtbau beherbergt viel naturkundliches und historisches Material zur Plattenseeregion. Dies ist die umfangreichste Sammlung ihrer Art und für alle Plattenseeurlauber unbedingt zu empfehlen.

Barockschloss Festetics

Schachbrett-Verkäufer in Keszthely

Im Lapidarium im Erdgeschoss sind auf der rechten Seite römische und auf der linken mittelalterliche Steinmetzarbeiten ausgestellt.

Im Obergeschoss findet man die Ausstellung *Der Balaton und der Mensch* mit folgenden Themenschwerpunkten: die Fauna der Plattenseeregion mit präparierten heimischen Tierarten (Vögel, Fische, Insekten); eine Fischereiausstellung; eine Ackerbauausstellung; Volkskunst vom antiken Schmuck über Trachten bis hin zu typischer Keramik; Geschichte des Balatons als Erholungsgebiet und Badezentrum in Postkarten und Souvenirs ab 1850; Wasserwirtschaft und Umweltprobleme; Relikte aus der Anfangszeit der Balatonschifffahrt um die Jahrhundertwende. Alle Exponate sind auch deutschsprachig beschildert.

Öffnungszeiten täglich außer Mo, 10–18 Uhr.

Das *Meiereimuseum* in der Bercsényi Miklós utca 67 ist in den Wirtschaftsgebäuden des ehemaligen Guts der Familie Festetics untergebracht, die nur rund 20 m von der Straße Nr. 71 entfernt liegen. György Festetics gründete 1808 die erste landwirtschaftliche Hochschule Europas, das *Georgikon* (heute Appartementhotel, siehe Übernachten), in den benachbarten Räumlichkeiten der Georgikon utca 20. Ihr Nachfolger, die heutige Agrarwissenschaftliche Universität, liegt nur einen Steinwurf entfernt an der Kreuzung Széchenyi utca und Deák Ferenc utca.

Direkt am Eingang befindet sich der alte hölzerne Maisspeicher. Auf der rechten Seite sehen Sie den ehemaligen Wagenschuppen mit Traktoren und Pferdekutschen, -schlitten, -anhängern und -pflügen, dem eine Schmiede und eine Wagnerwerkstatt angeschlossen ist.

Auf dem Hof kann man zwei Lokomobile sehen, die zu den ersten Exemplaren ihrer Art überhaupt gehören. Sie waren von 1860 bis 1960 im Einsatz und konnten, da sie vier bis sieben Pflüge gleichzeitig zogen, täglich rund 13 Hektar Land bearbeiten.

Im Erdgeschoss des ehemaligen Getreidespeichers befindet sich eine Ausstellung zur Geschichte der Familie Festetics. Im ersten Stock wird die Geschichte der landwirtschaftlichen Hochschule dokumentiert. Das Dachgeschoss beherbergt eine Sammlung landwirtschaftlicher Maschinen, die unter anderem der Getreideverarbeitung dienten.

Puppenmuseum

Besonderes Augenmerk verdient die *Weinbauausstellung* im Keller des ehemaligen Getreidespeichers. Vor seinem Eingang steht eine schießpulverbetriebene Hagelkanone von 1800, die bis 1920 in Betrieb war.

Öffnungszeiten **Museum**, 1. April – 31. Oktober Di–Sa 10–17 Uhr, So 10–18 Uhr; Mo geschlossen.

Eine Ausstellung von etwa 100 Meisterwerken hiesiger Konditoren zeigt das *Marzipanmuseum* in der Katona J. utca 11. Um die 700 Porzellanpuppen in Trachten kann man im *Puppenmuseum* (Babamúzeum) in der Kossuth L. utca 11 bewundern.

Hévíz

Das bekannteste Thermalheilbad Ungarns verdankt seinen Ruhm dem zweitgrößten Warmwassersee der Welt. Bei kühlem Wetter sind der Pfuhl von Hévíz und seine Umgebung in einen weißen Dunstmantel gehüllt.

Hévíz ist ein kleines Städchen mit gerade einmal 5.000 Einwohnern am Westhang des Keszthelyer Gebirges, nur rund 6 km nordwestlich von Keszthely gelegen. Weniger der Ort als der gleichnamige *Thermalsee* ist ein international bekanntes Ausflugsziel. Mit einer Oberfläche von über vier Hektar ist er der größte natürliche Warmwassersee Europas und gleichzeitig das bekannteste Heilbad Ungarns. Das schwach radioaktive, schwefelhaltige Heilwasser soll vor allem bei rheumatischen und Stoffwechselerkrankungen seine lindernde Wirkung entfalten. Deshalb findet man hier meist ältere Menschen, die sich durch eine Kur in Hévíz eine Besserung ihrer Beschwerden erhoffen. Wegen der starken Wirkung auf den gesamten Organismus sollte man sich nicht länger als eine halbe Stunde im Heilwasser aufhalten.

Karte S. 474/475

Der See ist ringsum von hohen Bäumen umgeben, weshalb hier fast immer Windstille herrscht. Die schöne Anlage mit den alten Badehäusern lohnt auf jeden Fall einen Tagesausflug. Man entspannt sich hier wunderbar mit langsamen Schwimmzügen, je nach Jahreszeit sogar zwischen blühenden Seerosen. Besonders angenehm lässt es sich in einem Schwimmreifen dümpeln, aber es gibt auch Stangen zum Festhalten, denn Stehen kann man in diesem Thermalsee nur an wenigen Stellen.

Öffnungszeiten Das **Heilbad** ist ganzjährig von 8–17 Uhr geöffnet, der Freibadbereich allerdings nur von Mai bis Oktober.

Information

- *Information* **Zalatour-Büro**, Rákóczi utca 8, 8380 Hévíz, ✆ 341048, 📠 342865, zalatourpi.hev@matavnet.hu, www.heviztour.hu. Geöffnet: Mo–Fr 8–18 Uhr (im Winter bis 17 Uhr) und Sa 8–17 Uhr (im Winter 9–13 Uhr), So 9–13 Uhr, im Winter So geschlossen.

Héviz Tourist, Rákóczi utca 2, ✆ 540175, 📠 340479, heviztour@axelero.hu. Vermittlung günstiger Privatunterkünfte und Ausflüge.

- *Telefonvorwahl* 83.
- *Verbindungen* **Bus**, regelmäßige Busverbindung nach Keszthely.

Übernachten

Hotel Thermal, Kossuth Lajos utca 9–11, ✆ 889401, 📠 889402, thermalheviz@danubiusgroup.com, www.danubiusgroup.com/heviz. Das siebenstöckige, 1976 eröffnete und 1997 renovierte Hotel liegt 500 m vom Hevizer Thermalsee entfernt in einem kleinen Park. Es bietet Gästen einen großen, eigenen Wellness-Bereich mit Dampfbad und Sauna, Whirlpool, Solarium, Fitnessraum und drei Thermalbecken (geöffnet 7–19 Uhr), davon eines im Hotelgarten, sowie ein großes Hallenbad mit Terrasse (geöffnet 7–20 Uhr). Es gibt auch einen Fahrradverleih und man kann im Garten mit großen Figuren Schach spielen.

Das hoteleigene Kurzentrum bietet nach ärztlicher Empfehlung u. a. Balneo- und Hydrotherapie, Heil- und Wassergymnastik, Heilmassage, Elektrotherapie und Infrarotbehandlungen, sowie spezielle Packungen (Schwefel, Ritex). Den Gästen stehen Augenärzte, Dermatologen und Diätberater ebenso zur Verfügung wie Zahnärzte, bei denen man sich wie in ganz Ungarn kostengünstiger als in Deutschland behandeln lassen kann. Doch auch wenn man sich einfach nur verwöhnen lassen möchte, hat man hier viele Möglichkeiten, die zahlreichen Angebote wie z.B. Thai-Massage oder Schönheitspflege von Kopf bis Fuß zu nutzen. DZ mit Frühstück je nach Saison ab 96 €. Ab sieben Übernachtungen günstigere Pauschalangebote direkt oder über Reiseveranstalter wie Neckermann buchbar.

Hotel Aqua, Kossuth Lajos utca 13–15, ✆ 889500, 📠 889509, aqua@danubius.com, www.danubiusgroup.com/aqua. Das große Komforthotel gehört zur selben Hotelkette. Es hat 218 Zimmer und ebenfalls ein hoteleigenes Kurzentrum, ein Thermalhallenbad mit Schwimmbecken im Garten, einen Pool und einen großzügigen Wellness-Bereich. DZ mit Bad und Frühstück je nach Saison ab 96 €. Tipp: Günstigere Pauschalpakete (siehe oben).

Hotel Park, Petőfi utca 26, ✆ 341190, 📠 341193, www.danubiusgroup.com/park, danubeta@axelero.hu. Ende der zwanziger Jahre erbautes, nettes, kleines Komforthotel, rund 200 m vom Heilbad entfernt gelegen. DZ mit Bad und Frühstück je nach Saison ab 58 €. Die Wellness-Einrichtungen des Hotel Thermal können mitbenutzt werden.

Natur Med Hotel Carbona, Attila utca 1, ✆ 342930, 📠 340468, hotel@carbonara.hu, www.carbonara.hu. Komfortables Viersternehotel mit 261 Zimmern, großem Pool und Thermalbad in römischem Stil. DZ mit Frühstück je nach Saison 107–133 €.

Hotel Panoráma, Petőfi utca 9, ✆ 341074, 📠 341485, reserve@hotelpanorama.hunguesthotels.hu, www.hunguesthotels.hu. Das 13-stöckige Kurhotel mit 208 Zimmern liegt im Zentrum von Hévíz nur 150 m vom Thermalsee entfernt. Die oberen Stock-

Schwimmringe gehören im Thermalsee von Héviz zum unbeschwerten Wellness-Feeling

werke bieten ein schönes Panorama. Über eine beheizte Brücke können die Gäste das Thermalbad und das Kurzentrum des St. Andreas Krankenhauses erreichen. DZ mit Bad/WC und Frühstück je nach Saison 42–60 €.

Hotel Erszébet, Erszébet királyné út 13–15, ✆ 342040, 📠 3420342 www.hotels.hu/erzsebet_heviz. Mittelklassehotel mit einigem Komfort, Therapieabteilung und Zahnarztpraxis in zentraler Lage. Ein DZ mit Frühstück kostet hier 78 €. Wie viele andere Hotels bietet auch dieses Hotel Kur- und Schönheitssalon.

Hotel Arizona, Széchenyi utca 23, ✆ 340482, 📠 340481. Ehemaliges Erholungsheim rund 500 m vom Heilbad entfernt. Heute vergleichsweise schlichtes, aber ordentliches Hotel. DZ mit Bad und Frühstück je nach Saison ab 35 €.

Hotel Nápsugar, Tavirózsa utca 3–5, ✆ 340472, 📠 343284, napheviz@mail.matav.hu, www.hotels.hu/napsugar-heviz. Apartmenthotel in ruhiger Ortsrandlage, rund 500 m vom Thermalbad entfernt. Ein Zweibettapartment mit Küche, Dusche, TV und Frühstück kostet hier je nach Saison ab 50 €.

Hotel Nápfény, Széchenyi utca 21, ✆ 343402. Ansprechend renoviertes, ehemaliges Erholungsheim für Bergleute. Häufig ausgebucht. DZ mit Bad ab 35 €.

Hotel Helios, Vörösmarty utca 91, ✆ 342895, 📠 340525, reserve@hotelhelios.hunguesthotels.hu. Das ehemalige Erholungsheim an der Straße nach Alsópáhok ist ein Komplex aus drei älteren, teilweise burgähnlichen Gebäuden in einem 6,5 Hektar großen Naturschutzpark und bietet mittleren bis guten Komfort und ein eigenes Kurzentrum mit Thermalbrunnen, Wellness-Bereich und neuem Pool. Der Thermalsee ist ca. 800 m vom Hotel entfernt. Ein DZ mit Bad/WC und Frühstück kostet in den Gebäuden Anna und Benjamin je nach Saison 78–111 €, im Gebäude Claudia 77–107 €.

Hotel Europa Fit, Jókai utca 3, ✆ 501100, 📠 501101, europa1@mail.matav.hu, www.hotels.hu/europafit. Komfortables Viersternehotel mit großem Sport- und Wellnessbereich und Pool. DZ mit Frühstück je nach Saison ab 55 €.

Privatzimmer vermitteln das Zalatour-Büro in der Rákóczi utca 8 und die anderen Reisebüros im Ort. Preise: DZ ab 35 €, Apartments für zwei bis vier Personen ab 45 € und Häuser für vier bis acht Personen ab 50 €.

Kurcamping Castrum, Tópart, ✆ 343198, 📠 314422, info@castrum-group.hu, www.heviz-plattensee.de. Der ganzjährig geöffnete Platz mit etwas Schatten und eigenem

Der Plattensee
Karte S. 474/475

Restaurant liegt direkt am See und ist eigentlich nur für Badegäste gedacht. Wer länger als drei Tage bleiben will, muss deshalb ein Abonnement für das Heilbad lösen. Zwei Personen mit Auto und Zelt zahlen hier 14 € pro Nacht.

Kurcamping Solar, ✆ 343365, ✆ 340911. Wenig schattiges, ganzjährig geöffnetes Gelände mit Restaurant, Lebensmittelladen, Tennisplätzen und ärztlicher Betreuung, rund 1,5 km vom Heilbad entfernt gelegen. Es gibt hier jeweils rund 100 Stellplätze für Wohnwagen und Zelte sowie ein gutes Dutzend Apartments mit Schlaf- und Wohnzimmer, Bad, Küche und Terrasse. Zwei Personen mit Auto und Zelt zahlen 14 € pro Nacht. Zweibettapartments kommen inklusive Frühstück auf 35 €, Vierbettapartments auf 43 €. Außerhalb der Saison werden z. T. recht drastische Preisnachlässe gewährt.

Angela Camping, ✆ 344835. Der Privatcampingplatz von geringer Größe mit Fahrradverleih und kleinem Restaurant liegt rund 2,5 km vom Heilbad entfernt, ruhig am Hang eines Weinberges. Er bietet keinen Schatten. Zwei Personen mit Auto und Zelt zahlen hier 10–12 € pro Nacht. Die Anfahrt ist innerorts gut ausgeschildert. Geöffnet: 1. April – 31. Oktober.

Essen

Rózsakert, Rákóczi utca, Ecke Park utca, ✆ 343224. Gutes Essen, auch immer ein paar preiswerte Tagesgerichte um 5,50 €. Sehr angenehm sitzt man auf der Terrasse. Außerdem gibt es im Haus noch eine gemütliche Bierbar (10–22 Uhr), eine Konditorei (9–21 Uhr) und eine Disco (21–4 Uhr).

Café Villa, Jósef A. utca 13, ✆ 540050. Oberhalb des Konditorei-Restaurants Papa´s und Mama´s an einem langen Treppenaufstieg im Zentrum, nur zu Fuß erreichbar. Auf Korbstühlen sitzt man hier weit ab von Zigeunermusik und Trachten-Kellnern. Im Villa mit seinen beiden Terrassen gibt es vor allem Fleischgerichte um 6 €, aber auch diverse Eisbecher. Budweiser vom Fass (0,5) kostet rund 2 €, es gibt auch serbisches Krusovice-Starkbier. Geöffnet bis 22 Uhr, ab 8.30 Uhr können Sie in aller Ruhe frühstücken.

Die **Magyar Csárda** in der Tavirózsa utca, Ecke Helikon utca (✆ 343271), ein markanter Rundbau beim Hotel Nápsugar im Zentrum von Hévíz, ist für gute Küche zu günstigen Preisen bekannt.

Gyöngyösi Betyár Csárda, ein Ausflug von Hévíz zu diesem knapp 6 km entfernten (Richtung Sümeg) Traditionslokal ist lohnenswert. Das schilfgedeckte Gebäude wurde originalgetreu restauriert, sodass es heute wieder der Wegschänke ähnelt, in der sich seit 1729 allerlei lichtscheues Gesindel herumtrieb. Noch 1862 wurden auf dem Weinberg hinter der Csárda zwei Betyáren (ehrenwerte Räuber à la Robin Hood) von ihren Häschern erschossen. Heute sitzt man an Steintischen unter Weinranken und kann ohne Furcht vor überfallartigen Razzien die Speisekarte studieren. Wenn man sich von vornherein darauf einstellt, dass nur ein Teil der dort aufgeführten Gerichte tatsächlich serviert wird, ist man vor Enttäuschungen sicher. Das Essen ist reichlich, gut und verhältnismäßig preiswert, wobei an guten Tagen eine reiche Auswahl an Fisch-, Fleisch-, Geflügel- und Wildspezialitäten um 8 € offeriert wird. Besonders empfehlenswert für Leute, die es deftig mögen, ist die Csárdaplatte für zwei Personen . Auf der Weinkarte stehen hauptsächlich lokale Flaschenweine. Wie wir aus einigen Leserbriefen entnehmen konnten, entzweit die Gyöngyösi Betyár Csárda ihre Gäste – während einige begeistert waren, war von anderen harsche Kritik am Service zu hören.

Nachtleben

Ein Thermalort ohne Disco mag noch angehen, aber es scheint sogar, als gebe es in Hévíz nicht einmal einen Tanzsaal. Den gibt es aber, einen ganz kleinen jedenfalls. Louis Presszó heißt der Salon unterhalb des Hotelhochhauses Panoráma. Die hier typische Ein-Mann-Show an Mikro und Synthesizer bringt in der schummrigen Bar mit Diskokugel und brauner Holzverschalung vor allem tanzbegeisterte ungarische Paare in Schwung. Um Punkt 23 Uhr gehen die Lichter aus.

Fonyód

Von Balatonfenyves bis Fonyódliget erstreckt sich ein rund 12 km langer Uferstreifen, der mit seinen zahlreichen, flachen Stränden das zweitgrößte Badegebiet am Balaton darstellt.

Der touristische Badeort Fonyód liegt gegenüber von Badacsony am flachen Südufer des Plattensees; von Westen kommend ist er der erste größere Ort direkt am Seeufer. In seiner Infrastruktur ist Fonyód völlig auf Badeurlauber zugeschnitten. Der Strand hinter dem Bahnhof von Fonyód mit den markanten Wasserrutschen ist der größte am Balaton (Eintritt).

Wie auch in den anderen Badeorten des Südufers hielt der einst hier aufgeschüttete Sandstrand den Herbststürmen mit ihren manchmal meterhohen Wellen nicht lange stand, weshalb die Verantwortlichen irgendwann dazu übergingen, den Uferbereich zu betonieren und dahinter Rasenliegeflächen anzulegen. Den derzeit größten frei zugänglichen Strand findet man in Fonyódliget. Das sehr flache Ufer in der Gemeinde zieht hauptsächlich Familien mit Kindern an.

Weite Sicht zum Nordufer von Fonyods Fernmeldeturm

Zwar wurde im Oktober 1991 die einstige Großgemeinde Fonyód aufgelöst, wobei Balatonfenyves wieder eine eigene Ortsverwaltung erhielt, doch behalten wir aus Gründen der Übersichtlichkeit die alte Aufteilung bei. Fonyód hat nach Siofók den größten Fähr- und Yachthafen am Balaton. Während die nähere Umgebung von Balatonfenyves eher flach ist, prägen Fonyód zwei markante Hügel: den Sipos-hegy und den Vár-hegy. Über die Badacsony utca erreicht man den Fernmeldeturm (10–18 Uhr) auf dem 207 m hohen Sipos-hegy, der einen schönen Rundblick bietet.

Information

• *Information* bei **Tourinform** in Balatonboglár oder unter www.fonyod.hu. **Balaton Travel Reisebüro**, Szent István utca 4, 8640 Fonyód, ✆ 562045, 📠 562046. Auch Zimmervermittlung und Verkauf von Angelscheinen.

Das nächste **Siótour-Büro** befindet sich neben dem Supermarkt in Szántód, ✆ und 📠 348901 (Mai–September).

• *Telefonvorwahl* 85.

• *Post* Ady utca gegenüber dem Bahnhof von Fonyód; direkt an der Straße Nr. 7.

Übernachten

Club Hotel Platános, Attila utca 1, 8644 Fonyód-Bélatelep, ✆ und ✆ 361915. Ziemlich neue Clubanlage mit den dazugehörigen Einrichtungen etwas außerhalb von Fonyód in Richtung Balatonfenyves. Ein DZ kommt je nach Saison auf 45–65 €.

Privatzimmer vermittelt das Balaton Travel Büro und auch andere örtliche Reisebüros. Preise: Apartments für zwei Personen ab 35 €, für vier Personen ab 45 €, Ferienhäuser für sechs bis acht Personen ab 50 €.

Napsugár Kemping, 8644 Fonyód-Bélatelep, Wekerle utca 5, ✆ 361211, ✆ 361024, siotour.napsugar@axelero.hu. Großer Campingplatz mit fast 2.000 Plätzen zwischen Hauptstraße und Eisenbahnlinie; von der Straße Nr. 7 aus beschildert. Schattig und recht komfortabel, aber laut. Lebensmittelgeschäft, Minigolfanlage und Restaurant auf dem Gelände. Preise: zwei Personen mit Auto und Zelt rund 10 €, Dreibettzimmer in der Jugendherberge 15 €. Bungalows mit vier Betten je nach Saison 23–68 €. Geöffnet: Mitte Mai–Ende September.

Essen

Gatyas-Csárda, Fő utca. Sehr preiswertes, gutes Restaurant mit markantem Schilfdach im Ortskern von Fonyód beim Rathaus. Die meisten Hauptgerichte liegen unter 6 €. Nur im Sommer geöffnet: täglich 9–22 Uhr. Anfahrt: schräg gegenüber dem Bahnhof von Fonyód von der Straße Nr. 7 in Richtung Kaposvár abbiegen, dann sofort rechts ab und nach rund 1,5 km an der kleinen Post links fahren; nach rund 400 m auf der rechten Seite.

Originell isst man im **Présház-Weinkeller** in der Lenke utca 7. Vor der historischen, schilfgedeckten ehemaligen Kelterei am oberen Ortsrand sitzt man schön, aber nicht sehr bequem auf urigen Holzklötzen. Anfahrt: vom Bahnhof über die Szt. István utca.

Recht gut ist das kleine Privatrestaurant **Vitorlás**, 50 m westlich vom Bahnhofsgebäude von Fonyód an der Straße Nr. 7 gelegen.

Sport

- *Angeln* Angelscheine für den Balaton sind in den meisten Reisebüros erhältlich.
- *Baden* Im gesamten Gemeindegebiet gibt es zahlreiche Strände mit ziemlich flach abfallendem Ufer. Der mit über 2 km längste, jedoch sehr schmale Strand befindet sich in Fonyódliget: kein Eintritt, keine Umkleidekabinen, keine Duschen. Am westlichen Rand des Strandes findet man eine Ausleihstelle für Ruderboote, Wasserfahrräder, Surfbretter, Fahrräder und Luftmatratzen.
- *Surfbrettverleih* am Strand von Fonyódliget, am Strand in Bélatelep und am neuen Yachthafen.
- *Tennis* am Hafen und in Bélatelep.
- *Wandern* Zum großen Aussichtsturm auf dem Sipos-hegy direkt oberhalb der Stadt läuft man vom Fonyóder Bahnhof etwa 30–45 Minuten.Man kommt auch mit dem Auto hin, aber es gibt nicht viele Parkmöglichkeiten und das letzte Stückchen Straße ist sehr eng.
- *Yachthafen* Den neuen, großen Yachthafen von Fonyód finden Sie rund 1 km westlich vom Bahnhof.

Ausflüge

Zwischen *Balatonfenyves* (5 km westlich von Fonyód) und *Balatonmariafürdő* (5 km westlich von Balatonfenyves) erstreckt sich zwischen Weingärten und kleinen Wäldern eine zusammenhängende Villenreihe am Ufer. Die Reisebüros in beiden Orten unterhalten Privatzimmerdienste.

- *Übernachten* Das **Mária-Hotel** in Balatonmariafürdő (Rákóczi út 1, ✆ 85/376111, ✆ 376038, mariahotel@axelero.hu) ist ein Komforthotel in ruhiger Lage direkt am Seeufer. Ein DZ mit Bad und Frühstück kostet hier je nach Saison ab 48 €.

Hubertus-Hof, 8646 Balatonfenyves, Hubertus-Park, ✆ und ✆ 46096, hubertusbt@hubertus.hu, www.hubertus.hu.

Schlafende Schwäne am Balatonufer

In Balatonfenyves kann man mit der Kleinbahn nach *Csiszta-Puszta* fahren, wo es ein kleines Thermalbad gibt. Von hier aus sind es nur noch 2 km nach Buzsak (vgl. Boglárlelle/Ausflüge) zum Volkskunstmuseum.

▸ **Balatonberény**: In Balatonberény, 8 km westlich von Balatonmáriafürdő, beginnt ein großes Schilfgebiet, das sich fast bis Keszthely erstreckt und das Baden im Südwesten des Plattensees unmöglich macht. Der städtische Strand liegt rund 500 m entfernt, direkt neben der Bahnstation.

• *Baden/Camping* In sozialistischer Zeit war er noch eine kleine, wohlgehütete Sensation: der damals einzige **FKK-Strand** am Balaton. Das von hohen Mauern umgebene Gelände Naturista Camping & Strand ist mitsamt dem angeschlossenen **Campingplatz** (✆ und ℻ 85/377715, ℻ 377482, bbereny@axelero.hu, www.balatonbereny.hu) vom 15. April bis zum 15. September täglich geöffnet und innerorts gut ausgeschildert. Zwei Personen mit Auto und Zelt zahlen in der Hauptsaison 14 € pro Nacht.

Außerdem gibt es hier den **Kócsag-Camping** (Gábor Áron utca, ✆ und ℻ 85/377712), der am westlichen Ortsrand liegt. Das große, ruhig gelegene Gelände in Ufernähe bietet nur mäßig Schatten, ein Lebensmittelgeschäft und ein Restaurant. Zwei Personen mit Auto und Zelt zahlen 10 € pro Nacht. Geöffnet: Anfang Juni–Ende August.

▸ **Balatonszentgyörgy**: Der kleine, 3 km vom Seeufer entfernte Ort, 5 km südwestlich von Balatonberény, ist kaum einen größeren Umweg wert. Wer hier durchfährt (Straße Nr. 76), sollte den Schildern in Richtung *Csillagvár* folgen. In der Csillagvár utca 68 kommt man zuerst an einem schönen *schilfgedeckten Bauernhaus* von 1836 vorbei, in dem eine Volkskunstausstellung und ein Souvenirverkauf untergebracht sind.

In der *Csillagvár* (zu deutsch: Sternburg), 2 km vom Bauerhaus entfernt im "Bari-Wald" gelegen, kann man sich eine burghistorische Ausstellung anschauen. Die Inneneinrichtung entspricht der einer Grenzburg aus den 16./17. Jh., obwohl sich herausgestellt hat, dass das eher an ein Gehöft als an eine Burg erinnernde Gebäude mit seinem sternförmigen Grundriss entgegen früheren Vermutungen erst um 1820 als Jagdhaus erbaut wurde.

Öffnungszeiten täglich außer Mo, Juni bis August 9–18 Uhr, November bis Februar 9–13 Uhr, sonst 9–17 Uhr.

▸ **Kisbalaton**: Westlich von Vörs und Balatonszentgyörgy liegt die unzugängliche Auenlandschaft des Kisbalaton, des Kleinen Plattensees.

Der Zufluss des Balatons, der Zala, hat hier durch Schlammablagerungen für eine bis zu 4 m tiefe Moorlandschaft gesorgt. Seit 1949 steht das ganze Gebiet vor allem wegen der hier lebenden seltenen Vogelarten, darunter dem Silberreiher, unter Naturschutz und gehört heute zum Nationalpark Balaton-Oberland. Bis Mitte des 18. Jahrhunderts war der Kisbalaton Teil des Plattensees. Nach dem Eisenbahnbau 1861 jedoch mündete der Fluss Zala nicht mehr hier, sondern man leitete einen direkten Zufluss in den Plattensee: Der Wasserspiegel des Kisbalaton senkte sich und er trocknete allmählich ganz aus. Erst in den 1970er Jahren, als die Veralgung des Balaton nicht mehr zu übersehen war, realisierte man, dass der Kisbalaton als natürlicher Filter gewirkt hatte. Dort wurden die von dem Fluss angeschwemmten Nährstoffe bereits abgebaut, die den Sauerstoffmangel und die Algenbildung im Plattensee verursachten. Im Jahre 1981 baute man eine Schleuse und staute das Wasser im Kisbalaton wieder zu einer 70 Quadratkilometer großen Fläche an. Heute liegt der Wasserspiegel etwa zwei Meter höher als der des Plattensees, die Veralgung hat sich verlangsamt und das Schutzgebiet Kisbalaton ist ein wichtiger Lebensraum für Insekten, Frösche und Vogelarten geworden. Seit Sommer 2002 gibt es einen 3 km langen Naturschutzpfad mit 13 auf Schildern beschriebenen Stationen, von denen aus man mit etwas Glück seltene Vogelarten sehen kann. Er führt über eine Holzbrücke auf die Kányvári Insel. Man braucht weder einen Führer noch eine Genehmigung. Von der Straße zwischen Sármellék und Balatonmagyaród aus, ist ein Parkplatz ausgeschildert.

Boglárlelle

Die Großgemeinde hat eine lange Badetradition. Im Hochsommer wollen hier bei schönem Wetter über 60.000 Urlauber einen Zipfel Liegefläche ergattern.

Boglárlelle entstand 1979 durch die Vereinigung der heute zusammengewachsenen Orte Balatonboglár und Balatonlelle. Ihr Hinterland prägen drei Basalttuffhügel, von denen der *Vár-Domb* (Burghügel) mit 165 m der höchste ist. Das große, wegen seines flachen Ufers bei Familien mit Kindern besonders beliebte Strandgebiet ist in viele einzelne kleine Strände unterteilt, von denen nur der Platanstrand in Boglár und der Strand neben dem Hafen von Lelle Eintritt kosten – die übrigen sind frei zugänglich.

Von dem einst so hochgepriesenen feinen Sandstrand am mittleren Südufer existieren heute allenfalls noch Reste, die zum Sellő-Campingplatz gehören.

Balatonboglár und Balatonlelle selbst haben wenig zu bieten, wenn man etwas anderes als einen reinen Badeurlaub im Auge hat.

Zwar wurde im Oktober 1991 die einstige Großgemeinde Boglárlelle aufgelöst, wobei Balatonboglár und Balatonlelle wieder eigene Ortsverwaltungen erhielten, doch behalten wir aus Gründen der Übersichtlichkeit vorerst die alte Aufteilung bei.

Information

- *Information* Tourinform, 8630 Balatonboglár, Erzsébet utca 12–14, ✆ und ℻ 550168, balatonboglar@tourinform.hu, www.balatonboglar.hu. Geöffnet von Mai bis Oktober: Mo–Fr 9–17 Uhr, Sa 9–13 Uhr. In der Nebensaison am Wochenende geschlossen.
- *Telefonvorwahl* 85.

Übernachten

Privatzimmer vermitteln Tourinform und die örtlichen Reisebüros. DZ ab 30 €, Apartments für vier Personen ab 40 €.

Sellő-Camping, Kikötő sétány 3, Balatonboglár, ✆ 350800. Schöner, nicht sehr schattiger Platz mit 750 Plätzen, Restaurant und eigenem Sandstrand direkt am Hafen von Boglár. Warme Duschen und relativ saubere sanitäre Anlagen. Zwei Personen mit Auto und Zelt zahlen rund 10 € pro Nacht. Geöffnet: Mitte Mai–Mitte September.

Aranyhíd-Camping, Köztársaság utca 53, 8638 Balatonlelle, ✆ 350449. Kleinerer, schattiger Platz mit eigenem Strand und knapp 300 Stellplätzen; in Lelle ausgeschildert. Einer der teuersten Campingplätze am Südufer: Zwei Personen mit Auto und Zelt zahlen 15 € pro Nacht. Geöffnet Anfang Mai–Mitte September. Ein Lebensmittelgeschäft ist in der Nähe.

Essen

Albatros-Restaurant, direkt an der Straße Nr. 7 zwischen Boglár und Lelle. Mittelgroße Auswahl an Fisch-, Fleisch- und Geflügelgerichten um 6,50 €. Die "Ungarischen Beefsteakringe mit Lecsó" (gebratenes Rindfleisch mit einer Paprika-Tomaten-Zwiebel-Soße) haben sehr gut geschmeckt. Die gefüllten Paprikaschoten waren auch nicht zu verachten. Geöffnet täglich 11–23 Uhr.

Gut essen kann man auch im **Gasthaus Siesta**, einem Privatrestaurant am westlichen Ortsrand von Boglárlelle (50 m vor dem Ortsausgangsschild), das allerdings nur im Sommer, von Anfang Mai bis Mitte September geöffnet hat.

Sport

- *Baden* seichtes Ufer – mehrere Strandbäder.
- *Reiten* Eine **Reitschule** finden Sie in Balatonlelle an der Straße nach Kaposvár, vom Zentrum knapp 2 km entfernt.

Empfehlenswert auch für Weinliebhaber ist ein Ausflug nach **Rádpuszta**. An der Straße Nummer 7 zwischen Balatonlelle und Balatonszemes sind Dorf und Pferdezentrum (Auskünfte unter ✆ 3394383) ausgeschildert. Für Gruppen ab 15 Personen werden hier Kutschfahrten und Pferdevorführungen organisiert. Angeschlossen sind ein großer Weinkeller und ein Restaurant. In der Hochsaison finden mittwochs ab 19 Uhr Fokloreabende statt. Wenn hier nichts los ist, kann man in Ruhe essen und die Landschaft genießen. Weitere Infos bei Tourinform.

- *Surfen, Segeln, Rudern* Verleih von Wassersportgeräten neben dem Sellő-Camping.
- *Tennis* Tenniszentrum neben dem Platánstrand.

Veranstaltungen

Das **Boglárer Weinfest** findet alljährlich am 19./20. oder 20./21. August auf dem Staatsweingut Balatonboglárs statt. Hier wachsen unter anderem der Boglári Mus-

Der Plattensee
Karte S. 474/475

kotály und die Sonnenhügel-Mädchentraube sowie die BB-Sekte, die früher allesamt in die DDR exportiert wurden. Heute ist der Wein durch die Fernsehwerbung ("Balaton – der kräftige Rote") in ganz Deutschland bekannt. Während des Weinfestes pendeln Sonderbusse zwischen Post und dem Weingut, wo in Pavillons die besten Weine und Trauben zu haben sind. Außerdem gibt es Kochwettbewerbe, Schaureiten usw.

Im **Kulturhaus** von Lelle in der Kossuth Lajos utca 2 findet alljährlich zwischen Juni und August (den genauen Termin erfährt man bei Tourinform) eine **Volkskunstausstellung** mit Schnitzwettbewerb statt.

Sehenswertes

Die beiden *Kapellen* auf dem Kápolna-Domb (Kapellenhügel) in Boglár sind vom Zentrum rund um Kirche und Post zu Fuß in zehn Minuten zu erreichen. Von Mai bis September werden vor der *roten Kapelle*, wo auch eine kleine Freilichtbühne steht, u.a. Keramiken und Gemälde ausgestellt. Zuerst aber kommt man an der *blauen Kapelle* vorbei, die eigentlich ins Blauschwarze tendiert und mit einem grünen Dach gedeckt ist. Von dem kleinen Hügel hat man einen netten Seeblick. Vom Parkplatz an der Post führt der Weg über die Bocskai utca, an deren Ende die Treppe zum Berg beginnt.

Wer einen noch weiteren Ausblick genießen will, kann in ebenfalls zehn Minuten über die Templom út und den dort beginnenden Fußweg zum *Vár-Domb* gelangen (100 m oberhalb der Kirche ausgeschildert). Hier steht ein großer, kugelförmiger *Aussichtsturm*.

Ausflüge

Buzsák

Buzsák, 20 km südwestlich von Boglárlelle, ist bekannt für seine Folklorekunst, insbesondere für seine Stickereien, die Buzsáker Kissen und Decken. Neben der Straße flattern lustig buntbestickte Deckchen, deren eifrige Produzenten, meist ältere Frauen, geduldig auf Kundschaft warten. Bevor man hier aber zuschlägt, sollte man im Volkskunstmuseum vorbeischauen, um eine Vorstellung von den Preisen zu bekommen.

Das *Népmüvészeti Tájház* (Volkskunstmuseum) am Tanács tér 7 ist innerorts gut ausgeschildert. In dem hübschen alten, schilfgedeckten Gehöft kann man neben den mit typischen örtlichen Mustern bestickten Deckchen auch Näharbeiten, Holzschnitzereien und Trachten bewundern. Auf demselben Gelände befindet sich auch eine Verkaufsausstellung (Stickereien, Keramik, Holzschnitzereien), wo schöne Souvenirs angeboten werden.

• *Öffnungszeiten* Mitte Mai–Mitte Oktober 9–17 Uhr; Mo geschlossen.

• *Anfahrt* Und so finden Sie nach Buzsák: von Boglár in Richtung Lengyeltóti fahren und von dort der Beschilderung folgen.

Balatonszemes

Balatonszemes liegt 7 km östlich von Boglárlelle. Wer den Briefmarkensammlern unter seinen Freunden eine Freude machen will oder selbst einer ist, der sollte nicht versäumen, dem *Postmuseum* in Balatonszemes einen Besuch abzustatten, wo es hübsche Sonderstempel gibt. Das Museum befindet sich in der Bajcsy-Zsilinzky utca 46 direkt an der Straße Nr. 7 und

Campingplatz am Südufer mit Blick zur Abtei von Tihany

ist nicht zu verfehlen – vor dem Museum steht eine alte Postkutsche auf einem Steinsockel. Die umfangreiche Ausstellung informiert eingehend über die Geschichte des ungarischen Postwesens. Der ausführliche deutschsprachige Prospekt ist dabei eine wichtige Hilfe. Der Hof ist geschmückt mit einem Post-Eisenbahnwaggon und historischen Postkutschen.

Öffnungszeiten 1. Mai – 30. September täglich außer Mo, 10–18 Uhr.

• *Information* siehe **Tourinform** Balatonboglár oder Siofók. • *Telefonvorwahl* 84.

• *Übernachten* **Vadvirág-Camping**, Arany J. utca 101, ✆ 360115, 📠 360224, siotour.vadvirag@axelero.hu. Das relativ schattige, mit über 2.400 Stellplätzen größte Campinggelände am Südufer (mit eigenem Strand) liegt direkt zwischen Eisenbahntrasse und Ufer. Es ist rund 30 m hinter dem westlichen Ortsausgang Boglárlelles an der Straße Nr. 7 ausgeschildert. Auf dem Platz gibt es ein Restaurant, Tennisplätze und einen kleinen Lebensmittelverkauf. Zwei Personen mit Auto und Zelt zahlen rund 14 € pro Nacht. Außerdem gibt es hier recht komfortable Vierbettbungalows, die je nach Saison und Ausstattung von 20–93 € zu bekommen sind. Geöffnet: Anfang Juni – Anfang September.

Bagódomb-Camping, Széchenyi utca, ✆ und 📠 360177. Von der Hauptstraße Nr. 7 am westlichen Ortstrand von Balatonszemes ausgeschildert. Das Gelände liegt ruhig in einem einsamen Tal, 3 km vom See entfernt. Der Platz verfügt über wenig Schatten und Komfort. Die nächste Einkaufsmöglichkeit ist 3 km entfernt. Zwei Personen mit Auto und Zelt zahlen rund 10 € pro Nacht. Geöffnet Mitte Juni – Ende August.

Lidó-Camping, Ady Endre utca 8, ✆ und 📠 360112, siotour.lido@axelero.hu. Mäßig schattiger Platz mit eigenem Strand, Restaurant und Lebensmittelverkauf. Die Anfahrt ist von der Straße Nr. 7 am westlichen Ortseingang ausgeschildert; die Einfahrt finden Sie gegenüber der Abzweigung zum Bagódomb-Camping. Zwei Personen mit Auto und Zelt zahlen hier ca. 12 € pro Nacht. Einfache Jugendherbergszimmer für zwei Personen gibt es ab 10 €. Geöffnet: Mitte Mai–Mitte September.

Hullám Camping, ✆ 345116 und 345117. Das große, schattige Gelände mit 2.000 Stellplätzen und eigenem Strand ist rund 1,5 km vom westlichen Ortsausgang

Der Plattensee
Karte S. 474/475

Balatonszemes' an der Straße Nr. 7 ausgeschildert. Es liegt direkt zwischen Seeufer und Eisenbahntrasse. Zwei Personen mit Auto und Zelt zahlen hier 10 € pro Nacht. Geöffnet: Mitte Juni – Ende August. Restaurant in der Nähe.

Balatonszárszó

Balatonszárszó, der kleine Ort 4 km östlich von Balatonszemes, ist stolz auf seinen großen Sohn: Im Haus József Attila utca 7 verbrachte der ungarische Arbeiterdichter *Attila József* (1905–1937), einer der größten Lyriker Ungarns, die letzten Tage seines Lebens, dem er eigenhändig ein Ende setzte. Heute ist hier ein Gedenkmuseum eingerichtet. Die Ausstellung zeigt nicht, wie sonst üblich, die Hauseinrichtung und persönliche Gegenstände, sondern fast ausschließlich Dokumente seines Wirkens. Der umfangreiche deutschsprachige Prospekt enthält auch einige Gedichtübersetzungen. Das interessanteste Exponat ist, weil in deutscher Sprache verfasst, ein Brief von Thomas Mann anlässlich einer Attila-József-Gedenkfeier. Das Museum liegt keine 100 m vom Túra-Campingplatz entfernt.

Öffnungszeiten Mai–Oktober 10–18 Uhr, sonst 10–14 Uhr.

• *Übernachten* **Túrá-Camping**, József Attila park, ✆ 362754. Kleiner, wenig schattiger Platz direkt an der Bahnlinie, von der Straße Nr. 7 ab der Ortsmitte ausgeschildert. 300 m vom Strand entfernt. Warme Duschen, Lebensmittelverkauf, Camping-Restaurant. Zwei Personen mit Auto und Zelt zahlen 9 € pro Nacht. Geöffnet: Anfang Juni–Ende August.

Siófok

Moderne Urlauberstadt am 2.000jährigen Siókanal. In der Hochsaison, wenn Siófok aus allen Nähten platzt, ist nur Halligalli und Highlife angesagt. Dann wohnen hier mehr als viermal soviel Menschen, wie es ständige Einwohner gibt.

Die mit 24.000 Bürgern größte Stadt am Südufer des Plattensees ist zugleich auch der wichtigste Erholungsort.

Noch bis zur Mitte des letzten Jahrhunderts war Siófok ein unbedeutendes Dörfchen – obwohl bereits unter dem römischen Kaiser Galerius der erste Vorläufer des Siókanals entstand, der den Plattensee mit der Donau verbindet und dem Städtchen seinen Namen gab.

Zwar war Siófok auch schon vor dem Zweiten Weltkrieg ein beliebter Badeort, doch entwickelte sich das heutige, moderne Stadtbild erst in den letzten 35 Jahren.

Siófok ist beileibe nicht eine der schönsten Städte am Plattensee, jedoch zieht das riesige Strandgebiet mit zahlreichen frei zugänglichen und städtischen Stränden mit ihren seichten Ufern alljährlich eine Vielzahl an sonnen- und badehungrigen Urlaubern an.

Wer ein komfortables Hotel einem einsamen Campingplatz vorzieht und keine Scheu vor Massenbetrieb hat, mag hier sein Urlaubsziel gefunden haben. Ähnlich wie im Erholungsort Balatonfüred auf der gegenüberliegenden Uferseite sind die Lebenshaltungskosten in Siófok nicht nur wegen der Kurtaxe merklich höher als in der Umgebung.

Siófok: Blick vom Wasserturm über dem Tourinformbüro

Information

• *Information* **Tourinform**, Víztorony (Wasserturm), 8600 Siófok, ✆ 315355, 📠 310117, tourinform@mail.datanet.hu, siofok@tourinform.hu www.siofoktourism.hu. Öffnungszeiten: Mo–Fr 9–17 Uhr (inder Hochsaison bis 20 Uhr), Sa 9–13 Uhr (in der Saison bis 18 Uhr und zusätzlich So 9–13 Uhr).

Siótour, Szabadság tér 6, 8601 Siófok, ✆ 310900, 📠 310009. Öffnungszeiten: in der Hauptsaison (15. Juli – 31. August) Mo–Sa 8–20 Uhr und So 9–16 Uhr, sonst Mo–Fr 8–18 Uhr und Sa. 9–13 Uhr. Zentralstelle für Programme am Südufer (z. B. Tagesausflüge nach Budapest und in die Puszta).

Weitere Büros in Siófok-Sóstó auf dem Ifjúsag Campingplatz (✆ und 📠 352580) und in Szántód am Supermarkt (✆ und 📠 348901).

• *Telefonvorwahl* 84.

• *Post* Fő utca 186.

Übernachten (siehe Karte S. 526/527)

Janus Atrium Hotel (13), Fö utca 93–95, ✆ 312546, 📠 312432, janus@janoshotel.hu, www.janoshotel.hu. Dieses Viersternehotel ist etwas für Architekturbegeisterte. Es entstand aus dem ehemaligen evangelischen Gebetshaus und einer ehemaligen Schule aus den Plänen des ungarischen Architekten Imre Makovecz, der auch den ungarischen Pavillon auf der Weltausstellung 1992 in Sevilla konstruierte. Es liegt an der früheren Hauptstraße in Seenähe und hat nur 22 Zimmer und 7 Apartments und einen großzügigen Wellness-Bereich im Untergeschoss. Massenabfertigung muss man hier nicht befürchten, aber das hat auch seinen Preis. DZ mit Frühstück ab 85 € je nach Saison.

Club Siofok (1), Hotel Europa, Hungaria, Lido, Petőfi Sándor sétány 11–17, ✆ 310630, 📠 313304, balaton@accor-hotels.com, www.pannoniahotels.hu. Die drei beliebten Hotels an der Strandpromenade wurden renoviert und zu einem modernen Komplex zusammengefasst. Die drei Häuser haben insgesamt 415 Zimmer mit gleichem Standard. Dazwischen erstrecken sich Liegewiesen und ein Pool. DZ mit Dusche und Frühstück je nach Saison ab 52 €.

Hotel Napfény (5), Mártírok utca 8, ✆ 311408, 📠 310643. DZ mit Bad und

Der Plattensee
Karte S. 474/475

Frühstück je nach Saison 40–75 €. Geöffnet: 1. Mai – 15. Oktober.

Hotel Vénusz (8), Kinizsi utca 12, ✆ und 📠 310660, kondortour@axelero.hu, www.hotels.hu/venus. DZ mit Bad und Frühstück je nach Saison ab 45 €. Geöffnet: 15. Mai – 15. Oktober.

Ezüstpart (9), Liszt Ferenc sétany 2–4, ✆ 350622, 📠 351095, reserve@balaton.hun guesthotels.hu. Der Kurhotelkomplex aus fünf Gebäuden liegt direkt am Plattenseeufer und ist von Grünanlagen umgeben. Es gibt ein 25 m langes Hallenbad und zahlreiche weitere Sportmöglichkeiten von Tennis bis Bowling. DZ je nach Saison 40–88 €.

Kagyló Panzió (3), Petőfi Sandor sétány 4, ✆ 311688. Die hübsche, ganzjährig geöffnete Pension liegt an der Hotelzeile von Siófok, gegenüber dem Strandbad. DZ ohne Frühstück je nach Saison 40 €.

Privatzimmer kann man bei Siótour-Büro buchen (siehe Infos) oder sich über Tourinform vermitteln lassen. Für die Monate Juli und August unbedingt langfristig reservieren. Preise: DZ ab 35 €, Apartments für zwei Personen 45 €, Apartments für vier Personen ab 60 €, Villen für vier bis acht Personen 80 €. Folgende weitere Reisebüros bieten auch einen Privatzimmerdienst:

IBUSZ, Fő utca 174–176, ✆ 510720 und 📠 315213. .

Optimal Travel, Szabadság tér 2, ✆ und 📠 310175.

Aranypart-Camping (4), Szent László utca 183–185, ✆ 352519, 📠 352801, siotour.aranypart@axelero.hu. Ziemlich großer, von der Straße Nr. 7 gut ausgeschilderter Campingplatz fast ohne Schatten direkt am Seeufer; 5 km östlich vom Zentrum. Eigener Strand mit großer Wasserrutsche, warme Duschen, Lebensmittelverkauf und Restaurant. Zwei Personen mit Auto und Zelt zahlen pro Nacht 12 €. Ein Bungalow für bis zu vier Personen kostet je nach Saison ab 45 €. Geöffnet: 31.3 – 30.9.

Golden Lake-Camping (6), Szent László 183, ✆ 352804, 📠 310152. Der große Platz bietet etwas Schatten und liegt direkt am Ufer, nur rund 100 m vom gut ausgeschilderten Aranypart-Campingplatz entfernt. Ein Restaurant ist in der Nähe. In der Hochsaison (Juli und August) zahlen zwei Personen mit Auto und Zelt hier 14 € pro Nacht, außerhalb dieser Zeit weniger als die Hälfte. Geöffnet: 15. Mai – 30. September.

Ezüstpart-Camping (7), Liszt Ferenc sétány, ✆ 350374, 📠 351095. Nicht besonders schattiges Gelände in Ufernähe. Relativ ruhige Lage rund 4 km westlich vom Zentrum. Zwei Personen mit Auto und Zelt zahlen 14 € pro Nacht. Geöffnet: 15. Mai – 30. September.

Ifjúság-Camping (10), Siófok-Sóstó, Pusztatorony tér 1, ✆ 352851, 📠 352571, siotour.ifjusag@axelero.hu, www.siotour.hu. Der große, mäßig schattige Platz, 100 m vom Strand entfernt, ist von der Kreuzung der Straße Nr. 7 mit der Autobahn (M 7) ausgeschildert (6 km östlich vom Zentrum von Siófok). Warme Duschen, Lebensmittelverkauf. Zwei Personen mit Auto und Zelt zahlen hier 12 € pro Nacht. Geöffnet: Mitte Mai–Mitte September.

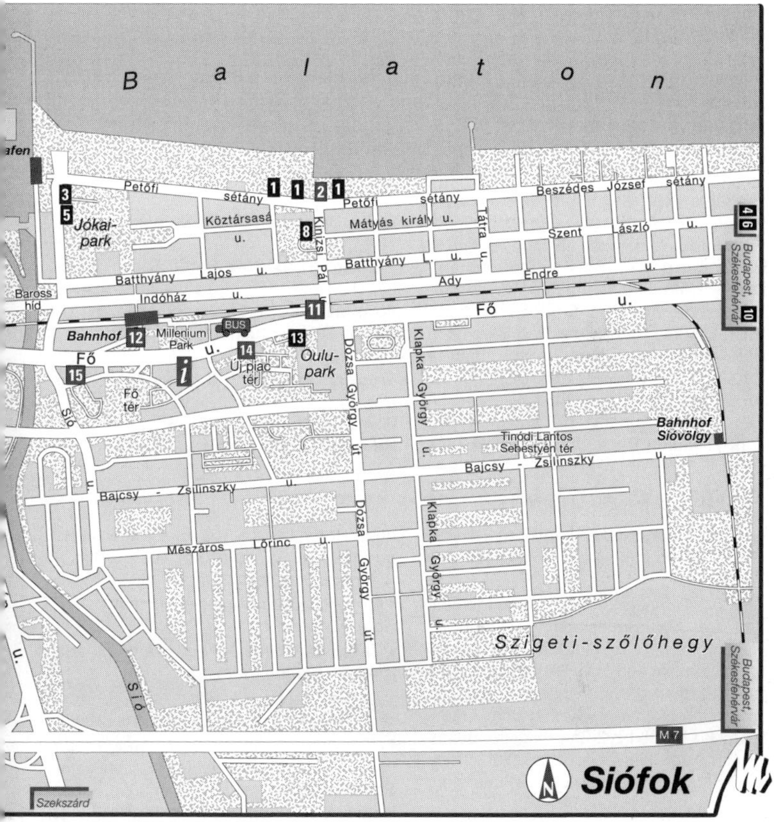

Essen

Eines der besten und zugleich teuersten Restaurants im Ort ist das **Siófok (2)**, das zwischen Hotel Europa und Hotel Hungária liegt. Es ist gemütlich eingerichtet, und vom Tisch aus hat man einen schönen Blick auf den Plattensee. Geöffnet: 9–23 Uhr.

Bella Italia (12), Szabadság tér. Die sehr beliebte Pizzeria finden Sie rund 50 m vom Siótour-Büro entfernt am Szabadság tér. Hier gibt es Pizzen und Nudelgerichte zu günstigen Preisen.

Morva (15), Fő utca. Das kleine, etwas versteckte Restaurant mit Terrasse liegt zwischen dem "Bella Italia" und der katholischen Kirche an der Hauptstraße. Bekannt gute böhmische Küche. Die bebilderte Speisekarte offeriert eine mittlere Auswahl an böhmischen Spezialitäten zwischen 6,50 und 14 €. Zum Essen schmeckt hier ein Pilsener Urquell. Geöffnet: 11–23 Uhr.

Fogas (14), Fő utca 184. Eines der preiswertesten Restaurants im Ort mit gutem Essen und freundlichem Service in zentraler Lage. Mittlere Auswahl an Fisch- und Fleischgerichten. Der Biergarten hinter dem Haus ist bis auf die zu hohen Tische recht gemütlich.

Gut ist auch das **Restaurant Csárdás (11)** in der Fő utca 105, mit einer mittleren Auswahl an Hauptgerichten um 5–7 €. Viel Platz und gemütlich eingerichtet. Abends Zigeunermusik.

Der Plattensee
Karte S. 474/475

Treffpunkte

Leider ist gerade in Siófok der Trend zu immer mehr schmierigen Bars und Discos mit sogenannten "Erotik-Shows" und ähnlich zweifelhaften Darbietungen sehr weit fortgeschritten. Aber wen wundert das? Schließlich lässt sich mit Sex gerade in solchen Metropolen des Massentourismus leichter als sonst das schnelle Geld machen – mittlerweile sogar schon legal.

Kalmán Imre, das gute, angenehm eingerichtete Restaurant mit angeschlossener Konditorei, Wein- und Bierstube finden Sie an der großen Brücke über den Sió-Kanal. Bekannt für sehr gutes Eis.

Die Zahl der meist nur im Sommer geöffneten **Discos, Nachtclubs und Bars** ist in Siófok Legion. Und was "in" ist, entscheidet sich jeden Sommer neu. Deshalb hier nur in aller Kürze die Adressen von ein paar heißen Treffpunkten:

Happy Station Rock Club, Mártírok utca 9; 11–5 Uhr.

Csikó Disco-Bar, Petőfi Sandor sétány 1; 21–5 Uhr.

Paradiso Disco-Bar, Petőfi Sándor sétány; ab 21 Uhr.

Európa Disco, Petőfi Sándor sétány 17.

Palace Disco, Ezüstpart, Deák F. utca 2. 11–5 Uhr.

Tropical Disco Bar, Fő utca 174–176; 11–5 Uhr.

Flirt, Sió utca. Ab 21 Uhr.

Renegade, Petöfi utca 4, 21 – 5 Uhr.

Sport

- *Angeln* Angelscheine für den Balaton sind beim Siótour-Büro am Szabadság tér 6 erhältlich.
- *Baden* Die bekanntesten Strandgebiete sind die **Alte Badesiedlung** nahe dem Stadtzentrum, das **Goldufer** (Aranypart) östlich davon und das **Silberufer** (Ezüstpart) westlich davon. Diese Strände sind noch einmal in frei zugängliche, städtische und Hotel- bzw. Campingstrände unterteilt. Auch hier findet man fast keinen Sandstrand mehr – das Ufer ist betoniert, und es gibt Rasenliegeflächen.
- *Bowling* Ein öffentlich zugängliche **Bowlingcenter** mit Bierstube ist im Hunguest Hotel Ezüstpart zu finden.
- *Fitnesscenter* Der **Siótour-Club** an der Hotelzeile von Siófok, rund 200 m hinter dem Hotel Europa, bietet Tennis, Minigolf, Sauna, Solarium, Kegelbahn, Disco, Bierstube und Restaurant.
- *Minigolf* Einen Minigolfplatz gibt es am Hotel Europa.
- *Reiten* kann man in der Szantódpuszta (siehe Ausflüge).
- *Tennis* zahlreiche Plätze im Ort; Auskunft beim Siótour-Büro am Szabadság tér 6.
- *Wassersport* Neben dem Hotel Europa wurde vor ein paar Jahren ein winziger **Segelhafen** eröffnet, wo man auch Boote leihen kann. Außerdem gibt es beim Ezüstpart eine **Mole**. Am großen Strand an der Hotelreihe von Siófok kann man Segelboote, Wasserfahrräder, Surfbretter und andere Wassersportgeräte ausleihen.

Veranstaltungen

Im Sommer finden verschiedene Veranstaltungen von Folklore über Konzert bis Theater auf der **Freilichtbühne** im Dimitrov-Park und im **Kulturzentrum** am Fő tér 4 statt. Auskunft über die Termine erteilen Tourinfom und das Siótour-Büro.

Die reifere Jugend schätzt die Nachtbars mit **Revueprogramm**, z. B. die Hawaibar.

Sehenswertes

Das *Emmerich-Kálmán-Gedenkmuseum*, Kálmán Imre sétány 5, erinnert an den berühmten ungarischen Operettenkomponisten (1882–1953), der in Siófok geboren wurde. Ausgestellt sind sein Klavier, Notenblätter und einige persönliche Gegenstände. Des weiteren gibt es ein *Mineralienmuseum*, Kálmán Imre sétány 10. Vom Wasserturm aus, der unten das Tourinform-Büro beherbergt, hat man einen guten Blick über die Stadt und den See.

Ausflüge

Zamardi und Szántód

Beide Orte liegen westlich von Siófok und sind mit der Stadt schon fast völlig verschmolzen. Während Zamardi etwas vom Seeufer entfernt liegt, ist Szántód auch ein beliebter Badeort.

• *Übernachten* **Rév-Camping**, Tihany utca 1, 8622 Szántód, ✆ 84/348859, siotour.rev@axelero.hu. Das Gelände liegt direkt am Balatonufer neben der Autofährstation, die die Verbindung mit Tihany am gegenüberliegenden Seeufer aufrechterhält. Nicht besonders großer, recht komfortabler Platz mit warmem Wasser, Lebensmittelverkauf und Restaurant. Mäßig schattig, aber verkehrsgünstig gelegen. Durch die unmittelbare Nähe zur Fähre ist es hier ziemlich laut. Zwei Personen mit Auto und Zelt zahlen 10 € pro Nacht. Öffnungszeiten: Ende April – Mitte September.

Autós Camping I, Szent István utca, 8621 Zamárdi, ✆ 84/348863, 3489321, siotour.autos1@axelero.hu. Der große und schattige Platz liegt vergleichsweise ruhig direkt am Ufer. Eigener Strand, warme Duschen, Weinstube, Disco, Restaurants und Lebensmittelverkauf. Preis für zwei Personen mit Auto und Zelt: 12,50 €. Geöffnet: Mitte Mai–Mitte September.

Autós Camping II, Adresse s. o., ✆ 84/348858, liegt direkt daneben. Weniger schattig und ohne eigenen Strand. Auch warme Duschen, aber sonst etwas weniger Komfort. Zwei Personen mit Auto und Zelt zahlen dafür auch nur 10 €. pro Nacht. Restaurant auf dem Gelände. DZ im Gasthof je nach Saison 18–27,50 €. Öffnungszeiten: Mitte Juni – Ende August.

• *Essen* Gut essen kann man in der alten **Révcsárda** (Fähr-Csárda), einem gemütlich eingerichteten Gebäude von 1839 mit hübsch bestickten Tischdecken direkt neben dem Rév-Campingplatz. Fleischgerichte zu mittleren und gehobenen Preisen (ab 6,50 €).

Rund um den Balaton gibt es zahlreiche Reiterhöfe

Der Plattensee
Karte S. 474/475

Szántódpuszta

Direkt an der Straße Nr. 7 zwischen Zamárdi und Balatonföldvár kann man die gut ausgeschilderte, unter Denkmalschutz stehende, ehemalige *Meierei* der Benediktinerabtei von Tihany besichtigen, die dem historischen Vorbild getreu restauriert und in ein großes Fremdenverkehrs- und Kulturzentrum umgewandelt wurde. Mit Unterbrechungen besaßen die Benediktiner von Tihany das Gelände seit dem Jahre 1055. Die heutigen Gebäude entstanden vorwiegend im 18. und 19. Jahrhundert, das erste 1741. Hier gibt es unter anderem ein Schloss, einen Weinkeller, Ställe, Gesinde- und Handwerkerhäuser sowie eine Kapelle zu sehen, in denen neben unterschiedlichen Ausstellungen (Volkskunst, Aquarium, Fauna und Flora), Fremdenverkehrseinrichtungen (Information, Csárdas, Pension usw.) untergebracht sind.

Öffnungszeiten 15. Mai – 31. August tägl. 9–19 Uhr, sonst Mo–Sa 9–17 Uhr und So 9–12 Uhr.

• *Essen* Essen kann man in der **Ménes-Csárda** am Eingang des Geländes oder in der **Öreg Csárda** nahe den Stallungen. Letztere ist kleiner und intimer sowie etwas billiger und für den guten Service zu loben.

• *Veranstaltungen* Im Sommer finden hier an jedem ersten Sonntag im Monat **Hundeausstellungen** und **-wettbewerbe** sowie Hundemärkte statt. **Reitkurse**, Ausritte, Kutschfahrten und Ponyreiten für Kinder werden ebenfalls angeboten. Mittlerweile kann man sogar Helikopterrundflüge machen.

Balatonföldvár

Balatonföldvár, 22 km westlich von Siófok gelegen, ist ein moderner Erholungsort mit Strand, Parkanlage und Jugendlager. Hier stehen 47 Villen unter Denkmalschutz. Sie stammen aus der Zeit am Ende des 19. Jahrhunderts, als Baltonföldvár unter dem Einfluss der Grafenfamilie Széchenyi zum mondänen Badeort ausgebaut wurde und eine Blütezeit erlebte. Bis heute gibt es hier den größten Yachthafen am Balaton. Schmuckstück des Ortes und Flaniermeile ist die über 1 km lange Promenade westlich des Hafens.

• *Information* **Tourinform**, Koröshegyi utca 1, 8623 Balatonföldvar, ✆ 700036, 📠 540220, balatonfured@tourinform.hu.

• *Übernachten* **Riviera Hotel**, Somogyi Béla utca 5–7, ✆ 84/340000, 📠 340002, hotel@mail.elender.hu. Zwei mittelgroße Gebäude in der früher so typischen "Balaton-Betonklotz-Architektur" mit Restaurant, Gartencafé, Bar, Nachtclub, Sauna, eigenem Strand, Minigolf- und Tennisplatz. DZ mit Bad und Frühstück ab 45 €. Zweibettapartment um 60 €. Ganzjährig geöffnet.

Hotel Neptun, ✆ 84/340388, 📠 340212, balaton@accor-hotels.com. Großes Komforthotel mit über 200 Zimmern in einem schönen Park, 100 m vom See und rund 300 m vom nächsten Strand entfernt. Angeschlossen sind Restaurant, Nachtclub, Schwimmbad, Sauna, Minigolf- und Tennisplatz. DZ mit Dusche/WC und Frühstück je nach Saison 58–127 €. Geöffnet: Anfang Mai – Mitte Oktober.

Hotel Festival, Rákóczi út 32–40, ✆ 84/340377, 📠 340380, festival@elender.hu, www.hotels.hu/festival. Neunstöckiges Hotel direkt am Seeufer, das beinahe tausend Gästen Platz bietet. Restaurant, Nachtclub, Tennis, Verleih von Wassersportgeräten. DZ mit Dusche/WC und Frühstück je nach Saison 40–75 €. Geöffnet: 1. Mai – 30. September.

Magyar Tenger Camping, Kemping utca 6, 8623 Balatonfödvár, ✆ 84/340240. Der Platz liegt 100 m vom Strand entfernt, direkt an der Eisenbahnlinie und unterhalb eines bewaldeten Steilhangs. Warme Duschen und Lebensmittelverkauf. Ein Restaurant ist in der Nähe. Zwei Personen mit Auto und Zelt zahlen pro Nacht 10 €. Geöffnet: Anfang Juni – Ende August.

Etwas Ungarisch

Ungarisch ist keine leichte Sprache - doch können Sie sich mit einem kleinen Vokabular und ein wenig Ausspracheträining schon in vielen Fällen verständlich machen. Weil das Ungarische, das zur finno-ugrischen Sprachgruppe zählt, mit keiner Weltsprache signifikante Gemeinsamkeiten aufweist, freuen sich Ihre Gastgeber auch über bescheidene Versuche.

Trotzdem müssen Sie für Ihren Urlaub nicht unbedingt Ungarisch lernen. Viele Ungarn sprechen Deutsch, und wenn Sie etwas Englisch parat haben, kommt es nur selten zu echten Verständigungsproblemen. *Etwas Ungarisch* aber erleichtert den Urlaubsalltag, den Kontakt mit den Gastgebern und ist nicht zuletzt auch höflicher.

Die wichtigsten Regeln

1. Betonung: Alle Wörter werden auf der ersten Silbe betont.

2. Aussprache: Die wichtigsten Ausnahmen: "Vokale mit Strich" werden lang gesprochen.

Konsonanten

c = z
cs = tsch, wie in Matsch
s = sch
sz = ß
z = s
v = w
zs = g-Laut, wie Jargon *(sch)*
ly = j (j wird auch als j ausgesprochen)
gy = dj, wie in Adieu
ny = nj, wie in Cognac
ty = tj, wie in Antje

Vokale

a = Laut zwischen a und o (a), wie in Washington
á = ein lang gesprochenes a
e = ä, wie in Ähre
é = ein lang gesprochenes e

3. Nachsilben: Ungarisch ist eine anreihende (agglutinierende) Sprache. Dem Wortstamm werden Silben angehängt, die die grammatikalischen Beziehungen beschreiben (mein, dein, auf, unter, im ...)

Beispiel

egészganz, gesamt
egészség, Gesundheit
egészséged, deine Gesundheit
egészégedre, auf deine Gesundheit (Prost!)

So entstehen die lindwurmlangen ungarischen Wörter.

Vorsicht: Wer statt "*ä-ge-***sche***-gä-drä*" mit dem Wort "*ä-ge-***schä***-gä-drä*" anstößt, sagt in Wirklichkeit: "auf deinen ganzen Arsch". *Ä-ge-sche-ge-***rä** heißt übrigens "auf Ihre Gesundheit".

4. Vokalharmonie: In den meisten ungarischen Wörtern kommen entweder nur dunkle (a, á, o, ó, u, ú) oder nur helle Vokale (e, é, i, í, ö, ô, ü, û) vor. Für die anzuhängen-den Nachsilben und Bindevokale gibt es deshalb jeweils zwei oder drei Formen, die dem hoch- oder tiefvokalischen Wortstamm angepaßt sind.

Beispiel "im" heißt *-ban* oder *-ben*; im Haus = ház*ban*, im Garten = kert*ben*.
"auf" heißt *-on,-en* oder *-ön*; ház*on* = auf dem Haus, fej*en* = auf dem Kopf, földön = auf dem Boden.

Kleines Vokabular

Das folgende Vokabular soll Ihnen helfen, sich in Standardsituationen leichter zurechtzufinden. Wer sich intensiver mit der ungarischen Sprache auseinandersetzen möchte, kann Wörter- und Lehrbücher in Ungarn selbst zum Teil wesentlich preisgünstiger erwerben als hierzulande.

Zahlen

0	nulla	*nulla*	**50**	ötven	*öt-wän*
1	egy	*ädj*	**60**	hatvan	*hat-wan*
2	kettô	*kät-tö*	**70**	hetven	*hät-wän*
3	három	*ha-rom*	**80**	nyolcvan	*njolz-wan*
4	négy	*nedj*	**90**	kilencven	*ki-länz-wän*
5	öt	*öt*	**100**	száz	*ßas*
6	hat	*hat*	**101**	százegy	*ßas-ädj*
7	hét	*het*	**102**	százkettô	*ßas-kät-tö*
8	nyolc	*njolz*	**110**	száztíz	*ßas-tis*
9	kilenc	*ki-länz*	**111**	száztizenegy	*ßas-tis-än-ädj*
10	tíz	*tis*	**200**	kétszáz	*ket-ßas*
11	tizenegy	*ti-sän-ädj*	**500**	ötszáz	*öt-ßas*
12	tizenkettô	*ti-sän-kät-tö*	**1000**	ezer	*ä-sär*
13	tizenhárom	*ti-sän-ha-rom*	**1100**	ezeregyszáz	*ä-sär-ädj-ßas*
19	tizenkilenc	*ti-sän-ki-länz*	**2000**	kétezer	*ket-ä-sär*
20	húsz	*huß*	**5000**	ötezer	*öt-ä-sär*
21	huszonegy	*hu-ßon-ädj*	**10.000**	tízezer	*tis-ä-sär*
22	huszonkettô	*hu-ßon-kät-tö*	**Hälfte von**	fele	*fä-lä*
23	huszonhárom	*hu-ßon-ha-rom*	**Viertel von**	negyede	*nä-djä-dä*
30	harminc	*har-minz*	**ein paar**	egy pár	*ädj par*
40	negyven	*nädj-wän*			

Wochentage/Zeiten

Montag	hétfô	*het-fö*	Jahr	év	*ew*
Dienstag	kedd	*käd*	Minute	perc	*pärz*
Mittwoch	szerda	*ßär-da*	Stunde	óra	*o-ra*
Donnerstag	csütörtök	*tschü-tör-tök*	gestern	tegnap	*täg-nap*
Freitag	péntek	*pen-täk*	heute	ma	*ma*
Samstag	szombat	*ßom-bat*	morgen	holnap	*hol-nap*
Sonntag	vasárnap	*wa-schar-nap*	morgens	reggel	*räg-gäl*
Tag (Sonne)	nap	*nap*	mittags	délben	*del-bän*
Woche	hét	*het*	abends	este	*äsch-tä*
Monat	hónap	*ho-nap*	nachts	éjszaka	*ej-ßa-ka*

Ein paar wichtige Eigenarten

Im ungarischen ist die Reihenfolge von Vor- und Familienname genau umgekehrt. So nennt sich István Székely: Székely István. Gleiches gilt auch für die Datumsangabe: z. B. 1989, március 15. (= 15. 3. 1989).

Traditionell behält die verheiratete Frau im Ungarischen nicht einmal ihren Vornamen. Zwar wird sie immer noch damit angeredet, doch offizell trägt sie den kompletten Namen ihres Mannes, wobei dem Ende des Namens ein "né" angehängt wird. So nennt sich Mária Kovács als frischgebackene Ehefrau von Ferenc Sípos auf ihrer Visitenkarte Sípos Ferencné. Mittlerweile machen die ungarischen Frauen aber immer stärker von der Möglichkeit Gebrauch, auch nach der Heirat ihren kompletten Mädchennamen zu behalten.

Anrede

Bei fremden Personen:

Meine Dame	Hölgyem	*höl-djem*
Mein Herr	Uram	*u-ram*

Bei älteren Bekannten:

"Tante"	Néni	*ne-ni*
"Onkel"	Bácsi	*ba-tschi*

Bekannte Personen mit Namen ansprechen. Bei Männern wird dem Nachnamen das Wort Herr nach*gestellt: Herr = úr; also z.* B. **Sípos úr für "Herr Sípos".**

Hallo	Szervusz	*ßär-wuß*
Guten Morgen	Jó reggelt (kívánok)	*jo räg-gält ki-wa-nok*
Guten Tag	Jó napot (kívánok)	*jo na-pot ki-wa-nok*
Guten Abend	Jó estét (kívánok)	*jo äsch-tet ki-wa-nok*
Gute Nacht	Jó éjszakát (kívánok)	*jo ej-ßa-kat ki-wa-nok*
Auf Wiedersehen	Visszontlátásra	*wiß-ßont la-tasch-ra*
Hallo/Tschüß/Ade	Szia	*ßi-ja*

Wichtige Floskeln:

Wie geht es Ihnen (Dir)?	Hogy van (vagy)?	*hodj wan (wadj)?*
Danke, gut!	Köszönöm jól!	*kö-ßö-nöm jol*
Danke	Köszönöm	*kö-ßö-nöm*
höflich: danke schön	Köszönöm szépen	*kö-ßö-nöm ße-pän*
umgangssprachlich: Danke!	Kösz!	*köß*
Bitte!	Kérem!	*ke-räm*
höflicher: bitte schön!	Kérem szépen!	*ke-räm ße-pän*
Entschuldigung!	Bocsánat! oder pardon!	*bo-tscha-nat / par-don*
ja	igen	*i-gen*
nein	nem	*nem*
Alles klar! Okay!	Jól van!	*jol wan*

Sehr häufig hört man das Wörtchen "nincs" *(nintsch)*, was soviel heißt wie "es gibt keins". Für den angesprochenen Ausländer heißt das soviel wie das deutsche "nix". Es bedeutet dann, daß man ziemlich falsch liegt.
"Na" und "jaj" werden gern und häufig für allgemeine Schmerz- und Unmutsbekundungen verwendet, wobei sich der Sprecher bei "na" wehrt, und bei "jaj" leidet. Also "na" = Ej, laß das! und "jaj" = Aua! / Oh weh!
In ungarischen Volksliedern und Zigeunerweisen wimmelt es oft nur so von jaj, jaj, jajs ...

Wichtige Fragen

Wo?	Hol?	*hol?*
Wo ist ... (das Museum)?	Hol (a múzeum)? oder	*hol a mu-sä-um?*
	Hol van ... (a múzeum)	*hol wan a mu-sä-um*
Wann?	Mikor?	*mi-kor*
Wann kommst Du?	Mikor jössz?	*mi-kor jöß*
Wann findet ...	Mikor van ...	*mi-kor wan*
(das Konzert) statt?	(a koncert)?	*(a kon-zärt)*
Wieviel?	Hány?	*hanj*
Wer?	Ki?	*ki*
Was?	Mi?	*mi*
Wie?	Hogy?	*Hodj*
Warum?	Miért?	*mi-ert*

Sprechen

Ich verstehe nichts.	Nem értem.	*näm er-täm*
Ich spreche nicht	Nem tudok	*näm tu-dok*
ungarisch.	magyarul.	*ma-dja-rul*
Sprechen Sie ...	Beszél ...	*bä-ßel*
Deutsch?	németül?	*ne-mä-tül*
Englisch?	angolul?	*an-go-lul*

Französisch?	franciául?	*fran-zi-a-ul*
Russisch?	oroszul?	*o-ro-ßul*
Können Sie bitte langsamer sprechen?	Kérem, beszéljen lassabban!	*ke-räm bä-ßel-jän la-schab-ban*

Unterwegs mit Bus und Bahn

(Bus-)Bahnhof	(autóbusz-) pályaudvar	*(auto-buß)pa-ja-ud-war*
Haltestelle	megálló	*mäg-al-lo*
Wo hält der Bus, der nach ... fährt?	Hol a megálló ... felé?	*hol a mäg-al-lo ... fä-le*
Wann fährt der letzte (nächste Bus) nach ...	Mikor indul az utolsó (a következô) busz ...	*mi-kor in-dul as u-tol-scho (a kö-wät-kä-zö) buß ...*
Bitte eine Fahrkarte nach ...	Jegyet ... kérem szépen.	*jä-djät ... ke-räm ße-pän*
Tageskarte	napi jegyet	*na-pi jä-djät*
Wo soll ich aussteigen (nach ...)?	Hol kell kiszállnom (... felé)?	*hol käll ki-ßal-nom (... fäle)*
Wo muß ich umsteigen (nach ...)?	Hol kell átszállnom (... felé)?	*hol käll at-ßal-nom (... fäle)*

Kleines Schmeichelvokabular

Es gefällt mir sehr (in Ungarn)!	Nagyon tetszik (Magyarországon)!	*na-djon tät-ßik (ma-djar-or-ßa-gon)*
Die Ungarn sind sehr nett (gastfreundlich)!	A magyarok nagyon kedvesek (vendégszeretôk)!	*a ma-dja-rok na-djon käd-wä-schäk (wän-deg-ßä-rä-tök)*
Es war ein schöner Tag (Abend)!	Egy szép nap (este) volt!	*ädj ßep nap (äsch-tä) wolt*
Sie (Du) waren (warst) sehr nett zu mir!	Maga (te) nagyon kedves volt (voltál) hozzám.	*ma-ga (tä) na-djon käd-wäsch wolt (wol-tal) hos-sam*

Sparkasse/Post/Telefon (O.T.P./Posta/Telefon)

Ich möchte ... Euro wechseln.	... eurot szeretnék váltani.	*... eurot ßä-rät-nek wal-ta-ni*
Scheck	csekk	*scheck*
Wie ist der Wechselkurs für ...?	Mi a ... árfolyama?	*mi a ... ar-fo-ja-ma*
Ich möchte ein Telegramm aufgeben.	Szeretnék egy telegrammot feladni.	*ßä-rät-nek ädj tä-läg-gram-mot fäl-ad-ni*
Ich möchte Briefmarken kaufen.	Szeretnék egy bélyeget venni.	*ßä-rät-nek ädj be-jä-gät wä-ni*

Vermittlung	telefonközpont	*tä-lä-fon-kös-pont*
Ortsgespräch	helyi beszélgetés	*hä-ji bä-ßel-gä-tesch*
Ferngespräch	interurbán	*in-tär-ur-ban*
Auslandsgespräch	nemzetközi beszélgetés	*näm-sät-kö-si bä-ßel-gä-tesch*
Wie hoch ist der Kurs für Euro?	Hogy váltja a eurot?	*Hodj wal-tja a eurot?*

Im Hotel

Zimmer	szoba	*ßo-ba*
Einzelzimmer	egyágyas szoba	*ädj a-djasch ßo-ba*
Doppelzimmer	kétágyas szoba	*ket a-djasch ßo-ba*
... mit Bad (Dusche)	... fürdô szobával (zuhannyal)	*... für-dö ßo-ba-wal (su-chanj-njal)*
Ich habe ein Zimmer reserviert	Egy szobát foglaltam	*Ädj ßo-bat fog-lal-tam*
auf den Namen ...	... névre.	*... new-rä*
Könnte ich ein Zimmer anschauen?	Megnézhetnék egy szobát?	*Mäg-nes-hät-nek ädj ßo-bat*
Es ist zu laut!	Túl hangos!	*tul han-gosch*
Es ist zu klein!	Túl kicsi!	*tul ki-tschi*
Es ist zu teuer!	Túl drága!	*tul dra-ga*
Es ist zu dunkel!	Túl sötét!	*tul schö-tet*
Das Zimmer ist gut!	A szoba jó!	*a ßo-ba jo!*
Ich möchte ein Privatzimmer (reservieren)	Egy privat szobát szeretnék (lefoglalni)	*ädj pri-wat ßo-bat ßä-rät-nek (lä-fog-lal-ni)*
Zimmer mit Frühstück	szoba reggelivel	*ßoba räg-gä-li-wäl*
Zimmer mit Halbpension	szoba részellátással	*ßo-ba reß-äl-la-tasch-schal*
Zimmer mit Vollpension	szoba teljes panzióval	*ä-geß täl-jäsch pan-sio-wal*
Wieviel kostet es?	Mennyibe kerül?	*mä-nji-bä kä-rül*
Wo kann ich parken?	Hol tudok parkolni?	*Hol tu-dok par-kol-ni*
Ich möchte ... Tage bleiben.	... napot szeretnék maradni.	*... na-pot ßä-rät-nek ma-rad-ni*

Auto

Landstraße	országút	*or-ßag-ut*
Autobahn	autópálya	*auto-pa-ja*
Tankstelle	benzinkút	*bän-sin-kut*
Voll, bitte!	Kérem, tele!	*ke-räm, tä-lä*
bleifrei	ólom mentes	*o-lom män-täsch*
Polizei	rendôrség	*rän-dör-scheg*

Rufen Sie bitte	Kérem, hívja fel a	*ke-räm, hiw-ja fäl a*
... den Pannendienst!	"sárga angyalt"!	*schar-ga an-djalt*
... die Polizei!	... a rendôrséget!	*a ränd-ör-sche-gät!*
... einen Arzt!	... az orvost!	*as or-woscht!*
... die Ambulanz!	... a menôt!	*a män-töt!*
... einen Mechaniker!	... egy szerelôt!	*a ßä-rä-löt!*
Ich habe eine Panne!	Defektem van!	*dä-fäk-täm wan!*
Ich habe einen Unfall!	Balesetem van!	*bal-äsche-täm wan*
Bremse	fék	*fek*
Gangschaltung	sebességváltó	*schä-bä-scheg-wal-to*
Getriebe	hajtómü	*haj-to-mü*
Kupplung	kuplung	*kup-lung*
Achse	tengely	*tän-gäj*
Lichtmaschine	dinamó	*di-na-mo*
Anlasser	önindító	*ön-in-di-to*
Vergaser	karburátor	*kar-bu-ra-tor*
Zündung	gyújtás	*djuj-tasch*
Motor	motor	*mo-tor*
Ventile	szelepek	*ßä-lä-päk*
Batterie	akku	*a-ku*
Wasserpumpe	víz pumpa	*wis pum-pa*
Kühler	hütô	*hü-tö*
Zylinderkopf	henger-fej	*hän-gär-fäj*
Dichtung	tömítés	*tö-mi-tesch*
Kontakte	kontaktus	*kon-tak-tusch*
Schrott	roncs	*rontsch*

Krankheit

Ich brauche einen Arzt!	Szeretnék egy orvost!	*ßä-rät-nek ädj or-wost*
Hier habe ich Schmerzen!	Itt fáj!	*itt faj*
Ich habe Fieber.	Lázas vagyok.	*la-sasch wa-djok*
Ich habe Durchfall.	Hasmenésem van.	*hasch-mä-ne-schäm wan*
Zahnarzt	fogorvos	*fog-or-wosch*
Krankenhaus	kórház	*kor-has*
Apotheke	gyógyszertár	*djodj-ßär-tar*
Verstauchung	rándulás	*ran-du-lasch*
Bruch	törés	*tö-resch*
Entzündung	gyulladás	*djul-la-dasch*
Grippe	influenza	*in-flu-än-sa*
Ich habe eine Allergie gegen ...	... allergiám van	*... al-lär-gi-am wan*

Einkaufen

geöffnet	nyitva	*njit-wa*
geschlossen	zárva	*sar-wa*
drücken	tolni	*tol-ni*
ziehen	húzni	*hus-ni*
Markt	piac	*pi-az*
Supermarkt	élelmiszer üzlet	*e-läl-mi-ser üs-let*
Geschäft	bolt	*bolt*
Ich möchte gern ... kaufen!	Szeretnék ... venni!	*ßä-rät-nek wän-ni*
Lebensmittel	csemege	*tschä-mä-gä*
Obst	gyümölcs	*djü-möltsch*
Backwaren	pékáru	*pek-a-ru*
Fleisch	hús	*husch*
Tabak	dohány	*do-hanj*
Buch	könyv	*könjw*
Bitte, zeigen Sie mir dieses.	Kérem, mutassa meg azt.	*ke-räm, mu-ta-scha mäg ast*
Wieviel kostet das?	Mennyibe kerül?	*män-nji-bä kä-rül*
Das möchte ich!	Azt szeretném!	*ast ßä-rät-nem*

Essen gehen

Die Speisekarte bitte!	Az étlapot, kérem szépen!	*as et-la-pot, ke-räm ße-pän*
(Ruf nach dem Kellner)	Kérem szépen!	*ke-räm ße-pän*
Haben Sie ... ?	Van ... ?	*wan*
Ich hätte gerne ...	... szeretnék	*ße-rät-nek*
Guten Appetit!	Jó étvágyat!	*jo et-wa-djat*
Prost!	Egészségére!	*ä-ge-sche-ge-rä*
Aschenbecher	hamutál	*ha-mu-tal*
Wo ist die Toilette?	Hol a WC?	*hol a we-ze*
Ich möchte gerne zahlen.	Fizetni szeretnék.	*fi-sät-ni ßä-rät-nek*
Restaurant	et-tä-räm	*étterem*
Gasthof	wän-deg-lö	*vendéglô*
Straßenschänke	tschar-da	*csárda*
Fischerschänke	ha-laß-tschar-da	*halászcsárda*
Kellerlokal	pin-zä	*pince*
Weinstube	bo-ro-so	*borozó*
Bierstube	schö-rö-sö	*sörözô*

Speiselexikon

Wer hofft, von seinem Ungarnurlaub schlanker zurückzukommen, der muß entweder eine eiserne Selbstdisziplin haben oder Paprika und Schweineschmalz verabscheuen. Schlemmer aber, auch die mit der kleineren Brieftasche, kommen hier gewiß auf ihre Kosten (vgl. Wissenswertes von A bisZ/ Essen und Trinken). Was findet man also auf ungarischen Speisekarten (Étlap)? Im folgenden haben wir die gebräuchlichsten Gerichte ohne Anspruch auf Vollständigkeit zusammengestellt.

Allgemeine Begriffe

reggeli	*räg-gä-li*	Frühstück
ebéd	*ä-bed*	Mittagessen
vacsora	*wa-tscho-ra*	Abendessen
könnyû ételek	*könj-njü e-tä-läk*	leichte Speisen

Levesek (Suppen)

gulyásleves	*gu-jasch-lä-wäsch*	Gulaschsuppe mit etwas Rindfleisch und vielen Kartoffeln
bográcsgulyás	*bog-ratsch-gu-jasch*	variationsreiche Gulaschsuppe mit viel Fleisch
halászlé	*ha-laß-le*	ebenso variationsreiche Fischsuppe (häufig mit Karpfen, scharf)
Jókai-bableves	*Jo-ka-i bab-lä-wäsch*	Bohnensuppe nach Art des Romanschriftstellers Mór Jókai (mit Räucherfleisch)
burgonyaleves	*bur-go-nja-lä-wäsch*	Kartoffelsuppe (meist mit Zwiebeln, saurer Sahne und viel Gewürzpaprika)
csontleves	*tschont-lä-wäsch*	Knochenbrühe
erôleves	*ä-rö-lä-wäsch*	Kraftbrühe
gombaleves	*gom-ba-lä-wäsch*	Pilzsuppe
karfiolleves	*kar-fi-ol-lä-wäsch*	Blumenkohlsuppe
hideg gyümölcsleves	*hi-däg djü-möltsch-lä-wäsch*	kalte Obstsuppe

Hideg elôételek (kalte Vorspeisen)

hidegtál	*hi-däg-tal*	Kalte Platte (meist mit Wurst, Käse, Brot und Butter)
dinnye	*dinj-njä*	Melone
tartár	*tar-tar*	Tartar (rohes Rinderhackfleisch mit Eigelb, Gewürzen, Brot und Butter)
kaviár	*ka-wi-ar*	Kaviar ist in Ungarn ziemlich preiswert, z. B. als:
töltött tojás	*töl-tött to-jasch*	Kaviareier

kaviárral	*ka-wi-ar-ral*	
libamáj hidegen	*li-ba-maj hi-dä-gän*	kalte Gänseleber, eine besondere Spezialität!

Meleg elôételek (warme Vorspeisen)

libamáj zsírjában	*li-ba-maj*	Gänselebergericht (sch)ir-ja-ban mit Schmalz. Irgendwelche Gänselebergerichte (z. B. Gänseleberrisotto) werden meist als Vorspeise angeboten.
hortobágyi palacsinta	*hor-to-ba-dji*	Crêpes (Palatschinken) pa-la-tschin-ta mit (Kalb-)fleischfüllung.
rántott gomba	*ran-tott gom-ba*	Panierte Pilzköpfe
omlett	*om-lätt*	Omelett, meist stehen mehrere zur Auswahl

Halak, halételek (Fische, Fischgerichte)

fogas	*fo-gasch*	Zander, eine ungarische Spezialität (z. B.keszthelyi módra = mit Pilzen, Zwiebeln,Tomaten und Weißweingeschmort)
ponty	*pontj*	Karpfen (z. B. als paprikás ponty =Paprikakarpfen)
pisztráng	*piß-trang*	Forelle (z. B. als kékre fôzve = Forelle blau)
csuka	*tschu-ka*	Hecht (z. B. tejfölös tormártásban = in Meerrettichsauce oder szardellamártásban = in Sardellensauce)
harcsaszelet	*har-tscha-ßä-lät*	Welsfilet
kecsege	*kä-tschä-gä*	Stör (z. B. rostélyon sütve = am Rost gebraten)
sült keszeg	*schült kä-ßäg*	gebratener Weißfisch (gibt es oft an den Imbißständen rund um den Plattensee)

Seefische kommen mit Kühlwaggons nach Ungarn; am häufigsten findet man Tonhal (Thunfisch), Tôkehal (Dorsch) und Nyelvhal (Seezunge) auf der Speisekarte.

Húsételek (Fleischgerichte)

Auf ungarischen Speisekarten werden Fleischgerichte ausdrücklich in *készételek* (tischfertige Gerichte, die nur noch aufgewärmt werden brauchen) und *frissensültek* (frischgebratene Speisen, meist teurer) unterteilt. In beiden Gruppen gibt es vor allem Schweinefleisch (*sertéshús*), Rindfleisch (*marhahús*) und Kalbfleisch (*borjúhús*). Eine besondere ungarische Spezialität sind Innereien.

Készételek (Fertigspeisen)

pörkölt	*pör-költ*	Gebratenes, in etwa das was wir als Gulasch kennen (z. B. als sertéspörkölt = Schweinspörkölt, marhapörkölt = Rindspörkölt oder belsôsegpörkölt = Innereienpörkölt)
sertésborda	*schär-tesch-bor-da*	Schweinsrippchen
töltött káposzta	*töl-tött ka-poß-ta*	Krautrouladen

töltött paprika	*töl-tött pap-ri-ka*	gefüllte Paprikaschoten
cigány rostélyos	*zi-ganj*	Zigeunerrostbraten (mit rosch-te-joschbrauner Sauce und Suppengrün)
debreceni bélszín	*däb-rä-zä-ni bel-ßin*	Debrecener (Rinder-) Lungenbraten
borjúbecsinált	*bor-ju-bä-tschi-nalt*	Kalbsfrikassee
borjúpaprikás	*bor-ju-pap-ri-kasch*	Kalbspaprikasch (mit Paprika und saurer Sahne)
borjúragu	*bor-ju-ra-gu*	Kalbsragout
borjúsült	*bor-ju-schült*	Kalbsbraten

Frissensültek (Frischgebratenes)

sertésborda natúr módra	*schär-tesch-bor-da*	Naturschnitzel na-tur mod-ra
sertésflekken	*schär-tesch-fläk-kän*	gebratene Schweinerippen
bélszínflekken	*bel-ßin-fläk-kän*	Lendenschnitte mit Paprikasauce
pirított (sertés-) máj	*pi-ri-tott (...) maj*	geröstete (Schweins-)Leber
pirított vese velôvel	*pi-ri-tott wä-sch wä-lö-wäl*	Paprikanieren mit Hirn,nicht jedermanns Sache
rablóhús nyárson	*rab-lo-husch njar-schon*	Räuberspießbraten
bélzínszelet	*bel-ßin-ßä-lät*	Budapester Lenden-
Budapest módra	*bu-da-päst mod-ra*	schnitte (mit Spiegelei)
hátszín szelet	*hat-ßin ßä-lät*	Rumpsteak
bécsi szelet	*be-tschi ßä-lät*	Wiener Schnitzel
borjúborda	*bor-ju-bor-da*	Kalbsrippchen
borjúkotlett rántva	*bor-ju-kot-lätt*	paniertes Kalbskotelettrant-wa

Vadhús (Wildgerichte)

nyúlragu	*njul-ra-gu*	Hasenragout
szarvascomb	*ßar-wasch-zomb*	Hirschkeule
vaddisznó	*wad-diß-no*	Wildschweinbraten
ôzpecsenye	*ös-pä-tschä-njä*	Rehbraten
vadlibasült	*wad-li-ba*	Wildgansbraten
fogoly	*fo-goj*	Rebhuhn
fácán Széchenyi módra	*fa-zan ße-tschä-nji mod-ra*	Fasan à la Széchenyi (mit Weinbrand-/Tokajer Sauce)
töltött vadkacsa	*töl-tött wad-ka-tscha*	gefüllte Wildente

Szárnyas (Geflügelgerichte)

paprikás csirke	*pap-ri-kasch tschir-kä*	Paprikahühnchen
rántott csirke	*ran-tott tschir-kä*	paniertes Backhühnchen
grill-csirke	*grill tschir-kä*	Grillhühnchen
becsinált csirke	*bä-tschi-nalt tschir-kä*	Hühnerfrikassee
kacsapörkölt	*ka-tscha-pör-költ*	Entenpörkölt
libasült	*li-ba-schült*	Gänsebraten
pulykacomb párolva	*puj-ka-zomb pa-rol-wa*	geschmorte Putenkeule

Köret (Beilagen)

burgonya	*bur-go-nja*	Kartoffeln
rizs	*ri(sch)*	Reis
galuska	*ga-lusch-ka*	Nockerln (vor allem zu Pörkölt)
metélt	*mä-telt*	Nudeln
burgonyakrokett	*bur-go-nja-kro-kätt*	Kartoffelkroketten
pirított burgonya	*pi-ri-tott bur-go-nja*	Röstkartoffeln
spárga	*spar-ga*	Spargel
gomba	*gom-ba*	Pilze
karalábé	*ka-ra-la-be*	Kohlrabi
sárgarépa	*schar-ga-re-pa*	Karotten
kelvirág/karfiol	*käl-wi-rag*	Blumenkohl
kukorica	*ku-ko-ri-za*	Mais
lencse	*län-tschä*	Linsen
borsó	*bor-scho*	Erbsen
paradicsom	*pa-ra-di-tschom*	Tomaten
paraj/spenót	*pa-raj/spä-not*	Spinat
sonkás zöldbab	*schon-kasch söld-bab*	Brechbohnen mit Schinken
lecsó	*lä-tscho*	geschmortes Gemüse aus Paprika, Zwiebeln und Tomaten

Saláták (Salate)

uborkasaláta	*u-bor-ka-scha-la-ta*	Gurkensalat
paradicsomsaláta	*pa-ra-di-tschom-...*	Tomatensalat
fejes saláta	*fä-jäsch ...*	Kopfsalat
paprika saláta	*pap-ri-ka ...*	Paprikasalat
káposztasaláta	*ka-poß-ta ...*	Weißkohlsalat
zellersaláta	*säl-lär- ...*	Selleriesalat
csalamádé	*tscha-la-ma-de*	sauer eingelegter Krautsalat
vegyes saláta	*wä-djäsch scha-la-ta*	gemischter Salat (meist mit Paprika, Gurken und Weißkohl in Essigtunke)

Utóételek (Nachspeisen)

sajt	*schajt*	Käse
fagylalt	*fadj-lalt*	Eis
kompót	*kom-pot*	Kompott Sütemények (Süßspeisen)
rétes	*re-täsch*	Strudel (z. B. als káposzta rétes = Kohlstrudel, diós retes= Nußstrudel oder túrós rétes = Topfenstrudel)
palacsinta	*pa-la-tschin-ta*	Palatschinken, hauchdünne Eierkuchen (z. B. Sahne, Kakao, Marmelade oder Eis gefüllt oder bestreut)
fánk	*fank*	Krapfen
puding	*pu-ding*	Pudding

Gyümölcsök (Früchte)

alma	*al-ma*	Äpfel
eper	*ä-pär*	Erdbeeren
dinnye	*dinj-njä*	Melonen
körte	*kör-tä*	Birnen
narancs	*na-rantsch*	Orangen
málna	*mal-na*	Himbeeren
meggy	*mädj*	Kirschen
ôszibarack	*ö-ßi-ba-razk*	Pfirsiche
sárgabarack	*schar-ga-ba-razk*	Aprikosen
szilva	*ßil-wa*	Pflaumen
egres	*äg-räsch*	Stachelbeeren
szôlô	*ßö-lö*	Weintrauben

Fûszerek (Gewürze)

só	*scho*	Salz
piros paprika	*pi-rosch pap-ri-ka*	Gewürzpaprika
fokhagyma	*fok-hadj-ma*	Knoblauch
bors	*borsch*	Pfeffer
mustár	*musch-tar*	Senf

Italok (Getränke)

ásványvíz	*asch-wanj-wis*	Mineralwasser
tej	*täj*	Milch
narancslé	*na-rantsch-le*	Orangensaft
szôlôlé	*ßö-lö-le*	Traubensaft
cola	*ko-la*	Cola
kávé	*ka-we*	Kaffee
kakaó	*ka-ka-o*	Kakao
tea	*tä-ja*	Tee
sör	*schör*	Bier
alkoholmentes sör	*al-ko-hol-män-täsch ...*	alkoholfreies Bier
bor	*bor*	Wein
fehér bor	*fä-her bor*	Weißwein
vörös bor	*wö-rösch bor*	Rotwein
száraz	*ßa-ras*	trocken
édes	*e-däsch*	süß
tájjellegû bor	*taj-jäl-lä-gü bor*	örtlicher Wein
pezsgô	*pä(sch)-gö*	Sekt
likôrök	*li-kö-rök*	Liköre
pálinka	*pa-lin-ka*	Schnaps
kisüsti	*kisch-üsch-ti*	hausgebrannter Schnaps

Verlagsprogramm

Unsere Reisehandbücher im Überblick

Deutschland

- Allgäu
- Altmühltal
- Berlin & Umgebung
- *MM-City* Berlin
- Bodensee
- Franken
- Fränkische Schweiz
- Mainfranken
- Nürnberg, Fürth, Erlangen
- Ostseeküste – von Lübeck bis Kiel
- Schwäbische Alb

Niederlande

- *MM-City* Amsterdam
- Niederlande
- Nordholland – Küste, IJsselmeer, Amsterdam

Nord(west)europa

- England
- Südengland
- *MM-City* London
- Schottland
- Irland
- Island
- Norwegen
- Südnorwegen
- Südschweden

Osteuropa

- Baltische Länder
- Polen
- Polnische Ostseeküste
- *MM-City* Prag
- Westböhmen & Bäderdreieck
- Ungarn

Balkan

- Mittel- und Süddalmatien
- Kroatische Inseln & Küste
- Nordkroatien – Kvarner Bucht
- Slowenien & Istrien

Griechenland

- Amorgos & Kleine Ostkykladen
- Athen & Attika
- Chalkidiki
- Griechenland
- Griechische Inseln
- Karpathos
- Kefalonia & Ithaka
- Korfu
- Kos
- Kreta
- Kreta – der Osten
- Kreta – der Westen
- Kykladen
- Lesbos
- Naxos
- Nord- u. Mittelgriechenland
- Paros/Antiparos
- Peloponnes
- Rhodos
- Samos
- Santorini
- Skiathos, Skopelos, Alonnisos, Skyros – Nördl. Sporaden
- Thassos, Samothraki
- Zakynthos

Türkei

- *MM-City* Istanbul
- Türkei – gesamt
- Türkei – Mittelmeerküste
- Türkei – Südküste
- Türkei – Westküste
- Türkische Riviera – Kappadokien

Frankreich

- Bretagne
- Côte d'Azur
- Elsass
- Haute-Provence
- Korsika
- Languedoc-Roussillon
- *MM-City* Paris
- Provence & Côte d'Azur
- Südfrankreich
- Südwestfrankreich

Italien

- Apulien
- Chianti – Florenz, Siena
- Dolomiten – Südtirol Ost
- Elba
- Gardasee
- Golf von Neapel
- Italien
- Italienische Riviera & Cinque Terre
- Kalabrien & Basilikata
- Liparische Inseln
- Marken
- Oberitalien
- Oberitalienische Seen
- *MM-City* Rom
- Rom & Latium
- Sardinien
- Sizilien
- Südtirol
- Südtoscana
- Toscana
- Umbrien
- *MM-City* Venedig
- Venetien & Friaul

Nordafrika u. Vorderer Orient

- Sinai & Rotes Meer
- Tunesien

Spanien

- Andalusien
- *MM-City* Barcelona
- Costa Brava
- Costa de la Luz
- Ibiza
- Katalonien
- Madrid & Umgebung
- Mallorca
- Nordspanien
- Spanien

Kanarische Inseln

- Gomera
- Gran Canaria
- *MM-Touring* Gran Canaria
- Lanzarote
- La Palma
- *MM-Touring* La Palma
- Teneriffa
- *MM-Touring* Teneriffa

Portugal

- Algarve
- Azoren
- Madeira
- *MM-City* Lissabon
- Lissabon & Umgebung
- Portugal

Lateinamerika

- Dominikanische Republik
- Ecuador

Österreich

- *MM-City* Wien

Schweiz

- Genfer-See-Region
- Tessin

Malta

- Malta, Gozo, Comino

Zypern

- Zypern

Aktuelle Informationen zu allen Reiseführern finden Sie im Internet unter www.michael-mueller-verlag.de

Gerne schicken wir Ihnen auch das aktuelle Verlagsprogramm zu.

Michael Müller Verlag GmbH, Gerberei 19, 91054 Erlangen, Tel. 0 91 31 / 81 28 08-0; Fax 0 91 31 / 20 75 41; E-Mail: mmv@michael-mueller-verlag.de

Wir möchten Sie gern kennen lernen ...

... um unsere Reisehandbücher noch besser auf Ihre Bedürfnisse abstimmen zu können. Deshalb auf dieser Doppelseite ein kurzer Fragebogen zu Ihrer letzten Reise mit einem unserer Handbücher.

Als Belohnung winken ...

... natürlich Reisehandbücher. Jeweils zum Jahresende verlost der Michael Müller Verlag unter allen Einsendern des Fragebogens 50-mal je ein Reisehandbuch Ihrer Wahl aus unserem Programm.
(Der Rechtsweg ist ausgeschlossen)

Es bleibt natürlich alles unter uns ...

... Selbstverständlich garantieren wir absoluten Datenschutz und geben keine Adressen weiter. Versprochen!
Vielen Dank für ihre Mitarbeit und ... viel Glück!

Fragebogen

Ihre Reise

1) Mit welchem unserer Bücher waren Sie unterwegs? ....
Und wann (Monat/Jahr)? ....
2) Mit wie vielen Personen reisten Sie? Bitte kreuzen Sie an: ....
☐ allein ☐ zu zweit ☐ drei Personen oder mehr ....
Mit Kindern? ☐ Nein ☐ Ja (Alter? .... Jahre)
4) Wie lange dauerte Ihre Reise?
☐ bis 1 Woche ☐ bis 2 Wochen ☐ bis 3 Wochen ☐ über 3 Wochen
5) Hatten Sie Unterkunft und Anreise als Kombination bereits vorgebucht?
☐ Ja ☐ Nein
6) Welche/s Verkehrsmittel benutzten Sie zur Anreise? (Mehrfachnennungen möglich)
☐ Bahn ☐ Bus ☐ Flug ☐ Auto/Motorrad ☐ Fähre
☐ Sonstiges, nämlich
7) Mit welchem(n) Verkehrsmittel(n) waren Sie im Zielgebiet überwiegend unterwegs (Mehrfachnennungen möglich)?
☐ Bahn ☐ Bus ☐ eigenes Auto/Motorrad ☐ Mietfahrzeug ☐ Fähre
☐ anderes Verkehrsmittel, nämlich ....
☐ gar nicht, blieb an einem Ort
8) Wo übernachteten Sie vorwiegend?
☐ Gehobene Hotels ☐ Mittelklassehotels ☐ Landestypische Pensionen
☐ Privatzimmer ☐ Camping ☐ andere Unterkunft, nämlich ....
9) War es Ihre einzige Urlaubsreise in diesem Jahr?
☐ Ja ☐ Nein, ich verreise öfter mal für 1 Woche oder mehr, nämlich pro Jahr:
☐ 2x ☐ 3x ☐ 4x oder mehr;
und dann meist ins: ☐ Inland ☐ Ausland

Ihr Reisehandbuch vom Michael Müller Verlag

1) Sind Sie das erste Mal mit einem unserer Reisehandbücher unterwegs gewesen?
....

☐ Ja ☐ Nein, vorher schon (Titel): ....

2) Wie lernten Sie unseren Verlag kennen?
☐ Empfehlung vom Buchhändler ☐ Empfehlung von Bekannten
☐ Habe das Buch zufällig im Buchhändlerregal entdeckt
☐ Über eine Anzeige in .... ☐ anders, nämlich ....

3) Insgesamt gesehen, waren Sie mit diesem Reisehandbuch
☐ nicht zufrieden ☐ zufrieden

4) Wir würden gerne wissen, wo wir in unseren Reisehandbüchern etwas verbessern können. Bitte geben sie deshalb den einzelnen Komponenten dieses Buches "Schulnoten" von 1 bis 6 und begründen Sie bitte Ihre Benotung.

	Note	Grund
Prakt. Informationen vor der Reise		
Geschichte		
Landeskundliches		
Orte und Regionen		
Sehenswürdigkeiten		
Prakt. Informationen unterwegs		

5) Was hat Ihnen an diesem Reisehandbuch besonders gefallen?
☐ Nichts Spezielles ☐ Doch, und zwar ....

6) Und was hat Sie am meisten gestört?
☐ Nichts Spezielles ☐ Doch, und zwar ....

7) Worüber hätten Sie gern mehr erfahren?
☐ Über ....
☐ Alle Informationen waren ausreichend

8) Unser Verlagsprogramm finden Sie auf den nächsten Seiten. Welche(s) Ziel(e) innerhalb Europas und des Mittelmeerraumes fehlt bzw. fehlen Ihnen in diesem Programm?
☐ Kein Ziel ☐ Doch, nämlich ....

9) Welches Reisehandbuch aus unserem Programm möchten Sie gewinnen?
....

Nun würden wir Ihnen gerne noch einige Fragen zu Ihren persönlichen Daten stellen (Datenschutz ist selbstverständlich gewährleistet)

Alter: .... Jahre

Familienstand: ☐ ledig ☐ verheiratet ☐ Kinder

Schulabschluss: ☐ Hauptschule ☐ Realschule ☐ Abitur
☐ Studium ☐ Beruf: ....

Fragebogen ausschneiden und an unsere Verlagsanschrift schicken (siehe unten). Bitte vergessen Sie nicht, für die Gewinnbenachrichtigung Ihren Namen und Adresse zu notieren.

Name: ....

Straße: ....

PLZ/Ort: ....

Michael Müller Verlag GmbH, Gerberei 19, 91054 Erlangen, Fax: 09131/207541

Vielen Dank thank you merci efcharistó gracias grazie tesekkür dekuji köszönöm

HOTEL CSÁSZÁR

BÈCSI-ÚT.

TEL AVIV

SHERUT TAXI

TOTEN MEER

HOTEL ZELL HARIM

BUNGALOOW

(GALEI ZOHAR.)

NETANYA. 009729-8875382

FRÜH MORGEN!

Sach- und Personenindex

Geographischer Index

Sehenswertes in Budapest

H

I/J

K

L

M

N

Heiko Zeutschner
Stichwort "Ungarn"
c/o Michael Müller Verlag
Gerberei 19
91054 Erlangen
E-Mail: heiko.zeutschner@michael-mueller-verlag.de